CATALOGUE

DES

ACTES DE FRANÇOIS I{ER}

CATALOGUE

DES

ACTES DE FRANÇOIS Iᵉʳ

ACADÉMIE DES SCIENCES MORALES ET POLITIQUES

COLLECTION DES ORDONNANCES DES ROIS DE FRANCE

CATALOGUE

DES

ACTES DE FRANÇOIS IER

TOME TROISIÈME

1er JANVIER 1535—AVRIL 1539

PARIS

IMPRIMERIE NATIONALE

NOVEMBRE 1889

CATALOGUE

DES

ACTES DE FRANÇOIS IER.

1515–1547.

1535. — Pâques, 28 mars.

7452. Lettres portant que les deniers provenant des baux à ferme ou arrentements des domaines, juridictions, péages et autres droits en France, appartenant au roi et à la reine de Navarre, dont les contrats auront été passés sous sceaux royaux et authentiques, seront désormais privilégiés comme les deniers royaux, et les fermiers contraints à les payer sans délai. Saint-Germain-en-Laye, 1er janvier 1534.

> *Original. Archives départ. des Basses-Pyrénées,* E. 571.
> *Enreg. au Parl. de Toulouse, le 23 février 1535 n. s. Arch. de la Haute-Garonne, Édits, reg. 4,* fol. 22. 1 page.
> *Enreg. au Parl. de Bordeaux, le 1er avril 1535. Arch. de la Gironde,* B. 30 bis, fol. 218 v°. 3 pages.
> *Copie du xviie siècle. Bibl. nat., coll. Doat, t. 234,* fol. 176.

7453. Mandement au trésorier de l'épargne de payer à Jacques Hamelin, notaire et secrétaire du roi et son premier aumônier, 1,045 livres 12 sous 6 deniers tournois pour ses gages de secrétaire et droits de manteaux pendant les

1535.
1er janvier.

2 janvier.

III.

années 1528 à 1534. Saint-Germain-en-Laye,   1535.
2 janvier 1534.

> Bibl. nat., ms. fr. 15632, n° 178. (*Mention.*)

7454. Mandement au trésorier de l'épargne de payer à   2 janvier.
Toussaint Barrin, autrefois enfant de la chapelle du roi, 78 livres par an, pour qu'il
suive les cours de l'Université de Paris. Saint-Germain-en-Laye, 2 janvier 1534.

> Bibl. nat., ms. fr. 15632, n° 415. (*Mention.*)

7455. Mandement au trésorier de l'épargne de payer   3 janvier.
à Philibert Babou, secrétaire des finances,
1,000 livres tournois pour sa pension de l'année 1534. Saint-Germain-en-Laye, 3 janvier
1534.

> Bibl. nat., ms. fr. 15632, n° 62. (*Mention.*)

7456. Mandement aux gens des comptes de Bretagne   5 janvier.
de faire délivrance du temporel de l'évêché
de Saint-Malo à François Bohier, attendu qu'il
a prêté serment de fidélité en qualité d'évêque
nommé à ce siège. Paris, 5 janvier 1534.

> *Enreg. à la Chambre des Comptes de Bretagne.*
> *Archives de la Loire-Inférieure, B. Mandements*
> *royaux, II, fol. 93.*
> IMP. A. Padioleau, sr de Launay, *Traité de la*
> *juridiction de la Chambre des Comptes de Bretagne*
> *sur la régale.* Nantes, 1631, in-8°, p. 86.

7457. Provisions en faveur de Pierre Rémond, avocat   5 janvier.
au Parlement de Paris, de l'office d'avocat du
roi en ladite cour, vacant par la promotion de
Guillaume Poyet à l'office de président. Paris,
5 janvier 1534.

> *Reçu le 9 janvier suivant au Parl. de Paris,*
> X¹ª 1538, reg. du Conseil, fol. 48. (*Mention.*)

7458. Mandement au trésorier de l'épargne de payer à   9 janvier.
Jacques Richier, marchand de Paris, 112 livres
10 sous tournois, prix d'une haquenée de robe
grise fort mouchetée qu'il a vendue au roi,
pour porter la vaisselle du gobelet. Paris,
9 janvier 1534.

> Bibl. nat., ms. fr. 15632, n° 14. (*Mention.*)

7459. Lettres du don fait à Philiberte de Luxem- 1535.
bourg, princesse d'Orange, du revenu, pen- 10 janvier.
dant trois ans, des greniers à sel de Pouilly-en-
Auxois et d'Arnay-le-Duc, en Bourgogne. Villeneuve-Saint-Georges, 10 janvier 1534.

*Enreg. à la Chambre des Comptes de Dijon, le
27 janvier suivant. Arch. de la Côte-d'Or, reg. B.
20, fol. 9.*

7460. Mandement au trésorier de l'épargne de verser 12 janvier.
entre les mains de Pierre Lizet, premier pré-
sident du Parlement de Paris, de Jean Thibault, procureur général, et de Jean Billon,
conseiller à la Chambre des Comptes, 74,716
livres 3 sous tournois ou 33,207 écus d'or soleil
en monnaie de patards, à remettre 26,117 écus
et 28 patards à Antoine Dubois, évêque de
Béziers, et 7,089 écus 16 patards aux héritiers d'Antoine d'Auxy, s' de la Tour, qui
devront délivrer immédiatement ces sommes
à l'empereur ou à ses procureurs ayant pouvoir de revendre audit évêque la terre d'En-
nequin, moyennant 14,363 livres tournois,
et celle de Fruges, moyennant 32,649 livres
tournois, et aux héritiers dudit feu s' d'Auxy la
terre de la Tour, moyennant 12,761 livres
tournois, que le roi avait fait vendre à l'empereur avec faculté de rachat perpétuel, pour le
payement de sa rançon. Paris, 12 janvier
1534.

Bibl. nat., ms. fr. 15632, n° 182. (Mention.)

7461. Lettres interdisant jusqu'à nouvel ordre l'impres- 13 janvier.
sion d'aucun livre nouveau dans le royaume.
Paris, 13 janvier 1534.

*Mentionnées dans les lettres du 23 février suivant.
Arch. nat., X¹ª 1538, reg. du Conseil, fol. 113 v°.*

7462. Mandement au trésorier de l'épargne de payer à 13 janvier.
Guillaume Poyet, président au Parlement de
Paris, 1,200 livres tournois pour sa pension
de l'année 1534. Paris, 13 janvier 1534.

*Bibl. nat., ms. fr. 15632, n° 108, et nouv. acqui-
sit. fr. 895, fol. 17. (Mentions.)*

1.

7463. Mandement au trésorier de l'épargne de payer 3,600 livres à Charles de Hémart [de Denonville], évêque de Mâcon, ambassadeur du roi à Rome, pour ce qui lui est et sera dû pour six mois d'exercice de ses fonctions, du 20 novembre 1534 au 18 mai 1535. Paris, 13 janvier 1534.

> *Bibl. nat.*, ms. Clairambault 1215, fol. 73 v°.
> (*Mention.*)

1535.
13 janvier.

7464. Mandement au trésorier de l'épargne de payer à Claude Dodieu, ambassadeur du roi en Espagne, 3,600 livres pour ce qui lui est ou sera dû pour ses dépenses dans l'exercice de cette charge. Paris, 13 janvier 1534.

> *Bibl. nat.*, ms. Clairambault 1215, fol. 73 v°.
> (*Mention.*)

13 janvier.

7465. Mandement au trésorier de l'épargne de payer 2,300 livres à Georges de Selve, évêque de Lavaur et ambassadeur du roi à Venise, pour ce qui lui est et sera dû en l'exercice de sa charge du 25 décembre 1534 au 4 juin 1535. Paris, 13 janvier 1534.

> *Bibl. nat.*, ms. Clairambault 1215, fol. 73 v°.
> (*Mention.*)

13 janvier.

7466. Mandement au trésorier de l'épargne de payer 3,700 livres à Charles Du Solier, ambassadeur du roi en Angleterre, pour ce qui lui est et sera dû de cent quatre-vingts jours d'exercice de sa charge, comptés depuis le 28 août 1534. Paris, 13 janvier 1534.

> *Bibl. nat.*, ms. Clairambault 1215, fol. 73 v°.
> (*Mention.*)

13 janvier.

7467. Mandement au trésorier de l'épargne de payer à Jean de La Forêt, notaire et secrétaire du roi, envoyé comme ambassadeur auprès de divers princes et seigneurs du «pays d'outre-mer», 11,260 livres pour cinq cent soixante-trois jours d'exercice de sa charge, comptés à partir de la date de la présente lettre. Paris, 13 janvier 1534.

> *Bibl. nat.*, ms. Clairambault 1215, fol. 73 v°.
> Mention.)

13 janvier.

7468. Mandement au trésorier de l'épargne de payer
1,920 livres à Étienne de Laigue et à Gervais
Waïn, ambassadeurs du roi auprès de divers
princes et seigneurs d'Allemagne, pour ce qui
leur est dû en l'exercice de leur charge.
Paris, 13 janvier 1534.

1535.
13 janvier.

> *Bibl. nat.,* ms. Clairambault 1215, fol. 73 v°.
> (*Mention.*)

7469. Mandement au trésorier de l'épargne de payer à
Antoine Drevon, joaillier, 225 livres tournois
pour une ceinture de perles garnie d'or, que
le roi a achetée de lui ce mois-ci. Paris, 14 janvier 1534.

14 janvier.

> *Bibl. nat.,* ms. fr. 15632, n° 314. (*Mention.*)

7470. Mandement au trésorier de l'épargne de payer à
Pierre Coing, joaillier à Paris, 2,812 livres
10 sous tournois pour une ceinture garnie d'or,
de 15 grands rubis balais et de 60 perles rondes
travaillées à la damasque (*sic*), plus 80 grosses
perles rondes, un grand losange de diamant,
une table de diamant et une almandine. Paris,
14 janvier 1534.

14 janvier.

> *Bibl. nat.,* ms. fr. 15632, n° 374. (*Mention.*)

7471. Mandement au trésorier de l'épargne de payer à
Hans Yoncres (Joncker), marchand à Paris,
980 livres 5 sous tournois, soit : 277 livres
5 sous pour la garniture et façon d'une
trompe de chasse; 22 livres 10 sous pour la
garniture et façon de deux vessies de musc;
8 livres pour de l'ambre et du musc mis dans
une pomme d'or plate, garnie de deux roses de
diamant et d'un portrait du roi; 6 livres pour le
rhabillage de deux douzaines de boutons; 13 livres pour le rhabillage de l'ordre de la Jarretière
du roi; 90 livres pour un pilier d'or; 337 livres
10 sous pour une espingole; enfin 225 livres
pour la garniture d'une trompe de chasse.
Paris, 14 janvier 1534.

14 janvier.

> *Bibl. nat.,* ms. fr. 15632, n° 384. (*Mention.*)

7472. Mandement au trésorier de l'épargne de payer à

14 janvier.

Regnaut Danet, orfèvre à Paris, on 8 livres · 1535.
2 sous 6 deniers tournois pour un coffre de
cristallin fait à la moresque, une paire de
bracelets d'or garnis de 20 tables de diamant,
deux émeraudes, une paire d'heures en parchemin garni de rubis, diamants et turquoises, un
poignard à manche d'ébène garni de rubis,
perles et camaïeux, trois roses de diamant pour
boutons, le rhabillage de deux poignards garnis
d'or et un porte-Dieu de cristal, que le roi lui
a achetés ce mois-ci. Paris, 14 janvier 1534.

Bibl. nat., ms. fr. 15632, n° 387 *et* 486.
(*Double mention.*)

7473. Mandement au trésorier de l'épargne de payer   16 janvier.
675 livres à Palamèdes Gontier, secrétaire du
roi, qui part le jour même pour aller porter
des lettres au roi d'Angleterre. Villeneuve-
Saint-Georges, 16 janvier 1534.

Bibl. nat., ms. Clairambault 1215, fol. 73 v°.
(*Mention.*)

7474. Commission adressée à Bertrand Rabot et à   17 janvier.
Artus Prunier pour procéder au recouvrement
des deniers recueillis par les receveurs des
tailles des collecteurs des aides et fermiers du
domaine en Dauphiné, à raison de la suspension des receveurs généraux. Paris, 17 janvier
1534.

Enreg. à la Chambre des Comptes de Grenoble.
Arch. de l'Isère, B. 2909, cah. 50 bis. 12 pages.

7475. Commission à Jean Bertrandi et à Martin de   17 janvier.
Troyes, président et conseiller au Parlement
de Toulouse, de pourvoir au recouvrement
des deniers des receveurs généraux et particuliers en Languedoc. Paris, 17 janvier 1534.

Enreg. à la Chambre des Comptes de Montpellier.
Arch. départ. de l'Hérault, B. 341, fol. 38. 4 pages.

7476. Lettres accordant à Jean d'Albon, seigneur de   18 janvier.
Saint-André, la dispense nécessaire pour exer-
cer simultanément les offices de sénéchal de

Lyonnais et de bailli de Beaujolais. Paris, 1535. 18 janvier 1534.

> *Enreg. au Parl. de Paris, le 26 janvier suivant. Arch. nat., X¹ᵉ 4897, Plaidoiries, fol. 304. (Mention.)*

7477. Mandement à la Chambre des Comptes et à la Cour des Aides de Paris de vérifier et d'enregistrer la confirmation des privilèges accordés aux habitants d'Amboise. Paris, 21 janvier 1534. — 21 janvier.

> *Original. Arch. municip. d'Amboise, AA. 22.*

7478. Mandement à la Chambre des Comptes et au général des finances de Bretagne de faire délivrance à Anne de Vernon, dame de Broon, de la totalité des revenus des terres et seigneuries d'Auray et de Quiberon, sans aucune retenue, pendant les années qu'elle doit en jouir. Paris, 21 janvier 1534. — 21 janvier.

> *Enreg. à la Chambre des Comptes de Bretagne. Archives de la Loire-Inférieure, B. Mandements royaux, II, fol. 90.*

7479. Règlement des taxes d'amendes et des visitations des forêts par les maîtres. 23 janvier 1534. — 23 janvier.

> *Bibl. nat., mss Moreau, t. 1325, fol. 319. (Mention.)*

7480. Mandement au trésorier de l'épargne de délivrer à Bénigne Serre 400 livres tournois qu'il doit remettre à Jean Pointet, contrôleur des postes et chevaucheurs de l'écurie du roi, pour ses gages de l'année précédente. Villeneuve-Saint-Georges, 23 janvier 1534. — 23 janvier.

> *Bibl. nat., ms. fr. 15632, n° 316. (Mention.)*

7481. Commission adressée à Bertrand Rabot et à Artus Prunier pour faire le recouvrement de tous les restes dus au Trésor en Dauphiné. Paris, 27 janvier 1534. — 27 janvier.

> *Enreg. à la Chambre des Comptes de Grenoble. Arch. de l'Isère, B. 2969, cah. 50 ter. 4 pages.*

7482. Commission donnée à Jean Bertrandi et à Martin — 27 janvier.

de Troyes pour faire le recouvrement en Languedoc de tous les restes dus au Trésor. Paris, 27 janvier 1534.

> *Original. Bibl. nat., ms. fr. 25721, n° 429.*
> *Enreg. à la Chambre des Comptes de Montpellier.*
> *Arch. départ. de l'Hérault, B. 341, fol. 42. 2 pages.*

7483. Lettres de dispense à Nicolas Champin, notaire au Châtelet de Paris, pour l'exercice simultané des offices de notaire et de procureur postulant au Châtelet. Paris, 27 janvier 1534.

27 janvier.

> *Enreg. au Châtelet de Paris, Bannières, Arch. nat., Y. 9, fol. 43. 1 page.*

7484. Traité passé entre le roi François Ier, par son ambassadeur Guillaume Du Bellay, s^r de Langey, et les princes de Saxe, de Bavière et de Hesse, pour la conservation des droits du Saint-Empire, la liberté de la Germanie et la sûreté et conservation du royaume de France. Augustæ Vindelicorum (Augsbourg), 28 janvier 1534.

28 janvier.

> *Original sur parchemin, revêtu de huit signatures (les huit sceaux manquent). Coll. Jarry, à Orléans. (Provenant de la coll. Joursanvault.)*

7485. Mandement aux gens des comptes de rembourser à Lambert Meigret, commis au payement de l'Extraordinaire des guerres, la somme de 4,000 livres tournois qui lui était due. Paris, 28 janvier 1534.

28 janvier.

> *Original. Bibl. nat., Pièces orig., Meigret vol. 1912, n° 26.*

7486. Édit portant que les recéleurs de luthériens seront punis des mêmes peines qu'eux, s'ils ne les livrent à la justice, et que les dénonciateurs auront le quart des confiscations. Paris, 29 janvier 1534.

29 janvier.

> *Enreg. au Parl. de Paris, le 1er février 1535 n. s. Arch. nat., X^{1a} 8612, fol. 344. 1 page 1/4.*
> *Imp. Pièce. Bibl. nat., Inv. Réserve., F. 1642.*
> *Pierre Rebuffi, Édits et ordonnances des rois de France. Lyon, 1573, in-fol., p. 1392.*

Fontanon, *Les édits et ordonnances*, etc. Paris, 1611, in-fol., t. IV, p. 245.

[Le Mère], *Recueil des actes, titres et mémoires concernant les affaires du clergé.* Paris, 1716-1740, 12 vol. in-fol., t. I, col. 1089.

[Gentil], *Recueil des actes concernant les affaires du clergé.* Paris, 1716-1752, 6 vol. in-fol., t. VI, p. 12.

Isambert, *Recueil général des anc. lois françaises*, Paris, 1827, in-8°, t. XII, p. 402.

Haag, *La France protestante.* Paris, 1858, in-8°, t. X, Pièces justificatives, n° 3, p. 6.

7487. Lettres portant attribution au Parlement de Toulouse des procès et différends mus et à mouvoir, au sujet des offices de judicature du ressort. Paris, 29 janvier 1534.

    Enreg. au Parl. de Toulouse, le 23 mars 1535 n. s. Arch. de la Haute-Garonne, Édits, reg. 4, fol. 28. 1 page.

29 janvier.

7488. Lettres portant renvoi au Grand conseil de certaine affaire entre le syndic des États de Languedoc et les officiers du Parlement, ceux-ci prétendant être exempts de certaine contribution, à raison des héritages non nobles qu'ils possèdent. Paris, 29 janvier 1534.

    Enreg. au Parl. de Toulouse. Arch. de la Haute-Garonne, Édits, reg. 4, fol. 30. 1 page.

29 janvier.

7489. Lettres qui autorisent les capitouls à lever pendant six ans, à compter du 31 janvier 1534, les droits d'apetissement ou quart du vin vendu au détail dans la ville de Toulouse, à condition d'en employer le produit à l'entretien des fortifications. Paris, 31 janvier 1534.

    Enreg. à la sénéchaussée de Toulouse, le 5 avril 1535.

    Copie. Arch. municip. de Toulouse, ms. 185, p. 499.

31 janvier.

7490. Lettres ordonnant à Guillaume Prudhomme, trésorier de l'épargne, de fournir à Robert de Beauvais, procureur à la Chambre des Comptes, une somme de 3,600 livres tournois pour employer à l'achat d'une maison, meubles, habil-

31 janvier.

lements et autres choses nécessaires pour la
fondation d'un hôpital pour les enfants pauvres
que le roi veut retirer de l'Hôtel-Dieu. (Création de l'hôpital dit des Enfants-Rouges.)
Paris, 31 janvier 1534.

> *Copie du XVIe siècle. Arch. nat., Comptes de Ro-
> bert de Beauvais, KK. 334, fol. 2 v°. 3 pages.*

7491. Provisions en faveur de François de Montholon,
avocat général au Parlement de Paris, de l'office de président en ladite cour, vacant par la
résignation pure et simple de Charles Guillart.
Paris, [31 janvier] 1534.

> *Reçu au Parl., le 3 février suivant. Arch. nat.,
> X¹ᵃ 1538, reg. du Conseil, fol. 83. (Mention.)*

7492. Provisions en faveur de Jacques Cappel, avocat
au Parlement de Paris, de l'office d'avocat
général en ladite cour, au lieu de François de
Montholon, nommé président. Paris, 31 janvier 1534.

> *Reçu au Parl. le 4 février suivant. Arch. nat.,
> X¹ᵃ 1538, reg. du Conseil, fol. 84. (Mention.)*

7493. Lettres de don à Adrien Du Drac, à l'occasion
de son mariage avec la fille d'André Guillart,
maître des requêtes de l'hôtel, de l'office de
conseiller lai au Parlement de Paris, laissé vacant par Julien de Bourgneuf, créé président
des « Grands jours que l'on dit Parlement en
Bretaigne ». Paris, 31 janvier 1534.

> *Réception de Du Drac au Parl. le 15 février sui-
> vant. Arch. nat., X¹ᵃ 1538, reg. du Conseil, fol. 97.
> (Mention.)*

7494. Provisions pour Robert Beauvisage de l'office de
greffier au bailliage du palais à Paris, vacant
par la résignation de Simon Badoux. Paris,
31 janvier 1534.

> *Copie du XVIe siècle. Bibl. nat., ms. fr. 5124,
> fol. 119.*

7495. Édit portant que le supplice de la roue sera
infligé aux voleurs de grand chemin et ré-

1535.

31 janvier.

31 janvier.

31 janvier.

31 janvier.

Janvier.

glant diverses autres pénalités. Paris, janvier   1535.
1534.

> *Enreg. au Parl. de Paris, le 11 janvier 1535*
> *n. s., d'après Fontanon et Blanchard.*
> *Enreg. au Parl. de Bordeaux, le 4 mars 1535 n. s.*
> *Arch. de la Gironde, B. 30 bis, fol. 217. 3 pages.*
> *Enreg. au Parl. de Dijon, le 23 février 1535 n. s.*
> *Arch. de la Côte-d'Or, Parl., reg. II, fol. 180.*
> *Enreg. au Parl. de Grenoble, le 26 février 1535.*
> *Arch. de l'Isère, Chambre des Comptes de Grenoble,*
> *B. 2910, cah. 114. 3 pages 1/4.*
> *Imp. Pièce. Bibl. nat., Inv. Réserve, F. 1642 et*
> *1822.*
> *Idem. Pièce de 4 pages. Paris, J. André, 1534.*
> *Londres, British Museum.*
> Rebuffi, *Édits et ordonnances des rois de France.*
> Lyon, 1573, in-fol., p. 277.
> Fontanon, *Les édits et ordonnances*, etc. Paris,
> 1611, in-fol., t. I, p. 661,
> Isambert, *Recueil général des anc. lois françaises*,
> Paris, 1827, in-8°, t. XII, p. 400.

7496. Confirmation des privilèges et statuts des maî-   Janvier.
tres et ouvriers menuisiers de Bordeaux. Pa-
ris, janvier 1534.

> *Enreg. à la Chancellerie de France. Arch. nat.,*
> *Trésor des Chartes, JJ. 248, n° 17, fol. 9. 1 page.*

7497. Rétablissement d'un marché le samedi de chaque   Janvier.
semaine à Corbeny, en faveur de Robert de
Lenoncourt, prieur de Saint-Marcoul de Corbeny. Paris, janvier 1534.

> *Enreg. à la Chancellerie de France. Arch. nat.,*
> *Trésor des Chartes, JJ. 248, n° 5, fol. 2 v°. 1 page.*
> *Copie. Arch. municipales de Laon, HH. 15.*

7498. Établissement de deux foires par an et d'un   Janvier.
marché chaque semaine à Courville (Cham-
pagne), en faveur du cardinal de Lorraine,
archevêque de Reims, seigneur temporel du
lieu. Paris, janvier 1534.

> *Enreg. à la Chancellerie de France. Arch. nat.,*
> *Trésor des Chartes, JJ. 248, n° 3, fol. 2. 1 page.*

7499. Établissement de deux foires annuelles et d'un   Janvier.
marché hebdomadaire à Juniville, dans les Ar-
dennes, en faveur de Robert de Lenoncourt,
abbé commendataire de Saint-Remy de Reims,

seigneur temporel de Juniville. Paris, janvier 1534.   1535.

Enreg. à la Chancellerie de France. Arch. nat., Trésor des Chartes, JJ. 248, n° 2, fol. 1 v°. 1 page.

7500. Don à Protais Guéroust, sommelier d'échanson-   Janvier.
nerie de bouche de la reine, en récompense de
ses services, des biens de feu Guillaume Capelle que le bailli de Saint-Sauveur-Lendelin
a adjugés au roi par droit d'aubaine, parce que
ledit Capelle était bâtard et n'avait obtenu ni
lettres de légitimation ni permission de tester.
Paris, janvier 1534.

Enreg. à la Chancellerie de France. Arch. nat., Trésor des Chartes, JJ. 248, n° 13, fol. 7 v°. 2 p.

7501. Lettres évoquant au Parlement de Paris les   1er février.
procès intentés par Louis Picot, président en
la Cour des Aides, aux héritiers de Nicolas Le
Comte, changeur du Trésor, pour une créance
de 516 écus d'or de rente. Paris, 1er février
1534.

Copie collationnée faite par ordre de la Cour des Aides, le 12 février 1779. Arch. nat., Z¹ª 526.

7502. Provisions en faveur de Nicole de Chaponnay,   1er février.
docteur ès droits, de l'office de juge et con-
servateur des privilèges et foires de Lyon, résigné à son profit par Jean Richard. Paris,
1er février 1534.

Réception dud. de Chaponnay au Parl. de Paris, le 15 mars suivant. Arch. nat., X¹ª 4897, Plaidoiries, fol. 532. (Mention.)

7503. Mandement au trésorier de l'épargne de payer à   1er février.
Pierre Gronneau, payeur des œuvres du roi à
Paris, 200 livres tournois pour faire réparer
les châsses des saintes reliques de la chapelle
du palais à Paris. Paris, 1er février 1534.

Bibl. nat., ms. fr. 15632, n° 9. (Mention.)

7504. Mandement au trésorier de l'épargne de payer à   1er février.
Charles de Mouy, chevalier, sʳ de la Meilleraye,
vice-amiral de France, 2,400 livres tournois

pour sa pension des années 1533 et 1534. 1535.
Paris, 1er février 1534.

Bibl. nat., ms. fr. 15632, n° 70. (Mention.)

7505. Mandement à la Chambre des Comptes de Bre- 2 février.
tagne et au sénéchal de Cornouaille de mettre
Jean de La Motte en possession du temporel de
l'évêché de Cornouaille. Paris, 2 février 1534.

*Enreg. à la Chambre des Comptes de Bretagne.
Archives de la Loire-Inférieure, B. Mandements
royaux, H, fol. 87.*
*Imp. A. Padioleau, sr de Launay. Traité de la
juridiction de la Chambre des Comptes de Bretagne
sur la régale. Nantes, 1631, in-8°, p. 86.*

7506. Provisions en faveur d'Antoine Pelicot de l'of- 3 février.
fice de rational archivaire de la Chambre des
Comptes d'Aix. Paris, 3 février 1534.

*Enreg. au Parl. de Provence. Arch. de la cour à
Aix, Lettres royaux, vol. 2e, reg. in-fol. papier de
1,026 feuillets, fol. 473.*

7507. Mandement au trésorier de l'épargne de payer à 3 février.
Pierre Gronneau, payeur des œuvres du roi à
Paris, 400 livres tournois pour les réparations
des châteaux du Louvre et de Saint-Germain-
en-Laye. Paris, 3 février 1534.

Bibl. nat., ms. fr. 15632, n° 8. (Mention.)

7508. Mandement au trésorier de l'épargne de payer 3 février.
au duc de Guise, chevalier de l'ordre, lieutenant général du roi et gouverneur de Brie et
de Champagne, 9,000 livres tournois complétant le payement des 18,000 livres tournois à
lui dues pour sa pension et son état de gouverneur pendant l'année 1534. Paris, 3 février 1534.

Bibl. nat., ms. fr. 15632, n° 349. (Mention.)

7509. Mandement au trésorier de l'épargne de payer à 3 février.
M. d'Humières, chevalier de l'ordre, 3,000 li-
vres tournois pour sa pension de l'année 1534.
Paris, 3 février 1534.

Bibl. nat., ms. fr. 15632, n° 351. (Mention.)

7510. Mandement au trésorier de l'épargne de payer à M. de Saint-André, chevalier de l'ordre, 4,000 livres tournois pour sa pension durant les années 1533 et 1534. Paris, 3 février 1534.

> *Bibl. nat., ms. fr. 15632, n° 373. (Mention.)*

1535.
3 février.

7511. Ordonnance touchant la police des bois et du charbon sur les ports de Paris, et permettant à tous marchands d'en amener la quantité et de les vendre le prix qu'il leur plaira. Paris, 4 février 1534.

> *Original. Arch. nat., K. 954, n° 50.*

4 février.

7512. Confirmation de la nomination de Jean François à l'office de garde des sceaux au Parlement de Provence, avec déclaration qu'il n'appartient qu'au pouvoir royal de pourvoir audit office. Paris, 4 février 1534.

> *Enreg. à la Chambre des Comptes d'Aix. Arch. des Bouches-du-Rhône, B. 32 (Scorpionis), fol. 106. 2 pages.*

4 février.

7513. Mandement au trésorier de l'épargne de payer au duc de Vendôme 12,000 livres tournois pour sa pension de l'année 1534. Paris, 4 février 1534.

> *Bibl. nat., ms. fr. 15632, n° 121. (Mention.)*

4 février.

7514. Lettres de rappel de ban et de réhabilitation en faveur d'Henri Bohier, général des finances en Languedoc, en considération des services de sa famille. Paris, 5 février 1534.

> *Imp. Catalogue des archives de M. le baron de Joursanvault. Paris, Techener, 1838, 2 vol. in-8°, t. I, p. 29. (Original mentionné.)*

5 février.

7515. Mandement au trésorier de l'épargne de payer à Marguerite d'Ailly, dame de Thiembronne, 450 livres tournois que le roi lui a données afin de l'aider à se mieux entretenir. Paris, 5 février 1534.

> *Bibl. nat., ms. fr. 15632, n° 27. (Mention.)*

5 février.

7516. Mandement au trésorier de l'épargne de payer à

5 février.

Paul Canosse, dit Paradis, lecteur ordinaire   1535.
en lettres hébraïques à l'Université de Paris,
450 livres tournois pour sa pension d'une
année (1er novembre 1533-31 octobre 1534).
Paris, 5 février 1534.

> *Bibl. nat., ms. fr.* 15632, n° 55. (*Mention.*)

7517. Mandement au trésorier de l'épargne de payer à   5 février.
Jacques Touzart (*alias* Touzac) et Pierre Da-
nès, lecteurs ordinaires en grec, et à François
Vatable et Agathius Guidacerius, lecteurs en
hébreu, 1,800 livres tournois pour leurs pensions durant une année (1er novembre 1534-
31 octobre 1535). Paris, 5 février 1534.

> *Bibl. nat., ms. fr.* 15632, n° 60. (*Mention.*)

7518. Lettres touchant l'exécution et l'entérinement   6 février.
des indults accordés par le pape Clément VII
aux cardinaux de Bourbon et de Tournon,
pour la collation des bénéfices dépendant de
leurs archevêchés et abbayes. Paris, 6 février
1534.

> *Enreg. au Parl. de Paris. Arch. nat.,* X1a 8612,
> fol. 349. 1 page 1/2.
> *Les indults,* fol. 345 et 347. 8 pages.
> Ces indults datés, l'un du 28 juin, l'autre du
> 24 août 1530, sont enregistrés au Parlement, en
> conséquence de ces lettres, mais sous réserves, le
> 2 mars 1535 n. s.
> *Enreg. au Parl. de Bordeaux, sauf les réserves
> d'usage, le 14 juin 1535. Arch. de la Gironde,*
> B. 30 bis, fol. 223. 12 pages.
> *Enreg. au Parl. de Toulouse. Arch. de la Haute-
> Garonne, Édits,* reg. 4, fol. 55. 1 page.

7519. Lettres accordées à Louis d'Adhémar de Mon-   6 février.
teil, seigneur de Grignan, portant défense à
toutes personnes de chasser sur ses terres de
Dauphiné. Paris, 6 février 1534.

> *Original scellé. Arch. nat., suppl. du Trésor des
> Chartes,* JJ, 842, n° 3.

7520. Lettres de relief d'adresse au Parlement de Bor-   6 février.
deaux pour l'enregistrement des lettres du
30 décembre précédent (n° 7441) relatives

aux châtellenies de Bellac, Rançon et Champagnac. Paris, 6 février 1534.   1535.

Enreg. au Parl. de Bordeaux, le 8 février 1535 n. s. Arch. de la Gironde, B. 30 bis, fol. 211.

7521. Provisions de l'office de maître des œuvres de   6 février.
maçonnerie pour le roi en Bourgogne, accordées à Jean Corant, en remplacement de Guillaume Colin, décédé. Paris, 6 février 1534.

Enreg. par analyse à la Chambre des Comptes de Dijon, le 1er mars suivant. Arch. de la Côte-d'Or, reg. B. 19, fol. 3.

7522. Mandement au trésorier de l'épargne de payer   7 février.
aux grand prieur, religieux et couvent de Saint-Claude en Bourgogne 300 livres tournois pour une grand'messe qu'ils doivent célébrer tous les jours de l'année à l'intention du roi et de ses prédécesseurs, pour l'année 1533. Paris, 7 février 1534.

Bibl. nat., ms. fr. 15632, n° 10. (Mention.)

7523. Mandement au trésorier de l'épargne de payer   7 février.
à Hans Yonores (Joncker), orfèvre à Paris, 337 livres 10 sous tournois pour une chaîne de rubis et de perles, garnie d'or en façon de cordelière, émaillée de blanc et de noir, qu'il a vendue au roi. Paris, 7 février 1534.

Bibl. nat., ms. fr. 15632, n° 22. (Mention.)

7524. Mandement au trésorier de l'épargne de payer   7 février.
à Jean Crosnier, trésorier de la marine de Provence, 8,000 livres tournois pour la solde et l'entretien au service du roi, sur la côte de Provence, d'une galère appelée *la Comtesse*, appartenant au comte de Tende, pendant le deuxième et le troisième quartiers de l'année 1534. Paris, 7 février 1534.

Bibl. nat., ms. fr. 15632, n° 67. (Mention.)

7525. Confirmation accordée à Antoine Le Caron de   8 février.
son office de lieutenant au siège de Compiègne du maître particulier des Eaux et forêts de

France, Brie et Champagne. Paris, 8 février 1535.
1534.

> *Enreg. aux Eaux et forêts (siège de la Table de marbre), le 25 février suivant, Arch. nat., Z¹ᵉ 323, fol. 40. 1 page.*

7526. Provisions en faveur de Jean Bignon de l'office de procureur du roi en la gruerie du comté de Montfort-l'Amaury. Paris, 8 février 1534. — 8 février.

> *Enreg. aux Eaux et forêts (siège de la Table de marbre), le 10 mars suivant. Arch. nat., Z¹ᵉ 323, fol. 49. 2 pages.*

7527. Mandement au trésorier de l'épargne de payer à dix-sept écoliers suisses, étudiants à l'Université de Paris, 300 livres tournois par manière de pension pour le premier quartier de la présente année. Paris, 8 février 1534. — 8 février.

> *Bibl. nat., ms. fr. 15632, n° 224. (Mention.)*

7528. Édit portant règlement en huit articles pour les compagnies de gens d'armes, les enrôlements à la grande paye, les cas de forfaiture, la répression des abus résultant des absences aux montres, etc. Paris, 9 février 1534. — 9 février.

> Imp. Pièce, *Bibl. nat., Inv. Réservé*, F. 1537. —
> *Ordonnances sur le fait des guerres et payement de la gendarmerie...* 1540, goth. in-12, fol. 35 v°.
> Rebuffi, *Édits et ordonnances des rois de France.* Lyon, 1573, in-fol., p. 951.
> Fontanon, *Les édits et ordonnances, etc.* Paris, 1611, in-fol., t. III, p. 92.

7529. Lettres portant confirmation du contrat de mariage d'entre François de Bourbon, comte de Saint-Pol, et Adrienne, duchesse d'Estouteville. Paris, 9 février 1534. — 9 février.

> *Enreg. à la Chambre des Comptes, le 16 avril 1540 après Pâques. Copie collationnée du XVIII° siècle.* Arch. nat., K. 171, n° 10.
> Imp. Pièce in-4°. *Arch. nat.*, AD. I 18. 8 pages.
> La Rocque, *Hist. généal. de la maison d'Harcourt.* Paris, 1662, in-fol., t. IV, additions non paginées.
> Le P. Anselme, *Hist. généal. de la maison de France, etc.* Paris, 1730, in-fol., t. V, p. 555.

7530. Lettres accordant à François de Bourbon, comte — 9 février.

IMPRIMERIE NATIONALE.

de Saint-Pol, un délai de deux ans pour ses
foi et hommages du comté de Saint-Pol et
autres terres et seigneuries, pendant lequel
temps il sera décidé à qui les hommages en
sont dus. Paris, 9 février 1534.

1535.

*Enreg. à la Chambre des Comptes de Paris, anc.
mém. 2 G., fol. 192. Arch. nat., invent. PP. 136,
p. 419. (Mention.)*

7531. Mandement au trésorier de l'épargne de payer
à Pierre Michon et à Étienne Leblanc, contrôleurs généraux de la recette et dépense de
l'épargne, 1,200 livres tournois, soit à chacun
600 livres, pour leurs gages ordinaires de contrôleurs pendant l'année 1534. Paris, 10 février 1534.

10 février.

*Bibl. nat., ms. fr. 15632, n° 71, et nouv. acquisit.
fr. 895, fol. 9 v°. (Mentions.)*

7532. Mandement au trésorier de l'épargne de payer
à Pierre Danès et à Jacques Touzart (*aliàs* Touzac), lecteurs de grec, à François Vatable,
Agatius Guidacerius et Paul Canosse, lecteurs
d'hébreu, et à Oronce Fine, lecteur de mathé-
matiques à l'Université de Paris, 2,875 livres
tournois, soit à Danès, Touzart, Vatable et
Guidacerius, 240 livres tournois à chacun,
pour leur pension de six mois de l'année finie
le 31 octobre 1531; à Canosse, 157 livres
10 sous tournois; à Fine, 77 livres 10 sous
tournois; plus à Danès, Touzart, Vatable et
Guidacerius, à chacun 455 livres tournois
pour leurs pensions de l'année 1532-1533
(1er novembre 1532-31 octobre 1533). Paris,
10 février 1534.

10 février.

Bibl. nat., ms. fr. 15632, n° 180. (Mention.)

7533. Mandement au trésorier de l'épargne de rembourser à Antoine Mellin, banquier italien,
225 livres tournois qu'il paya à un courrier
italien dépêché par le roi, de Vendôme à Rome,
auprès de l'évêque de Mâcon. Paris, 11 février
1534.

11 février.

Bibl. nat., ms. fr. 15632, n° 20. (Mention.)

7534. Mandement au trésorier de l'épargne de délivrer à Martin de Troyes, commis à tenir le compte et faire le payement des 80 lances fournies des ordonnances commandées par le Grand écuyer, 7,782 livres 1 sou 6 deniers tournois pour le dernier quartier de l'année 1534. Paris, 11 février 1534.

1535, 11 février.

Bibl. nat., ms. fr. 15632, n° 29. (Mention.)

7535. Mandement au trésorier de l'épargne de payer au comte de Saint-Pol 4,650 livres tournois complétant les 40,000 livres tournois dont le roi lui a fait cadeau à l'occasion de son mariage avec Adrienne d'Estouteville, qui a été célébré à Paris. Paris, 11 février 1534.

11 février.

Bibl. nat., ms. fr. 15632, n° 206. (Mention.)

7536. Lettres portant confirmation, au profit des doyen, chanoines et chapitre de la Sainte-Chapelle du roi à Dijon, de la moitié de l'émolument des lettres de chartre et de grâces émanées de la chancellerie du duché. Paris, 12 février 1534.

12 février.

Enreg. à la Chambre des Comptes de Dijon, le 27 avril 1534. Arch. de la Côte-d'Or, reg. B. 72, fol. 133.

7537. Lettres ordonnant de saisir le tiers du temporel des chapitres, collèges et communautés, la moitié du temporel des archevêques, évêques, abbés, prieurs, couvents et commanderies. La totalité des biens temporels du clergé sera baillée à des fermiers, qui sur les revenus verseront tout d'abord, au trésor du roi, le tiers pour les premiers et la moitié pour les seconds, afin de subvenir aux nécessités de la guerre. Paris, 12 février 1534.

12 février.

Enreg. au Châtelet de Paris, Bannières. Arch. nat., Y. 9, fol. 44 v°. 4 pages.
Enreg. à la Chambre des Comptes de Grenoble, le 5 avril 1535. Arch. de l'Isère, B. 2909, cah. 48. 14 pages.
Imp. P. Dupuy, Traités des droits et libertés de l'Église gallicane, Paris, 1731-1751, 3° édit., 4° partie, p. 240.

3.

7538. Mandement semblable au bailli d'Autun en ce qui concerne le temporel du clergé séculier et régulier de son bailliage. Paris, 12 février 1534.

Copie du xvii⁰ siècle. Bibl. nat., ms. fr. 4905, fol. 44 v⁰.

7539. Mandement au trésorier de l'épargne de bailler à François Malvault, receveur et payeur de l'écurie du roi, 2,000 livres tournois pour les dépenses des pages et des chevaux depuis le 1ᵉʳ janvier 1535 n. s. Paris, 12 février 1534.

Bibl. nat., ms. fr. 15632, n° 11. (Mention.)

7540. Mandement au trésorier de l'épargne de bailler à Fleury Geuffroy, receveur et payeur de l'écurie de Messeigneurs, 1,500 livres tournois pour les dépenses de leurs pages et de leurs chevaux depuis le 1ᵉʳ janvier 1535 n. s. Paris, 12 février 1534.

Bibl. nat., ms. fr. 15632, n° 12. (Mention.)

7541. Mandement au trésorier de l'épargne de payer à André de Montalembert, sʳ d'Essé, 675 livres tournois pour se rendre en mission auprès du roi et de la reine de Navarre, en résidence à Bayonne. Paris, 12 février 1534.

Bibl. nat., ms. fr. 15632, n° 24. (Mention.)

7542. Mandement au trésorier de l'épargne de payer à Guillaume de Geys, grènetier de Marcilly, 562 livres 10 sous tournois pour porter en Espagne des instructions du roi à Claude Dodieu, sʳ de Vély, son ambassadeur auprès de l'empereur. Paris, 12 février 1534.

Bibl. nat., ms. fr. 15632, n° 26. (Mention.)

7543. Mandement au trésorier de l'épargne de payer à Antoine Des Prez, sʳ de Montpezat, chevalier de l'ordre, 1,200 livres tournois pour sa pension de l'année 1534. Paris, 12 février 1534.

Bibl. nat., ms. fr. 15632, n° 346. (Mention.)

7544. Mandement au trésorier de l'épargne de payer au sʳ de Montpezat 645 livres 17 sous 9 deniers tournois, pour trois ans et cent deux jours

1535.
12 février.

12 février.

12 février.

12 février.

12 février.

12 février.

12 février.

de la pension annuelle de 200 livres tournois 1535.
que feu Madame [Louise de Savoie] lui assigna
sur la recette ordinaire de Bourbonnais, en
récompense de l'office de sénéchal de la haute
Marche, dont ladite dame le priva pour en
pourvoir le s' de La Forêt-Mauvoisin. Paris,
12 février 1534.

Bibl. nat., ms. fr. 15632, n° 347. (Mention.)

7545. Mandement au trésorier de l'épargne de payer 12 février.
à M. de Châteaubriant, gouverneur de Bre-
tagne, 16,000 livres tournois, soit 10,000 livres pour sa pension et 6,000 livres pour son
état de gouverneur pendant l'année 1534.
Paris, 12 février 1534.

Bibl. nat., ms. fr. 15632, n° 397. (Mention.)

7546. Lettres ordonnant de saisir le temporel des 13 février.
églises faisant partie de l'ancien domaine de
la couronne, et de procéder à la vérification
des titres de propriété. Paris, 13 février 1534.

Enreg. au Châtelet de Paris, Bannières. Arch. nat.,
Y. 9, fol. 43 v°. 1 page.
Enreg. à la Chambre des Comptes de Grenoble.
Arch. de l'Isère, B. 2959, cah. 49. 5 pages.

7547. Mandement semblable au bailli d'Autun, en ce 13 février.
qui concerne le temporel des églises de son
bailliage. Paris, 13 février 1534.

Copie du xvi° siècle. Bibl. nat., ms. fr. 4905,
fol. 47 v°.

7548. Commission semblable adressée au bailli de 13 février.
Troyes. Paris, 13 février 1534.

Arch. départ. de l'Aube, G. 2614.

7549. Mandement au trésorier de l'épargne de payer 13 février.
au président Poyet 500 livres tournois pour
sa pension de l'année 1534. Paris, 13 février 1534.

Bibl. nat., ms. fr. 15632, n° 153. (Mention.)

7550. Provisions de l'office d'huissier au Parlement de 18 février.
Bordeaux pour Jean Borie, en survivance de

Jean du Peyrat. Saint-Germain-en-Laye, 18 février 1534.

Enreg. au Parl. de Bordeaux (s. d.). Arch. de la Gironde, B. 30 bis, fol. 220 v°. 3 pages 1/2.

7551. Ordonnance interdisant à Christophe de La Forêt, prévôt des maréchaux de Touraine, de procéder contre les faux sauniers sans enquête préalable. Saint-Germain-en-Laye, 19 février 1534.

Copie collationnée faite par ordre de la Cour des Aides, le 20 avril 1779. Arch. nat., Z¹ᵃ 526.

7552. Lettres en forme de mandement à Guillaume Prudhomme, trésorier de l'épargne, l'informant que les fonds provenant de l'amende de 120,000 livres tournois à laquelle Henri Bohier, ancien sénéchal de Lyon, a été condamné, au lieu d'être remis comme précédemment entre les mains du receveur général des finances extraordinaires ou de son commis, devront être désormais versés au trésor de l'épargne, au château du Louvre. Saint-Germain-en-Laye, 19 février 1534.

Copie du XVIᵉ siècle. Bibl. nat., ms. fr. 15632, n° 2.

7553. Lettres portant réduction du dixième au vingtième du droit que le roi percevait sur le produit des mines d'or, d'argent, de plomb et de cuivre de Saint-Léonard [de Corbigny], de Chitry et de Chaumot, en Nivernais. Saint-Germain-en-Laye, 20 février 1534.

Enreg. à la Chambre des Comptes de Dijon. Arch. de la Côte-d'Or, reg. B. 19, fol. 9 v°.

7554. Lettres portant continuation, pendant huit ans, des octrois accordés aux habitants de Châtillon-sur-Seine. Saint-Germain-en-Laye, 20 février 1534.

Enreg. à la Chambre des Comptes de Dijon, le 11 mars suivant. Arch. de la Côte-d'Or, reg. B. 20, fol. 10 v°.

7555. Permission donnée à tous marchands de trans-

	1535.
	19 février.
	19 février.
	20 février.
	20 février.
	20 février.

porter et vendre les blés dans toute l'étendue
du royaume et à l'étranger. Saint-Germain-en-
Laye, 20 février 1534.

> *Enreg. au Châtelet de Paris, le 3 avril 1535.*
> *Arch. nat., Bannières, Y, 9, fol. 58. 2 pages.*
> *Imp. Delamare, Traité de la police. Paris, 1722,*
> *in-fol., t. II, p. 270.*
> *Isambert, Recueil général des anciennes lois fran-*
> *çaises, Paris, 1827, in-8°, t. XII, p. 403.*

1535.

7556. Mandement au trésorier de l'épargne de payer à
Charlotte Brunet, dite la Durande, brodeuse,
400 livres tournois pour les salaires de quatre
personnes qui, pendant dix mois commencés
le 1er mai 1534, l'ont aidée à faire certains
travaux de broderie d'or, d'argent et de soie
commandés par le roi. Saint-Germain-en-
Laye, 21 février 1534.

> *Bibl. nat., ms. fr. 15632, n° 4. (Mention.)*

21 février.

7557. Mandement au trésorier de l'épargne de payer à
M. le trésorier Babou 6,300 livres tournois
pour sa pension, ses gages et chevauchées durant les années 1533 et 1534. Saint-Germain-
en-Laye, 21 février 1534.

> *Bibl. nat., ms. fr. 15632, n° 358. (Mention.)*

21 février.

7558. Provisions de l'office de receveur de la gruerie
du Chalonnais et de la prévôté de Buxy pour
Jean Guérault, en remplacement et sur la résignation de François Ragot. Saint-Germain-
en-Laye, 22 février 1534.

> *Enreg. par analyse à la Chambre des Comptes de*
> *Dijon, le 13 août 1535. Arch. de la Côte-d'Or,*
> *reg. B. 19, fol. 3 v°.*

22 février.

7559. Lettres portant commission au Parlement de
Paris d'élire vingt-quatre « personnages bien
califfiez et cautionnez », desquels douze seront
choisis et désignés, avec interdiction à tous
autres, pour imprimer à Paris seulement les
livres approuvés et nécessaires « pour le bien
de la chose publique, sans imprimer aulcune
composition nouvelle, sur peine d'estre pugnis
comme transgresseurs de noz ordonnances »; et

23 février.

maintenant, en attendant, les prohibitions de
n'imprimer quoi que ce soit, portées par l'ordonnance du 13 janvier précédent (n° 7461).
Saint-Germain-en-Laye, 23 février 1534.

1535.

*Enreg. au Parl. de Paris, le 26 février suivant.
Arch. nat., X¹ᵃ 1538, reg. du Conseil, fol. 113 v°.
1 page 1/2.*

7560. Mandement aux élus de Normandie d'asseoir un
impôt de 30,000 livres tournois pour l'équipement des 6,000 hommes de la légion qui
doit être levée en Normandie. Saint-Germain-
en-Laye, 24 février 1534.

24 février.

*Copie du xvɪᵉ siècle. Bibl. nat., coll. Dupuy,
t. 500, fol. 9.*

7561. Provisions de l'office de receveur des exploits et
amendes du Parlement de Paris et des requêtes
de l'hôtel et du palais, pour Jean Thenon
(*alias* Tenon), en remplacement d'Hervé de
Kaerquifinen, décédé. Saint-Germain-en-Laye,
24 février 1534.

24 février.

*Réception au Parl. le 4 mars suivant. Arch. nat.,
X¹ᵃ 1538, reg. du Conseil, fol. 122 v°. (Mention.)*

7562. Mandement au trésorier de l'épargne de payer
à Séraphin de Gose, gentilhomme de Raguse,
2,250 livres tournois ou 1,000 écus d'or soleil, soit 500 écus pour avoir amené au roi
trois chevaux turcs de la part d'Ibrahim-
Pacha, et 500 écus pour se rendre en mission
auprès dudit Ibrahim et revenir en France.
Saint-Germain-en-Laye, 24 février 1534.

24 février.

Bibl. nat., ms. fr. 15632, n° 15. (Mention.)

7563. Ordonnance portant règlement des droits de
l'amiral de France et de l'amiral de Guyenne.
Saint-Germain-en-Laye, 27 février 1534.

27 février.

*Enreg. au Parl. de Paris, sauf réserve, le 6 mars
1536 n. s. Arch. nat., X¹ᵃ 8612, fol. 393.
2 pages 1/2.
Bibl. nat., mss Moreau, t. 1340, fol. 15. (Mention.)*

7564. Provisions de l'office de concierge du palais du

27 février.

Parlement de Dijon pour Louis Naissant, en remplacement de Louis de Ranzey, décédé. Saint-Germain-en-Laye, 27 février 1534.

1535.

> *Enreg. au Parl. de Dijon, le 29 mai 1535. Arch. de la Côte-d'Or, Parl., reg. II, fol. 182.*

7565. Mandement au trésorier de l'épargne de bailler à Guillaume de Moraynes, commis à tenir le compte et faire le payement des 100 lances commandées par les s^rs de Barbézieux et de Montpezat, 9,575 livres 15 sous 6 deniers tournois pour le dernier quartier de l'année 1534. Saint-Germain-en-Laye, 27 février 1534.

27 février.

> *Bibl. nat., ms. fr. 15632, n° 36. (Mention.)*

7566. Mandement au trésorier de l'épargne de payer à Jean de Langeac, évêque de Limoges, 3,600 livres tournois pour la mission dont le roi l'a chargé auprès du duc de Ferrare et qui doit durer cent quatre-vingts jours (27 février-25 août). Saint-Germain-en-Laye, 27 février 1534.[1]

27 février.

> *Bibl. nat., ms. fr. 15632, n° 56. (Mention.)*
> *Bibl. nat., ms. Clairambault 1215, fol. 73 v°. (Mention.)*

7567. Mandement au trésorier de l'épargne de bailler à François Malvault, receveur et payeur de l'écurie du roi, 4,500 livres tournois pour les dépenses de ladite écurie et des pages depuis le 1er janvier précédent. Saint-Germain-en-Laye, 27 février 1534.

27 février.

> *Bibl. nat., ms. fr. 15632, n° 94. (Mention.)*

7568. Mandement au trésorier de l'épargne de bailler à Nicolas Hérouet, commis au payement des 40 lances commandées par le s^r d'Alègre, 3,600 livres 5 sous tournois pour le dernier quartier de l'année 1534. Saint-Germain-en-Laye, 27 février 1534.

27 février.

> *Bibl. nat., ms. fr. 15632, n° 98. (Mention.)*

7569. Mandement au trésorier de l'épargne de payer

27 février.

---

[1] Le 28, d'après le manuscrit Clairambault.

à Jehannot Bouteillier, sommelier d'échansonnerie de bouche du roi, 1,929 livres 14 sous
tournois pour les frais de labourage et culture
des vignes plantées près de Fontainebleau, au
terroir des Andoches, paroisse de Champmo-
reau (auj. Samoreau), dont ledit Jehannot a la
charge pour la présente année. Saint-Germain-
en-Laye, 27 février 1534.

1535.

> *Bibl. nat.*, ms. fr. 15632, n° 195. (*Mention.*)

7570. Confirmation des droits, privilèges, franchises,
et coutumes des habitants de la seigneurie de
Bouchemenil, en la vicomté de Breteuil. Paris,
février 1534.

Février.

> *Enreg. à la Chancellerie de France. Arch. nat.,*
> *Trésor des Chartes, JJ. 248, n° 47, fol. 24. 1 page.*

7571. Confirmation des privilèges, franchises et libertés des officiers et ouvriers des monnaies de
Rennes et de Nantes. Paris, février 1534.

Février.

> *Enreg. à la Chancellerie de France. Arch. nat.,*
> *Trésor des Chartes, JJ. 248, n° 49, fol. 24 v°.*
> *1 page.*

7572. Confirmation des privilèges des capitouls de
Toulouse, « en considération de la grande joie,
solemnité et somptuosité de l'entrée du roi ».
Saint-Germain-en-Laye, février 1534.

Février.

> *Enreg. à la sénéchaussée de Toulouse, le 28 jan-*
> *vier 1535.*
> *Expédition originale en parchemin, signée Breton,*
> *et copie. Arch. munícip. de Toulouse, ms. 185,*
> *p. 497, et ms. 2550, fol. 395.*

7573. Provisions de l'office de châtelain et portier des
ville et château de Semur-en-Auxois pour
Albin Le Croisier, en remplacement et sur la
résignation de Jean Le Croisier, son père. Saint-
Germain-en-Laye, [février] 1534.

Février.

> *Enreg. par analyse à la Chambre des Comptes de*
> *Dijon, le 14 avril 1535. Arch. de la Côte-d'Or,*
> *B. 19, fol. 3.*

7574. Déclaration portant défenses de tirer hors de la...

2 mars.

province de Dauphiné du fer, de l'acier, des 1535.
cordages, de la poix. Mantes, 2 mars 1534.

Enreg. au Parl. de Grenoble, le 13 avril suivant.
Arch. de l'Isère, Chambre des Comptes de Grenoble,
B. 2909, cah. 51. 2 pages.

7575. Mandement au trésorier de l'épargne de bailler à   2 mars.
Jacques Arnoul, commis à tenir le compte et
faire le payement des 80 lances commandées
par le roi de Navarre, 7,499 livres 3 sous
4 deniers tournois pour le dernier quartier de
l'année 1534. Mantes, 2 mars 1534.

Bibl. nat., ms. fr. 15632, n° 37. (Mention.)

7576. Mandement au trésorier de l'épargne de payer à   2 mars.
Barnabé d'Urre, sʳ de la Fosse, 225 livres
tournois pour porter en Allemagne des lettres
du roi à certains princes et seigneurs et leur
exposer verbalement sa mission. Mantes,
2 mars 1534.

Bibl. nat., ms. fr. 15632, n° 51. (Mention.)

7577. Mandement au trésorier de l'épargne de payer à   2 mars.
Barnabé d'Urre, sʳ de la Fosse, 675 livres
tournois pour remettre au docteur Ulleric
(Ulrich), résidant en Allemagne, à qui le roi
en a fait don, en récompense de ses services.
Mantes, 2 mars 1534.

Bibl. nat., ms. fr. 15632, n° 52. (Mention.)

7578. Mandement au trésorier de l'épargne de payer   2 mars.
à François Rusticquet, gentilhomme de la
maison de Renzo de Cère, 675 livres tournois
en récompense de ses services. Mantes, 2 mars
1534.

Bibl. nat., ms. fr. 15632, n° 53. (Mention.)

7579. Mandement au trésorier de l'épargne de payer   2 mars.
à Bénédict Raince, homme d'armes de la
compagnie de Renzo de Cère, 90 livres tournois pour sa solde des deuxième et troisième quartiers de l'année dernière qu'il n'a
pas reçue. Mantes, 2 mars 1534.

Bibl. nat., ms. fr. 15632, n° 54. (Mention.)

7580. Mandement au trésorier de l'épargne de payer à Robert, Allemand, serviteur et messager du duc Otbon Henri, 225 livres tournois pour le dédommager des frais de son voyage. Mantes, 2 mars 1534.

1535.
2 mars.

Bibl. nat., ms. fr. 15632, n° 58. (*Mention.*)

7581. Mandement au trésorier de l'épargne de payer à Félix de Jonville 315 livres tournois pour se rendre en toute hâte à Bayonne porter des mandements du roi aux gouverneurs, lieutenants et autres officiers des villes et pays que doit traverser le comte palatin Frédéric, qui va rejoindre l'empereur en Espagne, pour qu'on lui fasse bon accueil. Mantes, 3 mars 1534.

3 mars.

Bibl. nat., ms. fr. 15632, n° 584. (*Mention.*)

7582. Provisions en faveur de Guillaume Du Bellay, gentilhomme ordinaire de la chambre du roi, s^r de Langey et du Pont-de-Rémy, de l'office de bailli d'Amiens, vacant par la nomination d'Imbert de Saveuses à la charge de maître des requêtes ordinaire de l'hôtel du roi. 5 mars 1534.

5 mars.

Bibl. nat., ms. Clairambault 782, fol. 293. (*Mention.*)

7583. Provisions en faveur de Jean Menault, avocat en la sénéchaussée du Maine, de l'office de bailli des eaux et forêts du comté du Maine, vacant par la résignation de Jean Richer. Vanves[1], 6 mars 1534.

6 mars.

Enreg. aux Eaux et forêts (siège de la Table de marbre), le 4 avril 1535. Arch. nat., Z^{1e} 323, fol. 73 v°. 2 pages.

7584. Lettres confirmant les privilèges de noblesse des maire, échevins et conseillers de la ville de Niort, et les exemptant du service du ban et de l'arrière-ban. La Roche-Guyon, 6 mars 1534.

6 mars.

Original. Arch. municip. de Niort, B. 86.
Copie. Bibl. municip. de Poitiers, coll. dom Fonteneau, t. XX, p. 305.
I_{mp}. C. Augier de la Terraudière, *Thrésor des titres justificatifs des privilèges..... de la ville de Nyort.* Niort, 1675, in-12, p. 60; 2e édit., 1866, p. 37.

(1) *Sic.* Il faut sans doute corriger « *Mantes* ».

7585. Lettres confirmant au duc d'Estouteville, comte
de Saint-Pol, gouverneur de Dauphiné, le
don qui lui a été fait les années précédentes
des 4,000 ducats briançonnais. Pacy, 7 mars
1534.

1535,
7 mars.

> *Enreg. à la Chambre des Comptes de Grenoble.
> Arch. de l'Isère, B, 2916, cah. 6. 6 pages 1/2.*

7586. Mandement au trésorier de l'épargne de payer à
Jean Le Prêtre, barbier et valet de chambre
du roi, 112 livres 10 sous tournois dont Sa
Majesté lui fait don en récompense de ses services. Pacy, 7 mars 1534.

7 mars.

> *Bibl. nat., ms. fr. 15632, n° 627. (Mention.)*

7587. Mandement au trésorier de l'épargne de rembourser à Étienne Thouard 56 livres 5 sous tournois qu'il a distribués à plusieurs personnes
sur l'ordre du roi. Anet, 9 mars 1534.

9 mars.

> *Bibl. nat., ms. fr. 15632, n° 603. (Mention.)*

7588. Mandement au bailli de Bourges de faire convo-
quer les trois états pour la rédaction des coutumes du pays de Berry. Paris (sic), 10 mars
1534.

10 mars.

> *Imp. La Thaumassière, Commentaires sur les
> coutumes du Berry, Bourges, 1701, p. 665.*

7589. Mandement au trésorier de l'épargne de payer à
Jean de Pichelin, sr de Villemanoche, 225 livres tournois en récompense des passe-temps
qu'il donne chaque jour à la reine et au roi.
Anet, 11 mars 1534.

11 mars.

> *Bibl. nat., ms. fr. 15632, n° 628. (Mention.)*

7590. Mandement au trésorier de l'épargne de payer
à Jean de Fransures, dit Villiers, gentilhomme
de la fauconnerie de M. de Canaples, 67 livres
10 sous tournois en récompense d'un sacre dont
il a fait présent au roi. Anet, 11 mars 1534.

11 mars.

> *Bibl. nat., ms. fr. 15632, n° 629. (Mention.)*

7591. Mandement au trésorier de l'épargne de payer
à Antoine de Villeneuve, fauconnier du roi,

12 mars.

112 livres 10 sous tournois en récompense de ses services. Anet, 12 mars 1534.   1535.

Bibl. nat., ms. fr. 15632, n° 630. (Mention.)

7592. Mandement au trésorier de l'épargne de payer à Michel Danquelen, pauvre manchot du pays de Bretagne, « qui a l'industrie admyrable de faire de ses pieds plusieurs choses appartenans à l'office des mains », 45 livres tournois. Anet, 12 mars 1534.   12 mars.

Bibl. nat., ms. fr. 15632, n° 631. (Mention.)

7593. Mandement au trésorier de l'épargne de payer à Mahicque Albresche, femme de chambre de la reine, 112 livres 10 sous tournois en récompense de ses bons offices. Anet, 12 mars 1534.   12 mars.

Bibl. nat., ms. fr. 15632, n° 632. (Mention.)

7594. Provisions de l'office de contrôleur du grenier à sel de Dijon pour Jacques Le Roy, en remplacement de Jean de Lyon, décédé. Anet, 13 mars 1534.   13 mars.

Enreg. par analyse à la Chambre des Comptes de Dijon, le 19 avril suivant. Arch. de la Côte-d'Or, B. 19, fol. 3 v°.

7595. Mandement au trésorier de l'épargne de payer aux religieux, abbé et couvent de Saint-Hubert des Ardennes 100 livres tournois en continuation de l'aumône que le roi leur fait chaque année. Anet, 13 mars 1534.   13 mars.

Bibl. nat., ms. fr. 15632, n° 215. (Mention.)

7596. Mandement au trésorier de l'épargne de rembourser au trésorier Babou 45 livres tournois qu'il a avancées pour payer la monture et garniture de trois couteaux et de leurs gaînes. Anet, 13 mars 1534.   13 mars.

Bibl. nat., ms. fr. 15632, n° 600. (Mention.)

7597. Mandement au trésorier de l'épargne de rembourser au duc de Guise 225 livres tournois qu'il a données au maître arquebusier de Mont-   13 mars.

béliard qui a fabriqué trois arquebuses pour   1535.
le roi. Anet, 13 mars 1534.

> Bibl. nat., ms. fr. 15632, n° 604. (Mention.)

7598. Mandement au trésorier de l'épargne de payer   13 mars.
à Adam Deshayes, barbier et valet de chambre
du roi, 45 livres tournois pour les frais d'un
voyage qu'il a fait en novembre dernier de
Grosbois à Châtellerault. Anet, 13 mars 1534.

> Bibl. nat., ms. fr. 15632, n° 633. (Mention.)

7599. Lettres accordant remise de 400 écus soleil à   14 mars.
Charles de Magny, maréchal ordinaire des
loups du roi. Évreux, 14 mars 1534.

> Original. Bibl. nat., ms. fr. 25721, n° 430.
> Enreg. à la Chambre des Comptes de Montpellier.
> Arch. départ. de l'Hérault, B. 342, fol. 75. 1 page.

7600. Mandement au trésorier de l'épargne de payer   15 mars.
à Lancelot Du Lac, gouverneur d'Orléans et
de Mouzon, 4,000 livres tournois pour sa pension des années 1533 et 1534. Évreux, 15 mars
1534.

> Bibl. nat., ms. fr. 15632, n° 136. (Mention.)

7601. Mandement au trésorier de l'épargne de payer   15 mars.
à Jean Lespée, chevaucheur d'écurie du roi,
31 livres 10 sous tournois pour porter à Paris,
aux contrôleurs du trésor de l'épargne des lettres
leur ordonnant d'envoyer au roi l'état du trésor pour le premier quartier de l'année. Évreux,
15 mars 1534.

> Bibl. nat., ms fr. 15632, n° 585. (Mention.)

7602. Mandement au trésorier de l'épargne de bailler   16 mars.
à Charles Brisset, commis à tenir le compte
et faire le payement de la légion de 6,000 hommes de pied levée en Dauphiné, 8,545 livres
tournois pour leur solde de l'année 1534.
Évreux, 16 mars 1534.

> Bibl. nat., ms. fr. 15632, n° 41. (Mention.)

7603. Mandement au trésorier de l'épargne de bailler   16 mars.
à François Marette, commis à tenir le compte
et faire le payement de la légion de 6,000 hom-

mes de pied que le roi a levée en Guyenne, 8,550 livres tournois pour leur solde de l'année 1534. Évreux, 16 mars 1534.

1535.

Bibl. nat., ms. fr. 15632, n° 49. (*Mention.*)

7604. Mandement au trésorier de l'épargne de payer à François de Rigault, s' de Frécillon, capitaine de Dax, 2,400 livres tournois pour sa pension des années 1533 et 1534. Évreux, 16 mars 1534.

16 mars.

Bibl. nat., ms. fr. 15632, n° 57. (*Mention.*)

7605. Mandement au trésorier de l'épargne de payer à Jacques de Villiers, commis à tenir le compte et faire le payement de la légion de 6,000 hommes de pied de Languedoc, 2,500 livres tournois pour la solde d'un mois de 500 fantassins que le roi vient de faire lever et envoyer en garnison à Narbonne, Leucate et autres lieux voisins. Évreux, 16 mars 1534.

16 mars.

Bibl. nat., ms. fr. 15632, n° 59. (*Mention.*)

7606. Mandement au trésorier de l'épargne de payer à Palvesin [Pallavicini] Visconti, marquis de Brignano, 3,000 livres tournois pour sa pension du premier semestre de l'année 1534. Évreux, 16 mars 1534.

16 mars.

Bibl. nat., ms. fr. 15632, n° 61. (*Mention.*)

7607. Mandement au trésorier de l'épargne de payer à Artus de Moreuil, chevalier, s' du Fresnoy, capitaine de Thérouanne, 1,400 livres tournois pour sa pension de capitaine de l'année 1534. Évreux, 16 mars 1534.

16 mars.

Mandement semblable, de même date, pour l'année courante.

Bibl. nat., ms. fr. 15632, n°ˢ 63 et 382. (*Mentions.*)

7608. Mandement au trésorier de l'épargne de payer à Philippe de Créquy, s' de Bernieulles, 1,000 livres tournois pour sa pension de l'année 1534. Évreux, 16 mars 1534.

16 mars.

Mandement semblable, de même date, pour l'année courante.

> *Bibl. nat.*, ms. fr. 15632, n°ˢ 65 et 357. (*Mentions.*)

1535.

7609. Mandement au trésorier de l'épargne de payer à Jean de Créquy, chevalier, sʳ dudit lieu, 1,200 livres tournois pour sa pension de l'année 1534. Évreux, 16 mars 1534.
Mandement semblable, de même date, pour l'année courante.

> *Bibl. nat.*, ms. fr. 15632, n°ˢ 66 et 350. (*Mentions.*)

16 mars.

7610. Mandement au trésorier de l'épargne de payer à Gabriel, baron de Lecco, 600 livres tournois pour sa pension de l'année 1534. Évreux, 16 mars 1534.

> *Bibl. nat.*, ms. fr. 15632, n° 69. (*Mention.*)

16 mars.

7611. Mandement au trésorier de l'épargne de payer au capitaine Léonard de Rouville 600 livres tournois pour sa pension de l'année 1534. Évreux, 16 mars 1534.

> *Bibl. nat.*, ms. fr. 15632, n° 72. (*Mention.*)

16 mars.

7612. Mandement au trésorier de l'épargne de payer à François de La Viefville, sʳ du Frestoy, 800 livres tournois pour sa pension de l'année 1534. Évreux, 16 mars 1534.
Mandement semblable, de même date, pour l'année courante.

> *Bibl. nat.*, ms. fr. 15632, n°ˢ 74 et 389. (*Mentions.*)

16 mars.

7613. Mandement au trésorier de l'épargne de payer à Jean de Haucourt, sʳ de Huppy, capitaine d'Abbeville, 800 livres tournois pour sa pension de l'année 1534. Évreux, 16 mars 1534.

> *Bibl. nat.*, ms. fr. 15632, n° 83 *bis.* (*Mention.*)

16 mars.

7614. Mandement au trésorier de l'épargne de payer à Jean-Jacques de Castron 600 livres tournois

16 mars.

III.

5

pour sa pension de l'année 1534. Évreux,
16 mars 1534.

1535.

> Bibl. nat., ms. fr. 15632, n° 84. (Mention.)

7615. Mandement au trésorier de l'épargne de payer à
Antoine de Bayencourt, capitaine de Doullens,
400 livres tournois pour sa pension de l'année
1534. Évreux, 16 mars 1534.
Mandement semblable, de même date, pour
l'année courante.

16 mars.

> Bibl. nat., ms. fr. 15632, n°° 85 et 365. (Mentions.)

7616. Mandement au trésorier de l'épargne de payer
à François de Montmorency, sr de la Rochepot, lieutenant général en Picardie sous le duc
de Vendôme, 4,000 livres tournois pour sa
pension de l'année 1534. Évreux, 16 mars
1534.

16 mars.

> Bibl. nat., ms. fr. 15632, n° 89. (Mention.)

7617. Mandement au trésorier de l'épargne de payer
7,750 livres tournois aux pensionnaires de
Bourgogne, ci-après nommés, pour leurs pensions de l'année 1534 : 140 livres tournois
au sr de Ruffey, capitaine de Beaune; 50 livres
à Jean Belin, maire de Beaune; 2,000 livres à Jacques de Brizay, sr de Beaumont,
lieutenant de l'amiral en Bourgogne; 540 livres à Guillaume de Pignan, capitaine de
Dijon; 150 livres à Nicolas de Pluvot, capitaine du guet des portes de Dijon; 120 livres
à Jean Desmoulins, capitaine des arquebusiers; 100 livres à Pierre Seyne, maire de Dijon; 300 livres à Antoine Godefroy, capitaine
d'Auxonne; 200 livres à Charles de Gleneffe,
capitaine du château d'Auxonne; 50 livres à
Périnet Camus, maire d'Auxonne; 300 livres à
Simon de Sumerane, capitaine de Talant;
200 livres à François d'Orfeuille, capitaine de
Saulx-le-Duc; 680 livres à Charles de La
Tour, capitaine de Nuits et lieutenant de la
compagnie de l'amiral; 400 livres à Jean de
Plaisance, capitaine des morte-payes de Bour-

16 mars.

gogne; 200 livres à Antoine de Civry, capitaine des forêts d'Argilly; 200 livres à Félix de Jonville, Allemand; 200 livres à Étienne Jacqueron, s^r de la Motte-d'Argilly; 120 livres à Étienne Bastier, s^r de Magny; 100 livres à Bénigne Serre; 500 livres à Jean de Mer, s^r d'Aubigny; 400 livres à Lancelot du Ravier, s^r de la Tour; 300 livres à Gilles de Pavelo, Italien, et 400 livres à Jean d'Estainville, s^r de Pouilly. Évreux, 16 mars 1534.

Bibl. nat., ms. fr. 15632, n° 122. (Mention.)

7618. Mandement au trésorier de l'épargne de payer à M. de Clermont-Lodève, chevalier de l'ordre et lieutenant général en Languedoc sous M. le Grand maître, 3,000 livres tournois pour sa pension de l'année 1534. Évreux, 16 mars 1534.

Bibl. nat., ms. fr. 15632, n° 155. (Mention.)

7619. Mandement au trésorier de l'épargne de payer au s^r de Saint-Bonnet, capitaine de la ville et du château vieux de Bayonne, 4,000 livres tournois en manière de pension pour les années 1533 et 1534. Évreux, 16 mars 1534.

Bibl. nat., ms. fr. 15632, n° 173. (Mention.)

7620. Mandement au trésorier de l'épargne de payer à Anne de Règne, dit Michelet, premier huissier de la chambre du roi, 225 livres tournois en récompense de ses services. Évreux, 16 mars 1534.

Bibl. nat., ms. fr. 15632, n° 634. (Mention.)

7621. Provisions de l'office de conseiller lai au Parlement de Bordeaux en faveur de Pierre Lavergne, lieutenant général en la sénéchaussée de Bazadois. Paris (*sic*), 17 mars 1534.

Enreg. au Parl. de Bordeaux, le 8 juin 1535.
Arch. de la Gironde, B. 30 bis, fol. 201. 3 pages.

7622. Mandement adressé au trésorier de l'épargne pour faire rembourser à Claude Anjorrant, conseiller au Parlement de Paris, la somme

1535.

16 mars.

16 mars.

16 mars.

17 mars.

17 mars.

de 6,000 livres tournois qu'il avait prêtée au roi le 25 novembre 1530. Évreux, 17 mars 1534.

Enreg. à la Chambre des Comptes. Arch. nat.,
P. 2537, fol. 232 v°; P. 2553, fol. 234, et PP. 136, p. 420. (*Mentions.*)

7623. Mandement à la Chambre des Comptes d'allouer sans difficulté au compte d'Antoine Juge la somme de 110,625 livres tournois qu'il a distribuée, suivant sa commission du 28 décembre précédent (n° 7439) et les instructions de Jacques Colin, abbé de Saint-Ambroise, aumônier du roi, au duc de Gueldre et à ses serviteurs. Évreux, 17 mars 1534.

1535.

17 mars.

Arch. nat., KK. 331, Compte des deniers distribués au duc de Gueldre, fol. 7 v°. (*Mention.*)

7624. Mandement au trésorier de l'épargne de délivrer à Artus Prunier, commis à tenir le compte et faire le payement des compagnies du marquis de Saluces et de Renzo de Cère, 10,092 livres 5 sous 6 deniers tournois pour le dernier quartier de l'année 1534. Évreux, 17 mars 1534.

17 mars.

Bibl. nat., ms. fr. 15632, n° 42. (Mention.)

7625. Mandement au trésorier de l'épargne de payer à Jacques Morin, pauvre gentilhomme, ancien archer de la garde du roi, maintenant aveugle, 60 livres tournois par manière de pension pour l'année 1534. Évreux, 17 mars 1534.

17 mars.

Bibl. nat., ms. fr. 15632, n° 174. (Mention.)

7626. Mandement au trésorier de l'épargne de bailler à Pierre Rousseau, commis à tenir le compte et faire le payement de l'argenterie de Messeigneurs, 3,516 livres 4 sous 6 deniers tournois pour le payement de draps de soie, toiles d'argent faux, houppes de fils de soie et d'argent, etc., nécessaires à la confection de sayes, caparaçons, etc., achetés à l'occasion des noces du comte de Saint-Pol. Évreux, 17 mars 1534,

17 mars.

Bibl. nat., ms. fr. 15632, n° 276. (Mention.)

7627. Mandement au trésorier de l'épargne de payer à Jean de Haucourt, chevalier, s^r de Huppy, capitaine d'Abbeville, 800 livres tournois pour son état pendant l'année courante. Évreux, 17 mars 1534.

1535.

17 mars.

Bibl. nat., ms. fr. 15632, n° 342. (*Mention.*)

7628. Mandement au trésorier de l'épargne de payer au duc de Guise 4,800 livres tournois, reliquat des 32,000 livres tournois dont le roi l'avait appointé l'année précédente. Évreux, 17 mars 1534.

17 mars.

Bibl. nat., ms. fr. 15632, n° 352. (*Mention.*)

7629. Mandement au trésorier de l'épargne de payer à Philibert Babou, chevalier, s^r de la Bourdaisière, trésorier de France, 1,571 livres 16 sous 3 deniers tournois pour l'étoffe, les broderies et la façon de deux manteaux de l'ordre du roi. Évreux, 17 mars 1534.

17 mars.

Bibl. nat., ms. fr. 15632, n° 395. (*Mention.*)

7630. Mandement au trésorier de l'épargne de payer à Nicolas Lempereur, s^r de Quincy, commissaire ordinaire de l'artillerie, 100 livres tournois pour le charroi de quelques pièces d'artillerie transportées de Picardie et de Paris au Havre-de-Grâce, où elles doivent armer la nef *la Françoise.* Évreux, 17 mars 1534.

17 mars.

Bibl. nat., ms. fr. 15632, n° 569. (*Mention.*)

7631. Mandement au trésorier de l'épargne de payer aux religieuses du couvent de Sainte-Claire de Gien 45 livres tournois dont le roi leur a fait don. Évreux, 17 mars 1534.

17 mars.

Bibl. nat., ms. fr. 15632, n° 580. (*Mention.*)

7632. Mandement au trésorier de l'épargne de payer à sœur Marguerite de Vaupargne, religieuse du couvent de Sainte-Claire de Gien, 225 livres tournois en faveur des prières qu'elle fait chaque jour pour le roi. Évreux, 17 mars 1534.

17 mars.

Bibl. nat., ms. fr. 15632, n° 581. (*Mention.*)

7633. Mandement au trésorier de l'épargne de payer à Nicolas de Modène, peintre, 35 livres 11 sous pour six accoutrements de masques en déguisement de corsaires faits à l'occasion des noces du comte de Saint-Pol. Évreux, 17 mars 1534.

1535.
17 mars.

> *Bibl. nat.*, ms. fr. 15632, n° 583. (*Mention.*)

7634. Mandement au trésorier de l'épargne de payer 450 livres tournois à Palamède Gontier, receveur général des finances dans le duché de Bretagne, qui part le jour même pour l'Angleterre, où il va porter des lettres du roi. Évreux, 17 mars 1534.

17 mars.

> *Bibl. nat.*, ms. fr. 15632, n° 586, et ms. Clairambault 1215, fol. 73 v°. (*Mentions.*)

7635. Mandement au trésorier de l'épargne de payer à Antoine Richier et à Jean Courcelot, archers des toiles de chasse du roi, 58 livres 5 sous tournois pour l'achat de 160 livres de corde de chanvre employée à faire un pan de chasse (panneau). Évreux, 17 mars 1534.

17 mars.

> *Bibl. nat.*, ms. fr. 15632, n° 601. (*Mention.*)

7636. Mandement au trésorier de l'épargne de payer 22 livres 10 sous tournois à Pierre Hardy, chevaucheur d'écurie du roi, qui lui a apporté à Évreux des lettres de M. de Morette, son ambassadeur en Angleterre. Évreux, 17 mars 1534.

17 mars.

> *Bibl. nat.*, ms. fr. 15632, n° 635. (*Mention.*)

7637. Mandement au trésorier de l'épargne de payer à Philippe Desbordes, Christophe Simon et Antoine Délongières, valets de limiers de la vénerie du roi, 112 livres 10 sous tournois en récompense de leurs services. Évreux, 17 mars 1534.

17 mars.

> *Bibl. nat.*, ms. fr. 15632, n° 636. (*Mention.*)

7638. Mandement au trésorier de l'épargne de payer à Pierre Martinet, dit Dumoulin, sommelier ordinaire de l'échansonnerie, 67 livres 10 sous

17 mars.

tournois en récompense de ses services. Évreux, 17 mars 1534.

> Bibl. nat., ms. fr. 15632, n° 637. (Mention.)

7639. Mandement au trésorier de l'épargne de payer à Antoine de Chabanne, dit Chevreau, enfant de cuisine de bouche du roi, 67 livres 10 sous tournois en récompense de ses services. Évreux, 17 mars 1534.

> Bibl. nat., ms. fr. 15632, n° 638. (Mention.)

7640. Mandement au trésorier de l'épargne de bailler à Charles Brisset, commis au payement de la légion de 6,000 hommes levée en Dauphiné, 200 livres tournois pour porter à Marseille et à Toulon 11,080 livres tournois destinées à la réparation de ces deux places; à Jacques de Villiers, commis au payement de la légion de Languedoc, 200 livres tournois pour porter à Narbonne 2,500 livres tournois destinées à la solde des gens de pied que le roi y a fait lever; et à François Marette, commis au payement de la légion de Guyenne, 200 livres tournois pour transporter à Bayonne et à Dax 8,550 livres tournois destinées à la solde des gens de pied. Neubourg, 21 mars 1533 (corr. 1534).

> Bibl. nat., ms. fr. 15632, n° 90. (Mention.)

7641. Mandement au trésorier de l'épargne de bailler à Charles Brisset 2,550 livres tournois pour la solde d'un mois de 1,000 hommes de pied que le roi a ordonné de mettre en garnison à Marseille et à Toulon. Neubourg, 21 mars 1534.

> Bibl. nat., ms. fr. 15632, n° 91. (Mention.)

7642. Mandement au trésorier de l'épargne de payer à François de Voisins, chevalier, sr d'Ambres, 450 livres tournois pour mener rapidement en Provence et en Languedoc les clercs chargés par le roi de payer la solde des 1,500 hommes que le roi a ordonné de mettre sans retard dans les garnisons des places frontières, et les

1535.

17 mars.

21 mars.

21 mars.

21 mars.

fonds nécessaires à cette solde pendant un mois. Neubourg, 21 mars 1534.

Bibl. nat., ms. fr. 15632, n° 129. (Mention.)

1535.

7643. Mandement au trésorier de l'épargne de payer à M. de La Guiche 675 livres tournois pour visiter en toute hâte Marseille et les places frontières de Provence, et lever 1,000 hommes de pied, afin de mettre des garnisons dans ces places. Neubourg, 21 mars 1534.

Bibl. nat., ms. fr. 15632, n° 587. (Mention.)

21 mars.

7644. Mandement au trésorier de l'épargne de payer 275 livres tournois à Adrienne de Beaumont, baronne de Burloy en Navarre, qui est venue de son pays à Neubourg trouver le roi, pour être guérie des écrouelles. Neubourg, 21 mars 1534.

Bibl. nat., ms. fr. 15632, n° 639. (Mention.)

21 mars.

7645. Mandement au trésorier de l'épargne de bailler à Jacques de Villiers 418 livres tournois pour la solde d'un mois, y compris les capitaine, lieutenant, porte-enseigne, etc., des 500 hommes de pied levés en Languedoc et mis en garnison à Narbonne, Leucate et autres villes. Le Bec-Hellouin, 23 mars 1534.

Bibl. nat., ms. fr. 15632, n° 92. (Mention.)

23 mars.

7646. Mandement au trésorier de l'épargne de bailler à Charles Brisset 574 livres tournois, complétant les 5,674 livres tournois destinées à la solde de 1,000 hommes de pied appartenant à la légion de Provence, pendant un mois. Le Bec-Hellouin, 23 mars 1534.

Bibl. nat., ms. fr. 15632, n° 93. (Mention.)

23 mars.

7647. Mandement au trésorier de l'épargne de payer à François de Voisins, chevalier, sr d'Ambres, 225 livres tournois pour se rendre à Marseille, puis à Narbonne, et faire lever 1,500 hommes de pied que le roi a ordonné de mettre en garnison dans les places fortes de Provence et

23 mars.

de Languedoc. Le Bec-Hellouin, 23 mars 1535.
1534.

> Bibl. nat., ms. fr. 15632, n° 128 (Mention.)

7648. Mandement au trésorier de l'épargne de payer   23 mars.
au cardinal Le Veneur, grand aumônier du
roi, 225 livres tournois pour distribuer aux
pauvres qui suivent la cour. Le Bec-Hellouin,
23 mars 1534.

> Bibl. nat., ms. fr. 15632, n° 579. (Mention.)

7649. Mandement au trésorier de l'épargne de payer aux   23 mars.
enfants de cuisine du roi, tant de bouche que
du commun, 22 livres 10 sous tournois pour les
danses dont ils divertirent le roi le jour du
Mardi gras. Le Bec-Hellouin, 23 mars 1534.

> Bibl. nat., ms. fr. 15632, n° 640. (Mention.)

7650. Mandement au trésorier de l'épargne de payer à   23 mars.
Jean Faure, dit Verdelet, et à Jean Maugras,
veneurs de la vénerie du roi, 135 livres tournois pour qu'ils s'achètent chacun un courtaut.
Le Bec-Hellouin, 23 mars 1534.

> Bibl. nat., ms. fr. 15632, n° 641. (Mention.)

7651. Mandement au trésorier de l'épargne de payer   23 mars.
à Henri Clusset, veneur du sr de Saint-Chau-
mont, 45 livres tournois pour les dépenses
qu'il a faites en amenant au roi des chiens de
la part de son maître. Le Bec-Hellouin, 23 mars
1534.

> Bibl. nat., ms. fr. 15632, n° 642. (Mention.)

7652. Mandement au trésorier de l'épargne de payer à   24 mars.
André Beauvigne, capitaine allemand, 450 li-
vres tournois dont le roi lui a fait don en
récompense de ses services. Le Bec-Hellouin,
24 mars 1534.

> Bibl. nat., ms. fr. 15632, n° 73. (Mention.)

7653. Mandement au trésorier de l'épargne de payer   25 mars.
à François, marquis de Saluces, 2,000 livres
tournois pour partie de sa pension de l'année
1534. Le Bec-Hellouin, 25 mars 1534.

> Bibl. nat., ms. fr. 15632, n° 606. (Mention.)

7654. Mandement au trésorier de l'épargne de payer
au marquis de Saluces 4,000 livres tournois,
complétant les 6,000 livres tournois à lui dues
pour sa pension de l'année 1534. Le Bec-
Hellouin, 25 mars 1534.

> *Bibl. nat., ms. fr.* 15632, n° 375. (*Mention.*)

1535.
25 mars.

7655. Mandement au trésorier de l'épargne de payer à
Jean de Vimont, trésorier de la marine de Normandie, 3,000 livres tournois pour l'armement et le ravitaillement nécessaires au voyage
que Jacques Cartier, maître pilote du pays de
Bretagne, a entrepris sur l'ordre du roi, à la
découverte de certaines terres lointaines. Le
Bec-Hellouin, 25 mars 1534.

> *Bibl. nat., ms. fr.* 15632, n° 571. (*Mention.*)

25 mars.

7656. Mandement au trésorier de l'épargne de payer à
l'amiral [Chabot], capitaine de Brest, 500 livres tournois pour le dernier quartier de l'année passée et le premier de la présente. Le
Bec-Hellouin, 25 mars 1534.

> *Bibl. nat., ms. fr.* 15632, n° 577. (*Mention.*)

25 mars.

7657. Mandement au trésorier de l'épargne de payer à
l'amiral [Chabot], lieutenant général et gouverneur de Bourgogne, 9,000 livres tournois,
soit 6,000 livres pour sa pension et 3,000 livres pour son état de gouverneur pendant le
premier semestre de la présente année. Le
Bec-Hellouin, 25 mars 1534.

> *Bibl. nat., ms. fr.* 15632, n° 605. (*Mention.*)

25 mars.

7658. Mandement au trésorier de l'épargne de payer
à l'amiral [Chabot], amiral de Guyenne et de
Bretagne, 2,100 livres tournois, soit 1,500 livres pour son état d'amiral de Guyenne et
600 pour celui de Bretagne pendant le premier semestre de la présente année. Le Bec-
Hellouin, 25 mars 1534.

> *Bibl. nat., ms. fr.* 15632, n° 610. (*Mention.*)

25 mars.

7659. Lettres permettant à Guillaume Prudhomme,
trésorier de l'épargne, de recevoir de Pierre

25 mars.

Le Vassor, commis à l'exercice de la recette 1535.
générale de Normandie, 100,000 livres tournois des deniers de la taille du terme échu le
1er janvier dernier, pour employer au fait de
son office, sans les faire passer par les coffres du
Louvre. Le Bec-Hellouin, 25 mars 1534.

Bibl. nat., ms. fr. 15632, n° 611. (Mention.)

7660. Mandement au trésorier de l'épargne de bailler à 26 mars.
Claude Guyot, commis à tenir le compte et
faire le payement des 6,000 hommes de la
légion de Normandie, 34,220 livres tournois
pour leur solde du premier semestre de la présente année. Le Bec-Hellouin, 26 mars 1534.

Bibl. nat., ms. fr. 15632, n° 566. (Mention.)

7661. Mandement au trésorier de l'épargne de payer 26 mars.
à Claude Guyot 27,965 livres tournois pour
l'achat de 5,593 uniformes de la couleur et de
la forme que le roi a indiquées verbalement
audit Guyot, destinés aux 5,593 hommes de
simple paye de la légion de Normandie. Le
Bec-Hellouin, 26 mars 1534.

Bibl. nat., ms fr. 15632, n° 566. (Mention.)

7662. Mandement au trésorier de l'épargne de payer à 26 mars.
Menault de Castelbayard (Castelbajac), gentilhomme de la maison du roi de Navarre,
225 livres tournois pour porter à ce prince, qui
doit se trouver dans le pays de Foix, des lettres
de François Ier. Le Bec-Hellouin, 26 mars
1534.

Bibl. nat., ms. fr. 15632, n° 588. (Mention.)

7663. Mandement au trésorier de l'épargne de bailler 27 mars.
à Jean de Vimont 1,200 livres tournois pour
le payement des mariniers qui conduiront le
roi, la reine et Messeigneurs de Caudebec au
Havre, et qui les ramèneront, le transport audit lieu de plusieurs pièces d'artillerie, et l'achat
d'étendards destinés à la grande galéasse que
Sa Majesté y fait construire. Le Bec-Hellouin,
27 mars 1534.

Bibl. nat., ms. fr. 15632, n° 572. (Mention.)

6.

7664. Mandement au trésorier de l'épargne de payer à Claude Dodieu, cousin du s^r de Vély, ambassadeur auprès de l'empereur, 562 livres 10 sous tournois pour être venu en toute hâte de Madrid à Évreux communiquer au roi des nouvelles importantes de la part de son parent. Le Bec-Hellouin, 27 mars 1534.

1535.
27 mars.

> *Bibl. nat.*, ms. fr. 15632, n° 589. (*Mention.*)

7665. Don à Philibert Violet, valet de l'amiral Chabot, des biens de J. Droynot, exécuté pour ses démérites. Mantes, mars 1534.

Mars.

> *Enreg. à la Chambre des Comptes de Dijon, le 15 mars suivant. Arch. de la Côte-d'Or, reg. B, 20, fol. 21.*

7666. Mandement au trésorier de l'épargne de bailler à Antoine Juge, commis à l'administration des offices de la maison de la reine, 9,100 livres 1 sou 4 deniers tournois pour le premier quartier de l'année courante de la chambre aux deniers de la reine. Le Bec-Hellouin, 29 mars 1535.

29 mars.

> *Bibl. nat.*, ms. fr. 15632, n° 228. (*Mention.*)

7667. Mandement au trésorier de l'épargne de payer à Antoine Juge 3,000 livres tournois pour les menus plaisirs de la reine, pendant le premier quartier de la présente année. Le Bec-Hellouin, 29 mars 1535.

29 mars.

Mandements semblables, de même date, pour les deuxième et troisième quartiers.

> *Bibl. nat.*, ms. fr. 15632, n° 229, 409 et 537. (*Mentions.*)

7668. Mandement au trésorier de l'épargne de payer à Antoine Juge 9,000 livres tournois pour l'écurie de la reine, pendant le premier quartier de la présente année. Le Bec-Hellouin, 29 mars 1535.

29 mars.

Deux mandements semblables, de même date et de même somme, pour les deuxième et troisième quartiers.

> *Bibl. nat.*, ms. fr. 15632, n°s 230, 402 et 536. (*Mentions.*)

7669. Mandement au trésorier de l'épargne de payer à
Antoine Juge 1,500 livres tournois pour les
menus de la chambre de la reine, y compris
l'apothicairerie, pendant le premier quartier de
la présente année. Le Bec-Hellouin, 29 mars
1535.

Deux mandements semblables, de même
date, pour les deuxième et troisième quartiers.

Bibl. nat., ms. fr. 15632, n°ˢ 231, 408 et 539.
(*Mentions.*)

1535.
29 mars.

7670. Mandement au trésorier de l'épargne de payer à
Antoine Juge, commis à l'administration de la
trésorerie de la maison de la reine, 16,250 livres tournois pour la chambre aux deniers de
ladite dame, pendant le deuxième quartier de
la présente année. Le Bec-Hellouin, 29 mars
1535.

Mandement semblable, de même date, pour
le troisième quartier.

Bibl. nat., ms. fr. 15632, n°ˢ 398 et 493. (*Mentions.*)

29 mars.

7671. Mandement au trésorier de l'épargne de payer
27 livres tournois à Jean Person, chevaucheur
d'écurie du duc de Lorraine; 9 livres à Bertrand Aron, laquais dudit duc; 4 livres à Pierre
Fougères, chevaucheur d'écurie; 4 livres à
Thomas Dicard, 13 livres 10 sous à Alix Dumoulin, 9 livres à Nicolas Lecointe, tous chevaucheurs; 33 livres 15 sous à Philippe Pou-
quenart, serviteur du landgrave de Hesse, et
4 livres à Didier de Neufchâtel, serviteur d'un
capitaine allemand. Le Bec-Hellouin, 29 mars
1535.

Bibl. nat., ms. fr. 15632, n° 590. (*Mention.*)

29 mars.

7672. Mandement au trésorier de l'épargne de payer à
Mathurin Des Barres, gouverneur et garde des
levriers de la chambre du roi, 22 livres 10 sous
tournois en récompense de ses services. Elbeuf,
30 mars 1535.

Bibl. nat., ms. fr. 15632, n° 643. (*Mention.*)

30 mars.

7673. Mandement au trésorier de l'épargne de payer
à Antoine Rohart, valet de garde-robe du roi,
45 livres tournois en récompense de ses services. Elbeuf, 3o mars 1535.

> Bibl. nat., ms. fr. 15632, n° 644. (Mention.)

1535.
3o mars.

7674. Mandement au trésorier de l'épargne de payer à
François de Boisbriant, valet de chiens de la
vénerie du roi, 22 livres 10 sous tournois en
récompense de ses services. Elbeuf, 3o mars
1535.

> Bibl. nat., ms. fr. 15632, n° 645. (Mention.)

3o mars.

7675. Mandement au trésorier de l'épargne de payer à
Thomas Loriot et à Huguet Chemin, valets de
chiens de la vénerie du roi, 22 livres 10 sous
tournois en récompense de leurs services. Elbeuf, 3o mars 1535.

> Bibl. nat, ms. fr. 15632, n° 646. (Mention.)

3o mars.

7676. Mandement au trésorier de l'épargne de payer à
Jean de Mauléon et à Renard de Cortia, demeurant à Marracq, près Bayonne, 40 livres tournois pour se rendre de Bon-Port à Fontainebleau examiner l'endroit où doit se faire la
plantation de pins ordonnée par le roi. Abbaye de Bon-Port, 2 avril 1535.

> Bibl. nat., ms. fr. 15632, n° 647. (Mention.)

2 avril.

7677. Déclaration du roi portant qu'il accepte le don
gratuit de trois décimes que le clergé de Chartres lui a offert. Bourgtheroulde, 3 avril 1535.

> Copie. Bibl. nat., ms. fr. 2831, fol. 166.

3 avril.

7678. Mandement aux baillis de Rouen, Orléans, Blois,
Mantes et Montfort-l'Amaury, au sénéchal
d'Anjou et au prévôt de Paris de saisir le temporel des membres du clergé de leurs ressorts
qui se refuseront à l'exécution des lettres
royales des 12 et 13 février précédent (n°⁸ 7537
et 7546). Bourgtheroulde, 3 avril 1535.

> Copie du XVIᵉ siècle. Bibl. nat., coll. Dupuy,
> t. 85, fol. 121.

3 avril.

7679. Mandement au trésorier de l'épargne de payer à

3 avril.

Honorat de Quays (de Caix) 1,350 livres tour-   1535.
nois pour se rendre en Portugal comme ambassadeur du roi. Bourgtheroulde, 3 avril
1535.

> *Bibl. nat., ms. fr. 15632, n° 591, et ms. Clai-*
> *rambault 1215, fol. 73 v°. (Mentions.)*

7680. Don à Jean Pigace de la somme de 448 livres   4 avril.
sur les droits seigneuriaux de la vente faite à
Louis Pigace, son père, de la sergenterie de
Pigace (sic), mouvant de la vicomté d'Avranches. 4 avril 1535.

> *Enreg. à la Chambre des Comptes, le 15 août*
> *1536. Arch. nat., invent. PP. 136, p. 421. (Men-*
> *tion.)*

7681. Lettres de confirmation de l'indult octroyé à   6 avril.
Rome, le 10 septembre 1534, par le pape,
au cardinal de Châtillon, auquel est attribuée
la collation des bénéfices dans toute l'étendue
de son évêché. Bourgtheroulde, 6 avril
1535.

> *Enreg. au Parl. de Toulouse. Arch. de la Haute-*
> *Garonne, Édits, reg. 4, fol. 32. 1 page.*

7682. Commission donnée à Jean Picart, conseiller   6 avril.
au Parlement, de s'enquérir de ceux qui introduisaient dans le royaume des soieries de
Gênes, contrairement aux ordonnances. Le
Bec-Hellouin, 6 avril 1535.

> *Copie. Archives de la ville de Lyon, CC. 316.*

7683. Don à Jacques de Rameru, prévôt de Vau-   7 avril.
couleurs, près Chaumont-en-Bassigny, d'une
somme de 20 livres de pension sur la recette
ordinaire de Chaumont, tant qu'il jouira dudit
office. 7 avril 1535.

> *Enreg. à la Chambre des Comptes, le 21 octobre*
> *1535, anc. mém. 2 G, fol. 241. Arch. nat., invent.*
> *PP. 136, p. 421. (Mention.)*

7684. Mandement au trésorier de l'épargne de bailler à   7 avril.
Jacques Bernard, maître de la chambre aux
deniers du roi, 14,850 livres tournois pour le
premier quartier de la présente année, au lieu

de 15,000 livres tournois par quartier comme
d'habitude, ce retranchement de 150 livres
tournois portant sur les gages dudit Bernard.
Vatteville, 7 avril 1535.

> Bibl. nat., ms. fr. 15632, n° 227. (Mention.)

7685. Lettres déchargeant les habitants du Quercy, de
l'Agénais et du Périgord des tailles extraordinaires payées par le Rouergue, et les maintenant en la jouissance de leurs franchises. Vatteville [7-12 avril] 1535[1].

> Enreg. par le sénéchal de Cahors, l'an 1537.
> Imp. Inventaire des titres de la ville de Montauban
> en 1662. Samuel Dubois, imprimeur-libraire de
> ladite ville. (Mention.)

7686. Commission donnée à Claude Montparlier, général des monnaies, de se joindre à Jean Picart pour rechercher ceux qui introduisaient
des draps de Gênes dans le royaume. Vatteville, 8 avril 1535.

> Original. Archives de la ville de Lyon, CC. 316.

7687. Mandement au trésorier de l'épargne de payer à
Jeannot Hoave, serviteur du duc de Bavière,
qui a apporté ce mois-ci des lettres de son
maître au roi, 67 livres 10 sous tournois pour
le dédommager des frais de son voyage. Vatteville, 9 avril 1535.

> Bibl. nat., ms. fr. 15632, n° 648. (Mention.)

7688. Don à Louis de Clèves, comte d'Auxerre, de
3,000 livres tournois à prendre sur les biens
de Laurent de Ruel échus au roi par confiscation. 10 avril 1535.

> Enreg. à la Chambre des Comptes, le 4 juin 1535,
> anc. mém. 2 G., fol. 266. Arch. nat., invent.
> PP. 136, p. 421. (Mention.)

7689. Mandement au trésorier de l'épargne de payer à
Vincent Hérault, chevaucheur d'écurie du roi,

1535.

7-12 avril.

8 avril.

9 avril.

10 avril.

10 avril.

---

[1] L'inventaire où ces lettres sont citées n'indique comme date que
le lieu et l'année. On a des lettres de 1535 données à Vatteville du
7 au 12 avril et du 8 au 15 mai.

22 livres tournois pour porter à Rouen, à Caen, à Évreux et autres lieux des lettres missives aux capitaines de la légion de Normandie. Vatteville, 10 avril 1535. — 1535.

> *Bibl. nat., ms. fr. 15632, n° 592. (Mention.)*

7690. Mandement au trésorier de l'épargne de payer à Hector de Fonville, porte-manteau ordinaire du roi, 112 livres 10 sous tournois pour se faire soigner d'un coup de pied de cheval qu'il a reçu à la jambe et qui l'a forcé de rester à l'abbaye du Bec-Hellouin. Vatteville, 10 avril 1535. — 10 avril.

> *Bibl. nat., ms. fr. 15632, n° 649. (Mention.)*

7691. Mandement au trésorier de l'épargne de payer à Pierre Le Bégat, gentilhomme de la vénerie du roi, 67 livres 10 sous tournois pour l'aider à se monter d'un bon cheval. Vatteville, 10 avril 1535. — 10 avril.

> *Bibl. nat., ms. fr. 15632, n° 650. (Mention.)*

7692. Commission donnée à l'huissier de la Chambre des Comptes d'ajourner en mai 1535, par-devant l'archevêque d'Aix, en son hôtel, sis près de Saint-Landry à Paris, les prélats, gens d'église et autres nommés dans des rôles annexés pour régler les comptes des décimes en France, pour les années 1518 et 1527. Paris (*sic*), 11 avril 1535. — 11 avril.

> *Enreg. au Parl. de Provence. Arch. de la cour à Aix, Lettres royaux, vol. 2, reg. in-fol. papier de 1,026 feuillets, p. 373.*

7693. Mandement au trésorier de l'épargne de payer à Martin Lebrun, chevaucheur d'écurie du duc de Lorraine, 45 livres tournois pour avoir apporté de Bar-le-Duc des lettres de son maître au roi. Vatteville, 12 avril 1535. — 12 avril.

> *Bibl. nat., ms. fr. 15632, n° 651. (Mention.)*

7694. Mandement au trésorier de l'épargne de payer à Antoine Du Bourg, président au Parlement et anciennement maître des requêtes ordinaire — 15 avril.

de l'hôtel, 183 livres 10 sous tournois pour **1535.**
ses chevauchées en qualité de maître des requêtes, du 1ᵉʳ janvier au 25 septembre 1534.
Le Havre-de-Grâce, 15 avril 1535.

Bibl. nat., ms. fr. 15632, n° 146. (Mention.)

7695. Mandement au trésorier de l'épargne de payer **15 avril.**
à George de Colme, concierge du château du
Louvre, 456 livres 5 sous tournois pour ses
gages de l'année 1534. Le Havre-de-Grâce,
15 avril 1535.

Bibl. nat., ms. fr. 15632, n° 204. (Mention.)

7696. Mandement au trésorier de l'épargne de payer **15 avril.**
à Adam Fumée, Jean Hurault, Pierre Dauvet,
Girard Le Coq, Guillaume Budé, Amaury Bou-
chard, Claude Dodieu, Pierre Fabry, André
Guillard et Thibaut de Longuejoue, maîtres
des requêtes ordinaires de l'hôtel du roi,
2,500 livres tournois, soit 250 livres à chacun
d'eux, pour leurs gages et chevauchées de l'année 1534. Le Havre-de-Grâce, 15 avril 1535.

Bibl. nat., ms. fr. 15632, n° 214. (Mention.)

7697. Mandement au trésorier de l'épargne de payer **15 avril.**
à Imbert de Saveuse, maître des requêtes or-
dinaire de l'hôtel du roi, 15 livres 15 sous
tournois pour ses chevauchées, depuis sa nomination en qualité de maître des requêtes
(9 décembre 1534) jusqu'à la fin du présent
mois. Le Havre-de-Grâce, 15 avril 1535.

Bibl. nat., ms. fr. 15632, n° 225. (Mention.)

7698. Mandement au trésorier de l'épargne de bailler **15 avril.**
à Victor Barguyn, trésorier de Mesdames,
14,000 livres tournois pour leur chambre aux
deniers, pendant le premier quartier de la présente année. Ville-Françoise-de-Grâce, 15 avril
1535.

Bibl. nat., ms. fr. 15632, n° 240. (Mention.)

7699. Mandement au trésorier de l'épargne de bailler **15 avril.**
à Victor Barguyn 4,500 livres tournois pour
l'écurie de Mesdames, pendant le premier

quartier de la présente année. Ville-Françoise-de-Grâce, 15 avril 1535.

> Bibl. nat., ms. fr. 15632, n° 241. (Mention.)

7700. Mandement au trésorier de l'épargne de bailler à Victor Barguyn 4,150 livres tournois, pour l'argenterie de Mesdames et des dames et demoiselles de leur maison, y compris l'apothicairerie, pendant le premier quartier de la présente année, Ville-Françoise-de-Grâce, 15 avril 1535.

15 avril.

> Bibl. nat., ms. fr. 15632, n° 254. (Mention.)

7701. Mandement au trésorier de l'épargne de bailler à Victor Barguyn 10,300 livres 5 sous tournois pour les gages des dames et des officiers de la maison de Mesdames pendant le premier quartier de la présente année. Ville-Françoise-de-Grâce, 15 avril 1535.

15 avril.

> Bibl. nat., ms. fr. 15632, n° 255. (Mention.)

7702. Mandement au trésorier de l'épargne de bailler à Florimond Le Charron, commis à tenir le compte et faire le payement des gages des officiers ordinaires et domestiques de l'hôtel du roi, 53,417 livres tournois pour le premier quartier de la présente année, au lieu de 53,729 livres 10 sous; les 312 livres 10 sous de diminution portant sur le retranchement de la moitié des gages de Florimond Le Charron. Ville-Françoise-de-Grâce, 15 avril 1535.

15 avril.

> Bibl. nat., ms. fr. 15632, n° 242. (Mention.)

7703. Mandement au trésorier de l'épargne de bailler à Bénigne Serre 1,250 livres tournois pour les menus de la chambre du roi pendant le premier quartier de la présente année. Ville-Françoise-de-Grâce, 15 avril 1535.

15 avril.

> Bibl. nat., ms. fr. 15632, n° 244. (Mention.)

7704. Mandement au trésorier de l'épargne de payer à Jean-Antoine Milanin, courrier demeurant à Lyon, 22 livres 10 sous tournois pour avoir apporté au roi, au Havre, des lettres du

15 avril.

sʳ Pomponio Trivulce, gouverneur de Lyon. 1535.
Ville-Françoise-de-Grâce, 15 avril 1535.

Bibl. nat., ms. fr. 15632, n° 652. (*Mention.*)

7705. Mandement au trésorier de l'épargne de payer 15 avril.
au comte et à la comtesse de Penthièvre
1,098 livres 2 sous 8 deniers tournois provenant de la crue de 140 sous par muid de
sel vendu au grenier d'Étampes, dont le roi
leur a fait don en récompense de leurs services. Ville-Françoise-de-Grâce, 15 avril 1535.

Bibl. nat., ms. fr. 15632, n° 653. (*Mention.*)

7706. Mandement au trésorier de l'épargne de payer à 15 avril.
Louis de Sansac, écuyer d'écurie du dauphin,
225 livres tournois en dédommagement d'une
haquenée qu'à la requête du roi il a donnée
à Madame Madeleine de France. Ville-Françoise-de-Grâce, 15 avril 1535.

Bibl. nat., ms. fr. 15632, n° 654. (*Mention.*)

7707. Mandement au trésorier de l'épargne de rem- 15 avril.
bourser à Pierre d'Ages, maître d'hôtel du roi,
22 livres 10 sous tournois qu'il a donnés, sur
l'ordre du roi, à Guillaume Foster, sujet anglais.
Ville-Françoise-de-Grâce, 15 avril 1535.

Bibl. nat., ms. fr. 15632, n° 655. (*Mention.*)

7708. Mandement à la Chambre des Comptes de faire 15 avril.
payer à Giraud Du Gout, homme d'armes des
ordonnances du roi, la somme de 1,000 livres
sur les deniers provenant de l'amende en laquelle Jean Du Bouzet, chevalier de l'ordre
de Saint-Jean de Jérusalem, a été condamné
par arrêt du Parlement de Toulouse. 15 avril
1535.

*Enreg. à la Chambre des Comptes, le 21 avril sui-
vant. Arch. nat., invent. PP.* 136, *p.* 421. (*Mention.*)

7709. Mandement au trésorier de l'épargne de payer au 16 avril.
comte Guillaume de Furstenberg 375 livres
tournois, complétant la somme de 3,375 livres
tournois, montant de sa pension pendant le

premier semestre de la présente année. Ville-Françoise-de-Grâce, 16 avril 1535.

> *Bibl. nat., ms. fr.* 15632, n° 607. (*Mention.*)

7710. Mandement au trésorier de l'épargne de payer à Jean de Dornich, serviteur du duc de Gueldres, 45 livres tournois pour avoir apporté au roi des lettres de son maître. Ville-Françoise-de-Grâce, 16 avril 1535.

16 avril.

> *Bibl. nat., ms. fr.* 15632, n° 656. (*Mention.*)

7711. Lettres pour l'entérinement de l'indult accordé par le pape Clément VII à Claude de Longwy, cardinal de Givry, évêque-duc de Langres, pair de France (Rome, le 17 des calendes de juin 1534). Le Havre-de-Grâce, 17 avril 1535.

17 avril.

> *Enreg. au Parl. de Paris, sauf réserves, le 24 mai 1535. Arch. nat.,* X¹ᵃ 8612, *fol.* 371 *et* 373. 5 pages.
> *Arrêt d'enregistrement,* X¹ᵃ 4898, *fol.* 282 v°.

7712. Mandement au trésorier de l'épargne de payer à Nicolas Lempereur, sʳ de Quincy, 400 livres tournois pour le transport par eau, de Paris à Caudebec, de 14 canons serpentins et 6 coulevrines, leur transport de Caudebec au Havre sur un grand bateau, leur embarquement sur les galères et leur retour à Paris. Ville-Françoise-de-Grâce, 17 avril 1535.

17 avril.

> *Bibl. nat., ms. fr.* 15632, n° 570. (*Mention.*)

7713. Mandement au trésorier de l'épargne de payer à François Vist, serviteur de M. de Morette, ambassadeur en Angleterre, 90 livres tournois pour porter audit sʳ de Morette des lettres et instructions du roi. Ville-Françoise-de-Grâce, 17 avril 1535.

17 avril.

> *Bibl. nat., ms. fr.* 15632, n° 593, et ms. Clairambault 1215, fol. 74. (*Mentions.*)

7714. Mandement au trésorier de l'épargne de payer à Hébert Gohoret, maître charpentier de navires, 225 livres tournois pour la construction de

17 avril.

deux galères commandées par le roi. Ville-
Françoise-de-Grâce, 17 avril 1535.

Bibl. nat., ms. fr. 15632, n° 657. (Mention.)

7715. Mandement au trésorier de l'épargne de payer
45 livres tournois à Guyon Gohoret, maître
charpentier de navires au Havre; 22 livres
10 sous à Pierre Saugeon, maître maçon;
13 livres 10 sous à Jean-Vincent Auxilia, charpentier; 13 livres 10 sous à Drouin Chaulieu,
maître après Dieu de la galéasse dite *la Réale*;
13 livres 10 sous à Guillaume Pierre, canonnier de la marine; 18 livres à Jean de Vallet,
pilote, demeurant à Quillebeuf. Ville-Françoise-de-Grâce, 18 avril 1535.

Bibl. nat., ms. fr. 15632, n° 658. (Mention.)

7716. Mandement au trésorier de l'épargne de bailler à
Bénigne Serre 2,395 livres tournois pour les
gages des chantres et autres officiers de la chapelle de musique du roi pendant le premier
quartier de la présente année. Ville-Françoise-
de-Grâce, 19 avril 1535.

Bibl. nat., ms. fr. 15632, n° 243. (Mention.)

7717. Mandement au trésorier de l'épargne de bailler
à Jean de Vimont 7,000 livres tournois pour
achever la construction de treize vaisseaux et
galéasses au port du Havre, et pour l'achat de
bois de haute futaie mis en vente au Havre.
Ville-Françoise-de-Grâce, 19 avril 1535.

Bibl. nat., ms. fr. 15632, n° 573. (Mention.)

7718. Mandement au trésorier de l'épargne de payer
à René Becdelièvre, conseiller au Parlement
de Rouen, 201 livres tournois pour soixante-
sept jours de voyage à Blois, à Amboise et
au Havre. Ville-Françoise-de-Grâce, 20 avril
1535.

Bibl. nat., ms. fr. 15632, n° 594. (Mention.)

7719. Mandement à Jacques Bernard, maître de la
chambre aux deniers, de payer pour deux années de ses gages au seigneur de Loué, con-

seiller et chambellan ordinaire du roi, la
somme de 4,000 livres tournois. Routot,
23 avril 1535.

1535.

> *Original. Bibl. nat., ms. fr. 25721, n° 431.*

7720. Mandement au trésorier de l'épargne de bailler
à Jacques Rivière, commis au payement des
officiers du Grand conseil, 6,325 livres tournois pour six mois (1ᵉʳ octobre 1534-31 mars
1535), non compris 125 livres tournois de
retranchement de gages audit Rivière. Le Bec-
Hellouin, 24 avril 1535.

24 avril.

> *Bibl. nat., ms. fr. 15632, n° 311. (Mention.)*

7721. Mandement au trésorier de l'épargne de payer à
Jean de Loreille, portier ordinaire du roi,
27 livres 10 sous tournois pour être venu de
Picardie à Rouen trouver Sa Majesté. Le Bec-
Hellouin, 24 avril 1535.

24 avril.

> *Bibl. nat., ms. fr. 15632, n° 659. (Mention.)*

7722. Déclaration confirmant les lettres patentes des
24 octobre 1532 et 22 août 1533 (n°ˢ 4981 et
6173), relatives à l'office de consul en Égypte
exercé par Raphaël Labia [1], marchand d'Avignon. Bourgtheroude, 26 avril 1535.

26 avril.

> *Copie du XVIᵉ siècle. Bibl. nat., ms. fr. 5124,
> fol. 130 v°.*

7723. Lettres au sénéchal d'Agénais lui mandant de
faire l'imposition des tailles sur les biens ruraux, de quelque condition que soient leurs
propriétaires, afin de se conformer aux anciens statuts du pays. Rouen, 26 avril 1535.

26 avril.

> *Arch. municip. d'Agen. Enreg. au livre des États,
> CC. 49.*

7724. Provisions de l'office de notaire royal dans la
sénéchaussée de Lyon pour Nicole Chaumont.
Rouen, 26 avril 1535.

26 avril.

> *Copie du XVIᵉ siècle. Bibl. nat., ms. fr. 5124,
> fol. 113.*

---

[1] Aux n°ˢ 4981 et 6173, ce nom est imprimé à tort Lobia.

7725. Lettres interdisant, à la requête du procureur
du roi, aux gens d'église et aux laïques de
lever d'autres dîmes que celles qui existent de
toute ancienneté et de le faire autrement qu'en
la forme accoutumée, sous peine de confiscation. Rouen, 26 ou 27 avril 1535.

> *Enreg. au Parl. de Provence. Arch. de la cour
> à Aix, Lettres royaux, reg. 2, in-fol. papier de
> 1,026 feuillets, fol. 144.
> Imp. Pièce, Bibl. nat., Inv. Réserve, F. 618.*

1535.
26 avril.

7726. Lettres qui chargent le sénéchal de Toulouse
d'inviter, s'il y a lieu, les capitouls à lever
pour un nouveau trienne le droit de quart du
vin destiné aux travaux de fortification. Rouen,
28 avril 1535.

> *Expédition originale en parchemin, signée Des-
> landes. Arch. munícip. de Toulouse.*

28 avril.

7727. Évocation au Grand conseil des procès pendants
au Parlement de Provence entre Hugues de
Bompar, trésorier de Provence, et Lazare Gui-
gues, Honoré François et autres. Croisset-lès-
Rouen, 28 avril 1535.

> *Enreg. au Parl. de Provence. Arch. de la cour
> à Aix, Lettres royaux, reg. 2, in-fol. papier de
> 1,026 feuillets, fol. 139 v°.*

28 avril.

7728. Mandement au trésorier de l'épargne de bailler à
Étienne Martineau, commis au payement de
l'extraordinaire de l'artillerie, 300 livres tournois pour le charroi des pièces de canon
que le roi fait transporter de Rouen dans la
plaine où doit avoir lieu la montre de la légion
de Normandie. Croisset, 28 avril 1535.

> *Bibl. nat., ms. fr. 15632, n° 568. (Mention.)*

28 avril.

7729. Mandement au trésorier de l'épargne de payer
à Claude Guiffrey, lieutenant du prévôt de
l'hôtel, 33 livres 10 sous tournois pour l'aider
à s'équiper et se mettre en état de dresser et
instruire les gens de pied de la légion de Normandie. Croisset, 28 avril 1535.

> *Bibl. nat., ms. fr. 15632, n° 660. (Mention.)*

28 avril.

7730. Mandement au trésorier de l'épargne de payer à Jean Le Lorrain, archer de la garde du roi, 33 livres 15 sous tournois pour s'équiper honnêtement, de façon à servir de sergent de bataille aux gens de pied de la légion de Normandie. Croisset, 28 avril 1535.   1535. 28 avril.

Bibl. nat., ms. fr. 15632, n° 661. (*Mention.*)

7731. Mandement au trésorier de l'épargne de payer à Jean Le Do, Claude de Thoumyn, François Colas et Jean Bonneton, veneurs de la vénerie du roi, 195 livres 15 sous tournois, et au grand Dumoulin, à Jean Le Coq et René Doucet, valets de limiers du roi, 135 livres tournois en récompense de leurs services. Croisset, 28 avril 1535.   28 avril.

Bibl. nat., ms. fr. 15632, n° 662. (*Mention.*)

7732. Mandement au trésorier de l'épargne de bailler à François Malvault, receveur et payeur de l'écurie du roi, 2,250 livres tournois en déduction de ce qui sera attribué à ladite écurie pour le premier quartier de la présente année. Croisset, 29 avril 1535.   29 avril.

Bibl. nat., ms. fr. 15632, n° 575. (*Mention.*)

7733. Lettres permettant au trésorier de l'épargne de recevoir de Pierre Le Vassor, commis à l'exercice de la recette générale de Normandie, 100,000 livres tournois des deniers de la taille du terme échu le 1er avril dernier, pour employer au fait de son office, sans les faire déposer au trésor du Louvre. Croisset, 29 avril 1535.   29 avril.

Bibl. nat., ms. fr. 15632, n° 612. (*Mention.*)

7734. Provisions en faveur de Guillaume Du Bellay, sr de Langey et du Pont-de-Rémy, de l'office de bailli d'Amiens. Rouen, 29 avril 1535.   29 avril.

Bibl. nat., ms. Clairambault 782, p. 295. (*Mention.*)

(Voir ci-dessus, au 5 mars 1535, n° 7582.)

7735. Mandement au trésorier de l'épargne de bailler à Claude Guyot 6,000 livres tournois pour dis-   30 avril.

tribuer aux 6,000 hommes de la légion de
Normandie, à qui le roi en a fait don. Rouen,
3o avril 1535.   1535.

Bibl. nat., ms. fr. 15632, n° 567. (Mention.)

7736. Mandement au trésorier de l'épargne de payer à   3o avril.
Jacques Aquenet, gentilhomme de la maison
du roi d'Écosse, 675 livres tournois en récompense de ses services. Rouen, 3o avril 1535.

Bibl. nat., ms. fr. 15632, n° 663. (Mention.)

7737. Lettres portant cassation de tout ce qui a été   1ᵉʳ mai.
fait à Lyon contre les marchands florentins.
Mauny, 1ᵉʳ mai 1535.

Copie. Arch. de la ville de Lyon, série HH.

7738. Mandement au trésorier de l'épargne de payer à   1ᵉʳ mai.
Antoine Du Hu, chevaucheur d'écurie, 10 li-
vres pour s'être rendu du Havre à Vatteville, et
9 livres pour avoir été de Bourgtheroulde à
Rouen auprès de l'amiral; et à Louis Dumoulin, autre chevaucheur, 22 livres 10 sous tournois pour aller chercher des oiseaux. Mauny,
1ᵉʳ mai 1535.

Bibl. nat., ms. fr. 15632, n° 595. (Mention.)

7739. Mandement au trésorier de l'épargne de payer à   1ᵉʳ mai.
Jean Du Fay, Antoine Du Bort, Sauvage Du
Trait, Cardin Jacques, Adrien de Rimbert
et Antoine d'Avril, archers de la garde de la
compagnie du sénéchal d'Agénais, 90 livres
tournois pour reconduire de Rouen chez eux
les gens de pied de la légion de Normandie.
Mauny, 1ᵉʳ mai 1535.

Bibl. nat., ms. fr. 15632, n° 612. (Mention.)

7740. Mandement au trésorier de l'épargne de bailler à   2 mai.
Jean de Vaulx, commis à tenir le compte et
faire le payement des archers français de la
garde du roi commandés par M. de Chavigny,
7,285 livres 6 sous 3 deniers tournois pour
le premier quartier de la présente année.
Mauny, 2 mai 1535.

Bibl. nat., ms. fr. 15632, n° 233. (Mention.)

7741. Mandement au trésorier de l'épargne de bailler à Pierre Rousseau, commis à tenir le compte de la chambre aux deniers de Messeigneurs, 6,990 livres 17 sous 6 deniers tournois pour le premier quartier de la présente année. Mauny, 2 mai 1535.

> *Bibl. nat.*, ms. fr. 15632, n° 232. (*Mention.*)

1535.
2 mai.

7742. Mandement au trésorier de l'épargne de bailler à Pierre Rousseau, commis à tenir le compte et faire le payement de l'argenterie de Messeigneurs, 3,750 livres tournois pour le premier quartier de la présente année. Mauny, 2 mai 1535.

> *Bibl. nat.*, ms. fr. 15632, n° 234. (*Mention.*)

2 mai.

7743. Mandement au trésorier de l'épargne de bailler à Pierre Rousseau 15,250 livres tournois pour les gages des officiers de la maison de Messeigneurs pendant le premier quartier de la présente année, non compris 155 livres tournois retranchées sur les gages de Pierre Rousseau. Mauny, 2 mai 1535.

> *Bibl. nat.*, ms. fr. 15632, n° 235. (*Mention.*)

2 mai.

7744. Mandement au trésorier de l'épargne de bailler à Pierre Rousseau 1,500 livres tournois pour les menus plaisirs de Messeigneurs pendant le premier quartier de la présente année. Mauny, 2 mai 1535.

> *Bibl. nat.*, ms. fr. 15632, n° 236. (*Mention.*)

2 mai.

7745. Mandement au trésorier de l'épargne de bailler à Nicolas de Troyes, argentier du roi, 3,600 livres tournois pour le premier quartier de la présente année, non compris 150 livres tournois retranchées des gages dudit Troyes, en vertu de l'ordonnance réduisant de moitié les gages des officiers de finance. Mauny, 2 mai 1535.

> *Bibl. nat.*, ms. fr. 15632, n° 237. (*Mention.*)

2 mai.

7746. Mandement au trésorier de l'épargne de bailler à Antoine Juge 18,424 livres tournois pour les

2 mai.

8.

gages des dames et officiers de la maison de la
reine pendant le premier quartier de la présente année, non compris 187 livres tournois
retranchées des gages dudit Juge. Mauny, 2 mai
1535.

1535.

Bibl. nat., ms. fr. 15632, n° 239. (Mention.)

7747. Mandement au trésorier de l'épargne de bailler à
Fleury Geuffroy, receveur et payeur de l'écurie
de Messeigneurs, 5,869 livres 12 sous 6 deniers tournois pour le premier quartier de la
présente année, non compris 100 livres tournois portant sur le retranchement des gages
dudit Geuffroy. Mauny, 2 mai 1535.

2 mai.

Bibl. nat., ms. fr. 15632, n° 246. (Mention.)

7748. Mandement au trésorier de l'épargne de bailler
à Jean Cheylieu, receveur et payeur des gages
du prévôt de l'hôtel et de ses lieutenants, etc.,
2,087 livres 10 sous tournois pour le premier
quartier de la présente année. Mauny, 2 mai
1535.

2 mai.

Bibl. nat., ms. fr. 15632, n° 251. (Mention.)

7749. Mandement au trésorier de l'épargne de bailler
à François Cardon, commis à tenir le compte
et faire le payement de la solde des Cent
Suisses de la garde du roi, 4,000 livres tournois pour le premier quartier de la présente
année, non compris 100 livres tournois de
retranchement sur les gages dudit Cardon.
Mauny, 2 mai 1535.

2 mai.

Bibl. nat., ms. fr. 15632, n° 258. (Mention.)

7750. Mandement au trésorier de l'épargne de bailler à
Jean Thizart, receveur et payeur de la solde de
la garde écossaise du roi, 7,994 livres 10 sous
tournois pour le premier quartier de la présente année, non compris 187 livres tournois
de retranchement sur les gages dudit Thizart.
Mauny, 2 mai 1535.

2 mai.

Bibl. nat., ms. fr. 15632, n° 259. (Mention.)

7751. Mandement au trésorier de l'épargne de bailler à

2 mai.

Jacques Richier, commis au payement des archers de la garde du roi commandés par M. de Nançay, 7,240 livres 6 sous 3 deniers tournois pour le premier quartier de la présente année, non compris 187 livres 10 sous tournois retranchés des gages dudit Richier. Mauny, 2 mai 1535.

Bibl. nat., ms. fr. 15632, n° 260. (Mention.)

7752. Mandement au trésorier de l'épargne de bailler à Jean Chartier, commis au payement des archers de la garde du roi commandés par le sénéchal d'Agénais, 7,285 livres 6 sous 3 deniers tournois pour le premier quartier de la présente année, non compris 187 livres 10 sous tournois retranchés des gages dudit Chartier. Mauny, 2 mai 1535.

2 mai.

Bibl. nat., ms. fr. 15632, n° 261. (Mention.)

7753. Mandement au trésorier de l'épargne de bailler à Jean de Montdoucet, trésorier de l'artillerie, 8,850 livres tournois pour le premier quartier de la présente année, non compris 150 livres tournois retranchées des gages dudit Montdoucet. Mauny, 2 mai 1535.

2 mai.

Bibl. nat., ms. fr. 15632, n° 288. (Mention.)

7754. Mandement au trésorier de l'épargne de payer à Latino Juvénal, secrétaire du pape, 900 livres tournois en récompense des services qu'il a rendus au roi. Mauny, 2 mai 1535.

2 mai.

Bibl. nat., ms. fr. 15632, n° 614. (Mention.)

7755. Mandement au trésorier de l'épargne de payer à Jean Bourdelin, dit Lespée, chevaucheur d'écurie du roi, 9 livres tournois pour aller chercher à Fontainebleau des artichauts, des asperges et des laitues destinés à la table du roi. Mauny, 3 mai 1535.

3 mai.

Bibl. nat., ms. fr. 15632, n° 596. (Mention.)

7756. Mandement au trésorier de l'épargne de payer à Claude Pirouet 225 livres tournois, en récompense du présent qu'il a fait au roi d'une

3 mai.

paire de mancherons faits à l'aiguille. Mauny,
3 mai 1535.

> *Bibl. nat., ms. fr.* 15632, n° 615. (*Mention.*)

1535.

7757. Mandement au trésorier de l'épargne de payer
à Jeanne Delacroix, pauvre fille demeurant à
Vatteville, 22 livres tournois que le roi lui a
données pour l'aider à se marier. Mauny, 3 mai
1535.

> *Bibl. nat., ms. fr.* 15632, n° 616. (*Mention.*)

3 mai.

7758. Mandement au trésorier de l'épargne de payer
à Nicolas Pirouet, Pierre d'Auxerre, Jean Fou-
carde, Paulle de Milan, Nicolas de Lucques
et Claude Pirouet, joueurs de hautbois du
roi, 225 livres tournois en récompense de
leurs services. Mauny, 3 mai 1535.

> *Bibl. nat., ms. fr.* 15632, n° 617. (*Mention.*)

3 mai.

7759. Mandement au trésorier de l'épargne de payer
à Adrien Blondet, tailleur, demeurant à Honfleur, 22 livres 10 sous tournois pour l'aider
à se faire guérir d'une blessure reçue au bras
d'un coup d'arquebuse. Mauny, 3 mai 1535.

> *Bibl. nat., ms. fr.* 15632, n° 618. (*Mention.*)

3 mai.

7760. Mandement au trésorier de l'épargne de payer à
Nicolas Bourguignon et à Jean Parson, chevaucheurs d'écurie du duc de Lorraine, 45 livres
tournois pour avoir apporté au roi, de la part
de leur maître, des lettres et avis d'Allemagne.
Mauny, 3 mai 1535.

> *Bibl. nat., ms. fr.* 15632, n° 619. (*Mention.*)

3 mai.

7761. Mandement au trésorier de l'épargne de payer à
René Pintret, barbier et valet de chambre du
roi, 112 livres 10 sous tournois en récompense
de ses services. Mauny, 3 mai 1535.

> *Bibl. nat., ms. fr.* 15632, n° 620. (*Mention.*)

3 mai.

7762. Mandement au trésorier de l'épargne de payer à
Geoffroy Gilbert, dit Cicero, valet de fourrière
du roi, chargé de la magau (guenon) du roi,

3 mai.

22 livres 10 sous tournois pour l'entretien de ladite magau. Mauny, 3 mai 1535.

1535.

Bibl. nat., ms. fr. 15632, n° 621. (Mention.)

7763. Mandement au trésorier de l'épargne de payer à Octavien Bosse, Milanais, 56 livres 5 sous tournois en récompense d'un chapeau de feutre couvert de broderie d'or et de soie, dont il a fait présent au roi. Mauny, 3 mai 1535.

3 mai.

Bibl. nat., ms. fr. 15632, n° 622. (Mention.)

7764. Mandement au trésorier de l'épargne de payer au comte Frédéric, palatin, duc de Bavière, 13,500 livres tournois en récompense des services qu'il a rendus au roi. Mauny, 3 mai 1535.

3 mai.

Bibl. nat., ms. fr. 15632, n° 623. (Mention.)

7765. Mandement au trésorier de l'épargne de payer à Pierre Martinet, dit Dumoulin, sommelier ordinaire du roi, 67 livres 10 sous tournois en récompense de ses services. Mauny, 3 mai 1535.

3 mai.

Bibl. nat., ms. fr. 15632, n° 624. (Mention.)

7766. Mandement au trésorier de l'épargne de bailler à Charles Mesnagier, argentier de la reine, 2,900 livres tournois pour le premier quartier de la présente année, non compris 100 livres retranchées sur les gages dudit Mesnagier. Mauny, 5 mai 1535.

5 mai.

Bibl. nat., ms. fr. 15632, n° 256. (Mention.)

7767. Mandement au trésorier de l'épargne de bailler à François Malvault, receveur et payeur de l'écurie du roi, 10,476 livres 19 sous 2 deniers tournois pour le premier quartier de la présente année, non compris 187 livres 10 sous tournois retranchés des gages dudit Malvault. Mauny, 5 mai 1535.

5 mai.

Bibl. nat., ms. fr. 15632, n° 263. (Mention.)

7768. Mandement au trésorier de l'épargne de bailler à François Malvault, receveur et payeur de l'écurie du roi, 4,235 livres 16 sous 4 deniers

5 mai.

tournois pour le reliquat dû de l'année précédente. Mauny, 5 mai 1535.

Bibl. nat., ms. fr. 15632, n° 353. (*Mention.*)

7769. Mandement au trésorier de l'épargne de bailler à Louis Acarie, trésorier des aumônes du roi, 1,462 livres 2 sous tournois pour le premier quartier de la présente année, non compris 37 livres 10 sous tournois retranchés de ses gages. Mauny, 5 mai 1535.

Bibl. nat., ms. fr. 15632, n° 265. (*Mention.*)

7770. Mandement au trésorier de l'épargne de bailler à Jacques Bernard, maître de la chambre aux deniers du roi, 4,126 livres 14 sous 11 deniers tournois pour les excédents de dépense faits en ladite chambre l'année précédente. Mauny, 5 mai 1535.

Bibl. nat., ms. fr. 15632, n° 270. (*Mention.*)

7771. Mandement au trésorier de l'épargne de bailler à Jacques Bernard, maître de la chambre aux deniers du roi, 14,850 livres tournois pour le deuxième quartier de la présente année, non compris 150 livres tournois retranchées de ses gages. Mauny, 5 mai 1535.

Bibl. nat., ms. fr. 15632, n° 339. (*Mention.*)

7772. Mandement au trésorier de l'épargne de bailler à Jacques Bernard, maître de la chambre aux deniers du roi, 3,039 livres 11 sous 11 deniers tournois pour l'arriéré de son office pendant le premier quartier de la présente année. Mauny, 5 mai 1535.

Bibl. nat., ms. fr. 15632, n° 574. (*Mention.*)

7773. Mandement au trésorier de l'épargne de payer 120 livres tournois à Jean Colas, capitaine des forêts de Roumare, Rouvray, Brotonne, La Londe et Mauny en Normandie; et à Jean Le Bourg, Jacques de Vandras, Antoine de La Londe, Pierre Du Quesne, Noël Delamare et Bernardin Loyal, gardes, 60 livres tournois

1535.

5 mai.

5 mai.

5 mai.

5 mai.

5 mai.

à chacun pour leurs gages de l'année 1534. 1535.
Mauny, 5 mai 1535.

Bibl. nat., ms. fr. 15632, n° 269. (Mention.)

7774. Mandement au trésorier de l'épargne de payer 5 mai.
aux gardes de la forêt de Coucy 360 livres
tournois pour leurs gages de l'année 1534,
soit 60 livres tournois à chacun d'eux, ci-
après nommés : Jean Louvel, Guillaume de
Courtenay, Jean Du Boys, Jean de Courtenay, Nicolas Loridan et Jean Saulnier. Mauny,
5 mai 1535.

Bibl. nat., ms. fr. 15632, n° 315. (Mention.)

7775. Mandement au trésorier de l'épargne de payer 5 mai.
à M. de Choisy, capitaine de Fontainebleau,
1,200 livres tournois pour son état durant
l'année 1534. Mauny, 5 mai 1535.

Bibl. nat., ms. fr. 15632, n° 318. (Mention.)

7776. Mandement au trésorier de l'épargne de payer 5 mai.
120 livres tournois à Christophe Daresse, capitaine de la forêt de Loches, et 60 livres tournois chacun, à Jean Guérin, Pierre Guenant,
Jean Gaultier et Thomas Lecomte, gardes de
ladite forêt, pour leurs gages de l'année 1534.
Mauny, 5 mai 1535.

Bibl. nat., ms. fr. 15632, n° 321. (Mention.)

7777. Mandement au trésorier de l'épargne de payer 5 mai.
120 livres tournois à Louis de Lensaigne,
capitaine des forêts de Chizé et d'Aulnay, et
60 livres tournois chacun, à Jean Chauveau,
dit Nicot, Benoît Chauveau, Antoine de Lon-
guechault et Léonnet de Lavau, gardes desdites forêts, pour leurs gages de l'année 1534.
Mauny, 5 mai 1535.

Bibl. nat., ms. fr. 15632, n° 322. (Mention.)

7778. Mandement au trésorier de l'épargne de payer 5 mai.
120 livres tournois à Louis de Lensaigne,
capitaine de la forêt de Sénart, et 60 livres
tournois chacun à François de Lavau, Jean
Gousset, Jean de Dacqs (Dax), François de

IMPRIMERIE NATIONALE.

Beauvais, gardes de ladite forêt; et 35 livres à   1535.
Charles Guignard, Léonard de Volze et Barbe
Chesnard, autres gardes, pour leurs gages de
l'année 1534. Mauny, 5 mai 1535.

Bibl. nat., ms. fr. 15632, n° 323. (Mention.)

7779. Mandement au trésorier de l'épargne de payer   5 mai.
60 livres tournois à chacun des gardes des
forêts d'Évreux, Beaumont, Conches et Breteuil ci-après nommés : Claude Du Moncel,
Guillaume Ansoulx, Martin Bourgeois, Guillaume Marc, Nicolas Le Lièvre, Pierre Ni-
colle, Philippe de Theneville et Jean de La
Roche, pour leurs gages de l'année 1534.
Mauny, 5 mai 1535.

Bibl. nat., ms. fr. 15632, n° 325. (Mention.)

7780. Mandement au trésorier de l'épargne de payer   5 mai.
100 livres tournois à Pierre de Ruthie, capitaine des forêts de Livry et de Bondy, et à
Jean de La Flocelière, Regnaut de La Mothe,
Philippe de La Flocelière et Colin de La
Place, gardes desdites forêts, 60 livres tournois à chacun pour leurs gages de l'année
1534. Mauny, 5 mai 1535.

Bibl. nat., ms. fr. 15632, n° 327. (Mention.)

7781. Mandement au trésorier de l'épargne de payer   5 mai.
120 livres tournois à Pierre de Ruthie, capitaine de la forêt de Crécy en Brie, et à Jean
Drouyn, Étienne Huguet, Jacques Huguet et
Antoine Héret, gardes de ladite forêt, 60 livres tournois à chacun pour leurs gages de
l'année 1534. Mauny, 5 mai 1535.

Bibl. nat., ms. fr. 15632, n° 328. (Mention.)

7782. Mandement au trésorier de l'épargne de payer   5 mai.
120 livres tournois à Louis Le Roy, capitaine
de la forêt de Chinon, et à Jeannot de Cau-
debert, Jean Gaultier, François de Launay et
Bertrand de Moras, gardes de ladite forêt,
60 livres tournois à chacun pour leurs gages
de l'année 1534. Mauny, 5 mai 1535.

Bibl. nat., ms. fr. 15632, n° 329. (Mention.)

7783. Mandement au trésorier de l'épargne de payer 120 livres tournois à Pierre de Ruthie, capitaine de la forêt de Saint-Germain, et à Jean Darsuquin, Michau Du Moustier, Jacques Du Moustier, Jean de Cailly, Michel Legrand et Pierre Escot, gardes de ladite forêt, 60 livres tournois à chacun pour leurs gages de l'année 1534. Mauny, 5 mai 1535. *1535. 5 mai.*

> *Bibl. nat., ms. fr. 15632, n° 330. (Mention.)*

7784. Mandement au trésorier de l'épargne de payer 200 livres tournois à Louis Thibault, capitaine de la forêt d'Amboise, et à Roland de Bouthenay, Nicolas Du Monceau, Jean de Beaune, François Gibourd, François Bourgault, Hélie Du Monceau, Mathurin Frotier et Hatin Bonnelle, gardes de ladite forêt, à chacun 60 livres tournois pour leurs gages de l'année 1534. Mauny, 5 mai 1535. *5 mai.*

> *Bibl. nat., ms. fr. 15632, n° 331. (Mention.)*

7785. Mandement au trésorier de l'épargne de payer à Jean Auffroy, Hector de La Haye, Jean Blanchard et Jacques de La Haye, gardes de la forêt de Bord, 60 livres tournois à chacun pour leurs gages de l'année 1534. Mauny, 5 mai 1535. *5 mai.*

> *Bibl. nat., ms. fr. 15632, n° 370. (Mention.)*

7786. Mandement au trésorier de l'épargne de bailler à Bénigne Serre 446 livres 17 sous 6 deniers tournois, soit 246 livres 17 sous 6 deniers tournois à remettre aux trois chevaucheurs de l'écurie du roi qui tiennent les trois postes de la cour, pour le premier quartier de la présente année, et 200 livres tournois pour les menus voyages qu'il convient de faire pour le service du roi. Mauny, 5 mai 1535. *5 mai.*

> *Bibl. nat., ms. fr. 15632, n° 564. (Mention.)*

7787. Mandement au trésorier de l'épargne de payer à M. le Grand maître [Anne de Montmorency], capitaine de la Bastille de Paris, du bois de Vincennes, de Nantes et de Saint-Malo, 1,075 li- *5 mai.*

ivres tournois pour le premier quartier de la
présente année. Mauny, 5 mai 1535.

1535.

Bibl. nat., ms. fr. 15632, n° 578. (Mention.)

7788. Mandement au trésorier de l'épargne de payer
à M. le Grand maître, lieutenant général du
roi en Languedoc, 4,500 livres tournois, soit
3,000 livres pour sa pension et 1,500 livres
pour son état de lieutenant général pendant le
premier quartier de la présente année. Mauny,
5 mai 1535.

5 mai.

Bibl. nat., ms. fr. 15632, n° 608. (Mention.)

7789. Mandement au trésorier de l'épargne de payer
à M. le Grand maître 2,000 livres tournois sur
les 8,000 qui lui sont assignées, en compensation des 4,000 ducats de la composition du
Briançonnais, pour le premier quartier de la
présente année. Mauny, 5 mai 1535.

5 mai.

Bibl. nat., ms. fr. 15632, n° 625. (Mention.)

7790. Lettres de décharge du roi de 2,250 livres tournois que le trésorier de l'épargne lui a payées
comptant. Mauny, 5 mai 1535.

5 mai.

Bibl. nat., ms. fr. 15632, n° 582. (Mention.)

7791. Mandement au trésorier de l'épargne de payer à
Geoffroy de Pompadour, échanson ordinaire
du roi, 562 livres tournois pour porter à Ma-
zères en Foix des lettres du roi au roi et à la
reine de Navarre. Mauny, 5 mai 1535.

5 mai.

Bibl. nat., ms. fr. 15632, n° 597. (Mention.)

7792. Mandement au trésorier de l'épargne de payer à
M. le Grand écuyer [Jacques de Genouilhac],
chevalier de l'ordre et maître de son artillerie,
5,000 livres tournois pour sa pension du
deuxième semestre de l'année 1534. Mauny,
5 mai 1535.

5 mai.

Bibl. nat., ms. fr. 15632, n° 609. (Mention.)

7793. Mandement au trésorier de l'épargne de payer à
Nicolas de Rustici, dit le Bossu, capitaine de

5 mai.

lansquenets, 225 livres tournois en récompense de ses services. Mauny, 5 mai 1535.

> Bibl. nat., ms. fr. 15632, n° 626. (Mention.)

1535.

7794. Évocation au Grand conseil des causes pendantes au Parlement d'Aix entre Fouquet d'Agoult, sieur de Sault, et les habitants de la Baume et de Sisteron. Mauny, 6 mai 1535.

> Enreg. au Parl. de Provence. Arch. de la cour à Aix, Lettres royaux, reg. 2, in-fol. de 1,026 feuillets, fol. 250 v°.

- 6 mai.

7795. Mandement au trésorier de l'épargne de payer à Gabriel de La Guiche, chevalier, 450 livres tournois à déduire de ce qui pourra lui être dû pour le séjour qu'il va faire à Marseille, où, en compagnie du comte de Tende, il avisera aux mesures à prendre pour la sûreté de la ville de Marseille et du château d'If. Mauny, 6 mai 1535.

> Bibl. nat., ms. fr. 15632, n° 282. (Mention.)

6 mai.

7796. Mandement au trésorier de l'épargne de bailler à Charles Brisset, commis à tenir le compte et faire le payement des 40 lances commandées par le comte de Tende, 3,726 livres 15 sous tournois pour le dernier quartier de la présente année. Mauny, 7 mai 1535.

> Bibl. nat., ms. fr. 15632, n° 152. (Mention.)

7 mai.

7797. Mandement au trésorier de l'épargne de payer à Charles Brisset, commis à tenir le compte et faire le payement des 6,000 hommes de la légion de Dauphiné et de Provence, 1,125 livres tournois pour le radoub et le ravitaillement de la galère sur laquelle est arrivé à Marseille l'ambassadeur de Barberousse. Mauny, 7 mai 1535.

> Bibl. nat., ms. fr. 15632, n° 252. (Mention.)

7 mai.

7798. Mandement au trésorier de l'épargne de payer à Jacques de Villiers, commis à tenir le compte et faire le payement de la légion de 6,000 hommes de pied levés en Languedoc, 2,968 li-

7 mai.

livres pour la solde des 500 hommes de pied
en garnison à Narbonne, Leucate et autres
villes voisines. Mauny, 7 mai 1535.

> Bibl. nat., ms. fr. 15632, n° 262. (Mention.)

7799. Mandement au trésorier de l'épargne de payer à
domp Diu de Mandosse [don Diego de Men-
doza], panetier ordinaire du roi, 600 livres
tournois pour sa pension de l'année 1534.
Mauny, 7 mai 1535.

> Bibl. nat., ms. fr. 15632, n° 274. (Mention.)

7 mai.

7800. Mandement au trésorier de l'épargne de payer
à Jacques de Venisse, s' de Baugy, 540 livres
tournois pour avoir apporté de Marseille à
Rouen au roi des lettres du comte de Villars,
lieutenant général en Provence. Mauny, 7 mai
1535.

> Bibl. nat., ms. fr. 15632, n° 598. (Mention.)

7 mai.

7801. Mandement pour faire payer à Françoise d'Al-
lonville, veuve d'Alain de Courseulle, l'un
des cent gentilshommes ordinaires de l'hôtel,
fait prisonnier devant Pavie, après avoir com-
battu vaillamment, ce qui reste à payer du don
fait par le roi audit Alain sur les revenus des
moulins du Château et de la Planche, près
d'Évreux ; faute duquel payement, ladite veuve
ne pourrait rembourser ceux qui ont concouru
à payer la rançon de son mari. Rouen, 8 mai
1535.

> Original. Bibl. nat., Pièces orig., Allonville,
> vol. 43, p. 15.

8 mai.

7802. Mandement au trésorier de l'épargne de bailler
à Pierre Faure, receveur général de Picardie
et commis au payement des 6,000 hommes de
pied de la légion de cette province, 27,965 livres tournois à remettre aux six capitaines de
cette légion pour l'équipement des 5,593 hommes de simple paye qui seront passés en revue
par le roi à Amiens. Vatteville, 8 mai 1535.

> Bibl. nat., ms. fr. 15632, n° 271. (Mention.)

8 mai.

1535.

7803. Mandement au trésorier de l'épargne de bailler
à Pierre Faure 34,220 livres tournois pour
la solde des 6,000 hommes de pied de la légion de Picardie, y compris les capitaines, lieutenants et autres officiers, pour le premier
semestre de la présente année. Vatteville, 8 mai
1535.

1535.
8 mai.

> Bibl. nat., ms. fr. 15632, n° 272. (Mention.)

7804. Mandement au trésorier de l'épargne de payer
à Claude Guyot 10,000 livres tournois pour
la construction du port du Havre. Vatteville,
8 mai 1535.

8 mai.

> Bibl. nat., ms. fr. 15632, n° 576. (Mention.)

7805. Mandement au trésorier de l'épargne de payer
à Pierre d'Apestigny, général de Bourgogne,
1,200 livres tournois pour ses gages ordinaires
dudit office pendant l'année 1534. Vatteville,
9 mai 1535.

9 mai.

> Bibl. nat., ms. fr. 15632, n° 201. (Mention.)

7806. Mandement au trésorier de l'épargne de bailler
à Audebert Catin, commis à tenir le compte
et faire le payement des 100 lances fournies
des ordonnances, commandées par M. le Grand
maître, 9,617 livres tournois, complétant les
10,842 livres 10 sous tournois du premier
quartier de la présente année. Vatteville,
9 mai 1535.

9 mai.

> Bibl. nat., ms. fr. 15632, n° 238. (Mention.)

7807. Mandement au trésorier de l'épargne de bailler
à Jean Besnard, commis au payement de la
compagnie de M. de Vendôme, 7,888 livres
2 sous 8 deniers tournois pour le premier
quartier de la présente année. Vatteville, 9 mai
1535.

9 mai.

> Bibl. nat., ms. fr. 15632, n° 245. (Mention.)

7808. Mandement au trésorier de l'épargne de bailler à
Pierre Godefroy, commis au payement de la
compagnie d'Oudart Du Biez, 4,035 livres
18 sous 4 deniers tournois pour le premier

9 mai.

quartier de la présente année. Vatteville, 9 mai 1535.

1535.

Bibl. nat., ms. fr. 15632, n° 247. (*Mention.*)

7809. Mandement au trésorier de l'épargne de bailler à Pierre François, commis au payement des compagnies des s⁻ de Créquy et de Bernieulles, 5,025 livres 5 sous tournois pour le premier quartier de la présente année. Vatteville, 9 mai 1535.

9 mai.

Bibl. nat., ms. fr. 15632, n° 248. (*Mention.*)

7810. Mandement au trésorier de l'épargne de bailler à Pierre Légier, commis au payement de la compagnie de M. du Fresnoy, 4,029 livres 14 sous tournois pour le premier quartier de la présente année. Vatteville, 9 mai 1535.

9 mai.

Bibl. nat., ms. fr. 15632, n° 249. (*Mention.*)

7811. Mandement au trésorier de l'épargne de bailler à André Blondel, commis au payement de la compagnie de M. le Dauphin, 6,030 livres tournois pour le premier quartier de la présente année. Vatteville, 9 mai 1535.

9 mai.

Bibl. nat., ms. fr. 15632, n° 250. (*Mention.*)

7812. Mandement au trésorier de l'épargne de bailler à Robert Tallon, commis au payement des 40 lances fournies, commandées par le s⁻ de la Roche-du-Maine, 3,616 livres 5 sous tournois complétant le payement de 4,051 livres 5 sous tournois qui lui étaient dus pour le premier quartier de la présente année. Vatteville, 9 mai 1535.

9 mai.

Bibl. nat., ms. fr. 15632, n° 253. (*Mention.*)

7813. Mandement au trésorier de l'épargne de bailler à Alain Veau, commis au payement de la compagnie de M. de La Rochepot, 5,207 livres 1 sou 8 deniers tournois pour le premier quartier de la présente année. Vatteville, 9 mai 1535.

9 mai.

Bibl. nat., ms. fr. 15632, n° 264. (*Mention.*)

7814. Mandement au trésorier de l'épargne de bailler
à Étienne Martineau, commis à tenir le compté
des dépenses extraordinaires de l'artillerie,
6,777 livres tournois pour 400 halecrets[1] de
Bâle, garnis d'une hoguine secrète et d'un
gorgerin, livrés par Robert Bonnel, au prix de
4 livres 15 sous pièce, et 300 halecrets d'Allemagne, garnis de deux avant-bras, menottes
et gorgerins, livrés par Nicolas Galopin, au prix
de 8 livres 15 sous, 2,000 hoguines à 12 sous
6 deniers tournois pièce, 25 grands gorgerins à 25 sous pièce, et 162 arquebuses à
50 sous pièce, le tout acheté à Paris et porté
à Rouen, pour armer une partie des gens de
pied de la légion de Normandie. Vatteville,
9 mai 1535.

Bibl. nat., ms. fr. 15632, n° 334. (Mention.)

1535.
9 mai.

7815. Mandement au trésorier de l'épargne de bailler à
François Malvault, receveur et payeur de l'é-
curie du roi, 19,226 livres 19 sous 2 deniers
tournois pour le deuxième quartier de la présente année, non compris 187 livres tournois
qui ont été retranchées sur les gages dudit receveur. Vatteville, 9 mai 1535.

Bibl. nat., ms. fr. 15632, n° 400. (Mention.)

9 mai.

7816. Mandement au trésorier de l'épargne de payer à
Jean Pierre, dit Bargamin, courrier romain,
112 livres 10 sous tournois pour le complet
payement du voyage qu'il a fait de Rome au
Neufbourg, en mars dernier, apportant au roi
des lettres de l'évêque de Mâcon, son ambassadeur à Rome. Vatteville, 9 mai 1535.

Bibl. nat., ms. fr. 15632, n° 599. (Mention.)

9 mai.

7817. Déclaration portant que les courriers qui vont
d'Avignon à Rome ou en Italie passeront par
la route de Dauphiné, et défense de leur four-

10 mai.

---

[1] Espèce de corselet de fer battu, plus léger que la cuirasse

III.

10

nir des chevaux en Provence, à peine de confiscation. Vatteville, 10 mai 1535.

> *Enreg. au Parl. de Grenoble, le 5 août suivant.*
> *Arch. de l'Isère, Chambre des Comptes de Grenoble,*
> *B. 2910, fol. 27 ou 87. 3 pages 1/2.*

7818. Confirmation des privilèges des habitants des pays de Quercy, Agénais et Périgord, dépendant du duché de Guyenne. 10 mai 1535.

> *Enreg. à la Cour des Aides, le 13 mai 1536.*
> *Arch. nat., recueil Cromo, U. 665, fol. 267. (Mention.)*

7819. Mandement au trésorier de l'épargne de payer aux religieux et couvents des frères minimes du Plessis-du-Parc-lez-Tours et d'Amboise 1,000 livres tournois, soit aux premiers 700 livres et aux autres 300 livres, pour l'entretien, durant la présente année, des fondations faites tant par le roi que par ses prédécesseurs. Vatteville, 10 mai 1535.

> *Bibl. nat., ms. fr. 15632, n° 273. (Mention.)*

7820. Mandement au trésorier de l'épargne de payer à Pierre Poussin, chevecier de la Sainte-Chapelle du palais à Paris, 1,460 livres tournois en quatre quartiers, pour employer au fait de son office pendant la présente année. Vatteville, 10 mai 1535.

> *Bibl. nat., ms. fr. 15632, n° 293. (Mention.)*

7821. Mandement au trésorier de l'épargne de bailler à Jean Crosnier, trésorier de la marine de Provence, 57,075 livres tournois pour la solde de 21 galères entretenues au service du roi sur les côtes de Provence, pendant le premier quartier de la présente année. Vatteville, 10 mai 1535.

> *Bibl. nat., ms. fr. 15632, n° 300. (Mention.)*

7822. Mandement au trésorier de l'épargne de payer aux doyen, chanoine et chapitre de l'église Saint-Jean-l'Évangéliste du Plessis-du-Parc-lez-Tours 600 livres tournois pour l'entretien

1535.

10 mai.

10 mai.

10 mai.

10 mai.

10 mai.

de leur fondation durant l'année courante. Vatteville, 10 mai 1535.

Bibl. nat., ms. fr. 15632, n° 355. (Mention.)

7823. Provisions de l'office de conseiller lai au Parlement de Dijon pour Bénigne La Verne, licencié ès droits, en remplacement de Claude de Tournon, décédé. Vatteville, 11 mai 1535.

11 mai.

Enreg. au Parl. de Dijon, le 22 octobre suivant. Arch. de la Côte-d'Or, Parl., reg. II, fol. 207.

7824. Mandement au trésorier de l'épargne de bailler à Florimond Le Charron, commis à tenir le compte et faire le payement des officiers de la maison du roi, 53,417 livres tournois pour le deuxième quartier de la présente année, non compris 312 livres 10 sous tournois, moitié retranchée des gages dudit Le Charron. Vatteville, 11 mai 1535.

11 mai.

Bibl. nat., ms. fr. 15632, n° 401. (Mention.)

7825. Mandement au trésorier de l'épargne de payer à Michel Varnier et Abraham Fouache, marchands à Rouen, 101 livres 5 sous tournois pour 43 arquebuses et 15 livres de poudre. Vatteville, 11 mai 1535.

11 mai.

Bibl. nat., ms. fr. 15632, n° 602. (Mention.)

7826. Commission aux baillis et sénéchaux pour faire rendre compte des deniers que les communes avaient été autorisées à lever en 1533, et dont moitié devait être portée au coffre du Louvre, sauf pour les villes frontières, qui devaient conserver la totalité de cette imposition et l'appliquer à leurs fortifications; mais plusieurs communes n'avaient rien versé au Louvre et quelques places frontières avaient négligé leurs fortifications. Vatteville, 12 mai 1535.

12 mai.

Expédition originale. Chambre des Comptes de Grenoble. Arch. de l'Isère, B. 3188.
Autre expédition originale. Arch. municipales de Francescas (Lot-et-Garonne), EE 1.
Enreg. au Châtelet de Paris, Bannières. Arch. nat., Y. 9, fol. 52 v°. 2 pages.
Enreg. au Parl. de Grenoble, le 5 juillet 1535.

Arch. de l'Isère, Chambre des Comptes de Grenoble;   1535.
B. 2909, cah. 53. 7 pages.

  Enreg. au Bureau de la ville de Paris, le 26 mai
1535. Arch. nat., H. 1779, fol. 154 v°.
  Copie collat., signée «Picot, notaire». Arch. municip. d'Albi, EE 20.
  Copie. Arch. de la ville de Lyon, série CC.
  Imp. Registres des délibérations du Bureau de la
ville de Paris, in-4°, t. II, 1886, p. 205.
  Registres consulaires de Limoges, in-8°, t. I,
p. 258.
  Catalogue des Archives du baron de Joursanvault,
in-8°, t. II, p. 255. (Mention.)

7827. Lettres attribuant à la Cour des Aides la connaissance des procès intentés au nom d'Antoine Bohier, fils aîné de Thomas Bohier, général des finances, pour le recouvrement de ses créances, à raison des deniers dus au roi. Vatteville, 12 mai 1535.   12 mai.

  Enreg. à la Cour des Aides, le 22 juin 1535.
  Copie collationnée faite par ordre de la Cour des
Aides, le 12 février 1779. Arch. nat., Z¹ᵃ 526.

7828. Déclaration du roi touchant la connaissance des matières qui concernent le Havre-de-Grâce. Vatteville, 12 mai 1535.   12 mai.

  Enreg. à la Cour des Aides de Normandie. Arch.
de la Seine-Inférieure, Mémoriaux, II° vol., fol. 101.
6 pages.

7829. Lettres attribuant à la Cour des Aides les procédures pour le recouvrement des créances dues à la succession de Raoul Hurault, général des finances, qui avait été condamné, par arrêt des commissaires de la Tour Carrée, à payer au roi 100,000 livres. 12 mai 1535.   12 mai.

  Enreg. à la Cour des Aides de Paris. Arch. nat.,
recueil Cromo, U. 665, fol. 267. (Mention.)

7830. Lettres en forme de mandement au trésorier de l'épargne, lui ordonnant de verser dans le coffre du trésor du Louvre fermé à quatre clefs, dont l'une est entre les mains du roi et les trois autres entre les mains du Légat, du Grand maître et de l'Amiral, 225,000 livres   12 ma tournois pour subvenir aux besoins imprévus et urgents. Vatteville, 12 mai 1535.

> Bibl. nat., ms. fr. 15632, n°° 267 et 280. (Double mention.)

7831. Mandement au trésorier de l'épargne de payer à [Jacques Galyot de Genouilhac], grand écuyer, chevalier de l'ordre et maître de l'artillerie, 1,000 livres tournois pour l'aider à supporter les dépenses de son voyage à Calais, en compagnie de l'Amiral. Vatteville, 12 mai 1535.

> Bibl. nat., ms. fr. 15632, n° 664. (Mention.)

7832. Mandement au trésorier de l'épargne de payer à Guillaume Bochetel, secrétaire des finances, 300 livres tournois pour un voyage qu'il va faire à Calais en compagnie de l'Amiral, voyage qu'on estime devoir durer trente jours. Vatteville, 12 mai 1535.

> Bibl. nat., ms. fr. 15632, n° 665, et ms. Clairambault 1215, fol. 74. (Mentions.)

7833. Mandement au trésorier de l'épargne de payer 360 livres au président Guillaume Poyet pour un voyage de trente jours qu'il va faire à Calais avec le comte de Busançais, amiral de France, dans le but de conférer avec le duc de Norfolck et d'autres envoyés du roi d'Angleterre. Vatteville, 12 mai 1535.

> Bibl. nat., ms. fr. 15632, n° 666, et ms. Clairambault 1215, fol. 74. (Mentions.)

7834. Mandement au trésorier de l'épargne de payer à Antoine de Castelnau, évêque de Tarbes, conseiller au Grand conseil, 3,600 livres tournois pour vacquer pendant cent quatre-vingts jours en qualité d'ambassadeur du roi en Angleterre, où il va remplacer le s^r de Morette. Vatteville, 12 mai 1535.

> Bibl. nat., ms. fr. 15632, n° 667, et ms. Clairambault 1215, fol. 74. (Mentions.)

7835. Mandement au trésorier de l'épargne de délivrer à Jean de Vimont, trésorier de la marine de Ponant, 6,000 livres tournois pour remettre à

1535.

12 mai.

12 mai.

12 mai.

12 mai.

12 mai.

Mario et Alexandre Rousselay (Ruccellaï), cautions de feu Jérôme Fer, de Savone, qui s'était chargé du radoub de la grande nef *la Françoise*, et faire achever ce travail. Vatteville, 1 2 mai 1535.

Bibl. nat., ms. fr. 15632, n° 668. (Mention.)

7836. Mandement au trésorier de l'épargne de bailler à Bénigne Serre 1 20 livres tournois, pour délivrer à Nicolas Lecointe et François Delamare, chevaucheurs d'écurie du roi, chargés d'accompagner l'amiral à Calais. Vatteville, 1 2 mai 1535.

1 2 mai.

Bibl. nat., ms. fr. 15632, n° 669. (Mention.)

7837. Mandement au trésorier de l'épargne de payer à l'amiral [Chabot] 20,000 livres tournois pour le dédommager de ses dépenses dans le voyage que le roi l'a envoyé faire en Angleterre, aux mois d'octobre, novembre et décembre derniers, et dans le nouveau voyage qu'il va faire à Calais, où il doit conclure un traité avec le duc de Norfolk, grand trésorier d'Angleterre, et d'autres députés du roi Henri VIII. Vatteville, 1 2 mai 1535.

1 2 mai.

Bibl. nat., ms. fr. 15632, n° 670. (Mention.)

7838. Mandement au trésorier de l'épargne de payer 450 livres à Étienne de La Planque, chevaucheur, chargé d'aller à Rome porter des lettres du roi aux cardinaux de Tournon et de Gramont. Vatteville, 1 3 mai 1535.

1 3 mai.

Bibl. nat., ms. Clairambault 1215, fol. 71. (Mention.)

7839. Mandement à la Chambre des Comptes d'avoir à accepter les parties refusées par elle du compte de Florimond Le Charron, chargé temporairement, par suite de la mort de Jean Carré, du payement des officiers de l'hôtel du roi. Vatteville, 15 mai 1535.

15 mai.

Original. Bibl. nat., ms. fr. 25721, n° 432.

7840. Mandement au trésorier de l'épargne de payer

15 mai.

par quartier au dauphin 9,000 livres tournois
pour ses plaisirs et affaires durant la présente
année. Vatteville, 15 mai 1535.

1535.

> Bibl. nat., ms. fr. 15632, n° 320. (Mention.)

7841. Lettres portant commission à la Cour des Aides
pour le recouvrement des créances d'Henri
Bohier, resté redevable envers le Trésor de
70,000 livres tournois, sur les 200,000 livres
auxquelles il avait été condamné par les juges
sur la réformation des finances, siégeant à la
Tour carrée du Palais. Caudebec, 16 mai
1535.

16 mai.

> Enreg. à la Cour des Aides, le 22 juin 1535.
> Copie collationnée faite par ordre de la Cour des
> Aides, le 12 février 1779. Arch. nat., Z¹ᵘ 526.

7842. Procuration donnée à Anne de Montmorency
pour acheter la terre et seigneurie de Che-
nonceau, et transiger à cet effet avec Antoine
Bohier. Arques, 20 mai 1535.

20 mai.

> Imp. L'abbé C. Chevalier, Diane de Poitiers au
> Conseil du roi (d'après les archives du château de
> Chenonceau). Paris, 1866, in-8°, p. 13.

7843. Mandement au trésorier de l'épargne de payer à
Émery de Bazillac, chevalier, maréchal des logis
du roi et capitaine de Narbonne, 2,400 livres
tournois pour sa pension des années 1531 et
1532. Arques, 20 mai 1535.

20 mai.

> Bibl. nat., ms. fr. 15632, n° 257. (Mention.)

7844. Mandement au trésorier de l'épargne de bailler
à Jérôme Pajonnet, commis au payement des
50 lances commandées par le sʳ d'Annebaut,
4,979 livres 15 sous tournois, complétant le
payement des 5,116 livres 5 sous tournois dus
pour le premier quartier de la présente année.
Arques, 20 mai 1535.

20 mai.

> Bibl. nat., ms. fr. 15632, n° 266. (Mention).

7845. Mandement au trésorier de l'épargne de bailler
à Nicolas Saimbault, commis au payement des
50 lances commandées par le sʳ de Sedan et

20 mai.

des 3o commandées par le gouverneur d'Orléans, 7,949 livres 8 sous 4 deniers tournois,
complétant les 8,102 livres 10 sous tournois
du premier quartier de la présente année. Arques, 20 mai 1535.

> — *Bibl. nat.*, ms. fr. 15632, n° 275. (*Mention.*)

7846. Mandement au trésorier de l'épargne de bailler
à Adam Pinceverpe, commis au payement des
5o lances commandées par le s^r de Boisy,
4,874 livres 15 sous tournois pour le premier
quartier de la présente année. Arques, 20 mars
(*corr.* mai) 1535.

20 mai.

> *Bibl. nat.*, ms. fr. 15632, n° 278. (*Mention.*)

7847. Mandement au trésorier de l'épargne de bailler
à Jean Grossier, commis au payement des
80 lances commandées par le s^r de Fleuranges,
maréchal de France, 8,634 livres 16 sous
8 deniers tournois pour le premier quartier de
la présente année. Arques, 20 mai 1535.

20 mai.

> *Bibl. nat.*, ms. fr. 15632, n° 281. (*Mention.*)

7848. Mandement au trésorier de l'épargne de bailler à
Bonnet de Moireau, commis au payement des
60 lances commandées par le duc de Lorraine,
5,980 livres 13 sous 4 deniers tournois pour
le premier quartier de la présente année. Arques, 20 mai 1535.

20 mai.

> — *Bibl. nat.*, ms. fr. 15632, n° 284. (*Mention.*)

7849. Mandement au trésorier de l'épargne de bailler
à Jacques Marcel, commis au payement des
80 lances commandées par le duc de Guise,
7,998 livres 11 sous 8 deniers tournois pour
le premier quartier de la présente année. Arques, 20 mai 1535.

20 mai.

> *Bibl. nat.*, ms. fr. 15632, n° 285. (*Mention.*)

7850. Mandement au trésorier de l'épargne de bailler
à Guillaume de Villemontée, trésorier de la
vénerie et fauconnerie du roi, 13,004 livres
5 sous tournois pour le premier quartier de
la présente année, non compris 250 livres

20 mai.

retranchées sur les gages dudit Villemontée. Arques, 20 mai 1535.

1535.

> *Bibl. nat.*, ms. fr. 15632, n° 294. (*Mention.*)

7851. Mandement au trésorier de l'épargne de bailler à Étienne Martineau, commis à la dépense extra-ordinaire de l'artillerie, 500 livres tournois pour le payement de 200 arquebuses que le roi a fait fabriquer à Fère-en-Tardenois. Arques, 20 mai 1535.

20 mai.

> *Bibl. nat.*, ms. fr. 15632, n° 336. (*Mention.*)

7852. Mandement au trésorier de l'épargne de bailler à Guillaume de Moraines 4,056 livres 15 sous tournois complétant les 4,981 livres 5 sous tournois dus pour la solde des 50 lances commandées par M. de Barbezieux, pendant le premier quartier de la présente année. Arques, 20 mai 1535.

20 mai.

> *Bibl. nat.*, ms. fr. 15632, n° 369. (*Mention.*)

7853. Mandement au trésorier de l'épargne de bailler à Pierre Le Vassor, commis au payement des 30 lances commandées par le s⁀ de Villebon, 6,050 livres 15 sous tournois complétant la somme de 6,242 livres 10 sous tournois due pour le premier quartier de la présente année. Arques, 20 mai 1535.

20 mai.

> *Bibl. nat.*, ms. fr. 15632, n° 396. (*Mention.*)

7854. Mandement au trésorier de l'épargne de payer à Regnault Danet, orfèvre à Paris, 2,389 livres 10 sous tournois pour un carcan (collier) émaillé de vert et garni de vingt-huit tables de rubis, deux bracelets d'or garnis de pierreries, trois chaînes d'or émaillé, une enseigne d'or, un coffre long en forme d'écritoire en cuivre doré et argent. Arques, 20 mai 1535.

20 mai.

> *Bibl. nat.*, ms. fr. 15632, n° 554. (*Mention.*)

7855. Mandement au trésorier de l'épargne de payer à Regnault Danet, orfèvre à Paris, 2,250 livres tournois pour une « bague à pendre », enrichie d'un gros diamant en forme de fer de lance,

20 mai.

taillé à facettes, monté à jour entre deux sirènes d'or soutenant le diamant, surmonté lui-même d'une « espinole » à jour et à six pointes, tenant suspendue une grosse perle ronde. Arques, 20 mai 1535.

> Bibl. nat., ms. fr. 15632, n° 555. (Mention.)

7856. Provisions en faveur de Nicolas Émenjaud, juge mage de Provence, de l'office de conseiller au Parlement d'Aix, vacant par la mort de Louis Garnier. Arques, 21 mai 1535.

> Enreg. au Parl. de Provence. Arch. de la cour à Aix, Lettres royaux, reg. 2, in-fol. papier de 1,026 feuillets, fol. 146.

7857. Lettres ordonnant au sénéchal de Lyon d'examiner les comptes des receveurs Grolier et Charles de La Bessée, pour trancher le différend entre ceux-ci et les consuls de Lyon. Arques, 22 mai 1535.

> Copie. Arch. de la ville de Lyon, série FF.

7858. Lettres autorisant les procureurs des États de Provence à lever des impôts pour les besoins du pays. Arques, 22 mai 1535.

> Enreg. à la Chambre des Comptes d'Aix. Arch. des Bouches-du-Rhône, B. 32 (Scorpionis), fol. 195. 2 pages.

7859. Provisions des offices de sénéchal de Saintonge et de capitaine du château de Saint-Jean-d'Angely en faveur de François de La Rochebeaucourt, au lieu de son père. Arques, 22 mai 1535.

> Enreg. au Parl. de Bordeaux, le 31 août 1535. Arch. de la Gironde, B. 30 bis, fol. 230. 3 pages 1/2.

7860. Provisions de l'office de sénéchal d'Angoumois en faveur de Jean de La Rochebeaucourt et sur la résignation de François de La Rochebeaucourt, son fils. Arques, 22 mai 1535.

> Réception au Parl. de Paris le 10 décembre 1537. Arch. nat., X¹ᵃ 4905, Plaidoiries, fol. 118 v°. (Mention.)

1535.

21 mai.

22 mai.

22 mai.

22 mai.

22 mai.

7861. Mandement au trésorier de l'épargne de payer à
Antoine Boyer, général des finances de Languedoïl, 7,680 livres tournois pour ses gages,
chevauchées et pension des années 1533 et
1534. Arques, 22 mai 1535.

> Bibl. nat., ms. fr. 15632, n° 216. (Mention.)

1535.
22 mai.

7862. Mandement au trésorier de l'épargne de bailler à
Étienne Martineau, commis au payement des
dépenses extraordinaires de l'artillerie, 1,860 livres tournois pour l'achat de 80 milliers de
grosse poudre, 12 milliers de poudre grenue
et un millier de poudre d'amorce, que le roi
a commandés à Paris. Arques, 23 mai 1535.

> Bibl. nat., ms. fr. 15632, n° 308. (Mention.)

23 mai.

7863. Mandement au trésorier de l'épargne de bailler à
Jean Duval 16,460 livres 11 sous 4 deniers
tournois pour les gages des officiers du Parlement de Paris pendant le premier quartier de
la présente année, non compris 393 livres
10 sous retranchés sur les gages dudit Duval.
Eu, 24 mai 1535.

> Bibl. nat., ms. fr. 15632, n° 306. (Mention.)

24 mai.

7864. Décharge à Gabriel d'Alègre, capitaine de cinquante hommes d'armes des ordonnances, de
500 écus d'or soleil que Morelet Du Museau,
général des finances, lui avait fait prêter à Venise, pour employer à des travaux de fortifications, par ordre de l'amiral de Bonivet.
27 mai 1535.

> Enreg. à la Cour des Aides de Paris. Arch. nat.,
> recueil Cromo, U. 665, fol. 266. (Mention.)

27 mai.

7865. Ordonnance touchant la tenue des Grands jours
convoqués à Troyes et qui doivent siéger du
1er septembre au 31 octobre de la présente
année. Abbeville, 28 mai 1535.

> Enreg. au Parl. de Paris, le 25 juin 1535.
> Arch. nat., X¹ᵃ 8612, fol. 374. 2 pages.
> Arrêt d'enregistrement, X¹ᵃ 4898, fol. 455.

28 mai.

7866. Lettres accordant remise à Antoine de Bouliers,

29 mai.

11.

sieur de Cental, de 2,700 livres qu'il restait
devoir sur les 2,000 ducats auxquels il avait
été condamné par le Parlement de Grenoble.
Rue, 29 mai 1535.

1535.

Enreg. à la Chambre des Comptes de Grenoble,
le 16 septembre 1535. Arch. de l'Isère, B. 2909,
cah. 56. 3 pages 1/2.

7867. Mandement au trésorier de l'épargne de payer
au trésorier de Pierrevive 3,150 livres tournois pour ses gages, chevauchées, droits de
robe et de bûche pendant l'année 1534. Rue,
29 mai 1535.

29 mai.

Bibl. nat., ms. fr. 15632, n° 211. (Mention.)

7868. Mandement au trésorier de l'épargne de payer
au duc d'Orléans 2,250 livres tournois pour
ses plaisirs. Rue, 29 mai 1535.

29 mai.

Bibl. nat., ms. fr. 15632, n° 313. (Mention.)

7869. Mandement au trésorier de l'épargne de bailler à
Julien Bonacoursy, commis au payement des
cent gentilshommes de l'hôtel du roi commandés par M. de Canaples, 10,487 livres
10 sous tournois pour le premier quartier de
la présente année, non compris 187 livres
10 sous tournois retranchés sur les gages dudit Bonacoursy. Rue, 30 mai 1535.

30 mai.

Bibl. nat., ms. fr. 15632, n° 277. (Mention.)

7870. Mandement au trésorier de l'épargne de bailler
à Jacques Arnoul, commis au payement des
80 lances commandées par le roi de Navarre,
8,076 livres 3 sous 4 deniers tournois pour le
premier quartier de la présente année. Rue,
30 mai 1535.

30 mai.

Bibl. nat., ms. fr. 15632, n° 279. (Mention.)

7871. Mandement au trésorier de l'épargne de bailler à
Étienne Trotereau, commis au payement des
40 lances commandées par le sieur de Bonneval, 4,109 livres 3 sous 8 deniers tournois pour
le premier quartier de la présente année. Rue,
30 mai 1535.

30 mai.

Bibl. nat., ms. fr. 15632, n° 283. (Mention.)

7872. Mandement au trésorier de l'épargne de bailler à Jean Barbedor, commis au payement des cent gentilshommes de l'hôtel du roi commandés par M. de Nevers, 10,237 livres 10 sous tournois pour le premier quartier de la présente année, non compris 187 livres 10 sous retranchés des gages dudit Barbedor. Rue, 30 mai 1535.

1535.
30 mai.

> *Bibl. nat., ms. fr. 15632, n° 291. (Mention.)*

7873. Mandement au trésorier de l'épargne de payer à Antoine de Lameth, chevalier, général des finances, 930 livres tournois pour un voyage de quatre-vingt-treize jours. Parti de Paris le 28 janvier dernier, il s'était rendu à Lyon pour examiner avec les ambassadeurs des Ligues suisses ce qui leur était dû sur leurs pensions. Rue, 30 mai 1535[1].

30 mai.

> *Bibl. nat., ms. fr. 15632, n° 307. (Mention.)*

7874. Mandement au trésorier de l'épargne de payer 120 livres tournois à Adam Buffart, capitaine de la forêt de Brioudan, près Romorantin, et à Nicolas de Bonnamie, Charles de Barbençon, Léonard de Blé, François Fougeray, gardes de ladite forêt, 60 livres à chacun, et à Denis Godin, Jacques Penaiger, Guillaume Dufresne et Jean Bordier, sergents de ladite forêt, 30 livres tournois à chacun, pour leurs gages de l'année 1534. Rue, 30 mai 1535.

30 mai.

> *Bibl. nat., ms. fr. 15632, n° 340. (Mention.)*

7875. Mandement au trésorier de l'épargne de bailler à Guillaume de Morennes (*aliàs* Moraines), commis au payement des 50 lances commandées par M. de Montpezat, 4,690 livres 5 sous tournois complétant les 4,981 livres 5 sous tournois pour le premier quartier de la présente année. Rue, 30 mai 1535.

30 mai.

> *Bibl. nat., ms. fr. 15632, n° 368. (Mention.)*

---

[1] Le registre porte par erreur « le penultime jour de juin », au lieu de « mai », correction indiquée par le lieu de la date.

7876. Mandement au trésorier de l'épargne de bailler
à Martin de Troyes, payeur des 80 lances de
[Jacques de Genouilhac], grand écuyer,
7,949 livres 18 sous 4 deniers tournois complétant les 8,112 livres 10 sous tournois du
premier quartier de la présente année. Rue,
30 mai 1535.

> Bibl. nat., ms. fr. 15632, n° 381. (Mention.)

1535.
30 mai.

7877. Lettres portant établissement de deux foires
franches au Havre. Vatteville, mai 1535.

> Enreg. à la Chambre des Comptes de Paris. Arch.
> nat., P. 2306, fol. 203, 14 pages.
> Idem, P. 2537, fol. 198 v°.
> Enreg. à la Cour des Aides de Normandie, le 5 août
> 1535. Arch. de la Seine-Inférieure, Mémoriaux,
> II° volume, fol. 95. 10 pages.

Mai.

7878. Commission à Jacques Duchemin, sieur du
Quesnel, pour faire remettre Antoine Du Bois,
évêque de Béziers, et Antoine d'Auxy, sieur de
la Tour, ou leurs héritiers, en saisine de leurs
terres de Flandre, cédées à l'empereur pour
la rançon de François Ier et rachetées récemment. Rue, 1er juin 1535.

> Copie du XVI° siècle. Arch. nat., Trésor des
> Chartes, J. 670, n° 12[10].

1er juin.

7879. Nomination de Jean Joué comme maître des
œuvres et maçonnerie de la sénéchaussée de
Carcassonne, en remplacement de Jean Voyon,
décédé. Rue, 1er juin 1535.

> Vidimus du sénéchal de Carcassonne du 26 août
> 1535. Bibl. nat., Pièces orig., Châteauneuf (dossier
> 16234), vol. 699, n° 7.

1er juin.

7880. Autorisation donnée aux habitants de Rouen de
percevoir pendant six ans certaines aides dont
le produit devra être employé à la reconstruction de la partie du pont qui a été détruite.
Rue, 2 juin 1535.

> Copie du XVI° siècle. Bibl. nat., ms. 25721, n° 433.

2 juin.

7881. Mandement au trésorier de l'épargne de bailler
à Fleury Geuffroy, receveur et payeur de l'écu-

2 juin.

rie de Messieurs, 5,869 livres 12 sous 6 deniers
tournois pour le deuxième quartier de la présente année, non compris 150 livres tournois,
moitié retranchée des gages dudit Geuffroy.
Rue, 2 juin 1535.

1535.

> Bibl. nat., ms. fr. 15632, n° 403. (*Mention.*)

7882. Mandement au trésorier de l'épargne de bailler
à Antoine Juge 18,236 livres 10 sous tournois pour les gages des officiers de la maison
de la reine, non compris 187 livres tournois,
moitié retranchée des gages dudit Juge. Rue,
2 juin 1535.

2 juin.

> Bibl. nat., ms. fr. 15632, n° 410. (*Mention.*)

7883. Mandement au trésorier de l'épargne de bailler à
Pierre Rousseau, commis au payement des gages
des officiers de la maison de Messeigneurs,
15,250 livres tournois pour le deuxième
quartier de la présente année, non compris
175 livres tournois retranchées des gages dudit Rousseau. Rue, 2 juin 1535.

2 juin.

> Bibl. nat., ms. fr. 15632, n° 417. (*Mention.*)

7884. Mandement au trésorier de l'épargne de bailler
à Pierre Rousseau, commis au payement de la
chambre aux deniers de Messeigneurs, 11,427
livres 10 sous tournois pour le deuxième quartier de la présente année. Rue, 2 juin 1535.

2 juin.

> Bibl. nat., ms. fr. 15632, n° 418. (*Mention.*)

7885. Mandement au trésorier de l'épargne de bailler à
François Cordon, commis au payement des
cent Suisses de la garde du roi, 4,000 livres
tournois pour le deuxième quartier de la présente année, non compris 100 livres tournois,
moitié retranchée des gages dudit Cordon.
Rue, 2 juin 1535.

2 juin.

> Bibl. nat., ms. fr. 15632, n° 425. (*Mention.*)

7886. Mandement au trésorier de l'épargne de payer à
Pierre Rousseau, commis à tenir le compte et
faire le payement de l'argenterie de Messeigneurs, 3,750 livres tournois pour le deuxième

2 juin.

quartier de la présente année. Rue, 2 juin   1535.
1535.

Bibl. nat., ms. fr. 15632, n° 430. (Mention.)

7887. Mandement au trésorier de l'épargne de payer   2 juin.
à Pierre Rousseau, commis au payement des
menus de la chambre de Messeigneurs,
1,500 livres tournois pour le deuxième quartier de la présente année. Rue, 2 juin 1535.

Bibl. nat., ms. fr. 15632, n° 431. (Mention.)

7888. Lettres exceptant la ville de Paris de la mesure   3 juin.
générale prescrivant le versement dans les
coffres du Louvre des deniers communs et
octrois, et laissant aux prévôt des marchands
et échevins l'usage de ces deniers pour continuer les travaux en cours d'exécution, tels
que l'Hôtel de ville, les quais du Louvre et
de Grève, etc. Rue, 3 juin 1535.

Original. Arch. nat., K. 954, n° 60.
Enreg. au Châtelet de Paris, le 12 juin 1535.
Arch. nat., Bannières, Y. 9, fol. 54. 1 page.

7889. Lettres ordonnant, en considération de l'offre   3 juin.
d'un don gratuit de la valeur de trois décimes
faite par le clergé du diocèse de Paris, mainlevée de la saisie de son temporel. Rue, 3 juin
1535.

Enreg. au Châtelet de Paris, Bannières. Arch.
nat., Y. 9, fol. 54 v°. 2 pages.

7890. Lettres de mainlevée du temporel des comman-   3 juin.
deries de l'ordre de Saint-Jean de Jérusalem,
à condition de payement par les commandeurs
des décimes auxquelles l'ordre devait contribuer avec les autres membres du clergé. Rue
en Picardie, 3 juin 1535.

Original. Arch. nat., M. 8, n° 35.
Six vidimus du XVI° siècle. Arch. nat., M. 8,
n°° 30 à 34 et 36.
Copie du XVI° siècle. Bibl. nat., ms. fr. 25721,
n° 434.
Vidimus du 26 juin 1535. Arch. de la Vienne,
Grand Prieuré d'Aquitaine, liasse 234.

7891. Mandement au trésorier de l'épargne de payer 27 livres à Laurent Bruzot, qui va à Calais porter des lettres au comte de Busançais, amiral de France, et aux autres envoyés du roi, et leur communiquer des avertissements apportés de Rome. Rue, 3 juin 1535.

1535.
3 juin.

> Bibl. nat., ms. Clairambault 1215, fol. 74. (Mention.)

7892. Provisions de l'office de clerc et auditeur extraordinaire en la Chambre des Comptes de Dijon pour Girard Sayve, en survivance de Pierre Sayve, son père. Rue, 4 juin 1535.

4 juin.

> Enreg. à la Chambre des Comptes de Dijon, le 4 août suivant. Arch. de la Côte-d'Or, B. 18, fol. 324 v°.

7893. Lettres de jouissance de gages accordées à Louis Faron, sommelier ordinaire de la bouche du roi, pour son office de garde de la garenne de Niort. Rue, 5 juin 1535.

5 juin.

> Enreg. à la Chambre des Comptes, le 2 mars 1544, anc. mém. 2 K, fol. 101. Arch. nat., invent. PP. 136, p. 423. (Mention.)

7894. Mandement au trésorier de l'épargne de bailler à Jacques de Bailleur, commis au payement des 80 lances commandées par le comte de Saint-Pol, 7,685 livres tournois pour le premier quartier de la présente année. Rue, 5 [juin] 1535.

5 juin.

> Bibl. nat., ms. fr. 15632, n° 286. (Mention.)

7895. Mandement au trésorier de l'épargne de bailler à Artus Prunier, commis au payement des 60 lances de Renzo de Cère et des 40 lances du marquis de Saluces, 9,781 livres tournois complétant les 10,227 livres tournois dues pour leur solde pendant le premier quartier de la présente année. Rue, 5 juin 1535.

5 juin.

> Bibl. nat., ms. fr. 15632, n° 287. (Mention.)

7896. Mandement au trésorier de l'épargne de bailler à Étienne Noblet, commis au payement des

5 juin.

80 lances commandées par le sʳ d'Aubigny, 8,527 livres 13 sous 4 deniers tournois pour le premier quartier de la présente année. Rue, 5 juin 1535.

Bibl. nat., ms. fr. 15632, n° 289. (Mention.)

1535.

7897. Mandement au trésorier de l'épargne de bailler à Girard Sayve, commis au payement des 100 lances commandées par l'amiral [Chabot], 9,494 livres tournois pour le premier quartier de la présente année. Rue, 5 juin 1535.

Bibl. nat., ms. fr. 15632, n° 290. (Mention.)

5 juin.

7898. Mandement au trésorier de l'épargne de bailler à Jean Petitdé, commis au payement des 80 lances commandées par les sʳˢ de Longueville et de Saint-André, 7,750 livres 13 sous 4 deniers tournois complétant les 8,102 livres 10 sous tournois dus pour leur solde du premier quartier de la présente année. Rue, 5 juin 1535.

Bibl. nat., ms. fr. 15632, n° 292. (Mention.)

5 juin.

7899. Mandement au trésorier de l'épargne de bailler à Jean Chambon, commis au payement des 80 lances commandées par le duc d'Albany, 8,096 livres 4 sous 8 deniers tournois pour le premier quartier de la présente année. Rue, 5 juin 1535.

Bibl. nat., ms. fr. 15632, n° 295. (Mention.)

5 juin.

7900. Mandement au trésorier de l'épargne de bailler à Michel Cosson, commis au payement des 80 lances commandées par les sʳˢ de Châteaubriant et de Montejean, 7,529 livres 10 sous tournois pour le premier quartier de la présente année. Rue, 5 juin 1535.

Bibl. nat., ms. fr. 15632, n° 296. (Mention.)

5 juin.

7901. Mandement au trésorier de l'épargne de bailler à Charles Brisset, commis au payement des 40 lances commandées par le comte de Tende, 4,013 livres 15 sous tournois pour le premier

5 juin.

quartier de la présente année. Rue, 5 juin. 1535.

1535.

Bibl. nat., ms. fr. 15632, n° 297. (*Mention.*)

7902. Mandement au trésorier de l'épargne de bailler à Nicolas Hervoet, commis au payement des 40 lances commandées par le s^r d'Alègre, 3,833 livres 15 sous tournois pour le premier quartier de la présente année. Rue, 5 juin 1535.

5 juin.

Bibl. nat., ms. fr. 15632, n° 310. (*Mention.*)

7903. Déclaration portant que l'argent destiné aux gages des officiers des cours souveraines ne sera pas transporté au Louvre et que les payements s'en effectueront selon les formes d'usage. Abbeville, 6 juin 1535.

6 juin.

Enreg. au Parl. de Provence. Arch. de la cour à Aix, Lettres royaux, reg. 2, *in-fol.* papier de 1,026 feuillets, fol. 249 v°.

7904. Don à Anne d'Humières, comtesse de Nesle, veuve de Jean de Sainte-Maure et mère de feu Charles de Sainte-Maure, comte de Nesle, de droits seigneuriaux montant à la somme de 6,000 livres tournois. 8 juin 1535.

8 juin.

Bibl. nat., ms. Clairambault 782, fol. 293. (*Mention.*)

7905. Lettres renvoyant au grand maître des Eaux et forêts le jugement des procès intentés aux gardes, verdiers et autres officiers de la forêt de Chinon pour leurs abus et malversations. Amiens, 9 juin 1535.

9 juin.

Enreg. au siège de la Table de marbre (Eaux et forêts), le 25 juin 1535. Arch. nat., Z. 4580 (*nunc* Z^{1e} 323), fol. 120. 2 pages.

7906. Mandement au grand maître des Eaux et forêts de procéder au jugement définitif de divers procès relatifs à la réformation des forêts du comté de Montfort-l'Amaury. Amiens, 10 juin 1535.

10 juin.

Enreg. à la Table de marbre (Eaux et forêts), le 4 février 1536 n. s. Arch. nat., Z. 4580 (*nunc* Z^{1e} 323), fol. 202. 2 pages.

12.

7907. Mandement au trésorier de l'épargne de bailler
à Jean Duval, receveur et payeur du Parlement de Paris, 1,000 livres tournois pour
les distribuer aux conseillers qui l'année dernière ont expédié les affaires criminelles en la
chambre de la Tournelle. Amiens, 5 (corr. 10)
juin 1535.

1535.
10 juin.

> Bibl. nat., ms. fr. 15632, n° 305. (Mention.)

7908. Mandement au trésorier de l'épargne de délivrer
à Raymond Forget, commis à tenir le compte
et faire le payement des édifices de Chambord, 16,000 livres tournois. Amiens, 12 juin
1535.

12 juin.

> Bibl. nat., ms. fr. 15632, n° 356. (Mention.)

7909. Mandement au trésorier de l'épargne de bailler
à Jacques Bernard (aliàs Besnard), maître de
la chambre aux deniers du roi, 1,250 livres
tournois complétant les 2,500 livres tournois
dues pour les habillements des galopins de
la cuisine et l'entretien de la vaisselle du roi
pendant le premier semestre de la présente
année. Amiens, 12 juin 1535.

12 juin.

> Bibl. nat., ms. fr. 15632, n° 429. (Mention.)

7910. Lettres affranchissant de toute mainmise apposée
en vertu des commissions royales des 12 et
13 février précédents, le temporel du clergé
de Provence, à condition de fournir au roi,
pour parer aux frais de la guerre, un subside
en forme de don gratuit de trois décimes,
payable à Paris en deux termes, le 1er novembre et le 25 décembre 1535. Amiens, 13 juin
1535.

13 juin.

> Enreg. au Parl. de Provence. Arch. de la cour
> à Aix, Lettres royaux, reg. 2, in-fol. papier de
> 1,026 feuillets, fol. 149.v°.

7911. Lettres portant acceptation par le roi du subside
qui lui est offert par l'abbaye de Montier-
en-Der, et mainlevée des saisies opérées sur

13 juin.

le revenu de ladite abbaye. Amiens, 13 juin 1535.

Original. Archives départ. de la Haute-Marne, abbaye de Montier-en-Der, série H, 1re liasse, 2e partie.

7912. Provisions de l'office de président de la petite chambre des enquêtes du Parlement de Paris pour Pierre de Lestoile, conseiller en ladite cour, en remplacement de Nicole Le Maistre, décédé. Amiens, 14 juin 1535.

14 juin.

Réception au Parl. le 25 juin suivant. Arch. nat., X1a 1538, reg. du Conseil, fol. 372. (Mention.)

7913. Prorogation de huit années accordée aux bourgeois de la ville de Nantes pour la levée des aides nommées le droit de méage, le denier pour livre et le devoir de pavage, dont la recette doit être appliquée à l'entretien des fortifications. Amiens, 14 juin 1535.

14 juin.

Enreg. à la Chambre des Comptes de Bretagne. Archives de la Loire-Inférieure, B. Mandements royaux, II, fol. 163.

7914. Provisions de l'office nouvellement créé de contrôleur du domaine des vicomtés de Conches et de Breteuil, en faveur de Jean Maillart. Amiens, 14 juin 1535.

14 juin.

Réception à la Chambre des Comptes de Paris le 1er juillet suivant, anc. mém. GG, fol. 285, et HH, fol. 244. Arch. nat., K. 1377, papiers de Fontanieu, et invent. PP. 136, p. 423. (Mentions.)

7915. Mandement au trésorier de l'épargne de payer à Jean-Ambroise Casal, de Milan, 2,218 livres 10 sous tournois ou 986 écus d'or, soit 600 écus pour trois ceintures de perles, 100 écus pour dix paires de mancherons, 26 écus pour neuf paires de chausses de femmes, 56 écus pour huit autres paires de chausses de femmes, 12 écus pour trois coiffes de toile, 50 écus pour un pourpoint d'or et de soie, 30 écus pour une chemise, 16 écus pour quatre paires de manches, 6 écus pour une paire de chausses

14 juin.

1535.

destinées au roi, et 80 écus pour deux chemises ouvrées. Amiens, 14 juin 1535.

1535.

Bibl. nat., ms. fr. 15632, n° 298. (*Mention.*)

7916. Mandement au trésorier de l'épargne de payer à Claude Dodieu, ambassadeur du roi auprès de l'empereur, 3,600 livres tournois pour cent quatre-vingts jours de sa mission. Amiens, 14 juin 1535.

14 juin.

Bibl. nat., ms. fr. 15632, n° 299, et ms. Clairambault 1215, fol. 73 v°. (*Mentions.*)

7917. Mandement au trésorier de l'épargne de payer à Charles [Hémard de Denonville], évêque de Mâcon, ambassadeur auprès du pape, 3,600 livres tournois pour son état pendant cent quatre-vingts jours (19 mai-14 novembre 1535). Amiens, 14 juin 1535.

14 juin.

Bibl. nat., ms. fr. 15630, n° 303, et ms. Clairambault 1215, fol. 73 v°. (*Mentions.*)

7918. Mandement au trésorier de l'épargne de bailler à François Damon, receveur et payeur des gages des officiers de la Chambre des Comptes de Paris, 7,919 livres 17 sous 6 deniers tournois pour le premier quartier de la présente année, non compris 90 livres 11 sous 6 deniers, moitié retranchée de ses gages. Amiens, 14 juin 1535.

14 juin.

Bibl. nat., ms. fr. 15632, n° 304. (*Mention.*)

7919. Mandement au trésorier de l'épargne de payer à Georges de Selve, évêque de Lavaur, ambassadeur à Venise, 2,300 livres tournois pour son état pendant cent quatre-vingts jours (1er juin-1er décembre 1535). Amiens, 14 juin 1535.

14 juin.

Bibl. nat., ms. fr. 15632, n° 312, et ms. Clairambault 1215, fol. 73 v°. (*Mentions.*)

7920. Mandement au trésorier de l'épargne de bailler à Étienne Martineau, commis à tenir le compte et faire le payement des dépenses extraordinaires de l'artillerie, 7,798 livres 14 sous 6 deniers tournois, soit 6,000 livres pour 1,500 halecrets munis chacun d'une hoguine secrète et

14 juin.

d'un gorgerin, achetés à Jacques Lecrocq, marchand à Paris, 750 livres tournois pour remettre 1,500 autres halecrets en état, 337 livres 10 sous tournois pour radouber 24 grandes tonnes dans lesquelles lesdits halecrets ont été transportés à Amiens, 345 livres pour le transport audit lieu, 120 livres tournois à distribuer aux gardes qui les ont escortés, et 240 livres à Étienne Martineau en payement des frais qu'il a dû faire. Amiens, 14 juin 1535.

Bibl. nat., ms. fr. 15632, n° 378. (Mention.)

1535.

7921. Permission de chasser octroyée aux gens de tous états de Languedoc, avec désignation du gibier et des bêtes qui pourront être tués. Boves, 16 (*aliàs* 17) juin 1535.

16 juin.

Enreg. au Parl. de Toulouse, le 16 décembre 1535. Arch. de la Haute-Garonne, Édits, reg. 4, fol. 36. 2 pages 1/2.
Arch. départ. de l'Hérault, C. États de Languedoc, ordonnances et arrêts, t. IV, pièce 9.
Imp. Catencuve, Chartes de Languedoc, p. 200, dans le Franc alleu de la province de Languedoc, 2ᵉ édit., 1645, in-fol. (Sous la date du 18 juin 1535.)

7922. Lettres données à la requête des États de Languedoc, portant que les gens d'église, les officiers de justice, les écoliers de l'Université, etc., ne sont pas exempts de tailles sur leurs biens ruraux, et que ces tailles doivent être réparties au sol la livre, quel que soit le possesseur des biens. Amiens, 18 juin 1535.

18 juin.

Enreg. à la sénéchaussée de Beaucaire et de Nîmes, le 26 octobre de la même année, et à la Cour des Aides de Montpellier, le 19 janvier 1536 n. s.
Copie délivrée par la Cour des Aides de Montpellier et signée « pour collation: Decler ». Arch. munic. de la ville d'Albi, CC. 117.
Vidimus. Arch. départ. de l'Hérault, C. États de Languedoc, ordonnances et arrêts, t. IV, pièce 10.
Copie. Arch. de l'Ardèche, C. 265 bis.
Imp. Édits et ordonnances concernant la juridiction de la Cour des Aides de Montpellier. Montpellier, 1597, in-fol., p. 119.
Fontanon, Les édits et ordonnances, etc. Paris, 1611, in-fol., t. II, p. 810.

Corbin, *Nouveau recueil des édits... de la juridiction de la Cour des Aides de Paris, de Rouen,* etc. Paris, 1623, in-4°, p. 255.

Casenetve, *Chartes de Languedoc,* p. 195, dans le *Franc alleu de la province de Languedoc,* 2° édit., 1645, 1 vol. in-fol.

Isambert, *Anc. lois françaises,* Paris, in-8°, t. XII, p. 407. (Sous la date du 18 juillet.)

1535.

7923. Lettres autorisant les gens d'église de Provence à faire sortir de la province et expédier leurs blés à l'étranger, sauf en pays ennemi, et à condition de payer les droits, traites et péages. Amiens, 18 juin 1535.

18 juin.

> *Enreg. au Parl. de Provence. Arch. de la cour à Aix, Lettres royaux,* reg. 2, in-fol. papier de 1,026 feuillets, fol. 153.

7924. Mandement à la Chambre des Comptes de faire payer par le receveur et vicomte d'Évreux à Etienne-Michel Criquebeuf la somme de 150 livres, pour don à lui fait sur les droits seigneuriaux dus à cause de l'acquisition de la seigneurie de Rouvray faite par Blaisot Lobert. 19 juin 1535.

19 juin.

> *Enreg. à la Chambre des Comptes de Paris, le 3 août 1535. Arch. nat.,* invent. PP. 136, p. 423. (*Mention.*)

7925. Mandement au trésorier de l'épargne de payer au comte de Chalant 5,000 livres tournois, complétant le payement des 12,000 livres qui lui étaient dues pour sa pension des six années 1529 à 1534. Amiens, 19 juin 1535.

19 juin.

> *Bibl. nat.,* ms. fr. 15632, n° 301. (*Mention.*)

7926. Mandement au trésorier de l'épargne de bailler à Bénigne Serre 535 livres tournois pour les gages des chantres, chapelains et autres officiers de la chapelle de plain-chant du roi pendant le premier quartier de la présente année. Amiens, 19 juin 1535.

Mandement semblable, de même date, pour le second quartier.

19 juin.

> *Bibl. nat.,* ms. fr. 15632, n°° 317 et 473. (*Mentions.*)

7927. Mandement au trésorier de l'épargne de bailler
à Bénigne Serre 1,915 livres tournois, complétant les 2,395 livres dues pour les gages
des officiers de la chapelle de musique du roi
pendant le deuxième quartier de la présente
année. Amiens, 19 juin 1535.

   Bibl. nat., ms. fr. 15632, n° 407. (Mention.)

    1535.
    19 juin.

7928. Mandement au trésorier de l'épargne de bailler
à Bénigne Serre 1,250 livres tournois pour
les menus de la chambre du roi, pendant
le deuxième quartier de la présente année.
Amiens, 19 juin 1535.

   Bibl. nat., ms. fr. 15632, n° 406. (Mention.)

    19 juin.

7929. Mandement au trésorier de l'épargne de bailler à
Christophe Daresse, huissier du Conseil privé
du roi, 120 livres tournois pour ses gages de
l'année 1534. Amiens, 19 juin 1535.

   Bibl. nat., ms. fr. 15632, n° 324. (Mention.)

    19 juin.

7930. Mandement au trésorier de l'épargne de payer
aux écoliers suisses, étudiants à l'Université
de Paris, 450 livres tournois pour continuer
leurs études durant le deuxième quartier de la
présente année. Amiens, 19 juin 1535.

   Bibl. nat., ms. fr. 15632, n° 391. (Mention.)

    19 juin.

7931. Mandement au trésorier de l'épargne de bailler
à Victor Barguyn, receveur et payeur de
l'écurie de Mesdames, 4,500 livres tournois
pour le deuxième quartier de la présente année.
Amiens, 19 juin 1535.

   Bibl. nat., ms. fr. 15632, n° 404. (Mention.)

    19 juin.

7932. Mandement au trésorier de l'épargne de bailler
à Victor Barguyn 14,000 livres tournois pour
la chambre aux deniers de Mesdames pendant
le deuxième quartier de la présente année.
Amiens, 19 juin 1535.

   Bibl. nat., ms. fr. 15632, n° 405. (Mention.)

    19 juin.

7933. Mandement au trésorier de l'épargne de bailler
à Victor Barguyn, commis au payement des

    19 juin.

III.

13

IMPRIMERIE NATIONALE.

gages des officiers, dames et demoiselles de
la maison de Mesdames, 10,391 livres 5 sous
tournois pour le deuxième quartier de la présente année, non compris 225 livres tournois
retranchées des gages dudit Barguyn. Amiens,
19 juin 1535.

Bibl. nat., ms. fr. 15632, n° 422. (Mention.)

1535.

7934. Mandement au trésorier de l'épargne de bailler
à Victor Barguyn, trésorier de Mesdames,
4,150 livres tournois pour leur argenterie durant le deuxième quartier de la présente année. Amiens, 19 juin 1535.

Bibl. nat., ms. fr. 15632, n° 435. (Mention.)

19 juin.

7935. Mandement au trésorier de l'épargne de bailler à
Nicolas de Troyes, argentier du roi, 4,600 livres tournois pour le deuxième quartier de la
présente année, non compris 150 livres tournois retranchées des gages dudit de Troyes.
Amiens, 19 juin 1535.

Bibl. nat., ms. fr. 15632, n° 432. (Mention.)

19 juin.

7936. Mandement au trésorier de l'épargne de bailler
à Charles Mesnagier, argentier de la reine,
3,900 livres tournois pour le deuxième quartier
de la présente année, non compris 100 livres
tournois retranchées des gages dudit Mesnagier. Amiens, 19 juin 1535.

Bibl. nat., ms. fr. 15632, n° 434. (Mention.)

19 juin.

7937. Mandement au trésorier de l'épargne de bailler
à Guillaume de Villemontée, trésorier de la
vénerie et fauconnerie du roi, 13,400 livres
5 sous tournois pour le deuxième quartier de
la présente année, non compris 250 livres
tournois retranchées des gages dudit Villemontée. Amiens, 19 juin 1535.

Bibl. nat., ms. fr. 15632, n° 454. (Mention.)

19 juin.

7938. Mandement au trésorier de l'épargne de payer
36 livres à Guillaume Valette, chevaucheur,
pour aller d'Amiens à Londres porter des

19 juin.

lettres du roi à son ambassadeur, le s^r de Morette. Amiens, 19 juin 1535.

1535.

> Bibl. nat., ms. Clairambault 1215, fol. 74. (Men-
> tion.)

7939. Mandement au trésorier de l'épargne de bailler
à François Chefdebien, commis au payement
des 40 lances commandées par M. de Clermont-Lodève, 3,841 livres 5 sous tournois
complétant les 4,683 livres 5 sous tournois de
la solde desdites 40 lances pendant le dernier
quartier de l'année 1534. Amiens, 20 juin
1535.

20 juin.

> Bibl. nat., ms. fr. 15632, n° 202. (Mention.)

7940. Mandement au trésorier de l'épargne de bailler à
François Chefdebien, commis au payement des
40 lances commandées par M. de Clermont-
Lodève, 4,683 livres 5 sous tournois pour le
premier quartier de la présente année. Amiens,
20 juin 1535.

20 juin.

> Bibl. nat., ms. fr. 15632, n° 319. (Mention.)

7941. Mandement au trésorier de l'épargne de bailler à
François Saumaire, commis à tenir le compte
et faire le payement des 6,000 hommes de
pied de la légion de Champagne, 27,965 livres
tournois pour l'achat de 5,593 habillements
qui leur sont destinés. Amiens, 21 juin 1535.

21 juin.

> Bibl. nat., ms. fr. 15632, n° 423. (Mention.)

7942. Mandement au trésorier de l'épargne de payer à
François Saumaire 34,220 livres tournois pour
la solde des 6,000 hommes de la légion de
Champagne pendant le premier semestre de la
présente année. Amiens, 21 juin 1535.

21 juin.

> Bibl. nat., ms. fr. 15632, n° 424. (Mention.)

7943. Mandement au trésorier de l'épargne de bailler
au cardinal Du Bellay, évêque de Paris,
2,700 livres tournois ou 1,200 écus d'or soleil
qu'il remettra de la part du roi et en récompense de leurs services, savoir : 1,000 écus au

28 juin.

13.

/poète
merci.

cardinal Palmieri et 200 écus au /prêtre/ Modestus à Rome. Guise, 28 juin 1535.

Bibl. nat., ms. fr. 15632, n° 412. (*Mention.*)

1535.

7944. Mandement au trésorier de l'épargne de bailler au cardinal évêque de Paris 3,000 livres tournois pour remettre à Rome de la part du roi à Jean Palvoisin (Pallavicini), en manière de pension pendant la présente année. Guise, 28 juin 1535.

Bibl. nat., ms. fr. 15632, n° 413. (*Mention.*)

28 juin.

7945. Mandement au trésorier de l'épargne de bailler au cardinal évêque de Paris 13,500 livres tournois, ou 6,000 écus d'or, qu'il remettra à Rome au comte de la Mirandole, s'il en est besoin, pour les affaires dont le roi est convenu avec ledit comte. Guise, 28 juin 1535,

Bibl. nat., ms. fr. 15632, n° 414. (*Mention.*)

28 juin.

7946. Mandement au trésorier de l'épargne de payer à Renzo de Cère 10,000 livres tournois en déduction des termes échus de sa pension. Guise, 28 juin 1535.

Bibl. nat., ms. fr. 15632, n° 416. (*Mention.*)

28 juin.

7947. Mandement au trésorier de l'épargne de payer à Georges Lech, gentilhomme de Danemark, 450 livres tournois que le roi lui a données en récompense de ses services. Guise, 28 juin 1535.

Bibl. nat., ms. fr. 15632, n° 419. (*Mention.*)

28 juin.

7948. Mandement au trésorier de l'épargne de payer à Stefano Colonna 6,000 livres tournois pour dix-huit mois de sa pension (1er janvier 1534-30 juin 1535). Guise, 28 juin 1535.

Bibl. nat., ms. fr. 15632, n° 421. (*Mention.*)

28 juin.

7949. Mandement au trésorier de l'épargne de payer au roi de Navarre 6,000 livres tournois pour ses état et pension du deuxième quartier de la présente année. Guise, 28 juin 1535.

Bibl. nat., ms. fr. 15632, n° 472 *bis*. (*Mention.*)

28 juin.

7950. Mandement au trésorier de l'épargne de payer à

28 juin.

Jacques Amyenne, écolier suisse, 25 livres 1535.
tournois pour continuer ses études à l'Université de Paris pendant le premier quartier de la présente année. Guise, 28 juin 1535.

> *Bibl. nat., ms. fr.* 15632, n° 481. *(Mention.)*

7951. Permission accordée à la ville de Nîmes de prendre pour armes, au lieu d'un taureau d'or, le type de la médaille frappée sous les Romains par la colonie de cette ville, « un couleuvre à la palme enchaîné ». Rue, juin 1535.   Juin.

> *Copie. Arch. municipales de Nîmes,* AA. 4.
> IMP. Ménard, *Histoire de la ville de Nismes.*
> Paris, 1750-1755, in-4°, t. IV, p. 133.
> Gaillard Guiran, *Explicatio duorum vetustorum numismatum Nemausensium ex ære.* Arausioni, 1655, in-4°, p. 42.

7952. Lettres contenant affranchissement des deux foires de Mâcon, qui se tiennent le jour de saint Laurent et le jeudi gras. Amiens, juin 1535.   Juin.

> *Enreg. à la Chambre des Comptes de Dijon, le 5 août suivant. Arch. de la Côte-d'Or,* reg. B. 72, fol. 137 v°.
> *Enreg. à la Cour des Aides, le 29 avril 1550. Arch. nat., recueil Cromo,* U. 665, fol. 338. *(Mention.)*
> *Copie collationnée. Arch. départ. de Saône-et-Loire.*
> Laborier de Serrières, *Annales inédites de Mâcon,* ms. appartenant à M. de Fréminville, château de l'Aumusse (Ain).

7953. Édit établissant à Nantes un jeu d'arquebuse et d'arbalète et concédant au roi qui aura abattu le papegaut la franchise d'impôt de billot pour 50 tonneaux de vins d'Anjou, d'Orléans, de Gascogne ou autre, qu'il pourra vendre en détail pendant l'année de sa royauté. Amiens, juin 1535.   Juin.

> *Enreg. à la Chambre des Comptes de Bretagne. Archives de la Loire-Inférieure,* B. *Mandements royaux,* II, fol. 97.

7954. Mandement au trésorier de l'épargne de payer 120 livres tournois à Guillaume Vallin, lieutenant de la forêt de Bière, et à Martin Gou-   2 juillet.

pil, Jean Tranchant, Jean Travers, Macé Guyot
dit Cochepin, Denis Pasquier, Grand Jean
Ménart, Antoine Guignaut, Philippe de La
Garenne, Jean Cadier, Dominique de Vienne,
Gauvain des Asires, Étienne Dorin, Jean de
La Noe, Philippe Gohet, Geoffroy Guysier,
Claude Pavie et Louis Saulnier, gardes de la-
dite forêt, à chacun 60 livres tournois pour
leurs gages de l'année 1534. La Fère-sur-Oise,
2 juillet 1535.

1535.

> *Bibl. nat.*, ms. fr. 15632, n° 326. (*Mention.*)

7955. Mandement au trésorier de l'épargne de bailler
à Pierre Le Bossu, receveur des émoluments
des monnaies à Paris, receveur et payeur des
gages des officiers desdites monnaies, 750 livres tournois pour le premier quartier de la
présente année. La Fère-sur-Oise, 2 juillet
1535.

2 juillet.

> *Bibl. nat.*, ms. fr. 15632, n° 332. (*Mention.*)

7956. Mandement au trésorier de l'épargne de payer à
Robert de Villy, président du Parlement de
Rouen, 225 livres tournois pour trente-neuf
jours d'un voyage qu'il a fait l'année dernière
de Rouen à Paris, afin d'exposer à Mathieu
de Longuejoue et à Antoine Du Bourg, commissaires chargés d'étudier cette question, les
droits du roi sur le comté d'Eu, y compris
30 livres tournois qu'il a données à l'huissier
du Grand conseil et à ses clercs, qui ont fait
les ajournements et exploits requis. La Fère-
sur-Oise, 2 juillet 1535.

2 juillet.

> *Bibl. nat.*, ms. fr. 15632, n° 348. (*Mention.*)

7957. Mandement au trésorier de l'épargne de payer à
Bastien Lotz, Édouard Marchant, Étienne Maréchal, Jean de Verneuil, Jean Aujon, gardes
de la forêt de Moulière, 40 livres tournois à
chacun pour leurs gages de l'année 1534. La
Fère-sur-Oise, 2 juillet 1535.

2 juillet.

> *Bibl. nat.*, ms. fr. 15632, n° 394. (*Mention.*)

7958. Mandement au trésorier de l'épargne de bailler

3 juillet.

à Guillaume Quinette, receveur et payeur de la Cour des Aides à Paris, 710 livres 12 sous 6 deniers tournois pour le premier quartier de la présente année, non compris 56 livres 5 sous tournois retranchés sur les gages dudit Quinette. La Fère-sur-Oise, 3 juillet 1535.

1535.

Bibl. nat., ms. fr. 15632, n° 344. (Mention.)

7959. Mandement au trésorier de l'épargne de payer à Antoine Bulioud, général des finances en Bretagne, 1,200 livres tournois pour ses gages ordinaires de l'année 1534. La Fère-sur-Oise, 5 juillet 1535.

5 juillet.

Bibl. nat., ms. fr. 15632, n° 209. (Mention.)

7960. Mandement au trésorier de l'épargne de bailler à Héluin Du Lin, receveur et payeur des gages des officiers du Parlement de Rouen, 4,399 livres 13 sous 9 deniers tournois pour le premier quartier de la présente année, non compris 77 livres 10 sous tournois retranchés des gages dudit Héluin. La Fère-sur-Oise, 5 juillet 1535.

5 juillet.

Bibl. nat., ms. fr. 15632, n° 337, (Mention.)

7961. Mandement au trésorier de l'épargne de bailler à Pierre Potier, receveur et payeur du Parlement de Toulouse, 4,850 livres 18 sous 4 deniers tournois pour le premier quartier de la présente année, non compris 87 livres 10 sous tournois retranchés sur les gages dudit Potier. La Fère-sur-Oise, 5 juillet 1535.

5 juillet.

Bibl. nat., ms. fr. 15632, n° 338. (Mention.)

7962. Mandement au trésorier de l'épargne de bailler à Guillaume Lesueur, receveur et payeur de la Cour des Aides de Rouen, 701 livres 1 sou 11 deniers tournois pour le premier quartier de la présente année. La Fère-sur-Oise, 5 juillet 1535.

5 juillet.

Bibl. nat., ms. fr. 15632, n° 345. (Mention.)

7963. Mandement au trésorier de l'épargne de bailler à Louis Acarie, trésorier des aumônes du roi,

5 juillet.

1,462 livres 10 sous tournois pour le premier
quartier de la présente année, non compris
37 livres 10 sous tournois retranchés des
gages dudit Acarie. La Fère-sur-Oise, 5 juillet 1535.

Bibl. nat., ms. fr. 15632, n° 420. (*Mention.*)

1535.

7964. Mandement au trésorier de l'épargne de bailler
à Jean de Vaulx, commis au payement des
cent archers de la garde du roi commandés
par le s^r de Chavigny, 8,606 livres 2 sous
6 deniers tournois pour le deuxième quartier
de la présente année, non compris 187 livres
10 sous tournois retranchés des gages dudit
de Vaulx. La Fère-sur-Oise, 5 juillet 1535.

5 juillet.

Bibl. nat., ms. fr. 15632, n° 426. (*Mention.*)

7965. Mandement au trésorier de l'épargne de bailler
à Jean Chartier, commis au payement des
cent archers de la garde du roi commandés
par le sénéchal d'Agénais, 8,651 livres 2 sous
6 deniers tournois pour le deuxième quartier
de la présente année, non compris 187 livres
10 sous tournois retranchés des gages dudit
Chartier. La Fère-sur-Oise, 5 juillet 1535.

5 juillet.

Bibl. nat., ms. fr. 15632, n° 427. (*Mention.*)

7966. Mandement au trésorier de l'épargne de bailler
à Jean Thizart, trésorier des archers écossais
de la garde du roi commandés par M. d'Aubigny, 9,118 livres 1 sou 3 deniers tournois
pour le deuxième quartier de la présente
année, non compris 187 livres 10 sous tournois retranchés des gages dudit Thizart. La
Fère-sur-Oise, 5 juillet 1535.

5 juillet.

Bibl. nat., ms. fr. 15632, n° 428. (*Mention.*)

7967. Mandement au trésorier de l'épargne de bailler à
Jean Cheyleu, receveur et payeur des gages du
prévôt de l'hôtel du roi, ses lieutenants, greffier, etc., 2,087 livres 10 sous tournois pour
le deuxième quartier de la présente année, non
compris 62 livres 10 sous tournois retranchés

5 juillet.

des gages dudit Cheyleu. La Fère-sur-Oise,
5 juillet 1535.

1535.

> Bibl. nat., ms. fr. 15632, n° 436. (*Mention.*)

7968. Mandement au trésorier de l'épargne de bailler à
Jacques Richier, commis au payement de la
solde des archers français de la garde du roi
commandés par le s^r de Nançay, 8,317 livres
7 sous 6 deniers tournois pour le deuxième
quartier de la présente année, non compris
187 livres 10 sous tournois retranchés des
gages dudit Richier. La Fère-sur-Oise, 5 juillet
1535.

5 juillet.

> Bibl. nat., ms. fr. 15632, n° 439. (*Mention.*)

7969. Mandement au trésorier de l'épargne de bailler
à Jean Barbedor, commis à tenir le compte
et faire le payement des cent gentilshommes
de l'hôtel commandés par Louis de Clèves,
10,237 livres 10 sous tournois pour le
deuxième quartier de la présente année, non
compris 187 livres 10 sous tournois retranchés
des gages dudit Barbedor. La Fère-sur-Oise,
5 juillet 1535.

5 juillet.

> Bibl. nat., ms. fr. 15632, n° 440. (*Mention.*)

7970. Mandement au trésorier de l'épargne de bailler à
Julien Bonacoursy, commis à tenir le compte
et faire le payement des cent gentilhommes
de l'hôtel commandés par M. de Canaples,
10,487 livres 10 sous tournois pour le deuxième
quartier de la présente année, non compris
187 livres 10 sous tournois retranchés des
gages dudit Bonacoursy. La Fère-sur-Oise,
5 juillet 1535.

5 juillet.

> Bibl. nat., ms. fr. 15632, n° 441. (*Mention.*)

7971. Lettres relatives à l'exécution de l'édit du 22 août
1520 (n° 1221) portant suppression des offices
d'élus, contrôleurs, greffiers et procureurs des
hôtels de ville, greffiers des assiettes, lieutenants généraux et particuliers, etc., annulant
les provisions de ces offices données au pré-

6 juillet.

judice de cet édit. La Fère-sur-Oise, 6 juillet
1535.

> Arch. départ. de l'Hérault, C. États de Languedoc,
> Ordonn. et arrêts, t. IV, pièce 12.
> Arch. départ. du Tarn, Lois municipales et écono-
> miques du Languedoc, t. IV, C. 217.

7972. Lettres adressées au prévôt de Paris, à ses lieutenants et aux conseillers du Châtelet, leur
ordonnant d'informer et de donner leur avis
sur les nouveaux statuts des tireurs d'or et
d'argent de Paris. La Fère-sur-Oise, 6 juillet
1535.

> Lesdits statuts enreg. au Parl. de Paris, avec men-
> tion desdites lettres patentes, le 7 septembre 1552.
> Arch. nat., X¹ᵃ 8617, fol. 448 v°.

7973. Provisions, en faveur de Claude de Seurre, de
l'office de receveur des aides et tailles dans les
élections d'Avranches et de Mortain, à la place
de Pierre Rousseau, décédé. La Fère-sur-Oise,
6 juillet 1535.

> Copie collationnée du 4 août 1535. Bibl. nat.,
> Pièces orig., de Seurre, vol. 2694, p. 6.

7974. Permission octroyée à Pierre Piraud, notaire et
secrétaire au conseil et à la chancellerie de
Bretagne, d'acquérir et de posséder des terres
nobles jusqu'à la valeur de 500 livres de revenu, malgré les défenses portées par l'édit
contraire du duc Pierre II. La Fère-sur-Oise,
7 juillet 1535.

> Enreg. à la Chambre des Comptes de Bretagne.
> Archives de la Loire-Inférieure, B. Mandements
> royaux, II, fol. 96.

7975. Lettres ordonnant de contraindre, sous peine
de saisie, les bénéficiaires des leudes et péage
à réparer les ponts, ports et passages où a lieu
la perception de ces taxes. La Fère-sur-Oise,
7 juillet 1535.

> Arch. départ. de l'Hérault, C. États de Langue-
> doc, Procès-verbaux, ann. 1535. (Mention.)

7976. Mandement au bailli de Dijon, sur les remontrances de l'amiral Chabot, gouverneur du

duché de Bourgogne, de ne point comprendre la ville de Dijon dans l'état de celles qui
doivent verser le produit de leurs octrois dans
les coffres du Louvre. La Fère-sur-Oise, 8 juillet 1535.

> Original. Arch. municip. de Dijon, Trésor des
> Chartes, M.

1535.

7977. Mandement au trésorier de l'épargne de payer
à la duchesse de Vendôme 3,000 livres tournois pour sa pension du premier semestre de
la présente année. La Fère-sur-Oise, 8 juillet
1535.

> Bibl. nat., ms. fr. 15632, n° 485. (Mention.)

8 juillet.

7978. Lettres portant permission au sénéchal de Castres
et au juge de Lauraguais de connaître et de
décider, par eux ou par leurs lieutenants, chacun en son regard, de certains cas royaux
dont la connaissance appartient aux juges présidiaux et provinciaux. La Fère-sur-Oise, 9 juillet 1535.

> Enreg. au Parl. de Toulouse, le 22 novembre 1535.
> Arch. de la Haute-Garonne, Édits, reg. 4, fol. 34.
> 2 pages.

9 juillet.

7979. Mandement au trésorier de l'épargne de payer à
Jean Billon, maître ordinaire des comptes à
Paris, 2,235 livres tournois pour avoir exa-
miné, sur l'ordre de M. le Légat, les états de
plusieurs officiers comptables du royaume,
pendant quatre cent quarante-sept jours ré-
partis entre les années 1531, 1532, 1533 et
1534. La Fère-sur-Oise, 9 juillet 1535.

> Bibl. nat., ms. fr. 15632, n° 488. (Mention.)

9 juillet.

7980. Lettres adressées aux doyen, chanoines et chapitre de l'église de Meaux, les invitant à accepter de bonne grâce la nomination de l'abbé
de Saint-Faron comme évêque de Meaux. La
Fère-sur-Oise, 10 juillet 1535.

> Imp. T. Duplessis, Histoire de l'église de Meaux,
> t. II, p. 285.

10 juillet.

7981. Don à Philippe Visconti dit Viscontin, valet de

10 juillet.

14.

chambre ordinaire du roi, de la somme de
87 livres tournois, reste dû des gages de feu
Pierre Pagan, l'un des joueurs de saquebute
du roi, échue à Sa Majesté par droit d'aubaine. La Fère-sur-Oise, 10 juillet 1535.

1535.

Arch. nat., Comptes de l'écurie, KK. 95, fol. 545 v°.
(*Mention.*)

7982. Mandement au trésorier de l'épargne de payer
à Guillaume de Calbrienne, gentilhomme italien, 1,000 livres tournois pour l'aider à se
marier et pour l'arriéré de sa pension. La Fère-
sur-Oise, 11 juillet 1535.

11 juillet.

Bibl. nat., ms. fr. 15632, n° 552. (*Mention.*)

7983. Mandement au trésorier de l'épargne de payer
à François de Montholon, autrefois avocat du
roi au Parlement de Paris et à présent un des
présidents de cette cour, 666 livres 13 sous
4 deniers tournois pour sa pension d'avocat
depuis le 30 septembre 1532 jusqu'au 31 janvier 1535 n. s., date de ses provisions comme
président. Coucy, 12 juillet 1535.

12 juillet.

Bibl. nat., ms. fr. 15632, n° 532. (*Mention.*)

7984. Lettres attribuant à la Cour des Aides la connaissance exclusive des procès concernant le
trésorier extraordinaire de l'artillerie et des
traités passés au sujet de l'artillerie. 13 juillet
1535.

13 juillet.

*Enreg. à la Cour des Aides, le 20 juillet 1535.
Arch. nat., recueil Cromo,* U. 665, fol. 265. (*Mention*).

7985. Lettres confirmant dans la possession de leurs
biens les religieux du couvent de Sainte-Marie-
Madeleine de Saint-Maximin en Provence,
et leur déclarant inapplicables les lettres d'ex-
propriation dirigées contre les ordres mendiants de Provence. Coucy, 13 juillet 1535.

13 juillet.

*Enreg. à la Chambre des Comptes d'Aix, le
31 août 1535. Arch. des Bouches-du-Rhône,* B. 32
(*Scorpionis*), fol. 118. 2 pages.

7986. Lettres en faveur de Jean-Joachim de Passano

13 juillet.

comme maître d'hôtel ordinaire du roi. Coucy, 13 juillet 1535.

1535.

> *Bibl. nat., ms. Clairambault 782, fol. 293. (Mention.)*

7987. Mandement au trésorier de l'épargne de bailler à Jean Lombard, receveur et payeur du Parlement de Bordeaux, 4,501 livres 11 sous 3 deniers tournois pour le premier quartier de la présente année, non compris 75 livres tournois retranchées des gages dudit Lombard. Coucy, 14 juillet 1535.

14 juillet.

> *Bibl. nat., ms. fr. 15632, n° 333. (Mention.)*

7988. Mandement au trésorier de l'épargne de payer à M. Godran, conseiller au Parlement de Dijon, 790 livres 13 sous tournois en dédommagement des frais qu'il a dû faire pour le rachat des terres du comté de Montbéliard, le recouvrement de 50,000 écus d'or dus au roi et le transport de cette somme de Langres au Louvre. Coucy, 14 juillet 1535.

14 juillet.

> *Bibl. nat., ms. fr. 15632, n° 461. (Mention.)*

7989. Lettres portant que les juges royaux, baillis, sénéchaux et autres connaîtront des crimes commis par les légionnaires sur les lieux de leur résidence, pourvu qu'ils ne soient pas en campagne sous l'enseigne, auquel cas ils sont justiciables du prévôt des maréchaux. Coucy, 15 juillet 1535.

15 juillet.

> *Enreg. à la Chambre des Comptes de Grenoble, le 15 novembre 1535. Arch. de l'Isère, B. 2910, cah. 67. 8 pages.*
> *Copie. Arch. municipales de Toulouse, ms. 157, p. 777.*

7990. Édit prescrivant la suspension des poursuites contre les partisans des sectes nouvelles et permettant le retour des fugitifs, à condition que les uns et les autres abjureront leurs erreurs dans les six mois. Coucy, 16 juillet 1535.

16 juillet.

> *Enreg. au Parl. de Paris, le 29 juillet 1535. Arch. nat., X¹ᵃ 8612, fol. 378. 2 pages.*
> *Enreg. au Parl. de Provence, le 17 novembre 1535.*

Arch. de la cour d'Aix, Lettres royaux, reg. 2, 1535.
in-fol. de 1,026 feuillets, fol. 175 v°.
> Enreg. au Parl. de Grenoble, le 22 décembre
> 1535. Arch. de l'Isère, Chambre des Comptes de
> Grenoble, B. 2910, cah. 109. 4 pages.
> Imp. Isambert, Recueil général des anc. lois fran-
> çaises. Paris, 1827, in-8°, t. XII, p. 405.
> Bulletin hist. et philolog. du Comité des travaux
> historiques, ann. 1885, in-8°, n°s 3-4, p. 223.

7991. Provisions, en faveur d'Antoine Du Bourg, con- 16 juillet.
seiller au Conseil privé et maître des requêtes
de l'hôtel, de l'office de chancelier de France,
vacant par la mort d'Antoine Du Prat, archevêque de Sens. Coucy, 16 juillet 1535.

> Enreg. au Parl. de Paris, le 23 juillet 1535.
> Arch. nat., X¹ª 8612, fol. 350. 1 page 1/2.
> Enreg. à la Chambre des Comptes de Paris. Arch.
> nat., P. 2306, p. 219. 3 pages 1/2.
> Imp. Jean Le Féron, Hist. des connétables de
> France, etc., édit. D. Godefroy, Paris, impr. royale,
> 1658, in-fol., 2° partie, p. 105.
> Fr. Du Chesne, Hist des chanceliers et gardes des
> sceaux de France. Paris, 1680, in-fol., p. 575.

7992. Lettre de don à Guillaume Poyet, président aux 16 juillet.
Parlements de Paris et de Bretagne, d'une pen-
sion annuelle de 2,000 livres tournois. Coucy,
16 juillet 1535.

> Original scellé. Arch. nat., suppl. du Trésor des
> Chartes, J. 963, n° 34.

7993. Lettres déchargeant les héritiers de Jean de La 16 juillet.
Barre, seigneur de Véretz, gouverneur et pré-
vôt de Paris, des bagues et joyaux dont il avait
été constitué gardien. Coucy, 6 (corr. 16) juillet 1535.

> Enreg. à la Chambre des Comptes de Paris, le
> 3 août 1535. Archives nat., P. 2306, fol. 223.
> 2 pages.

7994. Mandement à la Chambre des Comptes de taxer 16 juillet.
à Oudart Gonnault, qui avait été chargé de
payer, pour le quartier de juillet-septembre,
les cent Suisses de la garde du roi, la somme
qui lui est due. Coucy, 16 juillet 1535.

> Original. Bibl. nat., ms. fr. 25721, n° 435.

7995. Mandement au trésorier de l'épargne de payer aux écoliers Suisses 450 livres tournois pour continuer leurs études à l'Université de Paris pendant le troisième quartier de la présente année. Coucy, 16 juillet 1535.

> Bibl. nat., ms. fr. 15632, n° 482. (Mention.)

1535.
16 juillet.

7996. Commission à Guillaume Poyet, conseiller au Conseil privé et secret, président du Parlement de Paris, de se transporter au château de Nantouillet et dans les autres propriétés du feu chancelier Du Prat, et d'y inventorier tous les papiers du défunt, en mettant à part ceux qui concerneront les affaires du roi. Coucy, 17 juillet 1535.

> Copie du xvi° siècle. Bibl. nat., ms. fr. 4658, n° 38.

17 juillet.

7997. Provisions, en faveur de François de Saint-André, d'un office de président au Parlement de Paris devenu vacant par la promotion du dernier titulaire, Antoine Du Bourg, à la charge de chancelier de France. Coucy, 17 juillet 1535.

> Réception au Parl. le 24 juillet suivant. Arch. nat., X¹ª 1538, reg. du Conseil, fol. 436. (Mention.)

17 juillet.

7998. Ordonnance réglant le service du guet au pays et duché de Bretagne, les amendes dont seront passibles les défaillants et les exemptions accordées à certaines personnes. Coucy, 18 juillet 1535.

> Enreg. au Parl. de Bretagne, le 7 septembre suivant.
>
> Copie ancienne. Arch. municipales de Saint-Malo, EE. 4, n° 103. 7 pages.
>
> Imp. Pièce. Bibl. nat., Inv. Réserve, F. 868.
>
> G. Blanchard, Compilation chronologique, etc., in-fol., t. I, col. 500. (Mention.)

18 juillet.

7999. Provisions d'un office de conseiller clerc au Parlement de Paris et de président de l'une des chambres des enquêtes, pour Augustin de Thou, en remplacement de François de Saint-

18 juillet.

André, élevé au poste de président dudit Parlement. Coucy, 18 juillet 1535.

*Réception au Parl. le 29 juillet suivant. Arch.
nat., X¹ᵃ 1538, reg. du Conseil, fol. 442 v°.
(Mention.)*

1535.

8000. Mandement au trésorier de l'épargne de payer à
Guillaume Perrot, dit le Breton, Simon de La
Haye, Jean Bucquet, Hervé Mouquart, Jean
Baudry et Jacques Desmarets, gardes de la forêt
de Cuise, à chacun 60 livres tournois pour leurs
gages de l'année 1534. Coucy, 19 juillet 1535.

19 juillet.

Bibl. nat., ms. fr. 15632, n° 343. (Mention.)

8001. Mandement au trésorier de l'épargne de payer
120 livres tournois à Toussaint Loyer et à
Jean Canu, gardes de la forêt de Carnelle, soit
60 livres tournois à chacun d'eux pour leurs
gages de l'année 1534. Coucy, 19 juillet 1535.

19 juillet.

Bibl. nat., ms. fr. 15632, n° 360. (Mention.)

8002. Mandement au trésorier de l'épargne de payer
120 livres tournois à Guillaume de Lafontaine,
capitaine de la forêt de Halatte, et à Simon
de Bury, François Minot, Robert Mariette et
Marin de Silly, gardes de ladite forêt, 60 livres
tournois à chacun pour leurs gages de l'année
1534. Coucy, 19 juillet 1535.

19 juillet.

Bibl. nat., ms. fr. 15632, n° 361. (Mention.)

8003. Mandement au trésorier de l'épargne de payer
120 livres tournois à Charles de La Bretonnière, capitaine de la forêt de Rets, et à Antoine Drouyn, Philippe de Thizac, Gabriel Du
Sable, Antoine de Savigny, Robert Pelu et
Antoine Féral, gardes de ladite forêt, à chacun
60 livres pour leurs gages de l'année 1534.
Villers-Cotterets, 23 juillet 1535.

23 juillet.

Bibl. nat., ms. fr. 15632, n° 392. (Mention.)

8004. Mandement au trésorier de l'épargne de rem-
bourser à Mathieu de Longuejoue, évêque de
Soissons et abbé de la Sauve près Bordeaux
(Sauve-Majeure), 600 livres tournois que Jean

23 juillet.

de Larmandie, son prédécesseur dans ladite abbaye, avait prêtées au roi le 31 décembre 1521. Villers-Cotterets, 23 juillet 1535.

1535.

Bibl. nat., ms. fr. 15632, n° 521. (Mention.)

8005. Mandement au trésorier de l'épargne de payer à Jacques Lhuillier, avocat au Parlement de Paris, 1,350 livres tournois pour une grande table d'émeraude enchâssée dans un cercle d'or émaillé de blanc et de rouge clair, portant suspendue une grosse perle ronde, qu'il a vendue au roi. Villers-Cotterets, 23 juillet 1535.

23 juillet.

Bibl. nat., ms. fr. 15632, n° 548. (Mention.)

8006. Commission donnée à Pierre Filleul, archevêque d'Aix, pour entendre et régler avec Nicolas Viole, Jean Fraguier et Jean de Riveron, auditeurs des comptes à Paris, les comptes des décimes accordées au roi par le pape et le clergé pendant les années 1523, 1527, 1528, 1529 et 1533. Villers-Cotterets, 23 juillet 1535.

23 juillet.

Bibl. nat., ms. fr. 25721, n° 465. (Mention dans des lettres du 20 octobre 1536, renouvelant ladite commission.)

8007. Lettres de décharge du roi pour 40,000 livres tournois qu'il a reçues du trésorier de l'épargne, Guillaume Prudhomme. Villers-Cotterets, 24 juillet 1535.

24 juillet.

Bibl. nat., ms. fr. 15632, n° 433. (Mention.)

8008. Mandement au trésorier de l'épargne de payer à Mathurin Quélain 47 livres 10 sous tournois pour dix-neuf jours qu'il a été employé en qualité de procureur du roi au procès de certains personnages d'Alençon poursuivis pour crime d'hérésie devant une commission spéciale. Villers-Cotterets, 25 juillet 1535.

25 juillet.

Bibl. nat., ms. fr. 15632, n° 443. (Mention.)

8009. Mandement à Florimond Le Charron de payer à Palamèdes Gontier, secrétaire de la chambre du roi en remplacement de Thierry Dorne, la

26 juillet.

III.

15

somme de 200 livres tournois pour ses gages
de deux quartiers. Villers-Cotterets, 26 juillet
1535.   1535.

> *Original. Bibl. nat., ms. fr. 25721, n° 436.*

8010. Lettres reconnaissant à l'Hôtel-Dieu de Chartres   26 juillet.
le droit de prendre chaque année 50 sous
de rente sur les étaux de la Poissonnerie, pour
l'entretien de la lampe des malades. Villers-
Cotterets, 26 juillet 1535.

> *Arch. de l'Hôtel-Dieu de Chartres.*
> *Imp. E. de Lépinois, Histoire de Chartres. Chartres,*
> *1854, in-8°, t. I, p. 333. (Mention.)*

8011. Déclaration portant que l'ordonnance du 26 août   27 juillet.
1531 (n° 4225), concernant la provision des
offices de lieutenants généraux, de baillis, sénéchaux, etc., sera exécutée dans le pays de
Dauphiné. Villers-Cotterets, 27 juillet 1535.

> *Enreg. à la Chambre des Comptes de Grenoble, le*
> *26 août 1539. Arch. de l'Isère, B. 2910, cah. 2.*
> *8 pages.*

8012. Provisions de l'office de bailli de Beaumont-sur-   27 juillet.
Oise pour Simon Le Grand, licencié en lois,
au lieu de son père Jean Le Grand, qui l'a résigné à son profit. Villers-Cotterets, 27 juillet
1535.

> *Réception dudit Legrand au Parl. de Paris le 7 sep-*
> *tembre 1535. Arch. nat., X¹ª 4898, Plaidoiries,*
> *fol. 725. (Mention.)*

8013. Lettres d'exemption, en faveur des présidents et   28 juillet.
conseillers clercs du Parlement, de la contri-
bution au don gratuit fait au roi par le clergé
de France, avec le rôle des taxes qu'ils auraient eu à payer. Villers-Cotterets, 28 juillet
1535.

> *Enreg. au Parl. de Paris, sans date. Arch. nat.,*
> *X¹ª 8612, fol. 375. 1 page 1/3.*
> *Copie collat. du XVIIIᵉ siècle. Arch. nat., K. 171,*
> *n° 14.*
> *Autre copie collat. Bibl. nat., coll. des Pièces orig.,*
> *vol. 2671, n° 33, Séguier.*

8014. Mandement au trésorier de l'épargne de bailler à   28 juillet.

François Mahieu, commis au payement des 339 mortes-payes de Normandie, 5,067 livres tournois pour le premier quartier de la présente année. Villers-Cotterets, 28 juillet 1535.

> Bibl. nat., ms. fr. 15632, n° 372. (Mention.)

1535.

8015. Mandement au trésorier de l'épargne de bailler à François Saumaire, trésorier des 444 mortes-payes de Bourgogne, 6,660 livres tournois pour le premier quartier de la présente année. Villers-Cotterets, 28 juillet 1535.

> Bibl. nat., ms. fr. 15632, n° 383. (Mention.)

28 juillet.

8016. Mandement au trésorier de l'épargne de payer à Guillaume Du Bellay, chevalier, sr de Langey, 8,500 livres tournois, soit 1,800 livres pour un voyage qu'il va faire en Allemagne comme ambassadeur du roi et qui doit durer quatre-vingt-dix jours (29 juillet-29 octobre), 4,000 livres pour remettre aux enfants et héritiers du duc de Lunebourg, en payement des arrérages que ledit duc prétendait lui être dus, et 2,700 livres à distribuer à certains personnages, suivant les instructions du roi. Villers-Cotterets, 29 juillet 1535.

> Bibl. nat., ms. fr. 15632, n° 438, et ms. Clairambault 1215, fol. 74. (Mentions.)

29 juillet.

8017. Mandement au trésorier de l'épargne de bailler à Jean de Vimont, trésorier de la marine de Ponant, 7,500 livres tournois pour la solde des officiers de ladite marine durant le deuxième semestre de la présente année. Villers-Cotterets, 29 juillet 1535.

> Bibl. nat., ms. fr. 15632, n° 541. (Mention.)

29 juillet.

8018. Mandement au trésorier de l'épargne de bailler à Claude Duchamp, receveur et payeur du Parlement de Dijon, 1,590 livres 5 sous tournois pour le premier quartier de la présente année. Fère-en-Tardenois, 30 juillet 1535.

> Bibl. nat., ms. fr. 15632, n° 359. (Mention.)

30 juillet.

8019. Mandement au trésorier de l'épargne de bailler à

30 juillet.

15.

Antoine Le Maçon, receveur général de Bourgogne, 1,112 livres 3 sous 1 denier tournois
pour les gages des officiers de la Chambre des
Comptes de Dijon pendant le premier quartier
de la présente année. Fère-en-Tardenois,
30 juillet 1535.

> *Bibl. nat., ms. fr. 15632, n° 376. (Mention.)*

1535.

8020. Lettres portant que les papiers et registres des
greffes devront demeurer aux sièges des juridictions. La Fère-sur-Oise, juillet 1535.

> *Enreg. au Parl. de Toulouse, le 6 décembre 1535.*
> *Arch. de la Haute-Garonne, Édits, reg. 4, fol. 37.*
> *2 pages.*
> *Copie. Arch. départ. de l'Ardèche, C. 265bis.*
> *Copie. Arch. départ. de l'Hérault, C. États de*
> *Languedoc, Ordonn. et arrêts, t. IV, pièce 11.*

Juillet.

8021. Lettres d'anoblissement accordées à François
Lamy, valet de chambre du roi. Coucy, juillet
1535.
Avec lettres de jussion à la Chambre des
Comptes, du 9 août 1536.

> *Enreg. à la Cour des Aides, le 18 mars 1540.*
> *Copie collationnée faite par ordre de la Cour des*
> *Aides, le 18 novembre 1778. Arch. nat., Z^lb 526.*

Juillet.

8022. Lettres de naturalité en faveur de Jérôme Ban-
dinelli, natif de Sienne, établi depuis longtemps à Toulouse. Coucy, juillet 1535.

> *Copie. Arch. municipales de Toulouse, ms. 153,*
> *p. 797.*

Juillet.

8023. Lettres de grâce données en faveur de Jacques
Fortia, habitant de Montpellier. Coucy, juillet
1535.

> *Enreg. à la Chambre des Comptes de Montpellier.*
> *Archives départ. de l'Hérault, B. 341, fol. 109.*
> *4 pages.*

Juillet.

8024. Mandement au trésorier de l'épargne de payer à
Antoine Juge, trésorier de la maison de la
reine, 600 livres tournois pour les frais de
transport de la vaisselle d'argent, des tapisseries et autres meubles que le roi a ordonné
de porter du Louvre au Câteau-Cambrésis, où

1er août.

ladite dame doit arriver le 10 de ce mois. Fère-en-Tardenois, 1ᵉʳ août 1535.

> Bibl. nat., ms. fr. 15632, n° 437. (Mention.)

1535.

8025. Don à Raoul de Coucy, sᵣ de Vervins, de tous les biens de feu Charles d'Aubusson, seigneur et baron de la Borne et du Dognon. 2 août 1535.

2 août.

> Bibl. nat., ms. Clairambault 782, fol. 293. (Mention.)

8026. Mandement au trésorier de l'épargne de bailler à Jean Duval, changeur du trésor, 6,553 livres 17 sous 8 deniers tournois pour le payement des fiefs, aumônes, rentes amorties et autres fondations royales, pendant l'année commencée le 24 juin 1534 et terminée le 23 juin 1535. Reims, 4 août 1535.

4 août.

> Bbl. nat., ms. fr. 15632, n° 557. (Mention.)

8027. Lettres d'évocation à la Cour des Aides des procès pendants au Parlement de Paris, entre la veuve du sieur Denis Duval et Antoine Bohier, général des finances. Reims, 5 août 1535.

5 août.

> Copie collationnée faite par ordre de la Cour des Aides, le 12 février 1779. Arch. nat., Zⁱᵃ 526.
> Arch. nat., recueil Cromo, U. 665, fol. 281. (Mention.)

8028. Mandement au sénéchal, alloué et lieutenant de Concq (Concarneau), Fouesnant et Rosporden, de saisir et mettre en la main du roi le tiers du temporel appartenant, en sa sénéchaussée, aux chapitres, collèges et communautés, et la moitié du temporel des archevêques et évêques et des ordres de Saint-Jean de Jérusalem et de Saint-Antoine. Reims, 5 août 1535.

5 août.

> Copie du xviiiᵉ siècle. Bibl. nat., ms. Clairambault 307, fol. 161.

8029. Lettres mandant au sénéchal de Limousin que contrairement à la teneur des lettres de commission du 12 mai 1535 (n° 7826), les habitants de Limoges sont autorisés à ne verser au trésor du Louvre que la moitié de leurs

6 août.

deniers communs, l'autre moitié devant être
employée par eux aux réparations de leurs
murailles. Reims, 6 août 1535.

1535.

> IMP. *Registres consulaires de Limoges*, t. I, publié
> par E. Ruben. Limoges, 1869, in-8°, p. 260.

8030. Prorogation pour dix ans de l'exemption du
droit d'assise et des droits d'entrée et d'issue
octroyée aux habitants de Saint-Jean-de-Luz.
Reims, 6 août 1535.

6 août.

> Enreg. *au Parl. de Bordeaux (s. d.). Arch. de la
> Gironde*, B. 30 *bis*, fol. 254, 4 pages 1/2.

8031. Provisions de l'office de receveur des exploits,
amendes et condamnations des gabelles en
Languedoc, Guyenne, Auvergne, Rouergue,
Quercy et leurs ressorts, pour Arnaud Pe-
chayne, en remplacement de Guillaume Baron.
Reims, 7 août 1535.

7 août.

> Enreg. *à la Chambre des Comptes de Montpellier.
> Archives départ. de l'Hérault*, B. 342, fol. 86.
> 1 page 1/2.

8032. Mandement au trésorier de l'épargne de bailler
à Julien Bonacoursy, trésorier de Provence,
255 livres tournois pour la solde du capitaine
et des 12 mortes-payes qui gardent la tour
de Toulon, pendant le premier quartier de la
présente année. Reims, 7 août 1535.

7 août.

> Bibl. nat., ms. fr. 15632, n° 367. (*Mention.*)

8033. Mandement au trésorier de l'épargne de bailler à
Guillaume Durant, commis à tenir le compte
et faire le payement des 332 mortes-payes de
Picardie, 5,475 livres tournois pour le premier
quartier de la présente année, non compris
45 livres tournois retranchées sur les gages
dudit Durant. Reims, 7 août 1535.

7 août.

> Bibl. nat., ms. fr. 15632, n° 371. (*Mention.*)

8034. Mandement au trésorier de l'épargne de bailler
à Robert Main, trésorier des 215 mortes-payes
de Bretagne, 3,305 livres 10 sous tournois pour
le premier quartier de la présente année.
Reims, 7 août 1535.

7 août.

> Bibl. nat., ms. fr. 15632, n° 386. (*Mention.*)

8035. Mandement au trésorier de l'épargne de bailler à Étienne Martineau, trésorier de l'extraordinaire de l'artillerie, 8,601 livres 6 sous tournois pour le payement de 1,000 halecrets garnis d'une hoguine secrète et d'un gorgerin, livrés à Reims par Hans Barmant, marchand lorrain, de 600 halecrets achetés à Paris à Robert Rouet, de 100 autres achetés à Paris à Nicolas Galopin, et pour les frais de transport des 700 halecrets de Paris jusqu'à Reims. Reims, 7 août 1535.

1535.
7 août.

Bibl. nat., ms. fr. 15632, n° 453. (Mention.)

8036. Mandement au trésorier de l'épargne de bailler à Étienne Martineau, commis à tenir le compte et faire le payement des dépenses extraordinaires de l'artillerie, 9,625 livres tournois pour le payement de 1,500 halecrets garnis d'une hoguine et d'un gorgerin, de 200 arquebuses et de 400 grands gorgerins de maille, achetés à Hans Barmant, marchand lorrain, et destinés à l'armement de 2,000 hommes de pied de la légion de Bourgogne. Reims, 8 août 1535.

8 août.

Bibl. nat., ms. fr. 15632, n° 556. (Mention.)

8037. Don à Jean Du Bouzet de Casteras, homme d'armes de la compagnie du sr de Montpezat, d'une somme de 600 livres à prendre sur les amendes prononcées au Parlement de Toulouse contre Jean Du Bouzet, chevalier de Saint-Jean de Jérusalem, et ses cautions. 9 août 1535.

9 août.

Enreg. à la Chambre des Comptes de Paris, le 16 août suivant. Arch. nat., invent. PP. 136, p. 425. (Mention.)

8038. Déclaration en faveur de Louis Pommier, principal et plus ancien clerc du greffe civil du Parlement, exempté de contribuer au don gratuit levé sur le clergé. Bar-le-Duc, 19 août 1535.

19 août.

Enreg. au Parl. de Paris (s. d.). Arch. nat., X¹ᵃ 8612, fol. 375 v°. 1 page.

8039. Provisions de l'office de maître des ports à
Mâcon pour Gilbert Perret, en remplacement
de Nicolas Bernardin décédé. Bar-le-Duc,
19 août 1535.

1535.
19 août.

*Enreg. par analyse à la Chambre des Comptes de
Dijon, le 9 novembre 1535. Arch. de la Côte-d'Or,
B. 19, fol. 3 v°.*

8040. Provisions d'un office de clerc auditeur en la
Chambre des Comptes de Paris pour Pierre
Michon, en remplacement de son père et à la
survivance l'un de l'autre. 20 août 1535.

20 août.

*Enreg. à la Chambre des Comptes, le 7 septembre
suivant, anc. mém. 2 G, fol. 250. Arch. nat., invent. PP. 136, p. 425. (Mention.)*

8041. Mandement au trésorier de l'épargne de bailler à
André Blondel, commis au payement de la
compagnie du dauphin, 6,230 livres tournois
complétant la somme de 6,242 livres 10 sous
tournois due pour le deuxième quartier de la
présente année. Bar-le-Duc, 20 août 1535.

20 août.

Bibl. nat., ms. fr. 15632, n° 444. (Mention.)

8042. Mandement au trésorier de l'épargne de bailler à
Audebert Catin, commis à tenir le compte et
faire le payement des 100 lances commandées
par M. le Grand maître, 10,790 livres tournois
complétant la somme de 10,842 livres 10 sous
tournois due pour le deuxième quartier de la
présente année. Bar-le-Duc, 20 août 1535.

20 août.

Bibl. nat., ms. fr. 15632, n° 445. (Mention.)

8043. Mandement au trésorier de l'épargne de bailler à
Jean Hesnard, payeur de la compagnie de
M. de Vendôme, 8,232 livres 10 sous tournois
complétant la somme de 8,262 livres 10 sous
tournois due pour le deuxième quartier de la
présente année. Bar-le-Duc, 20 août 1535.

20 août.

Bibl. nat., ms. fr. 13632, n° 446. (Mention.)

8044. Mandement au trésorier de l'épargne de bailler à
Pierre Léger, payeur de la compagnie du sr du
Fresnoy, 4,047 livres 17 sous tournois com-
plétant la somme de 4,051 livres 5 sous tour-

20 août.

nois due pour le deuxième quartier de la 1535.
présente année. Bar-le-Duc, 20 août 1535.

Bibl. nat., ms. fr. 15632, n° 448. (Mention.)

8045. Mandement au trésorier de l'épargne de bailler à 20 août.
Pierre François, commis à tenir le compte et
faire le payement des quarante-huit lances
commandées par le sʳ de Créquy, 5,200 livres
15 sous tournois pour le deuxième quartier de
la présente année. Bar-le-Duc, 20 août 1535.

Bibl. nat., ms. fr. 15632, n° 449. (Mention.)

8046. Mandement au trésorier de l'épargne de bailler 20 août.
à Pierre Godefroy, payeur de la compagnie
du sʳ Du Biez, 4,045 livres 17 sous 8 deniers
tournois pour le deuxième quartier de la présente année. Bar-le-Duc, 20 août 1535.

Bibl. nat., ms. fr. 15632, n° 450. (Mention.)

8047. Mandement au trésorier de l'épargne de bailler à 20 août.
Alain Veau, payeur de la compagnie du sʳ de
la Rochepot, composée de cinquante lances,
5,266 livres 5 sous tournois complétant la
somme de 5,281 livres 5 sous tournois due
pour le payement du deuxième quartier de
la présente année. Bar-le-Duc, 20 août 1535.

Bibl. nat., ms. fr. 15632, n° 451. (Mention.)

8048. Mandement au trésorier de l'épargne de bailler à 20 août.
Guillaume de Moraines, commis au payement
des cent lances commandées par MM. de Barbezieux et de Montpezat, 9,505 livres tournois
complétant la somme de 9,962 livres 10 sous
tournois due pour le deuxième quartier de la
présente année. Bar-le-Duc, 20 août 1535.

Bibl. nat., ms. fr. 15632, n° 452. (Mention.)

8049. Mandement au trésorier de l'épargne de bailler à 20 août.
Adam Pinceverre, commis au payement des
cinquante lances commandées par M. de Boisy,
4,798 livres 10 sous tournois pour le deuxième
quartier de la présente année. Bar-le-duc,
20 août 1535.

Bibl. nat., ms. fr. 15632, n° 466. (Mention.)

IMPRIMERIE NATIONALE.

8050. Mandement au trésorier de l'épargne de payer au président Poyet 564 livres tournois, complément des 924 livres qui lui ont été ordonnées pour soixante-dix-sept jours d'un voyage à Calais (5 mai-20 juillet), où il a accompagné l'amiral. Bar-le-Duc, 20 août 1535.

1535. 20 août.

> Bibl. nat., ms. fr. 15632, n° 494. (Mention.)

8051. Mandement au trésorier de l'épargne de payer à Nicolas Dupré, maître ordinaire des comptes, 700 livres tournois, complément des 1,150 livres que le roi lui a ordonnées pour le voyage de deux cent dix jours qu'il a fait en Provence par son commandement. Bar-le-Duc, 20 août 1535.

20 août.

> Bibl. nat., ms. fr. 15632, n° 495. (Mention.)

8052. Mandement au trésorier de l'épargne de payer à Jean Feu, président au Parlement de Rouen, 1,545 livres tournois pour les voyages et missions dont le roi l'a chargé tant en Normandie qu'ailleurs. Bar-le-Duc, 20 août 1535.

20 août.

> Bibl. nat., ms. fr. 15632, n° 527. (Mention.)

8053. Mandement au trésorier de l'épargne de payer à Jeanne Musset, veuve de feu Denis Poillot, président au Parlement de Paris, 320 livres tournois complétant la somme de 920 livres ordonnée audit Poillot pour avoir accompagné Nicolas Dupré, maître des comptes à Paris, en Provence, où, avec plusieurs autres commissaires désignés par le roi, ils informèrent pendant cent quatre-vingt-quatre jours (1er mai-31 octobre 1534) sur des abus dénoncés tant sur le fait de la justice que sur celui des finances. Bar-le-Duc, 20 août 1535.

20 août.

> Bibl. nat., ms. fr. 15632, n° 561. (Mention.)

8054. Lettres confirmant les privilèges des marchands fréquentant les deux foires créées à Reims par lettres d'avril 1521 (n° 1346). Bar-le-Duc, 22 août 1535.

22 août.

> Enreg. à la Chambre des Comptes, le 19 janvier 1548 n. s., avec la confirmation donnée par Henri II au mois d'août 1547, et sur les lettres de jussion du

14 janvier 1548 n. s., anc. mém., 2 O. fol. 181.   1535.
Arch. nat., invent. PP. 136, p. 425. (*Mention.*)
 Copie. *Arch. municip. de Reims*, matières diverses,
liasse 25, n° 9.

8055. Lettres portant attribution nouvelle aux tréso-   23 août.
 riers de France des droits qui leur avaient été
 supprimés par l'ordonnance du 31 décembre
 1534 (n° 7443). Bar-le-Duc, 23 août 1535.

> *Enreg. au Parl. de Paris, le 7 septembre 1535.*
> *Arch. nat.*, X¹ᵃ 8612, fol. 376. 3 pages 1/2.
> *Arrêt d'enregistrement*, X¹ᵃ 4898, fol. 725.
> *Enreg. à la Chambre des Comptes de Paris, le*
> *15 septembre 1535. Arch. nat.*, P. 2306, p. 231.
> 6 pages.
> *Idem*, P. 2537, fol. 205; AD.IX 123, n° 60.
> *Enreg. à la Cour des Aides, le 16 septembre 1535.*
> *Archives nat.*, recueil Cromo, U. 665, fol. 265.
> (*Mention.*)
> *Enreg. à la Chambre des Comptes de Bretagne.*
> *Arch. départ. de la Loire-Inférieure*, B. Mandements
> royaux, II, fol. 102.
> *Enreg. à la Chambre des Comptes de Montpellier,*
> *le 15 septembre 1535. Arch. départ. de l'Hérault,*
> B. 341, fol. 80. 4 pages.

8056. Déclaration semblable adressée au Parlement et   23 août.
 à la Chambre des Comptes de Grenoble. Bar-
 le-Duc, 23 août 1535.

> *Enreg. au Parl. de Grenoble, le 17 septembre*
> *suivant. Arch. de l'Isère, Chambre des Comptes de*
> *Grenoble*, B. 2909, cah. 59. 12 pages.

8057. Mandement à Guillaume Prudhomme, trésorier   23 août.
 de l'épargne, lui ordonnant de payer à Aymar
 Nicolaï et à Jean Briçonnet, chevaliers, premier et second présidents de la Chambre des
 Comptes de Paris, à chacun 1,200 livres tournois, et à Nicolas Viole, maître des comptes,
 1,000 livres tournois, pour trois années de leur
 traitement de vérificateurs des fonds au trésor
 du Louvre; et fixant leur traitement pour
 l'avenir à 600 livres pour les deux présidents,
 et à 400 livres pour le maître des comptes.
 Bar-le-Duc, 23 août 1535.

> *Bibl. nat.*, ms. fr. 15632, n° 217. (*Mention.*)

16.

8058. Édit portant règlement sur le fait des gabelles, en vingt-sept articles. Les Roches, 25 août 1535.

> *Enreg. à la Cour des Aides de Paris, le 10 septembre 1535. Copie collationnée faite par ordre de ladite cour, le 14 décembre 1778. Arch. nat., Z¹ᵉ 526.*
> *Enreg. à la Cour des Aides de Normandie, le 26 octobre 1535. Arch. de la Seine-Inférieure, Mémoriaux, IIᵉ vol., fol. 103 v°. 10 pages.*
> *Imp. Pièce in-4°. Paris, Galyot Du Pré, 1535. Bibl. nat., Inv. Réserve, F. 1895.*
> *Autre pièce in-4°. Arch. nat., AD.I 18. 8 pages.*
> *Rebuffi, Édits et ordonnances des rois de France. Lyon, 1573, in-fol., p. 623.*
> *Fontanon, Les édits et ordonnances, etc. Paris, 1611, in-fol., t. II, p. 993.*
> *J. Corbin, Nouveau recueil des édits... de la juridiction des Cours des Aides de Paris, Rouen, etc. Paris, 1623, in-4°, p. 999.*
> *Isambert, Recueil général des anciennes lois françaises. Paris, 1827, in-8°, t. XII, p. 410.*

8059. Lettres portant don à François d'Anglure, seigneur et vicomte d'Estoges, capitaine de la porte du roi, de 900 livres sur les droits seigneuriaux dus au roi pour diverses terres appartenant à sa femme. Les Roches, 25 août 1535.

> *Enreg. à la Chambre des Comptes de Paris, le 18 septembre 1535. Arch. nat., P. 2306, p. 247. 3 pages.*

8060. Mandement au trésorier de l'épargne de payer 562 livres 10 sous à Jean de Dinteville, qui va dans le pays de Galles auprès du roi d'Angleterre, comme ambassadeur du roi de France. Les Roches près Saint-Dizier [vers le 25 août 1535].

> *Bibl. nat., ms, Clairambault 1215, fol. 74. (Mention.)*

8061. Provisions de l'office de contrôleur général des gabelles du royaume en faveur de François Alamant. Éclaron, 26 août 1535.

> *Copie collationnée faite par ordre de la Cour des Aides, le 20 avril 1779. Arch. nat., Z¹ᵗ 526.*

8062. Mandement au trésorier de l'épargne de payer à

1535.
25 août.

25 août.

25 août.

26 août.

26 août.

Pierre Labbé, portier de l'hôtel de Bourbon, 1535.
5 2 livres 10 sous tournois pour la nourriture
de 35 milans que le roi a fait venir d'Angleterre, pendant cinq mois à partir du 10 mai
dernier. Éclaron, 26 août 1535.

Bibl. nat., ms. fr. 15632, n° 487. (Mention.)

8063. Lettres d'évocation au Grand conseil de la procé- 27 août.
dure engagée entre la veuve Boudet et François
Alamant, au sujet de la ferme du sel en Poitou et en Saintonge. Saint-Dizier, 27 août 1535.

*Copie collationnée faite par ordre de la Cour des
Aides, le 20 avril 1779. Arch. nat., Z¹ᵃ 526.*

8064. Exemption du droit de vingtième forain et autres 28 août.
droits sur les vins et autres marchandises tirées
du royaume par les habitants de Sedan, pour
leur consommation, accordée à la requête de
Robert de La Marck, seigneur de Sedan. Éclaron, 28 août 1535.

*Enreg. à la Cour des Aides, par arrêt du 19 juin
1536. Copie collationnée faite par ordre de ladite
cour, le 14 février 1777. Arch. nat., Z¹ᵃ 526.*
*Bibl. nat., ms. Moreau, t. 1387, fol. 7; t. 1396,
fol. 8. (Mentions.)*
*Imp. Pièce in-4°. Sedan, François Chayer, imp.
Arch. nat., AD.I 18. 2 pages.*
*Privilèges de la ville de Sedan. Sedan, 1678,
1 vol. in-4°, p. 3. Arch. nat., KK. 1079.*

8065. Mandement au trésorier de l'épargne de bailler 28 août.
à Jean Petitdé, commis à tenir le compte et
faire le payement des quatre-vingts lances
commandées par les sⁱˢ de Longueville et de
Saint-André, 7,524 livres 6 sous 8 deniers
tournois complétant la somme de 8,102 livres 10 sous tournois due pour le deuxième
quartier de la présente année. Éclaron,
28 août 1535.

Bibl. nat., ms. fr. 15632, n° 456. (Mention.)

8066. Mandement au trésorier de l'épargne de bailler 28 août.
à Étienne Noblet, commis au payement des
quatre-vingts lances commandées par M. d'Aubigny, 8,539 livres 12 sous 6 deniers tournois

complétant la somme de 8,982 livres 10 sous
tournois due pour le deuxième quartier de la
présente année. Éclaron, 28 août 1535.

1535.

> *Bibl. nat., ms. fr. 15632, n° 462. (Mention.)*

8067. Mandement au trésorier de l'épargne de bailler à
Gérard Sayve, commis au payement des cent
lances commandées par l'amiral [Chabot],
9,635 livres complétant la somme de 9,962 livres 10 sous tournois due pour le deuxième
quartier de la présente année. Éclaron, 28 août
1535.

28 août.

> *Bibl. nat., ms. fr. 15632, n° 464. (Mention.)*

8068. Mandement au trésorier de l'épargne de bailler à
Bonnet de Moireau, commis à tenir le compte
et faire le payement des soixante lances commandées par le duc de Lorraine, 6,203 livres
18 sous 4 deniers tournois complétant la
somme de 6,242 livres 10 sous tournois due
pour le deuxième quartier de la présente année.
Éclaron, 28 août 1535.

28 août.

> *Bibl. nat., ms. fr. 15632, n° 484. (Mention.)*

8069. Lettres portant confirmation d'une bulle de Clément VII pour les privilèges et l'affectation des
prébendes du chapitre de l'église cathédrale
de Saint-Jean de Lyon. Éclaron, 29 août 1535.

29 août.

> *Enreg. au Grand conseil, le 4 octobre suivant.*
> *Copie et imprimés. Arch. du Rhône, G. 97.*
> *Idem. Arch. de la ville de Lyon, Recueil imprimé.*

8070. Lettres nommant Jean Aguillent à la judicature
de Digne. Éclaron, 29 août 1535.

29 août.

> *Enreg. au Parl. de Provence. Arch. de la cour*
> *à Aix, Lettres royaux, reg. 2, in-fol. papier de*
> *1,026 feuillets, fol. 270.*

8071. Lettres en forme de mandement à la Chambre des
Comptes de Paris et au trésorier de l'épargne,
leur notifiant que le roi a fait don et remise à
Jean Duval, trésorier de la maison du dauphin,
des ducs d'Orléans et d'Angoulême, du retranchement de moitié opéré sur ses gages, s'éle-

30 août.

vant à 1,400 livres, en vertu de la dernière 1535.
ordonnance relative aux officiers comptables
assignés sur le trésor du Louvre. Éclaron,
30 août 1535.

> Copie du xviᵉ siècle. Bibl. nat., ms. fr. 15632,
> n° 490.

8072. Mandement au trésorier de l'épargne de bailler à 30 août.
Martin de Troyes, commis à la recette générale
de Languedoc, 600 livres tournois pour la
solde des quarante mortes-payes dudit pays
pendant le premier quartier de la présente
année. Éclaron, 30 août 1535.

> Bibl. nat., ms. fr. 15632, n° 388. (Mention.)

8073. Mandement au trésorier de l'épargne de bailler à 30 août.
Jean Duval, trésorier de la maison de Messei-
gneurs, 11,457 livres 10 sous tournois pour le
troisième quartier de la présente année. Éclaron, 30 août 1535.

> Bibl. nat., ms. fr. 15632, n° 491. (Mention.)

8074. Mandement au trésorier de l'épargne de bailler 30 août.
à Jean Duval, trésorier de la maison de Messeigneurs, 1,500 livres tournois pour leurs
menus plaisirs pendant le troisième quartier de
la présente année. Éclaron, 30 août 1535.

> Bibl. nat., ms. fr. 15632, n° 507. (Mention.)

8075. Mandement au trésorier de l'épargne de bailler 30 août.
à Jean Duval 15,425 livres tournois pour les
gages des officiers de la maison de Messeigneurs pendant le troisième quartier de la
présente année. Éclaron, 30 août 1535.

> Bibl. nat., ms. fr. 15632, n° 508. (Mention.)

8076. Mandement au trésorier de l'épargne de bailler 30 août.
à Jean Duval, trésorier de Messeigneurs,
3,750 livres tournois pour leur argenterie
pendant le troisième quartier de la présente
année. Éclaron, 30 août 1535.

> Bibl. nat., ms. fr. 15632, n° 519. (Mention.)

8077. Mandement au trésorier de l'épargne de bailler 30 août.
à Jacques Bernard, maître de la chambre aux

deniers du roi, 15,000 livres tournois pour le
troisième quartier de la présente année. Éclaron, 30 août 1535.

Bibl. nat., ms. fr. 15632, n° 492. (Mention.)

8078. Mandement au trésorier de l'épargne de bailler
à Victor Barguin, trésorier de Mesdames,
14,000 livres tournois pour leur chambre aux
deniers pendant le troisième quartier de la présente année. Éclaron, 30 août 1535.

Bibl. nat., ms. fr. 15632, n° 497. (Mention.)

8079. Mandement au trésorier de l'épargne de bailler
à Victor Barguin, trésorier de la maison de
Mesdames, 4,500 livres tournois pour leur
écurie pendant le troisième quartier de la présente année. Éclaron, 30 août 1535.

Bibl. nat., ms. fr. 15632, n° 516. (Mention.)

8080. Mandement au trésorier de l'épargne de bailler
à Victor Barguin, trésorier de Mesdames,
4,150 livres tournois pour leur argenterie et
celle de leur maison pendant le troisième quartier de la présente année. Éclaron, 30 août
1535.

Bibl. nat., ms. fr. 15632, n° 530. (Mention.)

8081. Mandement au trésorier de l'épargne de bailler à
Victor Barguin 10,616 livres 5 sous tournois
pour les gages des officiers, dames et demoiselles de la maison de Mesdames pendant le
troisième quartier de la présente année. Éclaron, 30 août 1535.

Bibl. nat., ms. fr. 15632, n° 531. (Mention.)

8082. Mandement au trésorier de l'épargne de bailler à
Fleury Geuffroy, receveur et payeur de l'écurie
de Messeigneurs, 5,969 livres 12 sous 6 deniers
tournois pour le troisième quartier de la présente année. Éclaron, 30 août 1535.

Bibl. nat., ms. fr. 15632, n° 498. (Mention.)

8083. Mandement au trésorier de l'épargne de payer
au roi de Navarre 6,000 livres tournois pour

1535.

30 août.

30 août.

30 août.

30 août.

30 août.

30 août.

sa pension pendant le troisième quartier de la
présente année. Éclaron, 30 août 1535. — 1535.

Bibl. nat., ms. fr. 15632, n° 501. (Mention.)

8084. Mandement au trésorier de l'épargne de bailler à — 31 août.
Pierre Gronneau, payeur des œuvres du roi à
Paris, 1,000 livres tournois pour les réparations que le roi a ordonné de faire à l'hôtel
de Bourbon. Éclaron, 31 août 1535.

Bibl. nat., ms. fr. 15632, n° 500. (Mention.)

8085. Mandement au trésorier de l'épargne de payer à — 31 août.
Durand de Sarta, conseiller au Parlement de
Toulouse, 500 livres tournois pour avoir accompagné l'année dernière le président Poyet,
Jean Feu, président du Parlement de Rouen,
et Nicolas Dupré, maître des comptes à Paris,
dans le voyage qu'ils ont fait en Provence en
vue de la réformation de la justice de cette
province. Éclaron, 31 août 1535.

Bibl. nat., ms. fr. 15632, n° 517. (Mention.)

8086. Ordonnance portant que les appels interjetés du — 1ᵉʳ septembre.
gruyer du comté de Montfort-l'Amaury seront
portés d'abord au grand maître et réformateur des Eaux et forêts, et en dernier ressort
au Parlement. Éclaron, 1ᵉʳ septembre 1535.

Enreg. au Parl. de Paris, le 16 décembre 1535.
Arch. nat., X¹ᵃ 8612, fol. 388. 2 pages.
Arrêt d'enregistrement, X¹ᵃ 4899, fol. 165 v°.
Enreg. à la Table de marbre, Eaux et forêts, le
19 février 1536 n. s. Arch. nat., Z. 4580 (nunc Z¹ᵉ
323), fol. 211 v°. 2 pages.

8087. Commission à Augustin de Thou, président des — 4 septembre.
enquêtes au Parlement de Paris, pour procé-
der au jugement des procès relatifs à la réformation des forêts du comté de Montfort-
l'Amaury. Joinville, 4 septembre 1535.

Enreg. au siège de la Table de marbre, Eaux et
forêts, le 4 février 1536 n. s. Arch. nat., Z. 4580
(nunc Z¹ᵉ 323), fol. 251. 1 page.

8088. Commission donnée à Guillaume Poyet, premier — 4 septembre.
président au Parlement de Bretagne, pour ter-

miner, avec le concours d'autres commissaires
désignés, les procès de finances déjà engagés,
et rechercher et punir les abus qui ont été
commis en cette matière dans le duché de
Bretagne. Joinville, 4 septembre 1535.

1535.

Imp. La Gibonais, Recueil des édits concernant la
Chambre des Comptes de Bretagne. Nantes, 1721 et
1722, in-fol., 2ᵉ partie, p. 1.

8089. Lettres condamnant Balthazar de Jarente, évêque de Vence, président en la Chambre des
Comptes de Provence, Pierre Vitalis, maître
rational, François de Jarente, président en
la Chambre rigoureuse, François Revaissi, juge
d'appel, Nicolas Emengand, juge mage, et Remy
Ambroys, avocat des pauvres, le premier à
400 livres d'amende, le dernier à 40, et les
autres à 200, sans qu'ils encourent pour cela
note d'infamie, pour s'être opposés aux commissaires royaux. Joinville, 4 septembre 1535.

4 septembre.

Enreg. au Parl. de Provence. Arch. de la cour à
Aix, Lettres royaux, reg. 2, in-fol. papier de
1,026 feuillets, fol. 247.

8090. Commission à Jean Feu, président du Parlement
de Rouen, de se rendre en Provence pour faire
publier et enregistrer à l'assemblée des États,
au Parlement et à la cour du sénéchal, l'édit
donné le présent mois de septembre (nº 8141),
concernant l'administration de la justice en
Provence. Joinville, 5 septembre 1535.

5 septembre.

Enreg. au Parl. de Provence. Arch. de la cour à
Aix, Lettres royaux, reg. 2, in-fol. papier de
1,026 feuillets, fol. 227.
Imp. Fontanon, Les édits et ordonnances. Paris,
1611, in-fol., t. I, p. 324.
E. Gérard et J. Joly, Le troisiesme livre des offices
de France. Paris, 1647, in-fol., t. I, p. 539.

8091. Mandement au trésorier de l'épargne de bailler à
Jean Godet, commis à tenir le compte et faire
le payement de l'extraordinaire des guerres,
975 livres tournois pour la solde des soixante-
cinq mortes-payes de Champagne pendant le

6 septembre.

premier quartier de la présente année. Joinville, 6 septembre 1535.

Bibl. nat., ms. fr. 15632, n° 385. (Mention.)

8092. Mandement au trésorier de l'épargne de bailler à
Jacques Bernard, maître de la chambre aux
deniers du roi, 1,002 livres 7 sous 16 deniers
tournois pour l'excédent de la dépense de
ladite chambre pendant le deuxième quartier
de la présente année. Joinville, 6 septembre
1535.

6 septembre.

Bibl. nat., ms. fr. 15632, n° 504. (Mention.)

8093. Mandement au trésorier de l'épargne de bailler à
Jean Thizart, receveur et payeur de la solde
de la garde écossaise du roi, commandée par
M. d'Aubigny, 7,994 livres 10 sous tournois
pour le troisième quartier de la présente année,
non compris 187 livres 10 sous tournois,
moitié retranchée des gages dudit Thizart. Joinville, 6 septembre 1535.

6 septembre.

Bibl. nat., ms. fr. 15632, n° 512. (Mention.)

8094. Mandement au trésorier de l'épargne de bailler à
Jean Chartier, commis au payement des cent
archers de la garde commandés par le sénéchal d'Agénais, 7,285 livres 6 sous 3 deniers
tournois pour le troisième quartier de la présente année, non compris 187 livres 10 sous
tournois retranchés des gages dudit Chartier.
Joinville, 6 septembre 1535.

6 septembre.

Bibl. nat., ms. fr. 15632, n° 513. (Mention.)

8095. Mandement au trésorier de l'épargne de bailler
à Jean de Vaulx, commis au payement des
cent archers de la garde du roi commandés
par M. de Chavigny, 7,240 livres 6 sous tournois pour le troisième quartier de la présente
année, non compris 187 livres 10 sous tournois retranchés des gages dudit de Vaulx. Joinville, 6 septembre 1535.

6 septembre.

Bibl. nat., ms. fr. 15632, n° 514. (Mention.)

8096. Mandement au trésorier de l'épargne de bailler à

6 septembre.

Jacques Richer, commis au payement des
cent archers de la garde du roi commandés
par M. de Nançay, 7,240 livres tournois pour
le troisième quartier de la présente année,
non compris 187 livres 10 sous tournois
retranchés des gages dudit Richer. Joinville,
6 septembre 1535.   1535.

Bibl. nat., ms. fr. 15632, n° 515. (Mention.)

8097. Mandement au trésorier de l'épargne de payer   6 septembre.
au sr de Nançay, au sénéchal d'Agénais, au
sr de Chavigny, capitaines des gardes du roi,
1,200 livres tournois à chacun; à Jean Stuart,
lieutenant de la garde écossaise, 600 livres
tournois; à Jean Bourdrich, porte-enseigne de
ladite garde, 300 livres; à Jean Stuart le jeune,
homme d'armes, 300 livres; à Jacques de Craon,
lieutenant sous le sr de Nançay, 300 livres;
à Pierre de La Porte, porte-enseigne, 200 livres; à Louis de Chamazel, lieutenant sous le
sénéchal d'Agénais, 300 livres; à Renaud de
Lisle, porte-enseigne, 200 livres; à Louis de
Thiville, lieutenant sous le sr de Chavigny,
300 livres, et à Réné de Rivol, porte-enseigne,
200 livres, pour leurs pensions de l'année
1534. Joinville, 6 septembre 1535.

Bibl. nat., ms. fr. 15632, n° 526. (Mention.)

8098. Lettres enjoignant à la Chambre des Comptes de   8 septembre.
Montpellier d'allouer à Guillaume Bruneau,
précédemment commis au payement des fortifications de Languedoc, la somme de 2,646 livres 4 sous 1 denier qui lui est due pour montant des avances faites par lui à l'occasion des
réparations de la maison de Rœuve (ou Rève),
à Lyon. Joinville, 8 septembre 1535.

Enreg. à la Chambre des Comptes de Montpellier.
Archives départ. de l'Hérault, B. 342, fol. 84.
2 pages 1/2.

8099. Mandement au trésorier de l'épargne de bailler à   8 septembre.
Antoine Périé, receveur et payeur de la Cour
des Aides de Montpellier, 555 livres tournois
pour le premier quartier de la présente année,

non compris 6 livres 5 sous tournois retranchés 1535.
des gages dudit Périé. Joinville, 8 septembre
1535.

Bibl. nat., ms. fr. 15632, n° 379. (Mention.)

8100. Mandement au trésorier de l'épargne de bailler   8 septembre.
à Jean Grossier, commis au payement des
80 lances commandées par le maréchal de La
Marck, 8,656 livres 16 sous 8 deniers tournois pour le deuxième quartier de la présente
année. Joinville, 8 septembre 1535.

Bibl. nat., ms. fr. 15632, n° 455. (Mention.)

8101. Mandement au trésorier de l'épargne de bailler à   8 septembre.
Nicolas Sainbault, commis au payement des cin-
quante lances commandées par le sr de Sedan,
gouverneur d'Orléans, 7,984 livres tournois
complétant la somme de 8,102 livres 10 sous
tournois due pour le deuxième quartier de la
présente année. Joinville, 8 septembre 1535.

Bibl. nat., ms. fr. 15632, n° 457. (Mention.)

8102. Mandement au trésorier de l'épargne de bailler   8 septembre.
à Jacques Marcel, commis au payement des
80 lances commandées par le duc de Guise,
8,087 livres 5 sous tournois complétant la
somme de 8,262 livres 10 sous tournois due
pour le deuxième quartier de la présente année.
Joinville, 8 septembre 1535.

Bibl. nat., ms. fr. 15632, n° 458. (Mention.)

8103. Mandement au trésorier de l'épargne de bailler à   8 septembre.
Étienne Trotereau, payeur des quarante lances
commandées par le sr de Bonneval, 4,142 livres
5 sous tournois complétant la somme de
4,211 livres 5 sous tournois due pour le
deuxième quartier de la présente année. Joinville, 8 septembre 1535.

Bibl. nat., ms. fr. 15632, n° 472. (Mention.)

8104. Mandement au trésorier de l'épargne de bailler à   8 septembre.
Martin de Troyes, payeur des quatre-vingts
lances commandées par le grand écuyer [Jac-

ques Galyot de Genouilhac], 7,276 livres 3 sous   1535.
4 deniers tournois complétant la somme de
8,162 livres 10 sous tournois due pour le
deuxième quartier de la présente année. Joinville, 8 septembre 1535.

> Bibl. nat., ms. fr. 15632, n° 483. (Mention.)

8105. Mandement au trésorier de l'épargne de bailler à   8 septembre.
Bénigne Serre 2,395 livres tournois pour les
gages des chantres et officiers de la chapelle de
musique du roi pendant le troisième quartier
de la présente année. Joinville, 8 septembre
1535.

> Bibl. nat., ms. fr. 15632, n° 502. (Mention.)

8106. Mandement au trésorier de l'épargne de bailler à   8 septembre.
Bénigne Serre 1,250 livres tournois pour les
menus de la chambre du roi pendant le troisième quartier de la présente année. Joinville,
8 septembre 1535.

> Bibl. nat., ms. fr. 15632, n° 503. (Mention.)

8107. Mandement au trésorier de l'épargne de bailler à   8 septembre.
Jacques Bernard 1,250 livres tournois pour
les gages et habillements des galopins de la cuisine du roi, les réparations de la vaisselle, etc.,
pendant le troisième quartier de la présente
année. Joinville, 8 septembre 1535.

> Bibl. nat., ms. fr. 15632, n° 505. (Mention.)

8108. Provisions, en faveur de Laurent Journault, de   9 septembre.
l'office de maître particulier des Eaux et forêts
du duché d'Angoumois, vacant par la résignation de Robert de La Marthonie, sr de Bonnes,
maître d'hôtel ordinaire du roi. Joinville,
9 septembre 1535.

> Enreg. aux Eaux et forêts (siège de la Table de
> marbre), le 16 décembre 1535. Arch. nat., Z¹ᵉ 323,
> fol. 186. 2 pages.

8109. Déclaration portant règlement pour la conser-   10 septembre.
vation des fruits dans le diocèse de Nîmes, en
Languedoc, et la punition des banniers qui ne

rempliront pas exactement leurs charges. Join-   1535.
ville, 10 septembre 1535.

Imp. S. Descorbiac, *Recueil des édits, arrêts et règlements entre les baillis, sénéchaux... et autres officiers du Parlement de Toulouse.* Paris, 1638, in-fol., p. 826.

8110. Mandement à Guillaume Prudhomme, trésorier   10 septembre.
de l'épargne, de bailler à Victor Barguin, tré-
sorier général de la duchesse d'Orléans et de
Madeleine et Marguerite de France, la somme
de 3,188 livres 6 sous tournois, qu'il doit employer aux dépenses de son office et au payement des toiles d'or, etc., achetées à l'occasion
du voyage de la reine à Cambrai. Joinville,
10 septembre 1535.

Original. Bibl. nat., ms. fr. 25721, n° 438.

8111. Mandement au trésorier de l'épargne de bailler à   10 septembre.
Jérôme Pajonnet, commis au payement des
cinquante lances commandées par le s^r d'Annebaut, 5,108 livres 5 sous tournois complétant la somme de 5,141 livres 5 sous tournois
due pour le deuxième quartier de la présente
année. Joinville, 10 septembre 1535.

Bibl. nat., ms. fr. 15632, n° 463. (Mention.)

8112. Mandement au trésorier de l'épargne de bailler à   10 septembre.
Jacques Arnoul, payeur de la compagnie du roi
de Navarre, 8,075 livres tournois complétant
la somme de 8,262 livres 10 sous tournois due
pour le deuxième quartier de la présente année.
Joinville, 10 septembre 1535.

Bibl. nat., ms. fr. 15632, n° 465. (Mention.)

8113. Mandement au trésorier de l'épargne de bailler à   10 septembre.
Jacques de Bailleux, commis au payement des
quatre-vingts lances commandées par le comte
de Saint-Pol, 7,892 livres 10 sous tournois
complétant la somme de 8,262 livres 10 sous
tournois due pour le deuxième quartier de la
présente année. Joinville, 10 septembre 1535.

Bibl. nat., ms. fr. 15632, n° 467. (Mention.)

8114. Mandement au trésorier de l'épargne de bailler à   10 septembre.
Pierre Le Vassor, payeur des soixante lances

commandées par les s[r] de La Meilleraye et de
Villebon, 6,166 livres 10 sous tournois complétant la somme de 6,242 livres 10 sous tournois due pour le deuxième quartier de la présente année. Joinville, 10 septembre 1535.

1535.

Bibl. nat., ms. fr. 15632, n° 480. (*Mention.*)

8115. Mandement au trésorier de l'épargne de payer
58 livres à Raymond de Lisle, porte-enseigne
des archers de la garde commandés par le sénéchal d'Agénais, pour cinquante-huit jours
(4 août-1er octobre) qu'il doit garder la dame
de Boisy enfermée dans une des tours du château de Vincennes, et la conduire au château
de Cherbourg; 20 livres pour la nourriture
de ladite dame pendant le voyage; et 21 livres
10 sous à chacun, soit 86 livres à Guillaume
du Brech, Jean de La Ganerolle, Odin des
Clémens et Jean de Graujan, archers de la
garde du roi, chargés d'escorter ladite dame à
Cherbourg. Joinville, 10 septembre 1535.

10 septembre.

Bibl. nat., ms. fr. 15632, n° 496. (*Mention.*)

8116. Mandement au trésorier de l'épargne de payer à
Jean Brinon et à Nicolas Viole, maîtres des
comptes à Paris, 140 livres tournois en récompense de leurs peines pendant le jugement
du procès de la réformation de Provence à la
Tour carrée. Joinville, 10 septembre 1535.

10 septembre.

Bibl. nat., ms. fr. 15632, n° 524. (*Mention.*)

8117. Mandement au trésorier de l'épargne de payer à
Michel Barat, orfèvre à Paris, 1,012 livres
10 sous tournois pour une chaîne d'or faite
en façon de demi-balustre, taille d'Espagne,
émaillée de noir et garnie de rubis, perles et
autres pierreries, et pour une figure de Cérès
d'or sur un socle de cristal, enrichie de pierreries, que le roi a achetées de lui en juillet
dernier. Joinville, 10 septembre 1535.

10 septembre.

Bibl. nat., ms. fr. 15632, n° 553. (*Mention.*)

8118. Lettres de jussion pour l'exécution des lettres
du 20 juillet 1529 et du 25 mars 1531 n. s.

14 septembre.

(n°s 3425 et 3920); portant remise au duc et à   1535.
la duchesse de Lorraine de la faculté de rachat
de la baronnie de Mercœur et des terres de
Fromental, Blesle et Gerzat, que le roi s'était
réservée. Joinville, 14 septembre 1535.

> *Enreg. à la Chambre des Comptes de Paris, le
> 14 décembre 1535. Arch. nat., P. 2306, p. 278.
> 2 pages.*
> *Idem, P. 2537, fol. 220.*

8119. Lettres ordonnant de restituer à la ville de Lyon   14 septembre.
une somme de 7,250 livres provenant des
octrois, pour l'employer aux fortifications.
Joinville, 14 septembre 1535.

> *Original. Arch. de la ville de Lyon, série EE.*

8120. Provisions de l'office de conseiller maître clerc à   14 septembre.
la Chambre des Comptes de Paris pour Tho-
mas Rapouël, au lieu de Jean Courtin. Joinville, 14 septembre 1535.

> *Enreg. à la Chambre des Comptes, le 7 janvier
> 1536 n. s., anc. mém. 2 G., fol. 287. Arch. nat., in-
> vent. PP. 136, p. 426. (Mention.)*
> *Bibl. nat., ms. Clairambault 782, fol. 293.
> (Mention.)*

8121. Déclaration portant que les lettres relatives aux   15 septembre.
sectes hérétiques, du 16 juillet précédent
(n° 7989), concernent la Provence comme les
autres parties du royaume, et mandement au
Parlement d'Aix de les faire enregistrer et
publier. Joinville, 15 septembre 1535.

> *Enreg. au Parl. de Provence, le 17 novembre 1535.
> Arch. de la cour à Aix, Lettres royaux, reg. 2,
> in-fol. papier de 1,026 feuillets, fol. 179.*
> *Imp. Bulletin hist. et philolog. du Comité des tra-
> vaux historiques, année 1885, in-8°, n°s 3-4, p. 225.*

8122. Mandement au trésorier de l'épargne de bailler   15 septembre.
à François Malvault, receveur de l'écurie du
roi, 19,414 livres 9 sous 2 deniers tournois
pour le troisième quartier de la présente année.
Joinville, 15 septembre 1535.

> *Bibl. nat., ms. fr. 15632, n° 499. (Mention.)*

8123. Mandement au trésorier de l'épargne de bailler à   15 septembre.

IMPRIMERIE NATIONALE.

Florimond Le Charron, commis au payement des gages des officiers de la maison du roi, 53,417 livres 10 sous tournois, pour le troisième quartier de la présente année. Joinville, 15 septembre 1535.

Bibl. nat., ms. fr. 15632, n° 509. (Mention.)

1535.

8124. Mandement au trésorier de l'épargne de bailler à François Chefdebien, commis au payement des quarante lances commandées par M. de Clermont-Lodève, 4,478 livres 5 sous tournois complétant la somme de 4,683 livres 5 sous tournois due pour le deuxième quartier de la présente année. Joinville, 16 septembre 1535.

Bibl. nat., ms. fr. 15632, n° 470. (Mention.)

16 septembre.

8125. Mandement au trésorier de l'épargne de bailler à François Chefdebien, payeur de la compagnie du comte de Tende, 3,768 livres 10 sous tournois complétant la somme de 4,051 livres 5 sous tournois due pour le deuxième quartier de la présente année. Joinville, 16 septembre 1535.

Bibl. nat., ms. fr. 15632, n° 471. (Mention.)

16 septembre.

8126. Mandement au trésorier de l'épargne de bailler à Artus Prunier, commis au payement des cent lances commandées par le marquis de Saluces et par Renzo de Cère, 9,774 livres 10 sous tournois complétant la somme de 10,237 livres 10 sous tournois due pour le deuxième quartier de la présente année. Joinville, 16 septembre 1535.

Bibl. nat., ms. fr. 15632, n° 474. (Mention.)

16 septembre.

8127. Mandement au trésorier de l'épargne de bailler à Jean Cheyleu, receveur et payeur des gages du prévôt de l'hôtel du roi, ses lieutenants, greffier, etc., 2,087 livres 10 sous tournois pour le troisième quartier de la présente année, non compris 62 livres 10 sous tournois retranchés des gages dudit Cheyleu. Joinville, 16 septembre 1535.

Bibl. nat., ms. fr. 15632, n° 506. (Mention.)

16 septembre.

8128. Mandement au trésorier de l'épargne de bailler   1535.
à Jean Barbedor, trésorier des cent gentils-   16 septembre.
hommes commandés par le comte de Nevers,
10,237 livres 10 sous tournois pour le troisième quartier de la présente année, non
compris 187 livres 10 sous tournois retranchés
des gages dudit Barbedor. Joinville, 16 septembre 1535.

     Bibl. nat., ms. fr. 15632, n° 522. (Mention.)

8129. Mandement au trésorier de l'épargne de bailler à   16 septembre.
Julien Bonacoursy, commis à tenir le compte
et faire le payement des cent gentilshommes
commandés par M. de Canaples, 10,487 livres 10 sous tournois pour le troisième quartier
de la présente année. Joinville, 16 septembre
1535.

     Bibl. nat., ms. fr. 15632, n° 525. (Mention.)

8130. Mandement au trésorier de l'épargne de bailler à   16 septembre.
Nicolas de Troyes, argentier du roi, 676 livres
tournois pour le payement des draps de soie,
satin et velours nécessaires à la confection de
quatre robes pour les dames de Gyé, qui doivent accompagner la reine à Cambrai. Joinville, 16 septembre 1535.

     Bibl. nat., ms. fr. 15632, n° 535. (Mention.)

8131. Mandement au trésorier de l'épargne de bailler à   17 septembre.
Michel Cosson, commis au payement des qua-
tre-vingts lances commandées par le s' de Montejean, 7,969 livres 8 sous 8 deniers tournois
complétant la somme de 8,262 livres 10 sous
tournois due pour le deuxième quartier de la
présente année. Joinville, 17 septembre 1535.

     Bibl. nat., ms. fr. 15632, n° 468. (Mention.)

8132. Mandement au trésorier de l'épargne de bailler à   17 septembre.
Antoine Juge 18,236 livres 10 sous tournois
pour les gages des officiers de la maison de la
reine pendant le troisième quartier de la présente année, non compris 187 livres 10 sous

                                                  18.

tournois retranchés des gages dudit Juge. Join- 1535.
ville, 17 septembre 1535.

Bibl. nat., ms. fr. 15632, n° 538. (*Mention.*)

8133. Ordonnance portant que des deniers provenant 18 septembre.
du sceau des chancelleries, le chancelier, le
garde des sceaux et les autres officiers qui y sont
assignés seront payés de leurs gages, droits et
pensions à eux ordonnés, sur leurs simples
quittances. Joinville, 18 septembre 1535.

*Enreg. à la Chambre des Comptes de Paris, le
17 novembre suivant Arch. nat.*, P. 2537, fol. 207 v°,
et P. 2553, fol. 213. 2 pages.
Idem, AD.IX 123, n° 62.

8134. Commission à François Errault, conseiller au 22 septembre.
Parlement de Paris, d'informer sur certains
excès commis par des religieux de l'abbaye de
Saint-Germain-des-Prés contre le cardinal de
Tournon, leur abbé. Chaumont-en-Bassigny,
22 septembre 1535.

Copie collat. du XVI⁰ siècle. Arch. nat., Z¹ 3264,
pièce.

8135. Déclaration portant que les appels du maître 27 septembre.
des Eaux et forêts du comté de Blois seront
portés désormais devant le grand maître enquêteur et général réformateur des Eaux et
forêts, et en dernier ressort au Parlement
de Paris. Fontaine-Française, 27 septembre
1535.

*Enreg. au Parl. de Paris, le 16 décembre 1535.
Arch. nat.*, X¹ᵃ 8612, fol. 381 v°. 2 pages.
Arrêt d'enregistrement, X¹ᵃ 4899, fol. 165 v°.
*Enreg. à la Table de marbre, Eaux et forêts.
Arch. nat.*, Z. 4580 (*nunc* Z¹ᵉ 323), fol. 212 v°.
2 pages.
Imp. Pièce. Bibl. nat., Inv. Réserve, F. 1537.
*Ordonnances sur le fait des guerres et payement de
la gendarmerie,* 1540, in-12 goth., fol. 56 v°.
Rebuffi, *Édits et ordonnances des Rois de France.*
Lyon, 1573, in-fol., p. 441.
Fontanon, *Les édits et ordonnances, etc.*, Paris,
1611, in-fol., t. II, p. 278.
Cl. Rousseau, *Édits et ordonnances sur les Eaux et
forêts.* Paris, 1649, in-4°, p. 152.

8136. Déclaration portant que les officiers de la Chan-   1535.
cellerie seront payés de leurs gages sur leurs   27 septembre.
simples quittances, par les mains de l'au-
diencier. Fontaine-Française, 27 septembre
1535.

> *Enreg. à la Chambre des Comptes de Paris*, anc.
> mém. 2 G, fol. 257.
> IMP. G. Blanchard, *Compilation chronologique, etc.*
> Paris, 1715, in-fol., t. I, col. 501. (*Mention.*)
> (Cf. l'ordonnance du 18 septembre précédent,
> n° 8133.)

8137. Procuration à Philibert Babou de La Bourdai-   27 septembre.
sière, trésorier de France, pour prendre posses-
sion au nom du roi de la châtellenie de Chenonceaux. Fontaine-Française, 27 septembre
1535.

> IMP. L'abbé C. Chevalier, *Diane de Poitiers au
> Conseil du roi* (d'après les archives du château de
> Chenonceaux), Paris, 1866, in-8°, p. 40.

8138. Ordonnance portant application des amendes,   28 septembre.
forfaitures, confiscations et autres droits féo-
daux et deniers casuels qui dépendent du domaine, à la réparation des fortifications des
places frontières du royaume. Fontaine-Française, 28 septembre 1535.

> *Enreg. au Parl. de Paris, le 15 novembre 1535.*
> *Arch. nat.*, X¹ᵃ 8612, fol. 380 v°. 2 pages 1/4.
> *Arrêt d'enregistrement*, X¹ᵃ 4899, fol. 5 v°.
> *Enreg. à la Chambre des Comptes de Paris*, anc.
> mém. GG, fol. 249.
> *Enreg. au Parl. de Dijon, le 15 novembre 1535.*
> *Arch. de la Côte-d'Or, Parl.*, reg. II, fol. 126.
> *Enreg. au Parl. de Bordeaux, le 18 novembre 1535*,
> *Arch. de la Gironde*, B. 30 bis, fol. 246. 4 pages.
> *Enreg. au Parl. de Provence. Arch. de la cour
> à Aix, Lettres royaux*, reg. 2, in-fol. de 1,026 feuil-
> lets papier, fol. 168.
> *Enreg. au Parl. de Toulouse, le 22 novembre 1535.*
> *Arch. de la Haute-Garonne, Édits*, reg. 4, fol. 34.
> *Enreg. à la Chambre des Comptes de Grenoble.*
> *Arch. de l'Isère*, B. 2910, cah. 5. 8 pages.

8139. Ordonnance portant que les appels interjetés   28 septembre.
du maître particulier des Eaux et forêts du

duché d'Angoumois ou de ses lieutenants seront portés par-devant le grand maître enquêteur et réformateur général des Eaux et forêts, et en dernier ressort au Parlement de Paris. Fontaine-Française, 28 septembre 1535.

1535.

Enreg. au Parl. de Paris, le 20 décembre 1535. Arch. nat., X¹ᵇ 8612, fol. 389. 2 pages.

Arrêt d'enregistrement, X¹ᵇ 4899, fol. 182 vᵒ.

Enreg. à la Table de marbre, Eaux et forêts, le 19 février 1537 n. s. Arch. nat., Z. 4581 (nunc Z¹ᵃ 324), fol. 120. 3 pages.

8140. Mandement au trésorier de l'épargne de payer 2,150 livres à Claude Dodieu, ambassadeur du roi en Espagne, pour ses dépenses dans l'exercice de sa charge. 29 septembre 1535.

29 septembre.

Bibl. nat., ms. Clairambault 1215, fol. 73 vᵒ. (Mention.)

8141. Édit portant règlement pour la réformation de la justice, police et conduite des affaires communes au pays de Provence, l'abréviation des procès et la suppression de la chambre rigoureuse de la ville d'Aix, contenant 41 articles. Joinville, septembre 1535.

Septembre.

Enreg. au Parl. de Provence, le 13 janvier 1536 n. s. Archives de la cour à Aix, Lettres royaux, reg. 2, in-fol. papier de 1,026 feuillets, fol. 229. 24 pages.

Copie incomplète. Arch. nat., suppl. du Trésor des Chartes, J. 846, nᵒ 34.

IMP. Pièce. Bibl. nat., Inv. Réserve, F. 618 et F. 850.

Fontanon, Les édits et ordonnances, etc. Paris, 1611, in-fol., t. I, p. 325.

E. Girard et Jacques Joly, Le troisiesme livre des offices de France, etc. Paris, 1647, in-fol., t. I, p. 539.

Isambert, Recueil général des anc. lois françaises. Paris, 1827, in-8ᵒ, t. XII, p. 416.

8142. Édit portant attribution à la réparation des ponts et chaussées et des grands chemins de tous les deniers provenant des péages, qu'ils

Septembre.

soient perçus par le roi ou par des particu- 1535.
liers. Fontaine-Française, septembre 1535.

> *Enreg. du Parl. de Paris, le 15 novembre 1535.*
> *Arch. nat.* X¹ᵃ 8612, fol. 379, 3 pages.
> *Arrêt d'enregistrement,* X¹ᵃ 4899, fol. 5 v°.
> *Enreg. au Châtelet de Paris, le 21 février 1536*
> *n. s. Arch. nat., Bannières,* Y. 9, fol. 59. 2 pages.
> *Enreg. au Parl. de Grenoble, le 4 novembre 1535.*
> *Arch. de l'Isère, Chambre des Comptes de Grenoble,*
> B. 2910, cah. 5. 11 pages.
> *Enreg. au Parl. de Provence. Arch. de la cour*
> *à Aix, Lettres royaux, reg.* 2, in-fol. papier de
> 1,026 feuillets, fol. 171.
> *Enreg. à la Chambre des Comptes d'Aix, le 3 no-*
> *vembre 1535. Arch. des Bouches-du-Rhône,* B. 32
> *(Scorpionis),* fol. 135. 4 pages.
> *Enreg. au Parl. de Dijon, le 15 novembre 1535.*
> *Arch. de la Côte-d'Or, Parl., reg.* 11, fol. 124.
> *Enreg. au Parl. de Bordeaux, le 18 novembre*
> 1535. *Arch. de la Gironde,* B. 30 bis, fol. 248 v°.
> 5 pages.
> *Enreg. au Parl. de Toulouse, le 22 novembre*
> 1535. *Arch. de la Haute-Garonne, Édits, reg.* 4,
> fol. 32. 2 pages 1/2.
> *Enreg. au livre des jurades. Arch. municipales*
> *d'Agen,* BB. 25, fol. 47.
> *Copie du* XVI⁰ *siècle. Bibl. nat., ms. fr.* 4905,
> fol. 55.
> *Copies. Arch. municipales de Toulouse, ms.* 4116.
> *Imp. Pièce. Bibl. nat., Inv. Réserve, F.* 618 *et*
> 850.
> Delamare, *Traité de la police.* Paris, 1738, in-
> fol., t. IV, p. 519.
> Isambert, *Recueil général des anc. lois françaises.*
> Paris, 1827, in-8°, t. XII, p. 414.

8143. Lettres ordonnant au sénéchal et au Parlement 2 octobre.
de Provence, de contraindre les tenanciers de
Saint-Victor de Marseille, dont les reconnaissances ont été brûlées dans l'incendie de la
maison qu'habite l'abbé de Saint-Victor à Au-
riol, d'avoir à payer leurs rentes et cens, à dire
de témoins attestant le dû desdits services. Dijon, 2 octobre 1535.

> *Enreg. au Parl. de Provence. Arch. de la cour*
> *à Aix, Lettres royaux, reg.* 2, in-fol. papier de
> 1,026 feuillets, fol. 562.

8144. Mandement aux élus de Saintonge leur faisant 2 octobre.

savoir que la part de l'élection est de 67,983
livres 18 sous 7 deniers tournois dans la taille
de 3,061,000 livres tournois mise sur tout le
royaume. Bèze, 2 octobre 1535.

Copie authentique du XVIe siècle. Bibl. nat.,
ms. fr. 25721, n° 439.

8145. Mainlevée de partie de la seigneurie de la Morlaye, au bailliage de Senlis, appartenant au
roi, dont Antoine de Bussy, l'un des cent gentilshommes ordinaires de l'hôtel, pourra continuer à prendre les revenus, comme avant la
mainmise, en payant 12 livres tournois par an
au receveur de Creil. Bèze, 2 octobre 1535.

2 octobre.

Copie authentique (1565). Bibl. nat., Pièces orig.,
vol. 562. Bussy, pièce 7.

8146. Pouvoirs des commissaires du roi qui doivent
assister aux États de Languedoc, convoqués à
Nîmes pour le 20 octobre 1535. Is-sur-Tille,
2 octobre 1535.

2 octobre.

Copie. Arch. départ. de l'Hérault, C. États de
Languedoc, recueil des lettres et actes des commis-
saires du roi aux États, 1535. 6 pages.

8147. Mandement au trésorier de l'épargne de bailler à
Nicolas Hérouet, payeur des quarante lances
commandées par le s^r d'Alègre, 4,051 livres
5 sous tournois pour le deuxième quartier de
la présente année. Is-sur-Tille, 2 octobre 1535.

2 octobre.

Bibl. nat., ms. fr. 15632, n° 476. (Mention.)

8148. Mandement au trésorier de l'épargne de bailler
à Jean Vyon, commis au payement des dépenses extraordinaires de l'artillerie, 6,000 livres tournois pour l'achat de 100 milliers de
poudre destinés aux villes fortes du royaume.
Is-sur-Tille, 2 octobre 1535.

2 octobre.

Bibl. nat., ms. fr. 15632, n° 478. (Mention.)

8149. Mandement au trésorier de l'épargne de bailler
à Jean Vyon, commis au payement des dépenses extraordinaires de l'artillerie, 15,000 livres tournois pour l'achat de 18,000 boulets.
Is-sur-Tille, 2 octobre 1535.

2 octobre.

Bibl. nat., ms. fr. 15632, n° 520. (Mention.)

8150. Mandement au trésorier de l'épargne de bailler à Jean Chambon, commis au payement des quatre-vingts lances commandées par le duc d'Albany, 8,122 liv. 2 sous 4 den. tournois complétant la somme de 8,262 liv. 10 sous tournois due pour le deuxième quartier de la présente année. Is-sur-Tille, 2 octobre 1535.

1535.
2 octobre.

> Bibl. nat., ms. fr. 15632, n° 479. (Mention.)

8151. Mandement de payer au sʳ des Ruyaulx, prévôt de l'hôtel, 4,000 livres tournois, dont le roi lui a fait don, le 14 octobre 1529, sur les confiscations de Bourgogne. Is-sur-Tille, 3 octobre 1535.

3 octobre.

> Original. Bibl. nat., Pièces orig., des Ruyaulx, vol. 2596, n° 3.

8152. Lettres accordant à Thomas Rapouël, conseiller maître en la Chambre des Comptes, un délai d'un an pour faire le serment par lui dû à cause dudit office, sans préjudice du payement de ses gages pendant ce temps. 3 octobre 1535.

3 octobre.

> Enreg. à la Chambre des Comptes, le 23 octobre suivant, anc. mém. 2 G, fol. 264. Arch. nat., invent. PP. 136, p. 427. (Mention.)

8153. Lettres portant défense de transporter des blés hors du Dauphiné et de les vendre ailleurs qu'aux marchés et lieux publics, à peine de confiscation. Is-sur-Tille, 6 octobre 1535.

6 octobre.

> Enreg. au Parl. de Grenoble, le 11 décembre 1535. Arch. de l'Isère, Chambre des Comptes de Grenoble, B. 2910, cah. 39. 2 pages 1/2.

8154. Mandement à François de La Trémoïlle d'interdire toute traite de blé de son gouvernement de Poitou, Saintonge et la Rochelle. Is-sur-Tille, 6 octobre 1535.

6 octobre.

> Original. Arch. de M. le duc de La Trémoïlle.
> Imp. Inventaire de François de La Trémoïlle, etc., publié par Louis de La Trémoïlle, Nantes, 1887, in-4°, p. xvi.

8155. Lettres confirmatives de l'ordonnance défendant de vendre les blés ailleurs que sur les marchés,

7 octobre.

et prescrivant à tous les officiers de la faire
observer. Is-sur-Tille, 7 octobre 1535.

> Enreg. à la Chambre des Comptes de Grenoble.
> Arch. de l'Isère, B. 2910, cah. 128.
> Imp. Pièce. Bibl. nat., Inv. Réserve, F. 618 et
> F. 850.
> Les loix, ordonnances et edictz des très chrestiens
> rois de France... depuis le roy S. Lois jusques au roy
> Henry deuxiesme... Paris, Galiot Du Pré, 1559,
> in-fol., fol. 149 v°.

8156. Provisions en faveur de Jacques Guérin de l'office
de lieutenant général en la sénéchaussée d'Aix.
Is-sur-Tille, 7 octobre 1535.

> Enreg. au Parl. de Provence. Arch. de la cour
> à Aix, Lettres royaux, reg. 2, in-fol. papier de
> 1,026 feuillets, fol. 490.

8157. Commission donnée par le roi au Parlement de
Dijon pour vider les procès des voleurs et
autres criminels enfermés dans les prisons de
Dijon, nonobstant les vacations de la cour.
Is-sur-Tille, 8 octobre 1535.

> Enreg. au Parl. de Dijon, le 12 octobre suivant.
> Arch. de la Côte-d'Or, Parl., reg. II, fol. 127 v°.

8158. Mandement au trésorier de l'épargne de bailler à
Guillaume de Penderia, receveur et payeur de
la Chambre des Comptes de Montpellier, 577
livres 10 sous tournois pour le premier quartier
de la présente année. Is-sur-Tille, 8 octobre
1535.

> Bibl. nat., ms. fr. 15632, n° 393. (Mention.)

8159. Mandement au trésorier de l'épargne de bailler à
Nicolas de Troyes, argentier du roi, 4,600 livres
tournois pour le troisième quartier de la présente année, non compris 150 livres tournois
retranchées des gages dudit de Troyes. Is-sur-
Tille, 8 octobre 1535.

> Bibl. nat., ms. fr. 15632, n° 518. (Mention.)

8160. Mandement au trésorier de l'épargne de bailler
à Charles Mesnagier, argentier de la reine,
4,000 livres tournois pour le troisième quartier de la présente année. Is-sur-Tille, 8 octobre 1535.

> Bibl. nat., ms. fr. 15632, n° 523. (Mention.)

1535.

7 octobre.

8 octobre.

8 octobre.

8 octobre.

8 octobre.

8161. Lettres données conformément à l'avis de la commission chargée de faire enquête sur les abus et malversations des officiers, portant destitution d'Honorat Laugier, avocat du roi au Parlement d'Aix. Is-sur-Tille, 10 octobre 1535.

> *Enreg. au Parlement de Provence. Arch. de la cour à Aix, Lettres royaux, reg. 2, in-fol. papier de 1,026 feuillets, fol. 242 v°.*

8162. Lettres condamnant ledit Honorat Laugier à payer 1,000 livres parisis, sous peine de prison, à Barthélemy de Chasseneux, président au Parlement d'Aix, qu'il avait faussement accusé. Is-sur-Tille, 10 octobre 1535.

> *Enreg. au Parlement de Provence. Arch. de la cour à Aix, Lettres royaux, reg. 2, in-fol. papier de 1,026 feuillets, fol. 246.*

8163. Lettres en forme de mandement au trésorier de l'épargne, lui ordonnant de verser dans le coffre du trésor du Louvre fermé à quatre clefs, dont l'une est entre les mains du roi et les trois autres entre les mains du légat, du Grand maître et de l'amiral, 225,000 livres tournois des recettes du deuxième quartier de l'année, pour subvenir aux besoins imprévus et urgents. Is-sur-Tille, 11 octobre 1535.

> *Bibl. nat., ms. fr. 5632, n° 477. (Mention.)*

8164. Déclaration interprétative de l'édit prescrivant l'entretien des ponts et chaussées et l'affectation des deniers provenant des péages à ces sortes de travaux (n° 8142). Is-sur-Tille, 12 octobre 1535.

> *Enreg. au Parl. de Provence. Arch. de la cour à Aix, Lettres royaux, reg. 2, in-fol. papier de 1,026 feuillets, fol. 173.*

8165. Mandement aux élus du Lyonnais, leur faisant savoir qu'ils ont à lever une somme de 35,386 livres 19 sous 5 deniers tournois pour la quote-part de la taille assignée à leur élection. Is-sur-Tille, 12 octobre 1535.

> *Copie du XVI° siècle. Bibl. nat., ms. fr. 2702, fol. 189.*

8166. Mandement au trésorier de l'épagne de payer à Hans Yoncre (Joncker), lieutenant de M. de

1535.
10 octobre.

10 octobre.

11 octobre.

12 octobre.

12 octobre.

12 octobre.

19.

Fleuranges dans la bande des cent archers
suisses de la garde du roi, 3oo livres tournois
pour sa pension de l'année 1534. Is-sur-Tille,
12 octobre 1535.

> Bibl. nat., ms. fr. 15632, n° 551. (*Mention.*)

8167. Provisions pour Étienne Lapite de l'office de receveur des exploits et amendes du Parlement
de Paris et des Requêtes de l'hôtel et du palais.
13 octobre 1535.

> *Enreg. à la Chambre des Comptes de Paris, le
> 5 janvier 1536 n. s.,* anc. mém. 2 G, fol. 286. Arch.
> nat., invent. PP. 136, p. 427. (*Mention.*)

8168. Mandement au trésorier de l'épargne de bailler à
Guillaume de Villemontée, trésorier de la
vénerie et fauconnerie du roi, 13,004 livres
5 sous tournois pour le troisième quartier de
la présente année, non compris 250 livres
tournois retranchées des gages dudit Villemontée. Is-sur-Tille, 13 octobre 1535.

> Bibl. nat., ms. fr. 15632, n° 542. (*Mention.*)

8169. Mandement au trésorier de l'épargne de bailler
à François Cordon, commis à tenir le compte
et faire le payement de la solde des cent Suisses
de la garde du roi, 4,100 livres tournois pour
le troisième quartier de la présente année. Is-
sur-Tille, 13 octobre 1535.

> Bibl. nat., ms. fr. 15632, n° 546. (*Mention.*)

8170. Mandement au trésorier de l'épargne de payer
aux écoliers suisses 450 livres tournois pour
continuer leurs études à l'Université de Paris
pendant le dernier trimestre de la présente
année. Is-sur-Tille, 13 octobre 1535.

> Bibl. nat., ms. fr. 15632, n° 547. (*Mention.*)

8171. Provisions d'un office d'huissier au Parlement de
Paris pour Jean Bachelier fils, en remplacement et sur la résignation de Jean Bachelier,
son père. Le Pont-de-Norges (auj. Norges-le-
Pont), 28 octobre 1535.

> *Réception au Parl. le 12 novembre 1535.* Arch.
> nat., X¹ᵃ 1539, reg. du Conseil, fol. 2. (*Mention.*)

8172. Lettres adressées au Parlement de Rouen, portant qu'au jugement du procès pendant en cette cour en matière de faux, entre François d'Argillières, s^r de Vallescourt, lieutenant général de Clermont en Beauvaisis, d'une part, et René Ragueneau, maître des requêtes de l'hôtel, et son clerc Jean Monnault, d'autre part, assisteront six conseillers du Parlement de Paris que les parties choisiront d'un commun accord. Le Pont-de-Norges, 29 octobre 1535.

> *Présentées au Parl. de Paris le 10 février 1536 n. s. Arch. nat., X¹ª 1539, reg. du Conseil, fol. 81 v°. (Mention.)*

1535.
29 octobre.

8173. Lettres accordant à Jean Caraccioli et à ses fils la jouissance et l'usufruit de la seigneurie de Martigues. Dijon, 31 octobre 1535.

> *Enreg. à la Chambre des Comptes de Provence. Arch. des Bouches-du-Rhône, B. 33 (Arietis), fol. 188, 2 pages.*

31 octobre.

8174. Provisions de l'office de receveur de la châtellenie de Semur-en-Auxois, pour Jean Guillaume, en remplacement et sur la résignation d'Étienne Chastelain. Dijon, 31 octobre 1535.

> *Enreg. par analyse à la Chambre des Comptes de Dijon, le 18 novembre suivant. Arch. de la Côte-d'Or, B. 19, fol. 4.*

31 octobre.

8175. Édit portant règlement pour l'administration de la justice au Parlement de Provence et dans les cours inférieures et subalternes qui y ressortissent, contenant vingt et un chapitres. Is-sur-Tille, octobre 1535.

> *Enreg. au Parl. de Provence, le 5 janvier 1536 n. s. Arch. de la cour à Aix, Lettres royaux, reg. in-fol. parchemin de 60 feuillets non foliotés.*
>
> *Impr. Pièce: Bibl. nat., Inv. Réserve, F. 618.*
>
> *Fontanon, Les édits et ordonnances, etc. Paris, 1611, in-fol., t. I, p. 255.*
>
> *E. Girard et J. Joly, Le troisiesme livre des offices de France. Paris, 1647, in-fol., t. I, p. 477.*
>
> *Pierre Néron et Ét. Girard, Recueil d'édits et or-*

Octobre.

donnances royaux, 2ᵉ édition. Paris, 1720, in-fol., 1535.
t. I, p. 93.
Isambert, Recueil général des anc. lois françaises.
Paris, 1827, in-8°, t. XII, p. 424.

8176. Érection de la terre et seigneurie de Villelaure Octobre.
en baronnie en faveur d'Antoinette de la Terre,
dame de Janson, femme de Jean de Forbin.
Octobre 1535.

> Imp. G. Blanchard, Compilation chronologique, etc.
> Paris, 1715, in-fol., t. I, col. 502. (Mention.)

8177. Édit portant règlement pour la punition des Octobre.
blasphémateurs. Octobre 1535.

> Imp. Delamare, Traité de la Police. Paris, 1705,
> in-fol., t. I, p. 516. (Mention.)

8178. Édit portant défense d'expédier des lettres de 2 novembre.
debitis et de sauvegarde en termes généraux.
Dijon, 2 novembre 1535.

> Enreg. au Parl. de Dijon, le 2 décembre 1535.
> Arch. de la Côte-d'Or, Parl., reg. II, fol. 128 v°.
> Copie du xviᵉ siècle. Bibl. nat., ms. fr. 4905,
> fol. 72.

8179. Déclaration portant que les affaires criminelles 4 novembre.
ne pourront être comprises dans les lettres
d'évocation en matière civile, malgré la for-
mule « circonstances et dependances d'icelles ».
Dijon, 4 novembre 1535.

> Enreg. au Parl. de Bordeaux, le 23 novembre
> 1535. Arch. de la Gironde, B. 30 bis, fol. 251.
> 3 pages.

8180. Provisions de l'office de châtelain et capitaine 4 novembre.
de Semur-en-Brionnais pour Antoine Petit,
homme d'armes de la compagnie du duc d'Albany, en remplacement et sur la résignation
de René de La Coudraye. Dijon, 4 novembre
1535.

> Enreg. par analyse à la Chambre des Comptes de
> Dijon, le 15 novembre suivant. Arch. de la Côte-d'Or,
> B. 19, fol. 4.

8181. Mandement à divers officiers de faire savoir aux 6 novembre.
États réunis à Rouen que le duché de Nor-
mandie a été taxé à 745,088 livres 15 deniers

tournois pour sa part de la taille générale, et à
37,254 livres 8 sous 9 deniers tournois pour
sa part de l'augmentation de 1 h deniers tournois par livre mise sur tout le royaume. Dijon,
6 novembre 1535.

1535.

Copie du xvi° siècle. Bibl. nat. ms. fr. 2572,
n° 440.

8182. Provisions de l'office de grenetier au grenier à
sel de Semur-en-Auxois pour Pierre Bourgeois,
en remplacement et sur la résignation de Jean
Simonnin. Dijon, 7 novembre 1535.

7 novembre.

Enreg. par analyse à la Chambre des Comptes de
Dijon, le 9 novembre suivant. Arch. de la Côte-d'Or,
B. 19, fol. 4.

8183. Lettres par lesquelles, considérant la ville de
Beaune comme frontière et la nécessité pour
elle d'entretenir ses fortifications, elle est
exemptée de verser le produit de ses octrois
dans les coffres du Louvre. Dijon, 9 novembre
1535.

9 novembre.

Arch. municip. de Beaune, fortifications, n° 100.

8184. Lettres suspendant de ses fonctions Antoine
Donat, procureur général au Parlement d'Aix,
et le traduisant pour être jugé devant une
commission composée de Bonaventure de
Saint-Barthélemy, président au Parlement de
Grenoble, Durand de Sarta, conseiller au Parlement de Toulouse, et Jean du Peyrat, lieutenant général du sénéchal de Lyon. Dijon,
10 novembre 1535.

10 novembre.

Enreg. au Parl. de Provence. Arch. de la cour
à Aix, Lettres royaux, reg. 2, in-fol. papier de
1,026 feuillets, fol. 182 v°.

8185. Provisions en faveur de Claude d'Urfé, écuyer
ordinaire de l'écurie du roi, de l'office de bailli
de Forez, en remplacement de feu Gabriel de
Lens, seigneur de Cousan. Dijon, 12 novembre
1535.

12 novembre.

Réception dudit d'Urfé au Parlement de Paris le
23 mars 1536 n. s. Arch. nat., X1a 4900, Plaidoiries,
fol. 292. (Mention.)

8186. Don et remise à Aymar Nicolaï, premier président de la Chambre des Comptes de Paris, de
250 écus soleil qu'il devait au roi pour les
droits seigneuriaux de différentes terres et seigneuries par lui acquises. 12 novembre 1535.

1535.
12 novembre.

> *Enreg. à la Chambre des Comptes, le 15 décembre
> 1535, anc. mém. 2 G, fol. 284. Arch. nat., in-
> vent. PP. 136, p. 428. (Mention.)*

8187. Mandement au trésorier de l'épargne de bailler à
Jacques Bernard, maître de la chambre aux
deniers du roi, 15,000 livres tournois pour le
dernier quartier de la présente année. Dijon,
13 novembre 1535.

13 novembre.

> *Bibl. nat., ms. fr. 15632, n° 563. (Mention.)*

8188. Déclaration portant confirmation de celle du
23 août 1535 (n° 8055), concernant les droits
des trésoriers généraux de France. Dijon,
14 novembre 1535.

14 novembre.

> *Enreg. à la Chambre des Comptes de Bretagne.
> Arch. départ. de la Loire-Inférieure, B. Mandements
> royaux, II, fol. 100.
> Enreg. à la Chambre des Comptes de Grenoble.
> Arch. de l'Isère, B. 2909, cah. 59. 15 pages.
> Enreg. à la Chambre des Comptes de Montpellier.
> Arch. départ. de l'Hérault, B. 341, fol. 81 v°. 6 pages.*

8189. Lettres de continuation pour dix ans d'un octroi
concédé à la ville de Saulieu par lettres du
28 juin 1527 (n° 2686). Dijon, 16 novembre
1535.

16 novembre.

> *Enreg. à la Chambre des Comptes de Dijon, le 8 jan-
> vier 1536 n. s. Arch. de la Côte-d'Or, reg. B. 20,
> fol. 18 v°.*

8190. Mandement au trésorier de l'épargne de bailler à
Louis Acarie, trésorier des aumônes du roi,
1,537 livres 10 sous tournois pour le troisième
quartier de la présente année. Dijon, 18 novembre 1535.

18 novembre.

> *Bibl. nat., ms. fr. 15632, n° 534. (Mention.)*

8191. Mandement au trésorier de l'épargne de payer à
Pierre Michon et Étienne Leblanc, contrôleurs
généraux de l'épargne, 1,200 livres tournois,

18 novembre.

soit à chacun 600 livres tournois, pour leurs
gages ordinaires de la présente année. Dijon,
18 novembre 1535.

> Bibl. nat., ms. fr. 15632, n° 562. (Mention.)
> Idem, Nouv. acquisitions fr., ms. 895, fol. 10 v°.

1535.

8192. Évocation et renvoi au Parlement de Toulouse
de toutes les causes domaniales en souffrance
au Parlement de Provence, par suite de ré-
cusations pour parenté et d'insuffisance du
nombre des juges. Dijon, 19 novembre 1535.

> Enreg. au Parl. de Provence. Arch. de la cour
> à Aix, Lettres royaux, reg. 2, in-fol. papier de
> 1,026 feuillets, fol. 260.

19 novembre.

8193. Lettres de renvoi au Parlement de Toulouse de
toutes les causes criminelles en souffrance,
pour le même motif, au Parlement de Provence. Dijon, 19 novembre 1535.

> Enreg. au Parl. de Provence. Arch. de la cour
> à Aix, Lettres royaux, reg. 2, in-fol. papier de
> 1,026 feuillets, fol. 262 v°.

19 novembre.

8194. Confirmation des privilèges des cent-vingt chevaucheurs ordinaires de l'écurie du roi. Dijon,
20 novembre 1535.

> Enreg. à la Cour des Aides de Paris, le 24 mars
> 1536 n. s. Arch. nat., recueil Cromo, U. 665,
> fol. 267. (Mention.)

20 novembre.

8195. Provisions de l'office de conseiller lai au Parlement de Bordeaux en faveur d'Arnaud de Fer-
ron. Dijon, 20 novembre 1535.

> Enreg. au Parl. de Bordeaux, le 10 avril 1536
> n. s. Arch. de la Gironde, B. 30 bis, fol. 258 v°.
> 3 pages.

20 novembre.

8196. Provisions de l'office d'élu du roi aux États du
duché de Bourgogne pour Philippe Desbarres,
en remplacement et sur la résignation de Bénigne Desbarres, son père. Dijon, 21 novembre 1535.

> Enreg. à la Chambre des Comptes de Dijon. Arch.
> de la Côte-d'Or, B. 19, fol. 4 v°.

21 novembre.

8197. Lettres relatives à l'exécution de celles du

22 novembre.

13 juillet 1528 (n° 3063) et à la reddition des comptes des hôpitaux et léproseries du royaume. Dijon, 22 novembre 1535.

> *Copie. Arch. municip. de Toulouse, ms. 153, p. 810.*
>
> *Bibl. nat., ms. fr. 16216, fol. 267. (Analyse et extraits.)*
>
> *Imp. Les édits, ordonnances et règlements sur l'administration du revenu des hôpitaux... Paris, 1585, in-8°, p. 4.*
>
> *Recueil des édits et déclarations concernant les hôpitaux et maladeries de France, ensemble divers arrests rendus en la Chambre royale... Paris, S. Cramoisy, 1675, in-fol., p. 1.*

8198. Lettres exemptant les habitants de Valence de l'obligation d'envoyer leurs deniers communs au trésor du Louvre, et leur permettant de les employer à la reconstruction des murs de leur ville, ruinés par les inondations du Rhône. Dijon, 22 novembre 1535.

22 novembre.

> *Original appartenant à M. G. Masson de Montalivet, à Paris.*

8199. Déclaration portant suppression de six offices d'huissiers au Parlement d'Aix, et réduisant leur nombre à cinq. Dijon, 22 novembre 1535.

22 novembre.

> *Enreg. au Parl. de Provence. Arch. de la cour à Aix, Lettres royaux, reg. 2, in-fol. papier de 1,026 feuillets, fol. 339.*

8200. Lettres ordonnant que, vu la multiplicité des affaires, le Parlement de Provence siégera non seulement les matinées, mais les après-diners, comme le Parlement de Paris, et portant le traitement des quatre conseillers clercs de 250 à 300 livres, et celui des conseillers lais de 300 à 375 livres. Dijon, 23 novembre 1535.

23 novembre.

> *Enreg. au Parl. de Provence, le 10 janvier 1536 n. s. Arch. de la cour à Aix, Lettres royaux, reg. 2, in-fol. papier de 1,026 feuillets, fol. 214 v° et 274.*
>
> *Imp. Pièce. Bibl. nat., Inv. Réserve, F. 618 et F. 850.*
>
> *Fontanon, Les édits et ordonnances, etc. Paris, 1611, in-fol., t. I, p. 106.*
>
> *E. Girard et J. Joly, Le troisiesme livre des offices de France, Paris, 1647, in-fol., t. I, p. 476.*

8201. Lettres fixant à 150 livres tournois les gages annuels du lieutenant de la sénéchaussée d'Aix, à 100 livres ceux du receveur particulier d'Aix, à 50 et 40 ceux de l'avocat et du procureur du roi audit siège, et aux mêmes chiffres les gages des officiers de même titre des sénéchaussées de Draguignan, Digne, Arles et Forcalquier. Dijon, 23 novembre 1535.

1535.
23 novembre.

Original. Arch. des Bouches-du-Rhône, B. 721.
Enreg. au Parl. de Provence. Arch. de la cour
à Aix, Lettres royaux, reg. 2, in-fol. papier de
1,026 feuillets, fol. 332.

8202. Lettres enjoignant au Parlement de Toulouse de maintenir les privilèges de l'Université, attaqués par les capitouls, en cas où il apparaîtra que ces privilèges sont fondés sur titres authentiques. Dijon, 23 novembre 1535.

23 novembre.

Copie. Arch. municip. de Toulouse, ms. 153, p. 805.

8203. Privilèges des habitants de Fontaine-Française en Bourgogne, confirmés par Henri II, le 26 juin 1554. Dijon, 23 novembre 1535.

23 novembre.

Enreg. à la Cour des Aides de Paris. Arch. nat.,
recueil Cromo, U. 665, fol. 405. (Mention.)

8204. Provisions de l'office de conseiller lai au Parlement de Dijon, en remplacement de M. Belrient, pour Jean Tisserand, conseiller clerc. Dijon, 23 novembre 1535.

23 novembre.

Enreg. au Parl. de Dijon, le 21 juin 1537. Arch.
de la Côte-d'Or, Parl., reg. II, fol. 95 v°.

8205. Provisions de l'office de greffier civil au Parlement de Provence en faveur de Guillaume Fabri, conformément à une disposition de l'ordonnance qui divise le greffe de ladite cour en greffe civil et en greffe criminel. Dijon, 23 novembre 1535.

23 novembre.

Enreg. au Parl. de Provence. Arch. de la cour
à Aix, Lettres royaux, reg. 2, in-fol. papier de
1,026 feuillets, fol. 201.

8206. Provisions de l'office de greffier criminel au

23 novembre.

Parlement de Provence en faveur de Jean
Cotereau. Dijon, 23 novembre 1535.

*Enreg. au Parl. de Provence. Arch. de la cour
à Aix, Lettres royaux, reg. 2, in-fol. papier de
1,026 feuillets, fol. 204.*

8207. Provisions de l'office de lieutenant au siège de   23 novembre.
Draguignan en faveur de Jean Languet. Dijon,
23 novembre 1535.

*Enreg. au Parl. de Provence. Arch. de la cour
à Aix, Lettres royaux, reg. 2, in-fol. papier de
1,026 feuillets, fol. 208.*

8208. Provisions de l'office de procureur du roi au   23 novembre.
siège de Draguignan en faveur de Pierre de
Corne. Dijon, 23 novembre 1535.

*Enreg. au Parl. de Provence. Arch. de la cour
à Aix, Lettres royaux, reg. 2, in-fol. papier de
1,026 feuillets, fol. 210.*

8209. Lettres nommant Jean Fabri à l'office d'avocat   23 novembre.
du roi au siège de Digne. Dijon, 23 novembre
1535.

*Enreg. au Parl. de Provence. Arch. de la cour
à Aix, Lettres royaux, reg. 2, in-fol. papier de
1,026 feuillets, fol. 217.*

8210. Provisions de l'office de procureur du roi au   23 novembre.
siège de Digne en faveur de N. Riquet. Dijon,
23 novembre 1535.

*Enreg. au Parl. de Provence. Arch. de la cour
à Aix, Lettres royaux, reg. 2, in-fol. papier de
1,026 feuillets, fol. 220.*

8211. Provisions en faveur de Jean Codolle de l'office   23 novembre.
d'avocat du roi au siège de Forcalquier. Dijon,
23 novembre 1535.

*Enreg. au Parl. de Provence. Arch. de la cour
à Aix, Lettres royaux, reg. 2, in-fol. papier de
1,026 feuillets, fol. 222.*

8212. Lettres conférant à Benoît Laudenet la charge   23 novembre.
d'huissier ordinaire au Parlement de Provence.
Dijon, 23 novembre 1535.

*Enreg. au Parl. de Provence. Arch. de la cour
à Aix, Lettres royaux, reg. 2, in-fol. papier de
1,026 feuillets, fol. 241.*

8213. Provisions de l'office d'avocat du roi au siège
d'Arles en faveur de Boniface de Meaux. Dijon, 23 novembre 1535.

> *Enreg. au Parl. de Provence. Arch. de la cour
> à Aix, Lettres royaux, reg. 2, in-fol. papier de
> 1,026 feuillets, fol. 244.*

1535.
23 novembre.

8214. Lettres nommant Jean de Convenis à la judicature ordinaire de Castellane. Rouvres, 26 novembre 1535.

> *Enreg. au Parl. de Provence. Arch. de la cour
> à Aix, Lettres royaux, reg. 2, in-fol. papier de
> 1,026 feuillets, fol. 290.*

26 novembre.

8215. Mandement au trésorier de l'épargne de bailler
à Jean Duval, changeur du trésor et payeur
des gages des officiers du Parlement de Paris,
16,457 livres 8 sous 10 deniers tournois pour
le deuxième quartier de la présente année.
Rouvres, 27 novembre 1535.

> *Bibl. nat., ms. fr. 15632, n° 558. (Mention.)*

27 novembre.

8216. Lettres en forme de mandement à la Chambre
des Comptes de Paris, lui ordonnant d'allouer
aux comptes du trésorier de l'épargne 500 livres tournois qu'il a distribuées par l'ordre du
roi, de la manière suivante : 25 livres tournois
à chacun des quatre couvents des quatre ordres
mendiants de Paris ; 50 livres aux religieuses de
l'Ave-Maria ; 50 livres aux Filles pénitentes ;
100 livres aux pauvres de l'Hôtel-Dieu, et
200 livres à Bertrand Gaufardy, procureur du
grand aumônier, chargé de les distribuer se-
crètement aux pauvres. Rouvres, 28 novembre
1535.

> *Bibl. nat., ms. fr. 15632, n° 560. (Mention.)*

28 novembre.

8217. Lettres portant règlement pour l'enregistrement
et l'exécution d'un arrêt du Conseil d'État qui
fait défense au Parlement de Grenoble et à
tous autres officiers de prendre connaissance
des affaires relatives au tirage et au prix du
sel. Rouvres, 29 novembre 1535.

> *Enreg. à la Chambre des Comptes de Grenoble.
> Arch. de l'Isère, B. 2910, cah. 4. 5 pages.*

29 novembre.

8218. Déclaration portant que les officiers royaux seront tenus de résider et d'exercer leurs offices
en personne, sous peine de révocation. Rouvres, 29 novembre 1535.

> *Enreg. à la Chambre des Comptes de Paris*, anc.
> mém. 2 J, fol. 241. *Arch. nat.*, invent. PP. 136,
> p. 428. (*Mention.*)
> Imp. Blanchard, *Compilation chronologqiue, etc.*,
> in-fol., t. I, col. 503. (*Mention.*)

1535.
29 novembre.

8219. Édit portant création de six offices de gardes
dans la forêt de Crécy, sénéchaussée de Ponthieu. Novembre 1535.

> *Enreg. à la Chambre des Comptes de Paris*, anc.
> mém. 2 G, fol. 364. *Arch. nat.*, invent. PP. 136,
> p. 428. (*Mention.*)
> Imp. Blanchard, *Compilation chronologique, etc.*,
> in-fol., t. I, col. 502. (*Mention.*)

Novembre.

8220. Édit de création de deux offices de mesureurs
de grains, l'un à Pont-Sainte-Maxence, l'autre
au Mesnil, près cette ville. Dijon, novembre
1535.

> *Enreg. au Parl. de Paris, sauf réserves, le 9 avril
> 1537. Arch. nat.*, X¹ᵃ 8613, fol. 31. 1 page 1/2.

Novembre.

8221. Lettres de naturalité accordées à maître Guillaume Plombost, prêtre, natif de Bourg en
Bresse, résidant à Tournus. Dijon, novembre
1535.

> *Enreg. à la Chambre des Comptes de Dijon, le
> 10 mai 1536. Archives de la Côte-d'Or*, B. 72,
> fol. 147 v°.

Novembre.

8222. Lettres de légitimation et de naturalité accordées
à Alexandre Hoardela, écuyer, natif d'Écosse,
fils naturel d'André Hoardela, écuyer, seigneur
de Thoré, et de Marion Le Meur, damoiselle,
lequel Alexandre s'est marié avec Jeanne de
Sivry, damoiselle, à Fussey, au bailliage de
Dijon. Dijon, novembre 1535.

> *Enreg. à la Chambre des Comptes de Dijon. Arch.
> de la Côte-d'Or*, B. 72, fol. 146 v°.

Novembre.

8223. Ratification de l'affranchissement de la servitude
de mainmorte accordé à la femme de Louis
Pécul le jeune par Hugues et Philippe de

Novembre.

Montjeu, frères, seigneurs de Montjeu et d'Antuilly. Rouvres-lès-Dijon, novembre 1535.

> *Enreg. à la Chambre des Comptes de Dijon, le
> 9 janvier 1536 n. s. Arch. de la Côte-d'Or, B. 72,
> fol. 145 v°.*

8224. Ratification de l'affranchissement de la servitude
de mainmorte accordé aux enfants de Jean
Pécul par Hugues et Philippe de Montjeu,
seigneurs de Montjeu et d'Antuilly. Rouvres-
lès-Dijon, novembre 1535.

Novembre.

> *Enreg. à la Chambre des Comptes de Dijon, le
> 9 janvier 1536 n. s. Arch. de la Côte-d'Or, B. 72,
> fol. 141 v°.*

8225. Lettres portant modération pendant six ans des
tailles perçues sur les habitants de la ville de
Châtillon-sur-Seine. Pagny, 3 décembre 1535.

3 décembre.

> *Enreg. à la Chambre des Comptes de Dijon. Arch.
> de la Côte-d'Or, reg. B. 20, fol. 27 v°.*

8226. Mandement à Pierre Carrel, examinateur au
Châtelet, chargé de la garde des biens provenant de Gaillard Spifame, d'avoir à payer
sur les revenus de ces biens le président et les
conseillers qui ont jugé le procès dudit Spifame. Pagny, 3 décembre 1535.

3 décembre.

> *Original. Bibl. nat., ms. fr. 25721, n° 441.*

8227. Nomination de Jacques de Saint-Quentin à la
charge de prévôt et juge ordinaire de Coucy.
[La] Bruyère, 7 décembre 1535.

7 décembre.

> *Copie du xvie siècle. Bibl. nat., ms. fr. 25721,
> n° 442.*

8228. Mandement au trésorier de l'épargne de payer
3,600 livres à Charles Hémart [de Denonville],
évêque de Mâcon, ambassadeur du roi à Rome,
montant de ce qui lui est ou sera dû pour
cent quatre-vingts jours d'exercice de ses fonctions, comptés depuis le 15 novembre 1535.
Pagny, 7 décembre 1535.

7 décembre.

> *Bibl. nat., ms. Clairambault 1215, fol. 73 v°.*
> (*Mention.*)

8229. Mandement au trésorier de l'épargne de payer à Georges de Selve, évêque de Lavaur et ambassadeur du roi à Venise, 2,300 livres pour ses dépenses dans l'exercice de sa charge. Pagny, 7 décembre 1535.

1535.
7 décembre.

> Bibl. nat., ms. Clairambault 1215, fol. 73 v°. (Mention.)

8230. Mandement au trésorier de l'épargne de payer à Antoine de Castelnau, ambassadeur du roi en Angleterre, 3,600 livres pour cent quatre-vingts jours d'exercice de sa charge. Pagny, 7 décembre 1535.

7 décembre.

> Bibl. nat., ms. Clairambault 1215, fol. 74. (Mention.)

8231. Pouvoir à tous marchands, de quelque condition et qualité qu'ils soient, à l'exception des officiers royaux, de faire les fournitures de sel. Pagny, 9 décembre 1535.

9 décembre.

> Enreg. à la Cour des Aides de Paris, le 10 février 1536 n. s. Arch. nat., recueil Cromo, U. 665, fol. 266. (Mention.)

8232. Provisions en faveur de Jean Donnault de l'office de conseiller au Parlement de Provence, vacant par la destitution de Pierre Mathey. Pagny, 9 décembre 1535.

9 décembre.

> Enreg. au Parl. de Provence. Arch. de la cour à Aix, Lettres royaux, reg. 2, in-fol. papier de 1,026 feuillets, fol. 272.

8233. Provisions de l'office de contrôleur du grenier à sel de Saulieu pour Jacques Guyotat, en survivance de Claude Guyotat, son père. Pagny, 9 décembre 1535.

9 décembre.

> Enreg. par analyse à la Chambre des Comptes de Dijon, le 31 mars 1537 n. s. Arch. de la Côte-d'Or, B. 19, fol. 8.

8234. Évocation et renvoi par-devant le Parlement de Toulouse des procès pour crime de lèse-majesté pendants au Parlement de Provence, afin

10 décembre.

de les soustraire à tout soupçon de faveur. Pagny, 10 décembre 1535.

> *Enreg. au Parl. de Provence. Arch. de la cour à Aix, Lettres royaux, reg. 2, in-fol. papier de 1,026 feuillets, fol. 265.*

8235. Provisions d'un office de conseiller clerc au Parlement de Paris pour Pierre Bardin, licencié ès lois, en remplacement de Nicolas Dorigny. Pagny, 10 décembre 1535.

10 décembre.

> *Présentation au Parl. le 10 janvier 1536 n. s. et réception le 24 janvier suivant. Arch. nat., X¹ᵃ 1539, reg. du Conseil, fol. 19 v° et 41. (Mentions.)*

8236. Mandement au Parlement de Provence pour l'exécution de l'édit touchant la réforme de la justice. Pagny, 11 décembre 1535.

11 décembre.

> *Enreg. au Parl. de Provence. Arch. de la cour à Aix, Lettres royaux, reg. 2, in-fol. papier de 1,026 feuillets, fol. 249.*

8237. Lettres de don et remise aux habitants de Meaux d'une amende de 75 livres prononcée contre eux par arrêt des Grands jours de Troyes. 12 décembre 1535.

12 décembre.

> *Enreg. à la Chambre des Comptes de Paris, le 28 mai 1537. Arch. nat., invent. PP. 136, p. 429. (Mention.)*

8238. Lettres permettant aux religieux, abbé et couvent de Saint-Michel de Gaillac, diocèse d'Albi, d'exécuter les bulles du pape du 4 des nones de novembre 1534, prononçant la sécularisation de ladite abbaye, et laissant au roi le droit de présentation de l'abbé, des chanoines et des prébendiers. Pagny, 15 décembre 1535.

15 décembre.

> *Copie du XVIIIᵉ siècle. Bibl. nat., collection Doat, ms. 116, fol. 372.*

8239. Provisions d'un office d'huissier au Parlement de Provence en faveur de Philippe Courtin. Pagny, 16 décembre 1535.

16 décembre.

> *Enreg. au Parl. de Provence. Arch. de la cour à Aix, Lettres royaux, reg. 2, in-fol. papier de 1,026 feuillets, fol. 276 v°.*

8240. Édit fixant l'étendue du ressort de la Cour des Aides de Rouen, supprimant les juridictions d'élus de Pontoise et de Brezolles, et les rattachant à la généralité de Normandie. Pagny, 23 décembre 1535.

1535.
23 décembre.

> *Copie collationnée, faite par ordre de la Cour des Aides de Paris, le 4 février 1779. Arch. nat., Z¹ᵃ 526. Bibl. nat., mss Moreau, t. 1387, fol. 7. (Mention.)*
>
> *Imp. Pièce. Paris, Vᵉ Saugrain et Pierre Prault, impr. des fermes du roi, quai de Gesvres. Arch. nat., AD.I 18.*

8241. Mandement à la Chambre des Comptes et au général des finances de Bretagne de délivrer à Jeanne de Cazault, veuve d'Olivier Baraton, pendant six ans, les revenus de la terre de l'île d'Indret en Loire, diocèse de Nantes. Pagny, 23 décembre 1535.

23 décembre.

> *Enreg. à la Chambre des Comptes de Bretagne. Archives de la Loire-Inférieure, B. Mandements royaux, II, fol. 179.*

8242. Lettres supprimant les francs archers et leurs privilèges, et leur substituant les 36,000 hommes de pied levés dans les provinces, qui jouiront de l'exemption des tailles jusqu'à 20 sous tournois. 24 décembre 1535.

24 décembre.

> *Enreg. à la Cour des Aides, le 7 janvier 1536 n. s. Arch. nat., recueil Cromo, U. 665, fol. 226. (Mention.)*

8243. Lettres qui chargent Pierre de La Garde et Jehan de Mansencal, conseillers au Parlement de Toulouse, d'enquérir des excès et meurtres survenus dans le conflit entre Jean de Foix, comte de Carmaing, et autres gentilshommes de la suite du roi de Navarre, et les gens du guet de la ville de Toulouse, et de transmettre les procédures au Grand conseil. Pagny, 24 décembre 1535.

24 décembre.

> *Copie. Arch. municip. de Toulouse, ms. 153, p. 818.*

8244. Déclaration portant règlement des menues nécessités des officiers du Parlement et de la

26 décembre.

Chambre des Comptes de Grenoble. Pagny,   1535.
26 décembre 1535.

> *Enreg. à la Chambre des Comptes de Grenoble. Arch.*
> *de l'Isère, B. 2910, cah. XVIII. 5 pages 1/2.*

8245. Mandement au trésorier de l'épargne de bailler à   31 décembre.
François Damont, receveur et payeur des gages
des officiers de la Chambre des Comptes de
Paris, 5,588 livres 12 sous 6 deniers tournois pour le deuxième quartier de la présente
année, non compris 90 livres 12 sous 6 deniers
tournois retranchés des gages dudit Damont.
Pagny, 31 décembre 1535.

> *Bibl. nat., ms. fr. 15632, n° 549. (Mention.)*

8246. Édit de création en titre d'office d'un juge et   Décembre.
lieutenant en la châtellenie de Couches en
Bourgogne. Pagny, décembre 1535.

> *Enreg. au Parl. de Dijon, le 10 janvier suivant.*
> *Arch. de la Côte-d'Or, Parl., reg. II, fol. 129.*

8247. Établissement de quatre foires annuelles et d'un   Décembre.
marché hebdomadaire à Montreuil en Tou-
raine. Chalon, décembre 1535.

> *Enreg. à la Chancellerie de France. Arch. nat.,*
> *Trésor des Chartes, JJ. 249¹, n° 22, fol. 8. 1 page.*

8248. Lettres ordonnant au Parlement d'Aix en Pro-   1535.
vence d'envoyer chaque année, au mois de
mai, un président et six conseillers à Marseille pour y tenir les Grands jours. 1535.

> *Enreg. au Parl. de Provence. Arch. de la cour*
> *à Aix, Lettres royaux, reg. pet. in-fol. de 253 feuil-*
> *lets, fol. 225.*
> (Voir ci-dessous, au 21 octobre 1538.)

1536. — Pâques, 16 avril.

                                                          1536.
8249. Édit touchant les juridictions des bailliages de   8 janvier.
Bourgogne et leurs chancelleries. Mâcon,
8 janvier 1535.

> *Enreg. au Parl. de Dijon, le 18 du même mois.*
> *Arch. de la Côte-d'Or, Parl., reg. II, fol. 133.*

8250. Mandement au trésorier de l'épargne de payer 675 livres à Claude Dodieu, seigneur de Bressieu, qui va dans le royaume de Naples porter des lettres du roi à son ambassadeur auprès de l'empereur. Mâcon, 8 janvier 1535.

1536.
8 janvier.

> *Bibl. nat.*, ms. Clairambault 1215, fol. 74. (*Mention.*)

8251. Lettres de don à Perrot de Ruthie, capitaine du château de Mauléon en Soulie, de 700 livres à prendre chaque année, pendant dix ans, sur la recette ordinaire de la sénéchaussée des Lannes. 8 janvier 1535.

8 janvier.

> *Enreg. à la Chambre des Comptes de Paris, le 15 janvier 1537 n. s.* avec des lettres de jussion du 16 juin 1536, anc. mém. 2 H. fol. 32. *Arch. nat.*, invent. PP. 136, p. 430. (*Mention.*)

8252. Provisions de l'office de lieutenant du sénéchal de Provence au siège de Forcalquier, en faveur de Jean Codolle. L'Abergement, 10 janvier 1535.

10 janvier.

> *Enreg. au Parl. de Provence. Arch. de la cour à Aix, Lettres royaux,* reg. 2, in-fol. papier de 1,026 feuillets, fol. 224.

8253. Provisions d'un office de notaire à Saint-Maximin en Provence, pour Gombaud Arbaud. L'Abergement, 10 janvier 1535.

10 janvier.

> *Enreg. au Parl. de Provence. Arch. de la cour à Aix, Lettres royaux,* reg. 2, in-fol. papier de 1,026 feuillets, fol. 315.

8254. Lettres concernant les décimes imposées sur les abbayes de Fontenay, du Val et de Barberie. Trévoux, 12 [janvier [1]] 1535.

12 janvier.

> *Archives du Calvados*, série H, non inventoriée, fonds de l'abbaye de Barberie.

8255. Mandement au trésorier de l'épargne de payer à Jean de Langeac, évêque de Limoges, la somme de 1,891 livres 15 sous, sur laquelle 760 livres lui sont données pour le complet

15 janvier.

[1] Le nom du mois a été enlevé.

payement de 6,160 livres qui lui étaient dues
pour un voyage de trois cent huit jours qu'il a
fait, de février à décembre 1535, auprès du
duc de Ferrare comme ambassadeur du roi, et
1,131 livres à titre de remboursement de
pareille somme payée par lui à divers gentilshommes et courriers, durant le même temps.
Lyon, 15 janvier 1535.

> Bibl. nat., ms. Clairambault 1215, fol. 74. (Men-
> tion.)

1536.

8256. Provisions de l'office de maître particulier des
Eaux et forêts de Bourbonnais avec la capitainerie de la Bruyère-Laubespin, en faveur
de Regnaut de Laloue, gentilhomme de la
chambre du roi, au lieu de son père, décédé.
Lyon, 16 janvier 1535.

16 janvier.

> Enreg. aux Eaux et forêts (siège de la Table de
> marbre), le 29 mai 1536. Arch. nat., Z¹ˢ 323,
> fol. 261. 2 pages.

8257. Mandement à Simon Viard, receveur ordinaire
d'Argilly, de faire la recette des deniers adjugés
au roi par les juges réformateurs des Eaux et
forêts. Lyon, 16 janvier 1535.

16 janvier.

> Enreg. à la Chambre des Comptes de Dijon. Arch.
> de la Côte-d'Or, B. 19, fol. 7 v°.

8258. Lettres portant confirmation de la compétence
de la Chambre des Comptes de Provence en
ce qui concerne la connaissance des affaires
domaniales et de revenu ordinaire. Lyon,
17 janvier 1535.

17 janvier.

> Enreg. à la Chambre des Comptes d'Aix, le 4 fé-
> vrier 1536 n. s. Arch. des Bouches-du-Rhône, B. 32
> (Scorpionis), fol. 183. 1 page.
> Enreg. au Parl. de Provence. Arch. de la cour
> à Aix, Lettres royaux, reg. 2, in-fol. papier de
> 1,026 feuillets, fol. 383.

8259. Lettres ordonnant aux greffiers des cours souveraines et justices du royaume la tenue d'un
registre spécial pour les amendes particulières
et confiscations judiciairement adjugées au roi,

17 janvier.

sous peine d'encourir la punition du crime de
faux. Lyon, 17 janvier 1535.

> Enreg. au Châtelet de Paris, le 9 mars 1536
> n. s. Arch. nat., Bannières, Y. 9, fol. 60. 2 pages.
> Enreg. à la Chambre des Comptes de Paris, anc.
> mém. GG, fol. 305. Arch. nat., invent. PP. 136,
> p. 430. (Mention.)
> Enreg. à la Chambre des Comptes de Bretagne.
> Archives de la Loire-Inférieure, B. Mandements
> royaux, II, fol. 109.
> Enreg. à la Chambre des Comptes de Dijon, le
> 10 mars suivant. Arch. de la Côte-d'Or, reg. B. 18,
> fol. 326.
> Enreg. au Parl. de Bordeaux, le 14 mars 1536
> n. s. Arch. de la Gironde, B. 30 bis, fol. 256 v°.
> 3 pages 1/2.
> Enreg. au Parl. de Grenoble, le 26 février 1536
> n. s. Arch. de l'Isère, Chambre des Comptes de
> Grenoble, B. 2910, cah. x. 6 pages.
> Enreg. au Parl. de Provence, le 2 mars 1536.
> Arch. de la cour à Aix, Lettres royaux, reg. 2,
> in-fol. papier de 1,026 feuillets, fol. 253.
> Enreg. au Parl. de Toulouse. Arch. de la Haute-
> Garonne, Édits, reg. 4, fol. 47. 1 page 1/2.
> Cour des Aides de Paris, copie collationnée du
> 19 février 1778. Arch. nat., Z¹ª 526.
> IMP. d'après le texte enreg. au Parl. de Provence.
> Pièce. Bibl. nat., Inv. Réserve, F. 618 et F. 850.

8260. Ordonnance relative aux fonctions et aux attributions des huissiers du Grand conseil. Lyon,
17 janvier 1535.

> Enreg. au Parl. de Paris, le 14 février 1536 n. s.
> Arch. nat., X¹ª 8612, fol. 387. 1 page 2/3.
> Arrêt d'enregistrement. Idem, X¹ª 4900, Plai-
> doiries, fol. 43 v°.

8261. Lettres de jussion au Parlement de Paris pour
l'enregistrement des provisions de gouverneur
et lieutenant général en Guyenne, Aunis et
pays de la Rochelle, données le 29 août
1528 (n° 3125), en faveur de Henri d'Albret,
roi de Navarre. Lyon, 17 janvier 1535.

> Original. Archives départ. des Basses-Pyrénées,
> E. 573.
> Enreg. au Parl. de Paris, le 17 février 1536 n. s.
> Arch. nat., X¹ª 8612, fol. 392 v°.
> Arrêt d'enregistrement. Idem, X¹ª 4900, Plai-
> doiries, fol. 75 v°.

8262. Provisions de l'office de lieutenant particulier de la cour des Eaux et forêts, au siège de la Table de marbre à Paris, pour Jean Milles, avocat en Parlement, en remplacement d'André Sanguin, nommé conseiller au Parlement de Paris. Lyon, 17 janvier 1535. — 1536. 17 janvier.

Enreg. aux Eaux et forêts, le 19 février suivant. Arch. nat., Z[1e] 323, fol. 213 v°. 1 page.

8263. Lettres permettant aux habitants de Cahors de garder la moitié de leurs deniers communs, dons, aides et octrois, et de les employer aux réparations et fortifications des murs de la ville, en dérogation à l'ordonnance prescrivant le versement intégral de ces deniers dans les coffres du Louvre. Lyon, 18 janvier 1535. — 18 janvier.

Arch. municipales de Cahors (Lot), liasse 30, n° 2.

8264. Don au profit du s[r] des Ruyaux, maître d'hôtel du roi, des revenus de la seigneurie de Saint-Cyr en Auxois, confisquée. Lyon, 18 janvier 1535. — 18 janvier.

Copie. Arch. de la Côte-d'Or, B. 339.

8265. Donation à Pierre Glé, chevalier, seigneur de Kerberne et de l'Éperonnière, des tènements de Kerhart et de Kerouarn, île de Rhuys, diocèse de Vannes, et affranchissement des mêmes domaines érigés en fief noble. Lyon, 18 janvier 1535. — 18 janvier.

Enreg. à la Chambre des Comptes de Bretagne. Archives de la Loire-Inférieure, B. *Mandements royaux*, II, fol. 152.

8266. Lettres commettant Philibert Babou, s[r] de la Bourdaisière, à la surintendance des bâtiments du roi, Chambord, Fontainebleau, Loches, Chenonceaux et autres. Colombier, 22 janvier 1535. — 22 janvier.

Copie. Bibl. nat., ms. fr. 11179 (anc. suppl. fr. 336).

Imp. L. de Laborde, *Les comptes des bâtiments du roi*. Paris, in-8°, 1877, t. I, p. 16.

8267. Nomination de Jacques Bardot à l'office de ser- — 24 janvier.

gent des aides dans l'élection du Lyonnais.   1536.
Lyon, 24 janvier 1535.

> Copie du xvi° siècle. Bibl. nat., ms. fr. 2702,
> fol. 184.

8268. Lettres prorogeant pour un an les fonctions des   25 janvier.
notables personnages qui depuis trois ans ont
été chargés du recouvrement des deniers du
domaine et de leur transfert au château du
Louvre. Meyzieux, près Lyon, 25 janvier 1535.

> Enreg. à la Chambre des Comptes de Grenoble.
> Arch. de l'Isère, B. 2910, cah. 7. 3 pages.

8269. Lettres de don en faveur d'Antoine de Civry,   26 janvier.
capitaine d'Argilly, tant qu'il tiendra cet office,
du revenu du parc et du colombier du château
d'Argilly. Lyon, 26 janvier 1535.

> Enreg. à la Chambre des Comptes de Dijon, le
> 20 mars suivant. Arch. de la Côte-d'Or, reg. B. 20,
> fol. 22 v°.

8270. Lettres autorisant les maîtres et gouverneurs du   27 janvier.
grand Hôtel-Dieu de Meaux à annuler les
baux excédant le temps de neuf ans, con-
sentis par les religieux et les administrateurs
des biens des pauvres, au préjudice de cet
établissement. Lyon, 27 janvier 1535.

> Grand Hôtel-Dieu de Meaux. Suppl. à la série H.
> de l'inventaire sommaire des Archives de Seine-et-
> Marne, cote E, 2° vol. p. 163.

8271. Provisions de l'office de juge-mage et lieutenant   29 janvier.
général civil et criminel en la sénéchaussée
de Quercy, en faveur de Bernard de Labarthe.
Lyon, 29 janvier 1535.

Il est reçu et prête serment au Parlement
de Toulouse le 24 avril 1536.

> Enreg. au Parl. de Toulouse. Arch. de la Haute-
> Garonne, Édits, reg. 4, fol. 50. 2 pages.

8272. Mandement au Parlement de Paris de per-   29 janvier.
mettre à six conseillers de ladite cour, Jacques
Boullent, Robert Dauvet, René Brinon,
Claude Le Voyer, François Errault et Léon
Lesert, d'aller assister au Parlement de Rouen

au jugement d'un procès en matière de faux, pendant entre François d'Argillières, sʳ de Vallescourt, lieutenant général de Clermont en Beauvaisis, d'une part, René Ragueneau, maître des requêtes de l'hôtel, et son clerc, Jean Monnault, d'autre. Lyon, 29 janvier 1535.

1536.

> *Présentées au Parlement le 10 février suivant.* Arch. nat., X¹ᵃ 1539, reg. du Conseil, fol. 81 vᵒ. (*Mention.*)
> *Idem, le 5 juillet 1536*, fol. 398.

8273. Mandement au Parlement de Provence de juger sans délai, sur rapport sommaire, la cause de Christophe de Forest, baron de Trets, médecin ordinaire du roi, contre les habitants de Trets, qui voulaient se soustraire à toute sujétion, sous prétexte que ladite baronnie était restée plus de cent ans sans résidence de seigneur. Lyon, 29 janvier 1535.

29 janvier.

> *Enreg. au Parl. de Provence. Arch. de la cour à Aix, Lettres royaux*, reg. 2, in-fol. papier de 1,026 feuillets, fol. 486 vᵒ.

8274. Commission à Nicolas de Neufville, sʳ de Villeroy, et à Clérambaut Le Clerc, correcteur en la Chambre des Comptes, de faire l'inventaire des meubles, bagues et joyaux confiés à la garde de feu Pierre Paule, dit l'Italien, tant à Paris qu'au château de Fontainebleau, et de les mettre entre les mains de Philibert Babou, sʳ de la Bourdaisière, trésorier de France. Lyon, 29 janvier 1535.

29 janvier.

> *Copie. Bibl. nat., ms. fr.* 11179 (anc. suppl. fr. 336).
> *Imp.* L. de Laborde, *Les comptes des bâtiments du roi.* Paris, in-8ᵒ, 1877, t. I, p. 109.

8275. Lettres d'anticipation et exploit pour les consuls de Lyon contre Charles de La Bessée, receveur de la ville. Lyon, 29 janvier 1535.

29 janvier.

> *Original. Arch. de la ville de Lyon*, série FF.

8276. Lettres maintenant la prieure et les religieuses de Champchanoux en la possession, saisine et

30 janvier.

jouissance de trois bichets de seigle et de
trois bichets d'avoine de rente annuelle, à
prendre sur les habitants de Saulzes[1], commune de Dettey. Lyon, 3o janvier 1535.

> *Arch. départ. de Saône-et-Loire, pièce récemment
> détachée d'un cahier de papier auquel elle servait de
> couverture.*

1536.

8277. Édit de création en titre d'offices royaux des
châtelains de Vérizet, Prissé et Thurigny,
dans le bailliage de Mâconnais. Cuisery, janvier 1535.

> *Enreg. au Parl. de Paris, le 4 juillet 1536. Arch.
> nat., X¹ᵃ 8612, fol. 4o3 v°. 1 page.*
> *Arrêt d'enregistrement. Idem, X¹ᵃ 4901, Plai-
> doiries, fol. 373.*

Janvier.

8278. Lettres de légitimation obtenues par Pierre et
François de Musy, fils naturels de François de
Musy, seigneur de Sathonay, et d'Étiennette
Florette. Mâcon, janvier 1535.

> *Enreg. à la Chambre des Comptes de Dijon, le
> 20 mai 1546. Archives de la Côte-d'Or, B. 72,
> fol. 190 v°.*

Janvier.

8279. Confirmation des privilèges, franchises et libertés des habitants de Châtelard et de Marlieux,
dans la Bresse. Lyon, janvier 1535.

> *Enreg. à la Chancellerie de France. Arch. nat.,
> Trésor des Chartes, JJ. 249¹, n° 16, fol. 6 v°.
> 1 page.*

Janvier.

8280. Confirmation des privilèges et statuts accordés
aux maîtres barbiers de Mâcon par Charles
le Téméraire, duc de Bourgogne. Lyon, janvier 1535.

> *Enreg. à la Chancellerie de France. Arch. nat.,
> Trésor des Chartes, JJ. 249¹, n° 12, fol. 5. 1 page.*

Janvier.

8281. Établissement d'une nouvelle foire annuelle à
Murat, sénéchaussée de Carcassonne. Lyon,
janvier 1535.

> *Enreg. à la Chancellerie de France. Arch. nat.,
> Trésor des Chartes, JJ. 249¹, n° 19, fol. 7. 1 page.*

Janvier.

[1] Essauze (Cassini); aux Sauges (carte de l'État-major).

8282. Confirmation des privilèges, franchises et libertés des habitants de la Mure-Mataisine en
Dauphiné. Lyon, janvier 1535.

> *Enreg. à la Chancellerie de France. Arch. nat.,*
> *Trésor des Chartes, JJ. 249¹, n° 3, fol. 2. 1 page.*

1536.
Janvier.

8283. Création de trois foires par an et d'un marché
chaque semaine à Olargues en Languedoc.
Lyon, janvier 1535.

> *Enreg. à la Chancellerie de France. Arch. nat.,*
> *Trésor des Chartes, JJ. 249¹, n° 5, fol. 2 v°. 1 page.*

Janvier.

8284. Confirmation des privilèges, immunités, coû-
tumes et libertés des habitants de Saint-
Germain-Laval, dans le Roannais. Lyon, janvier 1535.

> *Enreg. à la Chancellerie de France. Arch. nat.,*
> *Trésor des Chartes, JJ. 249¹, n° 8, fol. 3 v°. 1 page.*

Janvier.

8285. Établissement de deux foires annuelles et d'un
marché hebdomadaire à Treilley (*sic*) en Bretagne, sénéchaussée de Rennes, gros bourg
ruiné par les guerres. Lyon, janvier 1535.

> *Enreg. à la Chancellerie de France. Arch. nat.,*
> *Trésor des Chartes, JJ. 249¹, n° 11, fol. 4 v°.*
> *1 page.*

Janvier.

8286. Établissement à Vimy (*sic*), près Trévoux, de
deux nouvelles foires annuelles, outre les deux
et le marché créés par Charles VIII. Lyon,
janvier 1535.

> *Enreg. à la Chancellerie de France. Arch. nat.,*
> *Trésor des Chartes, JJ. 249¹, n° 18, fol. 7. 1 page.*

Janvier.

8287. Lettres de don en faveur de Philippe de Nagu,
huissier de la chambre du roi. Lyon, 1ᵉʳ février
1535.

> *Bibl. nat., ms. Clairambault 782, p. 294. (Men-*
> *tion.)*

1ᵉʳ février.

8288. Mandement au trésorier de l'épargne de payer
900 livres à Louis d'Angerant, seigneur de
Boisrigault, tant pour ce qui lui est encore
dû des dépenses faites par lui comme ambassadeur du roi auprès des cantons suisses, que

2 février.

pour le nouveau voyage qu'il va faire dans le même pays. Lyon, 2 février 1535.

Bibl. nat., ms. Clairambault 1215, fol. 74. (*Mention.*)

8289. Permission de vendre les blés sur place dans les greniers, et non plus seulement dans les marchés. Lyon, 3 février 1535.

Enreg. au Châtelet de Paris, le 13 mars 1536 n. s. Arch. nat., *Bannières*, Y. 9, fol. 61. 1 page.
IMP. Pièce. Bibl. nat., *Inv. Réserve*, F. 1642.
Rebuffi, *Édits et ordonnances des rois*, etc., Lyon, 1573, in-fol., p. 1086.
A. Fontanon, *Les édits et ordonnances*, Paris, 1611, in-fol., t. I, p. 957.
Delamare, *Traité de la police*. Paris, 1710, in-fol., t. II, p. 1068.
Isambert, *Anciennes lois françaises*. Paris, in-8°, t. XII, 1827, p. 492.

8290. Mandement aux Parlements de Toulouse et de Bordeaux de délivrer à Jean de Barrat les condamnés aux galères, pour remplacer la chiourme de Provence. Lyon, 4 février 1535.

Enreg. au Parl. de Bordeaux (s. d.). Arch. de la Gironde, B. 30 bis, fol. 260 v°. 3 pages.

8291. Lettres de don de la somme de 2,500 livres sur les deniers de l'amende encourue par Arnolet Savoigney, fait à Antoine de Civry, capitaine d'Argilly. Lyon, 4 février 1535.

Enreg. à la Chambre des Comptes de Dijon, le 14 mars suivant. Arch. de la Côte-d'Or, reg. B. 20, fol. 19 v°.

8292. Provisions de l'office d'avocat général au Parlement de Dijon pour Guillaume de Montholon, docteur en droit, en remplacement de Paris Jacob, nommé conseiller au Grand conseil. Lyon, 5 février 1535.

Reçu le 17 février suivant.
Enreg. au Parl. de Dijon. Arch. de la Côte-d'Or, Parl., reg. II, fol. 132.

8293. Lettres portant confirmation de l'indult octroyé au cardinal de Châtillon, archevêque de Toulouse et abbé de Saint-Euverte d'Orléans, et

[marginalia:] 1536.

3 février.

4 février.

4 février.

5 février.

7 février.

lui accordant la collation des bénéfices dépendant de son abbaye, daté du 3 des nones
de novembre 1534, à Rome (texte latin).
Lyon, 7 février 1535.

1536.

> Enreg. au Parl. de Toulouse, le 2 avril 1536 n. s.
> Arch. de la Haute-Garonne, Édits, reg. 4, fol. 47.
> 2 pages.
> Enreg. au Parl. de Paris, le 10 juillet 1536.
> Arch. nat., X¹ᵃ 8612, fol. 401. 5 pages.
> Arrêt d'enregistrement. Idem, X¹ᵃ 4901, Plaidoi-
> ries, fol. 401 v°.
> Imp. [Dupuy], Preuves des libertés de l'Église gal-
> licane. Paris, S. Cramoisy, 3ᵉ édit., 1651, 2 vol.
> in-fol., part. 3, p. 141.
> [Lemère], Recueil des actes, titres et mémoires
> contenant les affaires du clergé de France. Paris,
> Vᵉ de F. Miguet, 1716-1750, 12 vol. in-fol., t. X,
> col. 973.
> (Voir au 4 octobre 1542.)

8294. Mandement du roi à Nicolas de Troyes, son argentier, d'employer 1,364 livres 7 sous 6 deniers tournois au payement de certaine quantité de draps de soie et de laine, toile de
Hollande, passements, fils de soie, etc., pour
faire des robes complètes dont le roi fait don
à neuf demoiselles de la suite de la duchesse
d'Orléans et de Mesdames Madeleine et Marguerite de France. Lyon, 7 février 1535.

7 février.

> Arch. nat., Comptes de l'argenterie, KK. 91,
> fol. 216. (Mention.)

8295. Mandement au trésorier de l'épargne de payer
675 livres à Gervais Waïn, abbé de Cussy et
ambassadeur du roi en Allemagne, en déduction de ce qui devra lui être donné pour l'exercice de sa charge. Lyon, 7 février 1535.

7 février.

> Bibl. nat., ms. Clairambault 1215, fol. 74. (Men-
> tion.)

8296. Permission donnée aux consuls de Narbonne
de vendre ou engager les deniers de la blanche
du sel pour tel nombre d'années qu'ils jugeront
convenable sur les vingt-quatre années de l'octroi qu'ils en ont obtenu par lettres du 4 sep-

8 février.

tembre 1531 (n° 4245), pour procurer à la
ville les ressources nécessaires aux réparations
urgentes de la chaussée d'Aude, rompue par
les inondations. Lyon, 8 février 1535.

> *Copie. Arch. de la ville de Narbonne, AA, 105,
> fol. 112 v°.*

8297. Lettres de relief de surannation pour l'enregistrement de la confirmation des lettres de sauvegarde octroyées aux habitants de Saint-Just-
sur-Lyon, en date du 28 janvier 1531 n. s.
(n° 3841). Lyon, 8 février 1535.

> *Arch. de la ville de Lyon, invent. Chappe, t. III,
> p. 200. (Mention.)*

8298. Lettres nommant Jean Grossi à l'office de juge
ordinaire d'Apt. Lyon, 9 février 1535.

> *Enreg. au Parl. de Provence. Arch. de la cour à
> Aix, Lettres royaux, reg. 2, in-fol. de 1,026 feuillets,
> fol. 256.*

8299. Lettres accordant aux officiers domestiques et
commensaux de Marguerite, reine de Navarre,
sœur du roi, les mêmes privilèges qu'aux
officiers de la maison du roi. Lyon, 10 février
1535.

> *Enreg. au Parl. de Paris, le 4 mai 1536. Arch.
> nat., X1a 8612, fol. 399, 1 page 1/2.*
> *Arrêt d'enregistrement. Idem, X1a 4901, Plai-
> doiries, fol. 37 v°.*
> *Enreg. à la Chambre des Comptes de Paris, anc.
> mém. 2 G, fol. 310. Arch. nat., invent. PP. 136,
> p. 431. (Mention.)*
> *Enreg. à la Cour des Aides de Paris, le 20 mai 1536.
> Arch. nat., recueil Cromo, U. 665, fol. 267. (Mention.)*
> *Enreg. au Parl. de Bordeaux, sauf réserves, le
> 26 février 1536 n. s. Arch. de la Gironde, B. 30 bis,
> fol. 276, et B. 31, fol. 15.*
> *Enreg. à la Cour des Aides de Normandie, le 1er juin
> 1536. Arch. de la Seine-Inférieure, Mémoriaux,
> 2e vol., fol. 117. 2 pages.*

8300. Lettres d'évocation au Grand conseil d'un procès
relatif à la répartition des fruits des canonicats
et prébendes de l'église de Lyon, procès déjà

jugé au Parlement de Paris[1]. 10 février 1536
1535.

*Arch. nat., reg. du Conseil du Parl., X¹ª 1539,
fol. 189. (Mention.)*

8301. Ordonnance convoquant le ban et l'arrière-ban   11 février.
du royaume pour le 15 mai 1536, et ordon-
nant aux baillis et sénéchaux d'en passer la
montre. Lyon, 11 février 1535.

*Enreg. au Parl. de Grenoble, le 26 février 1536
n. s. Arch. de l'Isère, Chambre des Comptes de Grenoble, B. 2910, cah. 9. 4 pages.*

8302. Pouvoirs donnés à Philippe Chabot, comte de   11 février.
Buzançais et de Charny, amiral de France, pour
procéder à la réduction des pays de Bresse,
Bugey et Valromey à l'obéissance du roi de
France. Lyon, 11 février 1535.

*Imp. S. Guichenon, Histoire de Bresse et de Bu-
gey. Lyon, 1650, in-fol., Preuves, p. 34.*

8303. Confirmation des privilèges des notaires et se-   12 février.
crétaires du roi, maison et couronne de France.
Lyon, 12 février 1535.

*Enreg. au Parl. de Paris, sans préjudice de l'op-
position du greffier des Requêtes du Palais, le 23 juil-
let 1540. Arch. nat., X¹ª 8613, fol. 234. 4 pages.
Délibération touchant leur enregistrement, le 4 avril
1536. Idem, X¹ª 4900, Plaidoiries, fol. 369.
Enreg. à la Chambre des Comptes de Grenoble.
Arch. de l'Isère, B. 2911, cah. 7. 9 pages.
Bibl. nat., mss. Moreau, t. 1394, fol. 15;
t. 1404, fol. 2. (Mentions.)
Imp. A. Tessereau, Hist. de la Chancellerie de
France. Paris, 1710, in-fol., t. I, p. 91.
Isambert, Anciennes lois françaises, Paris, in-8°,
t. XII, 1827, p. 492.*

8304. Déclaration portant règlement entre les secré-   12 février.
taires du roi et les douze référendaires de la
chancellerie du Parlement de Paris, créés par

---

[1] La cour décide d'adresser des remontrances au roi à ce sujet.

l'édit de février 1523 n. s. (n° 1767). Lyon,
12 février 1535.

> *Original scellé et copie du XVI° siècle. Arch. nat.,*
> *V² 3, n° 690.*
> IMP. E. Girard et J. Joly. *Le troisiesme livre des*
> *offices de France.* Paris, 1647, in-fol., t. I, p. 761.
> A. Tessereau, *Hist. de la Chancellerie.* Paris,
> 1710, in-fol., t. I, p. 92.

1536.

8305. Mandement au trésorier de l'épargne de payer
3,600 livres tournois à Robert Rouvet, orfèvre
de Paris, pour divers bijoux. Lyon, 12 février
1535.

12 février.

> *Original. Londres, British Museum, Add. Charters,*
> *3187.*

8306. Mandement au Parlement de Provence de contraindre les tenanciers de Gordes et de la
Rochegiron de faire à leur seigneur, Guiran
de Simiane, le dénombrement de leurs biens
et la production de leurs titres, et de s'acquitter de tous les devoirs et services qu'ils lui
doivent. Lyon, 13 février 1535.

13 février.

> *Enreg. au Parl. de Provence. Arch. de la cour*
> *à Aix, Lettres royaux, reg. 2, in-fol. papier de*
> *1,026 feuillets, fol. 549.*

8307. Mandement au trésorier de l'épargne de payer
135 livres à Pierre Godemel, clerc d'[Antoine
de Castelnau], évêque de Tarbes, qui part le
jour même pour aller porter à son maître,
ambassadeur en Angleterre, des lettres du roi.
Lyon, 13 février 1535.

13 février.

> *Bibl. nat., ms. Clairambault 1215, fol. 74 v°.*
> *(Mention.)*

8308. Lettres de don pour quatre ans, à Charles Thomas, conseiller au Grand conseil, de 200 livres de pension à prendre sur le payeur des
gages dud. Grand conseil. 14 février 1535.

14 février.

> *Enreg. à la Chambre des Comptes de Paris, le*
> *15 janvier 1537 n. s., anc. mém. 2 H, fol. 50.*
> *Arch. nat., invent. PP. 136, fol. 431. (Mention.)*

8309. Mandement au trésorier de l'épargne de payer à
Charles Du Solier, seigneur de Morette, la

16 février.

somme de 4,429 livres 10 sous, sur laquelle 2,940 livres lui sont données pour le complet payement de 10,240 livres qui lui étaient dues pour cinq cent douze jours d'exercice de sa charge d'ambassadeur auprès du roi d'Angleterre, comptés du 1er mars 1533 au 25 juillet 1535, et 1,489 livres 10 sous à titre de remboursement de pareille somme payée par lui à divers courriers et chevaucheurs. Lyon, 16 février 1535.

1536.

> Bibl. nat., ms. Clairambault 1215, fol. 74 v°. (Mention.)

8310. Lettres de relief de surannation, adressées au Parlement, pour l'enregistrement de celles du mois de décembre 1518 (n° 921), confirmant les privilèges de l'abbaye de Clairvaux. Paris (sic), 17 février 1535.

17 février.

> Enreg. au Parl. de Paris, le 7 mars 1536 n. s. Arch. nat., X1a 8612, fol. 398, 2 pages.
> Copie collat. du XVIIIe siècle, Arch. nat., K. 171, n° 12.

8311. Provisions en faveur de Regnaut Cauchon de l'office de contrôleur sur le fait des aides et tailles en l'élection de Reims. Lyon, 19 février 1535.

19 février.

> Bibl. nat., ms. Clairambault 782, p. 295. (Mention.)

8312. Lettres permettant au conseil de ville et aux habitants d'Angers d'employer leurs deniers communs à l'usage de ladite ville, nonobstant l'ordonnance prescrivant de les verser au trésor du Louvre. Lyon, 20 février 1535.

20 février.

> Copie. Archives de la ville d'Angers, BB. 20, fol. 120.

8313. Mandement au trésorier de l'épargne de payer 1,125 livres à Guillaume de Dinteville, écuyer d'écurie du dauphin et des ducs d'Orléans et d'Angoulême, pour un voyage qu'il va faire à Rome et ailleurs, auprès de l'empereur et de divers personnages. Lyon, 20 février 1535.

20 février.

> Bibl. nat., ms. Clairambault 1215, fol. 74 v°. (Mention.)

IMPRIMERIE NATIONALE.

8314. Lettres nommant Jean Forestier à la judicature   1536.
     ordinaire de Fréjus. Lyon, 21 février 1535.   21 février.

> *Enreg. au Parl. de Provence. Arch. de la cour*
> *à Aix, Lettres royaux, reg. 2, in-fol. papier de*
> *1,026 feuillets, fol. 392.*

8315. Lettres de don à Jean de Buz, évêque de Meaux,   22 février.
     des droits de régale échus au roi pendant la
     vacance dudit évêché, depuis la mort du car-
     dinal Du Prat. La Verpillière, 22 février 1535.

> *Enreg. à la Chambre des Comptes de Paris, le*
> *8 mai 1536. Arch. nat., P. 2537, fol. 225. (Arrêt*
> *d'enregistrement.)*
> *Idem, invent. PP. 136, p. 443. (Mention.)*

8316. Lettres ordonnant au Parlement de Provence   23 février.
     de n'apporter aucun obstacle à la mission du
     capitaine Conrad, voyageant pour les affaires
     du roi. Crémieu, 23 février 1535.

> *Enreg. au Parl. de Provence. Arch. de la cour*
> *à Aix, Lettres royaux, reg. 2, in-fol. papier de*
> *1,026 feuillets, fol. 267.*

8317. Lettres de don au cardinal de Bourbon, arche-   24 février.
     vêque de Sens, de la moitié des revenus dudit
     archevêché échus au roi par droit de régale
     pendant la vacance du siège, depuis la mort
     du cardinal Du Prat. Lyon, 24 février 1535.

> *Enreg. à la Chambre des Comptes de Paris, le*
> *1er septembre 1536, anc. mém. 2 G, fol. 363. Arch.*
> *nat., P. 2537, fol. 233 v°, et P. 2553, fol. 234 v°.*
> *(Arrêt d'enregistrement.)*
> *Idem, invent. PP. 136, p. 431, (Mention, à la*
> *date du 14 février.)*

8318. Mandement à Artus Prunier d'employer les   26 février.
     2,000 livres tournois qui lui ont été remises,
     à faire porter en Dauphiné, dans les lieux
     d'étapes, des vivres pour l'armée que le roi a
     l'intention d'envoyer au delà des monts. Cré-
     mieu, 26 février 1535.

> *Original. Bibl. nat., ms. fr. 25721, n° 444.*

8319. Premier traité officiel de paix et d'alliance entre   Février.
     François Ier et le sultan Soliman II, conclu

au nom du roi par Jean de La Forêt, chevalier de Saint-Jean-de-Jérusalem, son ambassadeur en Turquie. Constantinople, février 1535.   1536.

> *Copie du XVIIe siècle. Arch. nat., KK. 1408, fol. 21 v°.*
>
> *Copie du XVIIe siècle. Bibl. nat., ms. fr. 16167, fol. 29.*
>
> IMP. *Charrière, Négociations de la France dans le Levant. Coll. des Doc. inédits, in-4°, Paris, 1848, t. I, p. 283.*

8320. Édit de règlement touchant les privilèges des   Février.
foires de la ville de Lyon et réglant la compétence du conservateur de leurs privilèges. Lyon, février 1535 [1].

> *Enreg. à la Chancellerie de France. Archives nat., Trésor des Chartes, JJ. 249[1], n° 63, fol. 20. 3 pages.*
>
> *Enreg. au Parl. de Paris, sauf réserves, le 27 juillet 1536. Archives nat., X[1a] 8612, fol. 405 v°. 3 pages 1/2.*
>
> *Enreg. au Parl. de Toulouse, le 10 décembre 1540. Arch. de la Haute-Garonne, Édits, reg. 4, fol. 192.*
>
> *Vidimus du XVIe siècle. Arch. de la ville de Lyon, série FF.*
>
> *Bibl. nat., mss Moreau, t. 1398, fol. 220; t. 1402, fol. 151. (Mentions.)*
>
> IMP. *Pierre Fradin, Ordonnances et privilèges des foires de Lyon et leur antiquité, avec celles de Brie et de Champagne. Lyon, 1560, in-8°, fol. 74 r°.*
>
> *Rebuffi, Édits et ordonnances des rois. Lyon, 1573, in-fol., p. 1247.*
>
> *Fontanon, Les édits et ordonnances, etc. Paris, 1611, in-fol., t. I, p. 1067.*
>
> *E. Girard et J. Joly. Le troisiesme livre des offices de France. Paris, 1647, in-fol., t. II, p. 1308.*
>
> *Privilèges des foires de la ville de Lyon. Lyon, Guillaume Barbier, 1649, in-4°, p. 95.*
>
> *Isambert, Anciennes lois françaises. Paris, in-8°, t. XII, 1827, p. 496.*

8321. Lettres portant règlement pour les privilèges   Février.

---

[1] Cf. d'autres lettres sur le même sujet : Lyon, 13 octobre 1537; Paris, 11 juillet 1539; Compiègne, 29 octobre 1539; Rouen, 11 septembre 1540.

des archers, arbalétriers et arquebusiers de la   1536.
ville de Paris. Lyon, février 1535 (1).

> *Enreg. au Parl. de Paris, le 4 octobre 1543. Arch.*
> *nat., X¹ᵃ 8614, fol. 5 v°.*

8322. Lettres conférant aux habitants d'Avignon les   Février.
mêmes droits qu'aux régnicoles, en ce qui
touche la possession des terres en France, en
Provence et en Dauphiné, et des bénéfices séculiers et réguliers. Lyon, février 1535.

> *Enreg. à la Chancellerie de France. Arch. nat.,*
> *Trésor des Chartes, JJ. 249¹, n° 45, fol. 14.*
> *1 page 1/2.*
> *Enreg. au Parl. de Dauphiné, le 21 mars 1536*
> *n. s.*
> *Enreg. au Parl. de Provence, le 6 mars 1536 n. s.*
> *Arch. de la cour à Aix, Lettres royaux, reg. 2,*
> *in-fol. papier de 1,026 feuillets, fol. 163.*
> *Enreg. à la Chambre des Comptes de Dauphiné,*
> *le 21 mars 1536 n. s.*
> *Enreg. au Parl. de Toulouse, le 11 mai 1536.*
> *Arch. de la Haute-Garonne, Édits, reg. 4, fol. 51.*
> *3 pages.*

8323. Confirmation des privilèges, franchises et exemp-   Février.
tions accordés à la grande Chartreuse de Gre-
noble par le dauphin Humbert. Lyon, février
1535.

> *Enreg. à la Chancellerie de France. Arch. nat.,*
> *Trésor des Chartes, JJ. 249¹, n° 46, fol. 14 v°.*
> *1 page.*

8324. Confirmation des privilèges, franchises et cou-   Février.
tumes des habitants de Lombez. Lyon, fé-
vrier 1535.

> *Enreg. à la Chancellerie de France. Arch. nat.,*
> *Trésor des Chartes, JJ. 249¹, n° 43, fol. 13 v°.*
> *1 page.*

8325. Édit portant que l'enseignement du droit civil   Février.
ne se donnera point à Paris, mais à l'Univer-

---

(1) Elles se trouvent en *vidimus* dans des lettres de confirmation
données à Sainte-Menehould, au mois de septembre 1543. (Voir à cette
date.)

sité d'Orléans, en confirmation d'un privilège ancien. Lyon, février 1535.

> *Enreg. à la Chancellerie de France. Arch. nat.,*
> *Trésor des Chartes, JJ. 249¹, n° 41, fol. 13.*
> 1 page 1/2.

1536.

8326. Lettres d'établissement d'une foire annuelle à Poilly[-sur-Tholon], en faveur de la princesse d'Orange, dame du lieu. Lyon, février 1535.

Février.

> *Enreg. à la Chancellerie de France. Arch. nat.,*
> *Trésor des Chartes, JJ. 249¹, n° 38, fol. 12.*
> 1 page.

8327. Lettres portant translation de la foire de Septêmes en Provence, instituée en faveur de Louis d'Adhémar de Monteil, seigneur de Grignan, du 24 août au 10 novembre. Lyon, février 1535.

Février.

> *Enreg. à la Chancellerie de France. Arch. nat.,*
> *Trésor des Chartes, JJ. 249¹, n° 71, fol. 23.*
> 1 page.

8328. Création d'une nouvelle foire annuelle à Thueyts dans l'Ardèche, outre celles qui y existaient déjà. Lyon, février 1535.

Février.

> *Enreg. à la Chancellerie de France. Arch. nat.,*
> *Trésor des Chartes, JJ. 249¹, n° 27, fol. 10.* 1 page.

8329. Lettres de naturalité accordées à Jean Cleberg, dit le *bon Allemand*, banquier, demeurant à Lyon. Lyon, février 1535.

Février.

> *Enreg. à la Chancellerie de France. Arch. nat.,*
> *Trésor des Chartes, JJ. 249¹, n° 59, fol. 18 v°.*
> 1 page 1/2.

8330. Lettres de naturalité en faveur de Noffre de Senedo, natif de la ville d'Osco, au royaume d'Aragon, venu depuis dix ans à Toulouse pour étudier à la faculté de droit, et depuis adonné à la marchandise. Lyon, février 1535.

Février.

> *Enreg. à la sénéchaussée de Toulouse, le 11 janvier 1537 n. s.*
> *Enreg. au Consistoire, le 27 janvier 1537 n. s.*
> *Copie. Arch. municipales de Toulouse, ms. 153,*
> p. 839.

8331. Lettres de naturalité obtenues par Jean de Livron, écuyer, natif de Thoiry en Savoie, résidant en la Tour de Vers, près Tournus. Lyon, février 1535.

> *Enreg. à la Chambre des Comptes de Dijon, le 16 mai 1543. Arch. de la Côte-d'Or, B. 72.*

1536.
Février.

8332. Ordonnance relative à l'administration de la justice à Marseille. Crémieu, février 1535.

> *Enreg. au Parl. de Provence. Arch. de la cour à Aix, Lettres royaux, reg. 2, in-fol. papier de 1,026 feuillets, fol. 278 v° et 937 v°.*
> *Enreg. à la Chambre des Comptes de Provence, le 8 avril 1536. Arch. des Bouches-du-Rhône, B. 33 (Arietis), fol. 221, 3 pages.*

Février.

8333. Confirmation des privilèges, franchises et libertés des habitants de Crémieu en Dauphiné. Crémieu, février 1535.

> *Enreg. à la Chancellerie de France. Arch. nat., Trésor des Chartes, JJ. 249¹, n° 73, fol. 23 v°. 1 page.*

Février.

8334. Confirmation des privilèges accordés aux habitants de Marseille par René d'Anjou, roi de Sicile, comte de Provence. Crémieu, février 1535.

> *Enreg. à la Chancellerie de France. Arch. nat., Trésor des Chartes, JJ. 249¹, n° 72, fol. 23 v°. 1 page.*
> *IMP. Pièce. Bibl. nat., Inv. Réserve, F. 618.*

Février.

8335. Déclaration portant que le roi n'a prétendu déroger, par l'ordonnance du 26 août 1531 (n° 4225), au pouvoir du gouverneur du pays de Dauphiné. Crémieu, 1ᵉʳ mars 1535.

> *Enreg. au Parl. de Dauphiné, le 3 mars 1536 n. s. Arch. de l'Isère, Chambre des Comptes de Grenoble, B. 2910, cab. 11, 4 pages 1/2.*

1ᵉʳ mars.

8336. Mandement à Guillaume Prudhomme, trésorier de l'épargne, de payer à Durand de Sarta, conseiller au Parlement de Toulouse, la somme de 377 livres 15 sous tournois qu'il avait encore à toucher sur la somme qui lui était due pour

2 mars.

avoir siégé du 3 août 1535 au 12 février suivant à la Tour carrée. Crémieu, 2 mars 1535.

Original. Bibl. nat., ms. fr. 25721, n° 445.

1536.

8337. Mandement à Guillaume Prudhomme, trésorier de l'épargne, de payer à Durand de Sarta, conseiller au Parlement de Toulouse, la somme de 1,350 livres tournois qu'il avait encore à toucher sur la somme à lui allouée pour différents voyages touchant la réformation de la justice. Crémieu, 2 mars 1535.

Original. Bibl. nat., ms. fr. 25721, n° 446.

2 mars.

8338. Mandement au trésorier de l'épargne de payer 337 livres à Jacques Martin, chevaucheur, qui part le jour même pour aller à Rome porter au cardinal Du Bellay, ambassadeur auprès du pape, des lettres du roi. Crémieu, 2 mars 1535.

Bibl. nat., ms. Clairambault 1215, fol. 74 v°. (Mention.)

2 mars.

8339. Pouvoirs donnés à François, cardinal de Tournon, à Antoine Du Bourg, chancelier, à Anne de Montmorency, connétable, et à l'amiral Philippe Chabot, pour négocier un traité d'alliance avec le roi d'Écosse. Crémieu, 3 mars 1535.

Original scellé. Arch. nat., Trésor des Chartes, J. 679, n° 48.

3 mars.

8340. Lettres portant continuation pendant six ans de la ferme des aides, gabelles et autres impositions, octroyée aux consuls de Lyon. Crémieu, 4 mars 1535.

Original. Archives de la ville de Lyon, série CC.

4 mars.

8341. Mandement à Pierre Torvéon, commis par le roi à la recette du revenu temporel de l'archevêché de Lyon, de délivrer à Benoît Buatier, official de Lyon, la somme de 300 écus d'or soleil, pour être employée en cour de Rome aux frais d'opposition à l'érection d'un évêché à Bourg-en-Bresse. Crémieu, 4 mars 1535.

Copie. Archives du Rhône, G. Armoire Cham, vol. 17, n° 6.

4 mars.

8342. Lettres portant que Guillaume Poyet, président
au Parlement de Paris, jouira d'une pension
annuelle de 2,000 livres et qu'elle lui sera
payée sur la recette des traites et de l'imposition foraine d'Anjou. Crémieu, 5 mars
1535.

1536.
5 mars.

*Enreg. à la Chambre des Comptes de Paris, le
21 mars suivant. Arch. nat., P. 2537, fol. 224.
(Arrêt d'enregistrement.)*

8343. Prorogation pour dix années consécutives, à
dater du dernier octroi, du don de 3,000 livres tournois fait aux habitants de Narbonne,
par forme de réduction sur les tailles, en dédommagement des charges qu'ils ont subies
par le fait de la construction des remparts et
fortifications de la ville. Crémieu, 6 mars
1535.

6 mars.

*Copie du XVIᵉ siècle. Archives de la ville de Nar-
bonne, AA. 112, fol. 57 vᵒ.*

8344. Lettres ordonnant l'ajournement des greffiers
des Martigues à la chambre des enquêtes du
Parlement de Paris, pour voir révoquer la déclaration de la Chambre des Comptes de Provence, portant que les greffes des Martigues
ne doivent pas être réunis au domaine royal.
Crémieu, 7 mars 1535.

7 mars.

*Enreg. au Parl. de Provence. Arch. de la cour
à Aix, Lettres royaux, reg. 2, in-fol. papier de
1,026 feuillets, fol. 599.*

8345. Lettres renvoyant à la Cour des Aides le jugement du procès pendant entre Catherine d'Amboise, héritière du cardinal d'Amboise, et Antoine Bohier, général des finances, comme héritier de Thomas Bohier, général des finances,
avec l'adjonction de membres du Parlement
et de la Chambre des Comptes. Crémieu,
9 mars 1535,

9 mars.

*Enreg. à la Cour des Aides de Paris. Arch. nat.,
recueil Cromo, U. 665, fol. 268. (Mention.)*

8346. Commission donnée à Simon Lhommedieu pour

11 mars.

lever dans le Lyonnais quarante chevaux rouliers et de trait. Crémieu, 11 mars 1535.

> *Copie du XVI° siècle. Bibl. nat., ms. fr. 2702,
> fol. 197.*

1536.

8347. Provisions de l'office d'inquisiteur de la foi dans
le diocèse de Toulouse pour frère Vidal de Be-
canis, docteur en théologie. Crémieu, 11 mars
1535.

11 mars.

> *Copie du XVI° siècle. Bibl. nat., ms. fr. 5124,
> fol. 162.*

8348. Mandement au trésorier de l'épargne de payer
1,125 livres à Honorat de Queis (Caix), ambassadeur du roi en Portugal, pour ses dépenses dans l'exercice de sa charge. Crémieu,
12 mars 1535.

12 mars.

> *Bibl. nat., ms. Clairambault 1215, fol. 74 v°.*
> *(Mention.)*

8349. Lettres réglant que les courriers se rendant en
France des parties d'au delà les monts passe-
ront par le Dauphiné et non par la Savoie.
Crémieu, 13 mars 1535.

13 mars.

> *Enreg. au Parl. de Grenoble, le 9 mai 1536.
> Arch. de l'Isère, Chambre des Comptes de Dauphiné,
> B. 2910, cah. 23. 4 pages 1/2.*

8350. Lettres maintenant les prévôt des marchands et
échevins de Paris dans leur privilège de pourvoir à tous les offices de la ville vacants par
mort, résignation, forfaiture ou autrement.
Crémieu, 13 mars 1535.

13 mars.

> *Original. Arch. nat., K. 954, n° 54.*
> *IMP. Registres des délibérations du Bureau de la
> ville de Paris, in-4°, t. II, 1886, p. 215.*

8351. Lettres de surannation et de relief d'adresse à la
Chambre des Comptes de Paris d'un mande-
ment du 17 mars 1535 n. s. (n° 7622), ordonnant le remboursement à Claude Anjorrant, conseiller au Parlement de Paris, d'une

13 mars.

somme de 6,000 livres prêtée au roi. Crémieu, 13 mars 1535.

> *Enreg. à la Chambre des Comptes de Paris. Arch. nat., P. 2537, fol. 233; P. 2553, fol. 234. (Mentions.)*

8352. Commission adressée à François de Saint-André, président au Parlement de Paris, et à Jean Briçonnet, président de la Chambre des Comptes, pour examiner les comptes de recettes et dépenses du domaine de la ville de Paris pendant les vingt dernières années. Crémieu, 13 mars 1535.

> *Présentée au Parl. de Paris le 4 avril suivant. Arch. nat., X¹ᵃ 1539, reg. du Conseil, fol. 201 v°. (Mention.)*

8353. Provisions de l'office de contrôleur du grenier à sel de Chalon pour J. Buyret, en remplacement et sur la résignation de Perrinet Tarteret. Crémieu, 13 mars 1535.

> *Enreg. par analyse à la Chambre des Comptes de Dijon, le 6 avril 1536 n. s. Arch. de la Côte-d'Or, B. 19, fol. 8.*

8354. Déclaration portant que les détenteurs de blés et de grains pourront à l'avenir les vendre en gros ou en détail, en leurs greniers ou ailleurs, nonobstant l'ordonnance ci-devant faite de les mener aux marchés publics. Crémieu, 14 mars 1535.

> *Original. Arch. nat., K. 954, n° 6 r.*

8355. Mandement au trésorier de l'épargne de payer 540 livres à Barthélemy de Albertis, neveu d'Honorat de Queis (Caix), ambassadeur en Portugal, pour être venu porter au roi des lettres de son oncle. Crémieu, 14 mars 1535.

> *Bibl. nat., ms. Clairambault 1215, fol. 74 v°. (Mention.)*

8356. Mandement à Pierre Torvéon, commis par le roi à la recette du temporel de l'archevêché de Lyon, de délivrer à Benoît Buatier, official de Lyon, la somme de 600 écus d'or soleil

1536.

13 mars.

13 mars.

14 mars.

14 mars.

15 mars.

pour être employée en cour de Rome aux
frais d'opposition à l'érection d'un évêché à
Bourg-en-Bresse. Crémieu, 15 mars 1535.

1536.

*Copie. Archives du Rhône, G. Armoire Cham,
vol. 17, n° 7.*

8357. Mandement au trésorier de l'épargne de payer
720 livres à Étienne de Laygue, seigneur de
Beauvais, qui part le jour même pour un
voyage de quatre-vingt-dix jours en Allemagne,
où il va comme ambassadeur du roi. Crémieu,
15 mars 1535.

15 mars.

*Bibl. nat., ms. Clairambault 1215, fol. 74 v°.
(Mention.)*

8358. Lettres ordonnant de procéder à la réformation des forêts, bois, buissons et garennes des
châtellenies de Nogent et de Pont-sur-Seine.
Meyzieux, 16 mars 1535.

16 mars.

*Enreg. aux Eaux et forêts (Table de marbre), le
4 avril 1536 n. s. Arch. nat., Z. 4580 (nunc Z¹ 323),
fol. 242. 2 pages.*

8359. Lettres données en faveur du roi et de la reine
de Navarre, portant que désormais les marchés
de la ville d'Auch se tiendront le mercredi
et le samedi, une semaine sur la place de la
Treille, et l'autre semaine sur la place de Beau-
claire, et ainsi de suite alternativement, à perpétuité. Crémieu, 18 mars 1535.

18 mars.

*Enreg. au Parl. de Toulouse. Arch. de la Haute-
Garonne, Édits, reg. 4, fol. 68.
Copie du xvi° siècle, sans date de lieu ni de jour.
Arch. départ. des Basses-Pyrénées, E. 268.
Bibl. nat., ms. fr. 4402, fol. 67, n° 56. (Men-
tion.)*

8360. Mandement à Simon Lhommedieu de se rendre
dans le pays de Dombes, d'y lever vingt chevaux de trait ou de charge et de les conduire
immédiatement à Lyon. Crémieu, 18 mars
1535.

18 mars.

*Copie du xvi° siècle. Bibl. nat., ms. fr. 25721,
n° 447.*

8361. Notification faite par le roi au Parlement et à

19 mars.

24.

la Chambre des Comptes de Dijon du serment   1536.
de fidélité prêté entre ses mains par les habitants de Bourg-en-Bresse. Crémieu, 19 mars
1535.

> *Enreg. à la Chambre des Comptes de Dijon. Arch.
> de la Côte-d'Or, reg. B. 72, fol. 148 v°.*

8362. Mandement au Parlement de Dijon de faire en-   19 mars.
registrer le procès-verbal de prestation du serment de fidélité des magistrats et habitants de
Bourg-en-Bresse. Crémieu, 19 mars 1535.

> *Enreg. à la Chambre des Comptes de Dijon. Arch.
> de la Côte-d'Or, B. 72, fol. 151.*

8363. Nomination d'Antoine de Bussy, dit Picquet,   19 mars.
comme commissaire ordinaire des guerres, en
remplacement de feu Pierre de Troussebois,
dit Champmaigre, et règlement de ses fonctions. Crémieu, 19 [mars] 1535 [1].

> *Original. Bibl. nat., pièces orig., vol. 562, Bussy,
> pièce 11.*

8364. Provisions de l'office de châtelain et receveur   20 mars.
de Jasseron et de Treffort en Bresse pour Mo-
ran Carbon. Crémieu, 20 mars 1535.

> *Enreg. par analyse à la Chambre des Comptes de
> Dijon, le 10 avril 1537. Arch. de la Côte-d'Or,
> B. 19, fol. 8 v°.*

8365. Déclaration portant que les marchands sujets   21 mars.
de l'empereur pourront faire acheter du vin
à Paris par leurs procureurs, nonobstant une
clause d'ordonnance antérieure. Crémieu,
21 mars 1535.

> *Original. Arch. nat., K. 954, n° 57.*

8366. Lettres notifiant aux maréchaux de France et au   21 mars.
trésorier de l'épargne que Jean d'Oiron, s^r de
la Gâtelinière, un des cent gentilshommes de
l'hôtel, a été nommé commissaire des guerres
en remplacement de Pierre de Bérard, s^r de

---

[1] Toute la portion droite de l'acte a été coupée et le mois se trouve
ainsi enlevé.

la Foucaudière, démissionnaire. Crémieu, 1536.
21 mars 1535.

Original. Bibl. nat., ms. fr. 3036, fol. 56.

8367. Lettres ordonnant le payement à Jacques Ray-   21 mars.
naud, seigneur d'Alleins, de 4,500 livres tour-
nois en remboursement de 2,000 écus soleil
qu'il avait payés comptant pour prix de la
charge à vie de viguier d'Arles, convertie en
office annuel. Crémieu, 21 mars 1535.

Enreg. au Parl. de Provence, Arch. de la cour
à Aix, Lettres royaux, reg. 2, in-fol. papier de
1,026 feuillets, fol. 325.

8368. Provisions de l'office de sénéchal au siège de   21 mars.
Marseille en faveur de Jean de Vega. Crémieu,
21 mars 1535.

Enreg. au Parl. de Provence. Arch. de la cour
à Aix, Lettres royaux, reg. 2, in-fol. papier de
1,026 feuillets, fol. 287.

8369. Lettres nommant Jean Vincent à l'office de juge   21 mars.
ordinaire de Marseille. Crémieu, 21 mars
1535.

Enreg. au Parl. de Provence. Arch. de la cour
à Aix, Lettres royaux, reg. 2, in-fol. papier de
1,026 feuillets, fol. 284.

8370. Lettres portant continuation de don à Jean-Paul   21 mars.
de Cère, chevalier de l'ordre du roi, des ré-
venus et émoluments des châtellenie, terre et
seigneurie de Pontoise, dont jouissait Renzo
de Cère, son père. 21 mars 1535.

Enreg. à la Chambre des Comptes de Paris, le
6 avril suivant, anc. mém. 2 G, fol. 3a5. Arch.
nat., invent. PP. 136, p. 432. (Mention.)

8371. Déclaration portant que quatre personnages ex-   22 mars.
périmentés au fait de la justice, délégués par
les rois de France et de Portugal, s'assembleront entre Bayonne et Fontarabie pour régler
les dommages réciproques de la guerre. Crémieu, 22 mars 1535.

Copie collationnée de 1537. Arch. nat., suppl. du
Trésor des Chartes, J. 916.
Vidimus du bailliage de Mâcon et sénéchaussée de

Lyon, en date du 27 mars suivant. Publié à Toulouse le 24 avril 1536.

> *Copie. Arch. municip. de Toulouse, ms. 153, p. 822.*

1536.

8372. Lettres maintenant Pierre d'Arles et ses héritiers dans la jouissance de la seigneurie de Beau- mont, conformément aux termes de l'inféoda- tion de ladite seigneurie. Crémieu, 22 mars 1535.

> *Enreg. au Parl. de Provence. Arch. de la cour à Aix, Lettres royaux, reg. 2, in-fol. papier de 1,026 feuillets, fol. 522.*

22 mars.

8373. Lettres ordonnant au Parlement de Paris d'en- voyer au roi, dans le délai d'un mois, les statuts et ordonnances rédigés par les pères réformateurs de l'abbaye de Saint-Florent- lès-Saumur. Crémieu, 22 mars 1535.

> *Arch. nat., reg. du Conseil du Parl., X¹ᵃ 1539, fol. 189. (Mention.)*

22 mars.

8374. Lettres maintenant les religieux, prieur et cou- vent du monastère du Val-Notre-Dame, dit les Guillemins, près Valincourt, dans la jouissance de deux fiefs situés en Vermandois et tenus du roi. 22 mars 1535.

> *Enreg. à la Chambre des Comptes de Paris, le 26 avril 1536, anc. mém. 2 G, fol. 306. Arch. nat., invent. PP. 136, p. 432. (Mention.)*

22 mars.

8375. Lettres touchant les prétentions de Jean, comte de Penthièvre, au duché de Bretagne, portant qu'il lui sera fait délivrance du comté de Pen- thièvre, réservée au roi la faculté de rachat ou d'échange. Crémieu, 23 mars 1535.

> *Enreg. au Parl. de Paris, le 28 août 1536. Arch. nat., X¹ᵃ 8612, fol. 409 v°. 7 pages.*
> *Idem, X¹ᵃ 1539, reg. du Conseil, fol. 537. (Arrêt d'enregistrement.)*
> *Enreg. à la Chambre des Comptes de Paris, le 13 décembre 1536. Arch. nat., P. 2306, p. 339. 13 pages.*
> *Idem, P. 2537, fol. 234 v°.*
> *Enreg. à la Chambre des Comptes de Bretagne.*

23 mars.

Archives de la Loire-Inférieure, B. Mandements   1536.
reyaux, II, fol. 116.
Imp. Dom Morice, *Hist. de Bretagne, etc.* Paris,
1746, in-fol., Preuves, t. III, col. 1021.

8376. Provisions pour Pierre Passefon, licencié ès lois,   23 mars.
de l'office de juge d'appeaux de la vicomté de
Carladez, résigné à son profit par Jean Palard,
dernier titulaire. Crémieu, 23 mars 1535.

> *Réception au Parl. de Paris, le 8 mai 1536. Arch.
> nat.,* X¹ᵃ 4901, Plaidoiries, fol. 58. (*Mention.*)

8377. Don de 120 écus soleil à Jean Franchet Du Bra-   25 mars.
zay, valet de chambre de Philippe Chabot,
comte de Buzançais, amiral de France. Crémieu, 25 mars 1535.

> *Original. Bibl. nat., ms. fr.* 25721, n° 448.

8378. Remise faite au cardinal François Pisani, abbé   27 mars.
de Saint-Jean-l'Évangéliste de Prémontré, au
diocèse de Laon, de la cotisation de l'abbaye
dans les subsides promis au roi par les prélats
et chapitres du royaume. Crémieu, 27 mars
1535.

> *Original. Bibl. nat., ms. fr.* 25721, n° 449.

8379. Ratification par François Iᵉʳ du traité de mariage   29 mars.
de Jacques V, roi d'Écosse, avec Marie de
Bourbon, fille du duc de Vendôme[1]. Crémieu,
29 mars 1535.

> *Original scellé. Arch. nat., Trésor des Chartes,*
> J. 679, n° 49.
> *Copie. Bibl. nat., ms. fr.* 2892, fol. 66.

8380. Lettres ordonnant de faire des statuts et règle-   29 mars.
ments pour le partage des biens dépendant de
l'abbaye de Saint-Germain-des-Prés, entre
l'abbé, cardinal de Tournon, et le monastère.
Crémieu, 29 mars 1535.

> *Copie. Arch. départ. du Puy-de-Dôme, fonds de
> Saint-Alyre,* layette 1, A. 275.

8381. Provisions de l'office de juge et garde du sceau   31 mars.

---

[1] Mariage qui n'eut pas lieu.

des foires de Champagne et de Brie pour Jean d'Aultruy, licencié ès lois, sur la résignation de Jean Jacquinot. Lyon, 31 mars 1535.

> *Réception dudit d'Aultruy au Parl. de Paris le 2 mai 1536. Arch. nat., X¹ᵃ 4901, Plaidoiries, fol. 26 v°. (Mention.)*

8382. Édit portant que les pays et comté de Bresse, Bugey et Valromey, que le roi a depuis peu fait mettre en son obéissance, ressortiront en souveraineté au Parlement de Bourgogne, par appel ou autrement, et pour le fait des finances à la Chambre des Comptes de Dijon. Crémieu, mars 1535.

Mars.

> *Enreg. au Parl. de Dijon, le 30 du même mois. Arch. de la Côte-d'Or, Parl., reg. II, fol. 182 v°.*
> *Enreg. à la Chambre des Comptes de Dijon, le 30 mars. Archives de la Côte-d'Or, reg. B. 18, fol. 327.*
> *Copie. Arch. de la Côte-d'Or, B. 2.*

8383. Confirmation des privilèges, exemptions et libertés octroyés par les rois aux Chartreux de Beauvoir, près Castries en Languedoc. Crémieu, mars 1535.

Mars.

> *Enreg. à la Chancellerie de France. Arch. nat., Trésor des Chartes, JJ. 249¹, n° 77, fol. 25 v°. 1 page.*

8384. Établissement de quatre foires annuelles à Bonnes (Angoumois), en faveur de Robert de La Marthonie, maître d'hôtel du roi, seigneur de Bonnes. Crémieu, mars 1535.

Mars.

> *Enreg. à la Chancellerie de France. Arch. nat., Trésor des Chartes, JJ. 249¹, n° 88, fol. 28. 1 page.*

8385. Permission à Robert de La Marthonie, seigneur de Bonnes, maître d'hôtel du roi, d'établir un notaire et un sceau aux contrats, et d'augmenter sa justice patibulaire d'un pilier dans sa terre de la Borie. Crémieu, mars 1535.

Mars.

> *Enreg. à la Chancellerie de France. Arch. nat., Trésor des Chartes, JJ. 249¹, n° 90, fol. 28. 1 page.*

8386. Établissement de deux foires par an et d'un marché chaque semaine au lieu d'Expiran

Mars.

(*sic*), en la sénéchaussée de Carcassonne, dépendant de l'abbaye d'Aniane. Crémieu, mars 1535.

> *Enreg. à la Chancellerie de France. Arch. nat., Trésor des Chartes, JJ. 249¹, n° 81, fol. 26. 1 page.*

1536.

8387. Lettres de sauvegarde accordées à l'évêque (alors Louis de Joyeuse) et à l'église de Saint-Flour. Crémieu, mars 1535.

> *Enreg. à la Chancellerie de France. Arch. nat., Trésor des Chartes, JJ. 249¹, n° 98, fol. 31. 3 pages.*

Mars.

8388. Confirmation donnée à la requête des capitouls, des privilèges octroyés par les rois de France aux habitants de Toulouse. Crémieu, mars 1535.

> *Enreg. à la Chancellerie de France. Arch. nat., Trésor des Chartes, JJ. 249¹, n° 85, fol. 27 v°. 1 page.*
> *Copie collationnée, à Lyon, le 3 mai 1536, signée Barrillon. Archives municipales de Toulouse, ms. 4116.*
> *Autre copie, idem, ms. 220, fol. 777. 26 pages.*

Mars.

8389. Lettres de naturalité avec permission de tester pour Antoine Ferrier, originaire du royaume d'Aragon et du diocèse de Saragosse, établi à Toulouse. Crémieu, mars 1535.

> *Copie du XVII° siècle. Bibl. nat., armoires de Baluze, t. 18, fol. 235.*

Mars.

8390. Établissement de deux foires annuelles et d'un marché chaque semaine à Alet en Languedoc. Lyon, mars 1535.

> *Enreg. à la Chancellerie de France. Arch. nat., Trésor des Chartes, JJ. 249¹, n° 78, fol. 25 v°. 1 page.*

Mars.

8391. Déclaration portant règlement pour les gages des généraux des finances. 1er avril 1535.

> *Enreg. à la Chambre des Comptes de Paris, anc. mém. 2 H, fol. 94. Arch. nat., invent. PP. 136, p. 433. (Mention.)*

1er avril.

8392. Lettres de naturalité en faveur de Pompilio et d'Ascanio de Livinio, frères, du diocèse de

3 avril.

25

IMPRIMERIE NATIONALE.

Concordia, avec privilège de tenir et posséder des bénéfices réguliers et séculiers dans le royaume, jusqu'à concurrence de 2,000 écus de revenu par an pour chacun d'eux. Saint-Chef, 3 avril 1535.

1536.

Enreg. au Grand conseil, le 19 février 1537 n. s. Arch. nat., Grand conseil, V° 1651. 2 pages.

8393. Déclaration portant que l'ordonnance de Louis XII qui défend aux officiaux et juges ecclésiastiques de citer devant leurs tribunaux les personnes laïques, sans exprimer dans leurs exploits les causes de la citation, sera exécutée par provision en Dauphiné. Saint-Chef, 4 avril 1535.

4 avril.

Enreg. au Parl. de Grenoble, le 8 avril. Arch. de l'Isère, Chambre des Comptes de Dauphiné, B. 2910, cah. 119. 7 pages.

8394. Provisions de l'office de président de la Chambre des Comptes de Dijon pour Bénigne Serre, receveur général des finances de Languedoc, en remplacement de Thierry Fouet, décédé. Saint-Chef, 6 avril 1535.

6 avril.

Enreg. à la Chambre des Comptes de Dijon, le 21 avril suivant. Archives de la Côte-d'Or, B. 18, fol. 328 v°.

8395. Commission à Jean de La Baume, s' de Montrevel, et à Jacques Godran, conseiller au Parlement de Dijon, de s'enquérir du nombre de notaires nécessaires et de leurs résidences dans la Bresse, le Bugey et le Valromey. Saint-Chef, 7 avril 1535.

7 avril.

Imp. S. Guichenon, Hist. de Bresse et de Bugey. Lyon, 1650, in-fol., Preuves, p. 47.

8396. Autre commission aux mêmes de faire une enquête sur l'utilité de rédiger en français les actes judiciaires, contrats et instruments, et de réformer les styles et coutumes dans les pays de Bresse, Bugey et Valromey. Saint-Chef, 7 avril 1535.

7 avril.

Imp. S. Guichenon, Hist. de Bresse et de Bugey. Lyon, 1650, in-fol., Preuves, p. 48.

8397. Mandement à Guillaume Prudhomme, trésorier
de l'épargne, confirmant celui du 2 mars précédent (n° 8337) et lui ordonnant de faire
payer à Durand de Sarta 377 livres 15 sous
tournois sur les revenus des biens de Jean de
Poncher et de Gaillard Spifame. Saint-Chef,
7 avril 1535.

> *Original (double expédition). Bibl. nat., ms. fr.*
> 25721, n°⁵ 450 et 451.

1536.
7 avril.

8398. Déclaration du roi confirmant les élus du Lyonnais dans leur juridiction et en particulier
dans le droit de connaître de tout ce qui
concerne les dépenses à faire pour les gens
d'armes. Saint-Chef, 8 avril 1535.

> *Copie du XVI° siècle. Bibl. nat., ms. fr.* 2702,
> fol. 194.

8 avril.

8399. Lettres nommant Alexis Fabri à la judicature
ordinaire d'Aups en Provence. Saint-Chef,
10 avril 1535.

> *Enreg. au Parl. de Provence. Arch. de la cour*
> *à Aix, Lettres royaux, reg. 2, in-fol. papier de*
> 1,026 feuillets, fol. 375.

10 avril.

8400. Lettres maintenant les habitants de Montélimart
dans leur privilège d'exemption de tous subsides, tailles et impôts qui se lèvent en Dauphiné, nonobstant les arrêts du Parlement de
Grenoble des 8 avril 1525 et 23 septembre
1527. Lyon, 11 avril 1535.

> *Original. Arch. municip. de Montélimart (Drôme),*
> n° 159.
> *Imp.* L'abbé C.-U.-J. Chevalier, *Cartulaire muni-*
> *cipal de la ville de Montélimart.* Montélimart, 1871,
> in-8°, p. 342.

11 avril.

8401. Déclaration portant que les adjudications faites
et à faire des terres mises à l'encan, faute de
payement des lods et ventes et autres droits
seigneuriaux dus au roi, sortiront leur plein
et entier effet sans que les acheteurs ou leurs
successeurs en puissent être dépossédés. Saint-
Chef, 13 avril 1535.

> *Enreg. à la Chambre des Comptes de Grenoble.*
> *Arch. de l'Isère,* B. 2910, cah. 124. 2 pages.

13 avril.

25.

8402. Lettres accordant la neutralité aux habitants de
Cambray. Saint-Chef, 13 avril 1535.

> *Mentionnées dans les lettres du 24 décembre 1536
> (n° 8719) adressées au duc de Vendôme. Bibl. nat.,
> coll. Dupuy, t. 570, fol. 37.*

1536.
13 avril.

8403. Lettres autorisant la ville d'Aix à lever un
dixième denier, pendant dix ans, sur le vin
vendu en cette ville, sans toucher aux autres
impositions et à la condition d'en employer le
produit à réparer les fortifications de la ville.
Saint-Chef en Dauphiné, 13 avril 1535.

> *Enreg. au Parl. de Provence. Arch. de la cour
> à Aix, Lettres royaux, reg. 2, in-fol. papier de
> 1,026 feuillets, fol. 351.*

13 avril.

8404. Provisions de l'office de bailli de Labour accordées à Jean Damour, en survivance de son
beau-père, Jean de Chicon, seigneur de Saint-
Pé. Saint-Chef, 14 avril 1535.

Mandement au Parlement de Bordeaux
pour l'enregistrement des précédentes. 12 novembre 1537.

> *Enreg. audit Parl., le 18 novembre 1537. Arch.
> de la Gironde, B. 30 bis, fol. 352. 4 pages.*

14 avril.

8405. Mandement au trésorier de l'épargne de payer
2,250 livres à Claude Dodieu, ambassadeur
du roi auprès de l'empereur, en déduction de
ce qui pourra lui être dû pour les dépenses de
sa charge. Saint-Chef, 14 avril 1535.

> *Bibl. nat., ms. Clairambault 1215, fol. 74 v°.
> (Mention.)*

14 avril.

8406. Lettres de provisions de l'office de procureur
du roi en la cour ordinaire de Saint-Maximin
en faveur de Jean Rabier. Saint-Chef, 15 avril
1535.

> *Enreg. au Parl. de Provence. Arch. de la cour
> à Aix, Lettres royaux, reg. 2, in-fol. papier de
> 1,026 feuillets, fol. 354 v°.*

15 avril.

8407. Mandement au trésorier de l'épargne de payer
à Jean, cardinal de Lorraine, archevêque de
Narbonne, 4,500 livres pour l'aider à supporter les dépenses d'un voyage qu'il va faire à

15 avril.

Rome auprès du pape et de l'empereur. Saint-
Chef, 15 avril 1535.

1536.

> *Bibl. nat. ; ms. Clairambault 1215, fol. 75. (Men-
> tion.)*

8408. Création de quatre foires annuelles à Augerolles
en Auvergne, en faveur d'Antoine Chabanier,
prieur du lieu. Saint-Chef, avril 1535.

Avril.

> *Enreg. à la Chancellerie de France. Arch. nat.,
> Trésor des Chartes, JJ. 249¹, n° 104, fol. 33 v°.*
> 1 page.

8409. Lettres de sauvegarde octroyées à l'abbé et aux
religieux de Bonneval, dans le Rouergue.
Saint-Chef, avril 1535.

Avril.

> *Enreg. à la Chancellerie de France. Arch. nat.,
> Trésor des Chartes, JJ. 249¹, n° 115, fol. 37.*
> 2 pages.

8410. Confirmation des privilèges, libertés et franchises
des officiers et ouvriers de la monnaie de
Crémieu en Dauphiné. Saint-Chef, avril 1535.

Avril.

> *Enreg. à la Chancellerie de France. Arch. nat.,
> Trésor des Chartes, JJ. 249¹, n° 100, fol. 32 v°.*
> 1 page.

8411. Confirmation des privilèges, franchises et libertés des habitants de Saint-Chef en Dauphiné.
Saint-Chef, avril 1535.

Avril.

> *Enreg. à la Chancellerie de France. Arch. nat.,
> Trésor des Chartes, JJ. 249¹, n° 108, fol. 35.*
> 1 page.

8412. Établissement de deux foires par an et d'un
marché chaque semaine à Vitry-le-Croisé.
Saint-Chef, avril 1535.

Avril.

> *Enreg. à la Chancellerie de France. Arch. nat.,
> Trésor des Chartes, JJ. 249¹, n° 101, fol. 33.*
> 1 page.

8413. Lettres réglant les émoluments de la chancellerie
de Provence, la procédure, la répartition et
les tarifs à observer par les audiencier, contrôleur, notaires, secrétaires, boursiers et autres

19 avril.

officiers de ladite chancellerie. Lyon, 19 avril 1536.   1536.

> *Enreg. au Parl. de Provence. Arch. de la cour à Aix, Lettres royaux, reg. 2, in-fol. papier de 1,026 feuillets, fol. 300.*
> *Imp. Pièce. Bibl. nat., Inv. Réserve, F. 618.*
> *A. Tesséreau, Hist. de la Chancellerie de France. Paris, 1710, in-fol., t. I, p. 93.*

8414. Mandement enjoignant au Parlement de Provence de saisir immédiatement ce qui ne l'a pas encore été des biens confisqués sur les hérétiques, et d'en faire sans retard l'adjudication. Lyon, 19 avril 1536.   19 avril.

> *Enreg. au Parl. de Provence. Arch. de la cour à Aix, Lettres royaux, reg. 2, in-fol. papier de 1,026 feuillets, fol. 306 v°.*
> *Imp. Bulletin hist. et philolog. du Comité des travaux historiques, 1885, in-8°, nᵒˢ 3-4, p. 226.*

8415. Lettres révoquant les ventes du domaine et ordonnant la réunion des portions aliénées. Lyon, 19 avril 1536.   19 avril.

> *Original. Arch. départ. des Bouches-du-Rhône, B. 723.*

8416. Lettres autorisant l'exportation des blés du pays, pourvu qu'ils ne soient pas vendus aux ennemis de l'État. Lyon, 19 avril 1536.   19 avril.

> *Original. Arch. départ. des Bouches-du-Rhône, C. 273.*

8417. Lettres réglant les émoluments des greffiers des soumissions et rigueurs établis près chaque sénéchaussée en Provence. Lyon, 19 avril 1536.   19 avril.

> *Enreg. au Parl. de Provence. Arch. de la cour à Aix, Lettres royaux, reg. 2, in-fol. papier de 1,026 feuillets, fol. 312.*

8418. Confirmation de la réduction du nombre des notariats et sergenteries de Provence. Lyon, 19 avril 1536.   19 avril.

> *Enreg. au Parl. de Provence. Arch. de la cour à Aix, Lettres royaux, reg. 2, in-fol. papier de 1,026 feuillets, fol. 310.*

8419. Lettres enjoignant à la Chambre des Comptes de Paris de faire rembourser Claude Anjorant, conseiller au Parlement de Paris, d'une somme de 6,000 livres tournois qu'il avait prêtée au roi le 25 novembre 1530, Montbrison, 20 avril 1536.

1536.
20 avril.

Enreg. à la Chambre des Comptes de Paris, le 19 décembre 1536. Arch. nat., P. 2537, fol. 233; P. 2553, fol. 234. (Mentions.)

8420. Mandement au trésorier de l'épargne de payer 675 livres à Jean de Dinteville, bailli de Troyes, qui part le jour même pour l'Angleterre, où il est envoyé auprès de Henri VIII. Saint-Rambert en Forez, 23 avril 1536[1].

23 avril.

Bibl. nat., ms. Clairambault 1215, fol. 74 v°. (Mention.)

8421. Mandement au trésorier de l'épargne de payer 270 livres à Antoine du Ha, chevaucheur, qui part le jour même pour aller en Angleterre porter à [Antoine de Castelnau], évêque de Tarbes, ambassadeur de France, des lettres du roi. Saint-Rambert, 23 avril 1536.

23 avril.

Bibl. nat., ms. Clairambault 1215, fol. 74 v°. (Mention.)

8422. Édit touchant la création de quatre nouveaux huissiers et huit sergents royaux au Parlement de Dijon. Montbrison, 30 avril 1536.

30 avril.

Enreg. au Parl. de Dijon, le 9 juin 1536. Arch. de la Côte-d'Or, Parl., reg, II, fol. 136.

8423. Établissement de deux foires l'an et d'un marché chaque semaine au lieu de Varennes-le-Grand en Bourgogne. Lyon, avril 1536.

Avril.

Enreg. à la Chancellerie de France. Arch. nat., Trésor des Chartes, JJ. 249¹, n° 110, fol. 35 v°. 1 page.

8424. Confirmation des privilèges, libertés et fran-

Avril.

_____

[1] Les instructions données à cet ambassadeur par le roi, datées de Montbrison, 29 avril, ont été publiées dans la *Correspondance de Castillon* (Ministère des Affaires étrangères), p. 1 (1885).

chises des habitants de Villefrançoise en
Quercy. Lyon, avril 1536.   1536.

> *Enreg. à la Chancellerie de France. Arch. nat.,*
> *Trésor des Chartes, JJ. 249.¹, n° 109, fol. 35 v°.*
> 1 page.

8425. Provisions de l'office d'huissier au Parlement de   1er mai.
Dijon pour Hugues Durier. Montbrison, 1er mai
1536.

> *Enreg. au Parl. de Dijon, le 9 juin suivant. Arch.*
> *de la Côte-d'Or, Parl., reg. II, fol. 136 v°.*

8426. Provisions de l'office d'huissier au Parlement de   1er mai.
Dijon pour Simon Le Marquis. Montbrison,
1er mai 1536.

> *Enreg. au Parl. de Dijon le 20 juin suivant. Arch.*
> *de la Côte-d'Or, Parl., reg. II, fol. 139 v°.*

8427. Provisions de l'office d'huissier au Parlement de   1er mai.
Dijon pour Jean Thierry. Montbrison, 1er mai
1536.

> *Enreg. au Parl. de Dijon le 9 juin suivant. Arch.*
> *de la Côte-d'Or, Parl., reg. II, fol. 137 v°.*

8428. Provisions de l'office d'huissier au Parlement de   1er mai.
Dijon pour Jean Prudhomme. Montbrison,
1er mai 1536.

> *Enreg. au Parl. de Dijon le 9 juin suivant. Arch.*
> *de la Côte-d'Or, Parl., reg. II, fol. 138.*

8429. Ordonnance portant règlement pour la vente   2 mai.
des draps de soie, velours, satins et autres
soieries venant hors du royaume, et maintenue
de la ville de Lyon dans le privilège d'être le
seul entrepôt de ces marchandises et de les
marquer. Montbrison, 2 mai 1536.

> *Vidimus du 23 mai suivant. Arch. nat., suppl.*
> *du Trésor des Chartes, J. 830, n° 7.*
> *Vidimus. Archives de la ville de Lyon, série CC.*
> *Autre copie. Idem, AA. 151, fol. 71.*

8430. Nomination de Balthazar Pecque à la judicature   2 mai.
ordinaire de Saint-Maximin en Provence.
Montbrison, 2 mai 1536.

> *Enreg. au Parl. de Provence. Arch. de la cour*
> *à Aix, Lettres royaux, reg. 2, in-fol. papier de*
> *1,026 feuillets, fol. 343.*

8431. Provisions de l'office de procureur du roi en la
ville d'Aups en faveur de Jean Arbaud. Montbrison, 2 mai 1536.

> *Enreg. au Parl. de Provence. Arch. de la cour
> à Aix, Lettres royaux, reg. 2, in-fol. papier de
> 1,026 feuillets, fol. 386.*

1536.
2 mai.

8432. Lettres ordonnant à Christophe de Forest, médecin ordinaire du roi, seigneur de Trets et
de Lançon, de faire publier et observer dans
ses seigneuries les dernières ordonnances
royales sur la chasse, et de réprimer le bra-
connage. Montbrison, 4 mai 1536.

> *Enreg. au Parl. de Provence. Arch. de la cour
> à Aix, Lettres royaux, reg. 2, in-fol. papier de
> 1,026 feuillets, fol. 428.*

4 mai.

8433. Lettres de surannation du don fait pour six ans
à Antoine de Raincon du revenu de la châtellenie de Germolles, le 1er avril 1533 n. s.
(n° 5615). 4 mai 1536.

> *Enreg. à la Chambre des Comptes de Dijon. Arch.
> de la Côte-d'Or, reg. B. 20, fol. 25.*

4 mai.

8434. Mandement à tous les baillis et sénéchaux, dans
la juridiction desquels se trouvent des biens
de l'évêché de Sarlat, leur faisant savoir que
le roi fait abandon au cardinal Nicolas Gaddi,
évêque du lieu, de ce qui pourrait lui revenir, pour ledit évêché, sur le don fait par
les prélats, chapitres et communautés du
royaume. Montbrison, 5 mai 1536.

> *Copie vidimée du XVI siècle. Bibl. nat., ms. fr.
> 25721, n° 453.*

5 mai.

8435. Don des offices de sénéchal et gouverneur du duché
de Châtellerault, et de maître particulier des
Eaux et forêts de Poitou, à Melchior des Prez,
fils d'Antoine des Prez, sr de Montpezat, chevalier de l'ordre, en remplacement de son père
et sur la résignation faite par celui-ci, sous réserve de survivance. Montbrison, 6 mai 1536.

> *Présenté au Parl. de Paris, avec d'autres lettres du
> 12 décembre 1538. Arch. nat., X¹ᵃ 1542, reg. du
> Conseil, fol. 65 v°. (Mention.)*

6 mai.

8436. Provisions de l'office de contrôleur du domaine d'Orléans en faveur de Geoffroy Vallée, sur la résignation de Michel Boucher. 7 mai 1536.

1536. 7 mai.

> *Réception dudit Vallée à la Chambre des Comptes de Paris le 22 février 1537 n. s., anc. mém. 2 H, fol. 58. Arch. nat., K. 1377, Papiers de Fontanieu. (Mention.)*

8437. Mandement au Parlement de Provence pour l'exécution des lettres relatives à la vente des biens des hérétiques, à la révocation des aliénations domaniales, aux droits de chancellerie et aux émoluments des greffiers des soumissions. Montbrison, 8 mai 1536.

8 mai.

> *Enreg. au Parl. de Provence. Arch. de la cour à Aix, Lettres royaux, reg. 2, in-fol. papier de 1,026 feuillets, fol. 316.*

8438. Lettres nommant Guillaume Barbossy à la judicature ordinaire de Draguignan. Montbrison, 9 mai 1536.

9 mai.

> *Enreg. au Parl. de Provence. Arch. de la cour à Aix, Lettres royaux, reg. 2, in-fol. papier de 1,026 feuillets, fol. 319.*

8439. Lettres nommant Laugier Autrix à la judicature ordinaire de Toulon. Montbrison, 9 mai 1535 (corr. 1536).

9 mai.

> *Enreg. au Parl. de Provence. Arch. de la cour à Aix, Lettres royaux, reg. 2, in-fol. papier de 1,026 feuillets, fol. 297.*

8440. Nomination d'Honorat Tallemeir à l'office de procureur du roi à Lorgues. Montbrison, 9 mai 1536.

9 mai.

> *Enreg. au Parl. de Provence. Arch. de la cour à Aix, Lettres royaux, reg. 2, in-fol. papier de 1,026 feuillets, fol. 337 v°.*

8441. Mandement au trésorier de l'épargne de payer 1,575 livres à Claude Dodieu, ambassadeur du roi auprès de l'empereur, en déduction de ce qui pourra lui être dû pour l'exercice de sa charge. 9 mai 1536.

9 mai.

> *Bibl. nat., ms. Clairambault 1215, fol. 74 v°. (Mention.)*

8442. Lettres prescrivant aux baillis et sénéchaux de
    Dauphiné de courir sus aux vagabonds qui
    rançonnent le pays. Montbrison, 11 mai 1536.

> *Enreg. au Parl. de Grenoble, le 23 mai 1536.*
> *Arch. de l'Isère, B. 2333, fol. 158.*

1536.
11 mai.

8443. Lettres nommant Antoine Arena de Soliers à
    l'office de juge ordinaire de Saint-Remy-de-
    Provence. Pommiers, 11 mai 1536.

> *Enreg. au Parl. de Provence. Arch. de la cour*
> *à Aix, Lettres royaux, reg. 2, in-fol. papier de*
> *1,026 feuillets, fol. 368.*

11 mai.

8444. Mandement au trésorier de l'épargne de payer
    135 livres à Colin Caron le jeune, chevau-
    cheur, qui part le jour même pour l'Angle-
    terre, où il va porter des lettres du roi à
    [Antoine de Castelnau], évêque de Tarbes,
    ambassadeur de France. Pommiers, 12 mai
    1536.

> *Bibl. nat., ms. Clairambault 1215, fol. 74 v°.*
> *(Mention.)*

12 mai.

8445. Lettres portant règlement pour la convocation
    du ban et de l'arrière-ban en Dauphiné. Mont-
    brison, 15 mai 1536.

> *Enreg. à la Chambre des Comptes de Grenoble.*
> *Original. Arch. de l'Isère, B. 3141.*

15 mai.

8446. Commission donnée à Pierre Filleul, archevêque
    d'Aix, et à Louis Caillaud, conseiller au Par-
    lement, pour régler, avec un maître et un ou
    deux auditeurs des comptes, les affaires pen-
    dantes au sujet des décimes accordées au roi
    par le pape et le clergé dans les années précé-
    dentes. Monbrison, 15 mai 1536.

> *Bibl. nat., ms. fr. 25721, n° 465. (Mention.)*

15 mai.

8447. Commission à Aymar Nicolaï et à Jean Bri-
    çonnet, présidents des comptes, de tirer des
    coffres du roi tout l'argent qui s'y trouve, les
    clefs desdits coffres ayant été confiées à cet
    effet à Thomas Rapouel, maître des comptes,
    pour être lesdits deniers délivrés à Guillaume

16 mai.

26.

Prudhomme, trésorier de l'épargne. Mont- 1536.
brison, 16 mai 1536.

Enreg. à la Chambre des Comptes de Paris, le
2 juin 1536. Arch. nat., P. 2306, p. 303. 3 pages.
Idem, P. 2537, fol. 226; AD.IX 124, n° 14.

8448. Lettres de confirmation et prorogation des droits   17 mai.
de souchet et de boucherie, dont la levée a été
octroyée aux habitants de Condom par lettres
du 19 janvier 1530 n. s. (n° 3590), pour la
réparation de leurs murailles. Saint-Rambert,
17 mai 1536.

Original. Arch. municip. de Condom, série AA.

8449. Commission à André Rageau pour faire le paye-   17 mai.
ment des cinquante lances de la compagnie du
duc d'Orléans. Saint-Rambert, 17 mai 1536.

Copie du XVIᵉ siècle. Bibl. nat., ms. fr. 10390,
fol. 57.

8450. Provisions de l'office de contrôleur des deniers   18 mai.
communs de la ville de Rethel, nouvellement
créé, pour Jean Martras. Saint-Rambert,
mai 1536.

Copie du XVIᵉ siècle. Bibl. nat., ms. fr. 5124,
fol. 161.

8451. Don à François Colas, l'un des veneurs du roi,   18 mai.
de l'office de sergent en la garde de Vitry dans
la forêt d'Orléans, pour en disposer à son
profit, en remplacement de Guillaume Péronnel, décédé. 18 mai 1536.

Arch. nat., Acquits sur l'épargne, J. 962, n° 11,
anc. J. 961, n° 20. (Mention dans un acte du 11 mai
1537.)

8452. Lettres de commission à la Cour des Aides pour   19 mai.
les poursuites à exercer contre les clercs et
commis de René Thévenin, receveur des
tailles et aides en l'élection de Nemours, à
cause des détournements faits à son préjudice. 19 mai 1536.

Enreg. à la Cour des Aides de Paris. Arch. nat.,
recueil Cromo, U. 665, fol. 268. (Mention.)

8453. Lettres de commission pour dresser le terrier   19 mai.

du comté de Lauraguais et passer les reconnaissances dues au comte. Saint-Rambert, 19 mai 1536.

> *Original. Arch. nat., suppl. du Trésor des Chartes, J. 884, n° 14.*

8454. Lettres autorisant Pierre Bruyère, représentant de feu François Ladon, qui avait obtenu des lettres de marque, à jouir de son droit d'appel au Grand conseil d'une sentence du juge d'Antibes, quoique le délai réglementaire soit expiré. Saint-Rambert, 19 mai 1536. — 19 mai.

> *Enreg. au Parl. de Provence. Arch. de la cour à Aix, Lettres royaux, reg. 2, in-fol. papier de 1,026 feuillets, fol. 660.*

8455. Lettres de don à Cathelot, folle de la maison de Mesdames Madeleine et Marguerite de France, et à Françoise Girard, sa gouvernante, d'une somme de 145 livres tournois pour employer à leur habillement. Saint-Rambert, 19 mai 1536. — 19 mai.

> *Arch. nat., Comptes de l'argenterie, KK. 91, fol. 233. (Mention.)*

8456. Lettres nommant Jacques Sandre à la judicature ordinaire de Moustiers-Sainte-Marie. Montbrison, 19 mai 1536. — 19 mai.

> *Enreg. au Parl. de Provence. Arch. de la cour à Aix, Lettres royaux, reg. 2, in-fol. papier de 1,026 feuillets, fol. 308.*

8457. Lettres de jussion pour l'enregistrement pur et simple de la continuation du don fait le 21 mars précédent (n° 8370) à Jean-Paul de Cère des revenus de la châtellenie de Pontoise, dont jouissait son père, Renzo de Cère. 20 mai 1536. — 20 mai.

> *Enreg. à la Chambre des Comptes, le 19 juin suivant, anc. mém. 2 G, fol. 371. Arch. nat., invent. PP. 136, p. 432. (Mention.)*

8458. Lettres réglant la répartition des droits de chan- — 23 mai.

cellerie entre les greffiers et secrétaires de la
cour de Parlement de Provence. Lyon, 23 mai
1536.

> *Enreg. au Parl. de Provence. Arch. de la cour
> à Aix, Lettres royaux, rég. 2, in-fol. papier de
> 1,026 feuillets, fol. 436.*

1536.

8459. Mandement au trésorier de l'épargne de payer
225 livres à François Du Lo, protonotaire du
Saint-Siège, chargé par le roi d'aller en Angleterre traiter diverses affaires avec [Antoine de
Castelnau], évêque de Tarbes, son ambassadeur. Lyon, 23 mai 1536.

> *Bibl. nat., ms. Clairambault 1215, fol. 74 v°.*
> *(Mention.)*

23 mai.

8460. Provisions de l'office de procureur du roi en la
gruerie de Saint-Germain-en-Laye au siège de
Poissy, en faveur de Jean Vignon, au lieu de
Jean Chevrel. Lyon, 24 mai 1536.

> *Enreg. aux Eaux et forêts (siège de la Table de
> marbre, à Paris), le 14 août 1536. Arch. nat.,
> Z¹ᵉ 324, fol. 39 v°. 1 page.*

24 mai.

8461. Lettres maintenant Pierre Filleul, archevêque
d'Aix, en dérogation à l'édit de réforme et en
surplus du nombre fixé par l'édit, dans ses
fonctions de premier conseiller d'église au
Parlement d'Aix. Lyon, 25 mai 1536.

> *Enreg. au Parl. de Provence. Arch. de la cour
> à Aix, Lettres royaux, reg. 2, in-fol. papier de
> 1,026 feuillets, fol. 971.*

25 mai.

8462. Provisions de l'office de garde de la garenne de
Triel en la gruerie de Saint-Germain-en-Laye,
pour Denis Morice, en remplacement de Thomas Fragier. Lyon, 25 mai 1536.

> *Enreg. aux Eaux et forêts, à Paris, le 10 juin
> suivant. Arch. nat., Z¹ᵉ 324, fol. 8 v°. 1 page.*

25 mai.

8463. Commission donnée à Charles de Pierrevive,
trésorier de France en la charge de Languedoc, pour régler avec l'avocat et le procureur
du roi au Grand conseil ou au Parlement de
Toulouse les difficultés que Pierre Vilate avait

26 mai.

.avec les habitants de Castelsarrazin au sujet 1536.
des péages de Castelsarrazin et de Verdun-
sur-Garonne, dont il était fermier. Lyon,
26 mai 1536.

> Original. Bibl. nat., ms. fr. 25721, n° 454.

8464. Lettres attribuant aux secrétaires civil et criminel   27 mai.
de la chancellerie du Parlement d'Aix, con-
trairement aux prétentions des greffiers civil
et criminel, une part sur les émoluments de la
chancellerie. Lyon, 27 mai 1536.

> Enreg. au Parl. de Provence. Arch. de la cour
> à Aix, Lettres royaux, reg. 2, in-fol. papier de
> 1,026 feuillets, fol. 501.
> Enreg. à la Chambre des Comptes de Provence, le
> 3 octobre 1537. Arch. des Bouches-du-Rhône, B. 33
> (Arietis), fol. 144. 3 pages.

8465. Lettres portant que les baux des fermes du do-   27 mai.
maine ne devront pas être faits par les sergents
de la trésorerie. Ceux-ci pourront seulement
dresser les contraintes au sujet du recouvrement des deniers dudit domaine. Lyon,
27 mai 1536.

> Enreg. au Parl. de Toulouse. Arch. de la Haute-
> Garonne, Édits, reg. 4, fol. 53. 2 pages.
> Bibl. nat., ms. fr. 4402, fol. 66, n° 42. (Men-
> tion.)

8466. Confirmation du legs fait par Noël Béda, doc-   27 mai.
teur en théologie, pour l'entretien de six pauvres écoliers du collège de Montaigu, à Paris,
de la nue propriété de ses biens avec réserve
de l'usufruit, sa vie durant. Lyon, 27 mai
1536 [1].

> Enreg. à la Chambre des Comptes de Paris, le
> 30 août 1536. Arch. nat., P 2537, fol. 231 v°, et
> P. 2553, fol. 233. (Arrêt d'enregistrement.)

8467. Provisions de l'office de conseiller lai au Parle-   29 mai.
ment de Bordeaux en faveur de Guillaume

---

[1] Le registre P. 2537 donne à tort à cet acte la date du 7 mai.

Bohier, avocat au Parlement de Toulouse.   1536.
Lyon, 29 mai 1536.

> *Enreg. au Parl. de Bordeaux, le 13 juillet 1536.*
> *Arch. de la Gironde, B. 30 bis, fol. 267 v°.*
> 2 pages 1/2.

8468. Déclaration portant règlement du taux des   29 mai.
vivres et denrées pour les étapes établies en
Dauphiné. Lyon, 29 mai 1536.

> *Enreg. à la Chambre des Comptes de Grenoble.*
> Imp. G. Blanchard, *Compilation chronologique, etc.*
> Paris, 1715, in-fol., col. 505. (*Mention.*)

8469. Déclaration portant règlement pour la foire de   29 mai.
la ville de Châlons. Lyon, 29 mai 1536.

> *Enreg. à la Chambre des Comptes de Paris,* anc.
> mém. 2 H, fol. 46. Arch. nat., invent. PP. 136,
> p. 434. (*Mention.*)
> Imp. G. Blanchard, *Compilation chronologique, etc.*
> Paris, 1715, in-fol., col. 505. (*Mention.*)

8470. Déclaration portant règlement pour les foires   29 mai.
franches de la ville de Troyes. Lyon, 19 (*corr.*
29) mai 1536.

> *Enreg. à la Chambre des Comptes de Paris,* anc.
> mém. 2 G, fol. 333. Arch. nat., invent. PP. 136,
> p. 434. (*Mention.*)
> Imp. G. Blanchard, *Compilation chronologique, etc.*
> Paris, 1715, in-fol., col. 505. (*Mention.*)

8471. Nomination de Bertrand de La Mothe, rece-   29 mai.
veur ordinaire de Cognac, à l'office de payeur
des hommes d'armes et archers placés sous les
ordres de Jacques de Genouilhac, dit Galyot,
maître de l'artillerie de France, qui avait été
tenu jusque-là par Martin de Troyes. Lyon,
29 mai 1536.

> *Expédition originale. Bibl. nat.,* ms. fr. 25721,
> n° 455.

8472. Confirmation du pouvoir donné par le provin-   30 mai.
cial des Frères prêcheurs de France à Ma-
thieu Ory, docteur en théologie, prieur du
couvent des Frères prêcheurs de Paris, pour

exercer l'office d'inquisiteur de la foi dans le royaume. Lyon, 3o mai 1536.

> *Original. Arch. nat., K. 87, n° 5.*
> *Enreg. au Parl. de Paris, le 14 août 1536. Arch. nat., X¹ᵃ 8612, fol. 408. 1 page.*
> *Idem, X¹ᵃ 1539, reg. du Conseil, fol. 497. (Mention.)*
> *Arch. nat., S. 4237, n° 211. Sommaire du chartrier des Dominicains de la rue Saint-Jacques. (Analyse, sous la date inexacte du 24 mai.)*
> *IMP. Isambert, Anc. lois françaises, Paris, in-8°, t. XII, 1827, p. 503.*

8473. Provisions de l'office de maître des comptes au pays de Bresse pour Pierre Buatier. Lyon, 3o mai 1536.

Mandement au général des finances en Bourgogne d'entériner ces lettres. Lyon, 27 janvier 1537.

> *Enreg. à la Chambre des Comptes de Dijon, le 24 avril 1538. Arch. de la Côte-d'Or, B. 18, fol. 333.*

8474. Lettres de créance pour Guillaume Du Bellay, bailli d'Amiens, ambassadeur de François Iᵉʳ au congrès de Smalkalde. Lyon, 3o mai 1536.

> *IMP. M. Freher, Germanicarum rerum scriptores aliquot insignes, hactenus incogniti, etc., à Marquardo Frehero. Francofurti, apud heredes A. Wecheli, 1624, 3 vol. in-fol., t. III, p. 305.*

8475. Lettres adressées aux différents ordres de l'empire d'Allemagne, accréditant Guillaume Du Bellay et autres députés de François Iᵉʳ auprès de ces puissances. Lyon, 3o mai 1536.

> *IMP. Goldast, Politica imperialia, sive discursus politici, acta publica et tractatus, etc., ex bibliotheca D. Melchioris Goldasti. Francofurti, J. Bringeri, 1614, in-fol., p. 911.*
> *M. Freher, Germanicarum rerum scriptores aliquot, etc., à Marquardo Frehero. Francfort, 1624, 3 vol. in-fol., t. III, p. 305.*

8476. Lettres d'abolition octroyées à tous ceux qui abjureront les erreurs et hérésies, pour lesquelles ils sont poursuivis, dans le délai de six mois, à la réserve des relaps. Lyon, 31 mai 1536.   1536.

> Enreg. au Parl. de Paris, le 29 juillet 1536.
> Arch. nat., X²ª 86, reg. du Conseil au criminel.
> (Arrêt d'enregistrement, à la date [1].)
>> Enreg. au Parl. de Grenoble, le 3 août 1536.
>> Arch. de l'Isère, Chambre des Comptes de Grenoble,
>> B. 2910, cah. 115. 4 pages.
>> Enreg. au Parl. de Bordeaux, le 19 août 1536.
>> Archives de la Gironde, B. 30 bis, fol. 270 v°.
>> 4 pages 1/2.
>> Enreg. au Parl. de Dijon, le 13 novembre 1536.
>> Arch. de la Côte-d'Or, Parl., reg. II, fol. 193.
>> Enreg. au Parl. de Provence. Arch. de la cour
>> à Aix, Lettres royaux, reg. 2, in-fol. papier de
>> 1,026 feuillets, fol. 652 v°.
>> Imp. Bulletin hist. et philolog. du Comité des tra-
>> vaux historiques, année 1885, in-8°, n° 3-4, p. 226.

8477. Déclaration touchant les indults accordés par   31 mai.
les papes aux cardinaux français. Ils sortiront
leur plein et entier effet et feront loi pour les
procès en matière de bénéfices. Lyon, 31 mai
1536.

> Enreg. au Parl. de Paris, le 11 août 1536. Arch.
> nat., X¹ª 8612, fol. 407. 2 pages 1/2.
> Arrêt d'enregistrement. Idem, X¹ª 4901, Plaidoi-
> ries, fol. 620 v°.
> Imp. Dupuy, Preuves des libertés de l'Église galli-
> cane, 3° édit., Paris, S. Cramoisy, 1651, 2 vol.
> in-fol., 3° partie, p. 142.
> [Lemère], Recueil des actes, titres et mémoires
> concernant les affaires du clergé de France, ... divisé
> en douze tomes. Paris, V° de F. Muguet, 1716-
> 1750, in-fol., t. X, col. 976.

8478. Commission au sénéchal de Rouergue pour faire   31 mai.
une enquête sur les privilèges, franchises et
libertés de la ville d'Albi, dont elle demande
la confirmation, prétendant en avoir perdu
les titres. Lyon, 31 mai 1536.

> Arch. municip. d'Albi (Tarn), AA. 10 et FF. 90.

8479. Lettres donnant aux consuls de Lyon la garde   31 mai.

---

[1] Malgré cette décision, le texte n'a pas été transcrit sur le registre
des Ordonnances du Parlement de Paris.

du sceau pour marquer les étoffes de soie. 1536.
Lyon, 31 mai 1536.

> *Original. Archives de la ville de Lyon*, série CC.
> *Copie. Idem, AA.* 151, fol. 72.

8480. Commission à Geoffroy de La Chassagne de con- 31 mai.
traindre les membres du clergé de Guyenne à
payer le subside qu'ils ont promis au roi. Lyon,
31 mai 1536.

> IMP. *Archives historiques du départ. de la Gironde.*
> Bordeaux, 1859, in-4°, t. Ier, n° 37, p. 91.

8481. Mandement au trésorier de l'épargne de payer 31 mai.
1,125 livres à Guillaume Du Bellay, qui part
le jour même pour aller de la part du roi conférer avec divers princes d'Allemagne. Lyon,
31 mai 1536.

> *Bibl. nat.*, ms. Clairambault 1215, fol. 74 v°.
> (*Mention.*)

8482. Mandement au trésorier de l'épargne de payer 31 mai.
135 livres à Jean de Haraulde, serviteur de
l'évêque de Tarbes, qui va porter une réponse
du roi aux lettres de l'évêque de Tarbes et du
bailli de Troyes, ses ambassadeurs en Angleterre. Lyon, 31 mai 1536.

> *Bibl. nat.*, ms. Clairambault 1215, fol. 74 v°.
> (*Mention.*)

8483. Lettres de création au bourg du Louroux de Mai.
deux foires par an et d'un marché chaque semaine, en faveur des religieux de Marmou-
tiers. Montbrison, mai 1536.

> *Copie du* XVIIe *siècle. Bibl. nat.*, coll. de Touraine
> (dom Housseau), t. IX, n° 4226.
> IMP. E. Mabille, *Catalogue des chartes de dom*
> *Housseau,* t. II, p. 90. (*Mention.*)

8484. Lettres de garde-gardienne et de commitimus Mai.
par-devant le sénéchal de Poitou, ou son lieutenant à Poitiers, et autres selon leurs ressorts,
accordées aux religieuses de l'abbaye de la Trinité de Poitiers. Montbrison, mai 1536.

> *Copie du* XVIe *siècle. Arch. de la Vienne*, abbaye
> de la Trinité, liasse 2.
> *Copie du* XVIIIe *siècle. Bibl. de Poitiers*, coll. dom
> Fonteneau, t. XXVII, p. 407.

8485. Lettres portant autorisation aux habitants de Châtillon-sur-Seine d'accenser une tour et ses dépendances, appelée la Tour Maître-Marc, pour y bâtir un hôtel de ville. Lyon, mai 1536.

1536.
Mai.

> Enreg. à la Chambre des Comptes de Dijon, le 4 juillet suivant. Arch. de la Côte-d'Or, reg. B. 72, fol. 152.

8486. Édit créant en titre d'office quatre nouveaux sergents en la prévôté et gouvernement de Montdidier, avec les huit y existant. Lyon, mai 1536.

Mai.

> Enreg. au Grand conseil, le 19 février 1537 n. s. Arch. nat., V⁵ 1051. 1 page.

8487. Confirmation des privilèges, franchises et exemptions du prieuré de Valensolle, membre dépendant de l'abbaye de Cluny. Lyon, mai 1536.

Mai.

> Enreg. au Parl. de Provence. Arch. de la cour à Aix, Lettres royaux, reg. 2, in-fol. papier de 1,026 feuillets, fol. 459 v°.

8488. Anoblissement octroyé à Jean d'Arles, de Salon, pour lui et sa postérité, avec don et description d'armoiries. Lyon, mai 1536.

Mai.

> Enreg. au Parl. de Provence. Arch. de la cour à Aix, Lettres royaux, reg. 2, in-fol. papier de 1,026 feuillets, fol. 421.

8489. Ordonnance réduisant à deux les quatre sessions annuelles de la Chambre des Comptes de Bretagne, la première du 1ᵉʳ octobre au 31 décembre, la seconde du 1ᵉʳ avril au 30 juin, et portant confirmation des privilèges de ses officiers. Lyon, 2 juin 1536.

2 juin.

> Arch. départ. de la Loire-Inférieure. Recueil des chartes de la Chambre des Comptes de Bretagne, vol. I, fol. 53.
>
> Imp. J.-A. de La Gibonays, Recueil des édits, ordonnances et règlements concernant les fonctions ordinaires de la Chambre des Comptes de Bretagne, divisé en 4 parties. Nantes, 1721, 2 vol. in-fol., 3ᵉ partie, p. 61.

8490. Mandement adressé au bailli de Dijon, portant qu'afin de soulager la noblesse sujette au ban et à l'arrière-ban, le noble tenu de fournir un homme d'armes pourra présenter un homme de pied et deux arquebusiers, et ceux qui sont tenus à un brigandinier pourront le remplacer par un arquebusier. Lyon, 2 juin 1536.

> Arch. municip. de Dijon, A. Ban et arrière-ban.

1536.
2 juin.

8491. Provisions pour Laurent de Lamanon de l'office de procureur du roi en la ville de Tarascon. Lyon, 2 juin 1536.

> Enreg. au Parl. de Provence. Arch. de la cour à Aix, Lettres royaux, reg. 2, in-fol. papier de 1,026 feuillets, fol. 428.

2 juin.

8492. Lettres qui enjoignent aux habitants des vingt-quatre diocèses de Languedoc de fournir cinquante-trois journées de corvée pour la réparation des fossés de Narbonne. Lyon, 3 juin 1536.

> Vidimus du sénéchal de Toulouse, du 16 février 1540. Arch. municip. de Toulouse, carton 71.

3 juin.

8493. Mandement au Parlement de Toulouse d'enregistrer les lettres relatives aux marchés d'Auch, données le 18 mars précédent (n° 8359), en faveur du roi et de la reine de Navarre. Lyon, 3 juin 1536.

> Enreg. au Parl. de Toulouse. Arch. de la Haute-Garonne, Édits, reg. 4, fol. 70.
> Bibl. nat., ms. fr. 4402, fol. 70, n° 57. (Mention.)

3 juin.

8494. Déclaration pour l'exemption des tailles de la ville et banlieue de Périgueux, confirmative des lettres patentes du 15 octobre 1528 (n° 3209). Lyon, 3 juin 1536.

> Imp. Recueil de titres pour la cité de Périgueux. Paris, 1775, p. 500.

3 juin.

8495. Déclaration portant que les religieux Cordeliers des pays de l'obéissance du roi seront reçus de préférence à tous autres au couvent des Cordeliers de Paris, et fixant à dix-huit le

4 juin.

nombre des religieux étrangers qui pourront y
être admis. Lyon, 4 juin 1536.

> *Enreg. au Parl. de Paris, le 30 juin 1536. Arch.*
> *nat.,* X¹ᶜ 8612, fol. 400. 2 pages.
> *Arrêt d'enregistrement. Idem,* X¹ᵃ 4901, Plaidoi-
> ries, fol. 343.
> *Enreg. au Châtelet de Paris, Bannières. Arch.*
> *nat.,* Y. 9, fol. 157. 3 pages.

8496. Lettres accordant à chacun des titulaires des
quatre greffes d'appel supprimés en Provence,
pour être donnés à ferme, une indemnité
viagère de 1,800 florins par an. Lyon, 4 juin
1536.

> *Enreg. au Parl. de Provence. Arch. de la cour*
> *à Aix, Lettres royaux,* reg. 2, in-fol. papier de
> 1,026 feuillets, fol. 360.

8497. Mandement au trésorier de l'épargne de payer
1,533 livres 6 sous 8 deniers à Georges d'Armagnac, évêque de Rodez, pour cent vingt jours
comptés à partir du 5 juin 1536, d'exercice
de sa charge d'ambassadeur à Venise, où il
est envoyé pour remplacer [Georges de Selve],
évêque de Lavaur. Lyon, 5 juin 1536.

> *Bibl. nat.,* ms. Clairambault 1215, fol. 74 vᵒ.
> (*Mention.*)

8498. Lettres portant don viager à Antoine Du Bourg,
chancelier de France, de la terre de Saint-
Sulpice, dont jouissait autrefois le duc d'Albany. Lyon, 6 juin 1536.

> *Enreg. à la Chambre des Comptes de Paris, le*
> *29 juillet 1536. Arch. nat.,* P. 2306, p. 311.
> 2 pages 1/2.
> *Enreg. au Parl. de Toulouse, le 6 juillet 1536.*
> *Arch. de la Haute-Garonne, Édits,* reg. 4, fol. 54.
> 2 pages.

8499. Provisions pour le duc d'Orléans de la charge
de capitaine d'une compagnie de cinquante
lances. Lyon, 6 juin 1536.

> *Copie du* xvɪᵉ *siècle. Bibl. nat.,* ms. fr. 10390,
> fol. 52.

8500. Mandement aux élus du Lyonnais leur ordonnant de loger dans leur élection soixante-quinze

1536.

4 juin.

5 juin.

6 juin.

6 juin.

6 juin.

chevaux rouliers et de trait ramenés du Pié-
mont. Lyon, 6 juin 1536.

*Copie du xvie siècle: Bibl. nat., ms. fr. 2702,
fol. 198.*

8501. Lettres autorisant Nicolas d'Anjou, baron de
Maizières et de Saint-Fargeau, à prendre en
main le gouvernement et administration de
ses terres et autres biens, comme s'il était
majeur. Lyon, 6 juin 1536.

*Arrêt d'enregistrement, après enquête et interroga-
toires, le 34 juillet 1536. Arch. nat., X^{1a} 4901,
Plaidoiries, fol. 539 v°.*

8502. Provisions de l'office de sergent royal à Dijon
pour Georges Popelard. Lyon, 6 juin 1536.

*Enreg. au Parl. de Dijon le 1er juillet suivant.
Arch. de la Côte-d'Or, Parl., reg. II, fol. 139.*

8503. Provisions de l'office de sergent royal à Dijon
pour Georges Perriquet. Lyon, 6 juin 1536.

*Enreg. au Parl. de Dijon le 15 juillet suivant.
Arch. de la Côte-d'Or, Parl., reg. II, fol. 140 v°.*

8504. Provisions de l'office de sergent royal à Dijon
pour Droubin Gilbert. Lyon, 6 juin 1536.

*Enreg. au Parl. de Dijon le 20 juillet suivant.
Arch. de la Côte-d'Or, Parl., reg. II, fol. 141.*

8505. Provisions de l'office de sergent royal à Dijon
pour Claude Ravand. Lyon, 6 juin 1536.

*Enreg. au Parl. de Dijon le 9 juin suivant. Arch.
de la Côte-d'Or, Parl., reg. II, fol. 141.*

8506. Provisions de l'office de sergent royal à Dijon
pour Jean Thouet. Lyon, 6 juin 1536.

*Enreg. au Parl. de Dijon le 13 novembre suivant.
Arch. de la Côte-d'Or, Parl., reg. II, fol. 142.*

8507. Provisions de l'office de sergent royal à Dijon
pour Simon Gerbille. Lyon, 6 juin 1536.

*Enreg. au Parl. de Dijon le 12 juillet suivant.
Arch. de la Côte-d'Or, Parl., reg. II, fol. 143.*

8508. Commission donnée à Antoine Fumée, avocat
du roi au Grand conseil, de poursuivre l'exé-

1536.

6 juin.

6 juin.

6 juin.

6 juin.

6 juin.

6 juin.

6 juin.

7 juin.

cution des jugements rendus contre Claude
Duchamp, receveur des exploits et amendes
du Parlement de Dijon, condamné au payement de grosses sommes de deniers. Lyon,
7 juin 1536.

1536.

*Enreg. à la Chambre des Comptes de Dijon. Arch.
de la Côte-d'Or,* B. 19, fol. 8.

8509. Mandement aux élus du Lyonnais de lever dans
leur élection trois cents pionniers qu'ils met-
tront sous la conduite du capitaine François-
Antoine d'Afflicto. Meyzieux, 7 juin 1536.

7 juin.

Copie du XVIe *siècle. Bibl. nat.,* ms. fr. 2702,
fol. 199.

8510. Lettres de committimus en faveur des religieux
de l'abbaye de Saint-Rigaud. Lyon, 10 juin
1536.

10 juin.

Arch. départ. de Saône-et-Loire.

8511. Mandement au trésorier de l'épargne de payer
135 livres à Colin Caron le jeune, chevaucheur, qui part le jour même pour aller en
Angleterre porter des lettres du roi à [Antoine
de Castelnau], évêque de Tarbes, ambassadeur de France, Meyzieux, 11 juin 1536.

11 juin.

Bibl. nat., ms. Clairambault 1215, fol. 74 v°.
(*Mention.*)

8512. Mandement à Guillaume Prudhomme, trésorier
de l'épargne, de faire payer par Florimond
Le Charron, commis au payement des officiers domestiques du roi, à Gatien Guyon, fils
de feu Pierre Guyon, en son vivant sommelier
de paneterie, la somme de 60 livres tournois
qui était due audit Pierre Guyon pour ses
gages des mois de janvier-avril 1535 n. s.
Crémieu, 13 juin 1536.

13 juin.

Original. Bibl. nat., ms. fr. 25721, n° 456.

8513. Lettres accordant une indemnité de 800 florins,
payables en deux annuités, à chacun des titulaires des quatre greffes de la chambre rigou-

14 juin.

reuse d'Aix, supprimés. Crémieu, 14 juin 1536.

> *Enreg. au Parl. de Provence. Arch. de la cour à Aix, Lettres royaux, reg. 2, in-fol. papier de 1,026 feuillets, fol. 378.*

8514. Provisions de l'office de conseiller lai au Parlement de Bordeaux pour Jean de Ciret. Crémieu, 14 juin 1536.

> *Enreg. au Parl. de Bordeaux, le 24 juillet 1536. Arch. de la Gironde, B. 30 bis, fol. 269, 2 pages 1/2.*

14 juin.

8515. Lettres autorisant Élie de Calvimont, conseiller clerc au Parlement de Paris, à se marier en attendant que le roi l'ait pourvu d'un office de conseiller lai. Crémieu, 14 juin 1536.

> *Enreg. au Parl., le 16 août 1538. Arch. nat., X¹ª 1541, registre du Conseil, fol. 587. (Mention.)*

14 juin.

8516. Confirmation des privilèges du chapitre de l'église collégiale de Notre-Dame de Montbrison. Montbrison [1], 14 juin 1536.

> *Imp. Blanchard, Compilation chronologique, etc. Paris, 1715, in-fol., col. 506. (Mention.)*

14 juin.

8517. Lettres accordant à Jean de L'Hôpital, conseiller au Parlement de Toulouse, la permission de se servir d'un secrétaire. Paris (sic), 15 juin 1536.

> *Enreg. au Parl. de Toulouse. Arch. de la Haute-Garonne, Édits, reg. 4, fol. 79. 1 page.*

15 juin.

8518. Ordonnance portant règlement sur le fait des aides du vin vendu en gros et sur l'imposition de 12 deniers pour livre sur le bois, permettant aux commis des aides de faire des visites dans les pressoirs lors des vendanges, et faisant défense d'enlever le vin sans avoir pris congé. 15 juin 1536.

> *Bibl. nat., mss. Moreau, t. 1387, fol. 7. (Mention.)*

15 juin.

8519. Lettres accordant à Marie de Lorraine, veuve

15 juin.

---

[1] *Sic.* Cet acte serait plutôt du 14 mai précédent.

IMPRIMERIE NATIONALE.

du duc de Longueville, la garde-noble de ses
enfants, échue au roi pour raison des duché
de Longueville, comté de Tancarville et autres
seigneuries situées en Normandie. 15 juin
1536.

> *Enreg. à la Chambre des Comptes de Paris, le
> 17 juillet 1536, anc. mém. 2 G, fol. 323. Arch.
> nat., invent. PP. 136, p. 435..(Mention.)*

1536.

8520. Lettres de jussion pour l'enregistrement du don
accordé le 8 janvier précédent (n° 8251) à
Pérrot de Ruthie, de 700 livres à prendre
chaque année, pendant dix ans, sur la recette
des Lannes. 16 juin 1536.

> *Enreg. à la Chambre des Comptes de Paris, le
> 15 janvier 1537 n. s., anc. mém. 2 H, fol. 32.
> Arch. nat., invent. PP. 136, p. 430. (Mention.)*

16 juin.

8521. Mandement à Guillaume Prudhomme, trésorier
de l'épargne, de faire payer par Jean Chambon, payeur de la compagnie de cent lances
dont le feu duc d'Albany avait la conduite, à
Joachim de Chabannes, chargé de cinquante
lances de ladite compagnie, tout ce qui pouvait être dû audit duc au moment de sa mort.
Crémieu, 16 juin 1536.

> *Original. Bibl. nat., ms. fr. 25721, n° 460.*

16 juin.

8522. Nomination d'Antoine Isoard à la judicature ordinaire d'Arles. Saint-Rambert, 17 juin 1536.

> *Enreg. au Parl. de Provence. Arch. de la cour
> à Aix, Lettres royaux, reg. 2, in-fol. papier de
> 1,026 feuillets, fol. 335 v°.*

17 juin.

8523. Provisions de l'office de procureur du roi en la
sénéchaussée de Marseille en faveur de Guillaume Cisterne. Crémieu, 17 juin 1536.

> *Enreg. au Parl. de Provence. Arch. de la cour
> à Aix, Lettres royaux, reg. 2, in-fol., papier de
> 1,026 feuillets, fol. 358.*

17 juin.

8524. Provisions de l'office de sergent royal à Dijon
pour Guillaume Pageot. Crémieu, 17 juin
1536.

> *Enreg. le 23 juin saivant au Parl. de Dijon. Arch.
> de la Côte-d'Or, Parl., reg. II, fol. 138 v°.*

17 juin.

8525. Édit de règlement pour la juridiction et compé-   1536.
tence des baillis, sénéchaux, juges présidiaux,   19 juin.
prévôts, châtelains royaux et autres ressortis-
sant directement aux cours de Parlement.
Crémieu, 19 juin 1536.

> *Enreg. au Parl. de Paris, le 16 avril 1537. Arch.*
> *nat., X¹ᵃ 8613, fol. 32. 7 pages.*
>
> *Oppositions de plusieurs baillis et prévôts reçues*
> *par le Parlement le 20 novembre 1536, X¹ᵃ 4902,*
> *fol. 23 v°. Arrêt d'enregistrement, idem, X¹ᵃ 4903,*
> *fol. 50.*
>
> *Enreg. au Châtelet de Paris, le 6 juin 1537. Arch.*
> *nat., Bannières, Y. 9, fol. 86. 12 pages.*
>
> *Enreg. au Parl. de Bordeaux, s. d. Arch. de*
> *la Gironde, B. 31, fol. 19 v°: 10 pages.*
>
> *Imp. Pièce in-8°. Paris, Mathurin Martin, 1573.*
> *Bibl. nat., 8° F. Actes royaux (cartons).*
>
> *Autre pièce in-8°. Paris, Féderic Morel, 1583.*
> *Bibl. nat., 8° F. Actes royaux (cartons).*
>
> *Autre pièce in-4°. Paris, Martin Collet, au Palais,*
> *MDCL. Arch. nat., AD I 19. 8 pages.*
>
> *Autre pièce, s. l. n. d. Bibl. nat., 4° F. Paqueis.*
> *Inv. Réserve, F. 618, F. 1642, F. 1822 et F. 1897.*
>
> *Autre pièce in-4°. Lyon, 1540. Londres, British*
> *Museum.*
>
> *P. Rebuffi, Les édits et ordonnances des rois. Lyon,*
> *1573, in-fol., p. 87.*
>
> *A. Fontanon, Édits et ordonnances, etc. Paris,*
> *1611, in-fol., t. I, p. 187.*
>
> *Pierre Néron et E. Girard, Les édits et ordon-*
> *nances, etc. Paris, 1666, in-fol., p. 1.*
>
> *Isambert, Anc. lois françaises. Paris, in-8°, t. XII,*
> *1827, p. 504.*

8526. Provisions de l'office de procureur du roi à Bri-   23 juin.
gnoles pour Léonard Brenot. Crémieu, 23 juin
1536.

> *Enreg. au Parl. de Provence. Arch. de la cour*
> *à Aix, Lettres royaux, reg. 2, in-fol. papier de*
> *1,026 feuillets, fol. 461.*

8527. Lettres de neutralité octroyées par François Iᵉʳ   25 juin.
à Antoine, duc de Lorraine, pour ses pays et
seigneuries, pendant la guerre entre la France
et l'empereur Charles-Quint. Lyon, 25 juin
1536.

> *Imp. J. Du Mont, Corps universel diplomatique, etc.,*

28.

Amsterdam, 1726, in-fol., t. IV, part. II, p. 138, col. 1. (*Mention* dans une déclaration d'Antoine de Lorraine, au sujet de ladite neutralité, le 7 juillet 1536.)

1536.

8528. Commission donnée à Philippe Chabot, comte de Charny, amiral de France, gouverneur de Bourgogne, à Claude Patarin, premier président du Parlement, à Bénigne Serre, président de la Chambre des Comptes, à Pierre d'Apestigny, général des finances, et à Antoine Lemaçon, receveur général, pour assister à l'assemblée des États du comté d'Auxonne et demander, au nom du roi, un octroi de 6,000 livres. Lyon, 25 juin 1536.

25 juin.

> *Original. Arch. de la Côte-d'Or, États,* C. 7484.

8529. Mandement aux élus du Lyonnais leur ordonnant de lever pour le transport des vivres à l'armée du roi quatre-vingts chevaux rouliers. Lyon, 25 juin 1536.

25 juin.

> *Copie du* XVI*ᵉ siècle. Bibl. nat.,* ms. fr. 2702, fol. 198.

8530. Provisions de l'office de capitaine de Bourg-sur-Dordogne en faveur de Louis de Saint-Gelais, seigneur de Lansac, en remplacement de Jean de Montferrand, sʳ de Langoiran. Lyon, 28 juin 1536.

28 juin.

> *Copie du 9 juillet 1537. Arch. nat,* K. 87, n° 1.

8531. Lettres de ratification d'un état et tarif de toutes les marchandises ordinaires et extraordinaires pour le service de l'argenterie du roi arrêtés entre deux maîtres d'hôtel du roi et le contrôleur de l'argenterie, d'une part, et les frères René et Jean Tardif, et Robert Fichepain, marchands suivant la cour. Lyon, 29 juin 1536.

29 juin.

> *Copie du* XVI*ᵉ siècle. Arch. nat., Comptes de l'argenterie,* KK. 91, fol. 8. 4 pages 1/2.

8532. Don à Charles de Croy du comté de Porcien,

29 juin.

de la baronnie de Chaumont et autres terres
en dépendant. Lyon, 29 juin 1536.

1536.

> Copie. Arch. départ. de la Marne, série A, Terrier
> de Sainte-Menehould, fol. 382.

8533. Mandement au trésorier de l'épargne de payer à
Georges de Selve, évêque de Lavaur et ancien
ambassadeur du roi à Venise, 1,611 livres
9 sous 6 deniers à titre de remboursement de
pareille somme qu'il avait dépensée pour les
affaires du roi depuis le 22 juin 1535 jusqu'au 18 mars suivant. Lyon, 30 juin 1536.

30 juin.

> Bibl. nat., ms. Clairambault 1215, fol. 75. (Men-
> tion.)

8534. Lettres d'abolition accordées à Théaume d'Or-
sières, sieur du Baron, à Antoine de Jarente,
sieur de Montclar, et autres habitants du comté
de Provence, convaincus d'avoir transporté des
blés chez les Génois et proposé des levées de
deniers aux états et assemblées du pays. Lyon,
juin 1536.

Juin.

> Enreg. au Grand conseil, le 19 juin 1536. Arch.
> nat., V⁵ 1051. 2 pages.
> Enreg. à la Chambre des Comptes de Provence,
> le 11 janvier 1539. Arch. des Bouches-du-Rhône,
> B. 33 (Arietis), fol. 353.

8535. Lettres de naturalité pour Maraboutin Corbi-
nelli, natif de Florence, banquier, établi à
Nantes depuis vingt ans. Lyon, juin 1536.

Juin.

> Enreg. à la Chambre des Comptes de Bretagne.
> Arch. de la Loire-Inférieure, B. Mandements, II,
> fol. 111.

8536. Déclaration du roi reconnaissant aux officiers de
la sénéchaussée de Lyon le droit de s'occuper
de ce qui concerne les garnisons et les frais
d'étapes pour les gens d'armes. Lyon, 1ᵉʳ juillet
1536.

1ᵉʳ juillet.

> Copie du xviᵉ siècle. Bibl. nat., ms. fr. 2702,
> fol. 196.

8537. Lettres de renvoi à la Cour des Aides de toutes
les procédures relatives au recouvrement des

1ᵉʳ juillet.

créances de Jean Carré, receveur général des
finances de Normandie. 1ᵉʳ juillet 1536.

1536.

*Enreg. à la Cour des Aides de Paris. Arch. nat.,
recueil Cromo, U. 665, fol. 269. (Mention.)*

8538. Lettres portant dérogation à l'édit de novembre
1531 (n° 4325), ordonnant que les conseillers
clercs du Parlement de Toulouse seront ramenés au nombre de douze, comme à l'institution de cette cour. Lyon, 2 juillet 1536.

2 juillet.

*Enreg. au Parl. de Toulouse. Arch. de la Haute-
Garonne, Édits, reg. 4, fol. 67.
Bibl. nat., ms. fr. 4402, fol. 67, n° 54. (Mention.)*

8539. Provisions de l'office de conseiller lai au Parlement de Toulouse en faveur de Gaspard Moli-
nier, juge d'Albigeois, en remplacement d'É-
tienne de Paulo, dernier possesseur. Lyon,
2 juillet 1536.

2 juillet.

Il est reçu et prête serment au Parlement
de Toulouse le 23 février 1537 n. s.

*Enreg. au Parl. de Toulouse. Arch. de la Haute-
Garonne, Édits, reg. 4, fol. 66. 3 pages 1/2.*

8540. Provisions de l'office de conseiller maître clerc
ordinaire en la Chambre des Comptes de Paris
en faveur de Michel Deschamps (alias de
Champront), correcteur des comptes, en remplacement de Thomas Rapouel. Lyon, 2 juillet
1536.

2 juillet.

*Acte de réception dudit Deschamps à la Chambre
des Comptes de Paris, le 22 août 1536. Arch. nat.,
P. 2537, fol. 229 v°, et P. 2553, fol. 231. (Mentions.)
Idem, invent. PP. 136, p. 436. (Mention.)*

8541. Provisions de l'office de conseiller correcteur en
la Chambre des Comptes de Paris pour Ni-
cole Barthélemy, en remplacement de Michel
de Champront. Lyon, 2 juillet 1536.

2 juillet.

*Enreg. à la Chambre des Comptes, le 7 septembre
1536, anc. mém. 2 G, fol. 366. Arch. nat., invent. PP. 136, p. 436. (Mention.)*

8542. Mandement au trésorier de l'épargne de payer
3,762 livres 12 sous à Georges de Selve, ancien ambassadeur à Venise, à titre de remboursement d'une pareille somme qu'il avait

3 juillet.

dépensée pour les affaires du roi du mois de
mars 1535 au 21 mai suivant. Lyon, 3 juillet
1536.

1536.

> *Bibl. nat., ms. Clairambault* 1215, fol. 75. (*Mention.*)

8543. Lettres ordonnant de continuer la réformation
des forêts du duché de Valois et de procéder
à une enquête sur les abus et malversations
commises sur le tréfonds de ces forêts. Lyon,
4 juillet 1536.

4 juillet.

> *Enreg. aux Eaux et forêts (siège de la Table de
> marbre, à Paris), le 12 août 1536. Arch. nat.,
> Z.* 4581 (*nunc* Z¹ᵉ 324), fol. 38 v°. 2 pages.

8544. Mandement au sénéchal de Poitou de vérifier
les lettres du 6 mars 1535 n. s. (n° 7584),
données en faveur des maire, échevins et conseillers de Niort, nonobstant leur surannation,
et ordonnant de faire jouir les intéressés de
leur contenu. Lyon, 4 juillet 1536.

4 juillet.

> *Original. Arch. municip. de Niort, B.* 87.
> *Extrait. Bibl. municip. de Poitiers, coll. don* Fon-
> teneau, t. XX, p. 307.
> *Imp.* Chr. Augier de la Terraudière, *Trésor des
> titres et privilèges de la ville de Niort.* Niort, 1675,
> in-12, p. 63. (*Mention.*)

8545. Permission d'acquérir des fiefs nobles en Bretagne octroyée à Antoine Bretin, receveur et
payeur des gages des officiers de la chancellerie
de Bretagne, jusqu'à la valeur de 500 livres de
rente. Lyon, 4 juillet 1536.

4 juillet.

> *Enreg. à la Chambre des Comptes de Bretagne.
> Archives de la Loire-Inférieure, B. Mandements
> royaux,* II, fol. 160.

8546. Lettres relatives à la commission donnée le
11 avril 1535 (n° 7692) pour le règlement
des comptes des décimes levées en France en
1518 et 1527. Lyon, 7 juillet 1536.

7 juillet.

> *Enreg. au Parl. de Provence. Arch. de la cour
> à Aix, Lettres royaux,* reg. 2, in-fol. papier de
> 1,026 feuillets, fol. 374.

8547. Confirmation en faveur de Jean de Convenis de

7 juillet.

la judicature de Castellane et de ses dépendances, Annot et Guillaume. Lyon, 7 juillet
1536.

1536.

> *Enreg. au Parl. de Provence. Arch. de la cour
> à Aix, Lettres royaux, reg. 2, in-fol. papier de
> 1,026 feuillets, fol. 434 v° et 515. (Double.)*

8548. Mandement aux élus du Lyonnais leur ordonnant de lever vingt charrettes avec les quatre-
vingts chevaux qu'ils ont déjà reçu ordre de
lever, pour le transport des vivres à l'armée du
roi. Lyon, 7 juillet 1536.

7 juillet.

> *Copie du xvi° siècle. Bibl. nat., ms. fr. 2702,
> fol. 197 v°.*

8549. Confirmation de l'exemption du service du ban
et arrière-ban précédemment accordée aux habitants de Toulouse. Lyon, 8 juillet 1536.

8 juillet.

> *Expédition originale signée Bayard, enregistrée au
> siège du sénéchal de Toulouse, le 21 juillet 1536.
> Arch. municip. de Toulouse, carton 71.*
> *Vidimus du sénéchal de Toulouse du 5 octobre 1537.
> Idem, carton 71.*
> *Copies. Idem, ms. 220, fol. 591, et ms. 439,
> fol. 365.*

8550. Lettres de don et remise au cardinal de Châtillon, évêque de Beauvais, de la moitié des
droits de régale dudit évêché, échus au roi
pendant la vacance du siège, depuis le décès
du dernier évêque, Claude de Villiers de l'Isle-
Adam. Lyon, 8 juillet 1536.

8 juillet.

> *Enreg. à la Chambre des Comptes de Paris le
> 28 août suivant. Arch. nat., P. 2537, fol. 280 v°.
> (Arrêt d'enregistrement.)*

8551. Lettres données en faveur de trois habitants de
Tournay, Jean Gayaud, Louis de Havron et
Gilles de Brulles, leur permettant d'habiter
Lyon ou toute autre ville du royaume, et d'y
exercer leur commerce, d'y acquérir et possé-
der des biens, comme tous les régnicoles.
Lyon, 9 juillet 1536.

9 juillet.

> *Enreg. au Châtelet de Paris, Bannières. Arch.
> nat., Y. 9, fol. 93 v°.*

8552. Mandement au trésorier de l'épargne de payer 270 livres à Antoine Du Ha, chevaucheur, qui va en Angleterre porter à l'ambassadeur de France des lettres du roi. Lyon, 9 juillet 1536.

1536.
9 juillet.

> Bibl. nat., ms. Clairambault 1215, fol. 74 v°. (Mention.)

8553. Mandement au trésorier de l'épargne de payer à Georges de Selve, ambassadeur du roi à Venise, 1,150 livres pour ce qui lui est ou sera dû pour ses dépenses du 1er mai 1536 au 27 août suivant. Lyon, 10 juillet 1536.

10 juillet.

> Bibl. nat., ms. Clairambault 1215, fol. 75. (Mention.)

8554. Mandement au trésorier de l'épargne de payer à Charles de Hémart [de Denonville], évêque de Mâcon, ambassadeur du roi à Rome, 3,600 livres pour ce qui lui est ou sera dû pour les dépenses de sa charge du 13 mai 1536 au 8 novembre suivant. Lyon, 10 juillet 1536.

10 juillet.

> Bibl. nat., ms. Clairambault 1215, fol. 75. (Mention.)

8555. Mandement au trésor de l'épargne de payer à Antoine de Castelnau, évêque de Tarbes, ambassadeur du roi en Angleterre, 3,600 livres pour cent quatre-vingts jours d'exercice de sa charge, comptés du 6 mai 1536 au 1er novembre suivant. Lyon, 10 juillet 1536.

10 juillet.

> Bibl. nat., ms. Clairambault 1215, fol. 75. (Mention.)

8556. Mandement au trésorier de l'épargne de payer 600 livres à Louis d'Angerant, seigneur de Boisrigault, ambassadeur du roi en Suisse, pour ce qui pouvait lui être dû des dépenses faites dans l'exercice de sa charge. Lyon, 10 juillet 1536.

10 juillet.

> Bibl. nat., ms. Clairambault 1215, fol. 75. (Mention.)

8557. Lettres de relief d'adresse et de surannation pour

10 juillet.

III.

l'entérinement des provisions de l'office de
notaire et de secrétaire du roi, données en
faveur de Martin Berruyer, le 16 novembre
1531 (n° 4293). 10 juillet 1536.

> *Enreg. à la Chambre des Comptes de Paris, le
> 4 août 1536. Arch. nat., invent. PP. 136, p. 380.*
> (*Mention.*)

8558. Mandement aux gens des comptes de Bretagne
de délivrer à Jean d'Acigné, vicomte de Loyat,
tout le revenu de la châtellenie de Saint-Aubin-
du-Cormier pendant cinq ans. Lyon, 11 juillet
1536.

11 juillet.

> *Enreg. à la Chambre des Comptes de Bretagne.
> Archives de la Loire-Inférieure, B. Mandements
> royaux, II, fol. 136.*

8559. Mandement aux gens des comptes de Bretagne
de délivrer à René de Montejean pendant cinq
ans la jouissance de la terre et seigneurie de
Fougères. Lyon, 11 juillet 1536.

11 juillet.

> *Enreg. à la Chambre des Comptes de Bretagne.
> Archives de la Loire-Inférieure, B. Mandements
> royaux, II, fol. 138.*

8560. Lettres confirmant Pierre Lemaistre dans la
jouissance d'un revenu supplémentaire de
12 sous par jour, à prendre en outre des gages
et droits de son office de greffier de la
Chambre des Comptes de Paris. Lyon, 12 juillet 1536.

12 juillet.

> *Enreg. à la Chambre des Comptes de Paris. Arch.
> nat., P. 2306, p. 315. 3 pages.*

8561. Lettres de jussion à la Chambre des Comptes
de Paris pour l'enregistrement du don fait le
14 novembre 1531 (n° 4292), à Robert de
La Marck, seigneur de Fleuranges, maréchal
de France. Lyon, 12 juillet 1536.

12 juillet.

> *Enreg. aux Eaux et forêts (siège de la Table de
> Marbre à Paris), le 15 septembre 1536. Arch. nat.,
> Z¹ᵉ 324, fol. 50 v°. 3 pages.*

8562. Ordonnance relative aux monnaies. Répression
des fraudes; décri des ducats fabriqués à la
Mirandole, des écus de Gênes, Florence,

14 juillet.

Sienne, Ferrare, etc., des vaches de Béarn,   1536.
des niquets et liards de Lausanne; punition
des rogneurs. Lyon, 14 juillet 1536.

> Enreg. à la Cour des Monnaies. Arch. nat., Z¹ᵇ
> 62, fol. 230 v°. 3 pages.
> Enreg. au Châtelet de Paris, le 12 octobre 1536.
> Arch. nat., Bannières, Y. 9, fol. 63 v°. 3 pages.
> Enreg. au Parl. de Bordeaux, le 24 novembre 1536.
> Arch. de la Gironde, B. 30 bis, fol. 273. 6 pages.
> Enreg. au Parl. de Toulouse. Arch. de la Haute-
> Garonne, Édits, reg. 4, fol. 63. 3 pages.
> Imp. Pièce. Bibl. nat., Inv. Réserve, F. 1642.
> P. Rebuffi, Les édits et ordonnances des rois de
> France. Lyon, 1573, in-fol., p. 470.
> A. Fontanon, Édits et ordonnances, etc. Paris,
> 1611, in-fol., t. II, p. 110 (sous la date du
> 13 juillet).
> Isambert, Anc. lois françaises. Paris, in-8°, t. XII,
> 1827, p. 511 (idem).

8563. Provisions d'Anne de Montmorency, chevalier   14 juillet.
de l'ordre, grand maître et maréchal de France,
en qualité de lieutenant général du roi, tant
en deçà qu'au delà des monts. Lyon, 14 juillet
1536.

> Copie du xvıᵉ siècle. Bibl. nat., coll. Dupuy,
> t. 500, fol. 17.

8564. Mandement au conseil de ville d'Angers con-   15 juillet.
cernant les fortifications et réparations de la
ville. Lyon, 15 juillet 1536.

> Original. Arch. de la mairie d'Angers, E. 1.
> Copie. Idem, BB. 20, fol. 151.

8565. Commission adressée à Christophe de La Forêt   15 juillet.
pour la réformation des faux-sauniers en Bre-
tagne, Maine, Anjou et Poitou. Lyon, 15 juillet 1536.

> Enreg. à la Cour des Aides de Normandie, le
> 12 octobre 1537. Arch. de la Seine-Inférieure, Mé-
> moriaux, 2ᵉ vol., fol. 121. 4 pages.

8566. Mandement à Victor Barguin de faire payer sur   15 juillet.
les deniers de l'épargne à Joachim Duval la
somme de 3,150 livres tournois qui lui est due
pour des tapis et autres objets qu'on lui a
achetés. Lyon, 15 juillet 1536.

> Original mutilé. Bibl. nat., ms. fr. 25721, n° 459.

8567. Provisions de l'office d'avocat du roi au siège
de Marseille en faveur de Pierre Colle. Lyon,
16 juillet 1536.

1536.
16 juillet.

> *Enreg. au Parl. de Provence. Arch. de la cour*
> *à Aix, Lettres royaux, reg. 2, in-fol. papier de*
> *1,026 feuillets, fol. 408 v°.*

8568. Mandement au trésorier de l'épargne de payer
1,350 livres à Honorat de Queis (Caix), ambassadeur du roi en Portugal, pour ses dépenses dans l'exercice de sa charge. Lyon,
16 juillet 1536.

16 juillet.

> *Bibl. nat., ms. Clairambault 1215, fol. 74 v°.*
> (*Mention.*)

8569. Mandement aux gens des comptes de Bretagne
et au sénéchal de Saint-Malo de procéder sans
délai à la publication des lettres du 17 mai
1534 (n° 7041), établissant un jeu de papegaut à Saint-Malo, avec franchise de trente
pipes de vin pour le roi des chevaliers de
l'arc. Lyon, 17 juillet 1536.

17 juillet.

> *Original. Arch. municip. de Saint-Malo, EE 1,*
> n°s 5 et 7.
> *Enreg. à la Chambre des Comptes de Bretagne,*
> *le 17 novembre 1536. Arch. de la Loire-Inférieure,*
> B. *Mandements royaux, II, fol. 107.*

8570. Mandement à Nicolas de Troyes, argentier du
roi, de payer 345 livres 6 sous 8 deniers
tournois pour le prix d'étoffes d'habillement
données par le roi à Mlles de Mauvoisin, de
Torcy et de Montchenu, de la maison de
Mesdames Madeleine et Marguerite de France.
Lyon, 18 juillet 1536.

18 juillet.

> *Arch. nat., Comptes de l'argenterie, KK. 91,*
> fol. 237. (*Mention.*).

8571. Mandement à Nicolas de Troyes, argentier du
roi, de payer 191 livres 15 sous 3 deniers
tournois pour un vêtement donné par le roi à
maître Martin, dit le bailli, fou de la maison
du dauphin et de ses frères. Lyon, 18 juillet
1536.

18 juillet.

> *Arch. nat., Comptes de l'argenterie, KK. 91,*
> fol. 239 v°. (*Mention.*)

8572. Lettres mandant au gouverneur de Bresse de permettre aux Lyonnais d'acheter dans ce pays 2,000 ânées de blé, exemptes de droits de péage. Lyon, 19 juillet 1536.

> *Original. Arch. de la ville de Lyon, série GG.*

1536.
19 juillet.

8573. Lettres enjoignant au bailli de Velay de permettre aux députés de la ville de Lyon d'acheter 2,000 ânées de blé et de les conduire dans cette ville, franches de tout péage, pour l'approvisionnement de Lyon et de l'armée. Lyon, 19 juillet 1536.

> *Original. Arch. de la ville de Lyon, série GG.*

19 juillet.

8574. Provisions de l'office de conseiller lai au Parlement de Toulouse en faveur de Jean Daphis, docteur-régent en l'Université de Toulouse, en remplacement d'A. Cayssials, dernier possesseur. Lyon, 20 juillet 1536.

> *Enreg. au Parl. de Toulouse. Arch. de la Haute-Garonne, Édits, reg. 4, fol. 61. 1 page.*

20 juillet.

8575. Lettres nommant Jean Nicolas à la judicature ordinaire de Notre-Dame-de-la-Mer (Saintes-Maries-de-la-Mer), en Provence. Lyon, 20 juillet 1536.

> *Enreg. au Parl. de Provence. Arch. de la cour à Aix, Lettres royaux, reg. 2, in-fol. papier de 1,026 feuillets, fol. 388.*

20 juillet.

8576. Don à Samson Brosse, sur la requête de la reine de Navarre, de l'office de sous-viguier de Toulouse, vacant par la forfaiture de Jean Delebron, condamné au bannissement perpétuel par arrêt du Parlement de Toulouse. Lyon, 20 juillet 1536.

> *Rôle d'expéditions du 21 juin 1537. Arch. nat., Acquits sur l'épargne, J. 962, n° 27, anc. J. 961, n° 132. (Mention.)*

20 juillet.

8577. Provisions de la charge de lieutenant général au gouvernement de Paris et de l'Ile-de-France pour le cardinal Jean Du Bellay, évêque de Paris. Lyon, 21 juillet 1536.

> *Enreg. au Parl. de Paris, sauf réserves, le 27 juillet 1536. Arch. nat., X¹ᵃ 8612, fol. 404. 3 pages.*

21 juillet.

Arrêt d'enregistrement. Idem, X^{1a} 4901, *Plai-*
doiries, fol. 510.
Enreg. au Bureau de la ville de Paris le 29 juillet
suivant. Arch. nat., H. 1779, fol. 183 v°.
Imp. Dom Félibien, *Histoire de la ville de Paris, etc.*
Paris, 1725, in-fol., t. V (Preuves, t. III), p. 282.
Registres des délibérations du Bureau de la ville
de Paris, in-4°, t. II, 1886, p. 243.

8578. Mandement au trésorier de l'épargne de payer
à Claude Dodieu, ancien ambassadeur auprès
de l'empereur, 2,000 livres, somme à laquelle
a été réduit l'état de 2,735 livres présenté par
lui et vu par le Conseil privé, pour ses dépenses de mille soixante-quatre jours d'exercice
de sa charge, du 28 juin 1533 au 30 juin
1536. Lyon, 21 juillet 1536.

> *Bibl. nat.,* ms. Clairambault 1215, fol. 75. (*Men-*
> *tion.*)

21 juillet.

8579. Lettres de dérogation à l'édit portant que désormais tous les offices de conseillers lais qui
vaqueront au Parlement de Toulouse seront
donnés à des personnes ecclésiastiques, jusqu'à ce que le nombre de douze conseillers
clercs, ordonné par la charte d'institution de
cette cour, soit atteint. Lyon, 23 juillet 1536.

> *Enreg. au Parl. de Toulouse. Arch. de la Haute-*
> *Garonne, Édits,* reg. 4, fol. 61 v°. 1 page.
> *Bibl. nat.,* ms. fr. 4402, fol. 66, n° 49. (*Men-*
> *tion.*)

23 juillet.

8580. Lettres ordonnant que Jean Tronson, conseiller
au Parlement de Paris, soit continué pour
deux ans en la charge de prévôt des marchands
de la ville de Paris. Lyon, 25 juillet 1536.

> *Enreg. au Bureau de la ville de Paris, le 12 août*
> *1536. Arch. nat.,* H. 1779, fol. 210 v°.
> *Imp. Registres des délibérations du Bureau de la*
> *ville de Paris,* in-4°, t. II, 1886, p. 273.

25 juillet.

8581. Commission aux bailli et juges de Réauville de
faire une enquête sur les accusations portées
par Louis d'Adhémar de Monteil, baron de
Grignan, chevalier d'honneur et gouverneur
de l'hôtel de la fille du roi, contre Gaspard

26 juillet.

de Roucolle, qui, à la tête de 300 hommes, se serait transporté dans la ville de Chantemerle, dépendante de la baronnie de Grignan, et y aurait tout mis à feu et à sang. Lyon, 26 juillet 1536.

1536.

Original. Bibl. nat., ms. latin 9241, n° 77.

8582. Mandement à Jean Carré, commis au payement des officiers domestiques du roi, de payer à Jean de La Pallu, dit Brissac, écuyer de l'écurie royale, la somme de 100 livres tournois pour ses gages. Lyon, 27 juillet 1536.

27 juillet.

Original. Bibl. nat., ms. fr. 25721, n° 461.

8583. Lettres prescrivant aux consuls de Limoges de tenir la main à la réparation des murailles de leur ville. Lyon, 28 juillet 1536.

28 juillet.

Imp. Registres consulaires de Limoges. Publ. par E. Ruben pour la Société archéol. du Limousin. Limoges, 1869, in-8°, t. I, p. 282.

8584. Lettres prorogeant le délai d'appel en faveur de Pierre Bruyère, bourgeois et marchand de Lyon, appelant devant le Grand conseil d'une sentence du bailli ou viguier de Grimaud en Provence, qui avait fait élargir un marchand de Gênes et lui avait rendu ses marchandises, malgré des lettres de marque et représailles obtenues contre les Génois par ledit Bruyère. Lyon, 28 juillet 1536.

28 juillet.

Enreg. au Parl. de Provence. Archives de la cour à Aix, Lettres royaux, reg. petit in-fol. de 253 feuillets, fol. 63.

8585. Mandement au Parlement de Provence de faire exécuter l'arrêt du Grand conseil en faveur de Gabriel de La Haye, contre Jean de Clermont, par lequel le premier est reconnu abbé de Valsainte, et le second débouté de ses prétentions. Lyon, 28 juillet 1536.

28 juillet.

Enreg. au Parl. de Provence. Arch. de la cour à Aix, Lettres royaux, reg. 2, in-fol. papier de 1,026 feuillets, fol. 396.

8586. Mandement au trésorier de l'épargne de payer 40 livres tournois à François Chambellan,

28 juillet.

commissaire ordinaire des guerres, pour avoir
fait et passé pendant un mois les montres et
revues des légionnaires du Dauphiné. Lyon,
28 juillet 1536.

> *Original. Bibl. nat., Pièces orig., Chambellan,
> vol. 654, p. 21.*

8587. Confirmation de la permission accordée par
l'échevinage parisien à Jean Tronson, conseiller au Parlement et prévôt des marchands,
de faire venir l'eau de la fontaine de la Croix
du Trahoir en son hôtel, situé rue de l'Arbre-
Sec. Lyon, 29 juillet 1636.

29 juillet.

> *Enreg. au Bureau de la ville de Paris, le 13 août
> 1538. Arch. nat., H. 1779, fol. 306 v°.*
> *Imp. Reg. des délibérations du Bureau de la ville
> de Paris, in-4°, t. II, 1886, p. 382.*

8588. Mandement à la Chambre des Comptes de Paris
de laisser les écoliers du collège de Montaigu
jouir du don qui leur a été fait par Noël Béda,
docteur en théologie, de la nue propriété de
ses biens. Lyon, 30 juillet 1536.

30 juillet.

> *Enreg. à la Chambre des Comptes de Paris, le
> 30 août 1536. Arch. nat., P. 2537, fol. 231 v°.
> (Arrêt d'enregistrement.)*
> (Voir au 27 mai 1536, n° 8466.)

8589. Lettres données à la requête des États, contenant abolition des peines encourues par les
gens du pays de Bourgogne pour avoir usé
d'autre sel que celui des greniers du roi, et
permission au populaire de se fournir chez
les regrattiers. Lyon, 31 juillet 1536.

31 juillet.

> *Original. Arch. de la Côte-d'Or, États de Bour-
> gogne, C. 5297.*
> *Enreg. à la Chambre des Comptes de Dijon le
> 9 août suivant. Arch. de la Côte-d'Or, reg. des
> États, C. 2978, fol. 175 v°.*
> *Vidimus aux Arch. municipales d'Auxerre.*
> *Imp. Recueil des Édits et ordonnances des États
> de Bourgogne, t. I, p. 393.*

8590. Confirmation des privilèges, exemptions, franchises et libertés, sauvegarde et protection,

Juillet.

foires franches, etc., précédemment accordés aux habitants d'Albi. Lyon, juillet 1536.

> Original. Arch. de la ville d'Albi, AA. 23.
> Copie du xviiie siècle. Bibl. nat., coll. Doat, t. 104, fol. 333.

1536.

8591. Lettres portant commutation de l'office d'ouvrier du serment de l'empire à la monnaie de Bayonne, exercé par Jacques de Montbrun, en office d'ouvrier du serment de France. Lyon, juillet 1536.

> Enreg. à la Cour des Monnaies, le 11 septembre 1538. Arch. nat.; Z1b 62, fol. 232. (Mention.)

Juillet.

8592. Institution de trois nouvelles foires, outre celle qui existait déjà, à Ploëzal en Bretagne. Lyon, juillet 1536.

> Enreg. à la Chancellerie de France. Arch. nat., Trésor des Chartes, JJ. 249¹, n° 133, fol. 45 v°. 1 page.
> Idem, n° 146, fol. 50.

Juillet.

8593. Lettres de naturalité accordées à frère Bernard Vedremia, espagnol, confesseur de la reine, avec pouvoir de posséder des bénéfices et dignités ecclésiastiques en France. Lyon, juillet 1536.

> Enreg. au Parl. de Paris, le 12 octobre 1536. Arch. nat., X1a 8612, fol. 413. 2 pages.
> Copie collationnée du xviiie siècle. Arch. nat., K. 171, n° 13.

Juillet.

8594. Don à Albert de Rippe, capitaine des Montils-sous-Blois, valet de chambre ordinaire du roi, de deux muids de blé et de deux tonneaux de vin par an sur la recette de Blois. Lyon, 1er août 1536.

> Original. Bibl. nat., Pièces orig., Rippes, vol. 2490, p. 3.

1er août.

8595. Provisions de l'office de receveur ordinaire de Châtillon-sur-Seine pour Claude Bégat. Lyon, 1er août 1536.

> Enreg. par analyse à la Chambre des Comptes de Dijon. Arch. de la Côte d'Or, B. 19, fol. 9.

1er août.

8596. Création d'un nouvel office d'huissier en la Cour des Aides, adjoint aux deux autres, 2 août 1536.

> *Enreg. à la Cour des Aides de Paris. Arch. nat., recueil Cromo, U. 665, fol. 150. (Mention.)*

1536.
2 août.

8597. Mandement au trésorier de l'épargne de payer 225 livres à Louis d'Angerant, seigneur de Boisrigault, ambassadeur du roi en Suisse, sur ce qui peut lui être encore dû pour ses dépenses dans l'exercice de sa charge. Lyon, 2 août 1536.

> *Bibl. nat., ms. Clairambault 1215, fol. 75. (Mention.)*

2 août.

8598. Pouvoirs donnés au cardinal de Tournon, au chancelier de France et au sire de Châteaubriant pour tenir le Conseil privé à Lyon pendant l'absence du roi. Saint-Vallier, 5 août 1536.

> *Original scellé. Arch. nat., suppl. du Trésor des Chartes, J. 1022, n° 25.*
> *Copie du XVIe siècle. Bibl. nat., coll. Dupuy, vol. 500, fol. 2.*
> *Imp. Fr. Decrue, De Consilio regis Francisci I, thèse pour le doctorat ès lettres. Paris, Plon, 1885, in-8°, p. 87.*

5 août.

8599. Provisions de l'office de greffier civil au Parlement de Toulouse en faveur de Jean Burnet, office précédemment tenu par Jean Borrassol. Valence, 8 août 1536.

Il est reçu et prête serment au Parlement de Toulouse le 26 août 1536.

> *Enreg. au Parl. de Toulouse. Arch. de la Haute-Garonne, Édits, reg. 4, fol. 58. 2 pages.*

8 août.

8600. Lettres de dispense octroyées audit Jean Burnet pour qu'il puisse signer les procédures, arrêts et commissions du Parlement de Toulouse, bien qu'il ne soit notaire et secrétaire du roi, comme il est requis. Valence, 8 août 1536.

> *Enreg. au Parl. de Toulouse. Arch. de la Haute-Garonne, Édits, reg. 4, fol. 60.*
> *Bibl. nat., ms. fr. 4492, fol. 66, n° 47. (Mention.)*

8 août.

8601. Mandement à Nicolas de Troyes, argentier du
 roi, de payer la somme de 27 livres 15 sous,
 prix d'un habillement donné par le roi à Jean
 Virecoup, dit le boîteux, en récompense des
 perdreaux et autre gibier qu'il ne manquait
 pas d'apporter à Sa Majesté dans la saison. Valence, 8 août 1536.

  Arch. nat., KK. 91, *Comptes de l'argenterie*,
  fol. 224. (*Mention.*)

1536.
8 août.

8602. Mandement au premier huissier ou sergent de
 contraindre tous les officiers comptables et
 leurs héritiers à payer et acquitter tous les re-
 liquats dont ils sont redevables, de recourir
 au besoin à la détention et d'ajourner les
 opposants devant la Chambre des Comptes.
 Valence, 9 août 1536.

  Enreg. à la Chambre des Comptes de Bretagne.
  Archives de la Loire-Inférieure, B. *Mandements*
  royaux, II, vol. 112.

9 août.

8603. Lettres de jussion à la Chambre des Comptes
 pour l'enregistrement des lettres d'anoblissement accordées à François Lamy, valet de
 chambre du roi, à Coucy au mois de juillet
 1535 (n° 8021)...[1], 9 août 1536.

  Enreg. à la Cour des Aides de Paris, le 18 mars
  1540. Copie collationnée faite par ordre de ladite
  cour, le 18 novembre 1778. Arch. nat., Z¹ª 526.

9 août.

8604. Commission au s⁻ de La Meilleraye, lieutenant
 général du roi en Normandie, à [Georges, cardinal d'Amboise], archevêque de Rouen, à
 François de Marcillac, premier président du
 Parlement de Rouen, et à Claude Guyot, notaire et secrétaire du roi, de réclamer aux
 habitants de Rouen et à ceux de Dieppe une
 aide de 50,000 livres tournois pour résister
 aux entreprises de l'empereur. Valence, 10 août
 1536.

  Copie du xvi⁰ siècle. Bibl. nat.; coll. Dupuy,
  t. 500, fol. 10 v°.

10 août.

[1] Le nom du lieu est resté en blanc.

30.

8605. Provisions de la charge de capitaine des cinquante lances commandées par le duc d'Orléans, maintenant dauphin, en faveur de Guigue Guiffrey, s^r de Boulières, gentilhomme de la chambre du roi. Valence, 11 août 1536.

> *Copie du XVIe siècle. Bibl. nat., ms. fr. 10390, fol. 55.*

1536. 11 août.

8606. Déclaration portant prorogation de la session du Parlement de Paris pendant le temps réservé d'ordinaire aux vacations, d'août à la Saint Martin 1536. Valence, 12 août 1536.

> *Enreg. au Parl. de Paris, le 22 août 1536. Arch. nat., X^{1a} 8612, fol. 409. 1 page.*

12 août.

8607. Lettres continuant André Rageau dans l'office de payeur des gages de la compagnie du duc d'Orléans, maintenant dauphin, dont Guigue Guiffrey, sieur de Boulières, a été nommé capitaine le 11 août précédent. Valence, 13 août 1536.

> *Copie du XVIe siècle. Bibl. nat., ms. fr. 10390, fol. 61.*

13 août.

8608. Commission à Claude de Bellièvre, procureur général au Parlement de Grenoble, pour préparer les étapes de l'armée qui sera prochainement envoyée en Dauphiné. Lyon, 16 août 1536.

> *Enreg. à la Chambre des Comptes de Grenoble. Arch. de l'Isère, B. 2910, cah. 89. 4 pages.*

16 août.

8609. Commission adressée au premier président du Parlement de Toulouse et à Jacques Fabri, vicaire général du cardinal de Châtillon, archevêque de Toulouse, pour négocier un emprunt de 50,000 livres tournois sur la ville de Toulouse, afin de subvenir aux nécessités de la guerre. Valence, 17 août 1536.

> *Expédition originale, signée du roi, contresignée Bochetel. Arch. municip. de Toulouse.*
> *Copie. Idem, ms. 153, p. 827.*

17 août.

8610. Lettres portant mandement aux lieutenants gé-

17 août.

néraux à Lyon d'imposer aux Lyonnais un
emprunt de 30,000 livres tournois. Valence,
17 août 1536.

> *Original. Archives de la ville de Lyon*, AA. 20,
> p. 87.

1536.

8611. Mandement au trésorier de l'épargne de payer
à Guillaume Poyet, conseiller du roi et président au Parlement de Paris, 2,000 livres
tournois pour ses gages de conseiller durant
l'année 1535. Valence, 17 août 1536.

17 août.

> *Bibl. nat., nouvelles acquisitions françaises*, ms.
> 895, fol. 18. (*Mention.*)

8612. Don aux s** de Villandry et Bochetel, et au général des finances de Normandie, de 1,200 écus
à prendre sur les amendes et confiscations encourues par le grènetier et le contrôleur du
grenier à sel de Honfleur, pour leurs malversations. Valence, 17 août 1536.

17 août.

> *Rôle d'expéditions du 21 août 1537. Arch. nat.,
> Acquits sur l'épargne*, J. 962, n° 33, anc. J. 961,
> n° 120. (*Mention.*)

8613. Déclaration portant que, attendu le désordre des
guerres, le Parlement de Grenoble continuera
ses séances jusqu'à la Toussaint, nonobstant
les vacances. Valence, 20 août 1536.

20 août.

> *Arch. de l'Isère, Chambre des Comptes de Grenoble,*
> B. 2910, cah. 121. 2 pages 1/2.

8614. Déclaration portant que les deniers qui proviendront des amendes, lods et ventes, et autres
droits seigneuriaux du pays de Dauphiné, seront employés pendant dix ans aux réparations et fortifications des villes et places fortes
de la province. Valence, 20 août 1536.

20 août.

> *Enreg. au Parl. de Grenoble, le 19 octobre 1536.
> Arch. de l'Isère, Chambre des Comptes de Grenoble,*
> B. 2910, cah. 32. 6 pages 1/2.

8615. Mandement au trésorier de l'épargne de payer
450 livres, en déduction de ce qui pourra lui
être dû, à Nicolas de Bossut, qui part le jour

20 août.

même pour aller en Suisse comme ambassadeur du roi. Valence, 20 août 1536.

> Bibl. nat.; ms. Clairambault 1215, fol. 75. (Men-
> tion.)

8616. Édit portant création de vingt nouveaux offices
d'archer dans la compagnie du Prévôt de l'hôtel et règlement pour leurs droits et gages. Valence, 21 août 1536.

> Enreg. à la Chambre des Comptes de Paris, anc.
> mém. 2 G, fol. 366. Arch. nat., invent. PP. 136,
> p. 437. (Mention.)
> Imp. Pierre de Miraulmont, Le Prévôt de l'Hôtel
> et grand Prévôt de Paris. Paris, Chevalier, 1610,
> in-8°, p. 136.

8617. Lettres portant mandement à Aymar Nicolaï et
à Jean Briçonnet, présidents, et à Nicole
Viole, conseiller maître à la Chambre des
Comptes, commissaires préposés à la garde
du coffre secret du Louvre, de faire tirer dudit
coffre et fondre la vaisselle d'or et d'argent
ci-devant appartenant au chancelier Du Prat
et à Philibert Babou de La Bourdaisière, pour
les deniers en provenant être remis au trésorier de l'Extraordinaire des guerres[1]. Valence, 25 août 1536.

> Enreg. à la Chambre des Comptes de Paris, le
> 2 mars 1537 n. s. Arch. nat., P. 2306, p. 458.
> 2 pages.
> Idem, P. 2537, fol. 270 v°; P. 2553, fol. 265 v°;
> AD. IX 124, n° 19. 2 pages.

8618. Commission à René de Becdelièvre, conseiller
au Parlement de Rouen, chargé de lever les
finances de Normandie, de rendre compte aux
trésoriers de France des ventes de bois extraordinaires faites en cette charge. Lyon, 26 août
1536.

> Copie collationnée (1536). Bibl. nat., Pièces orig.,
> Becdelièvre, vol. 260, p. 56.

8619. Lettres adressées au duc de Vendôme, lui or-

1536.

21 août.

25 août.

26 août.

28 août.

---

[1] La fonte produisit 40,255 livres 12 sous 8 deniers tournois,
suivant un procès-verbal annexé.

donnant de lever sans retard les 6,000 hommes de pied que la ville de Paris a offert au roi de soudoyer. Valence, 28 août 1536.

1536.

> Copie du xvi⁰ siècle. Bibl. nat., coll. Dupuy, t. 486, fol. 89.

8620. Édit portant règlement pour le style et la manière de procéder dans les matières civiles et criminelles, pour l'ordre judiciaire et pour l'abréviation des procès dans le pays et duché de Bretagne. Valence, 30 août 1536.

30 août.

> Enreg. au Parl. de Bretagne le 3 octobre suivant.
> IMP. Pièce. Rennes, par Jehan Georget, imprimeur, pour Jehan Lermangier, libraire, demeurant audict lieu, où Parquet de la Cour de Rennes. Londres, British Museum.
> E. Girard et J. Joly, Le troisiesme livre des offices de France. Paris, 1647, in-fol., t. I, p. 572.
> Isambert, Anciennes lois françaises. Paris, in-8°, t. XII, 1827, p. 513.

8621. Déclaration du roi portant que le sr Laforêt, commis à la réforme des gabelles, ne pourra cependant distraire en cette matière les habitants du duché de Bourgogne du ressort du Parlement de Dijon. Lyon, 30 août 1536.

30 août.

> Enreg. au Parl. de Dijon, le 13 novembre suivant.
> Original. Arch. de la Côte-d'Or, Arch. des États, C. 2971. — Idem, C. 5297.
> IMP. Recueil des édits et ordonnances des États de Bourgogne, t. I, p. 398.

8622. Mandement à Nicolas Picart, commis aux dépenses des bâtiments du roi, de payer à Martin de Troyes, trésorier de l'Extraordinaire des guerres, la somme de 25,000 livres pour employer au fait de sa charge. Valence, 30 août 1536.

30 août.

> Bibl. nat., ms. fr. 11179. (Mention.)
> IMP. L. de Laborde, Les comptes des bâtiments du roi, t. I, in-8°, 1877, p. 24. (Mention.)

8623. Lettres qui autorisent les capitouls de Toulouse à lever la somme de 30,000 livres tournois

31 août.

pour travaux de fortification, achat de maté-   1536.
riel de guerre et d'artillerie. Valence, 31 août
1536.

> *Vidimus du sénéchal de Toulouse, du 6 octobre
> 1536. Arch. municip. de Toulouse,* carton 71.
> *Copies. Idem,* ms. 153, p. 833, et ms. 439,
> fol. 271.
> *Copie. Arch. départ. de l'Hérault,* C. États de
> Languedoc, Ordonnances et arrêts, t. IV, pièce 13.
> 6 pages.

8624. Mandement au trésorier de l'épargne de payer   31 août.
337 livres 10 sous à Guillaume Du Bellay, à
titre de remboursement d'une pareille somme
qu'il avait dépensée pour faire imprimer tant
à Lyon qu'en Allemagne et faire distribuer
dans les villes de ce pays des lettres dans
lesquelles le roi se justifiait des accusations
portées contre lui par l'empereur. Valence,
31 août 1536.

> *Bibl. nat.,* ms. Clairambault 1215, fol. 75. *(Men-
> tion.)*

8625. Ordonnance touchant la répression du vice   Août.
d'ivrognerie, fréquent en plusieurs endroits
du royaume, et les mesures à prendre contre
les mendiants valides et autres. Valence, août
× 1536.

> *Publié au Parl. de Rennes, le 3 octobre 1536.*
> **Imp.** Pièce. *Bibl. nat., Inv. Réserve,* F. 868.
> Delamare, *Traité de la Police,* Paris, 1705, in-
> fol., t. I, p. 431. *(Fragment.)*
> Isambert, *Anciennes lois françaises.* Paris, in-8°,
> t. XII, 1827, p. 527. *(Fragment.)*

8626. Lettres de naturalité accordées à François, bâ-   Août.
tard d'Alègre, sieur d'Ars en Forez, natif de
Naples, et fils du sieur d'Alègre, qui suivit
Charles VIII en Italie. Valence, août 1536.

> *Bibl. nat.,* Armoires de Baluze, t. 18, fol. 237.
> *(Mention.)*

8627. Nouvelles lettres de dérogation à l'édit portant   1er septembre.
que désormais les offices de conseillers lais
qui viendront à vaquer au Parlement de Tou-

louse seront donnés à des ecclésiastiques, jusqu'à ce que le nombre de douze conseillers clercs, ordonné par la charte d'institution de cette cour, soit rempli. Valence, 1er septembre 1536.

> Enreg. au Parl. de Toulouse. Arch. de la Haute-Garonne, Édits, reg. 4, fol. 62.
> Bibl. nat., ms. fr. 4402, fol. 66 v°, n° 50. (Mention.)
> (Voir ci-dessus, au 23 juillet, n° 8579.)

8628. Lettres déchargeant la duchesse douairière de Longueville des droits de rachat dus au roi à raison des seigneuries de Parthenay, Vouvent, Mervent, Béceleuf, le Coudray-Salbart et Mouilleron, par suite du décès du duc de Longueville, son mari. Valence, 4 septembre 1536. — *4 septembre.*

> Copie collationnée, du 12 mars 1537 n. s. Arch. de la Vienne, C. 557.

8629. Mandement au trésorier de l'épargne de payer 180 livres à Jean de Haraulde, qui va en Angleterre porter des lettres aux ambassadeurs du roi. [Valence], 4 septembre 1536. — *4 septembre.*

> Bibl. nat., ms. Clairambault 1215, fol. 74 v°. (Mention.)

8630. Mandement de François Ier, agissant comme administrateur des biens du dauphin, comte de Blois, à Jean Breton, chargé de l'administration des finances de ce comté, de faire payer par François Viard, receveur ordinaire dudit comté, à Jean de Donnay, commis au payement des édifices et réparations de Coucy, la somme de 800 livres tournois. Valence, 4 septembre 1536. — *4 septembre.*

> Original. Bibl. nat., ms. fr. 25721, n° 462.

8631. Confirmation de l'indult accordé par le pape Paul III au cardinal Du Bellay, évêque de Paris, touchant la collation des bénéfices dépendant de son évêché et de ses abbayes (Rome, 15 des calendes d'août 1536), et mandement — *5 septembre.*

pour son enregistrement. Valence, 5 septembre 1536.

Enreg. au Parl. de Paris, sauf réserves, le 28 juin 1537. Arch. nat., X¹ᵃ 8613, fol. 46 v° et 48 v°. 6 pages.

Enreg. au Parl. de Bordeaux, sauf les réserves d'usage, le 11 mai 1542. Arch. de la Gironde, B. 31, fol. 141 v°. 7 pages.

8632. Provisions en faveur de Claude d'Origny de l'office de bailly d'Épernay, vacant par la mort de Jean Auhelin. Valence, 10 septembre 1536.

Réception au Parl. de Paris le 5 mars 1537 n. s. Arch. nat., X¹ᵃ 4902, Plaidoiries, fol. 534. (Mention.)

10 septembre.

8633. Provisions de l'office de conseiller au Parlement de Provence, vacant par le décès de Louis Martin, en faveur de François Rascas, naguère juge d'appel. Montélimart, 10 septembre 1536.

Enreg. au Parl. de Provence. Arch. de la cour à Aix, Lettres royaux, reg. 2, in-fol. papier de 1,026 feuillets, fol. 413.

10 septembre.

8634. Lettres adressées aux habitants d'Auxerre, leur demandant un prêt de 2,000 livres pour subvenir aux nécessités de la guerre. Du camp près Avignon, 12 septembre 1536.

Arch. municip. d'Auxerre (Yonne).

12 septembre.

8635. Lettres maintenant dans l'exercice de sa pleine juridiction seigneuriale, jusqu'à plus ample informé, Louis d'Agoult, seigneur de Sault. Lyon, 13 septembre 1536.

Enreg. au Parl. de Provence. Arch. de la cour à Aix, Lettres royaux, reg. 2, in-fol. papier de 1,026 feuillets, fol. 441.

13 septembre.

8636. Mandement à Guillaume Prudhomme, trésorier de l'épargne, de rembourser aux consuls d'Agen la somme de 1,500 livres qu'ils avaient libéralement prêtée au roi. Du camp près Avignon, 14 septembre 1536.

Enreg. au livre des États. Arch. municip. d'Agen, CC. 49.

14 septembre.

8637. Mandement au trésorier de l'épargne lui or-   1536.
donnant de pourvoir au prompt rembourse-   14 septembre.
ment des 2,000 livres prêtées au roi par les
habitants d'Auxerre. Du camp près Avignon,
14 septembre 1536.

    Arch. municip. d'Auxerre (Yonne).

8638. Mandement à Guillaume Prudhomme, trésorier   14 septembre.
de l'épargne, de rembourser à la ville de
Beaune la somme de 1,200 livres qu'elle a
prêtée au roi pour les dépenses de ses guerres.
Camp devant Avignon, 14 septembre 1536.

    Original. Arch. municip. de Beaune, Emprunts
et dettes, n° 26.

8639. Mandement au trésorier de l'épargne de rem-   14 septembre.
bourser à la ville de Dijon une somme de
3,000 livres prêtée au roi pour subvenir aux
frais de la guerre. Camp d'Avignon, 14 septembre 1536.

    Original. Arch. municip. de Dijon, Trésor des
chartes, L.

8640. Lettres portant ratification d'un contrat de   14 septembre.
constitution de 600 livres de rente à prendre
sur le grenier à sel de Dieppe, passé par les
commissaires du roi au profit des habitants de
ladite ville, moyennant la somme de 6,000 livres. 14 septembre 1536.

    Enreg. à la Chambre des Comptes de Paris, le
8 novembre suivant, anc. mém. 2 G, fol. 339. Arch.
nat., invent. PP. 136, p. 438. (Mention.)

8641. Lettres portant que Jean Racine, sommelier de   14 septembre.
l'échansonnerie, pour faire réédifier et re-
mettre en état la grange nommée le Pressoir
de Montoussan, en la baronnie d'Amboise,
sera dispensé pendant dix ans de 18 livres tournois de rente qu'il doit pour l'emplacement de
ladite grange, dans laquelle les chanoines de
Saint-Florentin d'Amboise pourront mettre
leurs dîmes en sûreté. Camp d'Avignon, 14 septembre 1536.

    Rôle d'expéditions du 21 juin 1537. Arch. nat.,
Acquits sur l'épargne, J. 962, n° 27, anc. J. 961,
n° 132. (Mention.)

31.

8642. Don au s^r de Pommereul, premier écuyer d'écurie, des droits et actions que le roi peut
prétendre à cause de certaine condamnation
prononcée au Parlement de Toulouse contre
Jean de la Veilanède, demeurant à Toulouse,
au profit d'un Espagnol, sujet de l'empereur,
comme il est plus explicitement déclaré dans
l'arrêt dont un extrait sera attaché aux pré-
sentes lettres. Camp d'Avignon, 15 septembre
1536.

*Rôle d'expéditions du 21 août 1537. Arch. nat.,
Acquits sur l'épargne, J. 962, n° 33, anc. J. 961,
n° 120. (Mention.)*

1536.
15 septembre.

8643. Provisions en faveur de Jacques de Fouque-
solles pour exercer l'office de sénéchal et
gouverneur du Boulonnais en l'absence ou
empêchement d'Oudart Du Biez. Camp d'Avignon, 16 septembre 1536.

*Enreg. au Parl. de Paris le 20 novembre suivant.
Arch. nat., X^{1a} 4902, Plaidoiries, fol. 23. (Mention.)*

16 septembre.

8644. Confirmation des lettres dispensant de tout
péage la marée fraîche amenée à Lyon. Lyon,
22 septembre 1536.

*Copie du xvie siècle. Arch. de la ville de Lyon,
AA. 151, fol. 126.*

22 septembre.

8645. Lettres de légitimation accordées à Nicolas de
Brancas, fils naturel de feu Baptiste de Brancas et de Colette Royne. Avignon, 24 septembre 1536.

*Enreg. au Parl. de Provence. Arch. de la cour
à Aix, Lettres royaux, reg. 2, in-fol. papier de
1,026 feuillets, fol. 629.*

24 septembre.

8646. Lettres délimitant le ressort de la judicature de
Jean de Convenis, juge de Castellane. Avignon, 26 septembre 1536.

*Enreg. au Parl. de Provence. Arch. de la cour à
Aix, Lettres royaux, reg. 2, in-fol. papier de
1,026 feuillets, fol. 416.*

26 septembre.

8647. Lettres de don à François Poton de Larreule,
prévôt des maréchaux de France, de la somme
de 400 écus d'or soleil, à prendre sur les

27 septembre.

amendes du Parlement de Toulouse. 27 sep-   1536.
tembre 1536.

> Enreg. à la Chambre des Comptes de Paris, le
> 22 décembre 1536. Arch. nat., invent. PP. 136,
> p. 438. (Mention.)

8648. Lettres nommant André Girot à la judicature de   30 septembre.
Réauville. Lyon, 30 septembre 1536.

> Enreg. au Parl. de Provence. Arch. de la cour à
> Aix, Lettres royaux, reg. 2, in-fol. papier de
> 1,026 feuillets, fol. 457.

8649. Lettres données en faveur de Jean de Laval,   Septembre.
baron de Châteaubriant, portant union des
justices et juridictions de Malestroit, Poligné,
Amanlis, Châteaulocher, etc., à celles de Châ-
teaugiron, en Bretagne. Montélimart, septembre 1536.

> Enreg. à la Chancellerie de France. Arch. nat.,
> Trésor des Chartes, JJ. 249¹, n° 127, fol. 41.
> 2 pages.

8650. Confirmation des privilèges, franchises et cou-   Septembre.
tumes de la ville et baronnie d'Annonay. Lyon,
septembre 1536.

> Enreg. à la Chancellerie de France. Arch. nat.,
> Trésor des Chartes, JJ. 249¹, n° 121, fol. 40.
> 1 page.

8651. Pouvoirs des commissaires du roi qui doivent   5 octobre.
assister aux États de Languedoc, convoqués à
Montpellier pour le 16 octobre 1536. Lyon,
5 octobre 1536.

> Copie. Arch. dép. de l'Hérault, C. États de Lan-
> guedoc, Recueil des lettres et actes des commis-
> saires du roi aux États, 1536. 8 pages.

8652. Pouvoirs spéciaux des commissaires du roi aux   5 octobre.
États de Languedoc pour le renouvellement
du bail de l'équivalent. Lyon, 5 octobre 1536.

> Copie. Arch. dép. de l'Hérault, C. États de Lan-
> guedoc, Recueil des lettres et actes des commis-
> saires du roi aux États, 1536. 2 pages.

8653. Mandement aux États de Languedoc pour la   5 octobre.
répartition de 342,886 livres, représentant la
part mise à la charge de la province sur l'aide.

de 4 millions de livres tournois imposée à
tout le royaume pour l'année 1537. Lyon,
5 octobre 1536.

Arch. dép. de l'Ardèche, C. 265 bis.

8654. Mandement à François Barthélemy, secrétaire
du roi, et à Florent Lombard, leur faisant
savoir que les pays de Comminges, Saint-Gi-
rons et Bigorre ont été taxés à la somme de
1,674 livres tournois pour leur part de l'imposition de 4 millions de livres tournois mise
sur tout le royaume. Lyon, 6 octobre 1536.

6 octobre.

Expédition originale. Bibl. nat., ms. fr. 25721,
n° 463.

8655. Mandement aux élus du Lyonnais leur faisant
savoir qu'ils ont à lever pour la taille dans
leur élection la somme de 41,561 livres 14 sous
tournois. Lyon, 6 octobre 1536.

6 octobre.

Copie du XVI' siècle. Bibl. nat., ms. fr. 2702,
fol. 190 v°.

8656. Lettres d'évocation d'un procès pendant entre
les anciens huissiers du Parlement de Bordeaux et les trois nouveaux créés par édit du
mois de juin 1523. Lyon, 7 octobre 1536.

7 octobre.

*Enreg. au Grand conseil, le 11 janvier 1537 n. s.
Arch. nat.*, V⁵ 1051, 1 page.
*Enreg. au Parl. de Bordeaux, le 25 octobre 1536.
Arch. de la Gironde*, B. 31, fol. 7 v°. 8 pages.

8657. Mandement à Nicolas de Troyes, argentier du
roi, de payer 911 livres 18 sous 2 deniers pour
l'achat d'étoffes et la confection de cinq ca-
saques de velours gris pour monter à cheval,
dont le roi a gardé l'une pour son service et
distribué les quatre autres au roi de Navarre,
au duc d'Estouteville, comte de Saint-Pol, et
aux sieurs de Montmorency et d'Annebaut.
Lyon, 7 octobre 1536.

7 octobre.

Arch. nat., Comptes de l'argenterie, KK. 91,
fol. 247. (*Mention.*)

8658. Lettres permettant à la cour de Parlement de

8 octobre.

prendre les vacances qui restent jusqu'à la
Saint-Martin, en laissant siéger la chambre des
vacations. Lyon, 8 octobre 1536.

1536.

> *Enreg. au Parl. le 19 octobre suivant. Arch. nat.,*
> *X¹ᵃ 4901, Plaidoiries, fol. 932. (Mention.)*

8659. Nouvelles lettres au sujet des émoluments des
greffiers et secrétaires civils et criminels de
la chancellerie du Parlement d'Aix. (Voir au
27 mai précédent, n° 8464.) Lyon, 9 octobre
1536.

9 octobre.

> *Enreg. à la Chambre des Comptes de Provence.*
> *Arch. des Bouches-du-Rhône, B. 33 (Arietis),*
> *fol. 150. 3 pages.*

8660. Lettres approuvant la transaction conclue entre
Pierre Glé, chevalier, seigneur de Kerbernez,
maréchal des logis du roi, et Guillaume Droil-
lard, archidiacre de Nantes, au sujet des domaines de Kerhart et Kerouarn, en l'île de
Rhuis, diocèse de Vannes, et subrogeant ce
dernier dans tous les droits concédés antérieurement à Pierre Glé. Lyon, 9 octobre 1536.

9 octobre.

> *Enreg. à la Chambre des Comptes de Bretagne.*
> *Archives de la Loire-Inférieure, B. Mandements*
> *royaux, II, fol. 156.*

8661. Commission au cardinal de Tournon de procéder à l'aliénation des domaine, gabelles, aides
et autres droits royaux, jusqu'à concurrence
d'une somme de 50,000 livres tournois de
rente. Lyon, 10 octobre 1536.

10 octobre.

> *Enreg. à la Chambre des Comptes de Paris. Arch.*
> *nat., P. 2306, p. 513. 4 pages.*
> *Enreg. à la Cour des Aides de Paris. Arch. nat.,*
> *recueil Cromo, U. 665, fol. 284. (Mention.)*
> *Enreg. au Parl. de Dauphiné, le 15 mai 1537.*
> *Arch. de l'Isère, Chambre des Comptes de Grenoble,*
> *B. 3064, fol. 1. 6 pages.*
> *Copie du XVIᵉ siècle. Bibl. nat., ms. fr. 2702,*
> *fol. 185.*
> *Copies. Archives de la ville de Lyon, AA. 151,*
> *fol. 127, et CC. 316.*

8662. Déclaration portant règlement pour la punition
des banqueroutiers frauduleux et la procédure

10 octobre.

extraordinaire dont ils seront l'objet. Lyon, 1536.
10 octobre 1536.

> Bibl. nat., ms. Moreau, t. 1398, fol. 220, (Mention.)
> IMP. P. Rebuffi, Les édits et ordonnances des rois de France. Lyon, 1573, in-fol., p. 1216.
> A. Fontanon, Édits et ordonnances, etc. Paris, 1611, in-fol., t. I, p. 762.
> Isambert, Anc. lois françaises, Paris, in-8°, t. XII, 1827, p. 527.

8663. Lettres autorisant les habitants de Marseille à se faire délivrer des expéditions des contrats par eux passés devant les notaires de leur ville, malgré la défense faite à ceux-ci par le président Jean Feu, commis par le roi à la réformation de la justice et du notariat en Provence. Lyon, 10 octobre 1536. — 10 octobre.

> Enreg. au Parl. de Provence. Arch. de la cour à Aix, Lettres royaux, reg. 2, in-fol. papier de 1,026 feuillets, fol. 453.

8664. Lettres autorisant les créanciers des marchands forains de la foire de Lyon qui ne payeraient pas leurs dettes à les y contraindre par corps et à les faire prendre même en lieu saint. Lyon, 10 octobre 1536. — 10 octobre.

> Enreg. au Parl. de Provence. Arch. de la cour à Aix, Lettres royaux, reg. 2, in-fol. papier de 1,026 feuillets, fol. 830 v°.

8665. Provisions de la charge de lieutenant général du roi dans les provinces de Lyonnais, Auvergne, Forez, Beaujolais, Dombes, Dauphiné, etc., en faveur du cardinal de Tournon. Lyon, 10 octobre 1536. — 10 octobre.

> Enreg. à la Chambre des Comptes de Grenoble. Arch. de l'Isère, B. 2910, cah. 30. 8 pages.

8666. Mandement à Jean Carré, commis au payement des officiers domestiques du roi, de payer la somme de 3,660 livres tournois à des gentilshommes de la chambre, maîtres d'hôtel, panetiers, échansons et valets tranchants, écuyers, valets de chambre, cordonnier et trompette du roi, dont les noms sont donnés, pour leurs — 10 octobre.

gages du quartier de juillet 1536. Lyon, 1536.
10 octobre 1536.

Original. Bibl. nat., ms. fr. 25721, n° 464.

8667. Mandement au trésorier de l'épargne de payer à 10 octobre.
Georges de Selve, ambassadeur du roi à Ve-
nise, 1,150 livres pour ce qui lui est ou sera
dû pour ses dépenses du 28 août 1536 au
25 novembre suivant. Lyon, 10 octobre 1536.

*Bibl. nat., ms. Clairambault 1215, fol. 75. (Men-
tion.)*

8668. Commission à François Olivier, André Guillard, 13 octobre.
maître des requêtes, Jacques Groslot, conseiller
au Grand conseil, Hervé de Quellenec, conseiller au Parlement de Bretagne, Christophe
Bricel, sénéchal de Nantes, et autres, pour faire
rendre compte aux receveurs et fermiers des
terres du sr de Rohan. 13 octobre 1536.

*Arch. nat., Preuves de l'histoire de la maison de
Rohan, ms. de dom Morice, MM. 759, p. 911.
(Mention.)*

8669. Mandement au trésorier de l'épargne de payer 14 octobre.
225 livres à Lancelot de Carles, secrétaire d'Antoine de Castelnau, évêque de Tarbes, qui part
le jour même pour aller en Angleterre porter
à son maître une réponse du roi. Roanne,
14 octobre 1536.

*Bibl. nat., ms. Clairambault 1215, fol. 75. (Men-
tion.)*

8670. Mandement au trésorier de l'épargne de payer 15 octobre.
675 livres à Gilles de La Pommeraye, qui part
le jour même pour aller auprès du roi d'Angleterre, où il est envoyé par le roi. Roanne,
15 octobre 1536.

*Bibl. nat., ms. Clairambault 1215, fol. 75. (Men-
tion.)*

8671. Mandement au Parlement de Provence d'empê- 19 octobre.
cher tous libraires durant trois ans de vendre
aucune édition des ordonnances de Provence
(y compris celle que des libraires de Lyon font
imprimer à Avignon), autre que celle d'An-

IMPRIMERIE NATIONALE.

toine Vincent, libraire de Lyon, autorisée par
privilège royal de janvier 1536. Moulins, 19 octobre 1536.

> *Enreg. au Parl. de Provence. Arch. de la cour à
> Aix, Lettres royaux, reg. 2, in-fol. de 1,026 feuil-
> lets, fol. 529.*

1536.

8672. Lettres du don viager des revenus de la châtellenie de Sagy, près Louhans, en Bourgogne,
accordé à Léonor Sapate, du pays d'Espagne,
et au sieur de Tricou, son mari. Moulins,
19 octobre 1536.

19 octobre.

> *Enreg. à la Chambre des Comptes de Dijon. Arch.
> de la Côte-d'Or, reg. B. 20, fol. 26 v°.*

8673. Édit portant réduction des notaires et sergents
royaux au bailliage d'Aurillac et dans la vicomté de Carlat. Moulins, 20 octobre 1536.

20 octobre.

> *Bibl. nat., mss. Moreau, t. 1410, fol. 370. (Men-
> tion.)*
> *Imp. Pièce in-8°. Arch. nat., AD. I. 19, 7 pages.*

8674. Lettres renouvelant à Pierre Filleul, archevêque
d'Aix, et à Louis Caillaud, conseiller au Parlement, la commission qui leur a été donnée le
15 mai 1536 (n° 8446) pour le règlement des
comptes des décimes accordées par le pape et
le clergé, et leur adjoignant Nicolas Viole,
Jean Fraguier et Jean de Riveron, auditeurs
des comptes, qui avaient été autrefois appelés
à s'occuper de ces affaires[1]. Moulins, 20 octobre 1536.

20 octobre.

> *Expédition originale. Bibl. nat., ms. 25721, n° 465.*

8675. Lettres de don à Louis de Clèves, chevalier de
l'ordre, capitaine des cent gentilshommes de
l'hôtel, du revenu et émolument des foires
de Guibray, près Falaise, pour en jouir pendant dix ans. 21 octobre 1536.

21 octobre.

> *Enreg. à la Chambre des Comptes de Paris, le
> 22 novembre 1536, anc. mém. 2 G, fol. 341. Arch.
> nat., invent. PP. 136, p. 439. (Mention.)*
> *Bibl. nat., ms. Clairambault 782, p. 309. (Men-
> tion.)*

---

[1] Voir un acte du 23 juillet 1535 (n° 8006).

8676. Provisions d'un office d'huissier, sergent ordinaire des requêtes du Palais, outre les quatre qui y existaient, en faveur d'Antoine Contour. Moulins, 22 octobre 1536.

> Imp. E. Girard et J. Joly, *Le troisiesme livre des offices de France.* Paris, 1647, in-fol., t. I, p. 280.

1536.
22 octobre.

8677. Lettres portant relief d'appel en faveur de Raphaël d'Aix, l'un des greffiers criminels de Marseille. Moulins, 23 octobre 1536.

> *Enreg. au Parl. de Provence.* Arch. de la cour à Aix; Lettres royaux, reg. 2, in-fol. de 1,026 feuillets, fol. 446.

23 octobre.

8678. Provisions de l'office de maître auditeur des comptes de Bretagne données en faveur de Jean d'Alesso. Bourges, 27 octobre 1536.

> *Enreg. à la Chambre des Comptes de Bretagne.* Archives de la Loire-Inférieure, B. Mandements royaux, II, fol. 108.

27 octobre.

8679. Lettres portant renouvellement pour huit ans, en faveur des habitants d'Amboise, du privilège de l'apetissement de la mesure du vin. Amboise, 29 octobre 1536.

> *Vidimus du xvi* siècle. Arch. municipales d'Amboise, CC. 15.

29 octobre.

8680. Lettres portant prorogation pour six ans, en faveur des prévôt des marchands et échevins de Paris, d'un octroi sur le sel, le poisson salé et le vin, le produit devant en être appliqué aux fortifications de la ville, à la construction de l'Hôtel de Ville et à l'achèvement du quai du Louvre. Châtellerault, 31 octobre 1536.

> *Original.* Arch. nat., K. 954, n° 67.
> *Enreg. au Parl. de Paris,* sous réserves, le 15 février 1537 n. s. Arch. nat., X¹ᵃ 8613, fol. 18 v°. 2 pages 1/2.
> *Arrêt d'enregistrement.* Idem, X¹ᵃ 4902, Plaidoiries, fol. 415.
> *Enreg. à la Chambre des Comptes de Paris,* le 4 juillet 1537.
> *Enreg. à la Cour des Aides.* Copie collationnée faite par ordre de ladite cour. Arch. nat., Z¹ᵃ 526.
> *Idem.* Recueil Cromo, U. 665, fol. 280. (Mention.)
> Imp. *Registres des délibérations du Bureau de la ville de Paris,* in-4°, t. II, 1886, p. 305.

31 octobre.

32.

8681. Confirmation de statuts dressés par le chapitre
d'Autun pour l'affectation de deux prébendes
aux quatre sous-chantres de l'église d'Autun.
Lyon, octobre 1536.

1536.
Octobre.

> *Enreg. à la Chancellerie de France. Arch. nat.,*
> *Trésor des Chartes, JJ. 249¹, n° 153, fol. 54 v°.*
> *1 page 1/2.*

8682. Établissement de cinq foires annuelles et d'un
marché hebdomadaire à la Bussière et à Ville-
plate, lieux contigus, dans le comté de Gien.
Lyon, octobre 1536.

Octobre.

> *Enreg. à la Chancellerie de France. Arch. nat.,*
> *Trésor des Chartes, JJ. 249¹, n° 158, fol. 56 v°.*
> *1 page.*

8683. Confirmation des privilèges des ouvriers en
draps d'or et d'argent, soie, velours, satins,
damas et taffetas de la ville de Lyon. Lyon,
octobre 1536.

Octobre.

Lettres de relief d'adresse au Parlement de
Paris pour l'enregistrement desdites lettres.
Fontainebleau, 26 juin 1537.

> *Enreg. au Parl. de Paris, sans date (entre le*
> *14 août et le 7 septembre 1537). Arch. nat., X¹ᵃ 8613,*
> *fol. 64, 66. 4 pages.*
> *Enreg. à la Chancellerie de France. Arch. nat.,*
> *Trésor des Chartes, JJ. 249¹, n° 160, fol. 57 v°.*
> *2 pages.*
> *Copie du XVI° siècle. Bibl. nat., ms. fr. 2702,*
> *fol. 221 v°.*
> *Copies. Arch. de la ville de Lyon, AA. 151,*
> *fol. 56, 57, et série HH.*

8684. Lettres de naturalité accordées à Jean Falco,
docteur régent en la faculté de médecine de
Montpellier, natif d'Alcolea, au royaume d'Aragon. Lyon, octobre 1536.

Octobre.

> *Enreg. à la Chambre des Comptes de Montpellier.*
> *Archives départ. de l'Hérault, B. 341, fol. 102.*
> *3 pages 1/2.*

8685. Provisions de l'office de bailli du comté de Charolais pour Jean de Plaisance, seigneur de

Octobre.

Verrey, en remplacement de Claude de Salins, 1536.
décédé. Lyon, octobre 1536.

> *Reçu le 13 novembre suivant.*
> *Enreg. au Parl. de Dijon. Arch. de la Côte-d'Or,*
> *Parl., reg. II, fol. 142 v°.*

8686. Lettres portant bail à titre de fief à François   Octobre.
    Robert, conducteur des harnais du roi, de
    27 acres de terre situées en la forêt de Bre-
    teuil, à la charge de 22 sous 6 deniers de rede-
    vance par acre. Octobre 1536.

> *Enreg. à la Chambre des Comptes de Paris, le*
> *25 janvier 1537 n. s. Arch. nat., invent. PP. 136,*
> *p. 439. (Mention.)*

8687. Déclaration portant que la traite foraine des   3 novembre.
    marchandises du pays de Languedoc sera ac-
    cordée moyennant certains droits à payer.
    Châtellerault, 3 novembre 1536.

> *Enreg. au Parl. de Toulouse. Arch. de la Haute-*
> *Garonne, Édits, reg. 4, fol. 73. 3 pages 1/2.*

8688. Lettres confirmatives de la bulle portant colla-   5 novembre.
    tion et provisions, en faveur du cardinal
    Du Bellay, évêque de Paris, abbé commenda-
    taire de Lérins, de tous les bénéfices, évêchés
    et abbayes dont il est pourvu. 5 novembre
    1536.

> *Arch. départ. des Alpes-Maritimes, anc. invent.*
> *H. 1290. (Mention.)*

8689. Mandement aux maire et échevins de Dijon de   8 novembre.
    presser le versement d'un emprunt de 3,000
    livres qui leur a été demandé. Loches, 8 no-
    vembre 1536.

> *Original. Arch. municipales de Dijon, Trésor des*
> *Chartes, L.*

8690. Mandement à la Chambre des Comptes de Bre-   11 novembre.
    tagne lui ordonnant de contraindre les comp-
    tables à rendre leurs comptes dans les deux
    mois qui suivent deux années de gestion. Lo-
    ches, 11 novembre 1536.

> *Imp. A. de La Gibonays, Recueil des édits... con-*
> *cernant la Chambre des Comptes de Bretagne. Nantes,*
> *1721, in-fol., t. I, 2ᵉ part., p. 68.*

8691. Nomination de Pierre Marchier en qualité de concierge, geôlier et garde des prisons de Digne. Bléré, 13 novembre 1536.

1536.
13 novembre.

> *Enreg. au Parl. de Provence. Arch. de la cour à Aix, Lettres royaux, reg. 2, in-fol. de 1,026 feuillets, fol. 464.*

8692. Lettres de surannation pour la confirmation des privilèges de la ville de Blaye. 15 novembre 1536.

15 novembre.

> *Expédition originale. Arch. muncip. de Blaye, AA 11.*

8693. Contrat de mariage de Jacques Stuart, roi d'Écosse, avec Madeleine de France, fille de François Ier, portant don aux époux du comté de Gien. Blois, 16 (*aliàs* 26) novembre 1536.

16 novembre.

> *Enreg. à la Chambre des Comptes de Paris, anc. mém. 2 H, fol. 1. Arch. nat., P. 2537, fol. 292, et P. 2558, fol. 282. 7 pages.*
> *Copie collationnée du xviiie siècle. Arch. nat., K. 171, n° 15 (au 26 novembre).*
> *Imp. F. Léonard, Traitez de paix et d'alliance, t. II, p. 397.*
> *J. Du Mont. Corps universel diplomatique, etc. Amsterdam, 1726, in-fol., t. IV, part. II, p. 148. (Sous la date du 26 novembre.)*

8694. Commission donnée à Pierre Lizet, premier président du Parlement, Aymar Nicolaï, premier président de la Chambre des Comptes, et Augustin de Thou, président des enquêtes, de vendre ou engager une portion du domaine royal, des aides ou gabelles, jusqu'à concurrence de 100,000 livres, pour servir à la ville de Paris la rente de pareille somme qu'elle avait prêtée au roi pour résister aux entreprises de l'empereur. Amboise, 17 novembre 1536.

17 novembre.

> *Original. Arch. nat., K. 954, n° 68.*
> *Copie insérée dans le contrat de vente. Arch. nat., H. 2151.*

8695. Don au comte de Tende, grand sénéchal de Provence, des revenus et droits de la seigneurie de Marignane pour dix ans, avec défense de tou-

18 novembre.

cher aux bois de haute futaie. Amboise, 18 no-   1536.
vembre 1536.

> *Enreg. au Parl. de Provence. Arch. de la cour*
> *à Aix, Lettres royaux, reg. 2, in-fol. papier de*
> *1,026 feuillets, fol. 416 v°.*

8696. Provisions de l'office de juge mage en la séné-   19 novembre.
chaussée de Beaucaire et de Nîmes pour Gail-
lard de Montcalm, en remplacement de Jean
de Montcalm. Amboise, 19 novembre 1536.
Il est reçu et prête serment au Parlement de
Toulouse le 15 janvier 1537 n. s.

> *Enreg. au Parl. de Toulouse. Arch. de la Haute*
> *Garonne, Édits, reg. 4, fol. 75.*

8697. Ordonnance du Parlement touchant la réforme   20 novembre.
de la justice, intitulée : «Articles des injonc-
tions, défenses et déclarations faictes et publiées en la court pour l'abréviation de la
justice ès causes venans en ladite court ; obser-
vance, entretenement et plus facile execution
des ordonnances royaulx ». Publiée en jugement, le 20 novembre 1536.

> *Arch. nat., Parl. de Paris, X^{1a} 8612, fol. 383.*
> 8 pages.

8698. Pouvoir donné à Oudart Hennequin, évêque de   25 novembre.
Troyes, et à Jean de Dinteville, bailli de
Troyes, de lever, par forme d'emprunt et
d'engagement, sur les habitants de cette ville
la somme de 25,000 livres tournois. 25 novembre 1536.

> *Enreg. à la Cour des Aides de Paris. Arch. nat.,*
> *recueil Cromo, U. 665, fol. 275. (Mention.)*

8699. Lettres confirmatives de l'ordonnance rendue par   27 novembre.
la cour du sénéchal de Beaucaire sur le prix du
bétail. Saint-Germain-en-Laye, 27 novembre
1536.

> *IMP. Samuel Descorbiac, Recueil général des*
> *édicts, déclarations, arrests, reglemens notables entre*
> *les baillifs, seneschaux, magistrats presidiaux, etc.*
> *Paris, R. Fouët, 1638, in-fol., p. 825.*

8700. Déclaration portant règlement pour les prix et   29 novembre.

cours des monnaies étrangères. Paris, 29 no-   1536.
vembre 1536.

> *Enreg. à la Chambre des Comptes de Grenoble le*
> *14 janvier suivant.*
> IMP. G. Blanchard, *Compilation chronologique, etc.*
> Paris, 1715, in-fol., col. 508. (*Mention.*)

8701. Déclaration portant règlement pour la foire   29 novembre.
franche de la ville de Troyes. Paris, 29 no-
vembre 1536.

> *Enreg. à la Chambre des Comptes de Paris*, anc.
> mém. 2 H, fol. 38. *Arch. nat.*, invent. PP. 136,
> p. 440. (*Mention.*)
> IMP. G. Blanchard, *Compilation chronologique, etc.*
> Paris, 1715, in-fol., col. 508. (*Mention.*)

8702. Lettres de privilèges, exemption de droits sur   Novembre.
les vins, exemption de gabelles pour un setier
de sel par personne et par an, attribution de
leurs causes aux requêtes de l'hôtel et à la pré-
voté de Paris, pour les vingt-quatre conseillers
de la ville de Paris. Loches, novembre 1536.

> *Original. Arch. nat.*, K. 954, n° 69.
> *Enreg. au Parl. de Paris, sauf réserve, le 22 février*
> *1537 n. s. Arch. nat.*, X¹ᵃ 8613, fol. 23. 3 pages.
> *Arrêt d'enregistrement. Idem*, X¹ᵃ 4902, Plaidoi-
> ries, fol. 458.
> *Enreg. à la Chambre des Comptes de Paris*,
> *le 3 mars 1537 n. s. Arch. nat.*, P. 2306, p. 435.
> 6 pages.
> *Enreg. à la Cour des Aides, le 14 mars 1537 n. s.*
> *Arch. nat.*, recueil Cromo, U, 665, fol. 272.
> *Enreg. au Châtelet de Paris, Bannières. Arch.*
> *nat.*, Y. 9, fol. 74 v°. 4 pages.
> *Enreg. au Bureau de la ville de Paris, le 29 no-*
> *vembre 1536. Arch. nat.*, H, 1779, fol. 243 v°.
> IMP. Pièce in-4°. Paris, Pierre Rocolet, imp. de
> la maison de la ville, en la galerie des prisonniers,
> aux armes de la ville, 1628. *Arch. nat.*, AD. I 19.
> — *Bibl. nat.*, Lf⁸⁷ 18. 9 pages.
> *Registres des délibérations du Bureau de la ville de*
> *Paris*, in-4°, t. II, 1886, p. 307.

8703. Confirmation des privilèges, franchises et libertés   Novembre.
des habitants de Sauveterre en Agénais. Lo-
ches, novembre 1536.

> *Enreg. à la Chancellerie de France. Arch. nat.*,
> *Trésor des Chartes*, JJ. 249¹, n° 176, fol. 62.
> 1 page.

8704. Ordonnance fixant à trente-six le nombre des notaires royaux de Marseille et réservant leur nomination au roi. Donné à . . . au mois de . . . 1536.[1]

> *Enreg. à la Chancellerie de France. Arch. nat., Trésor des Chartes, JJ. 249¹, n° 178, fol. 62 v°. 2 pages.*

1536. Novembre.

8705. Création d'un maître de chaque métier dans toutes les villes du royaume, à l'occasion de l'avènement de Henri, fils du roi, au titre de dauphin, et pouvoir donné à Louis de Clèves, comte d'Auxerre, d'en faire les provisions. Chamerolles, 3 décembre 1536.

> *Enreg. au Parl. de Paris, le 18 décembre 1536. Arch. nat., X¹ª 8643, fol. 98. 1 page 1/3.*
> *Arrêt d'enregistrement. Idem, X¹ª 4902, Plaidoiries, fol. 201 v°.*

3 décembre.

8706. Ratification d'un contrat passé entre Gabriel de La Châtre, seigneur de Nançay, au nom du roi, d'une part, et les maire, échevins et bourgeois d'Orléans, d'autre. En échange d'une somme de 24,000 livres, qu'ils ont prêtée au roi, il leur est donné un titre de 2,000 livres de rente annuelle, sauf faculté de rachat à perpétuité. Fontainebleau, 5 décembre 1536.

> *Enreg. au Parl. de Paris le 19 du même mois. Arch. nat., X¹ª 8643, fol. 1. 9 pages 1/2.*
> *Arrêt d'enregistrement. Idem, X¹ª 4902, Plaidoiries, fol. 216.*
> *Enreg. à la Chambre des Comptes et à la Cour des Aides, le 20 avril 1537. Arch. nat., recueil Crômo, U. 665, fol. 274. (Mention, sous la date du 5 septembre 1536.)*

5 décembre.

8707. Déclaration permettant aux régnicoles de trafiquer avec les étrangers et aux étrangers de venir négocier en France, à charge de payer les droits accoutumés. Fontainebleau, 5 décembre 1536.

> *Original. Arch. de la ville de Lyon, série CC.*
> *Bibl. nat., collection Doat, t. I, fol. 214. (Mention.)*

5 décembre.

[1] La date est en blanc; mais l'ordonnance se trouve entre deux actes de novembre 1536.

III.

33

8708. Commission à Barthélemy de Chasseneux, pré- 1536,
  sident au Parlement de Provence, à Balthazar 5 décembre.
  de Jarente, évêque de Vence, président de la
  Chambre des Comptes, et à Charles du Plessis
  de se transporter à Marseille, près les États de
  Provence, et de leur demander, comme sub-
  vention de guerre à fournir au roi, un impôt
  de 15 florins par feu, monnaie du pays. Fontainebleau, 5 décembre 1536.

> *Enreg. au Parl. de Provence. Arch. de la cour
> à Aix, Lettres royaux, reg. 2, in-fol. papier de
> 1,026 feuillets, fol. 498.*

8709. Lettres permettant aux capitouls de Toulouse 10 décembre.
  d'imposer sur tous les possesseurs de biens
  ruraux de la ville, gardiage et viguerie, sans
  distinction de privilégiés, la somme de 1,000 livres tournois de rente achetée sur le domaine
  royal. Fontainebleau, 10 décembre 1536.

> *Copie. Arch. municipales de Toulouse, ms. 439,
> fol. 280.*

8710. Lettres portant nomination de trois notaires à
  Marseille, Pierre d'Escalis, Jean Sicole et Acasse 10 décembre.
  Rambert, en conséquence de l'édit réduisant
  à trente-six le nombre des notaires de cette
  ville et en réservant la nomination au roi (ci-
  dessus, n° 8704). Fontainebleau, 10 décembre
  1536.

> *Enreg. au Parl. de Provence. Arch. de la cour à
> Aix, Lettres royaux, reg. 2, in-fol. papier de
> 1,026 feuillets, fol. 677-684.*

8711. Assignation d'une rente de 500 livres sur les re- 13 décembre.
  venus du greffe ordinaire de Rennes, en faveur
  de Jean d'Espinay, seigneur du Boisduloup,
  pour en jouir pendant dix ans. Fontainebleau,
  13 décembre 1536.

> *Enreg. à la Chambre des Comptes de Bretagne.
> Archives de la Loire-Inférieure, B. Mandements
> royaux, II, fol. 122.*

8712. Lettres interdisant à la marquise de Trans de 15 décembre.
  vendre ou aliéner aucune partie du domaine

de Trans, au préjudice du marquis de Trans, son fils aîné. Fontainebleau, 15 décembre 1536.

1536.

> Enreg. au Parl. de Provence. Arch. de la cour à Aix, Lettres royaux, reg. 2, in-fol. de 1,026 feuillets, fol. 642 v°.

8713. Provisions de l'office de receveur du bailliage de Dijon et des châtellenies de Chenôve et de Talant pour Jean Bonneaut, en remplacement et sur la résignation de Nicolas Raviet. Fontainebleau, 18 décembre 1536.

18 décembre.

> Enreg. par analyse à la Chambre des Comptes de Dijon le 9 janvier suivant. Arch. de la Côte-d'Or, B. 19, fol. 9.

8714. Lettres concernant les droits et prérogatives d'Antoine de Rochechouart, sénéchal de Toulouse, établi lieutenant en Languedoc, en l'absence du sieur de Montmorency, grand maître de France. Fontainebleau, 20 décembre 1536.

20 décembre.

> Enreg. au Parl. de Toulouse. Arch. de la Haute-Garonne, Édits, reg. 4, fol. 65. 2 pages.

8715. Lettres obtenues par Jean de Tudert, prieur commendataire de Saint-André de Mirebeau, pour faire ajourner devant le sénéchal de Mirebeau ou son lieutenant tous les sujets et débiteurs du prieuré, tant nobles que gens d'église et autres, et faire procéder devant lui de quinzaine en quinzaine, sans attendre les assises. Paris (sic), 20 décembre 1536.

20 décembre.

> Original. Arch. de la Vienne, Prieurés, liasse 33.

8716. Provisions de l'office de gouverneur de Montpellier en faveur de Pierre de Bourdie, seigneur de Villeneuve. Fontainebleau, 21 décembre 1536.

21 décembre.

> Enreg. au Parl. de Toulouse. Arch. de la Haute-Garonne, Édits, reg. 4, fol. 76. 1 page 1/2.

8717. Lettres portant règlement de gages pour le lieutenant du sénéchal, l'avocat et le procureur du roi au siège de Marseille. Fontainebleau, 22 décembre 1536.

22 décembre.

> Enreg. au Parl. de Provence. Arch. de la cour à

33.

Aix, Lettres royaux, reg. pet. in-fol. de 253 feuillets, fol. 68.

*Enreg. à la Chambre des Comptes de Provence.
Arch. des Bouches-du-Rhône, B. 33 (Arietis), fol. 223.
2 pages.*

1536.

8718. Lettres en faveur de Laurent de Mabbe[1], médecin de la reine, natif de Bouchaute en Flandre, au pays des Quatre-métiers, habitant à Orléans, lui permettant de résider, de pratiquer et d'acquérir des biens dans le royaume, comme les régnicoles, sans qu'il soit tenu de se faire délivrer des lettres de naturalisation. Fontainebleau, 23 décembre 1536.

23 décembre.

*Enreg. à la Chambre des Comptes de Paris, le 15 janvier suivant. Arch. nat., P. 2537, fol. 261.
2 pages.*

8719. Lettres adressées au duc de Vendôme, lieutenant général en Picardie, lui ordonnant d'exécuter les lettres patentes du 13 avril précédent (n° 8402), accordant aux habitants de Cambrai la neutralité. Fontainebleau, 24 décembre 1536.

24 décembre.

Copie du xvi° siècle. Bibl. nat., coll. Dupuy, t. 570, fol. 37.

8720. Nouvelles lettres relatives aux gages du lieutenant du sénéchal, du procureur et de l'avocat du roi au siège de Marseille. Fontainebleau, 27 décembre 1536.

27 décembre.

*Enreg. à la Chambre des Comptes de Provence. Arch. des Bouches-du-Rhône, B. 33 (Arietis), fol. 117 v°.
2 pages.*
(Voir ci-dessus au 22 décembre, n° 8717.)

8721. Lettres de ratification et mandement pour l'enregistrement d'un contrat de vente faite par Pierre Lizet, premier président du Parlement, Aymar Nicolaï, premier président de la Chambre des Comptes, et Augustin de Thou, président des enquêtes, commissaires du roi, aux pré-

30 décembre.

[1] Ce nom est aussi écrit de Nabbé dans un autre endroit des mêmes lettres; mais le médecin de la reine est appelé Laurent Crabbe dans un acte du 15 septembre 1537 (n° 9311).

vôt des marchands et échevins de Paris, de
8,333 livres, à prendre chaque année, savoir
5,000 sur la ferme de l'imposition du poisson
de mer et du poisson d'eau douce, et 3,333
sur la ferme du huitième du vin vendu au
détail, pour leur servir la rente au denier
douze de 100,000 livres qu'ils ont prêtées
au roi. (Paris, 26 décembre 1536.) Paris,
30 décembre 1536.

Original, Arch. nat., H. 2151.
Enreg. au Parl. de Paris, le 25 janvier 1537 n. s.
Arch. nat., X¹ª 8613, fol. 10 et 15. 14 pages.

8722. Édit portant qu'il n'y aura désormais à Narbonne
qu'un seul auditoire, un seul juge et un seul
viguier. Fontainebleau, décembre 1536.

Enreg. à la Chancellerie de France. Arch. nat.,
Trésor des Chartes, JJ. 249ᶦ, n° 182, fol. 64.
2 pages.

8723. Confirmation, en faveur de Robert de La
Marck, seigneur de Sedan, du don fait à son
père des châtellenies et seigneuries de Château-Thierry et de Châtillon-sur-Marne. Fontainebleau, décembre 1536.

Enreg. à la Chancellerie de France. Arch. nat.,
Trésor des Chartes, JJ. 250, n° 15, fol. 5.
3 pages.
Enreg. à la Chambre des Comptes de Paris, anc.
mém. coté 2 H, fol. 73. Arch. nat., invent. PP. 136,
p. 441. (Mention.)

8724. Don à Jean Maillard de la sergenterie de Glos-
la-Ferrière en Normandie, à titre héréditaire.
Fontainebleau, décembre 1536.

Enreg. à la Chancellerie de France. Arch. nat.,
Trésor des Chartes, JJ. 254, n° 19, fol. 5 v°.
1 page.

8725. Provisions de l'office de garde de la forêt de
Malessart, au bailliage de Mâcon, pour Jacques
Thorier, en remplacement d'Antoine Faye, dé-
cédé. 1536.

Enreg. par analyse à la Chambre des Comptes de
Dijon, le 7 juillet 1536. Arch. de la Côte-d'Or, B. 19,
fol. 8 v°.

1536.

Décembre.

Décembre.

Décembre.

1536.

8726. Provisions de l'office de receveur des exploits et amendes du Parlement de Dijon pour Sébastien Duchemin, en remplacement de Claude Duchamp. 1536. — 1536.

> *Enreg. par analyse à la Chambre des Comptes de Dijon, le 12 août 1536. Arch. de la Côte-d'Or, B. 19, fol. 9.*

8727. Lettres portant exemption de tous péages pour les matériaux servant à la construction du pont du Rhône et aux fortifications de la ville de Lyon. 1536. — 1536.

> *Minute. Archives de la ville de Lyon, série CC.*

1537. — Pâques, 1er avril.

1537.

8728. Lettres portant continuation pour six ans, aux Filles-Dieu de Paris, du don de quatre amendes de 60 livres chacune par an. Paris, 4 janvier 1536. — 4 janvier.

Exécutoire de la Chambre des Comptes, du 24 janvier 1536.

> *Enreg. à la Chambre des Comptes de Paris. Arch. nat., P. 2306, p. 419. 3 pages 1/2.*

8729. Lettres donnant pouvoir au comte de Saint-Pol, gouverneur du Dauphiné, de faire lever par ses agents les 4,000 ducats dus au roi par les communautés briançonnaises et qui lui sont attribués chaque année. Paris, 4 janvier 1536. — 4 janvier.

> *Enreg. au Parl. de Grenoble, le 20 février 1537 n. s. Arch. de l'Isère. Chambre des Comptes de Grenoble, B. 2910, cah. 37. 11 pages.*

8730. Ratification de la vente faite au nom du roi par le cardinal de Tournon, archevêque de Bourges, lieutenant général en Lyonnais, aux conseillers, échevins et habitants de Lyon, le 24 décembre 1536, des impositions, aides et gabelles, et trois impositions foraines de leur ville, moyennant la somme de 8,473 livres 4 sous tournois, payable chaque année, avec — 5 janvier.

faculté de rachat perpétuel, et mandement au
Parlement pour l'enregistrement de ce contrat.
Paris, 5 janvier 1536.

1537.

> Enreg. au Parl. de Paris le 8 janvier suivant. Arch.
> nat., X¹ᵃ 8613, fol. 5 v° et 8 v°. 7 pages.
> Arrêt d'enregistrement. Idem, X¹ᵃ 4902, Plaidoi-
> ries, fol. 236.
> Enreg. à la Cour des Aides, le 19 janvier 1537 n. s.
> Arch. nat., recueil Cromo, U. 665, fol. 269. (Men-
> tion.)
> Copie du xvıᵉ siècle. Bibl. nat., ms. fr. 2702,
> fol. 187 v°.
> Copies. Archives de la ville de Lyon, séries AA.
> 151, fol. 127, et CC.

8731. Déclaration portant règlement pour les gages
des contrôleurs des tailles et aides. Paris, 6 janvier 1536.

6 janvier.

> Enreg. à la Chambre des Comptes de Paris, anc.
> mém. coté 2 H, fol. 127. Arch. nat., invent. PP.
> 136, p. 442. (Mention.)
> Imp. Blanchard, Compilation chronologique, etc.,
> in-fol., t. I, col. 509. (Mention.)

8732. Don à François Miron, médecin de Messeigneurs,
du droit d'aubaine échu au roi sur une maison
sise au faubourg du Foix, à Blois, près du
jardin du cimetière Saint-Nicolas, ayant appartenu à un nommé Jean Jourdain. 6 janvier
1536.

6 janvier.

> Rôle d'expéditions du 27 août 1537. Arch. nat.,
> Acquits sur l'épargne, J. 962, n° 35, anc. J. 961,
> n° 116. (Mention.)

8733. Lettres de sauf-conduit en faveur de Laurent
del Bigna et de Bernard Uguessoni, marchands
florentins, allant en Espagne pour leurs affaires avec deux serviteurs. Paris, 7 janvier
1536.

7 janvier.

> Copie. Arch. municip. de Toulouse, ms. 153,
> p. 846.

8734. Lettres portant renvoi au Parlement de Paris du
procès pendant entre les échevins de Lyon et
leur receveur, Charles de La Bessée. Paris,
8 janvier 1536.

8 janvier.

> Original. Arch. de la ville de Lyon, série FF.

8735. Lettres autorisant la ville de Lyon à affecter aux dépenses occasionnées par la peste, la famine et l'émeute une partie des deniers levés pour les fortifications. Paris, 10 janvier 1536.

Original. Arch. de la ville de Lyon, série EE. Copies, id., séries AA. 151, CC. 879, GG.

1537.
10 janvier.

8736. Lettres accordant à Jacques Fabri (Du Faur) les dispenses nécessaires pour exercer à la fois son office de conseiller clerc au Parlement et celui de vicaire général de l'archevêque de Toulouse. Paris, 13 janvier 1536.

Enreg. au Parl. de Toulouse. Arch. de la Haute-Garonne, Édits, reg. 4, fol. 79. 1. page 1/2.

13 janvier.

8737. Donation de la terre et seigneurie de Dinan en Bretagne à Claude d'Annebaut, pour en jouir pendant dix ans, en récompense de ses services pendant les dernières guerres. Paris, 14 janvier 1536.

Enreg. à la Chambre des Comptes de Bretagne. Archives de la Loire-Inférieure, B. Mandements royaux, II, fol. 113.

14 janvier.

8738. Lettres accordant à divers fermiers de droits judiciaires des diminutions de prix sur leurs fermes, en considération des pertes que la guerre leur a fait subir. Paris, 14 janvier 1536.

Enreg. au Parl. de Provence. Arch. de la cour à Aix, Lettres royaux, reg. pet. in-fol. de 253 feuillets, fol. 72.

14 janvier.

8739. Mandement aux maîtres rationaux de Provence de faire donner décharge complète, par le receveur particulier d'Aix, aux fils et héritiers de Jean Toussaint, fermier des droits, profits et émoluments de la ville de Castellane. Paris, 14 janvier 1536.

Enreg. au Parl. de Provence Arch. de la cour à Aix, Lettres royaux, reg. 2, in-fol. de 1,026 feuillets, fol. 581.

14 janvier.

8740. Lettres ordonnant l'aliénation des aides de la ville de Troyes. 14 janvier 1536.

Enreg. à la Cour des Aides, le 3 mars 1537 n. s. Arch. nat., recueil Cromo, U. 665, fol. 274. (Mention.)

14 janvier.

8741. Mandement aux trésoriers de France et aux conseillers au Trésor de faire procéder à la saisie de tous les fiefs et arrière-fiefs mouvants du roi à cause de son comté de Clermont. 14 janvier 1536.

1537.
14 janvier.

> *Bibl. nat.*, ms. Moreau, t. 1419, fol. 126. (*Mention.*)
> *Imp. Recueil de plusieurs édits, lettres patentes, déclarations, arrests, etc., concernant la juridiction de la Chambre du Thresor.* Paris, P. Métayer, 1641, in-fol. p. 107. (*Mention, dans une commission donnée en conséquence par lad. Chambre, le 3 mars suivant.*)

8742. Déclaration portant que la moitié des amendes infligées par les réformateurs institués au fait des gabelles sera dévolue au roi, et l'autre moitié aux réformateurs pour leurs gages et salaires. Paris, 15 janvier 1536.

15 janvier.

> *Enreg. à la Chambre des Comptes de Paris; le 30 janvier 1537 n. s., anc. mém. coté 2 H, fol. 51, et à la Cour des Aides, le 5 février 1537 n. s.*
> *Copie du XVII͏ᵉ siècle. Arch. nat., Cour des Aides, Z¹ᵃ 205, fol. 191.*
> *Copie collationnée faite par ordre de la Cour des Aides, le 7 septembre 1779. Arch. nat., Z¹ᵃ 526.*

8743. Don à la maréchale de Châtillon du revenu du treillis du Châtelet de Paris. Paris, 15 janvier 1536.

15 janvier.

> *Imp. Du Bouchet, Preuves de l'hist. de l'illustre maison de Coligny.* Paris, 1662, in-fol., p. 345.

8744. Commission à Charles de Pierrevive, trésorier de France, pour garder les vaisselles d'or et d'argent, les joyaux et autres effets de la couronne. Paris, 16 janvier 1536.

16 janvier.

> *Imp. Guillaume Lévesque, Chartres, lettres, titres et arrests, etc., des notaires et gardenottes du roy au Chastelet.* Paris, 1663, in-4°, p. 234.
> S.-F. Langloix, *Traité des droits, privilèges, etc., des notaires, gardes-notes et gardes-scel de S. M. au Châtelet.* Paris, 1738, in-4°, p. 117.

8745. Mandement à Guillaume Prudhomme, trésorier de l'épargne, lui ordonnant de payer à Regnaut Danet, marchand orfèvre demeurant à

16 janvier.

IMPRIMERIE NATIONALE.

Paris, la somme de 1,836 livres tournois pour
différents bijoux qui lui ont été achetés. Paris,
16 janvier 1536.

1537.

> *Original. Bibl. nat., ms. fr. 25721, n° 466.*

8746. Lettres de création d'un maître de chaque métier dans toutes les villes du royaume, à
l'occasion du mariage de Jacques, roi d'Écosse,
avec Madeleine de France, fille de François Iᵉʳ.
Paris, 18 janvier 1536.

18 janvier.

> *Enreg. au Parl. de Paris, sauf réserves, le 30 jan-
> vier 1537 n. s. Arch. nat., X¹ᵃ 8613, fol. 17 v°.*
> *1 page 1/2.*
> *Arrêt d'enregistrement. Idem, X¹ᵃ 4902, Plaidoi-
> ries, fol. 372.*
> *Enreg. au Parl. de Bordeaux, le 16 juin 1537.
> Arch. de la Gironde, B. 30 bis, fol. 366. 3 pages.*
> *Enreg. au Parl. de Toulouse, le 22 janvier 1538
> n. s., avec exemption des orfèvres, apothicaires, chi-
> rurgiens et serruriers. Arch. de la Haute-Garonne,
> Édits, reg. 4, fol. 103. 2 pages.*
> *Copie. Archives municip. de Toulouse, ms. 153,
> p. 860.*
> (Voir le 4 août 1537, n° 9206.)

8747. Évocation au Grand conseil du procès relatif
à la juridiction du lieu de Boulbon, pendant
entre le vicomte de Cadenet et les religieuses
de Sainte-Claire de Tarascon. Paris, 19 janvier 1536.

19 janvier.

> *Enreg. au Parl. de Provence. Arch. de la cour
> à Aix, Lettres royaux, reg. 2, in-fol. papier de
> 1,026 feuillets, fol. 574 v°.*

8748. Don à Jean, bâtard du Fay, maître d'hôtel ordinaire du roi, de 2,000 livres tournois à
prendre sur les droits seigneuriaux échus au
roi à cause de la terre et seigneurie de Bou-
ville, au pays de Caux. 19 janvier 1536.

19 janvier.

> *Enreg. à la Chambre des Comptes de Paris, anc.
> mém. 2 H, fol. 58. Arch. nat., invent. PP. 136,
> p. 442. (Mention.)*

8749. Lettres portant règlement pour les privilèges des
proconsuls, sénateurs, marchands, anciens,
aldermans, manants et habitants des villes et

20 janvier.

cités de la Hanse teutonique. Paris, 20 janvier 1536.

> Imp. Fr. Léonard, Recueil des traités de paix,
> t. II, p. 664.
> J. Dumont, Corps universel diplomatique, etc.
> Amsterdam, 1726, in-fol., t. IV, part. II, p. 150,
> col. 2.

1537.

8750. Confirmation et règlement pour l'exécution de
l'indult accordé par le pape Paul III à Philippe
de La Chambre, dit de Bologne, cardinal
prêtre du titre de Saint-Martin-des-Monts,
évêque de Belley et abbé de Saint-Pierre de
Corbie (Rome, le 4 des nones de décembre
1535), pour la collation des bénéfices dépendants de son évêché et de ses abbayes. Paris,
21 janvier 1536.

21 janvier.

> Enreg. au Parl. de Paris le 20 février suivant.
> Arch. nat., X¹ᵃ 8613, fol. 20. 5 pages 1/2.
> Imp. [Dupuy], Preuves des libertés de l'Église
> gallicane, 3ᵉ édition. Paris, 1651, 2 vol. in-fol.,
> 3ᵉ partie, p. 143.
> [Lemère], Recueil des actes, titres et mémoires
> concernant les affaires du clergé de France, etc.,
> divisé en douze tomes. Paris, 1716-1750, in-fol.,
> t. X, col. 979.

8751. Mandement au trésorier de l'épargne de payer
1,125 livres à Guillaume de Dinteville, envoyé à Rome et à Venise porter aux ambassadeurs [Charles Hémard de Denonville],
cardinal, évêque de Mâcon, et [Georges d'Ar-
magnac], évêque de Rodez, des lettres du roi.
Paris, 21 janvier 1536.

21 janvier.

> Bibl. nat., ms. Clairambault 1215, fol. 75 v°.
> (Mention.)

8752. Ordonnance réduisant à deux le nombre des
sessions annuelles de la Chambre des Comptes
de Bretagne, la première commençant le len-
demain de Quasimodo, et la seconde le 1ᵉʳ octobre. Paris, 22 janvier 1536.

22 janvier.

> Arch. de la Loire-Inférieure, Recueil des chartes
> de la Chambre des Comptes de Bretagne, vol. I, fol. 54.
> Imp. Artur de La Gibonays, Recueil des édits,

— 268 —

ordonnances... concernant la Chambre des Comptes
de Bretagne. Nantes, 2 vol. in-fol., 1721, t. I,
3° partie, p. 63.

1537.

8753. Lettres portant que les religieuses Cordelières
du couvent de Sainte-Claire du monastère du
Mont-Sainte-Catherine, près Provins, seront
payées sur les droits de coutume dudit lieu
de Provins d'une somme de 74 livres 11 sous
8 deniers, partie de la rente de 265 livres
tournois qui leur est due chaque année par
fondation royale. Paris, 22 janvier 1536.

22 janvier.

*Enreg. à la Chambre des Comptes de Paris, Arch.
nat., P. 2306, p. 425. 6 pages 1/2.*

8754. Commission à Christophe Ripault, lieutenant
général des Eaux et forêts de Champagne et
de Brie, pour procéder à la réformation des
eaux et forêts de Ris, Vassy, Château-Thierry,
de la Montagne de Reims, et à la répression
des abus. Paris, 22 janvier 1536.

22 janvier.

*Enreg. en la Chambre des forêts, le 11 février 1537.
Arch. nat., Eaux et forêts, Z¹ᵉ 325, fol. 39. 3 pages.*

8755. Ordonnance portant règlement sur un différend
entre les greffiers et huissiers du Parlement de
Bordeaux au sujet de la vérification, de la collation et du transport des sacs et pièces de
procédure produites par les parties. Paris,
24 janvier 1536.

24 janvier.

*Enreg. au Parl. de Bordeaux, le 27 février 1537
n. s. Arch. de la Gironde, B. 30 bis, fol. 278.
5 pages.*

8756. Lettres d'émancipation accordées à Edme de
Prie, âgé de dix-neuf ans, sous la réserve de ne
point aliéner ses biens, tant qu'il sera mineur.
Paris, 24 janvier 1536.

24 janvier.

*Enreg. au Parl. de Paris, sans date, entre un acte
du 30 janvier et un autre du 15 février 1537 n. s.
Arch. nat., X¹ᵃ 8613, fol. 18. 1 page.*

8757. Lettres accordant un répit d'un an pour le payement de ses dettes à Gaspard de Grimaud
(Grimaldi), seigneur d'Antibes, dont la terre
d'Antibes avait été pillée par les ennemis,

24 janvier.

tandis que lui-même avait chargé de gens de pied au service du roi et y dépensait la plus grande partie de son bien. Paris, 24 janvier 1536.

1537.

> *Enreg. au Parl. de Provence. Arch. de la cour à Aix, Lettres royaux, reg. 2, in-fol. papier de 1,026 feuillets, fol. 597.*

8758. Ordonnance réglant les attributions et la juridiction des prévôts des maréchaux relativement à la répression des vagabonds et gens sans aveu, et des brigandages des gens de guerre. Paris, 25 janvier 1536.

25 janvier.

> *Enreg. à la Connétablie. Arch. nat., Z. 3499 (nunc Z¹ᵉ 3), fol. 106. 2 pages.*
> *Imp. Pièce in-fol. Arch. nat., AD.I 19, 3 pages.*
> *Autre pièce. Bibl. nat., Inv. Réserve, F. 1537.*
> *P. Rebuffi, Les édits et ordonnances des rois, etc. Lyon, 1573, in-fol., p. 239.*
> *Fontanon, Édits et ordonnances, etc. Paris, 1611, in-fol., t. I, p. 389.*
> *Pinson de la Martinière, La connétablie et maréchaussée de France, etc. Paris, P. Rocolet, 1661, in-fol., p. 283.*
> *Isambert, Anc. lois françaises. Paris, in-8°, t. XII, 1827, p. 531.*

8759. Confirmation des privilèges donnés par Louis XII et les rois précédents à ceux de la hanse et aux marchands de Lubeck, de commercer et de trafiquer dans le royaume de France, tant par terre que par mer. Paris, 25 janvier 1536.

25 janvier.

> *Imp. Série de traités et d'actes conclus entre la ville libre de Lubeck et la France, depuis 1293. Lubeck, 1837, p. 54.*

8760. Commission au premier des conseillers du Grand conseil pour procéder aux informations dans la cause d'Antoine d'Oraison, vicomte de Cadenet, contre Pierre de Glandèves, sʳ de Faucon. Paris, 25 janvier 1536.

25 janvier.

> *Enreg. au Parl. de Provence. Arch. de la cour à Aix, Lettres royaux, reg. 2, in-fol. papier de 1,026 feuillets, fol. 591 v°.*

8761. Lettres portant que Jehan de Cassanea, juge

28 janvier.

d'appeaux des causes civiles en la sénéchaussée 1537.
de Toulouse, exercera, comme ses prédécesseurs, en vertu de ce titre, l'office de juge des
affaires d'hérésie au siège de l'inquisiteur de
la foi de Toulouse, nonobstant le don de cet
office qui avait été fait par erreur à maître
Julien Taboué. Saint-Germain-en-Laye, 28 janvier 1536.

> *Enreg. au Parl. de Toulouse, avec certaines modi-*
> *fications, le 26 avril 1537. Arch. de la Haute-*
> *Garonne, Édits, reg. 4, fol. 95. 1 page 1/2.*
> *Copie. Arch. municipales de Toulouse, ms. 153,*
> p. 844.

8762. Provisions de l'office de garde de la monnaie de   29 janvier.
Tours pour Jean Luneau, sur la résignation
de Pierre Redon. Saint-Germain-en-Laye,
29 janvier 1536.

> *Vérifiées à la Cour des Monnaies, le 17 mai 1537.*
> *Arch. nat., Z¹ᵇ 548. (Mention.)*

8763. Édit portant création d'un office d'auditeur   30 janvier.
extraordinaire en la Chambre des Comptes de
Grenoble et règlement pour ses fonctions.
Saint-Germain-en-Laye, 30 janvier 1536.

> *Enreg. à la Chambre des Comptes de Grenoble, le*
> *23 août 1537.*
> Imp. Blanchard, *Compilation chronologique, etc.*,
> in-fol., t. I, col. 510. *(Mention.)*

8764. Don à Jacques Hurault, notaire et secrétaire du   30 janvier.
roi, audiencier de la chancellerie de France,
de 8,000 livres tournois pour l'aider à payer
la somme de 25,000 livres, prix de la terre
et seigneurie de Vibraye qu'il a achetée de
Marie de Beaune, sa mère, veuve de Raoul
Hurault, chevalier, général des finances.
30 janvier 1536.

> *Bibl. nat., ms. Clairambault 782, p. 297.*
> *(Mention.)*

8765. Lettres dérogatoires à l'édit de novembre 1531   31 janvier.
(n° 4325), concernant le rétablissement de
douze conseillers supprimés au Parlement de

Toulouse. Saint-Germain-en-Laye, 31 janvier · 1537.
1536.

> *Enreg. au Parl. de Toulouse. Arch. de la Haute-Garonne, reg. 4, fol. 67 v°.*
> *Bibl. nat., ms. fr. 4402, fol. 67, n° 55. (Mention.)*

8766. Mandement à la Chambre des Comptes, lui fai- · 31 janvier.
sant savoir qu'il est fait remise à Antoine de
Beaumont, homme d'armes servant sous les
ordres du seigneur de Bury, d'une amende
de 300 livres tournois à laquelle il avait été
condamné. Saint-Germain-en-Laye, 31 janvier 1536.

> *Original. Bibl. nat., ms. fr. 25721, n° 467.*

8767. Lettres portant que Louis Gayant, conseiller au · 31 janvier.
Parlement de Paris, sera remboursé de la
somme de 6,000 livres tournois, qu'il a prêtée
au roi, par les héritiers de Jean de La Rivière,
receveur des exploits et amendes de la cour.
Saint-Germain-en-Laye, 31 janvier 1536.

> *Enreg. à la Chambre des Comptes, le 12 avril*
> *1537. Arch. nat., P. 2537, fol. 274. (Arrêt d'enre-*
> *gistrement.)*

8768. Lettres d'érection du comté d'Étampes en duché, · Janvier.
et incorporation audit duché des châtellenies
de Dourdan et de la Ferté-Alais. Paris, janvier 1536.

> *Enreg. à la Chancellerie de France. Arch. nat.,*
> *Trésor des Chartes, JJ. 252, n° 18, fol. 7. 1 page.*
> *Enreg. au Parl. de Paris, le 18 janvier 1537*
> *n. s. Arch. nat., X¹ᵃ 8613, fol. 9 v°. 1 page 1/2.*
> *Arrêt d'enregistrement. Idem, X¹ᵃ 4902, Plai-*
> *doiries, fol. 316 v°.*
> *Enreg. à la Chambre des Comptes de Paris. Arch.*
> *nat., P. 2306, p. 899. 2 pages 1/4.*
> *Imp. Dom B. Fleureau, Les antiquités d'Estampes.*
> *Paris, 1683, in-4°, p. 227.*
> *Le P. Anselme, Hist. généal. de la maison de*
> *France. Paris, 1728, in-fol., t. III, p. 133.*
> *Max. de Montrond, Essais historiques sur la ville*
> *d'Étampes. Paris, in-8°, t. II, p. 209.*

8769. Lettres portant règlement pour l'établissement · Janvier.
de l'hôpital des Enfants-Dieu (les Enfants-

Rouges), près le Temple, à Paris, fondé par
Marguerite, reine de Navarre, et doté par
François Ier, à la requête de sa sœur. Paris,
janvier 1536.

> *Enreg. au Parl. de Paris, sauf réserve, le 1er mars
> 1537 n. s. Archives nat., X[1a] 8613, fol. 24 v°.
> 1 page 2/3.*
> *Arrêt d'enregistrement: Idem, X[1a] 4902, fol. 515.*
> *Enreg. au Châtelet de Paris, Bannières. Arch. nat.,
> Y. 9, fol. 73 v°. 2 pages.*
> *Copie du XVIe siècle. Arch. nat., Comptes dudit
> hôpital, KK. 334, fol. 10. 4 pages.*
> *Imp. Dom Félibien, Hist. de la ville de Paris.
> Paris, in-fol., 1725, t. III (Preuves, I), p. 614,
> col. 1.*

1537.

8770. Lettres autorisant les facultés de théologie, de
médecine et des arts à proposer devant le
Parlement de Paris leurs moyens de défense
contre la faculté de décret, touchant le mode
de présentation aux bénéfices. Paris, janvier
1536.

> *Imp. C. Jourdain, Index chronol. chartarum Uni-
> versitatis Parisiensis. Paris, 1862, in-fol., p. 342.*

Janvier.

8771. Confirmation des privilèges, franchises et libertés
octroyés par les rois à l'abbaye de Fonte-
vrault, donnée en faveur de Louise de Bourbon, abbesse. Paris, janvier 1536.

> *Enreg. à la Chancellerie de France. Arch. nat.,
> Trésor des Chartes, JJ. 252, n° 27, fol. 9 v°.
> 1 page 1/2.*
> *Copie collationnée du 26 juillet 1554. Arch. de
> la ville de Reims, fonds du prieuré de Longueau,
> boîte 1re, liasse 1re, n° 6.*
> *Copie du XVIIe siècle. Arch. nat., L. 1018.*

Janvier.

8772. Lettres d'amortissement, en faveur de l'abbaye
de Notre-Dame de Gif, de terres sises à la
Celle-Saint-Cloud, données à l'abbaye par une
religieuse. Paris, janvier 1536.

> *Enreg. à la Chancellerie de France. Arch. nat.,
> Trésor des Chartes, JJ. 250, n° 4, fol. 1 v°. 2 pages.*

Janvier.

8773. Confirmation des lettres de garde gardienne

Janvier.

accordées en 1330 et en 1399 à l'abbaye de 1537.
Neauphle-le-Vieux. Paris, janvier 1536.

Enreg. à la Chancellerie de France. Arch. nat.,
Trésor des Chartes, JJ. 252, n° 49, fol. 17, 2 pages.
Enreg. au Châtelet de Paris, le 20 janvier 1537
n. s. Arch. nat., Bannières, Y. 9, fol. 67 v°. 3 pages.

8774. Création de trois foires annuelles à Acigné en   Janvier.
Bretagne, en faveur de Jean d'Acigné. Paris,
janvier 1536.

Enreg. à la Chancellerie de France. Arch. nat.,
Trésor des Chartes, JJ. 252, n° 57, fol. 20 v°.
1 page.

8775. Permission à Jacques de Bourbon, grand prieur   Janvier.
de France, de faire entourer de murs et de fortifications le bourg de Coulours, siège d'une
commanderie au bailliage de Sens. Paris, janvier 1536.

Enreg. à la Chancellerie de France. Arch. nat.,
Trésor des Chartes, JJ. 252, n° 16, fol. 5 v°. 1 page.

8776. Permission aux habitants de Coulours de s'im-   Janvier.
poser d'une somme de 3,000 livres pour re-
lever leurs fortifications, accordée à la requête
de Jacques de Bourbon, seigneur de Coulours.
Paris, janvier 1536.

Enreg. à la Chancellerie de France. Arch. nat.,
Trésor des Chartes, JJ. 250, n° 7, fol. 3. 2 pages.

8777. Établissement de deux foires par an et d'un   Janvier.
marché chaque semaine à Entramme, au
Maine, en faveur de Gilles de La Pommeraye,
maître d'hôtel du roi, seigneur dudit lieu.
Paris, janvier 1536.

Enreg. à la Chancellerie de France. Arch. nat.,
Trésor des Chartes, JJ. 252, n° 17, fol. 6 v°. 1 page.

8778. Permission aux habitants de Houdan d'entourer   Janvier.
leur ville de murs et de fortifications. Paris,
janvier 1536.

Enreg. à la Chancellerie de France. Arch. nat.,
Trésor des Chartes, JJ. 250, n° 3, fol. 1 v°. 1 page.

8779. Permission aux habitants de Saint-Gondon-sur-   Janvier.
Loire, dans le Gâtinais, d'entourer leur ville

III.   35

de murs, fossés et autres fortifications. Paris,   1537.
janvier 1536.

Enreg. à la Chancellerie de France. Arch. nat.,
Trésor des Chartes, JJ. 252, n° 22, fol. 8. 1 page.

8780. Création de trois foires annuelles à Tartas,   Janvier.
dans les Landes. Paris, janvier 1536.

Enreg. à la Chancellerie de France. Arch. nat.,
Trésor des Chartes, JJ. 252, n° 23, fol. 8 v°. 1 page.

8781. Permission à Pierre Belut, conseiller au Parle-   Janvier.
ment de Paris, de rebâtir rue des Marmousets
une maison autrefois rasée par sentence du
Prévôt de Paris. Paris, janvier 1536.

Imp. Du Breul, Le théâtre des antiquitez de Paris.
Paris, 1612, in-4°, p. 111.
Cl. Malingre, Les antiquitez de la ville de Paris.
Paris, Rocolet, 1640, in-fol., p. 59.
Piganiol de la Force, Description de Paris,
10 vol. in-12. Paris, 1765, t. I, p. 440. (Mention.)

8782. Don à Anne de Pisseleu, comtesse de Pen-   Janvier.
thièvre, de la terre de Limours, confisquée
sur Jean de Poncher, condamné à mort par
les commissaires sur le fait de la réformation
des finances. Paris, janvier 1536.

Enreg. à la Chancellerie de France. Arch. nat.,
Trésor des Chartes, JJ. 252, n° 19, fol. 7. 1 page.

8783. Lettres d'anoblissement en faveur de Louis Mar-   Janvier.
tiné, avocat au Parlement de Paris. Paris,
janvier 1536.

Enreg. à la Chancellerie de France. Arch. nat.,
Trésor des Chartes, JJ. 252, n° 50, fol. 17, v°.
1 page.

8784. Lettres de naturalité en faveur de Mathieu   Janvier.
Stuart, comte de Lenaux (Lennox), et de Jean
Stuart, seigneur de Darle (Darnley). Paris,
janvier 1536.

Enreg. à la Chancellerie de France, Arch. nat.,
Trésor des Chartes, JJ. 252, n° 3, fol. 1 v°, 1 page.

8785. Lettres de naturalité avec pouvoir de disposer   Janvier.
des biens possédés dans le royaume, accor-

dées à Pierre Du Chesne, originaire de Savoie.   1537.
Paris, janvier 1536.

> *Enreg. au Parl. de Paris, sauf réserve, à la suite
> d'un mandement du roi Henri II, le 81 juillet 1549.
> Arch. nat., X¹ᵃ 8616, fol. 292. 2 pages 1/2.*

8786. Lettres de naturalité avec faculté de tenir des   Janvier.
bénéfices en France, accordées à André de
Gonnea, principal du collège de Guyenne à
Bordeaux, natif de Beja en Portugal. Paris,
janvier 1536.

> *Copie du XVIᵉ siècle. Bibl. nat., armoires de Ba-
> luze, t. 18, fol. 233.*

8787. Lettres de naturalité accordées à Jean Guiller-   Janvier.
min et à Antoine et Jean Guillermin, ses
neveux, originaires de Rhodes. Paris, janvier
1536.

> *Enreg. à la Chambre des Comptes de Montpellier.
> Arch. départ. de l'Hérault, B. 341, fol. 108 v°.
> 3 pages.*

8788. Commission adressée à Jean de Sade, seigneur   1ᵉʳ février.
de Mazan, pour la levée des deniers extraor-
dinaires en Provence et leur envoi au Louvre.
Saint-Germain-en-Laye, 1ᵉʳ février 1536.

> *Enreg. au Parl. de Provence. Arch. de la cour à
> Aix, Lettres royaux, reg. pet. in-fol. de 253 feuil-
> lets, fol. 61.*

8789. Confirmation des lettres du 2 octobre 1535   3 février.
(n° 8143) en faveur de l'abbaye de Saint-Victor
de Marseille. Saint-Germain-en-Laye, 3 février
1536.

> *Enreg. au Parl. de Provence. Arch. de la cour
> à Aix, Lettres royaux, reg. 2, in-fol. papier de
> 1,026 feuillets, fol. 572.*

8790. Lettres enjoignant aux élus du royaume de pro-   5 février.
céder à une visite de leurs élections pour vé-
rifier les prétendues exemptions de la taille et
des aides. 5 février 1536.

> *Enreg. à la Cour des Aides, le 9 février 1537 n. s.
> Arch. nat., recueil Cromo, U. 665, fol. 270. (Men-
> tion.)*

8791. Lettres accordant aux habitants de Reims une   6 février.

nouvelle prorogation pour dix ans du petit aide   1537.
de 2 sous parisis sur chaque queue de vin
vendue, dans la ville et à 4 lieues aux envi-
rons, et de 3 sous parisis sur chaque minot de
sel. Chantilly, 6 février 1536.

> *Archives municipales de Reims*, Octrois, liasse 6,
> n° 25.

8792. Mandement à la comtesse de Nevers de faire   6 février.
publier dans ses terres le ban et l'arrière-ban
qui devront être réunis en Picardie, le 1er mai
prochain, pour s'opposer aux entreprises de
l'empereur. Chantilly, 6 février 1536.

> IMP. Le comte de Soultrait, *Inventaire des titres
> de Nevers*, de l'abbé de Marolles. Nevers, in-4°,
> 1873, col. 105. (*Mention.*)

8793. Lettres ordonnant aux habitants de Belle-Isle et   7 février.
de l'île-d'Yeu de se retirer dans quinze jours,
sous peine de la perte de leurs biens, dans les
plus proches villes de terre ferme. Chantilly,
7 février 1536.

> *Copie du* XVIII*e siècle provenant des archives de
> Brissac. Bibl. nat.*, ms. fr. 10186, fol. 226.
> IMP. Dom Morice, *Hist. de Bretagne.* Paris, 1746,
> in-fol., *Preuves*, t. III, col. 1031.

8794. Commission décernée contre le couvent de la   9 février.
Chaise-Dieu pour les dîmes qu'il réclamait sur
la paroisse de Saint-Genès. Paris (*sic*), 9 février
1536.

> *Original. Arch. départ. du Puy-de-Dôme*, cha-
> pitre de Saint-Genès, l. 18, c. 7.

8795. Mandement à Guillaume Prudhomme, trésorier   11 février.
de l'épargne, de déliver à Nicolas de Troyes,
argentier du roi, la somme de 1,816 livres
12 sous 9 deniers qui lui est allouée pour les
dépenses de son office, et en particulier pour
le payement de ce qui est dû à Baptiste Dal-
vergne, tireur d'or, qui a fourni différentes
tresses d'or et d'argent, etc., destinées à l'or-
nement des robes portées par Marguerite de
France, la dauphine, la reine d'Écosse et

autres dames aux fêtes des fiançailles de ladite   1537.
reine. Villers-Coterets, 11 février 1536.

   Original. Bibl. nat., ms. fr. 25721, n° 468.

8796. Commission aux gens des Comptes de Montpel-   13 février.
lier pour la réception des hommages. 13 fé-
vrier 1536.

   Arch. départ. de l'Hérault, B. 455. (Mention.)

8797. Lettres confirmant pour l'année les fonctions   16 février.
temporaires de receveurs des finances confiées
à Bertrand Rabot et à Artus Prunier. Compiègne, 16 février 1536.

   Enreg. au Parl. de Grenoble, le 13 avril 1537.
   Arch. de l'Isère, Chambre des Comptes de Grenoble,
   B. 2910, cah. 41. 8 pages.

8798. Lettres ordonnant la revision d'un arrêt du Par-   16 février.
lement de Provence rendu contre Jean d'Arles
et Catherine Stevenette, sa femme. Compiègne,
16 février 1536.

   Enreg. au Parl. de Provence. Arch. de la cour à
   Aix, Lettres royaux, reg. 2, in-fol. de 1,026 feuil-
   lets, fol. 584.

8799. Mandement pour la réception de Durand de   17 février.
Sarta à l'office de second président au Parlement de Toulouse, en remplacement de
Jean Bertrandi, nommé premier président
au même Parlement. Compiègne, 17 février
1536.

   Enreg. au Parl. de Toulouse. Arch. de la Haute-
   Garonne, Édits, reg. 4, fol. 71. 4 pages.

8800. Provisions de l'un des quatre offices de conseil-   17 février.
lers lais nouvellement créés au Parlement de
Bordeaux, en faveur de Lancelot de Mosnier.
Compiègne, 17 février 1536.

   Enreg. au Parl. de Bordeaux, le 17 avril 1537.
   Arch. de la Gironde, B. 30 bis, fol. 293. 3 pages.

8801. Confirmation pour trois ans, en faveur des   18 février.
habitants de Romorantin, de l'octroi de l'aide
du huitième denier sur le vin vendu dans la
ville et dans la banlieue, pour en employer le

produit aux travaux de fortifications de la ville. 1537.
Compiègne, 18 février 1536.

Original. Arch. de la ville de Romorantin, CC. 47.

8802. Mandement à Guillaume Prudhomme, trésorier   18 février.
de l'épargne, de délivrer à Nicolas de Troyes la
somme de 1,207 livres 14 sous 9 deniers tournois qui lui est allouée pour la dépense de son
office et en particulier pour le payement de ce
qui est dû à Jean Robiquet, pelletier ordinaire
du roi, qui a fourni des fourrures pour les
robes qu'ont portées la dauphine, Marguerite
de France et la reine d'Écosse, etc. aux fêtes
des fiançailles de cette dernière. Compiègne,
18 février 1536.

Original. Bibl. nat., ms. fr. 25721, n° 469.

8803. Provisions en faveur de Raymond Eyquem, de   19 février.
l'un des quatre offices de conseillers lais nouvellement créés au Parlement de Bordeaux.
Compiègne, 19 février 1536.

Enreg. au Parl. de Bordeaux, le 17 avril 1537.
Arch. de la Gironde, B. 30 bis, fol. 394 v°. 4 pages.

8804. Don à René de Cauquelin, maître d'hôtel ordi-   19 février.
naire du roi, de la somme de 600 livres tour-
nois à prendre par les mains du receveur ordinaire d'Évreux, sur les deniers provenant du
droit de tiers et danger. 19 février 1536.

Enreg. à la Chambre des Comptes de Paris le
12 mars suivant. Arch. nat., invent. PP. 136, p. 443.
(Mention.)

8805. Lettres de bail à Jean Rouvet, marchand bour-   21 février.
geois de Paris, des fermes du huitième denier
sur le vin vendu en détail, et de l'imposition
de la buche vendue à Paris, pour quinze mois,
à partir du 1er octobre 1536. Compiègne,
21 février 1536.

Copie du xvie siècle. Arch. nat., K. 954, n° 71.

8806. Nouvelle prorogation pour six ans du droit ac-   21 février.
cordé au chapitre de Senlis de prendre, afin
de terminer les réparations de l'église, un denier pite tournois sur la vente de chaque

minot de sel dans les greniers à sel du royaume, à la charge toutefois de payer la moitié, c'est-à-dire 75 livres tournois, à l'église Saint-Aignan d'Orléans. Compiègne, 21 février 1536.

> Copie du xviii° siècle, Bibl. nat., mss, Moreau, t. 263, fol. 240. (Provenant des arch. de l'église de Senlis, titres généraux, cote 22, art. 27.)

1537.

8807. Provisions d'un office de maître en la Chambre des Comptes de Turin en faveur de Jehannot d'Estra, âgé de quatre-vingts ans, ambassadeur de la ville de Turin près du roi, pour le récompenser de ses services. Compiègne, 21 février 1536.

21 février.

> Copie collationnée de l'époque. Arch. nat., suppl. du Trésor des Chartes, J. 993.

8808. Provisions pour Melchior de Machault de l'office de conseiller, auditeur à la Chambre des Comptes de Paris, au lieu de Simon de Machault, son père, pour l'exercer en l'absence et à la survivance l'un de l'autre, 21 février 1536.

21 février.

> Enreg. à la Chambre des Comptes, le 12 avril 1537, anc. mém. 2 H, fol. 93. Arch. nat., invent. PP. 136, p. 443. (Mention.)

8809. Don à Jehannot d'Estra, ambassadeur de la ville de Turin près du roi, de l'office de châtelain de Rivoli. Compiègne, 23 février 1536.

23 février.

> Copie collationnée de l'époque. Arch. nat., suppl. du Trésor des Chartes, J. 993.

8810. Déclaration portant que l'ordonnance du 19 juin 1536 (n° 8525), relative à la juridiction des juges royaux, ne lèse en rien les vassaux qui ont droit de justice dans leurs seigneuries, le roi n'ayant pas entendu y comprendre les officiers des cours seigneuriales. Compiègne, 24 février 1536.

24 février.

> Enreg. au Parl. de Paris, le 23 avril 1537. Arch. nat., X¹ª 8613, fol. 35 v°. 2 pages.
> Arrêt d'enregistrement. Idem, X¹ª 4903, fol. 76 v°.
> Enreg. au Parl. de Bordeaux, s. d. Arch. de la Gironde, B. 31, fol. 25. 3 pages.

Imp. Pièce. Bibl. nat., Inv. Réserve, F. 1642,   1537.
et F. 1822.
P. Rebuffi, Les édits et ordonnances des rois de
France, etc. Lyon, 1573, in-fol., p. 89.
Les ordonnances royaux sur le fait de la justice et
abbreviation des procès faites par les roys François Ier,
Henri II et Charles IX, etc. Paris, V. Normant,
1580, in-8°, fol. 8 r°.
Jean Chenu, Recueil de reglemens notables, etc.,
4° édit. Paris, Fouët, 1611, in-4°, part. 1, p. 228.
A. Fontanon, Édits et ordonnances. Paris, 1611,
in-fol., t. I, p. 190.
E. Girard et J. Joly, Le troisiesme livre des offices
de France. Paris, 1647, in-fol., t. I, p. 836.
P. Néron et E. Girard, Les édits et ordonnances.
Paris, 1666, in-fol., t. I, p. 157.
Isambert, Anc. lois françaises. Paris, in-8°, 1827,
t. XII, p. 533.

8811. Mandement à la Chambre des Comptes de faire   24 février.
payer à Jacques Hurault, secrétaire du roi et
audiencier de la chancellerie de France, la
somme de 580 livres 18 sous 10 deniers
tournois pour une tapisserie placée à la chancellerie. Compiègne, 24 février 1536.

Original. Bibl. nat., ms. fr. 25721, n° 470.

8812. Ordonnance relative à une nouvelle aliénation   25 février.
du domaine, y compris les aides, fermes, ga-
belles, etc., jusqu'à concurrence de 950,000
livres tournois. Compiègne, 25 février 1536.

*Enreg. au Parl. de Paris, sauf réserve, le 15 mai
1537. Arch. nat., X¹ᵃ 8613, fol. 26 v°. 4 pages 1/2.
Enreg. au Parl. de Toulouse, le 9 avril 1537.
Arch. de la Haute-Garonne, Édits, reg. 4 (à la date).
4 pages 1/2.
Enreg. à la Chambre des Comptes de Paris, le
18 mars 1537 n. s., anc. mém. 2 H, fol. 70.
Enreg. à la Chambre des Comptes de Bretagne.
Archives de la Loire-Inférieure, B. Mandements
royaux, II, fol. 124.
Enreg. à la Chambre des Comptes de Dijon, le
9 avril suivant. Arch. de la Côte-d'Or, reg. B. 18,
fol. 331.
Enreg. à la Chambre des Comptes de Montpellier.
Archives départ. de l'Hérault, B. 341, fol. 73 v°.
9 pages.
Enreg. à la Cour des Aides de Paris, le 21 mars*

*1537 n. s. Archives nat., recueil Cromo, U. 665,
fol. 274. (Mention.)*
*Enreg. à la Cour des Aides de Normandie, le
22 mars 1537 n. s. Archives de la Seine-Inférieure,
Mémoriaux, 2ᵉ vol., fol. 143. 8 pages.*

1537.

8813. Commission donnée à Antoine Bohier, général
des finances, et à Ponce Brandon, conseiller
au Parlement de Paris, pour l'aliénation des
domaine, aides et gabelles dans la généralité de Languedoïl, jusqu'à concurrence de
200,000 livres. 25 février 1536.

25 février.

*Enreg. à la Cour des Aides de Paris, le 19 décembre
1537. Arch. nat., recueil Cromo, U. 665, fol. 282.
(Mention.)*

8814. Commission à l'alloué de Nantes, F. de Kermen-
guy, et à P. Marec, seigneur de Montbarrot,
pour procéder aux adjudications du domaine
qui sera aliéné dans le duché de Bretagne.
Compiègne, 25 février 1536.

25 février.

*Enreg. à la Chambre des Comptes de Bretagne.
Archives de la Loire-Inférieure, B. Mandements
royaux, II, fol. 126.*

8815. Lettres de commission adressées à Geoffroy de
La Chassaigne, conseiller au Parlement de
Bordeaux, et au sieur d'Ages, maître d'hôtel du
roi, pour la vente de 100,000 livres du do-
maine royal dans la généralité de Guyenne.
Compiègne, 25 février 1536.

25 février.

*Enreg. au Parl. de Bordeaux, le 9 avril 1537.
Archives de la Gironde, B. 30 bis, fol. 283 v° et
289 v°. 7 pages.*

8816. Lettres donnant commission à Charles Du Plessis,
seigneur de Savonières, général des finances,
et à Jean de Montcamp, conseiller au Grand
conseil, de procéder à l'aliénation du domaine
royal dans la généralité de Languedoc jusqu'à
concurrence de 100,000 livres tournois. Compiègne, 25 février 1536.

25 février.

*Enreg. à la Chambre des Comptes de Montpellier.
Arch. départ. de l'Hérault. B. 341, fol. 78. 4 pages.*

8817. Provisions en faveur de Guy de Maisonneuve

25 février.

III.

36

de l'un des quatre offices de conseillers nouvellement créés au Parlement de Bordeaux. Compiègne, 25 février 1536.

1537.

> *Enreg. au Parl. de Bordeaux, le 17 avril 1537. Arch. de la Gironde, B. 30 bis, fol. 296 v°. 4 pages.*

8818. Commission adressée au lieutenant du sénéchal de Provence à Draguignan, le chargeant de faire une enquête sur la plainte portée par les habitants de cette ville contre les gens de guerre, légionnaires et aventuriers, et de poursuivre rigoureusement les coupables. Compiègne, 26 février 1536.

26 février.

> *Enreg. au Parl. de Provence. Arch. de la cour à Aix, Lettres royaux, reg. 2, in-fol. papier de 1,026 feuillets, fol. 603.*

8819. Règlement pour les marchands de sel. 26 février 1536.

26 février.

> *Enreg. à la Cour des Aides de Paris. Arch. nat., recueil Croma, U. 665, fol. 281. (Mention.)*

8820. Don de 2,250 livres à Jean Wallop, ambassadeur du roi d'Angleterre, en reconnaissance de la peine qu'il a prise et des services qu'il a rendus et pourra rendre encore au roi dans son pays, où il retourne. Compiègne, 27 février 1536.

27 février.

> *Bibl. nat., ms. Clairambault 1215, fol. 75 v°. (Mention.)*

8821. Provisions de l'office de bailli de Dijon pour Africain de Mailly, seigneur de Villers-les-Pots, chevalier d'honneur du Parlement, en remplacement de Jean, sire de Rochefort, décédé. Compiègne, 27 février 1536.

27 février.

> *Enreg. au Parl. de Dijon, le 4 juillet 1537. Arch. de la Côte-d'Or, Parl., reg. II, fol. 196 v°.*

8822. Affranchissement de toute espèce de tailles pour trois ans, octroyé à la ville de Draguignan, en considération de la conduite des habitants, lors de l'invasion de Charles-Quint, et des

28 février.

pertes qu'ils ont éprouvées. Compiègne, 28 février 1537. vrier 1536.

Original. Arch. communales de Draguignan (Var), EE. 15.

Enreg. au Parl. de Provence. Arch. de la cour à Aix, Lettres royaux, reg. 2, in-fol. papier de 1,026 feuillets, fol. 623 v°.

8823. Mandement à Jacques Hurault, audiencier de   28 février. France, de payer sur les émoluments du sceau 1,808 livres 2 sous 9 deniers tournois à Jacques Bernard, commis à la recette générale des finances extraordinaires et parties casuelles, pour les besoins de sa commission. Compiègne, 28 février 1536.

Original. Bibl. nat., ms. fr. 25721, n° 471.

8824. Ordonnance pour l'aliénation, avec faculté de   28 février. rachat, d'aides, gabelles et autres impositions jusqu'à concurrence de 9,500,000 livres tournois, adressée au Parlement de Rouen, à la Chambre des Comptes de Paris et aux généraux des finances. Compiègne, 28 février 1536.

Enreg. au Parl. de Rouen le 22 mars suivant, à la Chambre des Comptes le 10 avril, et à la Cour des Aides de Rouen le 22 mars 1537 n. s. Copie collationnée faite le 30 juin 1537 par un notaire du roi. Bibl. nat., ms. fr. 25721, n° 475.

8825. Commission donnée à François de Marcillac,   28 février. premier président au Parlement de Rouen, à Claude Robertet, trésorier de France, et à Jean de Croixmare, général des aides à Rouen, pour faire la vente, avec faculté de rachat, de fermes, aides et gabelles dans la généralité de Normandie. Compiègne, 28 février 1536.

Copie collationnée du xvi° siècle. Bibl. nat., ms. fr. 25721, n° 472.

8826. Commission donnée à André Guillart, s' du Mor-   28 février. tier, maître des requêtes, et à Antoine de Lamet, maître d'hôtel du roi, pour procéder aux aliénations du domaine dans les généra-

lités d'Outre-Seine, Yonne et Picardie. Compiègne, 28 février 1536.

1537.

> *Copie du xviii⁴ siècle. Bibl. nat., mss. Moreau,*
> *t. 263, fol. 222.* (D'après les arch. de l'église de
> Senlis, titres généraux, cote 62, art. 21.)

8827. Lettres de renvoi à la Cour des Aides du compte
demandé par Hugues Malras, receveur général des finances de Guyenne, à Lestinge de
Malras, sa sœur, veuve de François Faure,
commis à la recette générale de Guyenne, et à
ses enfants mineurs. 28 février 1536.

28 février.

> *Enreg. à la Cour des Aides. Arch. nat., recueil*
> *Cromo, U. 665, fol. 271. (Mention.)*

8828. Lettres accordant aux habitants de Péronne
exemption perpétuelle des tailles et crues,
avec droit de prendre pour devise un P cou-
ronné, en récompense de leur conduite lors
du siège de leur ville par les troupes de l'empereur, en août 1536. Chantilly, février 1536.

Février.

> *Enreg. à la Chancellerie de France. Arch. nat.,*
> *Trésor des Chartes, JJ. 250, n° 26, fol. 10 v°.*
> 2 pages.
> *Enreg. au Parl. de Paris, le 5 mars 1537 n. s.*
> *Arch. nat., X¹ᵃ 8613, fol. 25 v°. 2 pages 2/3.*
> *Arrêt d'enregistrement. Idem, X¹ᵃ 4902, fol. 533.*
> *Enreg. à la Chambre des Comptes de Paris le*
> *10 mars 1537 n. s., et à la Cour des Aides le 16 mars*
> *1537 n. s. Arch. nat., recueil Cromo, U. 665, fol. 275.*
> (Mention.)
> *Copie du xviii⁴ siècle. Bibl. nat., mss. Moreau,*
> *t. 263, fol. 243.* (D'après les Arch. de la ville de
> Péronne, cote 44, pièce 8.)
> *Imp. Pièce in-4°. Arch. nat., AD. 1 19, 3 pages.*
> Pierre Fenier, *Relation du siège mémorable de*
> *la ville de Péronne.* Paris, 1682, in-12, p. 162.
> (Bibl. nat., Lb. 30, n° 75, et *Portefeuille Fontanieu*
> 238-239, au dép. des manuscrits.)

8829. Lettres déclarant la ville de Turin réunie au
royaume et à la couronne de France. Chantilly, février 1536.

Février.

> *Copies collationnées du 24 novembre 1561. Arch.*
> *nat., suppl. du Trésor des Chartes, J. 992, n° 35, et*
> J. 993.

8830. Confirmation des privilèges, immunités et li-

Février.

bertés de l'abbaye de Montréal. En l'abbaye
Saint-Nicolas[-aux-Bois], février 1536.

1537.

> *Enreg. à la Chancellerie de France. Arch. nat.,
> Trésor des Chartes, JJ. 250, n° 10, fol. 4 v°.
> 1 page.*

8831. Édit de création de quatre nouveaux offices de
conseillers lais au Parlement de Bordeaux.
Compiègne, février 1536.

Février.

> *Enreg. au Parl. de Bordeaux, le 28 mars 1537
> n. s. Arch. de la Gironde, B. 30 bis, fol. 280 v°.
> 4 pages.*

8832. Confirmation des dons, legs et privilèges octroyés
par les rois Philippe le Long (Poissy, août
1317) et Louis XII (Saint-Germain-en-Laye,
juillet 1514)[1] à Notre-Dame d'Hennemont,
près Saint-Germain-en-Laye, prieuré de l'ordre
de Sainte-Catherine-du-Val-des-Écoliers. Compiègne, février 1536.

Février.

> *Enreg. à la Chancellerie de France. Arch. nat.,
> Trésor des Chartes, JJ. 250, n° 18, fol. 7. 3 pages.*

8833. Lettres en faveur des arquebusiers, arbalétriers
et archers de Landernéau. Les vainqueurs au
concours de tir sont déclarés exempts de tous
impôts pendant un an. Compiègne, février
1536.

Février.

> *Enreg. à la Chancellerie de France. Arch. nat.,
> Trésor des Chartes, JJ. 250, n° 25, fol. 10 v°.
> 1 page.*
> *Enreg. à la Chambre des Comptes de Bretagne.
> Archives de la Loire-Inférieure, B. Mandements
> royaux, II, fol. 128.*

8834. Lettres portant qu'à dater du 1er janvier 1537
n. s., les trésoriers de France et généraux des
finances de Languedoïl et de Languedoc,
Outre-Seine, Normandie et Bretagne jouiront
de 2,000 livres de gages et pension, celui de
Bourgogne de 1,200 livres et celui de Guyenne
de 1,500 livres, dont ils seront payés par les

1er mars.

---

[1] Ces lettres ne sont point dans le Recueil des *Ordonnances*.

receveurs généraux des finances. Compiègne, 1537.
1er mars 1536 [1].

> Enreg. à la Chambre des Comptes de Paris, le
> 27 mars 1537, anc. mém. 2 H, fol. 94. Arch. nat.,
> invent. PP. 136, p. 444. (Mention.)
>> Enreg. à la Chambre des Comptes de Bretagne.
>> Archives de la Loire-Inférieure, B. Mandements
>> royaux, II, fol. 131.
>>> Enreg. à la Chambre des Comptes de Dijon le
>>> 20 mars suivant. Arch. de la Côte-d'Or, reg. B 18,
>>> fol. 342.

8835. Évocation au Grand conseil d'un procès pendant 1er mars.
au Parlement de Provence entre la commune
de Draguignan et demoiselle Anne de Villeneuve. Compiègne, 1er mars 1536.

> Enreg. au Parl. de Provence. Arch. de la cour
> à Aix; Lettres royaux, reg. 2, in-fol. papier de
> 1,026 feuillets, fol. 610.

8836. Lettres ordonnant au sénéchal de Provence ou à 1er mars.
son lieutenant à Draguignan de faire une en-
quête sur la plainte portée par Antoine de
Villeneuve, sieur de Revest, contre les commissaires entre les mains de qui fut séquestrée
sa terre de Revest, après saisie pour non-paye-
ment d'amende, et de les ajourner au Grand
conseil, s'il y a lieu. Compiègne, 1er mars 1536.

> Enreg. au Parl. de Provence. Arch. de la cour
> à Aix, Lettres royaux, reg. 2, in-fol. papier de
> 1,026 feuillets, fol. 644.

8837. Commission donnée à François de La Colom- 6 mars.
bière, receveur général des finances, pour le
recouvrement des deniers provenant du revenu
des pays de Piémont, Savoie et Salucès. Compiègne, 6 mars 1536.

> Copie collationnée. Arch. nat., suppl. du Trésor
> des Chartes, J. 993.

8838. Mandement aux gens des comptes de faire payer 6 mars.
à Louise Poussard, veuve de [Jean], seigneur
d'Aigreville, 700 écus d'or soleil pour les ser-

---

[1] Blanchard, *Compilation chronologique*, fait figurer ces lettres à la date du 1er avril 1537 n. s.

vices que celui-ci a rendus au roi. Compiègne, 1537. 6 mars 1536.

Original. Bibl. nat., ms. fr. 25721, n° 473.

8839. Lettres de jussion pour l'exécution des lettres du 7 mars. 25 mai 1526, données en faveur de Charles de Mouy, sieur de La Meilleraye (n° 2363). Compiègne, 7 mars 1536.

Enreg. à la Chambre des Comptes de Paris. Arch. nat., P. 2307, p. 472. 3 pages.

8840. Lettres déclarant offices royaux les offices du 8 mars. bailliage et comté de Gien et de la prévôté d'Ouzouer-sur-Trézée. Saint-Germain-en-Laye, 8 mars 1536 (sic. Corr. 1526, voir n° 2606).

Enreg. au Parl. de Paris le 14 mars 1537 n.s., et à la Chambre des Comptes le 15 mars 1537 n.s. P. 2306, p. 415. 3 pages.

8841. Mandement à la Chambre des Comptes de Montpellier pour l'enregistrement des lettres patentes 9 mars. relatives à l'aliénation de certaines portions du domaine royal. Compiègne, 9 mars 1536.

Enreg. à la Chambre des Comptes de Montpellier. Arch. départ. de l'Hérault, B. 341, fol. 73 v°. 1 page.

8842. Mandement au trésorier de l'épargne de payer 9 mars. 450 livres à Jean de Dinteville, bailli de Troyes, pour un voyage qu'il va, sur l'ordre du roi, faire en Angleterre. Compiègne, 9 mars 1536.

Bibl. nat., ms. Clairambault 1215, fol. 75 v°. (Mention.)

8843. Lettres portant promesse d'indemnité au sieur 16 mars. Antoine de Lamet, conseiller des finances, pour une somme de 20,000 livres dont il a donné caution. Amiens, 16 mars 1536.

Enreg. au Parl. de Paris, sans date. Arch. nat., X¹ᵃ 8613, fol. 29. 2 pages.

8844. Mandement à la Chambre des Comptes de Bre- 16 mars. tagne et aux conseillers de la chancellerie de vérifier et enregistrer l'édit relatif à l'aliénation du domaine. Amiens, 16 mars 1536.

Enreg. à la Chambre des Comptes de Bretagne. Archives de la Loire-Inférieure, B. Mandements royaux, II, fol. 127.

8845. Mandement au Parlement, lui notifiant que, sur la requête du cardinal de Châtillon, évêque de Beauvais, pair de France, le roi maintient, pour la présente année, aux gens d'église l'exemption de « tous guetz de villes et de portes, impositions et coctisations et autres subsides quelzconques mis ou à mectre suz, pour les reparations, fortiffications et emparemens de nos dictes villes d'icelluy diocese ». Amiens, 16 mars 1536.

> *Original. Arch. départ. de l'Oise, H. Couvent de Wariville. (Wariville, 1537.)*

1537.
16 mars.

8846. Lettres autorisant les grand prieur, baillis et commandeurs de l'ordre de Saint-Jean-de-Jérusalem à s'imposer entre eux et à lever les taxes et cotisations destinées à fournir le don gratuit équivalant à trois décimes, accordé au roi par ledit ordre, et défendant aux archevêques et évêques du royaume d'y apporter aucun empêchement. Amiens, 17 mars 1536.

> *Original. Arch. nat., M. 8, n° 38.*
> *Deux vidimus. Bibl. nat., ms. fr. 25721, n° 474, 476.*

17 mars.

8847. Provisions en faveur de Pierre Gay, avocat au Grand conseil, de l'un des quatre offices de conseillers lais nouvellement créés au Parlement de Bordeaux. Amiens, 17 mars 1536.

> *Enreg. au Parl. de Bordeaux, le 17 mai 1537.*
> *Arch. de la Gironde, B. 30 bis, fol. 299 v°. 3 pages.*

17 mars.

8848. Mandement au trésorier de l'épargne de payer à Jean de Langeac, évêque de Limoges, 1,800 livres pour ses dépenses d'un voyage de quatre-vingt-dix jours qu'il va commencer le jour même, tant pour accompagner le roi et la reine d'Écosse dans leur pays que pour conférer avec le roi d'Angleterre. Amiens, 17 mars 1536.

> *Bibl. nat., ms. Clairambault 1215, fol. 75 v°.*
> *(Mention.)*

17 mars.

8849. Mandement au trésorier de l'épargne de payer à Pierre de Mareuil, dit Montmoreau, 1,200 li-

17 mars.

vres pour quatre-vingt-dix jours d'exercice de
sa charge d'ambassadeur du roi auprès du duc
de Ferrare, comptés à partir du 17 mars, date
du présent mandement. Amiens, 17 mars 1536.

*Bibl. nat., ms. Clairambault 1215, fol. 75 v°.
(Mention.)*

1537.

8850. Lettres ordonnant que Charles de Dormans,
conseiller au Parlement de Paris, soit remboursé par le receveur des amendes et exploits
de la cour d'une somme de 6,000 livres qu'il
avait prêtée au roi. Saint-Riquier, 19 mars
1536.

*Enreg. à la Chambre des Comptes de Paris, le
10 juillet 1537. Arch. nat., P. 2537, fol. 277 v°.
(Arrêt d'enregistrement.)*

19 mars.

8851. Lettres de commission pour l'échange à faire
entre le roi et François Du Monceau, seigneur
de Saint-Cyr, de la terre et seigneurie d'Yèvre-
le-Châtel, contre celles d'Avon et du Monceau,
en vue de l'accroissement du domaine de Fontainebleau. Au camp de Chériennes, 20 mars
1536.

Contrat dudit échange, le 20 juin 1537.
Lettres de ratification dudit échange. Meudon, juillet 1537.

Nouvelle confirmation et mandement pour
son enregistrement. Moulins, 27 février 1537.

*Enreg. au Parl. de Paris, le 9 mai 1538. Arch.
nat., X¹ᵃ 8613, fol. 99, 100, 101, 102. 9 pages.*

20 mars.

8852. Lettres déchargeant de tous subsides les marchands qui amèneront leurs fournitures à l'armée de Picardie, et autorisant en même temps
les prévôt des marchands et échevins de Paris
à engager les revenus et deniers communaux
pour indemniser les marchands des pertes
qu'ils pourraient éprouver. Au camp, près Hesdin, 21 mars 1536.

*Vidimus donné le 30 avril 1538 par Jean d'Estou-
ville, bailli de Rouen. Arch. nat., K. 954, n° 72.*

21 mars.

8853. Pouvoirs donnés à Philippe Chabot, amiral de

21 mars.

37

IMPRIMERIE NATIONALE.

France, pour traiter avec le Pape et l'empereur 1537.
Charles-Quint [1], 21 mars 1536.

> *Imp. G. Ribier, Lettres et mémoires d'Estat.*
> *Paris, 1666, 2 vol. in-fol., t. I, p. 28.*

8854. Lettres portant exemption, en faveur des gens 26 mars.
d'église du diocèse de Senlis, de l'imposition
pour les fortifications de la ville de Hesdin.
Au camp de Hesdin, 26 mars 1536.

> *Arch. départ. de l'Oise, G. 2043.*

8855. Mandement à la Chambre des Comptes de 27 mars.
faire délivrer aux maire et échevins de Poitiers
les arrérages de trois années de la somme de
100 livres octroyée annuellement à la ville sur
le produit du barrage, s'il est reconnu que ces
deniers ont toujours été employés à l'entretien
des ponts et chemins. Paris (sic), 27 mars
1536.

> *Original. Arch. municip. de Poitiers, H. 34.*

8856. Lettres ordonnant que tous mandements et ac- 29 mars.
quits des affranchissements, rabais, modéra-
tion et surséance de tailles, dons, amendes,
restitutions et confiscations seront adressés à la
Chambre des Comptes. Au camp du Mesnil [2],
près Hesdin, 29 mars 1536.

> *Enreg. à la Chambre des Comptes de Paris, le*
> *1er septembre 1537. Arch. nat., P, 2306, p. 569.*
> *5 pages 1/4.*
> *Idem, P. 2537, fol. 284, d'après l'ancien mémo-*
> *rial coté 2 H, fol. 284; AD.IX 124, n° 11.*

8857. Provisions de l'office de payeur des hommes 29 mars.
d'armes et archers des ordonnances comman-
dés par le sieur de la Roche-du-Maine, résigné
par Robert Tallon, au profit de Jacques Boursault. Camp du Mesnil-le-Châtel, près Hesdin, 29 mars 1536.

> *Arch. nat., Acquits sur l'épargne, J. 961, pl. 11,*
> *n° 2, anc. 4. (Mention.)*

---

[1] La date de lieu manque.
[2] Ou du Maisnil. C'est sur cet emplacement que fut construite la ville
neuve d'Hesdin.

8858. Évocation au Grand conseil d'un procès pen-   1537.
dant entre la commune de Sault et le seigneur   31 mars.
du lieu, pour que les dommages-intérêts dus
par ce dernier à la ville soient taxés et liquidés.
Amiens, 31 mars. 1536.

> *Enreg. au Parl. de Provence. Arch. de la cour*
> *à Aix, Lettres royaux, reg. 2, in-fol. papier de*
> *1,026 feuillets, fol. 764 v°.*

8859. Confirmation des privilèges, droits, usages,   Mars.
franchises et libertés accordés par les rois de
France à l'abbaye de Saint-Corneille de Compiègne. Compiègne, mars 1536.

> *Enreg. à la Chancellerie de France. Arch. nat.,*
> *Trésor des Chartes, JJ. 250, n° 21, fol. 9. 1 page.*

8860. Confirmation des privilèges, franchises et immu-   Mars.
nités de l'évêque et du clergé du diocèse de
Soissons. Compiègne, mars 1536.

> *Enreg. à la Chancellerie de France. Arch. nat.,*
> *Trésor des Chartes, JJ. 250, n° 34, fol. 13. 1 page.*

8861. Confirmation des coutumes, privilèges, fran-   Mars.
chises et libertés accordés par les comtes de
Savoie et les princes de Piémont aux habitants
de Chieri. Compiègne, mars 1536.

> *Enreg. à la Chancellerie de France. Arch. nat.;*
> *Trésor des Chartes, JJ. 250, n° 42, fol. 15. 3 pages.*

8862. Lettres d'amortissement accordées à la comman-   Mars.
derie de l'Hôpital de Saint-Antoine près Troyes.
Compiègne, mars 1536.

> *Copie collationnée du XVIII° siècle. Arch. nat.,*
> *K. 171, n° 16.*

8863. Exemption de tous impôts accordée à ceux des   Mars.
habitants de Pontivy qui remporteront le prix
de tir à l'arbalète ou à l'arquebuse, durant
l'année qui suivra le concours. Amiens, mars
1536.

> *Enreg. à la Chancellerie de France. Arch. nat.,*
> *Trésor des Chartes, JJ. 250, n° 23, fol. 10. 1 page.*
> *Enreg. à la Chambre des Comptes de Bretagne. Arch.*
> *de la Loire-Inférieure, B. Mandements royaux, II,*
> *fol. 133.*

8864. Confirmation des privilèges, immunités et do-   1537.
nations de l'abbaye de Saint-Pierre de Vierzon.   Mars.
Amiens, mars 1536.

> *Enreg. à la Chancellerie de France. Arch. nat.,*
> *Trésor des Chartes, JJ. 250, n° 35, fol. 13 v°.*
> *1 page 1/2.*

8865. Permission à Jean de Cuycazuru (*sic*), seigneur   Mars.
de Lesireur (*sic*) en la sénéchaussée de Léon,
d'avoir une justice patibulaire à trois piliers.
Amiens, mars 1536.

> *Enreg. à la Chancellerie de France. Arch. nat.,*
> *Trésor des Chartes, JJ. 250, n° 64, fol. 23 v°.*
> *1 page.*

8866. Mandement au Parlement de Paris de ne point   2 avril.
soumettre Antoine de Lamet, conseiller des
finances, aux contraintes par corps pour une
somme de 20,000 livres dont il a donné caution. Au camp, près Hesdin, 2 avril 1537.

> *Enreg. au Parl. de Paris. Arch. nat., X¹ª 8613,*
> *fol. 30 v°. 1 page 1/2.*

8867. Lettres portant règlement pour l'aliénation du   3 avril.
domaine, des aides et des gabelles en Dau-
phiné. Au camp, près Hesdin, 3 avril 1537.

> *Enreg. au Parl. de Grenoble le 24 du même mois.*
> *Arch. de l'Isère, Chambre des Comptes de Grenoble,*
> *B. 3064, fol. 2. 2 pages 1/2.*

8868. Don à Roustan Bourrette, fourrier des cent gen-   3 avril.
tilshommes commandés par M. de Canaples,
de l'office de sergent royal à Rouen, vacant
par le décès de Jean Piedpelu, pour le dédommager des pertes qu'il a subies dans un
incendie au camp. Camp du Mesnil, près Hesdin, 3 avril 1537.

> *Arch. nat., Acquits sur l'épargne, J. 962, n° 1,*
> *anc. J. 961, n° 3. (Mention.)*

8869. Ordonnance réglant l'emploi, la comptabilité   5 avril.
et la répartition des deniers votés par les États
de Dauphiné pour les étapes des gens de
guerre. Au camp, près Hesdin, 5 avril 1537.

> *Enreg. au Parl. de Grenoble, le 7 mai 1537.*
> *Arch. de l'Isère, B. 2333, fol. 113. 5 pages 1/2.*

8870. Mandement au trésorier et receveur général de Dauphiné de payer sur sa recette de l'année 1538 la somme de 4,000 livres tournois aux trois États du pays, pour compléter les 15,000 livres que le roi leur avait promises en remboursement des étapes de vivres dressées en Dauphiné pour le passage des gens de guerre durant l'année 1536. Camp du Mesnil, près Hesdin, 7 avril 1537.

1537.
7 avril.

Enreg. au Parl. de Grenoble, le 11 mai 1537.
Arch. de l'Isère, B. 2333, fol. 146. 1 page 1/2.
Arch. nat., Acquits sur l'épargne, J. 962, n° 1, anc. J. 961, n° 3 [1]. (*Mentions.*)

8871. Mandement au maître de la chambre aux deniers, commis à la recette générale des finances extraordinaires et parties casuelles, de payer à Pompée Tarcon, lapidaire, 350 écus pour un collier d'agathes, d'émeraudes et autres pierres, et de médaillons d'or, les uns à sujets gravés en demi-bosse, les autres émaillés, qu'il a vendu au roi. Camp du Mesnil, près Hesdin, 7 avril 1537.

7 avril.

Arch. nat., Acquits sur l'épargne, J. 962, n° 1, anc. J. 961, n° 3. (*Mention.*)

8872. Lettres ordonnant d'expédier les provisions d'un office de sergent royal à Rouen à telle personne que nommera Roustan Bourrette, à qui le roi a donné ledit office, le 3 avril précédent (n° 8868). Camp du Mesnil, près Hesdin, 7 avril 1537.

7 avril.

Arch. nat., Acquits sur l'épargne, J. 962, n° 1, anc. J. 961, n° 3. (*Mention.*)

8873. Mandement au trésorier de l'épargne de faire payer par François Mallevault, receveur et payeur de l'écurie du roi, la somme de 438 livres tournois à Colin Chapperon, pourvoyeur des pages et chevaux de la petite écurie,

7 avril.

---

[1] Tout récemment, les plaquettes qui étaient contenues dans le carton J. 961 ont été placées dans le J. 962 et réciproquement, de sorte que, pour les actes de 1533 et 1534 des *Acquits sur l'épargne,* les renvois à la cote J. 962 doivent être remplacés par J. 961.

pour sa passe et dépense extraordinaire de
l'année 1536. Camp du Mesnil, 7 avril 1537.

> Arch. nat., Acquits sur l'épargne, J. 962, n° 1,
> anc. J. 961, n° 3. (Mention.)

8874. Provisions de l'office d'élu ancien à Angers pour
Nicolas Richer, en remplacement de Jacques
de Bernouville, décédé, office donné par le
roi, le 25 avril 1534, à Thomas de Cardi, dit
le chevalier, pour y nommer à son profit telle
personne qui lui plairait. Camp du Mesnil,
7 avril 1537.

7 avril.

> Arch. nat., Acquits sur l'épargne, J. 962, n° 1,
> anc. J. 961, n° 3. (Mention.)

8875. Lettres de naturalité et permission de tester,
avec dispense de toute finance, octroyées à
Alfonse Fiesque, natif de Ferrare, à présent
au service du cardinal de Lorraine. Camp du
Mesnil, 7 avril 1537.

7 avril.

> Arch. nat., Acquits sur l'épargne, J. 962, n° 1,
> anc. J. 961, n° 3. (Mention.)

8876. Don au sr de Rabodanges d'une somme de
1,500 écus soleil sur les deniers provenant de
la vente d'une maison sise à Paris, rue Saint-
Honoré, à l'enseigne du *Château Fétu*, confisquée sur le feu général Spifame. Camp du
Mesnil, 7 avril 1537.

7 avril.

> Arch. nat., Acquits sur l'épargne, J. 962, n° 1,
> anc. J. 961, n° 3. (Mention.)

8877. Mandement au trésorier de l'épargne de délivrer
à André Blondel 5,506 livres 13 sous 8 deniers tournois, complétant la somme de
5,977 livres 10 sous, pour le payement de
soixante lances sous le commandement du
dauphin (troisième quartier de l'an 1536). Les
quarante autres lances de la compagnie du
dauphin étant en Italie sous la conduite de
M. d'Humières ont été assignées sur d'autres
fonds. Camp du Mesnil, près Hesdin, 9 avril
1537.

9 avril.

> Arch. nat., Acquits sur l'épargne, J. 962, n° 2,
> anc. J. 961, n° 6. (Mention.)

8878. Mandement au trésorier de l'épargne de bailler à Raoul Moreau 10,122 livres 10 sous tournois pour le payement des cent lances de la compagnie du feu duc de Vendôme pendant le troisième trimestre de l'année 1536. Camp du Mesnil, 9 avril 1537.

1537.
9 avril.

> *Arch. nat., Acquits sur l'épargne,* J. 962, n° 2, anc. J. 961, n° 6. (*Mention.*)

8879. Mandement au trésorier de l'épargne de bailler à Bonnet de Moireau 9,697 livres 3 sous 4 deniers tournois, complétant la somme de 9,962 livres 10 sous, pour le payement des cent lances de la compagnie du duc de Lorraine pendant le troisième quartier de l'année 1536. Camp du Mesnil, 9 avril 1537.

9 avril.

> *Arch. nat., Acquits sur l'épargne,* J. 962, n° 2, anc. J. 961, n° 6. (*Mention.*)

8880. Mandement au trésorier de l'épargne de bailler à Jacques Marcel 9,758 livres 13 sous 5 deniers tournois, complétant la somme de 10,122 livres 10 sous, pour le payement des cent lances de la compagnie du duc de Guise pendant le troisième quartier de l'année 1536. Camp du Mesnil, 9 avril 1537.

9 avril.

> *Arch. nat., Acquits sur l'épargne,* J. 962, n° 2, anc. J. 961, n° 6. (*Mention.*)

8881. Mandement au trésorier de l'épargne de bailler à Audebert Cathin (*alias* Catin) 10,369 livres 10 sous tournois, complétant la somme de 10,842 livres 10 sous, pour le payement des cent lances de la compagnie d'Anne de Montmorency pendant le troisième quartier de l'année 1536. Camp du Mesnil, 9 avril 1537.

9 avril.

> *Arch. nat., Acquits sur l'épargne,* J. 962, n° 2, anc. J. 961, n° 6. (*Mention.*)

8882. Mandement au trésorier de l'épargne de bailler à Alain Veau 5,281 livres 5 sous tournois pour le payement de cinquante lances de la compagnie de M. de La Rochepot pendant le troi-

9 avril.

sième quartier de l'année 1536. Camp du   1537.
Mesnil, 9 avril 1537.

> *Arch. nat., Acquits sur l'épargne*, J. 962, n° 2,
> *anc.* J. 961, n° 6. (*Mention.*)

8883. Mandement au trésorier de l'épargne de bailler   9 avril.
5,141 livres 5 sous tournois à Jérôme Pa-
jonnet pour le payement de cinquante lances
de la compagnie du s^r d'Annebaut pendant
le troisième quartier de l'année 1536. Camp
du Mesnil, 9 avril 1537.

> *Arch. nat., Acquits sur l'épargne*, J. 962, n° 2,
> *anc.* J. 961, n° 6. (*Mention.*)

8884. Mandement au trésorier de l'épargne de bailler   9 avril.
à Adam Pinceverre 4,740 livres tournois, com-
plétant la somme de 4,981 livres 5 sous, pour
le payement de cinquante lances de la compagnie du s^r de Boisy pendant le troisième
quartier de l'année 1536. Camp du Mesnil,
9 avril 1537.

> *Arch. nat., Acquits sur l'épargne*, J. 962, n° 2,
> *anc.* J. 961, n° 6. (*Mention.*)

8885. Mandement au trésorier de l'épargne de bailler   9 avril.
à Pierre Godefroy 5,122 livres 5 sous tournois,
complétant la somme de 5,181 livres 5 sous,
pour le payement de cinquante lances de la
compagnie d'Oudart Du Biez pendant le troisième quartier de l'année 1536. Camp du
Mesnil, 9 avril 1537.

> *Arch. nat., Acquits sur l'épargne*, J. 962, n° 2,
> *anc.* J. 961, n° 6. (*Mention.*)

8886. Mandement au trésorier de l'épargne de bailler   9 avril.
à Pierre François 4,945 livres 5 sous tournois,
complétant la somme de 4,981 livres 5 sous,
pour le payement de cinquante lances de la
compagnie du s^r de Créquy pendant le troisième quartier de l'année 1536. Camp du
Mesnil, 9 avril 1537.

> *Arch. nat., Acquits sur l'épargne*, J. 962, n° 2,
> *anc.* J. 961, n° 6. (*Mention.*)

8887. Mandement au trésorier de l'épargne de bailler   9 avril.

à Pierre Légier 4,920 livres 12 sous tournois
pour le payement de cinquante lances de la
compagnie du sᵗ de Bernieulles pendant le
troisième quartier de l'année 1536. Camp du
Mesnil, 9 avril 1537.

> *Arch. nat., Acquits sur l'épargne, J. 962, n° 2,
> anc. J. 961, n° 6. (Mention.)*

1537.

8888. Mandement au trésorier de l'épargne de bailler
à Pierre Le Vassor 9,962 livres 10 sous tournois pour le payement de cent lances des
compagnies des sʳˢ de La Meilleraye et de Villebon pendant le troisième quartier de l'année
1536. Camp du Mesnil, 9 avril 1537.

> *Arch. nat., Acquits sur l'épargne, J. 962, n° 2,
> anc. J. 961, n° 6. (Mention.)*

9 avril.

8889. Mandement au trésorier de l'épargne de bailler à
Jacques Boursault 4,279 livres 8 sous 2 deniers
tournois, complétant la somme de 4,981 livres
5 sous, pour le payement de cinquante lances
de la compagnie du sᵗ de la Roche-du-Maine
pendant le troisième quartier de l'année 1536.
Camp du Mesnil, 9 avril 1537.

> *Arch. nat., Acquits sur l'épargne, J. 962, n° 2,
> anc. J. 961, n° 6. (Mention.)*

9 avril.

8890. Mandement au trésorier de l'épargne de bailler
5,701 livres 5 sous tournois à Guillaume Fauvelet pour le payement de cinquante lances
commandées par le sᵗ de Moyencourt, faisant
partie de l'ancienne compagnie de cent lances
du feu maréchal de La Marck, pendant le
troisième quartier de l'année 1536. Camp du
Mesnil, 9 avril 1537.

> *Arch. nat., Acquits sur l'épargne, J. 962, n° 2,
> anc. J. 961, n° 6. (Mention.)*

9 avril.

8891. Mandement au trésorier de l'épargne de bailler
à Jean Gaultier 4,861 livres 5 sous tournois,
complétant la somme de 4,981 livres 5 sous,
pour le payement de cinquante lances de la
compagnie du duc d'Orléans pendant le troi-

9 avril.

III.

38

sième quartier de l'année 1536. Camp du   1537.
Mesnil, 9 avril 1537.

*Arch. nat., Acquits sur l'épargne, J. 962, n° 2,
anc. J. 961, n° 6. (Mention.)*

8892. Mandement au trésorier de l'épargne de bailler   9 avril.
à Macé Bourget 4,936 livres 5 sous tournois,
complétant la somme de 4,981 livres 5 sous,
pour le payement de cinquante lances de la
compagnie du duc de Vendôme pendant le
troisième quartier de l'année 1536. Camp du
Mesnil, 9 avril 1537.

*Arch. nat., Acquits sur l'épargne, J. 962, n° 2,
anc. J. 961, n° 6. (Mention.)*

8893. Mandement au trésorier de l'épargne de bailler   9 avril.
4,981 livres 5 sous tournois à Guillaume Guyot
pour le payement de cinquante lances de la
compagnie du comte de Nevers pendant le
troisième quartier de l'année 1536. Camp du
Mesnil, 9 avril 1537.

*Arch. nat., Acquits sur l'épargne, J. 962, n° 2,
anc. J. 961, n° 6. (Mention.)*

8894. Mandement au trésorier de l'épargne de bailler   9 avril.
4,981 livres 5 sous tournois à Jacques Le Roy
pour le payement de cinquante lances de la
compagnie du prince de la Roche-sur-Yon
pendant le troisième quartier de l'année 1536.
Camp du Mesnil, 9 avril 1537.

*Arch. nat., Acquits sur l'épargne, J. 962, n° 2,
anc. J. 961, n° 6. (Mention.)*

8895. Mandement au trésorier de l'épargne de bailler   9 avril.
à René de Fontenay 4,936 livres 5 sous tour-
nois, complétant la somme de 4,981 livres
5 sous, pour le payement des cinquante lances
de la compagnie du duc d'Étampes pendant
le troisième quartier de l'année 1536. Camp
du Mesnil, 9 avril 1537.

*Arch. nat., Acquits sur l'épargne, J. 962, n° 2,
anc. J. 961, n° 6. (Mention.)*

8896. Mandement au trésorier de l'épargne de bailler   9 avril.
4,981 livres 5 sous à Nicolas Lejay pour le

payement des cinquante lances de la compagnie du marquis de Rothelin pendant le troisième quartier de l'année 1536. Camp du Mesnil, 9 avril 1537.

> *Arch. nat., Acquits sur l'épargne, J. 962, n° 2, anc. J. 961, n° 6. (Mention.)*

1537.

8897. Lettres de privilège accordées à Jean Longis, libraire au Palais, à Paris, pour l'impression et la vente d'une traduction de l'italien en français du *Courtisan* faite par Jacques Colin, d'Auxerre. Paris (sic), 11 avril 1537.

11 avril.

> *Imp. Le Courtisan, nouvellement traduict de langue ytalicque en vulgaire françoys. On les vend au Palais, en la galerie allant à la Chancellerie, en la boutique de Jehan Longis et de Vincent Certenas. 1537, in-18, fol. 1 v°.*

8898. Provisions pour Melchior de Machault de l'office de clerc auditeur des comptes, en remplacement de Simon de Machault, son père. 12 avril 1537.

12 avril.

> *Enreg. à la Chambre des Comptes de Paris. Bibl. nat., ms. Clairambault 782, p. 294. (Mention.)*

8899. Déclaration en faveur du prévôt d'Orléans. Ses droits particuliers sont maintenus et confirmés, nonobstant les clauses de l'édit du 19 juin 1536 (n° 8525), touchant la juridiction des baillis, sénéchaux et autres juges royaux. Au camp, près Hesdin, 13 avril 1537.

13 avril.

> *Enreg. au Parl. de Paris, sauf réserve, le 24 avril 1537. Arch. nat., X¹ᵃ 8613, fol. 36 v°. 1 page 1/2. Arrêt d'enregistrement. Idem, X¹ᵃ 4903, fol. 92.*

8900. Commission donnée à Charles du Plessis, général des finances en Languedoc, et à Jean de Manicamp, conseiller au Grand conseil, pour le recouvrement du don caritatif accordé au roi par le clergé de Languedoc. Au camp, près Hesdin, 14 avril 1537.

14 avril.

> *Copie collationnée de l'époque. Arch. nat., suppl. du Trésor des Chartes, J. 1024, n° 12.*

8901. Lettres permettant au cardinal Nicolas de Gaddi, évêque de Sarlat, de jouir des privilèges à lui

16 avril.

38.

accordés par l'indult du pape Clément VII
(Rome, le 3 des calendes de mai 1534) et
par celui du pape Paul III (Rome, le 3 des
nones de novembre 1534) pour la collation
des bénéfices dépendants de son évêché et de
ses abbayes. Hesdin, 16 avril 1537.

1537.

> Enreg. au Parl. de Bordeaux, sauf les réserves
> d'usage, le 7 septembre 1537. Arch. de la Gironde,
> B. 30 bis, fol. 344 v°, 348 et 350 v°. 15 pages,
> dont 3 pour les lettres de François Ier.

8902. Provisions en faveur de Nicolas de Balleynes
(aliàs Balennes), sr d'Assigny, de l'office de bailli
et capitaine de Sézanne, vacant par la résignation d'Antoine d'Ancienville, sr de Villiers.
Hesdin, 16 avril 1537 [1].

16 avril.

> Réception au Parlement de Paris le 1er juin 1537.
> Archives nat., X1a 4903. Plaidoiries, fol. 330 v°.
> (Mention.)
> Arch. nat., Acquits sur l'épargne, J. 962, n° 4,
> anc. J. 961, n° 5. (Mention.)

8903. Lettres de don en faveur de Jean d'Escoubleau,
chevalier, sr de Sourdis et de la Chapelle-Bel-
loin, gentilhomme ordinaire de la chambre du
roi et maître de sa garde-robe. 16 avril 1537.

16 avril.

> Bibl. nat., ms. Clairambault 782, p. 297. (Men-
> tion.)

8904. Mandement à Ponce Brandon, conseiller au
Parlement, et à Antoine Bohier, général des
finances, commissaires royaux sur le fait des
aliénations du domaine, d'asseoir une rente
annuelle de 300 livres tournois sur la terre de
Belleperche en Bourbonnais, au profit de Guillaume Bourgoing, conseiller au Parlement,
pour un prêt de 9,000 livres qu'il a fait au
roi. Hesdin, 17 avril 1537.

17 avril.

> Enreg. au Parl. de Paris, le 9 mai 1537. Arch.
> nat., X1a 8613, fol. 37. 2 pages 1/2.
> Arch. nat., Acquits sur l'épargne, J. 962, n° 3,
> anc. J. 961, n° 7. (Mention.)

[1] Le 18 avril, suivant le rôle d'expéditions des Acquits sur l'épargne.

8905. Mandement au trésorier de l'épargne de payer   1537.
à Antoine Bohier, général des finances, sur   17 avril.
les plus-values de sa charge pendant la présente année, et par les mains d'Étienne Trotereau, commis au recouvrement desdites
plus-values, la somme de 7,680 livres tournois pour ses gages, pension et chevauchées
des années 1535 et 1536. Hesdin, 17 avril
1537.

> Arch. nat., Acquits sur l'épargne, J. 962, n° 3,
> anc. J. 961, n° 7. (Mention.)

8906. Lettres portant que mandat de 962 livres 4 sous   17 avril.
3 deniers tournois sera délivré, sur le receveur
Bazannier, à la veuve et aux héritiers de
Jacques Minut, premier président du Parlement de Toulouse, pour les gages de ce dernier depuis le 1er janvier 1536 n. s. jusqu'au
6 novembre suivant, date de sa mort, après
que ladite veuve et lesdits héritiers auront
versé entre les mains dudit Bazannier la
somme de 3,000 livres que le défunt devait à
feu Morelet Du Museau. Hesdin, 17 avril
1537.

> Arch. nat., Acquits sur l'épargne, J. 962, n° 3,
> anc. J. 961, n° 7. (Mention.)

8907. Provisions pour Vincent Bernard, dit Tourault,   17 avril.
de l'office de sergent à cheval à Chaumont en
Beauvaisis, en remplacement de feu Hutin de
Calais. Hesdin, 17 avril 1537.

> Arch. nat., Acquits sur l'épargne, J. 962, n° 3,
> anc. J. 961, n° 7. (Mention.)

8908. Mandement au trésorier de l'épargne de payer   17 avril.
360 livres tournois à Jean Pot, panetier du
dauphin, qui part le jour même pour aller
annoncer au roi d'Angleterre la prise de Hesdin et lui communiquer diverses affaires. Hesdin, 17 avril 1537.

> Bibl. nat., ms. Clairambault 1215, fol. 75 v°.
> (Mention.)

8909. Provisions en faveur de Gilles de La Pomme-   18 avril.
raye, maître d'hôtel du roi, de l'office de

premier président de la Chambre des Comptes   1537.
de Bretagne. Hesdin, 18 avril 1537.

Enreg. à la Chambre des Comptes de Bretagne.
Archives de la Loire-Inférieure, B. Mandement
royaux, II, fol. 135.

8910. Provisions de l'office de lieutenant général au   18 avril.
baillage de Montferrand, pour Christophe
Régin, licencié ès lois. Moussy [1], 18 avril
1537.

Réception au Parl. de Paris le 14 juin 1537.
Arch. nat., X[1a] 4903, Plaidoiries, fol. 404. (Men-
tion.)

8911. Provisions de l'office de capitaine de la petite   18 avril.
tour de la Chaine, à la Rochelle, en faveur de
Jean Chapperon, sur la résignation d'André
Chapperon, commissaire de l'artillerie, son
père. Hesdin, 18 avril 1537.

Arch. nat., Acquits sur l'épargne, J. 962, n° 4,
anc. J. 961, n° 5. (Mention.)

8912. Don au s[r] de Bury d'une somme de 1,500 li-   18 avril.
vres sur les deniers restant des comptes de
Jean Vion, receveur ordinaire de Valois, en
récompense de la pension qui lui est due pour
l'année 1536, nonobstant toutes ordonnances
contraires. Hesdin, 18 avril 1537.

Arch. nat., Acquits sur l'épargne, J. 962, n° 4,
anc. J. 961, n° 5. (Mention.)

8913. Don au s[r] de Bury, en récompense de ses ser-   18 avril.
vices et d'une somme de 10,000 livres tour-
nois qu'il avait avancée pour la rançon du roi
et dont il n'avait pu encore être remboursé,
du revenu de la terre et seigneurie de Bou-
teville pendant trois ans. Hesdin, 18 avril
1537.

Arch. nat., Acquits sur l'épargne, J. 962, n° 4,
anc. J. 961, n° 5. (Mention.)

8914. Don et remise faite, sur l'avis du Conseil privé   18 avril.

_____

[1] Sans doute pour Mouchy, ou Monchy (Monchy-Cayeux, à 4 ou
5 lieues d'Hesdin).

étant à Amiens, à Jean Lévêque, fermier pour deux années des droits de late [1], provenant des soumissions au siège d'Aix, du quart d'une année sur le prix de sa ferme. Hesdin, 18 avril 1537.

> Arch. nat., Acquits sur l'épargne, J. 962, n° 4, anc. J. 961, n° 5. (Mention.)

8915. Don à Pierre Le Vasseur, archer de la garde et capitaine de Saint-Riquier, des biens tenus au bailliage de Hesdin par François et Jean Coullon, partisans de l'empereur, valant 200 livres de rente annuelle. Hesdin, 18 avril 1537 [2].

18 avril.

> Arch. nat., Acquits sur l'épargne, J. 962, n° 4, anc. J. 961, n° 5. (Mention.)

8916. Don à Jean de Saint-Martin, commissaire ordinaire de l'artillerie, de l'office de contrôleur du grenier à sel de Montfort-l'Amaury, vacant par le décès de Gilles Moreau. Hesdin, 18 avril 1537.

18 avril.

> Arch. nat., Acquits sur l'épargne, J. 962, n° 4, anc. J. 961, n° 5. (Mention.)

8917. Lettres contenant permission aux habitants de Charny d'établir un octroi sur le vin vendu en détail pour la réparation et l'entretien de leurs fortifications. Amiens [3], 20 avril 1537.

20 avril.

> Copie du XVIIIe siècle. Archives de l'Yonne, E. 543.

8918. Lettres ordonnant la réunion du comté de Saint-Pol à la couronne. Camp de Pernes, 22 avril 1537.

22 avril.

> IMP. Thomas Turpin, Comitum Tervanensium seu Ternensium, modo S. Pauli ad Thenam annales historici... Duaci, 1731, in-8°, p. 298.

8919. Mandement au Grand conseil d'enregistrer la requête des habitants de Rethel, portant que le 22 janvier précédent ils avaient obtenu des lettres royaux interdisant l'institution de Jean

24 avril.

---

[1] Terme de coutume en Provence, sorte d'amende pécuniaire.
[2] Le même don est porté de nouveau sur le rôle d'expéditions du 25 avril (J. 962, n° 5, anc. J. 961, n° 12).
[3] Le Conseil privé se tint à Amiens pendant le siège d'Hesdin.

Martras en qualité de contrôleur des deniers   1537.
communs de la ville de Rethel, ses provisions
(n° 8450) ayant été obtenues subrepticement.
Amiens, 24 avril 1537.

*Copie du xvi° siècle. Bibl. nat., ms. fr. 5124,
fol. 7 v°.*

8920. Déclaration portant règlement pour le payement   24 avril.
des tailles dans la province de Languedoc et
pour les personnes qui doivent y contribuer.
24 avril 1537.

*Imp. Blanchard, Compilation chronologique, etc.
Paris, 1715, in-fol., t. I, col. 511. (Mention.)*

8921. Don à Oudart Du Biez, en récompense de ses   25 avril.
services, du revenu de la terre et seigneurie
de Rollencourt, au bailliage de Hesdin, dont
les seigneurs tiennent le parti de l'empereur.
Camp de Pernes, 25 avril 1537.

*Arch. nat., Acquits sur l'épargne, J. 962, n° 5,
anc. J. 961, n° 12. (Mention.)*

8922. Don à Antoine de Saint-Pol, maître d'hôtel du   25 avril.
s' Du Biez, en dédommagement des pertes
que lui cause la guerre, des biens, terres et
possessions de Jean de La Haye, capitaine
de Rollencourt, partisan de l'empereur. Camp
de Pernes, 25 avril 1537.

*Arch. nat., Acquits sur l'épargne, J. 962, n° 5,
anc. J. 961, n° 12. (Mention.)*

8923. Don à Antoine de Hames, seigneur dudit lieu,   25 avril.
des dettes dues aux héritiers de feu Hélaine
de Croy, à cause du droit qu'elle avait sur la
terre de Fiennes, dont procès est pendant au
Parlement, lesdites dettes confisquées sur lesdits héritiers parce qu'ils tiennent le parti de
l'empereur. Camp de Pernes, 25 avril 1537.

*Arch. nat., Acquits sur l'épargne, J. 962, n° 5,
anc. J. 961, n° 12. (Mention.)*

8924. Don au seigneur de Bouchavesne, capitaine de   25 avril.
Doullens, du revenu des terres de Mézerolles,
Frohen et Courcelles, confisquées sur la
dame d'Egmont, et d'un fief séant à Bienval

et Doullens, confisqué sur le s^r de Diéval, tenant, ainsi que ladite dame, le parti de l'empereur. Camp de Pernes, 25 avril 1537.

_1537._

Arch. nat.; Acquits sur l'épargne, J. 962, n° 5, anc. J. 961, n° 12. (Mention.)

8925. Don à Pierre Le Vasseur, archer de la garde, capitaine de Saint-Riquier, des biens de François et Jean Coulon, tous deux au service de l'empereur. Camp de Pernes, 25 avril 1537.

25 avril.

Arch. nat., Acquits sur l'épargne, J. 962, n° 5, anc. J. 961, n° 12. (Mention.)

8926. Don au s^r de Sarcus, gouverneur, bailli et capitaine de la ville et du château de Hesdin, des revenus des moulins, prés et rivières dépendant de la seigneurie de Hesdin, avec les villages de Grigny, Regnauville, Bouin, Quatreveaux, etc., appartenant à des partisans de l'empereur. Camp de Pernes, 25 avril 1537.

25 avril.

Arch. nat., Acquits sur l'épargne, J. 962, n° 5, anc. J. 961, n° 12. (Mention.)

8927. Don aux demoiselles de Miolans des droits et actions que peuvent avoir et prétendre les héritiers de feu Palamèdes d'Ades sur la terre et seigneurie de Caramagna en Piémont, à cause de 660 écus dus par le feu s^r de Miolans, s^r de Caramagna, audit s^r d'Ades, confisqués à cause de la rebellion des héritiers susdits. Camp de Pernes, 25 avril 1537.

25 avril.

Arch. nat., Acquits sur l'épargne, J. 962, n° 5, anc. J. 961, n° 12. (Mention.)

8928. Don au duc de Vendôme des château, terre et seigneurie d'Auxy, confisqués sur la dame d'Egmont, qui tient le parti de l'empereur. Camp de Pernes, 25 avril 1537.

25 avril.

Arch. nat., Acquits sur l'épargne, J. 962, n° 5, anc. J. 961, n° 12. (Mention.)

8929. Don à Jean de Monchy, s^r de Sénarpont, lieutenant de la compagnie du s^r de La Meilleraye,

25 avril.

39

de la somme de 1,000 livres tournois sur les
droits et devoirs seigneuriaux par lui dus à
cause de la donation faite à sa femme des
terres de Longueval et de Ham, tenues du roi
à cause de son château de Péronne. Camp de
Pernes, 25 avril 1537.

Arch. nat., Acquits sur l'épargne, J. 962, n° 6,
anc. J. 961, n° 11. (*Mention.*)

1537.

8930. Mandement pour le payement à Pierre de Bi-
doulx, s' de Lartigue, de la somme de 200 li-
vres tournois à lui taxée par ordonnance du
Conseil privé, pour ses peines, salaire, vaca-
tions, postes et autres dépenses qu'il a faites
au voyage du pape Clément VII à Marseille
et au voyage des cardinaux à Rome pour
l'élection du pape Paul III. Camp de Pernes,
25 avril 1537.

25 avril.

Arch. nat., Acquits sur l'épargne, J. 962, n° 6,
anc. J. 961, n° 11. (*Mention.*)

8931. Lettres portant rabais et modération en faveur
des habitants des villages et censes du plat pays
de l'élection de Laon, faisant partie des
doyennés de Crécy, Marle, Mons, Bruyères,
Montaigu et Ribemont en Thiérache, de la
somme de 800 livres tournois sur ce qu'ils
peuvent devoir pour leur part de la taille de
la présente année. Camp de Pernes, 25 avril
1537.

25 avril.

Arch. nat., Acquits sur l'épargne, J. 962, n° 6,
anc. J. 961, n° 11. (*Mention.*)

8932. Don à Antoine Delapierre, chantre de la chambre
du duc d'Orléans, de l'office de sergent royal
au bailliage d'Amiens, sur les limites de Beau-
vaisis, en remplacement d'Antoine Le Maul-
guier, décédé. Camp de Pernes, 25 avril
1537.

25 avril.

Arch. nat., Acquits sur l'épargne, J. 962, n° 6,
anc. J. 961, n° 11. (*Mention.*)

8933. Lettres de naturalité et permission de tester en

25 avril.

faveur de Jean de Yesse, natif de Yesse (Yesa),
au royaume de Navarre. Camp de Pernes,
25 avril 1537.

1537.

> Arch. nat., Acquits sur l'épargne, J. 962, n° 6,
> anc. J. 961, n° 11. (Mention.)

8934. Nouvelles lettres de jussion portant que Jean de
Plédran, nommé à l'office de second président de la Chambre des Comptes de Bretagne,
sera installé malgré l'opposition des gens des
Comptes. Camp de Pernes, 26 avril 1537.

26 avril.

> Enreg. à la Chambre des Comptes de Bretagne.
> Archives de la Loire-Inférieure, B. Mandements
> royaux, II, fol. 145.

8935. Mandement au trésorier de l'épargne de payer aux
capitaines qui se trouvent au camp et aux personnages ci-après nommés ce qui leur reste dû
de leur pension de l'année dernière, savoir : au
duc de Guise, 4,500 livres tournois; au comte
de Nevers, 4,000 livres; au sr de Barbezieux,
6,000 livres; au sr de Boisy, 1,500 livres; au
sr de Montejean, 1,500 livres; au sr d'Annebaut, 1,500 livres; au sr de Canaples, 2,000 livres; au prince de Melphe, 6,000 livres; au
sr de Torcy, 900 livres; au sr de Créquy,
600 livres; au sr de Bernieulles, 1,400 livres;
au sr de Sarcus, 1,000 livres; au bailli de
Vitry, 1,000 livres; au sr de Paroy, 1,000 livres; au sr de La Meilleraye, 1,200 livres; au
capitaine Bonneval, 1,500 livres; au sr de La
Roche-du-Maine, 1,200 livres; au sr de Boyen-
court, 1,200 livres; au sr de Foudras, 600 livres; à la marquise de Rothelin, 4,000 livres.
Camp de Pernes, 29 avril 1537.

29 avril.

> Arch. nat., Acquits sur l'épargne, J. 962, n° 7,
> anc. J. 961, n° 22. (Mention.)

8936. Don au comte Guillaume de Furstenberg des
terres et seigneuries de Pacy, Ézy et Nonancourt, pour en jouir en la même forme que
faisait la marquise de Montferrat, réservé les
bois de haute futaie qui devront être laissés

30 avril.

39.

en l'état. Camp de Pernes, 3o avril 1537.

Arch. nat., Acquits sur l'épargne, J. 962, n° 8, anc. J. 961, n° 18. (*Mention.*)
Bibl. nat., ms. Clairambault 782, p. 295. (*Mention.*)

1537.

8937. Don pour dix ans au s^r de Goulf (*alias* de Gulphe), l'un des cent gentilshommes de l'hôtel, de la terre et seigneurie de Nesle, dite Nesploy, au duché d'Orléans, telle et en la même manière qu'il en jouissait avant la réunion du domaine. Camp de Pernes, 3o avril 1537.

3o avril,

Arch. nat., Acquits sur l'épargne, J. 962, n° 8, anc. J. 961, n° 18. (*Mention.*)

8938. Don au capitaine Georges Capucymant des château, terre et seigneurie du Châtelard en Beaujolais, pour jouir du revenu jusqu'à concurrence de la somme de 900 livres tournois par an, pendant dix ans, payable par les mains du trésorier et receveur ordinaire de Beaujolais. Camp de Pernes, 3o avril 1537.

3o avril.

Arch. nat., Acquits sur l'épargne, J. 962, n° 8, anc. J. 961, n° 18. (*Mention.*)

8939. Don aux s^{rs} de Bonneval, capitaine de cinquante hommes d'armes, et du Puy-du-Fou, de la somme de 3,808 livres 12 sous tournois, redue au roi par feu François Bonnet, commis à la recette des impôts et fouages de l'évêché de Dol. Camp de Pernes, 3o avril 1537.

3o avril.

Arch. nat., Acquits sur l'épargne, J. 962, n° 8, anc. J. 961, n° 18. (*Mention.*)

8940. Don au s^r Palvoisin (Pallavicini), vicomte de Somma, de 2,500 livres tournois, moitié de la somme de 5,000 livres qui lui avait été donnée par le roi sur des amendes prononcées contre Guy et François Foubert, et que la Chambre des Comptes avait réduite conformément à l'ordonnance. Camp de Pernes, 3o avril 1537.

3o avril.

Arch. nat., Acquits sur l'épargne, J. 962, n° 8, anc. J. 961, n° 18. (*Mention.*)

8941. Don au s[r] de Canaples du revenu des terres de
Saint-Martin de Bailleul-lès-Pernes, Pierre-
mont et Epinchon, appartenant au s[r] de Bailleul, confisquées parce qu'il tient le parti contraire au roi. Camp de Pernes, 3o avril 1537.

1537.
3o avril.

*Arch. nat., Acquits sur l'épargne, J. 962, n° 9,
anc. J. 961, n° 13. (Mention.)*

8942. Don à Antoine d'Ailly, vidame d'Amiens, du revenu de la terre et seigneurie de Houdain appartenant au s[r] de Humbercourt, de la terre de
Saulty appartenant au s[r] d'Espinay, de la seigneurie de Liancourt, près Doullens, appartenant au s[r] de Nivelles, des terres de Beaufort,
Bonnières et Galametz, appartenant aux religieux d'Anchin, d'un fief du bâtard de Honne-
court sis audit lieu de Bonnières, et de la terre
d'Haravesnes appartenant au vicomte de Gand,
tous les dessus nommés tenant le parti de l'empereur. Camp de Pernes, 3o avril 1537.

3o avril.

*Arch. nat., Acquits sur l'épargne, J. 962, n° 9,
anc. J. 961, n° 13. (Mention.)*

8943. Don à Jacques Du Biez, neveu d'Oudart Du
Biez, du revenu des terres et seigneuries de
Charles de Bours, s[r] d'Antigneul, son beau-
père, qui sont situées dans le comté de Saint-
Pol, et d'autres terres. Camp de Pernes,
3o avril 1537.

3o avril.

*Arch. nat., Acquits sur l'épargne, J. 962, n° 9,
anc. J. 961, n° 13. (Mention.)*

8944. Don au s[r] de Bernieulles du revenu des terres de
Bomy, Audincthun, Dennebrœucq, Nielles et
Cléty, du revenu que les ennemis tiennent en
régale à Thérouanne, du douaire de damoiselle
Claude de Moucy sur la terre de Fauquem-
bergue, et de la terre de Wandomme appartenant à Hercules de Lalain, partisans de l'empereur. Camp de Pernes, 3o avril 1537.

3o avril.

*Arch. nat., Acquits sur l'épargne, J. 962, n° 9,
anc. J. 961, n° 13. (Mention.)*

8945. Don au s[r] de Hames, capitaine de Hames, du
revenu des terres et seigneuries de Sautricourt,

3o avril.

Mainil, Fresnoy, Chériennes et Recourt, si-   1537.
tuées dans le comté de Saint-Pol, appartenant
à des partisans de l'empereur. Camp de Pernes,
3o avril 1537.

> Arch. nat., Acquits sur l'épargne, J. 962, n° 9,
> anc. J. 961, n° 13. (Mention.)

8946. Don au s^r d'Amerval, lieutenant du s^r de Sarcus   30 avril.
à Hesdin, du revenu des terres et seigneuries
de Noyelles, appartenant au capitaine Paillet,
et de Labroye, à un nommé Frenoy, partisans
de l'empereur. Camp de Pernes, 3o avril 1537.

> Arch. nat., Acquits sur l'épargne, J. 962, n° 9,
> anc. J. 961, n° 13. (Mention.)

8947. Don à Gabriel de Montmorency du revenu des   3o avril.
terres de Regnauville, Quesnoy, Wambercourt,
Capelle et Mouriez, confisquées sur des partisans de l'empereur. Camp de Pernes, 3o avril
1537.

> Arch. nat., Acquits sur l'épargne, J. 962, n° 9,
> anc. J. 961, n° 13. (Mention.)

8948. Don à Leurien, gentilhomme de la maison du   3o avril.
duc d'Estouteville, des arrérages dus au s^r de
Bailleul par François Tagault, son receveur
de Famechon en Vimeu et de Maizicourt, près
Auxy. Camp de Pernes, 3o avril 1537.

> Arch. nat., Acquits sur l'épargne, J. 962, n° 9,
> anc. J. 961, n° 13. (Mention.)

8949. Confirmation et nouveau don à François Da-   3o avril.
miens de l'office de receveur du domaine de
Hesdin et des aides dudit lieu et du comté de
Saint-Pol, office dont il avait été dépossédé
par l'empereur, parce qu'il tenait le parti du
roi. Camp de Pernes, 3o avril 1537.

> Arch. nat., Acquits sur l'épargne, J. 962, n° 9,
> anc. J. 961, n° 13. (Mention.)

8950. Mandement pour faire payer à Archambaud de   3o avril.
Villars, Guillaume de Gibertes et Annet de Fon-
tenet, gentilshommes de la maison de Louis,
comte de Nevers, la somme de 600 écus soleil
dont le roi leur a fait don par lettres données
à Châtellerault, le 14 novembre 1534, sur le

produit des offices de notaires et de sergents
de la haute et basse Auvergne, nouvellement
créés. Camp de Pernes, 30 avril 1537.

1537.

*Arch. nat., Acquits sur l'épargne, J. 962, n° 9,
anc. J. 961, n° 13. (Mention.)*

8951. Mandement à la Chambre des Comptes d'allouer
aux comptes du trésorier et receveur général
de Dauphiné la somme de 400 livres tournois par an pour les gages ordinaires de maître
des Eaux et forêts dudit pays, à commencer
du jour où le sʳ de Boutières fut pourvu dudit office jusqu'à présent, et dorénavant chaque année, tant qu'il tiendra ledit office.
Camp de Pernes, 30 avril 1537.

30 avril.

*Arch. nat., Acquits sur l'épargne, J. 962, n° 9,
anc. J. 961, n° 13. (Mention.)*

8952. Lettres portant que le sʳ de Boutières sera payé
à raison de 100 sous tournois par jour, comme
les autres gentilshommes chargés de semblable commission, pour le temps qu'il a employé au recouvrement des deniers de la
charge de Dauphiné, et mandement à la
Chambre des Comptes d'allouer aux comptes
du commis à la recette générale dudit pays la
somme qu'il en a payée ou payera audit sʳ de
Boutières. Camp de Pernes, 30 avril 1537.

30 avril

*Arch. nat., Acquits sur l'épargne, J. 962, n° 9,
anc. J. 961, n° 13. (Mention.)*

8953. Mandement à la Chambre des Comptes d'allouer
aux comptes d'Artus Prunier, commis à la recette générale de Dauphiné, ce qu'il a payé à
feu Falco d'Aurilhac, président au Parlement
de Grenoble, pour le recouvrement des deniers de la généralité de Dauphiné, à raison
de 6 livres tournois par jour. Camp de Pernes,
30 avril 1537.

30 avril.

*Arch. nat., Acquits sur l'épargne, J. 962, n° 9,
anc. J. 961, n° 13. (Mention.)*

8954. Don au sʳ d'Acigné de 400 livres tournois à
prendre sur le receveur des exploits et amendes
du Parlement de Bretagne, au lieu d'une

30 avril.

amende de même somme prononcée contre
son feu père, et dont il lui avait été fait
remise, contrairement aux ordonnances qui
régissent la Bretagne. Camp de Pernes,
30 avril 1537.

> Arch. nat., Acquits sur l'épargne, J. 962, n° 9,
> anc. J. 961, n° 13. (Mention.)

8955. Don à demoiselle Jacqueline de Capanes du revenu des terre et seigneurie de Haravesnes, au
bailliage de Hesdin, appartenant au vicomte
de Gand, partisan de l'empereur. Camp de
Pernes, 30 avril 1537.

30 avril.

> Arch. nat., Acquits sur l'épargne, J. 962, n° 9,
> anc. J. 961, n° 13. (Mention.)

8956. Don à l'écuyer La Marck du revenu des terres
et seigneuries de Libessart et de Bermicourt,
appartenant à des partisans de l'empereur.
Camp de Pernes, 30 avril 1537.

30 avril.

> Arch. nat., Acquits sur l'épargne, J. 962, n° 9,
> anc. J. 961, n° 13. (Mention.)

8957. Don au sr de La Ferté des rachats, quints et
requints, lods et ventes et autres droits seigneuriaux échus au roi par la mort du feu
comte de Tonnerre, tant à cause des baronnie, terres et seigneuries de Saint-Aignan et de
Selles, au bailliage de Blois, que des autres
terres et seigneuries de la succession dudit
comte, tenues et mouvantes du roi. Camp de
Pernes, 30 avril 1537.

30 avril.

> Arch. nat., Acquits sur l'épargne, J. 962, n° 9,
> anc. J. 961, n° 13. (Mention.)

8958. Mandement pour le payement à Charles de
Pierrevive, trésorier de France, de ses gages
de l'année 1536, montant à la somme de
3,150 livres tournois, à prendre sur la recette
générale de Languedoc, par les mains de
Martin de Troyes. Camp de Pernes, 30 avril
1537.

30 avril.

> Arch. nat., Acquits sur l'épargne, J. 962, n° 9,
> anc. J. 961, n° 13. (Mention.)

8959. Don à Louis de Nevers du revenu des terres et
seigneuries de Saint-Julien, Gorrevod, Laye,
Conflans et autres situées en Bresse et en Savoie, confisquées sur Laurent de Gorrevod,
grand maître d'Espagne, Claude de Rivoire, sa
femme, ses sœur, neveu et autres héritiers,
parce qu'ils tenaient le parti de l'empereur.
Camp de Pernes, 30 avril 1537.

> *Arch. nat., Acquits sur l'épargne, J. 962, n° 9,
> anc. J. 961, n° 13. (Mention.)*

1537.
30 avril.

8960. Confirmation des privilèges, droits, franchises
et immunités du chapitre de la cathédrale du
Mans. Amiens, avril 1537.

> *Enreg. à la Chancellerie de France. Arch. nat.,
> Trésor des Chartes, JJ, 250, n° 58, fol. 21. 1 page.*

Avril.

8961. Confirmation des privilèges, droits, usages et
immunités du prieuré de Royaulieu, près de
Compiègne.... (1), avril 1537.

> *Enreg. à la Chancellerie de France. Arch. nat.,
> Trésor des Chartes, JJ, 250, n° 49, fol. 18. 1 page.*

Avril.

8962. Édit de création d'un office de maître des Eaux
et forêts en Dauphiné, et règlement pour sa
juridiction, ses fonctions, ses gages. 2 mai
1537.

> *Enreg. à la Chambre des Comptes de Paris, anc.
> mém. coté 2 J, fol. 18. Arch. nat., invent. PP. 136,
> p. 446. (Mention.)*
> *Imp. Blanchard, Compilation chronologique, etc.
> Paris, 1715, in-fol., col. 511. (Mention.)*

2 mai.

8963. Don fait, sur la requête du s' de Boisy, à Jean
de Cosmolet, archer de la garde de la compagnie du s' de Chavigny, de l'office de sergent
à cheval en la ville et prévôté de Pierrefonds
en Valois, vacant par le décès de Guillaume
Ferret, pour en disposer à son profit et en
faire pourvoir telle personne qu'il avisera.
Camp de Contes, 7 mai 1537.

> *Rôle d'expéditions du 7 juin 1537. Arch. nat.,
> Acquits sur l'épargne, J. 962, n° 21, anc. J. 961,
> n° 144. (Mention.)*

7 mai.

(1) Le lieu de la date est resté en blanc.

III.

40

8964. Don à M. de La Rochepot de toutes les terres et
des immeubles situés dans le royaume et dans
les comtés d'Artois et de Saint-Pol, qui appartinrent à feu Antoine Dubois, évêque de
Béziers, confisqués sur Bernard Dubois, son
frère et héritier, partisan de l'empereur, y
compris les terres de Chaumont en Vexin et
de Roye, que ledit évêque tenait du roi en
récompense d'autres terres de la châtellenie
de Lille engagées pour la rançon des enfants
de Sa Majesté. Doullens, 10 mai 1537.

> Arch. nat., Acquits sur l'épargne, J. 962, n° 10,
> anc. J. 961, n° 19. (Mention.)

1537.
10 mai.

8965. Don au s⁼ de Boisy du revenu, pendant dix ans,
du tiers et danger sur les ventes de bois du
buisson de Halatte en la vicomté de Montivilliers, qui appartenait au feu vidame de
Chartres et à sa femme, Hélène Gouffier. Doullens, 10 mai 1537.

> Arch. nat., Acquits sur l'épargne, J. 962, n° 10,
> anc. J. 961, n° 19. (Mention.)

10 mai.

8966. Don au s⁼ de Sennetaire de la somme de 400
écus soleil sur la vente et composition de l'office de notaire du nombre ancien au Châtelet
de Paris, vacant par le décès de Jean Limosin.
Doullens, 10 mai 1537.

> Arch. nat., Acquits sur l'épargne, J. 962, n° 10,
> anc. J. 961, n° 19. (Mention.)

10 mai.

8967. Don à Jean Haudineau, gentilhomme de la vénerie, d'un office de notaire au Châtelet de
Paris, nouvelle création, auquel il n'a pas encore été pourvu, pour en disposer à son profit. Doullens, 10 mai 1537.

> Arch. nat., Acquits sur l'épargne, J. 962, n° 10,
> anc. J. 961, n° 19. (Mention.)

10 mai.

8968. Don à Nicolas Du Maine, homme d'armes de la
compagnie du duc d'Estouteville, comte de
Saint-Pol, du quart des deniers de la résignation de l'office de verdier d'Arques, que doit

10 mai.

faire Charles Desmarais, au profit dudit Du Maine. Doullens, 10 mai 1537.

1537.

> *Arch. nat., Acquits sur l'épargne, J. 962, n° 10, anc. J. 961, n° 19. (Mention.)*

8969. Don à Jacques Cartier, pilote du roi, d'une nef appelée *Hermine*, avec ses gréements et munitions, revenant d'un voyage de découverte où ledit Cartier l'a conduite sur le commandement du roi, et telle qu'elle est de présent au port de Saint-Malo, pour le dédommager des frais qu'il a faits audit voyage. Doullens, 10 mai 1537.

10 mai.

> *Arch. nat., Acquits sur l'épargne, J. 962, n° 10, anc. J. 961, n° 19. (Mention.)*

8970. Lettres de naturalité et permission de tester octroyées à Pierre Du Fay, natif de Lorraine, fils du s' de Bazoges, l'un des gentilshommes de la maison du roi. Doullens, 10 mai 1537.

10 mai.

> *Arch. nat., Acquits sur l'épargne, J. 962, n° 10, anc. J. 961, n° 19. (Mention.)*

8971. Don au s' de La Haye, ci-devant capitaine de cent mortes-payes de Thérouanne, de la solde de quatre mortes-payes dudit lieu, dont le roi veut qu'il soit désormais appointé, tant pour les services qu'il lui a rendus que pour entretenir sa maison de la Haye en sûreté. Doullens, 10 mai 1537.

10 mai.

> *Arch. nat., Acquits sur l'épargne, J. 962, n° 10, anc. J. 961, n° 19. (Mention.)*

8972. Don et remise à Benoît Gaulteret, apothicaire du roi, de 200 écus d'or soleil taxés par la Chambre des Comptes pour l'entérinement des lettres d'anoblissement que Sa Majesté lui a récemment octroyées. Doullens, 10 mai 1537.

10 mai.

> *Arch. nat., Acquits sur l'épargne, J. 962, n° 10, anc. J. 961, n° 19. (Mention.)*

8973. Prorogation pour six ans, en faveur du s' de Baye, de la somme de 1,200 livres tournois par an qui lui a été ci-devant assignée sur le revenu du grenier à sel de Sézanne, en récompense de ses terres, de pareille valeur cédées

10 mai.

40.

à l'empereur pour le reste de la rançon du roi. 1537.
Doullens, 10 mai 1537.

Arch. nat., Acquits sur l'épargne, J. 962, n° 10, anc. J. 961, n° 19. (Mention.)

8974. Don à Madame Du Péron de la somme de 10 mai.
2,300 livres tournois, montant des lods et
ventes dus au roi à cause de la vente de la
terre et seigneurie de Meyrieu en Dauphiné,
nonobstant que tels dons ne doivent être faits
que pour moitié. Doullens, 10 mai 1537.

Arch. nat., Acquits sur l'épargne, J. 962, n° 10, anc. J. 961, n° 19. (Mention.)

8975. Déclaration portant que pour les trois quartiers 11 mai.
qui restent à échoir de la présente année,
Mme de Vendôme la jeune, douairière, jouira
du revenu des amendes, forfaitures et confiscations des greniers à sel de la Flèche et de
Château-Gonthier, et M. de Vendôme qui est
à présent, du grenier à sel de Vendôme, desquels greniers le feu duc de Vendôme avait le
don et a touché le premier quartier. Corbie,
11 mai 1537.

Arch. nat., Acquits sur l'épargne, J. 962, n° 11, anc. J. 961, n° 20. (Mention.)

8976. Don et remise à Menault Daguerre d'une amende 11 mai.
de 75 livres prononcée contre lui par arrêt du
Parlement à Paris, nonobstant toutes ordonnances contraires. Corbie, 11 mai 1537.

Arch. nat., Acquits sur l'épargne, J. 962, n° 11, anc. J. 961, n° 20. (Mention.)

8977. Provisions pour Jean Bigier de l'office de ser- 11 mai.
gent en la garde de Vitry, dans la forêt d'Orléans, donné le 18 mai 1536 à François Colas, l'un des veneurs du roi, pour en disposer
à son profit, en remplacement de feu Guillaume Péronnel. Corbie, 11 mai 1537.

Arch. nat., Acquits sur l'épargne, J. 962, n° 11, anc. J. 960, n° 20. (Mention.)

8978. Lettres de naturalité et permission de tester oc- 11 mai.
troyées à Rostaing Rocquart, l'un des aumô-

niers du roi, natif du Comtat-Venaissin. Corbie, 11 mai 1537.

> Arch. nat., Acquits sur l'épargne, J. 962, n° 11,
> anc. J. 961, n° 20. (Mention.)

8979. Lettres de naturalité en faveur de Georges Capucymant, capitaine de chevau-légers, sa femme
et ses enfants. Corbie, 11 mai 1537.

11 mai.

> Arch. nat., Acquits sur l'épargne, J. 962, n° 11,
> anc. J. 961, n° 20. (Mention.)

8980. Don au sr de Laubier, lieutenant de la compagnie du Prévôt de Paris, d'une somme de
800 livres tournois due par Jacques Bouc-
quet, marchand de Saint-Pol, à Louis Gontier, natif de Paris, marié dans les terres de
l'empereur et retiré à Arras. Corbie, 11 mai
1537.

11 mai.

> Arch. nat., Acquits sur l'épargne, J. 962, n° 11,
> anc. J. 961, n° 20. (Mention.)

8981. Don au sr de la Ferté-aux-Oignons, gentilhomme de la chambre, d'une amende de
6,000 livres tournois prononcée par les gens
du conseil de Dombes contre Philibert Gaspard, dit le Buisson, exécuté par justice. Corbie, 11 mai 1537.

11 mai.

> Arch. nat., Acquits sur l'épargne, J. 962, n° 11,
> anc. J. 961, n° 20. (Mention.)

8982. Provision en faveur du trésorier des mortes-
payes de Bretagne pour le faire payer de la
totalité des gages dont il jouissait avant le retranchement imposé par l'ordonnance, les autres trésoriers du royaume ayant été depuis
rétablis en leurs gages anciens. Corbie, 11 mai
1537.

11 mai.

> Arch. nat., Acquits sur l'épargne, J. 962, n° 11,
> anc. J. 961, n° 20. (Mention.)

8983. Permission accordée aux taverniers d'Amiens de
faire venir de l'Auxerrois, d'Orléans et autres
pays mille muids de vin francs et quittes de
tous droits de péages et autres impositions,
dont le roi leur fait don et remise pour les dé-

11 mai.

dommager des pertes qu'ils ont subies en four- 1537.
nissant de vins l'armée et la cour pendant son
séjour à Amiens. Corbie, 11 mai 1537.

> Arch. nat., Acquits sur l'épargne, J. 962, n° 11,
> anc. J. 961, n° 20. (Mention.)

8984. Mandement à Guillaume Prudhomme de faire   12 mai.
payer par Pierre Le Vassor, commis au payement des cent lances placées sous les ordres
des s⁰⁰ de La Meilleraye et de Villebon, avec le
surplus de l'argent qui lui a été donné, 704 livres tournois à Michel Cosson, commis au
payement des cent lances placées sous les
ordres du s⁰ de Montejean. Corbie, 12 mai
1537.

> Original. Bibl. nat., ms. fr. 25721, n° 476 bis.

8985. Mandement au Parlement de Dauphiné de con-   12 mai.
tinuer le procès de François et de Jean-Louis
de Saluces. Corbie, 12 mai 1537.

> Table des chartes imprimées recueillies par Bréqui-
> gny, t. XVII. Bibl. nat., ms. Moreau 1114, p. 375,
> d'après un recueil factice d'actes imprimés relatifs
> à la Principauté d'Orange. (Mention.)

8986. Provisions en faveur de François de Montmo-   13 mai.
rency, seigneur de la Rochepot, de l'office de
gouverneur et lieutenant général du roi en
Picardie, vacant par la mort du duc de Vendôme. Corbie, 13 mai 1537 [1].

> Copie du XVIII⁰ siècle. Bibl. nat., ms. fr. 23149,
> fol. 9.
> Copie du XVII⁰ siècle. Bibl. nat., Collection de
> Picardie, ms. 247, fol. 176.

8987. Mandement adressé aux maréchaux de France   14 mai.
ou à leur lieutenant au siège de la Table de
marbre du Palais à Paris, pour qu'ils entéri-
nent les lettres de rémission accordées à Louis
de Billy, dit Courville, seigneur de Prunay, à
raison de l'homicide par lui commis en la
personne du seigneur de Colambert, nonob-

---

[1] Sur le premier manuscrit la date est du 3 mai, et sur le second
du 13 mai.

stant qu'il n'y est pas fait mention de celles qui   1537.
lui ont été octroyées pour le même fait onze
ans auparavant. Corbie, 14 mai 1537.

> *Original. Collection de M. le duc des Cars.*

8988. Lettres de validation pour Victor Barguin, tré-   17 mai.
sorier de Mesdames, filles du roi, des dé-
penses de leur argenterie pendant l'anné 1536,
montant à 16,005 livres 16 sous 5 deniers
tournois. La Fère-sur-Oise, 17 mai 1537.

> *Arch. nat., Acquits sur l'épargne, J. 962, n° 12,*
> *anc. J. 961, n° 29. (Mention.)*

8989. Lettres de validation pour Victor Barguin des   17 mai.
dépenses de l'écurie de Mesdames pendant
l'année 1536, montant à 17,291 livres 7 sous
4 deniers tournois. La Fère-sur-Oise, 17 mai
1537.

> *Arch. nat., Acquits sur l'épargne, J. 962, n° 12,*
> *anc. J. 961, n° 29. (Mention.)*

8990. Mandement pour le payement de 3,314 livres   17 mai.
1 sou 9 deniers tournois à Victor Barguin,
sur les restes des finances de feu Madame,
mère du roi, pour les réparations de la tour
Bureau du château d'Amboise, suivant un rôle
certifié par le s' de la Bourdaisière, trésorier
de France. La Fère-sur-Oise, 17 mai 1537.

> *Arch. nat., Acquits sur l'épargne, J. 962, n° 12,*
> *anc. J. 961, n° 29. (Mention.)*

8991. Lettres déclarant que l'office de prévôt vicomtal   18 mai.
de Pontoise n'est point compris dans l'édit du
19 juin 1536 (n° 8525) touchant la juridiction
des baillis, sénéchaux et autres juges. La Fère-
sur-Oise, 18 mai 1537.

> *Enreg. au Parl. de Paris, le 28 mai 1537. Arch.*
> *nat., X¹ᵃ 8613, fol. 39. 1 page 1/4.*

8992. Lettres portant commission pour constitutions   18 mai.
de rentes et engagements du domaine en Nor-
mandie, jusqu'à concurrence de 100,000 livres. La Fère-sur-Oise, 18 mai 1537.

> *Enreg. à la Cour des Aides de Normandie, le*
> *9 juin 1537. Arch. de la Seine-Inférieure, Mémo-*
> *riaux, 2ᵉ vol., fol. 153. 4 pages.*

8993. Don au s' de Viverols de l'office de notaire au
Châtelet de Paris, du nombre ancien, vacant
par le décès de Jacques Poullain, pour en
disposer à son profit. La Fère-sur-Oise, 18 mai
1537.

1537.
18 mai.

> Arch. nat., Acquits sur l'épargne, J. 962, n° 13,
> anc. J. 961, n° 24. (Mention.)

8994. Don au comte de Carmaing (ou Caraman) d'un
office de notaire au Châtelet de Paris, du
nombre ancien, vacant par le décès de Gilbert
Esgret, pour en disposer à son profit. La Fère-
sur-Oise, 18 mai 1537.

18 mai.

> Arch. nat., Acquits sur l'épargne, J. 962, n° 13,
> anc. J. 961, n° 24. (Mention.)

8995. Don à Nicolas Jousserant, sommelier de bouche
du roi, de la somme de 200 livres tournois,
montant des droits et devoirs seigneuriaux
qu'il peut devoir à Sa Majesté à cause de l'acquisition par lui faite du lieu de Bouillac et
ses appartenances. La Fère-sur-Oise, 18 mai
1537.

18 mai.

> Arch. nat., Acquits sur l'épargne, J. 962, n° 13,
> anc. J. 961, n° 24. (Mention.)

8996. Don et remise à Jean de Bournonville, s' d'Ovrin-
ghen, homme d'armes de la compagnie du s' Du
Biez, d'une somme de 656 livres tournois,
montant des droits de quint qu'il pourra devoir au roi en inféodant une rente de 205 livres tournois à lui échue par suite du décès
d'Hélène de Suèquet, sa mère. La Fère-sur-
Oise, 18 mai 1537.

18 mai.

> Arch. nat., Acquits sur l'épargne, J. 962, n° 13,
> anc. J. 961, n° 24. (Mention.)

8997. Don à Nicolas Boullon, fourrier de Mesdames,
de l'office de sergent en la basse forêt de
Chinon, vacant par le décès de Jean Joly,
pour en disposer à son profit. La Fère-sur-
Oise, 18 mai 1537.

18 mai.

> Arch. nat., Acquits sur l'épargne, J. 962, n° 13,
> anc. J. 961, n° 24. (Mention.)

8998. Don à David Anstouder, archer de la garde
écossaise, de l'office de sergent des tailles,
aides et greniers à sel en l'élection de Tonnerre, auquel il n'a encore été pourvu, pour
en disposer à son profit. La Fère-sur-Oise,
18 mai 1537.

1537.
18 mai.

> Arch. nat., Acquits sur l'épargne, J. 962, n° 13,
> anc. J. 961, n° 24. (Mention.)

8999. Lettres portant rabais du tiers du prix de leurs
fermes, depuis le 1er juillet 1536 jusqu'au
1er février 1538 n. s., accordé à Thibaut Carpentier, greffier de la prévôté de Saint-Riquier;
à Guillaume de Riencourt, greffier de la prévôté de Fouilloy; à François Fournel, greffier
de la prévôté de Doullens; à Artus Buteux,
greffier de la prévôté de Beauquesne; à Louis
Petit, fermier de la prévôté de Doullens; à
Nicolas Séguier, fermier des exploits et
amendes de ladite prévôté de Doullens; à
Pierre Maillart, fermier des exploits et
amendes de la prévôté de Beauquesne; à Jean
Roussel, fermier du sceau royal de la prévôté
de Doullens, et à Jean Dudan, fermier de la
prévôté de Fouilloy. La Fère-sur-Oise, 18 mai
1537.

18 mai.

> Arch. nat., Acquits sur l'épargne, J. 962, n° 13,
> anc. J. 961, n° 24. (Mention.)

9000. Lettres portant rabais du tiers de la ferme de
Nicolas de Fontaines, fermier de la garde du
sceau royal de la ville et prévôté d'Amiens,
pour trois années commençant le 15 août
1536. La Fère-sur-Oise, 18 mai 1537.

18 mai.

> Arch. nat., Acquits sur l'épargne, J. 962, n° 13,
> anc. J. 961, n° 24. (Mention.)

9001. Lettres portant rabais de 250 livres tournois sur
le prix total de leurs fermes, accordé à Guillaume Chauvet, fermier du grand port et
péage de la vicomté de Blois, et à Robin
Barbes, fermier de la ferme du « tolly » (ton
lieu) de Blois, pour trois ans commencés à

18 mai.

la Saint-Jean-Baptiste 1533. La Fère-sur-Oise, 18 mai 1537.

Arch. nat., Acquits sur l'épargne, J. 962, n° 13, anc. J. 961, n° 24. (Mention.)

1537.

9002. Don à Jean-Francisque Valerio, en récompense de ses services et pour certaines causes que le roi veut tenir secrètes, d'une pension annuelle de 2,250 livres payable par Claude Guyot, receveur de Rouen, sur les deniers qu'il recevra des revenus temporels de l'abbaye de Saint-Ouen de Rouen. La Fère-sur-Oise, 18 mai 1537.

18 mai.

Arch. nat., Acquits sur l'épargne, J. 962, n° 14, anc. J. 961, n° 25. (Mention.)

9003. Don à Jules de Pise de l'office de sergent à cheval au Châtelet de Paris, vacant par le décès de René Beufves, pour en disposer à son profit. La Fère-sur-Oise, 18 mai 1537.

18 mai.

Arch. nat., Acquits sur l'épargne, J. 962, n° 14, anc. J. 961, n° 25. (Mention.)

9004. Lettres permettant la résignation de l'office de receveur des tailles en l'élection de Périgord, que Jean de Bordes le jeune entend faire au profit de son oncle, Jean de Bordes l'aîné, à condition et réserve de survivance; et portant don du tiers des deniers que produira la composition de ladite survivance à Adrien Vernon, s^r de Montreuil-Bonnin, gentilhomme de la chambre du roi. La Fère-sur-Oise, 18 mai 1537.

18 mai.

Arch. nat., Acquits sur l'épargne, J. 962, n° 14, anc. J. 961, n° 25. (Mention.)

9005. Don à Guillaume Allard, tapissier du roi, de 180 écus soleil, montant de la composition d'un office de sergent au bailliage de Rouen, vacant par le décès de Pierre Brucois, en déduction de ce qui lui est dû pour les réparations de deux chambres de tapisserie de Sa

18 mai.

Majesté et de celles qui se mènent sur les chariots. La Fère-sur-Oise, 18 mai 1537.

Arch. nat., Acquits sur l'épargne, J. 962, n° 14, anc. J. 961, n° 25. (Mention.)

9006. Mandement pour faire payer à Guillaume du Harden, l'un des archers du prévôt des maréchaux de Normandie, ses gages de l'année 1535, bien qu'il ait été porté absent à la montre faite en décembre de cette année, étant alors chargé par M. d'Annebaut de diverses missions pour les affaires de son gouvernement. La Fère-sur-Oise, 18 mai 1537.

Arch. nat., Acquits sur l'épargne, J. 962, n° 14, anc. J. 961, n° 25. (Mention.)

9007. Mandement à Étienne Noblet, commis à la recette générale de Bourgogne, de payer à Antoine Le Maçon, receveur général des finances audit pays, la somme de 1,000 livres tournois pour ses gages de l'année 1536, bien qu'il n'ait pas exercé cet office en ladite année, à cause de la suspension dont il était frappé ainsi que les autres receveurs généraux. Le roi lui fait don de cette somme en récompense des services qu'il lui rend au maniement de l'Extraordinaire de la guerre. La Fère-sur-Oise, 18 mai 1537.

Arch. nat., Acquits sur l'épargne, J. 962, n° 14, anc. J. 961, n° 25. (Mention.)

9008. Mandement à Jean Basannier, commis au recouvrement des créances du feu sr Besnier, de payer sur cette recette, après satisfaction faite au roi des amendes et condamnations prononcées contre ledit Besnier, la somme de 1,124 livres 18 sous due au duc de Guise pour le reste de sa pension de l'année 1530. La Fère-sur-Oise, 18 mai 1537.

Arch. nat., Acquits sur l'épargne, J. 962, n° 14, anc. J. 961, n° 25. (Mention.)

9009. Lettres données à la requête du duc d'Estouteville, autorisant Pierre Le Clerc à se défaire de son office de greffier criminel du Parlement de Rouen et de le résigner au profit de qui bon lui semblera, sans payer le quart prélevé ordinairement sur les deniers des résignations. La Fère-sur-Oise, 18 mai 1537.

Arch. nat., Acquits sur l'épargne, J. 962, n° 14, anc. J. 961, n° 25. (Mention.)

1537.

9010. Don et remise au baron de Bueil, comte de Sancerre, de tous les droits de rachat et autres devoirs seigneuriaux dus au roi à cause de la terre et seigneurie de Saint-Christophe en Touraine, échue audit baron par succession du feu comte de Sancerre, son neveu. La Fère-sur-Oise, 18 mai 1537.

Arch. nat., Acquits sur l'épargne, J. 962, n° 14, anc. J. 961, n° 25. (Mention.)

18 mai.

9011. Lettres de naturalité avec permission de tester, octroyées à Jean Saron, archer de la garde, Milanais. La Fère-sur-Oise, 18 mai 1537.

Arch. nat., Acquits sur l'épargne, J. 962, n° 14, anc. J. 961, n° 25. (Mention.)

18 mai.

9012. Don à Charles de Pierrevive, trésorier de France, de la somme de 4,500 livres, à prendre sur ce que Pierre de Montfort, naguère trésorier et receveur ordinaire de Toulouse, pourra redevoir de sa recette des années 1529 à 1534 ou sur les deniers provenant des amendes et condamnations du Parlement de Toulouse. La Fère-sur-Oise, 19 mai 1537.

Enreg. à la Chambre des Comptes de Paris le 24 mai suivant, anc. mém. 2 H, fol. 114. Arch. nat., invent. PP. 136, p. 446. (Mention.)
Arch. nat., Acquits sur l'épargne, J. 962, n° 15, anc. J. 961, n° 26. (Mention.)

19 mai.

9013. Don à Albert Gatto, vicaire d'Asti, des château, terre et seigneurie de Melle, au marquisat de Saluces, pour s'y retirer avec sa famille, en dédommagement des pertes que lui a fait subir la guerre. La Fère-sur-Oise, 19 mai 1537.

Arch. nat., Acquits sur l'épargne, J. 962, n° 15, anc. J. 961, n° 26. (Mention.)

19 mai.

9014. Lettres de don à Melchior des Prez des offices

20 mai.

de sénéchal de Poitou, de gouverneur du duché
de Châtellerault et de maître particulier des
Eaux et forêts du comté de Poitou, sur la résignation avec réserve en cas de survivance
d'Antoine des Prez, sr de Montpezat, gentilhomme de la chambre du roi, son père, avec
dispense pour ledit Melchier, attendu sa jeu-
nesse, d'exercer ces offices jusqu'à ce qu'il ait
l'âge de prêter serment. La Fère-sur-Oise, 20 mai
1537.

1537.

> *Enreg. à la Chambre des Eaux et forêts, le 5 jan-*
> *vier 1545 n. s. Arch. nat., Z¹ᵉ 329, fol. 208 v°.*
> *2 pages.*
> *Présentées au Parl. de Paris le 15 décembre 1538.*
> *Arch. nat., X¹ᵃ 1542, reg. du conseil, fol. 65 v°.*
> *(Mention.)*
> *Reçu au Parl. de Paris le 5 janvier 1545 n. s.*
> *Arch. nat., X¹ᵃ 4924, Plaidoiries, fol. 274. (Men-*
> *tion.)*

9015. Lettres de relief de surannation pour l'entérinement des lettres du 2 octobre 1535 (n° 8145)
données en faveur d'Antoine de Bussy. La Fère-
sur-Oise, 20 mai 1537.

20 mai.

> *Copie authentique de l'an 1565. Bibl. nat., Pièces*
> *orig., vol. 562, Bussy, pièce 7.*

9016. Ratification de la vente de la ferme des aides
de la ville de Châlons, faite au nom du roi par
André Guillart, maître ordinaire des requêtes,
et Antoine de Lamet, général des finances.
20 mai 1537.

20 mai.

> *Enreg. à la Cour des Aides de Paris, le 12 juin*
> *1537. Arch. nat., recueil Cromo, U. 665, fol. 278.*
> *(Mention.)*

9017. Lettres d'exemption du subside caritatif levé sur
le clergé, accordées aux conseillers et officiers
ecclésiastiques du Parlement de Paris. La
Fère-sur-Oise, 21 mai 1537.

21 mai.

> *Enreg. au Parl. de Paris, sans date, entre un*
> *acte du 9 et un autre du 28 mai 1537. Arch. nat.,*
> *X¹ᵃ 8613, fol. 38 v°. 1 page 1/2.*

9018. Don de 900 livres à François de Bryan, ambassadeur du roi d'Angleterre, en reconnaissance

22 mai.

des services qu'il a rendus et pourra rendre
encore au roi dans son pays, où il retourne.
Coucy, 22 mai 1537.

1537.

> Bibl. nat., ms. Clairambault 1215, fol. 76.
> (Mention.)

9019. Commission donnée par le roi pour saisir et
mettre en sa main le temporel et les maisons
fortes des abbayes de Bonnevaux et de Saint-
André en Dauphiné, en attendant la nomination d'un abbé. Coucy, 24 mai 1537.

24 mai.

> Original. Arch. nat., suppl. du Trésor des Chartes,
> J. 1022, n° 27.
> Enreg. à la Chambre des Comptes de Grenoble.
> Arch. de l'Isère, B, 2910, cah. 58.

9020. Assignation au sr de Thais (Taix), gentilhomme
de la chambre du roi, sur les deniers provenant de la réformation des greniers à sel du
royaume, de 3,300 écus d'or soleil pour son
remboursement de pareille somme qu'il a dépensée à la levée des chevau-légers dont il
avait dernièrement le commandement à la
Mirandole. Coucy, 24 mai 1537.

24 mai.

> Arch. nat., Acquits sur l'épargne, J. 962, n° 17,
> anc. J. 961, n° 27. (Mention.)

9021. Mandement aux commissaires chargés de lever
les décimes des évêchés de Grasse et de Glan-
dève de restituer au cardinal Du Bellay, abbé
de Saint-Honorat en Provence, la somme de
500 livres tournois qu'ils avaient levée sur
ladite abbaye pour les trois décimes octroyées
au roi sur le clergé en 1535, malgré l'exemption que Sa Majesté avait accordée audit cardinal. Coucy, 24 mai 1537.

24 mai.

> Arch. nat., Acquits sur l'épargne, J. 962, n° 17,
> anc. J. 961, n° 27. (Mention.)

9022. Don sur les parties casuelles à Furcy Manniez et
à Jean Oudart, hôtes du Lion d'or, à Péronne,
de 120 livres tournois en dédommagement
des pertes qu'ils ont subies pendant le siège
de cette ville. Coucy, 24 mai 1537.

24 mai.

> Arch. nat., Acquits sur l'épargne, J. 962, n° 17,
> anc. J. 961, n° 27. (Mention.)

9023. Mandement portant que la somme de 325 livres tournois et celle de 287 livres 4 deniers tournois que feu Baude Morel, receveur des aides à Péronne, et Furcy de Monjan, grènetier dudit lieu, ont respectivement fournies pour les affaires du roi, des deniers de leurs recettes, sur l'ordonnance du feu maréchal de La Marck, alors commandant à Péronne, seront allouées et rabattues en leurs comptes. Coucy, 24 mai 1537. — 1537. 24 mai.

Arch. nat., Acquits sur l'épargne, J. 962, n° 17, anc. J. 961, n° 27. (Mention.)

9024. Don au comte Guido Rangone du revenu de la terre et seigneurie de la Tour-du-Pin en Dauphiné, pour en jouir sa vie durant, ainsi que faisait feu Galéas Visconti. Soissons, 24 mai 1537. — 24 mai.

Arch. nat., Acquits sur l'épargne, J. 962, n° 16, anc. J. 961, n° 30. (Mention.)

9025. Lettres ordonnant que l'on prélèvera cette année sur les deniers communs de la ville de Bordeaux la somme de 10,000 livres, pour employer aux réparations et fortifications de Bayonne, et pour celles de Dax 6,000 livres sur les deniers communs de la ville de la Rochelle, lesquelles sommes seront remises entre les mains du commis aux réparations de Guyenne. Soissons, 24 mai 1537. — 24 mai.

Arch. nat., Acquits sur l'épargne, J. 962, n° 16, anc. J. 961, n° 30. (Mention.)

9026. Don au capitaine Godinières de la somme de 600 livres sur les deniers provenant de la résignation de l'office de grènetier de Moulins. Soissons, 24 mai 1537. — 24 mai.

Arch. nat., Acquits sur l'épargne, J. 962, n° 16, anc. J. 961, n° 30. (Mention.)

9027. Ratification de la vente des fermes de Sainte-Menehould faite par André Guillart, maître des requêtes de l'hôtel, et Antoine de Lamet. — 25 mai.

général des finances, commissaires royaux. 1537.
25 mai 1537.

Enreg. à la Cour des Aides de Paris. Arch. nat.,
recueil Cromo, U. 665, fol. 278. (Mention.)

9028. Ordonnance sur la manière de procéder à la puni- 26 mai.
tion des aventuriers et gens de guerre tenant
les champs. Fère-en-Tardenois, 26 mai 1537.

Enreg. au Parl. de Paris le 12 juin suivant,
d'après Fontanon [1].
Imp. Pièce. Bibl. nat., Inv. Réserve, F. 1537,
F. 1642.
P. Rebuffi, Les édits et ordonnances des rois, etc.
Lyon, 1573, in-fol., p. 992.
A. Fontanon, Édits et ordonnances, etc. Paris,
1611, in-fol., t. III, p. 169.
Isambert, Anc. lois françaises, etc. Paris, in-8°,
t. XII, 1827, p. 535.

9029. Don au sr de Bonneval de l'office de payeur du 26 mai.
Grand conseil, vacant par le décès de Jacques
Rivière, pour en disposer à son profit, en
faveur de telle personne qu'il lui plaira. Fère-
en-Tardenois, 26 mai 1537.

Arch. nat., Acquits sur l'épargne, J. 962, n° 18,
anc. J. 961, n° 95. (Mention.)

9030. Ordonnance portant règlement pour le commerce 27 mai.
de sayéterie, à Amiens. Fère-en-Tardenois,
27 mai 1537.

Copie. Arch. de l'hôtel de ville d'Amiens, reg.
aux Chartes, coté M, fol. 209 v°.
Imp. Aug. Thierry, Recueil des monuments inédits
de l'hist. du tiers état, in-4°, t. II, 1853, p. 596.

9031. Mandement aux élus du Lyonnais leur faisant 28 mai.
savoir qu'ils aient à empêcher divers juges de
leur élection de donner des commissions pour
la levée d'impôts sur les habitants du pays.
Fère-en-Tardenois, 28 mai 1537.

Copie du XVIᵉ siècle. Bibl. nat., ms. fr. 2702,
fol. 202.

9032. Lettres de relief de surannation pour l'enregis- 28 mai.

[1] Cette déclaration ne se trouve pas sur les registres d'ordonnances
du Parlement; elle devait être transcrite sur un registre criminel aujour-
d'hui en déficit.

trement des lettres du 12 décembre 1535 1537.
(n° 8237), faisant remise aux habitants de
Meaux d'une amende de 75 livres prononcée
contre eux par arrêt des Grands jours de
Troyes, 28 mai 1537.

> *Enreg. à la Chambre des Comptes de Paris. Arch.*
> *nat., invent. PP. 136, p. 429. (Mention.)*

9033. Lettres de don à Guillaume de Bossavin, sei- 31 mai.
gneur de Pignan, de 260 livres tournois d'une
part et de 140 livres tournois d'autre. Crécy-
en-Brie, 31 mai 1537.

> *Enreg. à la Chambre des Comptes de Montpellier.*
> *Arch. départ. de l'Hérault, B, 341, fol. 181 v°.*
> *2 pages.*

9034. Lettres ordonnant que Jacques de la Grézille, 31 mai.
s^r de la Tremblaye, lieutenant du s^t de Saint-
Bonnet au gouvernement de Bayonne, sera
payé de 1,200 livres à lui dues pour trois
années de sondit état, échues le 31 décembre
1536, sur la somme de 2,000 livres que René
Berthault doit payer pour le reste de son office
de greffier civil des plaids et assises de Saumur.
Crécy-en-Brie, 31 mai 1537.

> *Rôle d'expéditions du 12 février 1538 n. s. Arch.*
> *nat., Acquits sur l'épargne, J. 962, pl. 13, n° 11,*
> *anc. J. 961, n° 55. (Mention.)*

9035. Lettres concédant à la ville de Toulon, au lieu Mai.
d'une seule foire annuelle d'un jour, tenue le
17 janvier, deux foires, dont une de trois jours,
du 17 au 19 janvier, et la seconde les 27 et
28 juillet. Camp de Saint-Martin, mai 1537 [1].

> *Enreg. à la Chancellerie de France. Arch. nat.,*
> *Trésor des Chartes, JJ. 250, n° 78, fol. 27.*
> *Enreg. au Parl. de Provence. Arch. de la cour à*
> *Aix, Lettres royaux, reg. 2 in-fol. papier de 1,026*
> *feuillets, fol. 705.*

---

[1] «Donné au camp Saint-Martin, ou moys de may l'an de grâce mil
cinq cent trente six, et de nostre règne le vingt troisiesme.» Telle est
la date transcrite sur les deux registres à la fin de cet acte. Mais la
23e année du règne de François Ier correspond à 1537, et d'autre part,
c'est pendant le siège de Hesdin, c'est-à-dire en mai 1537, que l'armée
royale campa à Saint-Martin, commune de Cavron-Saint-Martin, canton
de Hesdin, Pas-de-Calais.

IMPRIMERIE NATIONALE.

9036. Permission aux habitants de Poissy et aux reli-   1537.
gieuses du prieuré de clore leur ville de murs   Mai.
et de fortifications. Au camp de Contes, mai
1537.

> Enreg. à la Chancellerie de France. Arch. nat.,
> Trésor des Chartes, JJ. 250, n° 75, fol. 26 v°.
> 1 page.

9037. Création de quatre nouveaux conseillers, un clerc   Mai.
et trois lais, au Parlement de Toulouse, lesdites
lettres rappelant l'érection d'une chambre en
cette cour, outre les deux chambres anciennement établies. Corbie, mai 1537.

> Enreg. au Parl. de Toulouse. Arch. de la Haute-
> Garonne, Édits, reg. 4, fol. 80. 3 pages.

9038. Permission aux habitants de Pont-sur-Vannes,   Mai.
au bailliage de Sens, d'entourer leur bourg de
murs et de fortifications. La Fère-sur-Oise,
mai 1537.

> Enreg. à la Chancellerie de France, Arch. nat.,
> Trésor des Chartes, JJ. 250, n° 83, fol. 29. 1 page.

9039. Lettres d'union de plusieurs fiefs du Beauvaisis   Mai.
appartenant à Pierre de La Bretonnière, grand
maître des Eaux et forêts de France, en un
seul fief sous la dénomination de la Tour-de-
Warty. La Fère-sur-Oise, mai 1537.

> Enreg. à la Chancellerie de France. Arch. nat.,
> Trésor des Chartes, JJ. 250, n° 69, fol. 24 v°.
> 2 pages.

9040. Établissement de trois foires par an à Piquecos,   Mai.
dans le bas Quercy, en faveur d'Antoine de
Montpezat, chambellan du roi, seigneur du
lieu. Fère-en-Tardenois, mai 1537.

> Enreg. à la Chancellerie de France. Arch. nat.,
> Trésor des Chartes, JJ. 250, n° 70, fol. 25. 1 page.

9041. Commission adressée à Jean de Calviment, pré-   2 juin.
sident, et à Bertrand de Manicamp, conseiller
au Parlement de Bordeaux, de se transporter
à Bayonne, pour traiter avec les envoyés du
roi de Portugal d'un arrangement au sujet

des prises maritimes faites de part et d'autre. 1537
Tournan-en-Brie, 2 juin 1537.

> *Copie du XVIᵉ siècle. Arch. nat., suppl. du Trésor des Chartes, J. 916.*

9042. Pouvoirs adressés à deux commissaires pour examiner et juger à Bayonne, de concert avec les commissaires du roi de Portugal, l'affaire d'Emmanuel Michel, marchand de Lisbonne, qui se plaignait de ce que le baron de Saint-Blancard s'était emparé, à la hauteur du port de Toulon, d'un navire et de sa cargaison qu'il conduisait en Italie. Tournan-en-Brie, 2 juin 1537.

2 juin.

> *Enreg. au Parl. de Provence. Arch. de la cour à Aix, Lettres royaux, reg. 2, in-fol. papier de 1,026 feuillets, fol. 879 v°.*

9043. Commission donnée au seigneur du Puy-du-Fou, écuyer tranchant du roi, pour tenir l'assemblée des nobles au ban et arrière-ban de la sénéchaussée de Poitou, en l'absence du sʳ de Montpezat, sénéchal de Poitou. Tournan-en-Brie, 2 juin 1537.

2 juin.

> *Copie du XVIIIᵉ siècle. Bibl. de la ville de Poitiers, coll. Dom Fonteneau, t. XX, p. 315.*

9044. Don à Antoine de Gaultier, maître de la verrerie de Grisolles, de tout le bois mort qu'il pourra ramasser à terre en la forêt de Ris, pendant un an, pour le chauffage de ladite verrerie. Tournan, 2 juin 1537.

2 juin.

> *Arch. nat., Acquits sur l'épargne, J. 962, n° 19, anc. J. 961, n° 147. (Mention.)*

9045. Don à Antoine d'Estouteville, comte de Créances, de tous les droits de treizième, reliefs et autres devoirs seigneuriaux qu'il peut devoir au roi à cause de l'acquisition par lui faite de Roland d'Écajeul, de la terre et seigneurie de la Ramée mouvante de la vicomté de Bayeux. Tournan, 2 juin 1537.

2 juin.

> *Arch. nat., Acquits sur l'épargne, J. 962, n° 19, anc. J. 961, n° 147. (Mention.)*

9046. Lettres données à la requête du duc de Wur-
temberg, permettant à Thibaut Legouz, contrôleur sur le fait des aides et tailles en l'élection de Langres, de résigner cet office au
profit de son fils, et avec réserve de survivance, sans payer aucune finance. Tournan,
2 juin 1537.

> Arch. nat., Acquits sur l'épargne, J. 962, n° 19,
> anc. J. 961, n° 147. (Mention.)

1537.
2 juin.

9047. Ordonnance pour la répression des vagabonds
et gens de guerre sans chefs, vivant sur le
pauvre peuple; mandement exprès aux baillis,
sénéchaux et prévôts des maréchaux de sévir
contre eux, avec permission à tous de leur
courir sus. Melun, 3 juin 1537.

> Enreg. au Parl. de Bordeaux, le 21 juin 1537.
> Arch. de la Gironde, B. 30 bis, fol. 303 v°. 11 pages.
> Enreg. au Parl. de Toulouse. Arch. de la Haute-
> Garonne, Édits, reg. 4, fol. 87. 5 pages 1/2.

3 juin.

9048. Lettres en forme de commission portant pouvoir
à François de Marillac, président au Parlement
de Rouen, à Claude Robertet, trésorier de
France, et à Jean de Croixmare, conseiller à
la Cour des Aides de Rouen, de faire saisir les
lingots et barres d'or et d'argent qu'ils pourront
trouver dans les villes et ports de Normandie,
pour les envoyer à la Monnaie. Melun, 3 juin
1537.

> Enreg. à la Chambre des Comptes de Paris. Arch.
> nat., P. 2537, fol. 287. 4 pages.

3 juin.

9049. Don et remise au sr de Montpezat de la somme
de 12,500 livres, pour sa part de la condamnation envers le roi prononcée contre lui et
son prédécesseur, le sr du Vigean, par arrêt
du Parlement, pour les dégâts et détériorations
faits par eux ou leurs prédécesseurs, dont ils
sont héritiers, en la forêt de Gâtine et l'étang
de la Tomberrard en Poitou. Melun, 3 juin
1537.

> Arch. nat., Acquits sur l'épargne, J. 962, n° 20,
> anc. J. 961, n° 146. (Mention.)

3 juin.

9050. Don à Jean Leprestre, barbier et valet de
chambre du roi, de l'office de sergent à verge
au Châtelet de Paris, vacant par le décès de
François Ogier, pour en disposer à son profit
et en faire pourvoir qui bon lui semblera.
Melun, 3 juin 1537.

> Arch. nat., Acquits sur l'épargne, J. 962, n° 20,
> anc. J. 961, n° 146. (Mention.)

1537.
3 juin.

9051. Mandement à Guillaume Prudhomme, trésorier
de l'épargne, de faire rembourser à Nicole
Lesueur, lieutenant général au bailliage de
Meaux, qui est nommé à la date de ce jour à
la charge de conseiller lai au Parlement de
Paris, la somme de 3,375 livres tournois dont
il avait fait prêt au roi. Fontainebleau, 3 juin
1537.

> Original. Bibl. nat., ms. fr. 25721, n° 477.

3 juin.

9052. Provisions en faveur de Charles de La Bretonnière, gentilhomme de la vénerie du roi,
de l'office de maître particulier des Eaux et
forêts de Valois, en remplacement de François
de Billy, sr de Courville, décédé. Crécy, 4 juin
1537 [1].

> Enreg. aux Eaux et forêts le 7 juillet suivant.
> Arch. nat., Z1e 324, fol. 194 v°. 2 pages.
> Arch. nat., Acquits sur l'épargne, J. 962, n° 20,
> anc. J. 961, n° 146. (Mention.)

4 juin.

9053. Lettres portant règlement de la juridiction du
prévôt de Blois, en interprétation de l'édit du
19 juin 1536 (n° 8525). Fontainebleau, 5 juin
1537.

> Enreg. au Parl. de Paris, le 18 juin 1537. Arch.
> nat., X1a 8613, fol. 40 v°. 1 page 1/2.
> Arrêt d'enregistrement. Idem, X1a 4903, fol. 420.

5 juin.

9054. Ordonnance pour la conservation des forêts et
bois de haute futaie appartenant aux églises
et abbayes. Défense est faite aux titulaires des

7 juin.

---

[1] Melun, 3 juin, suivant le rôle des Acquits sur l'épargne.

bénéfices de les couper ou dégrader. Fontaine-   1537.
bleau, 7 juin 1537.

Enreg. au Parl. de Paris, le 14 juin 1537. Arch.
nat., X¹ᵃ 8613, fol. 40. 1 page 1/4.
Arrêt d'enregistrement. Idem, X¹ᵃ 4903, fol.
403 v°.
Enreg. en la Chambre des Eaux et forêts, le 20 dé-
cembre 1537. Arch. nat., Z¹ᵉ 324, fol. 287 v°.
2 pages.
Enreg. au Châtelet de Paris, Bannières. Arch.
nat., Y. 9, fol. 83. 2 pages.
Copie du xvıᵉ siècle. Arch. nat., K. 87, n° 7³.
Imp. Durant, Édits et ordonnances des Eaux et
forests. Paris, Cramoisy, 1621, in-8°, p. 195.
Cl. Rousseau, Édits et ordonnances.... des Eaux
et forêts. Paris, 1649, in-4°, p. 155.

9055. Lettres donnant pouvoir au cardinal de Tournon   7 juin.
d'assigner à Thomas Gadagne, héritier de
Thomas et d'Olivier Gadagne, telle partie des
fermes, domaines, droits et devoirs du roi,
pour le payement des sommes prêtées à S. M.
par les deux frères Gadagne. Fontainebleau,
7 juin 1537.

Enreg. à la Chambre des Comptes de Grenoble.
Arch. de l'Isère, B. 2910, cah. 58. 8 pages.

9056. Don à la dame de Sedan de son chauffage de   7 juin.
bois mort ramassé à terre en la forêt de Rets,
tant qu'elle jouira du revenu de la Ferté-Milon,
que le roi lui a donné. Fontainebleau, 7 juin
1537.

Arch. nat., Acquits sur l'épargne, J. 962, n° 21,
anc. J. 961, n° 144. (Mention.)

9057. Lettres ordonnant que des deniers provenant du   7 juin.
revenu temporel de l'abbaye de Saint-Ouen
de Rouen, naguère saisi, il sera prélevé
1,200 livres par les officiers du roi à Rouen,
pour être employées à la plomberie et à l'achèvement de la couverture de l'église dudit Saint-
Ouen. Fontainebleau, 7 juin 1537.

Arch. nat., Acquits sur l'épargne, J. 962, n° 21,
anc. J. 961, n° 144. (Mention.)

9058. Don à l'amiral Chabot de deux navires à l'ancre   7 juin.
au Havre-de-Grâce, appartenant au roi, l'un

nommé *la Péronnelle*, et l'autre *le Faucon*, avec tous leurs agrès, cordages et appareils. Fontainebleau, 7 juin 1537.

1537.

> Arch. nat., *Acquits sur l'épargne*, J. 962, n° 21, anc. J. 961, n° 144. (*Mention.*)

9059. Mandement pour faire payer au sʳ de Rutbie les arrérages de onze années de rente dus au roi à cause des fieffes (baux à rentes) faites dans les forêts de Brotonne et de Montfort par Thomas Portal, ainsi que les amendes et condamnations prononcées ou à prononcer contre les preneurs desdites fieffes, suivant le don que lui en a fait le roi. Fontainebleau, 7 juin 1537.

7 juin.

> Arch. nat., *Acquits sur l'épargne*, J. 962, n° 21, anc. J. 961, n° 144. (*Mention.*)

9060. Don au sʳ de Haplincourt, homme d'armes de la compagnie du dauphin, de tous les droits et devoirs seigneuriaux montant à 200 livres ou environ, dus à cause de la terre de Doingt près Péronne, tenue et mouvante de la seigneurie de Briost, appartenant audit dauphin. Fontainebleau, 7 juin 1537.

7 juin.

> Arch. nat., *Acquits sur l'épargne*, J. 962, n° 21, anc. J. 961, n° 144. (*Mention.*)

9061. Mandement pour faire payer, pendant une nouvelle période de cinq ans, au sʳ de Morette les revenus de la châtellenie, terre et seigneurie de Châtillon-sur-Indre et ses dépendances, dont il jouit en vertu d'un don antérieur. Fontainebleau, 7 juin 1537.

7 juin.

> Arch. nat., *Acquits sur l'épargne*, J. 962, n° 21, anc. J. 961, n° 144. (*Mention.*)

9062. Lettres relatives aux attributions judiciaires de la Chambre des Comptes d'Aix. Fontainebleau, 10 juin 1537.

10 juin.

> Enreg. au Parl. de Provence. Arch. de la cour à Aix, *Lettres royaux*, reg. 2, in-fol. papier de 1,026 feuillets, fol. 849 v°.

9063. Déclaration relative au droit de juridiction du

10 juin.

sénéchal de Provence et de ses lieutenants. 1537.
Fontainebleau, 10 juin 1537.

Enreg. à la Chambre des Comptes de Provence, en vertu de nouvelles lettres du 1ᵉʳ octobre 1537. Arch. des Bouches-du-Rhône, B. 33. (Arietis), fol. 105. 2 pages.

9064. Don pour les accoutrements de Cathelot la folle   10 juin.
d'une somme de 124 livres 1 sou 7 deniers
tournois. Fontainebleau, 10 juin 1537.

Arch. nat., Acquits sur l'épargne, J. 962, n° 22, anc. J. 961, n° 125. (Mention.)

9065. Don à la duchesse de Nemours du reste de   11 juin.
ce que ses sujets peuvent devoir sur les subsides par eux octroyés ci-devant au duc de
Savoie, en dédommagement des dépenses
occasionnées à ladite dame par les gens de
pied qu'elle a dû lever sur ses terres, pour
obvier aux maux et oppressions que faisaient
les gens de pied italiens étant dernièrement à
Tarentaise. Fontainebleau, 11 juin 1537.

Arch. nat., Acquits sur l'épargne, J. 962, n° 23, anc. J. 961, n° 140. (Mention.)

9066. Don à Jacqueline de Monstrelet de 100 sous   11 juin.
tournois de rente foncière que feu Audebert
Valleton, receveur de Nantes, exécuté par
justice, avait droit de prendre sur ladite
dame. Cette rente, rachetable au prix fixé par
les ordonnances, avait été confisquée et adjugée
au roi avec les autres biens dudit Valleton.
Fontainebleau, 11 juin 1537.

Arch. nat., Acquits sur l'épargne, J. 962, n° 23, anc. J. 961, n° 140. (Mention.)

9067. Lettres accordant à Antoine de Hazecourt, fer-   11 juin.
mier du greffe de la gouvernance et tabellion-
nage de Péronne, pour trois ans finissant à la
Saint-Jean-Baptiste 1538, rabais et modération des deux tiers de ce qu'il doit pour le
terme échu à la Toussaint 1536, et de la
moitié du terme échu à la Chandeleur 1537.
Fontainebleau, 11 juin 1537.

Arch. nat., Acquits sur l'épargne, J. 962, n° 23, anc. J. 961, n° 140. (Mention.)

9068. Lettres accordant à Martin Bauchart, fermier des terres et seigneuries de Briost et Omié-court, au gouvernement de Péronne, rabais et modération du quart de ce qu'il doit sur la-dite ferme pour l'année 1536. Fontainebleau, 11 juin 1537.

> Arch. nat., Acquits sur l'épargne, J. 962, n° 23, anc. J. 961, n° 140. (Mention.)

1537.
11 juin.

9069. Ratification des baux faits par les officiers d'An-gers de plusieurs vieilles maisons et terrains vagues situés dans le pourpris des anciennes halles, à la charge que la rente payée pour les-dites maisons pourra être rachetée dans deux ans et amortie au sol la livre, chaque maison toute-fois demeurant chargée d'un cens annuel de 5 sous, que les preneurs et leurs hoirs seront tenus de payer à la recette d'Angers. La somme provenant de ces rachats sera employée, jus-qu'à concurrence de 1,200 livres tournois, à la réédification des auditoires de la sénéchaussée d'Anjou, de la prévôté d'Angers, de l'élection et autres juridictions qui ont leur siège dans ladite ville, lesquels auditoires tombent en ruine. Fontainebleau, 11 juin 1537.

> Arch. nat., Acquits sur l'épargne, J. 962, n° 23, anc. J. 961, n° 140. (Mention.)

11 juin.

9070. Lettres ordonnant que Melchior Clary, ci-devant baile, capitaine et clavaire de Guillaume, Annot et leurs dépendances, en Provence, sera remboursé de la somme de 400 écus d'or soleil qu'il avait payée pour ledit office, à pré-sent supprimé par suite de la réformation de la justice dudit pays récemment faite. Fontaine-bleau, 11 juin 1537.

> Arch. nat., Acquits sur l'épargne, J. 962, n° 23, anc. J. 961, n° 140. (Mention.)

11 juin.

9071. Lettres ordonnant qu'Odet d'Aries, conseiller au Parlement de Toulouse, soit remboursé de la somme de 4,500 livres qu'il a prêtée au roi lorsqu'il fut pourvu dudit office, par suite de la résignation d'Arnaud de Cazes, sur les deniers

11 juin.

III.

43

des amendes de ladite cour. Fontainebleau, 1537.
11 juin 1537.

Arch. nat., Acquits sur l'épargne, J. 962, n° 23, anc. J. 961, n° 140. (Mention.)

9072. Don au s^r de Rasse, guidon de la compagnie de   11 juin.
M. le Grand maître, d'une somme de 1,000 écus
d'or soleil sur les parties casuelles, en récompense d'un roncin que le roi a pris de lui.
Fontainebleau, 11 juin 1537.

Arch. nat., Acquits sur l'épargne, J. 962, n° 23, anc. J. 961, n° 140. (Mention.)

9073. Don au s^r de Dampierre, gentilhomme de la   11 juin.
chambre, d'une amende de 800 livres, à la-
quelle un s^r Barantin a été condamné envers
le roi par sentence du prévôt de Blois. Fontainebleau, 11 juin 1537.

Arch. nat., Acquits sur l'épargne, J. 962, n° 23, anc. J. 961, n° 140. (Mention.)

9074. Lettre relevant d'absence aux montres Jean de   11 juin.
Neufville, archer du grand prévôt des maré-
chaux de Normandie, pour être payé de six
mois de ses gages, pendant lequel temps il a
été occupé à la fauconnerie du roi. Fontainebleau, 11 juin 1537.

Arch. nat., Acquits sur l'épargne, J. 962, n° 23, anc. J. 961, n° 140. (Mention.)

9075. Don à Jean de Saint-Astier, dit de Saint-Martin,   11 juin.
homme d'armes des ordonnances sous le com-
mandement du s^r de Montpezat, de la terre et
seigneurie de Sauveterre en Agénais, pour
jouir du revenu pendant six ans, ainsi que faisait feu Jean de Sermet, son cousin germain.
Fontainebleau, 11 juin 1537.

Arch. nat., Acquits sur l'épargne, J. 962, n° 23, anc. J. 961, n° 140. (Mention.)

9076. Lettres permettant à Jean Du Peyrat, lieutenant   11 juin.
général en la sénéchaussée de Lyon, de faire
mener de Saint-Claude à Lyon, par l'Ain et
le Rhône, cinquante sommiers et quarante
pennes de six à sept toises et quarante-huit

douzaines de « traux », sans payer aucun droit
de travers ou péage. Fontainebleau, 11 juin
1537.

> *Arch. nat., Acquits sur l'épargne, J. 962, n° 23,
> anc. J. 961, n° 140. (Mention.)*

1537.

9077. Mandement au trésorier de l'épargne de payer à
Jehannot Bouteiller, sommelier ordinaire de
l'échansonnerie de bouche du roi, ayant la
direction des vignes plantées près Fontainebleau, au lieu dit les Embûches, paroisse de
Samoreau, 2,052 livres tournois, pour les
façons, labours et autres frais desdites vignes
durant la présente année (1er janvier-31 décembre 1537). Fontainebleau, 11 juin 1537.

> *Arch. nat., Acquits sur l'épargne, J. 962, n° 28,
> anc. J. 961, n° 136. (Mention.)*

11 juin.

9078. Lettres nommant François Lebon à l'office de
notaire royal en la ville de Trets. Fontainebleau,
12 juin 1537.

> *Enreg. au Parl. de Provence. Arch. de la cour
> à Aix, Lettres royaux, reg. 2, in-fol. papier de
> 1,026 feuillets, fol. 942.*

12 juin.

9079. Don à Antoine de Bayencourt, chevalier, sr de
Bouchavesne, capitaine de Doullens, de la
châtellenie de cette ville. 12 juin 1537.

> *Bibl. nat., ms. Clairambault 782, fol. 296.
> (Mention.)*

12 juin.

9080. Lettres portant pouvoir aux commissaires sur le
fait de l'aliénation du domaine dans la Langue-
d'oïl, Ponce Brandon, conseiller au Parlement,
et Antoine Bohier, général des finances, de
continuer les baux des fermes du domaine,
des aides et impositions, etc. Fontainebleau,
13 juin 1537.

> *Enreg. au Parl. de Paris, le 21 juin 1537. Arch.
> nat., X1a 8613, fol. 46. 1 page.*

13 juin.

9081. Lettres portant défenses aux manants et habitants de Trets de s'assembler autrement qu'en
présence de leur seigneur, Christophe de Fo-

13 juin.

43.

rest, médecin du roi, et de lever d'autres deniers que ceux d'ordinaire. Fontainebleau, 13 juin 1537.

Enreg. au Parl. de Provence. Arch. de la cour à Aix, Lettres royaux, reg. 2, in-fol. papier de 1,026 feuillets, fol. 708.

9082. Lettres portant supplément d'instructions et de pouvoirs aux commissaires députés pour les aliénations du domaine en la Langued'oïl, Ponce Brandon, conseiller au Parlement, et Antoine Bohier, général des finances. Fontainebleau, 14 juin 1537.

Enreg. au Parl. de Paris, le 21 juin 1537. Arch. nat., X¹ᵃ 8613, fol. 44 v°. 1 page 1/2.
Enreg. à la Cour des Aides de Paris, le 27 juin 1537. Arch. nat., recueil Cromo, U. 665, fol. 279.
(Mention.)

9083. Lettres prescrivant une enquête sur la demande des habitants de Toulon d'être affranchis pendant vingt ans de toute taille, pour ce que pendant la dernière guerre leur ville a été mise à sac, et tous leurs biens, marchandises, meubles, jusqu'aux serrures et aux clous, emmenés par mer par André Doria, et pour les autres maux qu'ils ont endurés. Fontainebleau, 14 juin 1537.

Enreg. au Parl. de Provence. Arch. de la cour à Aix, Lettres royaux, reg. 2, in-fol. papier de 1,026 feuillets, fol. 710 v°.

9084. Lettres de dispense accordées à Africain de Mailly, seigneur de Villiers-les-Pots, pour jouir des offices de bailli de Dijon et de chevalier d'honneur du Parlement de Bourgogne, nonobstant l'ordonnance. Fontainebleau, 14 juin 1537.

Enreg. au Parl. de Dijon le 4 juillet suivant. Arch. de la Côte-d'Or, Parl., reg. 4, fol. 197 v°.

9085. Don à Adrien de Pisseleu, écuyer ordinaire du roi et capitaine de mille hommes de pied de la légion de Picardie, de tous les revenus de

1537.

14 juin.

14 juin.

14 juin.

14 juin.

la seigneurie de Beauquesne en Picardie.   1537.
14 juin 1537.

> *Bibl. nat., ms. Clairambault 782, p. 295. (Mention.)*

9086. Commission à Léonard de Rumbo pour faire   15 juin.
faire les ponts et bateaux nécessaires au camp
d'Artois, avec pouvoir d'ordonner des dépenses qu'il conviendra de faire; et à Ambroise
Lemoine de contrôler lesdites ordonnances,
aux gages et salaires de 100 livres tournois
par mois pour ledit de Rumbo, et de 40 livres
pour Lemoine. Fontainebleau, 15 juin 1537.

> *Arch. nat., Acquits sur l'épargne, J. 962, n° 24,
> anc. J. 961, n° 142. (Mention.)*

9087. Provision à Jean Babou, bailli de Gien, pour le   15 juin.
rétablissement de ses gages dudit office, tant
pour le passé que pour l'avenir, à raison de
365 livres comme aux autres baillis royaux,
nonobstant la radiation faite par la Chambre
des Comptes. Fontainebleau, 15 juin 1537.

> *Arch. nat., Acquits sur l'épargne, J. 962, n° 24,
> anc. J. 961, n° 142. (Mention.)*

9088. Mandement au receveur des parties casuelles   15 juin.
de payer à Francisque de Bologne, peintre,
« besongnant en ouvraige de stuc », 1,200 livres tournois pour deux années de ses gages
échues le 31 décembre 1536. Fontainebleau,
15 juin 1537.

> *Arch. nat., Acquits sur l'épargne, J. 962, n° 24,
> anc. J. 961, n° 142. (Mention.)*

9089. Lettres accordant à Arnaud Custans, naguère   15 juin.
fermier de la grande coutume de Bordeaux,
rabais de 9,689 livres 5 sous 10 deniers tournois sur ce qu'il peut redevoir du prix de ladite
ferme. Fontainebleau, 15 juin 1537.

> *Arch. nat., Acquits sur l'épargne, J. 962, n° 24,
> anc. J. 961, n° 142. (Mention.)*

9090. Don et remise à François de Balehan, greffier   15 juin.
des requêtes du palais à Paris, d'une amende
de 200 livres parisis prononcée contre lui par

sentence des généraux de la justice des aides. 1537.
Fontainebleau, 15 juin 1537.

> Arch. nat., Acquits sur l'épargne, J. 962, n° 24,
> anc. J. 961, n° 142. (Mention.)

9091. Don et remise à Jacqueline de Monstrelet d'une   15 juin.
amende de 60 livres parisis prononcée contre
elle par arrêt du Parlement de Paris. Fontainebleau, 15 juin 1537.

> Arch. nat., Acquits sur l'épargne, J. 962, n° 24,
> anc. J. 961, n° 142. (Mention.)

9092. Lettres de naturalité avec dispense de toute fi-   15 juin.
nance, octroyées au s' de Holloqui, originaire
de Navarre, l'un des cent gentilshommes de
l'hôtel, capitaine de mille hommes de pied de
la légion de Guyenne. Fontainebleau, 15 juin
1537.

> Arch. nat., Acquits sur l'épargne, J. 962, n° 24,
> anc. J. 961, n° 142. (Mention.)

9093. Lettres ordonnant que des revenus temporels   15 juin.
de l'abbaye de Saint-Ouen de Rouen, Claude
Guyot, commis à la recette de ces deniers,
emploiera la somme de 1,500 livres pour la
construction d'un « espy » au Havre-de-Grâce,
pour la sûreté et conservation du port. Fontainebleau, 15 juin 1537.

> Arch. nat., Acquits sur l'épargne, J. 962, n° 25,
> anc. J. 961, n° 138. (Mention.)

9094. Lettres de légitimation et permission de tester   15 juin.
octroyées à Raymond de Coppène (Caupenne),
porte-enseigne de la compagnie du s' de La
Meilleraye, fils bâtard de Gabriel de Coppène
et de Catherine de Quentin. Fontainebleau,
15 juin 1537.

> Arch. nat., Acquits sur l'épargne, J. 962, n° 25,
> anc. J. 961, n° 138. (Mention.)

9095. Lettres de légitimation et permission de tester   15 juin.
octroyées à Arnaud de Coppène (Caupenne),
autre fils bâtard de Gabriel de Coppène et de
Marie Daguerre. Fontainebleau, 15 juin 1537.

> Arch. nat., Acquits sur l'épargne, J. 962, n° 25,
> anc. J. 961, n° 138. (Mention.)

9096. Confirmation du don viager fait à Laurent de
Brou, sommelier de paneterie du roi, de tous
les profits et revenus des jeux de paume de
Fontainebleau. Fontainebleau, 15 juin 1537.

> Arch. nat., Acquits sur l'épargne, J. 962, n° 25,
> anc. J. 961, n° 138. (Mention.)

1537.
15 juin.

9097. Don au duc de Guise d'une somme de 6,000 livres, montant d'une amende prononcée par
arrêt du Grand conseil contre Jean de Mar-
buri, s^r de Monvilliers. Fontainebleau, 15 juin
1537.

> Arch. nat., Acquits sur l'épargne, J. 962, n° 25,
> anc. J. 961, n° 138. (Mention.)

15 juin.

9098. Mandement à la Chambre des Comptes de Bretagne de rétablir aux comptes d'Antoine d'Essefort, naguère receveur ordinaire de Loyaux,
la somme de 1,500 livres qu'il avait payée,
par ordonnance du Conseil privé, à Alexandre
d'Essefort pour avoir conduit de Bayonne au
port de Brest seize grandes ancres pour la
grande nef la Françoise, huit canons et onze
boîtes. Ladite somme avait été rayée parce que
ledit receveur n'avait pas justifié en temps utile
de l'ordonnance de payement. Fontainebleau,
15 juin 1537.

> Arch. nat., Acquits sur l'épargne, J. 962, n° 25,
> anc. J. 961, n° 138. (Mention.)

15 juin.

9099. Confirmation du don fait à Louis du Retour,
Jean Champion, Jean Le Moine et Artus Char-
lemagne, valets de chambre de M. le Grand
maître, de la moitié des biens meubles et
immeubles confisqués sur Guillaume Besançon,
condamné à mort par arrêt du Parlement de
Toulouse, pour ses vols, pillages et concus-
sions. Fontainebleau, 15 juin 1537.

> Arch. nat., Acquits sur l'épargne, J. 962, n° 25,
> anc. J. 961, n° 138. (Mention.)

15 juin.

9100. Mandement à la Chambre des Comptes de faire
compensation à Guy de La Maladière de la
somme de 444 livres 10 sous 4 deniers tournois qui lui est due par le roi, comme héritier

15 juin.

de feu Anceaume de La Maladière, son père, autrefois receveur des tailles de la Haute-Auvergne, sur la somme de 664 livres 7 sous 3 deniers tournois que ledit sieur Guy reçoit sur son compte de la trésorerie des guerres. Fontainebleau, 15 juin 1537.

1537.

Arch. nat., Acquits sur l'épargne, J. 962, n° 25, *anc.* J. 961, n° 138. (*Mention.*)

9101. Lettres donnant, à la requête du cardinal Le Veneur, la garde-noble de Bonaventure d'Harcourt, s^r d'Ecouché, à son oncle paternel Jean d'Harcourt, s^r d'Auvilliers, et à Jean de La Roche, s^r de Saint-Vincent, prêtre, au lieu de feu Nicole d'Harcourt, autre oncle paternel du mineur. Fontainebleau, 15 juin 1537.

15 juin.

Arch. nat., Acquits sur l'épargne, J. 962, n° 25, *anc.* J. 961, n° 138. (*Mention.*)

9102. Confirmation du don fait, le 21 septembre 1534, à René de La Chapelle, porte-enseigne de la compagnie de M. l'Amiral, des quints, requints et autres droits seigneuriaux appartenant au roi à cause de la vente faite il y a huit jours par Jean de La Chapelle, frère dudit René, de la terre et seigneurie de Montgouault, mouvante de la châtellenie de Romorantin. Fontainebleau, 15 juin 1537.

15 juin.

Arch. nat., Acquits sur l'épargne, J. 962, n° 25, *anc.* J. 961, n° 138. (*Mention.*)

9103. Lettres portant que Lazare Grimaldi, de Sienne, trésorier de feu Maximilien Sforza, sera assigné de ce qui lui est dû par la succession dudit seigneur, sur les lods et ventes, rachats et autres droits féodaux échus au roi à cause de son domaine, à la recette ordinaire de Paris. Fontainebleau, 15 juin 1537.

15 juin.

Arch. nat., Acquits sur l'épargne, J. 962, n° 25, *anc.* J. 961, n° 138. (*Mention.*)

9104. Don au s^r de Coucy, tant que durera la guerre, d'une rente de 400 livres que Jeanne de Neufville, dame de Villerval, veuve de Michel de Belleforière, tenant le parti de l'empereur,

15 juin.

a. droit de prendre chaque année pour son douaire sur la terre et seigneurie de Belleforière. Fontainebleau, 15 juin 1537.

Arch. nat., Acquits sur l'épargne, J. 962, n° 25, anc. J. 961, n° 138. (Mention.)

1537.

9105. Provisions de l'office de maître et garde du marteau des forêts d'Argilly pour Mathieu de Vertambaut, en remplacement d'Humbert Colot. Fontainebleau, 16 juin 1537.

Enreg. par analyse à la Chambre des Comptes de Dijon. Arch. de la Côte-d'Or, B. 19, fol. 10 v°.

16 juin.

9106. Mandement au trésorier de l'épargne de payer à Louis de Perreau, seigneur de Castillon, 3,600 livres pour un voyage de cent quatre-vingts jours qu'il va faire auprès du roi d'Angleterre, du 16 juin au 12 décembre 1537. Fontainebleau, 16 juin 1537.

Bibl. nat., ms. Clairambault 1215, fol. 75 v°. (Mention.)

16 juin.

9107. Ordonnance pour la répression des pillards tenant les champs et opprimant le peuple. Fontainebleau, 18 juin 1537.

Enreg. au Parl. de Dijon le 3 juillet suivant. Arch. de la Côte-d'Or, Parl., reg. II, p. 203 v°.

18 juin.

9108. Don à Honorat de Savoie, comte de Villars, pour trois ans, de tous les revenus et profits des terres et seigneuries de Sainte-Menehould, Passavant et Vassy. Fontainebleau, 18 juin 1537.

Copie. Arch. départ. de la Marne, série A, Terrier de Sainte-Menehould, fol. 373.

18 juin.

9109. Lettres prescrivant la levée du don gratuit qui a été accordé au roi pour soutenir la guerre contre l'empereur Charles-Quint et les autres ennemis de la France. Fontainebleau, 19 juin 1537.

Vidimus du garde de la prévôté de Paris, du 27 juin 1537.

Imp. Catalogue des Archives de M. le baron de Joursanvault. Paris, 1838, in-8°, t. I, p. 30. (Mention.)

19 juin.

9110. Remise faite à l'Université de Paris de la part
qu'elle avait à payer sur le don gratuit de la
valeur de trois décimes accordé au roi par le
clergé. Fontainebleau, 19 juin 1537.

> *Copie vidimée. Bibl. nat., ms. fr. 25721, n° 478.*

1537.
19 juin.

9111. Lettres qui enjoignent au sénéchal de Toulouse
de faire contribuer tous les habitants du diocèse, tant deçà que delà la Garonne, à la
somme de 30,000 livres tournois dont la perception a été autorisée par ordonnance du
31 août 1536, pour la mise en défense de la
ville. Fontainebleau, 20 juin 1537.

> *Expédition originale, signée de la Chesnaye. Arch.*
> *munipales de Toulouse, carton 71.*

20 juin.

9112. Lettres par lesquelles François Ier nomme Engil-
bert Clausse, conseiller au Châtelet de Paris,
son procureur général près de l'Inquisition.
Fontainebleau, 20 juin 1537.

> *Original. Arch. nat., K. 87, n° 6.*
> *Sommaire du chartrier des Dominicains de la rue*
> *Saint-Jacques. Arch. nat., S. 4237, p. 211. (Men-*
> *tion, sous la date du 24 juin.)*

20 juin.

9113. Mandement à la Chambre des Comptes d'allouer
aux comptes de Martin de Troyes, trésorier
de l'Extraordinaire des guerres, 500 écus d'or
soleil qui furent baillés au s[r] de Montpezat
lorsqu'il fut créé par le roi lieutenant général
en la ville de Fossano. Fontainebleau, 21 juin
1537.

> *Arch. nat., Acquits sur l'épargne, J. 962, n° 27,*
> *anc. J. 961, n° 132. (Mention.)*

21 juin.

9114. Don et remise accordés, sur la requête du s[r] d'Annebaut, à Jean de Silly, l'un des archers des
toiles, de la somme de 10 écus soleil à lui taxée
pour les lettres de légitimation et permission
de tester qui lui ont été octroyées au mois
d'août 1536. Fontainebleau, 21 juin 1537.

> *Arch. nat., Acquits sur l'épargne, J. 962, n° 27,*
> *anc. J. 961, n° 132. (Mention.)*

21 juin.

9115. Don à Christophe de Maugarny, s[r] de Villeneuve,

21 juin.

d'une amende de 160 livres parisis prononcée contre Antoine de Maugarny, prêtre, par sentence du prévôt de Paris. Fontainebleau, 21 juin 1537.

Arch. nat., Acquits sur l'épargne, J. 962, n° 27, anc. J. 961, n° 132. (Mention.)

9116. Don à Hubert Despalt, valet de chambre du roi, d'une amende de 75 livres prononcée contre Catherine, veuve de Jean de Trignac, à présent femme dudit Hubert, par arrêt du Parlement de Paris. Fontainebleau, 21 juin 1537.

Arch. nat., Acquits sur l'épargne, J. 962, n° 27, anc. J. 961, n° 132. (Mention.)

9117. Mandement à la Chambre des Comptes de Dijon d'allouer aux comptes d'Étienne Noblet, commis à la recette générale de Bourgogne, la somme de 1,200 livres tournois qu'il a payée à Africain de Mailly, s' de Villiers-les-Pots, pour avoir vaqué pendant deux cent quarante jours au recouvrement des deniers de ladite recette générale, à raison de 100 sous par jour, prix taxé par le roi aux gentilshommes chargés de semblables commissions. Fontainebleau, 21 juin 1537.

Arch. nat., Acquits sur l'épargne, J. 962, n° 27, anc. J. 961, n° 132. (Mention.)

9118. Assignation à la comtesse de Nevers, en déduction des arrérages de trois années de sa pension montant à 24,000 livres tournois, d'une somme de 8,636 livres 17 sous 2 deniers tournois dont René Thévenin, receveur de Nemours, est demeuré redevable sur sa recette de l'année 1535. Fontainebleau, 21 juin 1537.

Arch. nat., Acquits sur l'épargne, J. 962, n° 27, anc. J. 961, n° 132. (Mention.)

9119. Don à Alexandre Charruau, huissier du Conseil, pour l'aider à se marier, de la somme de 416 livres 13 sous 4 deniers tournois, montant des lods et ventes et autres droits sei-

1537.

21 juin.

21 juin.

21 juin.

21 juin.

44.

gneuriaux dus au roi à cause de l'acquisition
faite par Thibaut Hotman d'une maison sise
à Paris devant Saint-Denis-de-la-Chartre, à l'enseigne de la *Tête-d'or*. Fontainebleau, 21 juin
1537.

1537.

> Arch. nat., *Acquits sur l'épargne*, J. 962, n° 27,
> anc. J. 961, n° 132. (*Mention.*)

9120. Don à Jean de Garges, maître d'hôtel de M. le
Grand maître, des biens meubles et immeubles confisqués sur Jan Boutet, notaire au
Châtelet de Paris, « pour les énormes cas et
crimes par luy perpetrez ». Fontainebleau,
21 juin 1537.

21 juin.

> Arch. nat., *Acquits sur l'épargne*, J. 962, n° 27,
> anc. J. 961, n° 132. (*Mention.*)

9121. Don au sr de Pommereul, premier écuyer d'é-
curie du roi, de 1,000 écus d'or sur 7,500 livres restant d'une amende dont feu Jean de
Harlus, sr de Cramailles, est demeuré redevable envers le roi. Fontainebleau, 21 juin
1537.

21 juin.

> Arch. nat., *Acquits sur l'épargne*, J. 962, n° 27,
> anc. J. 961, n° 132. (*Mention.*)

9122. Don à Jean Samson, valet de chambre du roi,
de la somme de 200 livres parisis, montant
d'une amende prononcée contre Jean de Neuf-
carre par arrêt du Parlement de Paris. Fontainebleau, 21 juin 1537.

21 juin.

> Arch. nat., *Acquits sur l'épargne*, J. 962, n° 27,
> anc. J. 961, n° 132. (*Mention.*)

9123. Don et remise aux habitants des villages d'As-
sevillers, Becquincourt, Cappy, Dompierre,
Estrées en Santerre, Barleux, Belloy, Bazin-
court, Fontaines, Herbécourt, Briost, Berny,
Cizancourt, Éterpigny, Frise, Flaucourt, Fay,
Feuillères, Buscourt et Villers-Carbonnel de
la moitié de leurs cotisations pour les tailles,
crues et équivalents des années 1537 et 1538.
Fontainebleau, 21 juin 1537.

21 juin.

> Arch. nat., *Acquits sur l'épargne*, J. 962, n° 27,
> anc. J. 961, n° 132. (*Mention.*)

9124. Lettres accordant rabais à Jean Thireux, fermier du vingtième du vin vendu à Roye, de
200 livres tournois sur le principal de sa ferme
pendant une année commencée le 1ᵉʳ octobre
1535. Fontainebleau, 21 juin 1537.

1537.
21 juin.

> *Arch. nat., Acquits sur l'épargne, J. 962, n° 27,
> anc. J. 961, n° 132. (Mention.)*

9125. Permission à Jacques Le Maçon de vendre et
résigner son office de châtelain et receveur de
Pontailler à Jean Coquet ou autre, sans payer
le droit de quart habituel, à condition que le
prix dudit office sera appliqué au payement
de la somme redue au roi par ledit Le Maçon,
auquel est baillé en même temps délai de deux
ans pour satisfaire au restant de son débet.
Fontainebleau, 21 juin 1537.

21 juin.

> *Arch. nat., Acquits sur l'épargne, J. 962, n° 27,
> anc. J. 961, n° 132. (Mention.)*

9126. Lettres de naturalité et permission de tester octroyées à Girard Cembres, natif de Brabant.
Fontainebleau, 21 juin 1537.

21 juin.

> *Arch. nat., Acquits sur l'épargne, J. 962, n° 27,
> anc. J. 961, n° 132. (Mention.)*

9127. Octroi pour six ans aux habitants de Châteaugi-
ron en Bretagne d'une imposition de 20 sous
par pipe de vin vendu en détail et dans les
tavernes de la ville, pour en employer le
produit, suivant l'ordonnance du sʳ de Châteaubriant, seigneur du lieu, aux réparations,
fortifications et autres menues nécessités et
affaires de la ville. Fontainebleau, 21 juin
1537.

21 juin.

> *Arch. nat., Acquits sur l'épargne, J. 962, n° 27,
> anc. J. 961, n° 132. (Mention.)*

9128. Octroi semblable pour six ans aux habitants de
Malestroit en Bretagne, appartenant aussi au
sʳ de Châteaubriant, dans le même but. Fontainebleau, 21 juin 1537.

21 juin.

> *Arch. nat., Acquits sur l'épargne, J. 962, n° 27,
> anc. J. 961, n° 132. (Mention.)*

9129. Mandement au général d'Apestigny de faire délivrer par Georges Hélyot, trésorier de Bresse,
Bugey et Valromey, à Claude de Pérelles,
commis à tenir le compte des réparations desdits pays, sur les deniers provenant des mainmortes et consignations, la somme de 2,000 livres tournois pour employer aux réparations
de la ville de Bourg, suivant les ordonnances
du comte de Montrevel. Fontainebleau, 2 juin
1537.

> Arch. nat., Acquits sur l'épargne, J. 962, n° 27,
> anc. J. 961, n° 132. (Mention.)

1537.
21 juin.

9130. Lettres portant continuation pour quatre ans à
Gaspard Sormani de la somme de 500 livres
tournois, à prendre chaque année sur les
revenus de la terre et seigneurie de Mont-
bonnot en Dauphiné. Fontainebleau, 21 juin
1537.

> Arch. nat., Acquits sur l'épargne, J. 962, n° 27,
> anc. J. 961, n° 132. (Mention.)

21 juin.

9131. Assignation sur la trésorerie et recette ordinaire
de Toulouse d'une somme de 535 livres 10 sous
taxée à Grégoire de Rochefort, maître des
Eaux et forêts de Languedoc, à Pierre Potier,
sr de la Terrasse, et à Bernard Demay, substi-
tut du greffier desdites Eaux et forêts, pour
leurs frais, salaires et vacations d'une mission
dont ils ont été chargés touchant des ventes de
bois en Languedoc. Fontainebleau, 21 juin
1537.

> Arch. nat., Acquits sur l'épargne, J. 962, n° 27,
> anc. J. 961, n° 132. (Mention.)

21 juin.

9132. Édit portant établissement d'une chambre à sel
à Pithiviers. 22 juin 1537.

> Enreg. à la Chambre des Comptes de Paris, anc.
> mém. 2 H, fol. 160. Arch. nat., invent. PP. 136,
> p. 447. (Mention.)
> Enreg. à la Cour des Aides de Paris. Arch. nat.,
> recueil Cromo, U. 665, fol. 279. (Mention.)

22 juin.

9133. Provisions en faveur de Jean Teste, le jeune,

23 juin.

d'un office de conseiller maître lai à la Chambre 1537.
des Comptes de Paris, en remplacement et
sur la résignation avec réserve de survivance
de Jean Teste, son père. 23 juin 1537.

> *Enreg. à la Chambre des Comptes de Paris le*
> *26 juin suivant, anc. mém. 2 H, fol. 172. Arch.*
> *nat., invent. PP. 136, p. 447. (Mention.)*

9134. Pouvoir conféré aux gens des comptes et au gé- 24 juin.
néral des finances en Bretagne de délivrer au
duc d'Étampes les deniers provenant de la
recette du comté de Penthièvre, des ports et
havres situés entre les rivières de Couesnon
et d'Arguenon et des sécheries de Cornouaille.
Fontainebleau, 24 juin 1537.

> *Enreg. à la Chambre des Comptes de Bretagne.*
> *Archives de la Loire-Inférieure, B. Mandements*
> *royaux, II, fol. 161.*

9135. Don au sr de Sarragosse, maître d'hôtel de la 24 juin.
reine, de tous les revenus échus et à échoir
de la terre et seigneurie d'Aillefou (auj. Gé-
raudot, Aube), saisie et adjugée au roi par faute
d'hommage, à quelque somme qu'ils puissent
monter. Fontainebleau, 24 juin 1537.[1]

> *Arch. nat., Acquits sur l'épargne, J. 962, n° 27,*
> *anc. J. 961, n° 132. (Mention.)*

9136. Provisions de l'office de conseiller clerc au Par- 25 juin.
lement de Dijon pour Nicole Le Roy, docteur
ès droits, en remplacement de Jean Tisserand,
nommé conseiller lai. Fontainebleau, 25 juin
1537.

> *Enreg. au Parl. de Dijon, le 25 juin 1538. Arch.*
> *de la Côte-d'Or, Parl., reg. II, fol. 207 v°.*

9137. Lettres de relief d'adresse au Parlement de Paris 26 juin.
pour l'enregistrement des lettres d'octobre
1536 (n° 8683) confirmant les privilèges des
ouvriers en draps d'or, d'argent, de soie, etc.,

---

[1] Ce don est inscrit de nouveau sur un rôle d'expéditions daté du
21 août 1537. (J. 962, n° 33, anc. J. 961, n° 220.)

de la ville de Lyon. Fontainebleau, 26 juin 1537.
1537.

Enreg. au Parl. de Paris. Arch. nat., X¹ª 8613,
fol. 66. 2 pages.
Copie du xvıı⁰ siècle, Bibl. nat., ms. 2702, fol. 223.
Copie du xvıı⁰ siècle, Arch. de la ville de Lyon,
AA. 151, fol. 56.

9138. Mandement à la Chambre des Comptes de Paris   26 juin.
de procéder à l'enregistrement des lettres du
19 mars précédent (n° 8850) prescrivant de
rembourser à Charles de Dormans, conseiller
au Parlement de Paris, une somme de 6,000 livres qu'il avait prêtée au roi. Fontainebleau,
26 juin 1537.

Enreg. à la Chambre des Comptes de Paris, le
10 juillet 1537. Arch. nat., P. 2537, fol. 278.
(Arrêt d'enregistrement.)

9139. Permission au sr de Revillon de faire conduire   26 juin.
de Lyon à Marseille, sans payer aucun droit
de travers, péages et autres, pour l'armement
et l'approvisionnement des galères dont il a
la charge, 250 quintaux de fer, 100 quintaux
de cuivre, 100 de plomb et 40 d'étain, destinés à l'artillerie, 500 quintaux de cordages
ou chanvre, 50 balles de toile, 40 balles
de drap pour vêtir les forçats, 2,000 bannes
de charbon, 200 arquebuses, 200 arbalètes,
500 piques, 100 hallebardes, 500 boulets,
50 caques de poudre à canon et 4 balles de
petits bonnets pour lesdits forçats. Fontainebleau, 26 juin 1537.

Arch. nat., Acquits sur l'épargne, J. 962, n° 29,
anc. J. 961, n° 131. (Mention.)

9140. Don à la duchesse d'Étampes de tous les droits   26 juin.
de quint et requint qu'elle peut devoir au
roi à cause de l'acquisition de la terre et seigneurie de Challeau, et de 100 livres de rente
constituée sur ladite terre par feu Jean Le
Groing à Morelet du Museau, et des arrérages
qui en sont dus, à quelque somme que le

tout se puisse monter. Fontainebleau, 26 juin 1537.

Arch. nat., Acquits sur l'épargne, J. 962, n° 29, anc. J. 961, n° 131. (Mention.)

1537.

9141. Mandement au général de Bretagne de faire payer par Michel Cosson, commis à la trésorerie et recette générale dudit pays, au duc d'Étampes, comte de Penthièvre, les revenus des sécheries de Cornouaille, pour dix-huit mois échéant vers Noël prochain. Fontainebleau, 26 juin 1537.

Arch. nat., Acquits sur l'épargne, J. 962, n° 29, anc. J. 961, n° 131. (Mention.)

26 juin.

9142. Mandement à la Chambre des Comptes de Provence d'allouer aux comptes de Bernardin Borelly, ci-devant commis à la recette des amendes prononcées contre ceux qui ont contrevenu aux défenses de transporter des blés hors dudit pays, la somme de 292 livres 17 sous 8 deniers tournois qu'il a payée, suivant les ordonnances de Jean de Bagis, conseiller au Grand conseil, et de Jean Du Peyrat, lieutenant en la sénéchaussée de Lyon, commissaires ordonnés pour les affaires de Provence. Fontainebleau, 26 juin 1537.

Arch. nat., Acquits sur l'épargne, J. 962, n° 29, anc. J. 961, n° 131. (Mention.)

26 juin.

9143. Permission à Antoine Delapierre, chantre de la chambre du duc d'Orléans, de résigner son office de sergent royal au bailliage d'Amiens sur les limites de la prévôté de Beauvaisis, à telle personne qu'il avisera, sans payer finance. Fontainebleau, 26 juin 1537.

Arch. nat., Acquits sur l'épargne, J. 962, n° 29, anc. J. 961, n° 131. (Mention.)

26 juin.

9144. Don à Enguerrand de La Parroussaye, archer de la garde, de 75 livres tournois sur le receveur des amendes de Paris, en restitution d'une amende de même somme prononcée contre lui par contumace, pendant qu'il ser-

26 juin.

IMPRIMERIE NATIONALE.

vait le roi à la guerre, amende qu'il avait
payée. Fontainebleau, 26 juin 1537.

1537.

> *Arch. nat., Acquits sur l'épargne, J. 962, n° 29,
> anc. J. 961, n° 131. (Mention.)*

9145. Don et remise à Pierre Foucher, porteur en la
cuisine de bouche du roi, de 10 livres tournois, montant des droits de vente par lui dus
pour l'acquisition d'une maison et jardin sis
à Amboise, entre les deux ponts. Fontainebleau, 26 juin 1537.

26 juin.

> *Arch. nat., Acquits sur l'épargne, J. 962, n° 29,
> anc. J. 961, n° 131. (Mention.)*

9146. Permission de prendre 181 pieds de chênes
dans les buissons des verderies de Valognes et
de Cherbourg, sous la surveillance des officiers des forêts, pour réparer les ponts-levis
et dormants de la ville et du château de Cherbourg. Fontainebleau, 26 juin 1537.

26 juin.

> *Arch. nat., Acquits sur l'épargne, J. 962, n° 29,
> anc. J. 961, n° 131. (Mention.)*

9147. Lettres de naturalité et permission de tester octroyées à Charles de Pirouenne, natif de Milan, écuyer d'écurie du roi de Navarre. Fontainebleau, 26 juin 1537.

26 juin.

> *Arch. nat., Acquits sur l'épargne, J. 962, n° 29,
> anc. J. 961, n° 131. (Mention.)*

9148. Lettres données à la requête de Dominique
Rota, de Venise, permettant la résignation de
l'office de receveur des tailles de Carentan que
Martin de Bérard entend faire au profit de
Julien Rousselin, sans payer aucune finance;
en échange de quoi ledit Rota tient quitte le
roi de ce qu'il lui peut devoir pour une trompe
de chasse damasquinée, deux tablettes d'ébène,
soixante patenôtres d'ambre gris recouvertes
d'or, et autres objets qu'il a cédés à Sa Majesté. Fontainebleau, 26 juin 1537.

26 juin.

> *Arch. nat., Acquits sur l'épargne, J. 962, n° 29,
> anc. J. 961, n° 131. (Mention.)*

9149. Don et remise de droits seigneuriaux à Philippe

26 juin.

de Boulainvilliers, comte de Dammartin.
26 juin 1537.

Bibl. nat., ms. Clairambault 782, p. 295. (*Mention.*)

9150. Don et remise de droits seigneuriaux à Jean de
Créquy, chevalier de l'ordre, sr de Canaples.
27 juin 1537.

Bibl. nat., ms. Clairambault 782, p. 295. (*Mention.*)

27 juin.

9151. Traité entre François Ier et Jean-François des
Ursins, comte de Pitigliano, contenant les conditions auxquelles ce dernier embrasse le parti
du roi de France et entre à son service. Fontainebleau, 28 juin 1537.

Imp. Guillaume Ribier, *Lettres et mémoires
d'État.* Paris, 1666, in-fol., t. I, p. 33.
Du Mont, *Corps universel diplomatique, etc.* Amsterdam, 1726, in-fol., t. IV, part. II, p. 152,
col. 2.

28 juin.

9152. Lettres portant don à Charlotte d'Orléans, duchesse de Nemours, des amendes et condamnations adjugées et à adjuger au roi par les
commissaires chargés de la réformation des
forêts de Nemours, Nogent et Pont-sur-Seine,
en dédommagement des frais et dépens qui
incombent journellement à ladite dame dans
la poursuite de cette réformation. Fontainebleau, 28 juin 1537.

*Enreg. à la Chambre des Eaux et forêts (siège de
la Table de marbre). Arch. nat.*, Z1e 325, fol. 41.
2 pages.
Arch. nat., Acquits sur l'épargne, J. 962, n° 30,
anc. J. 961, n° 128. (*Mention.*)

28 juin.

9153. Don et remise à Fleury Pelletier, hâteur de cuisine du roi, de 12 livres tournois, montant
des lods et vente de certaine acquisition par
lui faite au Fief-du-Roi, à la recette ordinaire
d'Amboise. Fontainebleau, 28 juin 1537.

Arch. nat., Acquits sur l'épargne, J. 962, n° 30,
anc. J. 961, n° 128. (*Mention.*)

28 juin.

45.

9154. Don à Montereau, gentilhomme de la vénerie, de l'office de sergent de la forêt du Croc, dépendant de la forêt d'Eawy, vacant par le décès de Michel Danet, pour en tirer profit et en faire pourvoir qui bon lui semblera. Fontainebleau, 28 juin 1537.

Arch. nat., Acquits sur l'épargne, J. 962, n° 30, anc. J. 961, n° 128. (Mention.)

1537.
28 juin.

9155. Lettres de relief accordées à Pierre de Tojan, dit Seignoret, archer de la compagnie du s^r de Barbezieux, pour être payé de sa solde du dernier quartier de l'année 1535, bien qu'il n'ait pas été présent à la montre. Fontainebleau, 28 juin 1537.

Arch. nat., Acquits sur l'épargne, J. 962, n° 30, anc. J. 961, n° 128. (Mention.)

28 juin.

9156. Don à François de Harville, commissaire des mortes-payes de Guyenne, de 30 livres tournois sur les deniers revenant à la compagnie du s^r de Barbezieux pour le dernier quartier de l'année 1535, en récompense des services qu'il a rendus au roi touchant le fait des montres et logis des gens d'armes des ordonnances en garnison en Guyenne. Fontainebleau, 28 juin 1537.

Arch. nat., Acquits sur l'épargne, J. 962, n° 30, anc. J. 961, n° 128. (Mention.)

28 juin.

9157. Don à François-Marie de Saluces des parties du fief, juridiction et château de Dolleanne (Dogliani) qui ont appartenu à Emmanuel et à Thibaut de Saluces, et depuis aux marquis de Saluces, moitié par confiscation, moitié par donation ou vente simulée, lesdites portions d'une valeur de 30 ou 40 écus de rente. Fontainebleau, 28 juin 1537.

Arch. nat., Acquits sur l'épargne, J. 962, n° 30, anc. J. 961, n° 128. (Mention.)

28 juin.

9158. Don à Pierre Vaque, gentilhomme du marquisat de Saluces, de la tierce partie du château, lieu et juridiction de Bonvoisin ayant appar-

28 juin.

tenu jadis au marquis de Saluces, valant environ 20 écus de rente annuelle, en récompense de services rendus au roi. Fontainebleau, 28 juin 1537.

Arch. nat., Acquits sur l'épargne, J. 962, n° 30, anc. J. 961, n° 128. (Mention.)

9159. Don à Thomas de Costigliole d'une portion du fief dudit Costigliole ayant appartenu à feu Pierre de Costigliole, lequel en fit don au marquis de Saluces. Cette portion, donnée depuis par feu François de Saluces à un sien contrôleur « qui a faict toutes les menées de la révolte dudit Françoys », a été pour ce fait confisquée au roi de France. Fontainebleau, 28 juin 1537.

Arch. nat., Acquits sur l'épargne, J. 962, n° 30, anc. J. 961, n° 128. (Mention.)

9160. Don et remise à Léonard Delaulne, tailleur du roi, d'une amende de 75 livres à laquelle il a été condamné par arrêt du Grand conseil. Fontainebleau, 28 juin 1537.

Arch. nat., Acquits sur l'épargne, J. 962, n° 30, anc. J. 961, n° 128. (Mention.)

9161. Don aux habitants de Roye des deniers qui proviendront des fermes du quatrième et du vingtième du vin pour un an entier commençant le 1er janvier prochain 1538 n. s., et permission auxdits habitants de prélever sur chaque minot de sel vendu au grenier de Roye, durant ledit temps, ou jusqu'à ce qu'il en soit ordonné autrement, 4 sous tournois de crue, outre le droit de gabelle et celui du marchand, pour employer les produits de ces impositions aux réparations qu'il est nécessaire de faire promptement en ladite ville de Roye. Fontainebleau, 28 juin 1537.

Arch. nat., Acquits sur l'épargne, J. 962, n° 30, anc. J. 961, n° 128. (Mention.)

9162. Provisions en faveur de Dreux Hennequin, notaire et secrétaire du roi, maître ordinaire des comptes, de l'office de premier président de la Chambre des Comptes, en remplacement

1537.

28 juin.

28 juin.

28 juin.

30 juin.

d'Aymar Nicolaï, son beau-père. Fontainebleau, 30 juin 1537.

> *Bibl. nat.*, ms. Clairambault 782, p. 295. (*Men-
> tion.*)
> Imp. A. de Boislisle, *Chambre des Comptes de
> Paris. Pièces pour l'histoire des premiers présidents.*
> Nogent-le-Rotrou, 1873, in-4°, p. 54.

9163. Édit portant règlement pour le payement des
gages des officiers du Parlement de Paris et
autres cours souveraines, à prendre sur les
greniers à sel. Ces gages s'élèvent, pour le Parlement de Toulouse, à 21,262 livres 9 sous;
pour celui de Rouen, à 17,528 livres et 15 sous;
pour celui de Bordeaux, à 20,042 livres et
10 sous; pour celui de Dijon, à 6,361; pour
celui de Paris, à 66,829 livres et 15 sous. Fontainebleau, juin 1537.

> *Enreg. à la Chancellerie de France. Arch. nat.,
> Trésor des Chartes, JJ. 250, n° 112, fol. 37.*
> 5 pages.
> *Enreg. au Parl. de Paris, le 18 juin 1537. Arch.
> nat., X^{1a} 8613, fol. 41 v°.* 6 pages.
> *Arrêt d'enregistrement. Id., X^{1a} 4903, fol. 419 v°.*
> *Enreg. à la Chambre des Comptes de Paris, le
> 20 juin 1537. Arch. nat., P. 2306, p. 469.*
> 15 pages.
> *Enreg. à la Cour des Aides de Paris, le 22 juin
> 1537. Copie collationnée faite par ordre de la Cour,
> le 5 mars 1779. Arch. nat., Z^{1a} 526.*
> *Enreg. au Parl. de Bordeaux, le 30 août 1537.
> Archives de la Gironde, B. 30 bis, fol. 337 v°.*
> 14 pages.
> *Enreg. au Parl. de Toulouse, le 19 juillet 1537.
> Arch. de la Haute-Garonne, Édits, reg. 4, fol. 82.*
> 10 pages.
> *Enreg. à la Chambre des Comptes de Dijon, le
> 31 août 1537. Arch. dép. de la Côte-d'Or, reg. B. 72,
> fol. 154.*
> *Enreg. à la Chambre des Comptes de Montpellier,
> le 5 septembre 1537. Arch. départ. de l'Hérault,
> B. 341, fol. 84 v°.* 8 pages 1/2.
> *Enreg. à la Cour des Aides de Normandie, le
> 27 septembre 1537. Arch. de la Seine-Inférieure,
> Mémoriaux, 2e vol., fol. 159.* 10 pages.
> *Copie collationnée de l'époque. Arch. nat., suppl.
> du Trésor des Chartes, J. 970, n° 4.*
> *Expédition faite d'après le reg. du Parl. de Bor-
> deaux. Bibl. nat., ms. fr. 25721, n° 485.*

9164. Confirmation des privilèges, franchises et immunités octroyés par les rois de France, comtes de Provence, aux prélats, chapitres et membres du clergé de Provence. Fontainebleau, juin 1537.

> *Enreg. à la Chancellerie de France. Arch. nat., Trésor des Chartes, JJ. 250, n° 104, fol. 34 v°. 1 page.*
>
> *Enreg. au Parl. de Provence. Arch. de la cour à Aix, Lettres royaux, reg. 2, in-fol. papier de 1,026 feuillets, fol. 895.*
>
> *Enreg. à la Chambre des Comptes de Provence, le 29 novembre 1537. Arch. des Bouches-du-Rhône, B. 33 (Aristis), fol. 374.*

1537.
Juin.

9165. Confirmation et vidimus des privilèges octroyés par les rois aux habitants d'Amilly, au bailliage de Montargis. Fontainebleau, juin 1537 [1].

> *Enreg. au Parl. de Paris, le 22 mai 1550. Arch. nat., X¹ᵃ 8617, fol. 7. 3 pages 1/2.*

Juin.

9166. Lettres de jurande pour les tailleurs et couturiers d'Auxerre. Fontainebleau, juin 1537.

> *Enreg. à la Chancellerie de France. Arch. nat., Trésor des Chartes, JJ. 250, n° 95, fol. 32 v°. 1 page.*

Juin.

9167. Permission aux habitants de Chigy, au bailliage de Sens, de clore leur bourg de murs et de fortifications. Fontainebleau, juin 1537.

> *Enreg. à la Chancellerie de France. Arch. nat., Trésor des Chartes, JJ. 250, n° 92, fol. 32. 1 page.*

Juin.

9168. Ordonnance portant que les personnes originaires de la ville et châtellenie de Mouzon dans les Ardennes, même si elles étaient nées avant la réunion de ce territoire à la couronne, ne peuvent être considérées comme aubains, mais doivent jouir de tous les droits des habi-

Juin.

---

[1] Les lettres vidimées sont : 1° de Louis VII, en 1170; 2° de Philippe V, avril 1320.

tants du royaume, avec confirmation de leurs privilèges. Fontainebleau, juin 1537.

> *Enreg. à la Chancellerie de France. Arch. nat., Trésor des Chartes, JJ. 250, n° 89, fol. 31. 2 pages.*
> *Enreg. à la Cour des Aides de Paris, le 26 mai 1546. Arch. nat., recueil Cromo, U. 665, fol. 320. (Mention.)*
> *Enreg. à la Chambre des Comptes de Paris, anc. mém. 2 J, fol. 78. Arch. nat., invent. PP. 136, p. 447. (Mention.)*

9169. Établissement de deux foires annuelles, l'une le 1er mai, l'autre le 9 octobre, et d'un marché hebdomadaire le mardi, à Pinon en Laonnais. Fontainebleau, juin 1537.

Juin.

> *Original. Arch. de la ville de Lyon, II, 10.*
> *Enreg. à la Chancellerie de France. Arch. nat., Trésor des Chartes, JJ. 250, n° 103, fol. 34 v°. 1 page.*

9170. Permission à l'abbaye du Pont-aux-Dames, au diocèse de Meaux, d'ajouter des ponts-levis à ses fortifications. Fontainebleau, juin 1537.

Juin.

> *Enreg. à la Chancellerie de France. Arch. nat., Trésor des Chartes, JJ. 250, n° 101, fol. 34. 1 page.*

9171. Permission aux habitants de Thorigny, au bailliage de Sens, d'entourer leur ville de murs et de fortifications. Fontainebleau, juin 1537.

Juin.

> *Enreg. à la Chancellerie de France. Arch. nat., Trésor des Chartes, JJ. 250, n° 90, fol. 31 v°. 1 page.*

9172. Permission aux habitants de Villenauxe en Champagne de clore leur bourg de murs et de fortifications. Fontainebleau, juin 1537.

Juin.

> *Enreg. à la Chancellerie de France. Arch. nat., Trésor des Chartes, JJ. 250, n° 88, fol. 31. 1 page.*

9173. Lettres de naturalité accordées à Henry Chappuis, prêtre, natif de Gruyère en Suisse, résidant à Seurre. Fontainebleau, juin 1537.

Juin.

> *Enreg. à la Chambre des Comptes de Dijon, le 1er juillet 1538. Arch. de la Côte-d'Or, B. 72, fol. 159.*

9174. Provisions de l'office de lieutenant général en la sénéchaussée de Limousin en faveur de Gautier Bermondet. Fontainebleau, 1er juillet 1537.

1537.
1er juillet.

> Enreg. au Parl. de Bordeaux, le 28 août 1538. Arch. de la Gironde, B. 30 bis, fol. 335 v°. 3 pages.

9175. Provisions en faveur de Michel Tambonneau de l'office de conseiller maître lai à la Chambre des Comptes de Paris, en remplacement de Dreux Hennequin. 1er juillet 1537.

1er juillet.

> Enreg. à la Chambre des Comptes le 10 juillet suivant, anc. mém. 2 H, fol. 145. Archives nat., invent. PP, 136, p. 448. (Mention.)

9176. Provisions en faveur de René Cadu, licencié ès lois, de l'office de lieutenant général du sénéchal d'Anjou, conservateur des privilèges de l'Université d'Angers, résigné à son profit par Jean Cadu, son père. Fontainebleau, 2 juillet 1537.

2 juillet.

> Réception au Parl. de Paris, le 16 juillet suivant. Arch. nat., X1a 4904, Plaidoiries, fol. 153. (Mention.)

9177. Provisions de l'office de gruyer de la forêt de Chauny pour Michel des Aulnoys, au lieu de Jacques Dubois, décédé. Paris (sic), 4 juillet 1537.

4 juillet.

> Enreg. aux Eaux et forêts (siège de la Table de marbre) le 7 juillet suivant. Arch. nat., Z1b 324, fol. 196. 1 page.

9178. Lettres portant commission à André Guillart, maître des requêtes de l'hôtel, et à Antoine de Lamet, général des finances dans la généralité d'Outre-Seine, Yonne et Picardie, pour l'aliénation des fermes des aides. 5 juillet 1537.

5 juillet.

> Enreg. à la Cour des Aides de Paris, le 11 juillet 1537. Arch. nat., recueil Cromo, U. 665, fol. 280. (Mention.)

9179. Lettres adjoignant Jean L'Huillier, président des comptes, à la commission composée d'Aymar Nicolaï, de Jean Briçonnet et de Nicolas Viole, pour vérifier les deniers des coffres du château

6 juillet.

du Louvre et en garder les clefs. Chailly, 1537.
6 juillet 1537.

> *Enreg. à la Chambre des Comptes de Paris. Arch.*
> *nat., P. 2537, fol. 276 v°. 2 pages.*
> *Autre copie. Idem, AD.IX. 124, n° 41.*
> *Autre copie. Bibl. nat., coll. Fontanieu, porte-*
> *feuille 243.*

9180. Commission donnée aux cardinaux Du Bellay et 6 juillet.
de Bourbon et à Antoine Du Bourg, chance-
lier de France, d'examiner les baux des fermes
des aides de l'élection de Paris depuis dix ans
et d'en vendre aux prévôt des marchands et
échevins de Paris, avec faculté de rachat, ce
qui sera nécessaire pour produire l'intérêt au
denier douze d'une somme de 200,000 livres
tournois prêtée au roi par la ville de Paris.
Chailly, 6 juillet 1537.

> *Original. Arch. nat., H. 2151.*
> *Enreg. au Parl. de Paris, le 12 juillet 1537.*
> *Arch. nat., X¹ª 8613, fol. 50. 2 pages.*
> *Arrêt d'enregistrement. Idem, X¹ª 4904, fol. 140.*
> *Enreg. à la Chambre des Comptes de Paris, le*
> *13 juillet 1537.*
> *Enreg. à la Cour des Aides de Paris, le 14 juillet*
> *1537. Arch. nat., recueil Cromo, U. 665, fol. 280.*
> *(Mention.)*

9181. Commission adressée à Durand de Sarta, pré- 6 juillet.
sident au Parlement, et à Jacques Fabri, vicaire de l'archevêque de Toulouse, pour demander à la ville un secours de 50,000 livres
tournois, et, en cas de refus, contraindre les
capitouls à verser cette somme par saisie de
leurs revenus. Chailly, 6 juillet 1537.

> *Copie. Arch. municipales de Toulouse, ms. 153,*
> *p. 850.*

9182. Commission adressée à Pierre d'Ages et à Geof- 6 juillet.
froy de La Chassagne, conseiller au Parlement
de Bordeaux, de se transporter dans les villes
de Bordeaux, Saint-Émilion, Bergerac, Agen,
Condom, Auch, Périgueux, Libourne, Sarlat,
Cahors, Villefranche-de-Rouergue, Rodez,
Montauban et Limoges pour lever les sommes

imposées sur chacune de ces villes en vue de la défense du royaume. Chailly, 6 juillet 1537.

Imp. Registres consulaires de Limoges, t. I, publié par E. Ruben, Limoges, 1869, in-8°, p. 309.

9183. Commission à Jacques Godran, président au Parlement de Dijon, de se rendre dans les villes du duché de Bourgogne pour procéder à la levée des sommes que le roi a empruntées pour ses guerres. Chailly, 6 juillet 1537.

6 juillet.

Vidimus. Arch. municipales de Beaune (Côte-d'Or), Dettes et emprunts, n° 30.

9184. Commission à Nicolas Viole, conseiller en la Chambre des Comptes, pour examiner avec Antoine Bohier, commissaire sur le fait des aliénations du domaine, les comptes de la seigneurie de Belleperche. Chailly, 6 juillet 1537.

6. juillet.

Enreg. au Parl. de Paris, le 14 juillet 1537. Arch. nat., X¹ᵃ 8613, fol. 49 v°. 1 page 1/2.

9185. Provisions et réception de Dreux Hennequin, conseiller maître, à l'office de président clerc à la Chambre des Comptes de Paris, sur la résignation avec réserve de survivance faite à son profit par Aymar Nicolaï, son beau-père. 6 juillet 1537.

6 juillet.

Enreg. à la Chambre des Comptes. Arch. nat., invent. PP. 136, p. 448. (Mention.)

9186. Lettres commettant expressément le cardinal de Tournon pour aliéner ou engager telle partie qu'il conviendra du domaine dans les pays de Dombes, Forez et Beaujolais. Chailly, 7 juillet 1537.

7 juillet.

Enreg. à la Chambre des Comptes de Paris. Arch. nat., P. 2306, p. 517. 2 pages 1/2.

9187. Lettres de ratification du contrat de la vente faite par les commissaires du roi aux prévôt des marchands et échevins de Paris de la ferme de l'impôt sur le poisson salé et d'eau douce, et de celle du huitième sur le vin vendu en détail au quartier des halles, pour leur servir la rente au denier douze des 200,000 livres

9 juillet.

prêtées au roi par ladite ville (Paris, 7 juillet 1537.
1537). Ablon, 9 juillet 1537.

> *Original. Arch. nat., H. 2151.*
> *Enreg. au Parl. de Paris, le 12 juillet 1537.*
> *Arch. nat., X¹ᵃ 8613, fol. 51 et 54 v°. 8 pages.*
> *Enreg. à la Chambre des Comptes de Paris le 13,*
> *et à la Cour des Aides le 14 juillet 1537.*

9188. Confirmation des privilèges des habitants de   11 juillet.
Noisy et de Bry-sur-Marne. Paris, 11 juillet
1537.

> *Enreg. au Parl. de Paris, le 22 avril 1550, avec*
> *une nouvelle confirmation donnée par Henri II. Arch.*
> *nat., X¹ᵃ 8617, fol. 5. 1 page 1/4.*
> *Enreg. au Châtelet de Paris, le 26 juillet 1537.*
> *Arch. nat., Bannières, Y. 9, fol. 92. 2 pages.*

9189. Provisions de l'office de receveur et payeur des   11 juillet.
gages de la Chambre des Comptes de Bretagne
pour Jean Avril. Meudon, 11 juillet 1537.

> *Enreg. à la Chambre des Comptes de Bretagne, Arch.*
> *de la Loire-Inférieure, B. Mandements, II, fol. 140.*

9190. Lettres portant règlement pour l'exécution de   12 juillet.
l'indult accordé par le pape, à Rome, le 6 des
ides de mars 1536, à Charles de Hémard de
Denonville, cardinal-prêtre du titre de Saint-
Martin, évêque de Mâcon, touchant la collation des bénéfices dépendant de son évêché et
de ses abbayes. Meudon, 12 juillet 1537.

> *Enreg. au Parl. de Paris le 14 août suivant. Arch.*
> *nat., X¹ᵃ 8613, fol. 61 v°, 63 v°. 5 pages 1/2.*

9191. Mandement aux prévôt des marchands et éche-   14 juillet.
vins de Paris de contraindre les contribuables
qui diffèrent de payer leur taxe des 200,000 livres tournois accordées au roi par la ville et
de doubler la taxe des retardataires. Meudon,
14 juillet 1537.

> *Original. Arch. nat., K. 954, n° 82.*

9192. Provisions de l'office d'huissier du siège de la   16 juillet.
Connétablie et maréchaussée de France en fa-
veur de Jean Cornet. Paris, 16 juillet 1537.

> *Enreg. audit siège (Table de marbre du Palais).*
> *Arch. nat., Z¹ᶜ 3, fol. 144. 1 page.*

9193. Remise faite au cardinal François Pisani, abbé
de Prémontré au diocèse de Laon, de ce qu'il
aurait dû payer pour la part de son abbaye
dans l'imposition de la valeur de trois décimes
accordée par le clergé. Meudon, 18 juillet
1537.

Original. Bibl. nat., ms. fr. 25721, n° 480.

1537.
18 juillet.

9194. Pouvoirs donnés par Henri de France, fils et
lieutenant général du roi, à Jean d'Albon, sʳ de
Saint-André, à Guillaume Poyet, président au
Parlement, et à Nicolas Berthereau, secrétaire
du roi, pour négocier la trève de Bomy. Camp
d'Auxy, 20 juillet 1537.

*Insérés dans l'original de ladite trève. Arch. nat.,
Trésor des Chartes, J. 672, n° 1.*
(Voir ci-dessous au 30 juillet, n° 9200.)

21 juillet.

9195. Mandement à Guillaume Prudhomme, trésorier
de l'épargne, de faire rembourser à Antoine
Malras, conseiller au Parlement de Toulouse,
la somme de 6,000 livres tournois qu'il avait
prêtée au roi au moment de sa nomination à
cette charge. Meudon, 21 juillet 1537.

Original. Bibl. nat., ms. fr. 25721, n° 481.

21 juillet.

9196. Lettres de confirmation du contrat de la vente à
réméré, faite par les commissaires du roi sur
le fait des aliénations du domaine, de la terre
de Belleperche en Bourbonnais à Guillaume
Bourgoing, conseiller au Parlement de Paris,
pour le prix de 9,000 livres qu'il avait prêtées
au roi. Meudon, 24 juillet 1537.

Suivent les pouvoirs des commissaires et leurs
procurations générales et spéciales : 1° Hesdin,
le 17 avril 1537 (n° 8904); 2° Chailly, le
6 juillet 1537 (n° 9184). Date dudit contrat de
de vente : 19 juillet 1537.

*Enreg. au Parl. de Paris, le 31 juillet 1537.
Arch. nat., X¹ᵃ 8613, fol. 55 et 56. 11 pages 1/2.*

24 juillet.

9197. Lettres portant défense aux gentilshommes convoqués pour l'arrière-ban, qui passent en Languedoc, de ne rien exiger des habitants, et

26 juillet.

confirmant le privilège accordé à ceux-ci de n'être justiciables, en cas de procès, que des juridictions de la province. Meudon, 26 juillet 1535 (corr. 1537).

> Copie. Arch. départ. de l'Hérault, C. États de Languedoc, Ordonnances et arrêts, t. IV, pièce 14.

1537.

9198. Lettres portant que les diocèses de Languedoc sont autorisés à choisir chacun leur receveur des tailles, sans qu'on puisse les contraindre à préférer un comptable qui offrirait de se charger de l'emploi pour une rétribution inférieure. Meudon, 26 juillet 1537.

> Enreg. à la Chambre des Comptes de Montpellier.
> Copie. Arch. départ. de l'Hérault, C. États de Languedoc, Ordonnances et arrêts, t. IV, pièce 15.
> Arch. départ. du Tarn, Loix municipales et économiques de Languedoc, t. VI, C. 219.

26 juillet.

9199. Lettres enjoignant aux habitants de Trets de se conformer aux reconnaissances seigneuriales reçues d'eux par Jean de Pailherets, notaire de Toulouse, tout comme s'il avait été notaire de Provence et fondé à les recevoir. Paris, 27 juillet 1537.

> Enreg. au Parl. de Provence. Arch. de la cour à Aix, Lettres royaux, reg. 2, in-fol. de 1,026 feuillets, fol. 818.

27 juillet.

9200. Trève conclue pour dix mois entre les commissaires du roi de France et ceux de l'empereur. Bomy, 30 juillet 1537.

Avec les pouvoirs des négociateurs. Ceux des commissaires français sont du 20 juillet 1537.

> Original. Arch. nat., Trésor des Chartes, J. 672, n° 1.
> Autre expédition. Bibl. nat., ms. fr. 3062, fol. 159.
> Copie. Arch. municip. de Dijon, série A.
> Imp. Fr. Léonard, Recueil de traitez de paix, t. II, p. 399.
> Guillaume Ribier, Lettres et mémoires d'État. Paris, 1666, in-fol., t. I, p. 56.
> Du Mont, Corps universel diplomatique, etc., Amsterdam, 1726, in-fol., t. IV, part. II, p. 153, col. 1.

30 juillet.

9201. Édit de création d'un office d'avocat du roi en chacun des cinq sièges de la sénéchaussée de Quercy : Montauban, Figeac, Martel, Gourdon et Lauzerte, et règlement pour leurs fonctions, droits, etc. Meudon, juillet 1537.

> *Enreg. au Grand Conseil, le 23 dudit mois.*
> *Imp. Samuel Descorbiac, Recueil général des édits, déclarations, etc., entre les baillis, sénéchaux, magistrats présidiaux, etc. Paris, R. Fouet, 1638, in-fol., p. 284.*

1537. Juillet.

9202. Lettres portant approbation et ratification de l'échange fait avec François du Monceau, sieur de Saint-Cyr, de la châtellenie d'Yèvre-le-Chastel contre la terre du Monceau, le fief d'Avon et partie de celui de Fontainebleau. Meudon, juillet 1537.

> *Enreg. au Parl. de Paris, le 9 mai 1538. Arch. nat., X¹ᵃ 8613, fol. 101. 2 pages.*
> *Enreg. à la Chambre des Comptes de Paris, le 8 août 1537. Arch. nat., P. 2306, p. 493. 3 pages.*

Juillet.

9203. Confirmation des statuts et privilèges des maîtres bouchers de Bourges. Paris, juillet 1537.

> *Enreg. à la Chancellerie de France. Arch. nat., Trésor des Chartes, JJ. 254, n° 176, fol 37. 1 page.*

Juillet.

9204. Confirmation des statuts et ordonnances du métier de fabricant d'esteuf de la ville de Paris. Paris, juillet 1537.

> *Enreg. au Châtelet de Paris, le 10 novembre 1537. Arch. nat., Bannières, Y. 9, fol. 98 v°. 6 pages.*
> *Idem, Livre jaune grand, Y. 6⁵, fol. 71.*
> *Copie du XVIIᵉ siècle. Préfecture de police, coll. Lamoignon, t. VI, fol. 479.*

Juillet.

9205. Mandement au bailli de Vermandois, lui notifiant qu'il est fait remise aux bénéficiés des doyennés de Braisne, Guise et Aubenton au diocèse de Laon de leur quote-part dans l'imposition des trois décimes accordées par le clergé. Meudon (sic), 4 août 1537 [1].

> *Original. Bibl. nat., ms fr. 25721, n° 482.*

4 août.

---

[1] La date de cet acte avait été d'abord laissée en blanc.

9206. Confirmation des maîtrises créées par la feue reine d'Écosse, Madeleine de France, suivant le pouvoir à elle conféré par lettres du 18 janvier 1536 (n° 8746). Fontainebleau, 4 août 1537.

1537.
4 août.

> *Enreg. au Parl. de Bordeaux, le 18 décembre 1537. Arch. de la Gironde, B. 30 bis, fol. 368. 3 pages.*
> *Enreg. au Parl. de Toulouse. Arch. de la Haute-Garonne, Édits, reg. 4, fol. 106. 2 pages.*

9207. Exemption de certains impôts et subsides en faveur des présidents, conseillers et autres officiers ecclésiastiques du Parlement de Toulouse. Fontainebleau, 4 août 1537.

4 août.

> *Enreg. au Parl. de Toulouse. Arch. de la Haute-Garonne, Édits, reg. 4, fol. 89. 1 page 1/2.*

9208. Confirmation des privilèges de la ville d'Orléans, moyennant une cotisation de 60,000 livres tournois. Paris (sic), 5 août 1537.

5 août.

> *Copie du xvie siècle. Archives du Loiret, série D, Université.*

9209. Provisions en faveur de Tristan Le Charron, licencié ès lois, de l'office de bailli de Dourdan, vacant par le décès d'Antoine d'Aubours. Corbeil, 6 août 1537.

6 août.

> *Réception au Parl. de Paris le 20 novembre suivant. Arch. nat., X¹ᵃ 4905, Plaidoiries, fol. 24. (Mention.)*

9210. Édit portant union des justices des terres et seigneuries du Monceau et d'Avon au bailliage de Moret. Fontainebleau, 7 août 1537.

7 août.

> *Enreg. à la Chambre des Comptes de Paris, anc. mém. coté 2 H., fol. 190. Arch. nat., invent. PP. 136, p. 449. (Mention.)*

9211. Lettres de jussion à la Chambre des Comptes de Grenoble pour l'enregistrement de l'édit du 30 janvier précédent (n° 8763) portant création d'un office d'auditeur des comptes

13 août.

extraordinaire en la Chambre des Comptes de Grenoble. Melun, 13 août 1537.

> *Enreg. à la Chambre des Comptes de Grenoble le 23 dudit mois.*
> Imp. Blanchard, *Compilation chronologique, etc.* Paris, 1715, in fol., t. I, col. 513. (*Mention.*)

9212. Don de 675 livres à Jean Knet (ou Henry Kenet[1]), gentilhomme de la chambre, venu à Melun de la part du roi d'Angleterre pour conférer avec le roi de France. Melun, 14 août 1537.

14 août.

> *Bibl. nat.,* ms. Clairambault 1215, fol. 76. (*Mention.*)

9213. Permission au s^r Castellanus de résigner l'office d'élu sur le fait des aides et tailles en l'élection de Noyon au profit de Jean Decaisne, sans payer le droit de quart habituel ni autre finance. Melun, 15 août 1537.

15 août.

> *Arch. nat., Acquits sur l'épargne,* J. 962, n° 32, anc. J. 961, n° 82. (*Mention.*)

9214. Exemption de tailles et fouages prorogée pour dix ans au profit des vassaux et étagers de l'abbaye de Savigny dans le diocèse de Rennes. Melun, 16 août 1537.

16 août.

> *Enreg. à la Chambre des Comptes de Bretagne. Arch. de la Loire-Inférieure,* B. *Mandements,* II, fol. 143 et 289. (*Double enregistrement.*)

9215. Commission à Nicolas Picart, notaire et secrétaire du roi, pour tenir le compte des travaux en cours d'exécution au château de Villers-Coterets, dirigés par Nicolas de Neufville, s^r de Villeroy, et Philibert Babou, s^r de la Bourdaisière. Melun, 16 août 1537.

16 août.

> Copie. *Bibl. nat.,* ms. fr. 11179 (anc. suppl. fr. 336).
> Imp. L. de Laborde, *Les comptes des bâtiments du roi.* Paris, in-8°, 1877, t. 1, p. 140.

---

[1] Ce personnage est désigné de ces deux façons différentes à trois lignes d'intervalle, dans la même analyse. Il s'agit peut-être de Henry Knyvet, qui fut ambassadeur en France l'an 1546.

IMPRIMERIE NATIONALE.

9216. Déclaration portant que les lods, ventes, amen-   1537.
des, confiscations et autres droits échus au roi   17 août.
en Dauphiné depuis trente ans, tant recelés
qu'autrement, seront employés aux réparations et fortifications des villes. Melun, 17 août
1537.

> *Enreg. au Parl. de Grenoble le 13 septembre sui-*
> *vant. Arch. de l'Isère, Chambre des Comptes de Gre-*
> *noble,* B. 2910, cah. 34, 5 pages.

9217. Remise accordée à Jean de Langeac, évêque de   20 août.
Limoges, maître des requêtes de l'hôtel, de ce
qu'il devrait payer sur l'imposition de trois décimes mise sur le clergé, pour ses abbayes d'Eu,
au diocèse de Rouen, des Escharlis, au diocèse
de Sens, de Pebrac, au diocèse de Saint-Flour,
et pour sa prévôté de Brioude. Melun, 20 août
1537.

> *Original. Bibl. nat.,* ms. fr. 25721, n° 483.

9218. Mandement du roi, comme administrateur des   20 août.
biens du dauphin, comte de Blois, au seigneur
de Villandry, conseiller et général des finances
au comté de Blois, de faire payer à Martin
Habert, son valet de garde-robe et tapissier
ordinaire, 100 livres tournois pour avoir gardé
et entretenu en état la tapisserie du château
de Blois. Fontainebleau, 20 août 1537.

> *Original. Bibl. nat., Pièces orig.,* Habert, vol. 1543,
> dossier 35247, p. 6.
> *Rôle d'expéditions du 21 août. Arch. nat., Acquits*
> *sur l'épargne,* J. 962, n° 30, anc. J. 961, n° 120.
> (*Mention.*)

9219. Lettres ordonnant que les sommes payées par   20 août.
les grènetiers du royaume sur les quittances
de Pierre Roch, pour les gages du contrôleur
général des greniers à sel du royaume, soient
passées et allouées aux comptes desdits grènetiers. 20 août 1537.

> *Enreg. à la Chambre des Comptes de Paris le 5 sep-*
> *tembre suivant,* anc. mém. 2 H, fol. 153. *Arch. nat.,*
> invent. PP. 136, p. 449. (*Mention.*)

9220. Provisions en faveur de Louis Bournel, sr de   21 août.

Thiembronne, de l'office de bailli d'Amiens, vacant par la résignation pure et simple faite par Guillaume Du Bellay, sʳ de Langey. Fontainebleau, 21 août 1537 [1].

> *Réception au Parl. de Paris le 7 septembre suivant. Arch. nat., X¹ᵃ 4904, Plaidoiries, fol. 450 v°. (Mention.)*
> *Bibl. nat., ms. Clairambault 782, p. 296. (Mention.)*

9221. Mandement à Julien Bertho, commis à la recette des restes dus par les receveurs particuliers de Bretagne, de payer à Antoine d'Essefort, ancien receveur particulier de Nantes et de Vannes, etc., la somme de 535 livres tournois en remboursement de pareille somme qu'il prêta au roi l'an 1527. Fontainebleau, 21 août 1537.

21 août.

> *Arch. nat., Acquits sur l'épargne, J. 962, n° 33, anc. J. 961, n° 120. (Mention.)*

9222. Don à Louis Faron, sʳ des Rochelles, sommelier de bouche du roi, de 50 écus complétant la somme de 100 écus, réduite de moitié par la Chambre des Comptes, que Sa Majesté lui avait ci-devant donnée, à prendre sur les deniers provenant des droits et devoirs seigneuriaux échus au roi dans le comté de la Marche, à cause de l'acquisition faite par François de Mont de la terre et seigneurie de Pressac. Fontainebleau, 21 août 1537.

21 août.

> *Arch. nat., Acquits sur l'épargne, J. 962, n° 33, anc. J. 961, n° 120. (Mention.)*

9223. Lettres de naturalité et permission de tester, sans payer finance, octroyées à Louis de Lenoncourt, à Catherine de Haraucourt, sa femme, et à leurs enfants, natifs de Lorraine et y demeurant. Fontainebleau, 21 août 1537.

21 août.

> *Arch. nat., Acquits sur l'épargne, J. 962, n° 33, anc. J. 961, n° 120. (Mention.)*

[1] Le 20, d'après le ms. Clairambault 782, le 21 suivant le registre du Parlement.

9224. Lettres portant continuation, pour cinq ans, aux religieuses de la Garde au lieu de la Guiche, du don et aumône de 100 livres par an qu'elles ont accoutumé d'avoir sur la recette générale de Bretagne par octroi des ducs de Bretagne. Fontainebleau, 21 août 1537.

> Arch. nat., Acquits sur l'épargne, J. 962, n° 33, anc. J. 961, n° 120. (Mention.)

1537.
21 août.

9225. Don et remise à la veuve et aux enfants de feu François de la Noue de 500 livres tournois, montant des droits de rachat et autres devoirs seigneuriaux dus au roi sur la terre et seigneurie de la Noue, tenue et mouvante du roi à cause de son comté de Nantes sous la vicomté de Loyaux. Fontainebleau, 21 août 1537.

> Arch. nat., Acquits sur l'épargne, J. 962, n° 33, anc. J. 961, n° 120. (Mention.)

21 août.

9226. Don à Jean Papillon de l'amende de 400 livres prononcée en 1524 contre Jean François par arrêt du Parlement de Paris, dont feu Hervé de Kaerquifinen, receveur des exploits et amendes de ladite cour, a omis de faire recette en ses comptes. Fontainebleau, 21 août 1537.

> Arch. nat., Acquits sur l'épargne, J. 962, n° 33, anc. J. 961, n° 120. (Mention.)

21 août.

9227. Don à Jean Binas de l'office de sergent en la forêt de Yovy (Eawy) en la garde de Musedain, vacant par la mort de Robert Danet. Fontainebleau, 21 août 1537.

> Arch. nat., Acquits sur l'épargne, J. 962, n° 33, anc. J. 961, n° 120. (Mention.)

21 août.

9228. Mandement aux gens des comptes d'allouer au compte de Louis Barangier, receveur de la crue de 50 sous par muid de sel passant aux Ponts-de-Cé et à Ingrande, la somme de 120 livres tournois par an qu'il avait coutume de prendre en sus de ses gages pour ses vacations au mesurage de tout le sel qui passe auxdits lieux, laquelle somme lui était tenue en

21 août.

souffrance depuis et y compris l'année 1532.
Fontainebleau, 21 août 1537.

Arch. nat., Acquits sur l'épargne, J. 962, n° 33, anc. J. 961, n° 120. (Mention.)

1537.

9229. Mandement à Nicolas Picart, commis aux comptes des bâtiments de Fontainebleau, de bailler à Louis Prévost, marchand de vin suivant la cour, 72 livres tournois en payement de huit poinçons de vin, moitié blanc et moitié clairet, qu'il a fournis de l'ordonnance du sr de la Bourdaisière et commandement du roi, au logis du Chenil à Fontainebleau, pour la provision des gentilshommes de la vénerie et de la fauconnerie. Fontainebleau, 21 août 1537.

Arch. nat., Acquits sur l'épargne, J. 962, n° 33, anc. J. 961, n° 120. (Mention.)

21 août.

9230. Don à Louis Burgensis, pour lui et ses hoirs, de tout le droit, action et hypothèque que le roi peut avoir sur une maison de la rue Neuve-Saint-Merry, ayant appartenu à Jean Ruzé, ci-devant receveur général d'Outre-Seine et Yonne, saisie et adjugée à Sa Majesté par les juges de la Tour carrée pour les grandes sommes que ledit Ruzé a été condamné à lui restituer. Fontainebleau, 21 août 1537.

Arch. nat., Acquits sur l'épargne, J. 962, n° 33, anc. J. 961, n° 120. (Mention.)

21 août.

9231. Lettres ordonnant que l'amende de 2,600 livres prononcée par les généraux de la justice des Aides à Rouen contre le grènetier et le contrôleur du grenier à sel de Honfleur, à cause de leurs malversations, sera répartie entre les srs de Villandry et Bochetel et le général des finances de Normandie, et que l'acquit de ce don sera expédié au nom du sr Bochetel seul. Fontainebleau, 21 août 1537.

Arch. nat., Acquits sur l'épargne, J. 962, n° 33, anc. J. 961, n° 120. (Mention.)

21 août.

9232. Don au duc d'Estouteville de tous les biens confisqués de Valentin de La Rocque, sr de Mont-

21 août.

belin, condamné comme contumace par le
prévôt de Corbeil à être décapité. Fontainebleau, 21 août 1537.

> *Arch. nat., Acquits sur l'épargne,* J. 962, n° 33,
> anc. J. 961, n° 120. (*Mention.*)

9233. Lettres de décharge à François Viard, receveur
ordinaire de Blois, de six poinçons de vin blanc
du cru des Montils qu'il a délivrés à Claude
Gauldry, sommelier du roi, pour la consommation de l'hôtel de Sa Majesté pendant son
séjour à Blois. Fontainebleau, 21 août 1537.

21 août.

> *Arch. nat., Acquits sur l'épargne,* J. 962, n° 33,
> anc. J. 961, n° 120. (*Mention.*)

9234. Deux lettres de décharge adressées audit François Viard, de 400 livres chacune, fournies sur
la recette ordinaire de Coucy, suivant les lettres
missives du roi écrites de Valence, le 4 septembre 1536, et autres au sr de Haraucourt,
lieutenant au gouvernement de Coucy, ou à
son commis, pour employer aux fortifications
dudit lieu. Fontainebleau, 21 août 1537.

21 août.

> *Arch. nat., Acquits sur l'épargne,* J. 962, n° 33,
> anc. J. 961, n° 120. (*Mention.*)

9235. Don au capitaine Martin Du Bellay, pour l'aider
à payer sa rançon, de la somme de 5,000 livres tournois sur les 9,000 livres que redoit
Louis de Herbeys, receveur ordinaire des îles
de Brouage, Marennes et Oleron, sur sa recette, depuis son institution audit office jusqu'au 1er juillet dernier; en échange duquel
don ledit Martin Du Bellay rendra au roi la
promesse qu'il lui a faite du premier office de
secrétaire qui viendrait à vaquer. Fontainebleau, 21 août 1537.

21 août.

> *Arch. nat., Acquits sur l'épargne,* J. 962, n° 33,
> anc. 961, n° 120. (*Mention.*)

9236. Lettres portant défense aux officiers de la
Chambre des Comptes de Paris et à tous autres
de prendre connaissance du fait, garde et administration des bagues et joyaux du roi et de

24 août.

l'argent mis en ses mains pour ses menus plaisirs et pour son jeu. Fontainebleau, 24 août
1537.

> Enreg. à la Chambre des Comptes de Paris.
> Copie du XVIII⁰ siècle. Arch. nat., P. 2537,
> fol. 283, d'après l'anc. mémorial coté 2 H, fol. 213.
> 2 pages.
> Autre copie. Idem, AD.IX 124, n° 47.
> Imp. Germain Bapst, Histoire des joyaux de la
> couronne de France. Paris, Hachette, 1889, in-8°,
> p. 39.

9237. Lettres confirmant et renouvelant le privilège
dont jouissent les États de Rouergue de choisir et nommer les receveurs des aides, tailles
et deniers royaux de ce pays. Fontainebleau,
24 août 1537.

> Enreg. à la Cour des Aides de Montpellier le
> 28 novembre suivant.
> Imp. Jean Philippi, Édits et ordonnances concer-
> nant l'autorité des Cours des Aides de France, 1597,
> in-fol., p. 122.
> A. Fontanon, Édits et ordonnances, etc. Paris,
> 1611, in-fol. t. II, p. 812.
> J. Corbin, Nouveau recueil des édits..... de la
> juridiction des Cours des Aides de Paris, Rouen, etc.
> Paris, 1623, in-4°, p. 260, 262.
> Isambert, Anciennes lois françaises. Paris, in-8°,
> 1827, t. XII, p. 540.

9238. Mandement aux généraux conseillers sur le fait
des Aides, leur ordonnant de faire payer à titre
de don par le receveur des amendes de la
Cour des Aides de Rouen, à Guillaume Bochetel, conseiller et secrétaire du roi, la somme
de 2,090 livres tournois, montant des amendes
prononcées contre plusieurs personnes dont les
noms sont donnés. Fontainebleau, 25 août
1537.

> Original. Bibl. nat., ms. fr. 25721, n° 484.

9239. Don à Castellanus, valet de chambre du roi, de
tous les biens meubles et immeubles de feu
Pierre Coillebault, marchand de Rouen, fils
bâtard de Philippon Coillebault, échus et adjugés au roi parce que ledit Pierre mourut

sans avoir obtenu de lettres de légitimation. Fontainebleau, 27 août 1537,

Arch. nat., Acquits sur l'épargne, J. 962, n° 35, anc. J. 961, n° 116. (Mention.)
Idem, rôle d'expéditions du 12 février 1538 n. s., J. 962, pl. 13, n° 11, anc. J. 961, n° 55. (Mention.)

1537.

9240. Don et remise à Guillemin Bouault, l'un des charretiers des chariots branlants de Mesdames, d'une somme de 3.1 livres 15 sous tournois, montant des lods et ventes qu'il doit au roi à cause de l'acquisition par lui faite d'une maison sise au bout des ponts d'Amboise. Fontainebleau, 27 août 1537.

27 août.

Arch. nat., Acquits sur l'épargne, J. 962, n° 35, anc. J. 961, n° 116. (Mention.)

9241. Permission à Jacques, bâtard Du Fay, de résigner, avec réserve de survivance, son office de capitaine ayant la grand'garde de Verdun, au profit de Henri de Lenoncourt, bailli de Vitry. Fontainebleau, 27 août 1537.

27 août.

Arch. nat., Acquits sur l'épargne, J. 962, n° 35, anc. J. 961, n° 116. (Mention.)

9242. Don à Bléneau le jeune, serviteur de M. le Grand maître, de tous les biens de feu Simon Lardy, tué à l'assaut de Saint-Pol, échus au roi par droit d'aubaine, ledit Lardy étant étranger et ne laissant pas d'héritier. Fontainebleau, 27 août 1537.

27 août.

Arch. nat., Acquits sur l'épargne, J. 962, n° 35, anc. J. 961, n° 116. (Mention.)

9243. Don à Antoine Raffin, dit Poton, sénéchal d'Agénais, de son droit de chauffage en la forêt de Chinon, pour son château d'Azay. Fontainebleau, 27 août 1537.

27 août.

Arch. nat., Acquits sur l'épargne, J. 962, n° 35, anc. J. 961, n° 116. (Mention.)

9244. Lettres d'érection en office formé de la garde du sceau aux contrats de la ville d'Amiens, et don

27 août.

dudit office à Nicolas de Saisseval, greffier de ladite ville. Fontainebleau, 27 août 1537.

> *Arch. nat., Acquits sur l'épargne, J. 962, n° 35, anc. J. 961, n° 116. (Mention.)*
> *Bibl. nat., ms. Clairambault 782, p. 296. (Mention, sous la date de décembre 1537.)*

1537.

9245. Mandement pour faire payer sur les confiscations des draps de soie de la manufacture de Gênes, au s' de Grignan, chevalier d'honneur de Mesdames, la somme de 2,566 livres 13 sous 4 deniers, savoir : 2,200 livres pour ses gages de la présente année, et 366 livres 13 sous 4 deniers en restitution de la retenue du tiers desdits gages qu'il avait subie, comme les autres officiers, pour le second semestre de 1536. Fontainebleau, 27 août 1537.

27 août.

> *Arch. nat., Acquits sur l'épargne, J. 962, n° 35, anc. J. 961, n° 116. (Mention.)*

9246. Don et remise à Michel Guybou, potager de Mesdames, de 32 livres 1 sou 5 deniers tournois, montant des lods et ventes de l'acquisition par lui faite de terrains, masure et établis au bout du pont d'Amboise. Fontainebleau, 27 août 1537.

27 août.

> *Arch. nat., Acquits sur l'épargne, J. 962, n° 35, anc. J. 961, n° 116. (Mention.)*

9247. Lettres portant assignation de la crue de 15 sous par muid de sel sur les greniers d'Outre-Seine et Yonne, y énumérés, pour le payement des gages des conseillers et officiers du Parlement de Paris. Fontainebleau, 28 août 1537.

28 août.

> *Enreg. au Parl. de Paris, le 7 septembre 1537. Arch. nat., X¹ª 8613, fol. 66 v°. 4 pages 1/2.*
> *Arrêt d'enregistrement. Idem, X¹ª 4904, fol. 450.*
> *Enreg. à la Chambre des Comptes de Paris, le 19 septembre 1537. Arch. nat., P. 2306, p. 577. 10 pages 1/2.*
> *Enreg. à la Cour des Aides de Paris, le 9 septembre 1537. Archives nat., recueil Cromo, U. 665, fol. 281. (Mention.)*

9248. Pouvoir donné au grand maître des Eaux et forêts de taxer aux commissaires chargés de juger les abus et malversations sur le fait des forêts

28 août.

III.

48

leurs vacations ainsi que les menus frais des
sergents, arpenteurs et témoins, jusqu'à concurrence de 12,000 livres tournois. Fontainebleau, 28 août 1537.

1537.

*Enreg. à la Chambre des Forêts à Paris (siège de
la Table de marbre), le 2 janvier 1538 n. s. Arch.
nat., Eaux et forêts, Z¹ᵉ 325, fol. 3. 3 pages.*

9249. Lettres réduisant à 20,000 livres la somme de
50,000 livres tournois que le président Durand de Sarta et le conseiller Fabri avaient
chargé d'obtenir de la ville de Toulouse, avec
autorisation de l'imposer sur tous les habitants,
sans distinction de privilégiés. Fontainebleau,
28 août 1537.

28 août.

*Expédition originale, signée Bayard. Arch. municip.
de Toulouse, carton 71.*

9250. Lettres portant que Jean Maillard, contrôleur
du domaine des vicomtés de Conches et de
Breteuil, sera payé des gages dudit office depuis sa réception, à raison de 2 deniers pour
livre du montant de sa recette. Fontainebleau,
28 août 1537.

28 août.

*Enreg. à la Chambre des Comptes de Paris le 5 sep-
tembre suivant, anc. mém. coté 2 H, fol. 244. Arch.
nat., invent. PP. 136, p. 449. (Mention.)*

9251. Lettres portant assignation des gages des officiers
de la Chambre des Comptes de Montpellier.
Fontainebleau, 29 août 1537.

29 août.

*Enreg. à la Chambre des Comptes de Montpellier.
Archives départ. de l'Hérault, B. 341, fol. 223.
2 pages 1/2.*

9252. Lettres confirmant les assignations faites par le
cardinal de Tournon à Thomas Gadagne, sur
le prix du bail à ferme du tirage du sel sur
le Rhône et l'Isère, jusqu'à l'entier payement
de la somme que le roi lui a empruntée pour
l'entretien des troupes. Fontainebleau, 29 août
1537.

29 août.

*Enreg. au Parl. de Grenoble le 10 décembre sui-
vant. Arch. de l'Isère, Chambre des Comptes de Grenoble, B. 2910, cah. 58. 7 pages.*

9253. Lettres ratifiant la vente faite à Thomas Gadagne, de Lyon, de la baronie de Lunel et de
la seigneurie de Galargues. Fontainebleau,
29 août 1537.

> *Enreg. à la Chambre des Comptes de Montpellier.
> Arch. départ. de l'Hérault, B. 341, fol. 220. 2 pages.*

1537.
29 août.

9254. Déclaration interprétative du règlement de juridiction du bailli et du vicomte du Perche.
Fontainebleau, 31 août 1537.

> *Enreg. au Parl. de Paris, avec des lettres de con-
> firmation données par Henri II, à Paris, le 15 juin
> 1549, le 1er août 1549. Arch. nat., X1a 8616, fol. 293.
> 1 page.*

31 août.

9255. Lettres contenant provisions, en faveur de Claude
Genton, sr de Brosses, de la charge de prévôt
des maréchaux de France en la ville, prévôté,
vicomté et élection de Paris, ainsi que dans
les élections de Senlis, Beauvais, Clermont
en Beauvaisis, Mantes, Montfort-l'Amaury et
Étampes, avec règlement d'attributions, de juridiction, gages, etc., pour lui, ses lieutenants,
greffier et archers. Fontainebleau, 31 août
1537.

> *Enreg. au Bureau de la ville de Paris, le 15 dé-
> cembre 1537. Arch. nat., H. 1779, fol. 269 v°.
> Enreg. à la Chambre des Comptes de Paris, le
> 3 septembre 1537, anc. mém. 2 J, fol. 29. Arch.
> nat., invent. PP. 136, p. 449. (Mention, avec la
> date d'août 1537, sans quantième.)*
> *Arch. nat., Acquits sur l'épargne[1], J. 962, n° 39,
> anc. J. 961, n° 109. (Mention.)*
> *Imp. Registres des délibérations du Bureau de la
> ville de Paris, in-4°, t. II, 1886, p. 340.*

31 août.

9256. Confirmation des privilèges accordés par les rois
de France aux habitants d'Orléans, compre-
nant en vidimus les lettres de Philippe Auguste, de 1183; de Charles VII, 16 janvier
1429 et 15 décembre 1437; de Louis XI,
septembre 1470. Paris, août 1537.

> *Enreg. au Parl. de Paris, sauf une restriction, le*

Août.

---

[1] Dans les *Acquits sur l'épargne*, ces provisions figurent sur le rôle
d'expéditions daté de Châtillon, le 15 septembre 1537.

48.

24 août 1537. Arch. nat., X¹ᵃ 8613, fol. 68 v°. 1537.
15 pages, dont 12 pour les vidimus.
*Enreg. à la Chambre des Comptes de Paris, le
3 septembre 1537. Arch. nat., P. 2306, p. 559.*
8 pages.
Idem, P. 2537, fol. 279.
*Enreg. à la Cour des Aides de Paris, le 16 no-
vembre 1537. Arch. nat., recueil Cromo, U. 665,
fol. 282. (Mention.)*

9257. Confirmation des priviléges et statuts du métier Août.
de drapier de la ville de Paris. Paris, août 1537.
*Enreg. au Châtelet de Paris, le 14 novembre 1537.
Arch. nat., Livre jaune grand, Y. 6ᵉ, fol. 26 v°.
1 page.*
*Arch. de la Préfecture de police, coll. Lamoignon,
t. VI, fol. 485. (Mention.)*

9258. Lettres d'anoblissement en faveur de Guillaume Août.
Leduc, sieur de la Bullenaye, conseiller au
Parlement de Bretagne. Paris, août 1537.
*Enreg. à la Chancellerie de France. Arch. nat.,
Trésor des Chartes, JJ. 250, n° 118, fol. 40 v°.
1 page 1/2.*
*Enreg. à la Chambre des Comptes de Bretagne.
Archives de la Loire-Inférieure, B. Mandements
royaux, II, fol. 148.*

9259. Établissement de deux nouvelles foires, outre Août.
les deux qui y existaient, à Tourteron dans
les Ardennes, en faveur de Robert d'Avre-
houst, seigneur du lieu. Melun, août 1537.
*Enreg. à la Chancellerie de France. Arch. nat.,
Trésor des Chartes, JJ. 250, n° 117, fol. 39 v°.
1 page.*

9260. Donation à Henri II, roi de Navarre, pour sub- Août.
venir à ses frais comme lieutenant général en
Guyenne, de tout ce qui revient au roi sur les
biens confisqués de Gabrielle d'Ornezan, de
Germain de Fontaines, écuyer, sʳ de la Fage,
d'Antoine de Sainte-Colombe, sʳ de la Bastide
de Colomat, et autres, condamnés par le Parlement de Toulouse pour le meurtre commis
sur la personne de Hugues de Fontaines. Fontainebleau, août 1537.
*Original scellé. Arch. départ. des Basses-Pyrénées,
E. 571.*

9261. Établissement d'une foire annuelle en la paroisse de Plegommeur (*sic*), dans la sénéchaussée de Guingamp, accordé à la requête d'Yvon de Botley. Fontainebleau, août 1537.

1537.
Août.

> *Enreg. à la Chancellerie de France. Arch. nat., Trésor des Chartes, JJ. 250, n° 114, fol. 38 v°.*
> 1 page.

9262. Confirmation des privilèges de l'abbaye de Notre-Dame de Preuilly. Fontainebleau, août 1537.

Août.

> *Enreg. à la Chancellerie de France. Arch. nat., Trésor des Chartes, JJ. 250, n° 113, fol. 38 v°.*
> 1 page.

9263. Création de deux foires annuelles et d'un marché hebdomadaire à Saint-Paul, près Vence. Fontainebleau, août 1537.

Août.

> *Enreg. à la Chancellerie de France. Arch. nat., Trésor des Chartes, JJ. 250, n° 129, fol. 43 v°.*
> 1 page.
> *Enreg. à la Chambre des Comptes de Provence. Arch. des Bouches-du-Rhône, B. 33 (Arietis), fol. 181.*

9264. Permission à Nicolas de Neufville, seigneur de Villeroy, de clore de murs et de fossés son hôtel seigneurial de Villeroy en Brie. Fontainebleau, août 1537.

Août.

> *Enreg. au Châtelet de Paris, le 2 janvier 1538 n. s. Arch. nat., Bannières, Y. 9, fol. 103 v°. 2 pages. Arch. nat., fonds Florimond, K. 1242. (Mention.)*

9265. Don à François Miron, médecin du roi, d'une maison sise à Blois, près Saint-Nicolas. Fontainebleau, août 1537.

Août.

> *Enreg. à la Chancellerie de France. Arch. nat., Trésor des Chartes, JJ. 250, n° 115, fol. 38 v°.*
> 1 page.

9266. Don à Nicolas de Rennes de la confiscation de Jean Vaillant, dit Hénault, condamné à mort par le prévôt des maréchaux à Blois. Fontainebleau, août 1537.

Août.

> *Enreg. à la Chambre des Comptes de Blois, le 31 juillet 1540. Arch. nat., KK. 897, n° 292.*
> *Rôle d'expéditions du 2 septembre 1537. Arch. nat., Acquits sur l'épargne, J. 962, n° 37, anc. J. 961, n° 114. (Mention.)*

9267. Provisions d'un office de sergent en la forêt de Carnelle pour Guillaume de La Praillière, en remplacement d'Antoine Poullet. Fontainebleau, 2 septembre 1537.

> *Enreg. aux Eaux et forêts (siège de la Table de marbre, à Paris), le 29 mars 1538 n. s. Arch. nat., Z¹ᵉ 325, fol. 74 v°. 1 page 1/2.*

9268. Don à Jean Odoart, conseiller au Parlement de Rouen, de la somme de 225 livres tournois sur les amendes de ladite cour et celles de la réformation des forêts de Normandie. Fontainebleau, 2 septembre 1537.

> *Arch. nat., Acquits sur l'épargne, J. 962, n° 37, anc. J. 961, n° 114. (Mention.)*

9269. Don à l'évêque et au chapitre de Dax d'une somme de 12,500 livres tournois sur les deniers provenant de la traite de Bordeaux, savoir 2,000 livres chaque année pendant six ans et 500 livres la septième année, outre la somme de 30,000 livres par an qui leur a été octroyée antérieurement, pour rebâtir le palais épiscopal et les maisons canoniales, et édifier une chapelle de Notre-Dame-de-Consolation. Fontainebleau, 2 septembre 1537.

> *Arch. nat., Acquits sur l'épargne, J. 962, n° 37, anc. J. 961, n° 114. (Mention.)*

9270. Permission à Jean Hanezart de résigner et permuter sa prébende de Saint-Quentin avec la cure de Saint-Éloi d'Ognoles, au diocèse de Noyon, que tient à présent Adrien Dine. Fontainebleau, 2 septembre 1537.

> *Arch. nat., Acquits sur l'épargne, J. 962, n° 37, anc. J. 961, n° 114. (Mention.)*

9271. Lettres de décharge pour le grènetier d'Angers du revenu et émolument de la chambre à sel établie par le roi à Beaufort-en-Vallée, dépendant du grenier à sel d'Angers, qu'il a baillé et délivré à Mᵐᵉ la comtesse de Villars et de Tende, en vertu des lettres de don du roi, tant pour les années 1535, 1536 et 1537 que pour les années suivantes. Fontainebleau, 2 septembre 1537.   1537.

> *Arch. nat., Acquits sur l'épargne, J. 962, n° 37, anc. J. 961, n° 114. (Mention.)*

9272. Don à Bernardin Borrelli, greffier d'Aix en Pro-   2 septembre.
vence, d'une rente annuelle de 80 livres tour-
nois, sa vie durant, sur les pensions et greffes
des soumissions de la sénéchaussée de Provence, en récompense du greffe de la chambre
rigoureuse supprimée par l'édit de réformation
de la justice audit pays. Fontainebleau, 2 septembre 1537.

> *Arch. nat., Acquits sur l'épargne, J. 962, n° 37, anc. J. 961, n° 114. (Mention.)*

9273. Permission à Pierre Poulain, natif du diocèse   2 septembre.
d'Angers, de tenir des bénéfices au duché de
Bretagne jusqu'à concurrence de la somme de
500 livres tournois par an. Fontainebleau,
2 septembre 1537.

> *Arch. nat., Acquits sur l'épargne, J. 962, n° 37, anc. J. 961, n° 114. (Mention.)*

6274. Lettres de décharge pour Jean Chambon, tréso-   2 septembre.
rier et receveur général du comté d'Auvergne
et de la baronnie de la Tour, de 200 livres
tournois qu'il a payées à Catherine d'Ussel,
veuve d'Auberaut Aultier, écuyer, s' de Villemontée, pour deux années, échues à la Saint-
Jean-Baptiste dernière, de la rente viagère de
100 livres par an dont la feue duchesse d'Urbin lui fit don le 11 avril 1518. Fontainebleau,
2 septembre 1537.

> *Arch. nat., Acquits sur l'épargne, J. 962, n° 37, anc. J. 961, n° 114. (Mention.)*

9275. Mandement au receveur ordinaire de l'écurie de   2 septembre.
payer 120 livres 15 sous tournois à Louis
Chancel, trompette du roi, qui a servi audit
état en remplacement de feu Geoffroy de
Luxian, durant trois quartiers (du 1ᵉʳ octobre
1536 au 30 juin 1537), bien qu'il ne figure

pas encore sur les états. Fontainebleau, 2 septembre 1537.

Arch. nat., *Acquits sur l'épargne*, J. 962, n° 37, anc. J. 961, n° 114. (*Mention.*)

9276. Mandement au receveur ordinaire de l'écurie de payer 90 livres à Guillaume Janzac l'aîné, trompette du roi, pour avoir servi deux quartiers en remplacement de feu Antoine Sévenat. Fontainebleau, 2 septembre 1537.

Arch. nat., *Acquits sur l'épargne*, J. 962, n° 37, anc. J. 961, n° 114. (*Mention.*)

9277. Don au président Poyet des seigneuries, fiefs et biens saisis sur feu Gaillard Spifame, mis en criées à cause des sommes que ledit Gaillard devait au roi, pour les posséder par lui et ses hoirs à perpétuité. Ledit Poyet en jouira sous la main du roi et comme commissaire, en attendant qu'ils soient adjugés par décret. Fontainebleau, 2 septembre 1537.

Arch. nat., *Acquits sur l'épargne*, J. 962, n° 37, anc. J. 961, n° 114. (*Mention.*)

9278. Lettres de survivance de l'office de commissaire au Châtelet de Paris exercé par Romain Martineau, en faveur de Nicolas Martineau, son fils, avec don au père de la finance qu'il devrait payer pour le tiers de la composition de ladite survivance. Fontainebleau, 3 septembre 1537.

Enreg. au Châtelet de Paris, Bannières. Arch. nat., Y. 9, fol. 101 v°. 2 pages.
Arch. nat., *Acquits sur l'épargne*, J. 962, n° 38; anc. J. 961, n° 115. (*Mention.*)

9279. Mandement aux trésorier et receveur ordinaire de Forez de payer au sr de Charmazel, lieutenant des gardes de la compagnie du sénéchal d'Agénais, la moitié de 1,116 livres 18 sous tournois, somme qu'il a déjà fait rentrer au trésor sur les lods et ventes dus dans le comté de Forez et dissimulés par les débiteurs, suivant les lettres de don qui lui ont été octroyées

1537.

2 septembre.

2 septembre.

3 septembre.

3 septembre.

le 25 septembre 1534. Fontainebleau, 3 septembre 1537.

1537.

*Arch. nat., Acquits sur l'épargne, J. 962, n° 38,
anc. J. 961, n° 115. (Mention.)*

9280. Mandement à la Chambre des Comptes de Paris
d'allouer au compte d'Adrien Auger, commis
au payement des réparations des villes de Guise
et de Bray-sur-Somme, 1,073 livres 13 sous
8 deniers tournois qu'il a employés pour ses
gages et vacations, ceux de Berthaut Mamis,
contrôleur desdites réparations, et du s° de Longueval, commissaire. Fontainebleau, 3 septembre 1537.

3 septembre.

*Arch. nat., Acquits sur l'épargne, J. 962, n° 38,
anc. J. 961, n° 115. (Mention.)*

9281. Don à Jean Savary et à Robert Villamoine, écuyers
de cuisine du roi, de 60 écus soleil sur les
deniers provenant de la vente de l'office de
sergent royal au bailliage et prévôté d'Orléans,
vacant par la mort de Jean Aleaume. Fontainebleau, 3 septembre 1537.

3 septembre.

*Arch. nat., Acquits sur l'épargne, J. 962, n° 38,
anc. J. 961, n° 115. (Mention.)*

9282. Don à Martin Habert et à Mathurin Girard, valets de garde-robe du roi, de 40 écus soleil, soit
20 écus à chacun, sur l'office de notaire royal
à Beauvais, vacant par le décès de François
Bachelier. Fontainebleau, 3 septembre 1537.

3 septembre.

*Arch. nat., Acquits sur l'épargne, J. 962, n° 38,
anc. J. 961, n° 115. (Mention.)*

9283. Lettres portant que le maître des Eaux et forêts
de Poitou, qui avait 100 livres de gages et les
carvans ou bois abattu par le vent dans lesdites
forêts, aura désormais les mêmes gages que
les autres maîtres des Eaux et forêts, c'est-à-
dire 400 livres par an, mais ne prendra plus
le bois abattu. Fontainebleau, 3 septembre
1537.

3 septembre.

*Arch. nat., Acquits sur l'épargne, J. 962, n° 38,
anc. J. 961, n° 115. (Mention.)*

III.

49

9284. Don à Jean Henry, l'un des violons du roi, de
l'office de sergent à verge au Châtelet de Paris,
vacant par la mort de Jean Boutevillain, pour
en disposer à son profit et en faire pourvoir
qui bon lui semblera. Fontainebleau, 3 septembre 1537.

> Arch. nat., Acquits sur l'épargne, J. 962, n° 38,
> anc. J. 961, n° 115. (Mention.)

1537.
3 septembre.

9285. Lettres portant que Geoffroy de Grangis, en récompense d'une somme de 6,000 écus que le
roi devait lui bailler, jouira du revenu des terres
et seigneuries de la Buxière, Bellecombe et
Avallon en Dauphiné. Fontainebleau, 3 septembre 1537.

> Arch. nat., Acquits sur l'épargne, J. 962, n° 38,
> anc. J. 961, n° 115. (Mention.)

3 septembre.

9286. Don au sr de Boisy de la maison appelée la Bonaventure en la forêt de Chinon, pour en jouir
pendant dix années consécutives, de la même
façon que le feu sr Francisque-Antoine la possédait. Fontainebleau, 3 septembre 1537.

> Arch. nat., Acquits sur l'épargne, J. 962, n° 38,
> anc. J. 961, n° 115. (Mention.)

3 septembre.

9287. Don à Jean Camart de l'office de sergent et ga-
rennier de la forêt de Crécy-en-Brie, vacant
par le décès d'Étienne Camart, son père, sans
payer aucune finance. Fontainebleau, 3 septembre 1537.

> Arch. nat., Acquits sur l'épargne, J. 962, n° 38,
> anc. J. 961, n° 115. (Mention.)

3 septembre.

9288. Lettres de règlement pour le payement des gages
des officiers du Parlement de Bordeaux et répartition des deniers à ce nécessaires sur divers
greniers à sel, suivant l'ordonnance de juin
1537 (n° 9163). Fontainebleau, 4 septembre
1537.

> Enreg. au Parl. de Bordeaux, le 10 décembre
> 1537. Arch. de la Gironde, B. 30 bis, fol. 362 v°.
> 7 pages.

4 septembre.

9289. Remise faite au cardinal de Carpi, abbé de
l'abbaye de Colombs, au diocèse de Chartres,

4 septembre.

de ce qu'il aurait dû payer pour cette abbaye
dans l'imposition de trois décimes accordée par
le clergé. Fontainebleau, 4 septembre 1537.

Original. Bibl. nat., ms. fr. 25721, n° 486.

9290. Provisions pour Nicolas Berthereau, secrétaire
de la chambre du roi, de l'office de bailli et
concierge du Palais, sur la résignation du
sʳ de la Rochepot, avec bail à main ferme
des maison, chambre, terrasses et dépendances
« estans au dict Palais près la chappelle où l'on
chante la messe des présidens », à charge d'en
payer chaque année à la recette ordinaire de
Paris la somme de 110 sous parisis, et de faire
garder, ouvrir et clore jour et nuit les portes
des grandes salles dudit Palais, etc. Fontainebleau, 4 septembre 1537.

Rôle d'expéditions daté de Châtillon, le 15 sep-
tembre. Arch. nat., Acquits sur l'épargne, J. 962,
n° 39, anc. J. 961, n° 109. (Mention.)
Réception au Parl. de Paris le 7 septembre suivant.
Arch. nat., Xᴵᵃ 4904, Plaidoiries, fol. 450 v°. (Men-
tion.)

9291. Ratification des aliénations du domaine, des
aides et gabelles du Lyonnais, faites au nom
du roi par le cardinal de Tournon. 6 septembre 1537.

Enreg. à la Cour des Aides de Paris, le 27 mars
1538 avant Pâques. Arch. nat., recueil Cromo,
U. 665, fol. 285. (Mention.)

9292. Lettres portant exemption de décimes pour les
bénéfices possédés par le cardinal Trivulce,
évêque de Toulon, en récompense des services rendus par lui en qualité de protecteur
du royaume près la cour de Rome. Fontainebleau, 6 septembre 1537.

Vidimus du 8 octobre suivant. Arch. nat., K. 87,
n° 7.

9293. Remise faite à [Philippe de La Chambre], cardinal de Bologne, de ce qu'il aurait dû payer
dans l'imposition de trois décimes mise sur tout
le clergé, pour ses abbayes de Corbie, Saint-

1537.

4 septembre.

6 septembre.

6 septembre.

6 septembre.

49.

André-lès-Clermont et autres, et pour des revenus qu'il possédait dans divers évêchés. Fontainebleau, 6 septembre 1537.

Original. Bibl. nat., ms. fr. 25721, n° 487.

1537.

9294. Don à Louis Burgensis, conseiller et premier
médecin du roi, de l'un des offices de notaires
au Châtelet de Paris nouvellement créés et
auxquels il n'a pas encore été pourvu, pour
en disposer à son profit et le faire mettre au
nom de qui bon lui semblera. Fontainebleau,
6 septembre 1537.

*Rôle d'expéditions du 8 octobre 1537. Arch. nat.,
Acquits sur l'épargne, J. 962, n° 44, anc. J. 961,
n° 98. (Mention.)*

6 septembre.

9295. Don à l'écuyer Vespasien de Carvoisin du montant des droits et devoirs seigneuriaux qu'il
doit au roi à cause de l'acquisition par lui faite
du fief de la Rue-du-Bois à Marseille en Beauvaisis, tenu et mouvant du comté de Clermont.
Fontainebleau, 6 septembre 1537.

*Rôles d'expéditions du 22 février 1538 n. s. Arch.
nat., Acquits sur l'épargne, J. 962, pl. 13, n° 13,
anc. J. 961, n° 51. (Mention.)*

6 septembre.

9296. Provisions en faveur de Guillaume Rivière de
l'office de receveur et payeur des gages des
officiers du Grand conseil, en remplacement
de feu Jacques Rivière. Fontainebleau, 7 septembre 1537.

*Original. Bibl. nat., Pièces orig., Rivière (doss.
56087), vol. 2494, p. 2.*

7 septembre.

9297. Don à Jean Chasteigner, seigneur de la Roche-
Pozay, de l'office de maître des Eaux et forêts
de Bourbonnais et de la capitainerie de La-
bruyère-Laubépin, vacants par suite de la mort
de Regnaut de Laloue. Ferrières, 9 septembre
1537 [1].

*Copie du xvie siècle. Bibl. nat., ms. fr. 25721,
n° 488.
Arch. nat., Acquits sur l'épargne, J. 962, n° 40,
anc. J. 961, n° 110. (Mention.)*

9 septembre.

[1] Dans les *Acquits sur l'épargne*, cet acte est inscrit sur un rôle daté
de Châtillon, le 12 septembre.

9298. Lettres autorisant les consuls de Manosque à nommer à leur choix les notaires chargés des affaires de la commune. Ferrières, 10 septembre 1537.

> Original. Arch. municip. de Manosque (Basses-Alpes), AA. 16.

1537.
10 septembre.

9299. Don à Perrot de Ruthie, gentilhomme de la chambre, des lods et ventes et autres droits seigneuriaux qu'il doit au roi à cause de l'acquisition de la maison, terre et seigneurie de Cheverny, par lui faite de la veuve et des héritiers du feu général Hurault. Châtillon, 12 septembre 1537.

> Arch. nat., Acquits sur l'épargne, J. 962, n° 40, anc. J. 961, n° 110. (Mention.)

12 septembre.

9300. Don et remise à Jean de Constantin, homme d'armes de la compagnie du sr de Boisy, d'une amende de 60 livres parisis à laquelle il a été condamné par arrêt du Parlement de Paris. Châtillon, 12 septembre 1537.

> Arch. nat., Acquits sur l'épargne, J. 962, n° 40, anc. J. 961, n° 110. (Mention.)

12 septembre.

9301. Don à Louis de La Quérière, valet de limiers, de l'office de sergent en la garde de Neuville, forêt d'Orléans, vacant par le décès de Pierre Pallier, pour en disposer à son profit. Châtillon, 12 septembre 1537.

> Arch. nat., Acquits sur l'épargne, J. 962, n° 40, anc. J. 961, n° 110. (Mention.)

12 septembre.

9302. Permission au capitaine Lalande de transporter hors du royaume deux cents queues de vin, sans rien payer pour les droits de traite et autres subsides. Châtillon, 12 septembre 1537.

> Arch. nat., Acquits sur l'épargne, J. 962, n° 40, anc. J. 961, n° 110. (Mention.)

12 septembre.

9303. Permission au lieutenant du capitaine Lalande de transporter hors du royaume, sans payer aucun droit, cent queues de vin. Châtillon, 12 septembre 1537.

> Arch. nat., Acquits sur l'épargne, J. 962, n° 40, anc. J. 961, n° 110. (Mention.)

12 septembre.

9304. Don à Jean-Baptiste, maître d'hôtel de Mme la dauphine, de la somme de 300 livres tournois à prendre sur les finances ordinaires ou extraordinaires. Châtillon, 12 septembre 1537.

> Arch. nat., Acquits sur l'épargne, J. 962, n° 40, anc. J. 961, n° 110. (Mention.)

1537.
12 septembre.

9305. Assignation à Louise de Montmorency, dame de Châtillon, et à Madeleine de Mailly, demoiselle de Roye, de 3,600 livres tournois, savoir 2,400 livres à la première et 1,200 livres à la seconde, pour leurs états de dames de la reine de deux années à échoir le 31 décembre prochain, sur les deniers revenant bons qui pourront rester à Antoine Juge, trésorier de ladite dame. Châtillon, 12 septembre 1537.

> Arch. nat., Acquits sur l'épargne, J. 962, n° 40, anc. J. 961, n° 110. (Mention.)

12 septembre.

9306. Assignation des gages des officiers du Parlement de Toulouse sur les greniers à sel du Languedoc, conformément à l'ordonnance de juin 1537 (n° 7163). Châtillon, 14 septembre 1537

> Enreg. au Parl. de Toulouse. Arch. de la Haute-Garonne, Édits, reg. 4, fol. 103. 5 pages 1/2.

14 septembre.

9307. Assignation des gages des officiers de la Chambre des Comptes de Montpellier sur divers greniers à sel. Châtillon, 14 septembre 1537.

> Enreg. à la Chambre des Comptes de Montpellier, le 24 octobre 1537. Arch. départ. de l'Hérault, B. 341, fol. 88 v°. 3 pages 1/2.

14 septembre.

9308. Lettres de jussion au Parlement de Toulouse pour l'enregistrement des provisions de gouverneur et lieutenant général en Guyenne, Aunis et pays de la Rochelle, données le 29 août 1528 (n° 3125), en faveur de Henri II, roi de Navarre. Châtillon-sur-Loire, 15 septembre 1537.

> Original. Arch. des Basses-Pyrénées, E. 573.
> Enreg. au Parl. de Toulouse, le 18 décembre 1537.
> Arch. de la Haute-Garonne, Édits, reg. 4, fol. 92.

15 septembre.

9309. Don au s^r de Bonneval de ce que peut valoir de reste l'office de payeur des officiers du Grand conseil que tenait feu Jacques Rivière, outre les 1,000 écus que le roi lui a déjà donnés sur ledit office. Châtillon, 15 septembre 1537.

1537.
15 septembre.

> Arch. nat., Acquits sur l'épargne, J. 962, n° 39, anc. J. 961, n° 109. (Mention.)

9310. Don à Raoul de Cahiduc de 100 écus soleil sur les deniers provenant des droits de rachat échus au roi par la mort de Jean Chauvin, à cause des terres qu'il tenait en Bretagne. Châtillon, 15 septembre 1537.

15 septembre.

> Arch. nat., Acquits sur l'épargne, J. 962, n° 39, anc. J. 961, n° 109. (Mention.)

9311. Don à Laurent Crabbe [1], médecin de la reine, de la moitié des droits seigneuriaux dus au roi à cause de l'acquisition d'une pièce de pré faite par feu Guillaume Courtois, son beau-père. Châtillon, 15 septembre 1537.

15 septembre.

> Arch. nat., Acquits sur l'épargne, J. 962, n° 39, anc. J. 961, n° 109. (Mention.)

9312. Don à [Antoine Du Prat, s^r de Nantouillet], prévôt de Paris, de tous les droits de rachat et devoirs seigneuriaux dus au roi à cause de la terre et seigneurie de Châteaufort, à quelque somme qu'ils puissent monter. Châtillon, 15 septembre 1537.

15 septembre.

> Arch. nat., Acquits sur l'épargne, J. 962, n° 39, anc. J. 961, n° 109. (Mention.)

9313. Don au s^r de Bury de la somme de 6,000 livres tournois outre et par-dessus les autres dons et bienfaits qu'il a eus ci-devant, et les gages et appointements qu'il a chaque année du roi. Châtillon, 15 septembre 1537.

15 septembre.

> Arch. nat., Acquits sur l'épargne, J. 962, n° 39, anc. J. 961, n° 109. (Mention.)

9314. Lettres ordonnant que par François Viard, receveur ordinaire de Blois et commis à la recette

15 septembre.

[1] Voir au 23 décembre 1536 (n° 8718).

générale des domaines et greniers à sel des
terres du dauphin provenant du patrimoine
de la feue reine, qui ne sont de l'apanage de
la couronne de France, il sera payé, tant de sa
recette que des ventes et coupes de bois dans
les forêts du comté de Blois, la somme de
1,200 livres tournois aux enfants du feu comte
de Wolff Oberhac et Lupphen (*sic*), au lieu
des château, terre et seigneurie de Tremblevif
dépendant du comté de Blois, qui avaient été
baillés par engagement audit comte et à ses
hoirs, laquelle terre le roi veut être réunie
au domaine dudit comté. Châtillon, 15 septembre 1537.

Arch. nat., *Acquits sur l'épargne*, J. 962, n° 39,
anc. J. 961, n° 109. (*Mention.*)

> 1537.

9315. Lettres permettant au cardinal de Bourbon, archevêque de Sens, abbé de Saint-Denis, de
faire couper, abattre et enlever les bois de haute
futaie encore debout de ceux qu'il avait vendus
avant la publication de l'édit interdisant aux
prélats la vente des bois de haute futaie dépendant de leurs bénéfices. Neuvy, 17 septembre 1537.

> 17 septembre.

*Présentées au Parl. de Paris, qui refuse l'entérine-
ment, le 12 décembre suivant. Arch. nat., X¹ᵃ 1540,
reg. du Conseil, fol. 47 v°. (Mention.)*

9316. Don aux srs de La Bourdaisière le jeune et de
Rostaing de la somme de 400 écus d'or soleil
sur la confiscation et amende qui pourront être
adjugés au roi à cause de certaine quantité de
billon et monnaies saisis sur un nommé
Oudet de Périgueux arrêté à la porte Saint-
Just de Lyon le 15 de ce mois. Sancerre,
19 septembre 1537.

> 19 septembre.

Arch. nat., *Acquits sur l'épargne*, J. 962, n° 41,
anc. J. 961, n° 99. (*Mention.*)

9317. Commission adressée à Guillaume Poyet, président au Parlement, et à Claude Dodieu, maître
des requêtes de l'hôtel, pour établir les étapes
dans les endroits où doivent passer les troupes

> 21 septembre.

du roi et en régler les frais. Nevers, 21 sep-   1537.
tembre 1537.

> *Original scellé. Arch. nat., suppl. du Trésor des*
> *Chartes, J. 963, n° 37.*
> *Copie du xvi° siècle. Bibl. nat., ms. fr. 2702,*
> fol. 202.

9318. Mandement au trésorier de l'épargne de payer   22 septembre.
300 livres à Jean-Jacques de Castione, gen-
tilhomme italien et ambassadeur du roi auprès
des Grisons, pour ses dépenses pendant soixante
jours d'exercice de sa charge, comptés à partir
du 12 septembre. Nevers, 22 septembre 1537.

> *Bibl. nat., ms. Clairambault 1215, fol. 75 v°.*
> (*Mention.*)

9319. Lettres portant augmentation pour Melchior   24 septembre.
Des Prez, [s' de Montpezat, sénéchal de Poitou],
de 300 livres de gages par an sur la recette
ordinaire de Poitou. 24 septembre 1537.

> *Enreg. à la Chambre des Comptes de Paris, le*
> *10 décembre 1538, anc. mém. 2 J, fol. 72. Arch.*
> *nat., invent. PP. 136, p. 450. (Mention.)*

9320. Édit de création de six offices de conseillers au   Septembre.
bailliage d'Orléans, avec attribution des mêmes
honneurs et privilèges dont jouissent ceux du
Châtelet de Paris. Fontainebleau, septembre
1537.

> IMP. Blanchard, *Compilation chronologique, etc.*
> Paris, 1715, in-fol., t. I, col. 514. (*Mention.*)

9321. Établissement de trois foires annuelles et d'un   Septembre.
marché hebdomadaire à Rouffignac en Péri-
gord, en faveur de François de Caumont, seigneur du lieu. Fontainebleau, septembre 1537.

> *Enreg. à la Chancellerie de France. Arch. nat.,*
> *Trésor des Chartes, JJ. 250, n° 133, fol. 44 v°.*
> 1 page.

9322. Établissement de deux foires annuelles à Sen-   Septembre.
netaire (Saint-Nectaire), Auvergne, en faveur
de Nectaire de Sennetaire, chambellan du roi.
Fontainebleau, septembre 1537.

> *Enreg. à la Chancellerie de France. Arch. nat.,*
> *Trésor des Chartes, JJ. 250, n° 132, fol. 44 v°.*
> 1 page.

9323. Création d'une foire annuelle à Saint-Maudez, paroisse de Trébry (sénéchaussée de Moncontour-de-Bretagne), en faveur de Charles de Beaumanoir, vicomte du Besso, seigneur de la Mothe-du-Parc, seigneurie dont dépendait Saint-Maudez. Fontainebleau, septembre 1537.

1537. Septembre.

> *Enreg. à la Chancellerie de France. Arch. nat., Trésor des Chartes, JJ. 250, n° 137, fol. 46. 1 page.*

9324. Confirmation des statuts et privilèges des maîtres et ouvriers des métiers d'apothicaire, épicier, cirier, mercier, chandelier et marchand de fer et acier de la ville d'Évreux. Châtillon-sur-Oyen[1], septembre 1537.

Septembre.

> *Enreg. à la Chancellerie de France. Archives nat., Trésor des Chartes, JJ. 250, n° 142, fol. 48. 4 pages.*

9325. Édit de création d'un office de second enquêteur au siège de Saumur, dépendant de la sénéchaussée d'Anjou. Neuvy, septembre 1537.

Septembre.

Mandement au Parlement pour l'enregistrement de cet édit, à la requête de René Creste, enquêteur à Saumur. Rambouillet, 6 mars 1546.

> *Enreg. au Parl. de Paris, le 11 août 1547. Arch. nat., X¹ᵃ 8616, fol. 32 et 33. 3 pages.*

9326. Don à Gabriel de Saluces du marquisat de Saluces, François et Louis de Saluces, qui précédemment le tenaient du roi, s'étant mis au service de l'empereur. Neuvy, septembre 1537.

Septembre.

> *Enreg. à la Chancellerie de France. Arch. nat., Trésor des Chartes, JJ. 250, n° 135, fol. 45. 1 page.*
> *Copie du XVIII° siècle. Bibl. nat., coll. Fontanieu, portefeuille 245.*

---

[1] *Sic.* Sans doute Châtillon-sur-Loing. Du 12 au 15 septembre, beaucoup d'actes sont datés de Châtillon; l'un plus précis porte Châtillon-sur-Loire (n° 9308), ce qui peut faire supposer que François 1ᵉʳ séjourna dans cette dernière localité les 12, 13, 14 et 15 septembre. Cependant il n'est pas impossible que de Ferrières (10 septembre, n° 9298) le roi vînt d'abord à Châtillon-sur-Loing et de là à Châtillon-sur-Loire.

9327. Confirmation des statuts et privilèges des maîtres barbiers et chirurgiens de Gien. Saint-Satur-sous-Sancerre, septembre 1537.

> Enreg. à la Chancellerie de France. Arch. nat., Trésor des Chartes, JJ. 250, n° 140, fol. 47. 2 pages.

1537. Septembre.

9328. Confirmation des statuts et règlements des bouchers de Moulins. Saint-Satur-sous-Sancerre, septembre 1537.

> Enreg. à la Chancellerie de France. Arch. nat., Trésor des Chartes, JJ. 250, n° 136, fol. 45 v°. 2 pages.

Septembre.

9329. Création de quatre foires annuelles et d'un marché hebdomadaire à Bessenay, dans le Lyonnais. Sancerre, septembre 1537.

> Enreg. à la Chancellerie de France. Arch. nat., Trésor des Chartes, JJ. 250, n° 194, fol. 54 v°. 1 page.

Septembre.

9330. Permission aux habitants de Tharoiseau en Auxois de fortifier leur bourg et de le clore de murs. Nevers, septembre 1537.

> Enreg. à la Chancellerie de France. Arch. nat., Trésor des Chartes, JJ. 254, n° 209, fol. 42 v°. 1 page.

Septembre.

9331. Don à Jean Renard, à Raoul Burgensis et à Pierre Picquet, sommeliers de bouche du roi, de 60 écus soleil sur l'office de notaire royal au bailliage d'Amiens, vacant par le décès de Jean Mas. Tarare, 1er octobre 1537.

> Arch. nat., Acquits sur l'épargne, J. 962, n° 42, anc. J. 961, n° 104. (Mention.)

1er octobre.

9332. Don et remise à Philippe de Culant, sr de Saint-Cyr, de tous les droits seigneuriaux, quints et requints, montant à environ 288 livres, qu'il doit au roi pour l'acquisition de 100 livres de rente sur la terre et seigneurie de Mareuil, mouvante de la baronnie d'Épernay, que tenaient Jacques et Jean de Livre. Tarare, 1er octobre 1537.

> Arch. nat., Acquits sur l'épargne, J. 962, n° 42, anc. J. 961, n° 104. (Mention.)

1er octobre.

50.

9333. Ordonnance relative aux attributions judiciaires de la Chambre des Comptes d'Aix. Lyon, 1ᵉʳ octobre 1537. 1537. 1ᵉʳ octobre.

> *Enreg. au Parl. de Provence. Arch. de la cour à Aix, Lettres royaux, reg. 2, in-fol. papier de 1,026 feuillets, fol. 847.*

9334. Mandement à la Chambre des Comptes de Provence pour l'enregistrement de la déclaration du 10 juin précédent (n° 9063), relative au droit de juridiction du sénéchal de Provence. Lyon, 1ᵉʳ octobre 1537. 1ᵉʳ octobre.

> *Enreg. à la Chambre des Comptes de Provence. Arch. des Bouches-du-Rhône, B. 33 (Arietis), fol. 105. 2 pages.*

9335. Lettres de commission, itératives de celles du 6 juillet 1537 (n° 9182), adressées à Pierre d'Ages et à Geoffroy de La Chassagne, conseiller au Parlement de Bordeaux. Lyon, 3 octobre 1537. 3 octobre.

> *IMP. Registres consulaires de Limoges, t. I, publié par E. Ruben, Limoges, 1869, in-8°, p. 305.*

9336. Lettres d'exemption, en faveur des notaires et secrétaires du roi, maison et couronne de France, de tous dons, emprunts, tailles et aides de villes. Lyon, 4 octobre 1537. 4 octobre.

Lettres de jussion adressées au Parlement de Paris pour l'entérinement, sans aucune restriction, des lettres ci-dessus. Lyon, 28 janvier 1538.

> *Original et copies du XVIᵉ siècle. Arch. nat., V³ 3, n° 1435.*
> *Enreg. au Parl. de Paris, le 14 mars 1538 n. s. Arch. nat., X¹ᵃ 8613, fol. 82 et 84. 6 pages 1/2.*
> *Arrêt d'enregistrement au Parl., sauf restrictions, le 1ᵉʳ décembre 1537. Arch. nat., X¹ᵃ 1540, reg. du Conseil, fol. 30.*
> *Enreg. au Parl. de Bordeaux, le 29 novembre 1537. Arch. de la Gironde, B. 30 bis, fol. 359 v°, 5 pages; et fol. 391, 7 pages.*
> *Enreg. à la Chambre des Comptes de Grenoble. Arch. de l'Isère, B. 2911, cah. 7. 8 pages.*
> *IMP. A. Tessereau, Hist. de la Chancellerie. Paris, 1710, in-fol., t. I, p. 95.*

9337. Lettres de commission au s^r de Grignan pour
l'aliénation de certaines parties du domaine
royal en Provence. Lyon, 5 octobre 1537.

> *Enreg. à la Chambre des Comptes de Provence, le
> 19 octobre 1537. Arch. des Bouches-du-Rhône, B. 33
> (Arietis), fol. 154 v°. 3 pages.*
> *Bibl. nat., ms. lat. 9242, p. 17. (Mention.)*

1537.
5 octobre.

9338. Édit portant que les charges de greffier ne seront
plus données à ferme, mais qu'il y sera pourvu
par l'autorité royale. Lyon, 5 octobre 1537.

> *Enreg. à la Chambre des Comptes de Provence, le
> 19 octobre 1537. Arch. des Bouches-du-Rhône, B. 33
> (Arietis), fol. 153. 3 pages.*

5 octobre.

9339. Lettres nommant une commission pour pourvoir
aux offices de greffiers vacants en Provence.
Lyon, 5 octobre 1537.

> *Enreg. à la Chambre des Comptes de Provence. Arch.
> des Bouches-du-Rhône, B. 33 (Arietis), fol. 156.
> 2 pages.*

5 octobre.

9340. Commission au président Jacques Godran de se
rendre à Dijon et dans d'autres villes de Bourgogne pour y recouvrer les sommes que le roi
leur a empruntées. Lyon, 5 octobre 1537.

> *Vidimus. Arch. municipales de Beaune (Côte-d'Or),
> Dettes et emprunts, n° 32.*

5 octobre.

9341. Mandement aux élus du Lyonnais, leur ordonnant de lever dans leur élection quarante-six
chevaux rouliers et douze charrettes, pour la
conduite des vivres à l'armée du roi en Piémont. Lyon, 5 octobre 1537.

> *Copie du xvie siècle. Bibl. nat., ms. fr. 2702,
> fol. 203 v°.*

5 octobre.

9342. Lettres en faveur de Mathieu Arbaud, d'Aix,
pourvu d'un canonicat prébendé en l'église
métropolitaine de ladite ville. Lyon, 5 octobre
1537.

> *Enreg. au Parl. de Provence. Arch. de la cour
> à Aix, Lettres royaux, reg. 2, in-fol. papier de
> 1,026 feuillets, p. 935.*

5 octobre.

9343. Lettres portant règlement touchant le prix des

6 octobre.

vivres et denrées pour les étapes établies en
Dauphiné. Lyon, 6 octobre 1537.

1537.

> Enreg. à la Chambre des Comptes de Grenoble.
> Arch. de l'Isère, B. 2910, cah. 125. 2 pages.

9344. Ordonnance pour la police des bandes de gens
de pied français et italiens, avec la forme de
serment que les capitaines, lieutenants, enseignes et soldats auront à prêter chaque mois
entre les mains des commissaires qui en passeront les montres. Lyon, 6 octobre 1537.

6 octobre.

> Minute. Bibl. nat., ms. fr. 2965, fol. 73.

9345. Lettres déclarant qu'en la crue de 15 livres par
muid de sel récemment imposée, sont enten-
dus et compris les 100 sous levés ordinairement sur chaque muid. Lyon, 7 octobre.

7 octobre.

> Enreg. au Parl. de Dijon, le 14 du même mois.
> Arch. de la Côte-d'Or, Parl., reg. II, fol. 146.
> Enreg. à la Chambre des Comptes de Dijon. Arch.
> de la Côte-d'Or, reg. B. 18, fol. 339 v°.
> IMP. Recueil des édits et ordonnances des États de
> Bourgogne, t. I, p. 402.

9346. Pouvoirs des commissaires du roi aux États de
Languedoc convoqués à Pézenas pour le 6 novembre. Lyon, 7 octobre 1537.

7 octobre.

> Copie. Arch. dép. de l'Hérault, C. États de Lan-
> guedoc, Recueil des lettres et actes des commissaires
> du roi aux États, 1537. 6 pages.

9347. Mandement aux élus du Lyonnais, leur faisant
savoir qu'ils ont à lever 16,506 livres 15 sous
8 deniers tournois pour la part de leur élection dans la taille de l'année prochaine. Lyon,
7 octobre 1537.

7 octobre.

> Copie du XVIᵉ siècle. Bibl. nat., ms. fr. 2702,
> fol. 192.

9348. Remise faite à Georges d'Armagnac, évêque de
Rodez et de Vabres, ambassadeur à Venise,
de ce qu'il aurait dû payer pour ses deux diocèses dans l'imposition de trois décimes mise
sur tout le clergé. Lyon, 7 octobre 1537.

7 octobre.

> Original. Bibl. nat., ms. fr. 25721, n° 489.

9349. Commission adressée au cardinal de Tournon
pour vendre et aliéner le domaine du roi en
Dauphiné, les droits et revenus delphinaux,
sous faculté de rachat perpétuel, même aux
officiers royaux. Lyon, 8 octobre 1537.

1537.
8 octobre.

> *Enreg. au Parl. de Grenoble le 9 novembre sui-*
> *vant. Arch. de l'Isère, Chambre des Comptes de Gre-*
> *noble, B. 2910, cah. 122. 3 pages.*

9350. Édit portant érection en titre d'office du greffe
de la prévôté d'Orléans et du conservatoire des
privilèges de ladite prévôté. Lyon, 8 octobre
1537.

8 octobre.

> *Enreg. au Parl. de Paris, le 10 janvier 1538 n. s.*
> *Arch. nat., X¹ᵃ 8613, fol. 76. 2 pages 1/2.*
> *Enreg. à la Chambre des Comptes de Paris, anc.*
> *mém. coté 2 H, fol. 347. Arch. nat., invent. PP.*
> *136, p. 451. (Mention.)*

9351. Lettres accordant permission aux officiers royaux
d'acheter des portions du domaine royal en
Provence. Lyon, 8 octobre 1537.

8 octobre.

Deux actes de même date pour le même
objet.

> *Enreg. à la Chambre des Comptes de Provence, le*
> *30 novembre 1537. Arch. des Bouches-du-Rhône, B. 33*
> *(Arietis), fol. 157 et 158. La première, 2 pages; la*
> *seconde, 1 page.*

9352. Lettres interdisant au Parlement d'Aix de continuer l'examen de l'information de la réforme
des Bénédictines de Tarascon et évoquant
cette cause au Grand conseil. Lyon, 8 octobre
1537.

8 octobre.

> *Enreg. au Parl. de Provence. Archives de la cour*
> *à Aix, Lettres royaux, reg. 2, in-fol. papier de*
> *1,026 feuillets, fol. 843 v°.*

9353. Lettres portant don viager des châtellenies de
Pont-de-Vesle et de Bagé en Bresse, accordé
au comte Guillaume de Furstenberg, réservé
seulement au roi les foi et hommage, le ressort
et la souveraineté, et à condition de ne point

8 octobre.

toucher aux bois de haute futaie. Lyon, 8 octobre 1537.

Enreg. à la Chambre des Comptes de Dijon, le 8 mai 1538. Arch. de la Côte-d'Or, reg. B. 20, fol. 32 v°. Arch. nat., Acquits sur l'épargne, J. 962, n° 44, anc. J. 961, n° 98. (Mention.)

1537.

9354. Don au capitaine Nicolas de Rustici, dit le Bossu, d'une maison dite la Maison du Roi à Chauny, pour s'y retirer avec sa femme et ses enfants, ainsi que d'une rente annuelle et viagère de 500 livres tournois sur le revenu du domaine de Chauny. Lyon, 8 octobre 1537.

8 octobre.

Arch. nat., Acquits sur l'épargne, J. 962, n° 44, anc. J. 961, n° 98. (Mention.)

9355. Permission à M. de Rohan de faire transporter en toute franchise, des vignobles d'Anjou, d'Orléans et autres, deux cents pipes de vin pour la provision de ses maisons de Bretagne, durant l'année qui commencera le 1er janvier 1538 n. s. Lyon, 8 octobre 1537.

8 octobre.

Arch. nat., Acquits sur l'épargne, J. 962, n° 44, anc. J. 961, n° 98. (Mention.)

9356. Lettres exemptant du ban et de l'arrière-ban les présidents, conseillers, avocats, procureurs, greffiers et autres officiers de la cour du Parlement de Provence. Lyon, 9 octobre 1537.

9 octobre.

Enreg. à la Chambre des Comptes de Provence. Arch. des Bouches-du-Rhône, B. 33 (Arietis), fol. 302. 2 pages.

9357. Provisions pour Christophe de Pincé, licencié ès lois, de l'office de lieutenant criminel à Angers, en remplacement et sur la résignation de Jean de Pincé, son père, ci-devant lieutenant du juge d'Anjou, office supprimé. Lyon, 9 octobre 1537.

9 octobre.

Reçu au Parl. de Paris, le 25 mai 1543. Arch. nat., X1a 4919, fol. 204. (Mention.)

9358. Mandement à Jean Laguette, receveur général des parties casuelles, de bailler aux payeurs

9 octobre.

des quatre compagnies d'archers de la garde du roi 4,500 livres tournois, soit à chacun 1,125 livres pour la solde desdits archers pendant la présente année. Lyon, 9 octobre 1537.

> Arch. nat., Acquits sur l'épargne, J. 962, n° 45, anc. J. 961, n° 102. (Mention.)

9359. Mandement à Jean Laguette de payer à Jean Gallois, huissier au Grand conseil, et à Jean Péan, huissier des Requêtes de l'hôtel, chargés de la garde de Jean de Ulmo, quatrième président du Parlement de Toulouse, 125 livres tournois pour conduire ledit président de Montargis à Toulouse, où sera exécuté l'arrêt rendu contre lui. Lyon, 9 octobre 1537.

9 octobre.

> Arch. nat., Acquits sur l'épargne, J. 962, n° 45, anc. J. 961, n° 102. (Mention.)

9360. Mandement à Jean Laguette de payer à Anet Rogier, Toussaint de Radepont et Huguet Carpentier, archers du prévôt de l'hôtel, 67 livres 10 sous tournois pour conduire ledit de Ulmo à Toulouse, avec les srs Gallois et Péan. Lyon, 9 octobre 1537.

9 octobre.

> ' Arch. nat., Acquits sur l'épargne, J. 962, n° 45, anc. J. 961, n° 102. (Mention.)

9361. Mandement à Jean Laguette de payer à Claude Dodieu, sr de Vély, maître des requêtes de l'hôtel, qui est parti de Lyon, le 30 septembre dernier, en Espagne, pour traiter avec l'empereur certaines affaires secrètes, 600 écus d'or ou 1,350 livres tournois pour ses frais de voyage. Lyon, 9 octobre 1537.

9 octobre.

> Arch. nat., Acquits sur l'épargne, J. 962, n° 45, anc. J. 961, n° 102. (Mention.)

9362. Mandement à Jean Laguette de payer à Nectaire de Sennetaire, écuyer du dauphin, naguère lieutenant de la compagnie du feu sr d'Allègre, 900 livres tournois sur les quarante offices de notaires au Châtelet de Paris nouvellement créés et qui n'ont pas encore été vendus, pour ce qui peut lui être redû jusqu'au jour de la

9 octobre.

mort dudit d'Allègre sur son état de lieutenant. Lyon, 9 octobre 1537.

> Arch. nat., Acquits sur l'épargne, J. 962, n° 45, anc. J. 961, n° 102. (Mention.)

9363. Mandement à Jean Laguette de payer à René du Rivau, s' de Villiers-Boivin [en Loudunais], porte-enseigne de la compagnie du s' de Chavigny, la somme de 100 livres tournois à lui ordonnée pour l'expédition qu'il a dirigée naguère à Saint-Gondon, à la tête d'archers de la garde du roi, « pour rompre de sept à huict cens hommes, gens ramassez sans adveu qui pilloient et rançonnoient le plat-pays ». Lyon, 9 octobre 1537.

9 octobre.

> Arch. nat., Acquits sur l'épargne, J. 962, n° 45, anc. J. 961, n° 102. (Mention.)

9364. Provisions pour Jean Mérechan de l'office d'huissier au Parlement de Bordeaux vacant par la résignation de Guillaume Girard. Lyon, 11 octobre 1537.

11 octobre.

> Enreg. au Parl. de Bordeaux, le 14 novembre 1537. Archives de la Gironde, B. 30 bis, fol. 354. 2 pages.

9365. Mandement à Jean Laguette, receveur général des finances extraordinaires et parties casuelles, de payer à Martin de Troyes, commis au payement des frais extraordinaires des guerres, la somme de 1,308 livres tournois pour les dépenses de sa charge et en particulier pour conduire de Lyon en Dauphiné et en Piémont 400 mulets de bât levés par Claude Le More. Vienne, 11 octobre 1537.

11 octobre.

> Original. Bibl. nat., ms. fr. 25721, n° 490.

9366. Commission du roi adressée à Christophe Acton, commandeur de la maison du Temple près Mauléon (Châtillon-sur-Sèvre), pour faire juger par le sénéchal de sa commanderie les causes de ses sujets et justiciables, à brefs délais et sans attendre les assises qui ne se tenaient

11 octobre.

que trois ou quatre fois par an. Paris (sic), 1537.
11 octobre 1537.

> Original. Archives de la Vienne, Grand-Prieuré
> d'Aquitaine, liasse 721.

9367. Remise faite au cardinal de Lorraine, abbé de 13 octobre.
Saint-Médard de Soissons, de tout ce qu'il
aurait dû payer pour son abbaye dans l'imposition de trois décimes mise sur tout le clergé.
La Côte-Saint-André, 13 octobre 1537.

> Original. Bibl. nat., ms. fr. 25721, n° 491.

9368. Lettres de réduction à 15,000 livres tournois 19 octobre.
de la somme que le diocèse d'Angers doit payer
pour les octrois « caritatifs » de plusieurs années, la répartition de ces impôts ayant été
exagérée à son détriment par les commissaires
généraux. Moras, 19 octobre 1537.

> Copie collationnée. Bibl. nat., Pièces orig., Filhol,
> vol. 1154, p. 3.

9369. Don à l'écuyer Pommereul de l'office de sergent 19 octobre.
de la haye de la Fontaine, en la forêt de
Rommare, vacant par le décès de Jean de Ber-
zillet, pour en disposer à son profit et en faire
pourvoir qui bon lui semblera. Moras en
Dauphiné, 19 octobre 1537.

> Arch. nat., Acquits sur l'épargne, J. 962, n° 43,
> anc. J. 961, n° 85. (Mention.)

9370. Don à Antoine de la Rochandry, sᵣ de Vernon, 19 octobre.
échanson du roi, d'une somme de 1,017 livres
tournois sur les restes dus à feu Madame,
mère du roi, par Noël Nallart, Étienne Charlet
et Étienne Nyrico, dit Berein, ci-devant fermiers des étangs de la seigneurie de Chara-
mon. Sillans, 19 octobre 1537.

> Arch. nat., Acquits sur l'épargne, J. 962, n° 46,
> anc. J. 961, n° 101. (Mention.)

9371. Lettres conférant aux habitants du bout du pont 23 octobre.
de Saint-Jean-de-Luz la même exemption de
droits d'assise, d'entrée et d'issue, pour dix ans,

qu'aux habitants de la ville même. Grenoble, 1537.
23 octobre 1537.

> *Enreg. au Parl. de Bordeaux, le 19 février 1538*
> *n. s. Arch. de la Gironde, B. 30 bis, fol. 372 v°.*
> *5 pages.*

9372. Commission pour exercer l'office de trésorier   24 octobre.
de la marine du Ponant, adressée à Palamèdes
Gontier, notaire et secrétaire du roi, au lieu
et place de Jean de Vimont, suspendu jusqu'à
la reddition de ses comptes. Grenoble, 24 octobre 1537.

> *Copie du xvi° siècle. Arch. nat., Comptes dudit*
> *P. Gontier, KK. 103, 2° partie, fol. 2 v°. 4 pages.*
> *Copie du xvi° siècle. Bibl. nat., ms. fr. 4574, fol. 1.*

9373. Provisions de l'office de notaire et secrétaire en   24 octobre.
la Chambre des Comptes de Bretagne, en fa-
veur de François Berto. Grenoble, 24 octobre
1537.

> *Enreg. à la Chambre des Comptes de Bretagne.*
> *Arch. départ. de la Loire-Inférieure, B. Mandements*
> *royaux, II, fol. 147.*

9374. Don aux sʳ et dame de Manne, en récompense   25 octobre.
de leurs services et en dédommagement des
pertes qu'ils ont subies dans leurs terres et possessions de Piémont, parce qu'ils tenaient le
parti du roi, de tout le revenu de la châtellenie, terre et seigneurie de Granne en Valentinois, pour en jouir leur vie durant et par le
survivant, à quelque somme qu'il puisse s'éle-
ver, avec le droit de faire leur demeure au château dudit lieu de Granne. Vizille, 25 octobre
1537.

> *Arch. nat., Acquits sur l'épargne, J. 962, n° 47,*
> *anc. J. 961, n° 96. (Mention.)*

9375. Permission accordée à M. de Montmorency,   25 octobre.
grand maître, capitaine de Nantes et de Saint-
Malo, et à ses lieutenants, de faire transporter,
sans payer aucun droit, des vignobles d'Anjou,
Orléans et autres, deux cents pipes de vin,
moitié pour la provision du château de Nantes,

moitié pour Saint-Malo, durant l'année 1538. 1537.
Vizille, 25 octobre 1537.

> Arch. nat., Acquits sur l'épargne, J. 962, n° 47,
> anc. J. 961, n° 96. (Mention.)

9376. Permission au s^r d'Acigné de faire transporter, 25 octobre.
sans payer aucun droit de traite, trépas de Loire,
imposition foraine, etc., cent pipes de vin
desdits vignobles pour la provision de sa maison durant ladite année 1538. Vizille, 25 octobre 1537.

> Arch. nat., Acquits sur l'épargne, J. 962, n° 47,
> anc. J. 961, n° 96. (Mention.)

9377. Lettres concédant au sire de Châteaubriant, gou- 26 octobre.
verneur de Bretagne, la jouissance des revenus
des terres et seigneuries de Rhuis et Sucinio,
pour en user comme en jouissait Mme de Châteaubriant, sa femme, récemmment décédée.
Vizille, 26 octobre [1] 1537.

> Enreg. à la Chambre des Comptes de Bretagne.
> Archives de la Loire-Inférieure, B. Mandements
> royaux, II, fol. 142.
> Arch. nat., Acquits sur l'épargne, J. 962, n° 47,
> anc. J. 961, n° 96. (Mention.)

9378. Provisions du second office d'avocat général au 27 octobre.
Parlement de Bordeaux en faveur de Fronton
Béraud. Lyon, 27 octobre 1537.

> Enreg. au Parl. de Bordeaux, le 26 novembre
> 1537. Arch. de la Gironde, B. 30 bis, fol. 357 v°.
> 4 pages.

9379. Lettres concernant les juridictions seigneuriales 28 octobre.
en Provence. Lyon, 28 octobre 1537.

> Enreg. à la Chambre des Comptes de Provence.
> Arch. des Bouches-du-Rhône, B. 33 (Arietis), fol. 341.
> 2 pages.

9380. Commission à Claude Dodieu, s^r de Vély, maître 29 octobre.
d'hôtel du roi, pour conclure une trève (trève
de Monçon, 16 novembre suivant, n° 9422)

---

[1] Le 25, suivant le rôle d'expéditions des Acquits sur l'épargne.

avec les députés de l'empereur. Embrun, 29 octobre 1537.

> *Insérée dans l'original de la trêve. Arch. nat.,*
> *Trésor des Chartes, J. 672, n° 2.*
> *Copie du XVII° siècle. Bibl. nat., ms. fr. 2950,*
> *fol. 113 v°.*

1537.

9381. Édit de création d'un second office d'enquêteur
en la sénéchaussée et siège d'Angers. Lyon,
octobre 1537.

> *Enreg. à la Chancellerie de France. Arch. nat.,*
> *Trésor des Chartes, JJ. 250, n° 150, fol. 51.*
> *2 pages.*

Octobre.

9382. Confirmation des privilèges et statuts des maîtres
lormiers d'Angers. Lyon, octobre 1537.

> *Enreg. à la Chancellerie de France. Arch. nat.,*
> *Trésor des Chartes, JJ. 250, n° 144, fol. 49 v°.*
> *1 page.*

Octobre.

9383. Édit de création d'un second office d'avocat
général au Parlement de Bordeaux. Lyon, octobre 1537.

> *Enreg. au Parl. de Bordeaux, le 26 novembre*
> *1537. Arch. de la Gironde, B. 30 bis, fol. 355.*
> *4 pages 1/2.*

Octobre.

9384. Permission aux habitants de Milly en Gâtinais
d'enclore leurs faubourgs de murailles et de
les joindre aux fortifications de la ville. Lyon,
octobre 1537.

> *Enreg. à la Chancellerie de France. Arch. nat.,*
> *Trésor des Chartes, JJ. 250, n° 146, fol. 50.*
> *2 pages.*

Octobre.

9385. Création de douze conseillers en la sénéchaussée de Rouergue. Lyon, octobre 1537.

> *Enreg. au Grand conseil le 5 novembre 1537,*
> *et au Parl. de Toulouse le 22 novembre 1537. Arch.*
> *de la Haute-Garonne, Édits, reg. 4, fol. 90.*
> *3 pages 1/2.*

Octobre.

9386. Mandement à Jean Laguette, receveur général
des parties casuelles, de bailler à Martin de
Troyes, trésorier de l'Extraordinaire des guerres, la somme de 6,400 livres tournois pour
la solde de mille hommes de pied aventuriers

Octobre.

français, sous le commandement du capitaine **1537.**
Blanchefort. Octobre 1537 [1].

> *Arch. nat., Acquits sur l'épargne*, J. 962, n° 48,
> anc. J. 961, n° 92. (*Mention.*)

9387. Mandement à Jean Laguette de payer à Jean **Octobre.**
Charnier, barbier, demeurant à Lyon, venant
d'Allemagne, 6 livres tournois dont le roi lui
a fait don pour certains avertissements dont il
a fait part à Sa Majesté. Octobre 1537.

> *Arch. nat., Acquits sur l'épargne*, J. 962, n° 48,
> anc. J. 961, n° 92. (*Mention.*)

9388. Mandement à Jean Laguette de payer à Pierre **Octobre.**
Fougeret, chevaucheur d'écurie, 25 écus soleil
ou 56 livres 5 sous tournois pour un voyage
fait de Lyon à Béziers, le 17 octobre, vers le
sr d'Ambres, pour lui transmettre l'ordre de
dissoudre sa compagnie de gens de pied. Octobre 1537.

> *Arch. nat., Acquits sur l'épargne*, J. 962, n° 48,
> anc. J. 961, n° 92. (*Mention.*)

9389. Mandement à Jean Laguette de payer à Antoine **Octobre.**
Mazeris, gentilhomme, 25 écus soleil pour un
voyage qu'il a fait, le 18 octobre, de Lyon
vers les seigneurs du pays du Val d'Aoste. Octobre 1537.

> *Arch. nat., Acquits sur l'épargne*, J. 962, n° 48,
> anc. J. 961, n° 92. (*Mention.*)

9390. Mandement à Jean Laguette de payer à Martin **Octobre.**
de Troyes 225 livres tournois pour la con-
duite de soixante-six mulets de bât levés en
sus et destinés au transport des vivres de Dauphiné à l'armée de Piémont, outre la somme
de 1,308 livres qui lui a été naguère payée
pour le même objet. Octobre 1537.

> *Arch. nat., Acquits sur l'épargne*, J. 962, n° 48,
> anc. J. 961, n° 92. (*Mention.*)

9391. Mandement à Jean Laguette de payer à Martin **Octobre.**

---

[1] Ce rôle de sommes à payer par le receveur Laguette ne porte que
la date d'octobre 1537, sans indication de lieu; mais il dut être signé à
Lyon, où le Conseil siégeait entre le 22 et le 31 de ce mois.

de Troyes 900 livres tournois, pour délivrer
au capitaine Martin Du Bellay, chargé de lever
deux cents chevau-légers et de les conduire au
camp du roi, en Piémont. Octobre 1537.

Arch. nat., Acquits sur l'épargne, J. 962, n° 48,
anc. J. 961, n° 92. (Mention.)

9392. Mandement à Jean Laguette de payer à Jean
Chevrier 8 livres tournois pour avoir porté
des lettres du Conseil privé de Lyon à l'évêque
de Clermont, audit lieu. Octobre 1537.

Octobre.

Arch. nat., Acquits sur l'épargne, J. 962, n° 48,
anc. J. 961, n° 92. (Mention.)

9393. Mandement à Jean Laguette de payer à Barthélemy Dumas, dit le More, 11 livres 5 sous
tournois pour être allé de Lyon à Grenoble,
le 20 octobre, porter au roi des lettres de
Messieurs du Conseil privé. Octobre 1537.

Octobre.

Arch. nat., Acquits sur l'épargne, J. 962, n° 48,
anc. J. 961, n° 92. (Mention.)

9394. Mandement à Jean Laguette de payer à Étienne
Dupuy, courrier, 35 écus soleil pour avoir
porté, le 21 octobre, de Lyon à l'évêque de
Vence, audit lieu, des lettres du Conseil privé
lui ordonnant de hâter la concentration des
vivres de Provence. Octobre 1537.

Octobre.

Arch. nat., Acquits sur l'épargne, J. 962, n° 48,
anc. J. 961, n° 92. (Mention.)

9395. Mandement à Jean Laguette de payer à François
Du Monceau, sr de Saint-Cyr, porte-enseigne
des cent gentilshommes sous le commandement du sr de Canaples, la somme de 390 livres
tournois qui lui était due, du 24 février 1534
au 14 novembre 1535, pour son état de porte-
enseigne, à raison de 200 livres tournois par
an. Octobre 1537.

Octobre.

Arch. nat., Acquits sur l'épargne, J. 962, n° 48,
anc. J. 961, n° 92. (Mention.)

9396. Mandement à Jean Laguette de payer à Néri
Capponi, banquier demeurant à Lyon, 225 livres tournois pour le rembourser de cette

Octobre.

somme que l'évêque de Lavaur, ambassadeur du roi à Rome, a prise à la banque dudit Capponi et de Jules et Laurent Strozzi, à Rome, pour un courrier qu'il a dépêché, le 20 septembre 1537, touchant les affaires de sa légation. Octobre 1537.

1537.

> Arch. nat., Acquits sur l'épargne, J. 962, n° 48, anc. J. 961, n° 92. (Mention.)

9397. Mandement à Jean Laguette de bailler à Martin de Troyes, trésorier de l'Extraordinaire des guerres, 900 livres tournois pour payer à Claude Le More, sur ce qui peut lui être dû de la levée de douze cents mulets ordonnée pour transporter les munitions à l'armée de Piémont. Octobre 1537.

Octobre.

> Arch. nat., Acquits sur l'épargne, J. 962, n° 48, anc. J. 961, n° 92. (Mention.)

9398. Mandement à Jean Laguette de délivrer à Jean Vyon, trésorier de l'Extraordinaire de l'artillerie, 263 livres 15 sous tournois pour payer les frais de retour des élus du royaume qui ont amené à Lyon les chevaux et harnais levés en leur élection pour mener l'artillerie au camp de Piémont. Octobre 1537.

Octobre.

> Arch. nat., Acquits sur l'épargne, J. 962, n° 48, anc. J. 961, n° 92. (Mention.)

9399. Acquit sur le receveur ordinaire d'Angers pour faire payer par le trésorier de l'épargne, sur les amendes de la sénéchaussée d'Anjou, à Christophe de Pincé 2,250 livres tournois pour le rembourser de cette somme qu'il a prêtée au roi quand il a été pourvu de l'office de lieutenant criminel à Angers, à la survivance de Jean de Pincé, son père. Octobre 1537.

Octobre.

> Arch. nat., Acquits sur l'épargne, J. 962, n° 48, anc. J. 961, n° 92. (Mention.)

9400. Mandement à Jean Laguette de remettre à Audebert Catin, payeur de la compagnie de M. le Grand maître, pour partie du payement des hommes d'armes et archers de ladite compa-

Octobre.

gnie du premier quartier de la présente année, 2,080 livres tournois en sus de la somme de 3,925 livres qui lui a été fournie par le trésorier de l'épargne pour la même cause. Octobre 1537.

Arch. nat., Acquits sur l'épargne, J. 962, n° 48, anc. J. 961, n° 92. (Mention.)

1537.

9401. Mandement à Jean Laguette de bailler audit Audebert Catin 287 livres 10 sous tournois, pour prêter à un homme d'armes et vingt et un archers de ladite compagnie nouvellement enrôlés, et les aider à payer leurs vivres par les étapes du Dauphiné. Octobre 1537.

Arch. nat., Acquits sur l'épargne, J. 962, n° 48, anc. J. 961, n° 92. (Mention.)

Octobre.

9402. Mandement à Jean Laguette de bailler à Hector Personne, payeur de la compagnie du duc d'Estouteville, comte de Saint-Pol, 300 livres tournois pour le parfait payement des hommes d'armes et archers de ladite compagnie du second semestre de l'année 1536, outre la somme de 7,000 livres tournois qu'il a reçue du trésorier de l'épargne. Octobre 1537.

Arch. nat., Acquits sur l'épargne, J. 962, n° 48, anc. J. 961, n° 92. (Mention.)

Octobre.

9403. Provisions de l'office de conseiller lai au Parlement de Dijon pour François de Leval, licencié ès droits, en remplacement et sur la résignation d'André de Leval. Lyon, 2 novembre 1537.

Enreg. au Parlement de Dijon le 14 décembre suivant. Archives de la Côte-d'Or, Parl., reg. II, fol. 144 v°.

2 novembre.

9404. Articles convenus entre les plénipotentiaires de François Ier, roi de France, et ceux de Charles-Quint, empereur, pour la meilleure exécution de la trêve de Bomy. Cambrai, 3 novembre 1537.

Imp. Guillaume Ribier, Lettres et mémoires d'État. Paris, 1666, in-fol., t. I, p. 58.
Du Mont, Corps universel diplomatique, etc. Amsterdam, 1726, in-fol., t. IV, part. II, p. 154, col. 1.

3 novembre.

9405. Mandement au trésorier de l'épargne de payer 1,350 livres à Claude Dodieu, qui part le jour même pour aller en Espagne auprès de l'empereur. Briançon, 3 novembre 1537.

1537.
3 novembre.

> Bibl. nat., ms. Clairambault 1215, fol. 75 v°. (*Mention.*)

9406. Articles proposés et débattus entre les plénipotentiaires de François Ier et ceux de Charles-Quint pour l'exécution de la trève de Bomy, mais dont ils ne purent convenir. Cambrai, 5 novembre 1537.

5 novembre.

> *Imp.* Guillaume Ribier, *Lettres et mémoires d'État.* Paris, 1666, in-fol., t. I, p. 59.
> Du Mont, *Corps universel diplomatique,* etc. Amsterdam, 1726, in-fol., t. IV, part. II, p. 154, col. 2.

9407. Provisions de l'office de châtelain d'Argilly pour Antoine de Civry, capitaine du château, en remplacement d'Arnolet Savoignien. Lyon, 6 novembre 1537.

6 novembre.

> *Enreg. par analyse à la Chambre des Comptes de Dijon. Arch. de la Côte-d'Or,* B. 19, fol. 10 v°.

9408. Mandement à Guillaume Prudhomme, trésorier de l'épargne, de payer à Jean d'Estourmel, commissaire pour le ravitaillement des villes et places fortes de Picardie, la somme de 500 livres tournois en déduction de ce qui lui est dû pour les besoins de sa commission. Briançon, 6 novembre 1537.

6 novembre.

> *Original. Bibl. nat., ms. fr.* 25721, n° 492.

9409. Continuation pour cinq nouvelles années du don fait à Louis Alamanni, gentilhomme florentin, du revenu du Jardin du roi à Aix, et des maisons, moulins, prés et vignes compris dans la clôture dudit jardin, pour en jouir comme ci-devant et en être payé par les mains du trésorier et receveur général de Provence. Briançon, 6 novembre 1537.

6 novembre.

> *Arch. nat., Acquits sur l'épargne,* J. 962, n° 49, anc. J. 961, n° 91. (*Mention.*)

9410. Continuation pour cinq ans du don fait précé-

6 novembre.

52.

demment à Baptime de Larcha, veuve d'Ot-
toboni Spinola, du revenu de la terre et seigneurie de Castellane, dont elle sera payée,
comme ci-devant, par les mains du trésorier
et receveur général de Provence. Briançon,
6 novembre 1537.

1537.

> Arch. nat., Acquits sur l'épargne, J. 962, n° 49,
> anc. J. 961, n° 91. (Mention.)

9411. Déclaration portant que le s^r de La Bretonnière,
gentilhomme ordinaire de la vénerie, auquel
le roi avait donné tous les offices de sergents
nouvellement créés au bailliage de Blois, sans
marquer que plusieurs provisions en avaient
été déjà expédiées, jouira du moins du profit
et émolument de tous ceux qui restent à pourvoir, dont il pourra disposer et composer avec
telles personnes que bon lui semblera. Briançon, 6 novembre 1537.

6 novembre.

> Arch. nat., Acquits sur l'épargne, J. 962, n° 49,
> anc. J. 961, n° 91. (Mention.)

9412. Lettres adressées au conseil de ville d'Angers,
lui demandant un emprunt de 3,000 livres.
Lyon, 7 novembre 1537.

7 novembre.

> Copie de xvie siècle. Arch. de la mairie d'Angers,
> BB. 20, fol. 232.

9413. Provisions de l'office de conseiller lai au Parlement de Dijon pour Hugues Briet, avocat du
roi à la Chambre des Comptes. Lyon, 8 novembre 1537.

8 novembre.

> Enreg. au Parl. de Dijon le 7 janvier suivant. Arch.
> de la Côte-d'Or, Parl., reg. II, fol. 211.

9414. Provisions de l'office de conseiller au Parlement
de Dijon pour Pierre Girardot, licencié ès
lois. Lyon, 8 novembre 1537.

8 novembre.

> Enreg. au Parl. de Dijon le 7 janvier suivant. Arch.
> de la Côte-d'Or, Parl., reg. II, fol. 215.

9415. Continuation pour une nouvelle période de dix
ans de la permission octroyée au s^r de Montmartin de faire entrer chaque année en la ville
de Lyon, aux quatre foires qui s'y tiennent,

8 novembre.

quatre charges de draps de soie, franches et
quittes de tous droits de traite, entrée et autres
devoirs appartenant au roi. Briançon, 8 novembre 1537.

Arch. nat., Acquits sur l'épargne, J. 962, n° 50,
anc. J. 961, n° 93. (Mention.)

9416. Lettres de naturalité et permission de tester octroyées à Philippe de Molles, dit de Chantemerle, l'un des cent gentilshommes de la
maison du roi, natif de Neuchâtel en Suisse,
du marquisat de Rothelin. Briançon, 8 novembre 1537.

8 novembre.

Arch. nat., Acquits sur l'épargne, J. 962, n° 50,
anc. J. 961, n° 93. (Mention.)

9417. Mandement à la Chambre des Comptes de Paris
d'allouer aux comptes que René Thizard doit
rendre de la trésorerie des guerres, dont il a
ci-devant exercé la charge, la somme de
2,201 livres 2 sous 6 deniers tournois, restant de ce que son commis a baillé l'an 1528,
par ordonnance du comte de Saint-Pol, alors
lieutenant général du roi en Italie, pour fournir une avance sur la solde des gens d'armes
et archers qui prirent part à l'expédition de
Gênes avec ledit comte. Briançon, 8 novembre
1537.

8 novembre.

Arch. nat., Acquits sur l'épargne, J. 962, n° 50,
anc. J. 961, n° 93. (Mention.)

9418. Confirmation des lettres du 29 août 1537
(n° 9253) en faveur de Thomas Gadagne, expli-
quant que dans les attributions qui lui ont été
faites sont compris les sels de Tarascon et du
Saint-Esprit. Briançon, 9 novembre 1537.

9 novembre.

Enreg. à la Chambre des Comptes de Grenoble,
le 10 décembre 1537. Arch. de l'Isère, B. 2910,
cah. 58. 11 pages.

9419. Lettres relatives aux salaires et vacations des
lieutenants du sénéchal et de l'amirauté, juges,
avocats, sergents, greffiers, procureurs et notaires en Provence. 12 novembre 1537.

12 novembre.

Arch. des Bouches-du-Rhône, série C.

9420. Mandement au Parlement de Bordeaux pour l'enregistrement des provisions de l'office de bailli de Labour octroyées, le 14 avril 1536 n. s. (n° 8404), à Jean Damour. 12 novembre 1537.

1537.
12 novembre.

Enreg. aud. Parl., le 18 novembre 1537. Arch. de la Gironde, B. 30 bis, fol. 353.

9421. Mandement à Guillaume Prudhomme, trésorier de l'épargne, de payer à Pierre Delagrange, commis au payement des réparations, des fortifications et du ravitaillement des villes de Picardie, la somme de 10,000 livres tournois pour les besoins de sa commission. Javannes (Giaveno), 15 novembre 1537.

15 novembre.

Original. Bibl. nat., ms. fr. 25721, n° 493.

9422. Traité entre François Ier et l'empereur portant suspension d'armes pour trois mois, en ce qui concerne la Savoie, le Piémont, la Lombardie, le Dauphiné, la Provence, Gênes et Nice. Monçon en Aragon, 16 novembre 1537.

16 novembre.

Avec les pouvoirs des commissaires; ceux du roi de France sont datés d'Embrun, le 29 octobre 1537. (Voir plus haut, n° 9380.)

Original. Arch. nat., Trésor des Chartes, J. 672, n° 2.
Idem, Bibl. nat., ms. fr., 3086, fol. 27.
Imp. Guillaume Ribier, Lettres et mémoires d'État. Paris, 1666, in-fol., t. I, p. 62.
Du Mont, Corps universel diplomatique, etc. Amsterdam, in-fol., 1726, t. IV, part. II, p. 157, col. 2.

9423. Provisions de l'office de conseiller lai au Parlement de Dijon pour Jean Baillet, licencié ès lois. Lyon, 16 novembre 1537.

16 novembre.

Enreg. au Parl. de Dijon le 7 janvier suivant. Arch. de la Côte-d'Or, Parl., reg. II, fol. 212.

9424. Provisions pour Louis Prudhomme d'un office de notaire et secrétaire du roi et maison de France, en remplacement et sur la résignation de son père, Guillaume Prudhomme, trésorier de l'épargne, à condition que ce der

18 novembre.

nier continuera de l'exercer jusqu'à ce que son fils ait l'âge requis. Suzanne (Cesana Torinese), 18 novembre 1537.

Copie collationnée du XVIIe siècle. Arch. nat., V[1] 32. (Dossier Secrétaires du roi.)

1537.

9425. Lettres de marque et représailles octroyées à Guillaume de Moraines, commis à partie de la recette générale de Languedoïl, sur les Milanais, gentilshommes et marchands, pour une somme de 6,000 écus volée par des Milanais à un clerc des finances qui la portait au cardinal de Tournon, lieutenant général du roi dans le Lyonnais. 18 novembre 1537.

18 novembre.

Révocation desdites lettres le 12 octobre 1538. Arch. nat., Acquits sur l'épargne, J. 962, pl. 15, n° 31, anc. J. 961, n° 250. (Mention.)

9426. Mandement au Parlement de Bordeaux pour l'enregistrement de la confirmation des privilèges des habitants de Puy-Guilhem, donnée en novembre 1517 (n° 747). Carignan, 19 novembre 1537.

19 novembre.

Enreg. au Parl. de Bordeaux. Arch. de la Gironde, B. 30 bis, fol. 333 v°.

9427. Lettres portant abolition de l'office de contrôleur des deniers provenant des droits d'octroi accordés aux consuls pour les fortifications de Lyon. Lyon, 19 novembre 1537.

19 novembre.

Copies du XVIe siècle. Arch. municipales de Lyon, AA. 151, fol. 107, et BB. 394.

9428. Don au capitaine Nicolas de Rustici des terres et seigneuries de Condren, Vouël et Faillouel, dépendant de la châtellenie de Chauny en Picardie, autrefois confisquées sur Robert d'Artois. Carignan, 21 novembre 1537.

21 novembre.

Copie collationnée. Arch. nat., suppl. du Trésor des Chartes, J. 786, n° 5.

9429. Lettres relatives aux frais de justice des sièges d'Aix, d'Arles, de Forcalquier, de Digne, de

22 novembre.

Draguignan et de Marseille. Carignan, 22 no-   1537.
vembre 1537.

*Enreg. à la Chambre des Comptes de Provence, le
25 novembre 1538. Arch. des Bouches-du-Rhône,
B. 33 (Arietis), fol. 339. 2 pages.*

9430. Don au duc de Guise de tous les droits féodaux,   22 novembre.
quints et requints, lods et ventes, etc., advenus
au roi dans le comté de Clermont, tant du vivant de feu Madame Louise de Savoie, comtesse dudit Clermont, que auparavant et depuis, dont le payement est en souffrance, et
des profits et revenus échus et à échoir à cause
des saisies et mainmises féodales faites et à
faire sur les fiefs et arrière-fiefs des vassaux
dudit comté, pour faute d'hommage ou droits
de mutation non payés, etc., nonobstant que
la valeur desdits droits ne soit énoncée. Carignan, 22 novembre 1537.

*Arch. nat., Acquits sur l'épargne, J. 962, n° 51,
anc. J. 961, n° 89. (Mention.)*

9431. Permission à Guillaume Bochetel, conseiller du   22 novembre.
roi et secrétaire de ses finances, de résigner à
condition de survivance son office de notaire
et secrétaire du roi au profit de Jacques Bochetel, son fils. Carignan, 22 novembre 1537.

*Arch. nat., Acquits sur l'épargne, J. 962, n° 51,
anc. J. 961, n° 89. (Mention.)*

9432. Permission à Louis de Lasaigne (*aliàs* Lanseigne),   22 novembre.
gentilhomme de la vénerie, de résigner son
office de maître de la garde du milieu en la
forêt d'Orléans au profit d'Adam Bernard. Carignan, 22 novembre 1537.

*Arch. nat., Acquits sur l'épargne, J. 962, n° 51,
anc. J. 961, n° 89. (Mention.)*

9433. Provision pour faire payer à François de Saint-   22 novembre.
Mesmin, prévôt d'Orléans, conseiller au Grand
conseil, ses gages du 1er décembre 1536 au
15 mars 1537, sur les deniers assignés au
payeur du Grand conseil pour la présente
année, nonobstant que ledit sr de Saint-Mesmin

n'ait point servi durant ce temps. Carignan,   1537.
22 novembre 1537.

> Arch. nat., Acquits sur l'épargne, J. 962, n° 51,
> anc. J. 961, n° 89. (Mention.)

9434. Provisions de l'office de conseiller au Parlement   23 novembre.
de Dijon pour Edme Julien, licencié ès lois.
Lyon, 23 novembre 1537.

> Enreg. au Parl. de Dijon le 19 janvier suivant. Arch.
> de la Côte-d'Or, Parl., reg. II, fol. 213.

9435. Mandement au trésorier de l'épargne de payer à   23 novembre.
Jean Rousseau, orfèvre à Lyon, 2,279 livres
16 sous 3 deniers pour une chaîne d'or dont
le roi a fait don à Guillaume Howard, ambassadeur d'Angleterre. 23 novembre 1537.

> Bibl. nat., ms. Clairambault 1215, fol. 75 v°.
> (Mention.)

9436. Lettres confirmant à Jean Caraccioli, prince de   25 novembre.
Melphe, et à ses fils la jouissance et l'usufruit
de la seigneurie de Martigues. Carmagnola,
25 novembre 1537.

> Enreg. à la Chambre des Comptes de Provence, le
> 15 février 1538. Arch. des Bouches-du-Rhône, B. 33.
> (Arietis), fol. 186. 2 pages.

9437. Pouvoirs donnés au cardinal de Lorraine et au   27 novembre.
grand maître Anne de Montmorency pour
traiter avec les députés de l'empereur au sujet
de la conclusion de la paix ou de la prolonga-
tion de la trêve. Carmagnola, 27 novembre
1537.

> Insérées dans l'acte de prorogation des trêves de
> Bomy et de Monçon. Original. Arch. nat., Trésor des
> Chartes, J. 672, n° 3.
> Imp. G. Ribier, Lettres et mémoires d'État. Paris,
> 1666, 2 vol. in-fol., t. I, p. 73.

9438. Trêve conclue entre les députés de l'empereur   28 novembre.
et ceux de François Ier. Carmagnola, 28 no-
vembre 1537.

> Imp. Les mémoires de Martin Du Bellay, sr de
> Langey, de 1513 jusqu'au trépas de François Ier. Paris,
> P. L'Huillier, 1569, in-fol., fol. 268 v°.

9439. Ratification de la vente de 1,000 livres tournois de rente sur le domaine royal faite aux capitouls et habitants de Toulouse par les commissaires délégués, Michel Fabri, juge mage, et René de Pins, viguier de Toulouse. Pignerol, 28 novembre 1537.

> *Enreg. au Parl. de Toulouse, le 15 janvier 1538 n. s. Copie. Archives municip. de Toulouse, ms. 439, fol. 294.*

1537.
28 novembre.

9440. Lettres portant transport du comté de Gien, estimé à 12,000 livres de revenus, à Jacques Stuart, roi d'Écosse, pour parfaire le payement de la somme de 500,000 livres qui lui avait été promise lors de son mariage avec Madeleine de France. Briançon, novembre 1537.

> *Enreg. au Parl. de Paris, le 11 mars 1538 n. s. Arch. nat., X¹ª 8613, fol. 79 v°. 3 pages 1/2. Enreg. à la Chambre des Comptes de Paris. Arch. nat., P. 2306, p. 637. 7 pages. Copie incomplète. Biblioth. nat., coll. Fontanieu, portefeuille n° 246.*

Novembre.

9441. Lettres en faveur de David Beton (alias Beatoun), abbé d'Alberoth en Écosse, depuis cardinal, évêque de Mirepoix, lui permettant de posséder des bénéfices en France. Briançon, novembre 1537.

> *Enreg. à la Chancellerie de France. Arch. nat., Trésor des Chartes, JJ. 256, n° 190, fol. 53 v°. 1 page.*

Novembre.

9442. Édit touchant l'érection d'une chambre criminelle, nouvellement ordonnée, et la création de six nouveaux conseillers civils et criminels au Parlement de Dijon. Carignan, novembre 1537.

> *Enreg. au Parl. de Dijon, le 20 décembre 1537. Arch. de la Côte-d'Or, Parl., reg. II, fol. 210 v°. Imp. P. Palliot, Le Parlement de Bourgogne. Dijon, 1649, in-fol., p. 34. (Mention.)*

Novembre.

9443. Lettres en faveur de Paul de Cajare, chevalier, porte-enseigne de la compagnie du sr de Mont-

Novembre.

pezat, chevalier de l'ordre. Carignan, novembre 1537.

1537.

Bibl. nat., ms. Clairambault 782, p. 298. (Mention.)

9444. Provisions de l'office de conseiller au Parlement de Dijon pour Pierre Coussin, licencié ès lois. Lyon, 1er décembre 1537.

1er décembre.

Enreg. au Parl. de Dijon le 7 janvier suivant. Arch. de la Côte-d'Or, Parl., reg. II, fol. 212 v°.

9445. Provisions de l'office de conseiller lai au Parlement de Dijon pour Philibert Colin, docteur ès droits. Lyon, 1er décembre 1537.

1er décembre.

Enreg. au Parl. de Dijon le 7 janvier suivant. Arch. de la Côte-d'Or, Parl., reg. II, fol. 218 v°.

9446. Lettres portant relief d'appel comme d'abus de l'élection de Sébastien Aquin comme prieur de Saint-Martin de Miseré, de l'ordre de Saint-Augustin, dans le diocèse de Grenoble. Lyon, 3 décembre 1537.

3 décembre.

Copie du xvie siècle. Bibl. nat., ms. fr. 5124, fol. 150.

9447. Lettres de commission données à la requête des États de Languedoc pour le règlement des différends survenus entre les diocèses de la province, dont quelques-uns ne voulaient pas contribuer au remboursement des dépenses occasionnées par le passage des gens de guerre et par les fournitures faites au camp d'Avignon. Lyon, 6 décembre 1537.

6 décembre.

Vidimus délivré, le 27 février 1538 n. s., par Jean d'Auriole, juge d'Albi et d'Albigeois. Arch. comm. de la ville d'Albi, EE. 29.

9448. Provisions en faveur de René Baillet, licencié ès droits, d'un office de conseiller lai au Parlement de Paris, vacant par le décès de Louis de Besançon. Embrun, 11 décembre 1537.

11 décembre.

Présentées au Parlement le 2 janvier 1538 n. s., et réception dudit Baillet le 7 janvier. Arch. nat., X1a 1540, reg. du Conseil, fol. 79 et 89. (Mentions.)

53.

9449. Permission accordée à la ville de Cavaillon de détourner par des canaux et d'amener sur son territoire l'eau de la Durance. Cavaillon, 13 décembre 1537.

1537.
13 décembre.

> *Enreg. à la Chambre des Comptes de Provence. Arch. des Bouches-du-Rhône, B. 33 (Arietis), fol. 241 v°. 1 page 1/2.*

9450. Commission pour transférer l'évêque de Pamiers, Bernard de Lordat, accusé du crime de lèse-majesté, de la Bastille à Montauban, pour être confronté avec des témoins. Avignon, 14 décembre 1537.

14 décembre.

> *Imp. Dupuy, Preuves des libertés de l'église gallicane, 3ᵉ édit., Paris, 1651, 2 vol. in-fol., 1ʳᵉ partie, p. 151.*

9451. Propositions et réponses entre Charles-Quint, empereur, et François Iᵉʳ, roi de France, sur le fait de la paix. A Leucate, les 15 décembre et 10 janvier 1537.

15 décembre.

> *Imp. Fr. Léonard, Recueil de traitez de paix, t. II, p. 403.*
> *Du Mont, Corps universel diplomatique, etc. Amsterdam, 1726, in-fol., t. IV, part. II, p. 158, col. 2.*

9452. Mandement à Jean Laguette, receveur général des parties casuelles, de bailler à Martin de Troyes, trésorier extraordinaire de la guerre, 405 livres tournois pour remettre à Claude Dumas, chargé de la levée des mulets de bât ordonnée pour le transport des vivres et munitions de Grenoble à l'armée de Piémont. Avignon, 15 décembre 1537.

15 décembre.

> *Arch. nat., Acquits sur l'épargne, J. 962, n° 52, anc. J. 961, n° 80. (Mention.)*

9453. Mandement à Jean Laguette de délivrer audit Martin de Troyes 8,100 livres tournois qu'il doit envoyer avec une plus grande somme de Lyon à l'armée de Piémont pour le payement des gens d'armes et les autres dépenses extraordinaires de l'armée. Avignon, 15 décembre 1537.

15 décembre.

> *Arch. nat., Acquits sur l'épargne, J. 962, n° 52, anc. J. 961, n° 80. (Mention.)*

9454. Mandement à Jean Laguette de payer à Christophe Daresse, huissier du Conseil privé, 40 livres tournois dont il lui a été fait don pour plusieurs commissions extraordinaires dont il a été chargé au mois d'octobre dernier, à Lyon, où il a fait les montres des chevaux fournis par les élections de Lyonnais, Forez et Beaujolais, et de trente boulangers envoyés au camp. Avignon, 15 décembre 1537.

> *Arch. nat., Acquits sur l'épargne*, J. 962, n° 52, anc. J. 961, n° 80. (*Mention.*)

1537.
15 décembre.

9455. Mandement à Jean Laguette de payer au capitaine Marc d'Urbin, gentilhomme italien, 225 livres tournois pour un voyage qu'il fit en diligence, le 9 novembre dernier, à Venise, où il porta des lettres du roi et du Conseil à l'évêque de Rodez et à la seigneurie de Venise. Avignon, 15 décembre 1537.

> *Arch. nat., Acquits sur l'épargne*, J. 962, n° 52, anc. J. 961, n° 80. (*Mention.*)

15 décembre.

9456. Mandement à Jean Laguette de payer à [Antoine de Castelnau], évêque de Tarbes, la somme de 8,569 livres tournois, soit 6,280 livres qui lui restaient dues de son état d'ambassadeur en Angleterre depuis le 2 novembre 1536 jusqu'au 11 septembre 1537 (trois cent quatorze jours à 20 livres par jour), et 2,289 livres pour les frais extraordinaires de ladite ambassade. Avignon, 15 décembre 1537.

> *Arch. nat., Acquits sur l'épargne*, J. 962, n° 52, anc. J. 961, n° 80. (*Mention.*)

15 décembre.

9457. Mandement à Jean Laguette de payer au duc de Gueldres et de Julliers 225 livres tournois sur ce qui peut lui être dû de sa pension des années 1536 et 1537. Avignon, 15 décembre 1537.

> *Arch. nat., Acquits sur l'épargne*, J. 962, n° 52, anc. J. 961, n° 80. (*Mention.*)

15 décembre.

9458. Mandement à Jean Laguette de payer à Pierre Guérin, chevaucheur d'écurie, 13 livres 10 sous tournois pour avoir porté, le 10 novembre

15 décembre.

dernier, de Lyon à Dijon des lettres du roi et 1537.
du Conseil privé à Jacques Godran et à
Étienne Noblet, leur ordonnant de recouvrer
en hâte les deniers de la charge de Bourgogne.
Avignon, 15 décembre 1537.

Arch. nat., Acquits sur l'épargne, J. 961, n° 52,
anc. J. 961, n° 80. *(Mention.)*

9459. Mandement à Jean Laguette de payer à Pierre   15 décembre.
Fougeret, chevaucheur d'écurie, 31 livres
10 sous tournois pour avoir porté, le 10 novembre dernier, de Lyon à Limoges des
lettres de Messieurs du Conseil privé aux s^rs de
la Chassagne et Jacques Arnoul, leur ordonnant de procéder en hâte au recouvrement des
deniers de la charge de Guyenne. Avignon,
15 décembre 1537.

Arch. nat., Acquits sur l'épargne, J. 962, n° 52,
anc. J. 961, n° 80. *(Mention.)*

9460. Mandement à Jean Laguette de payer à Alexandre   15 décembre.
de Court, gentilhomme milanais, 50 livres
tournois dont le roi lui a fait don pour l'aider
à s'entretenir à son service. Avignon, 15 décembre 1537.

Arch. nat., Acquits sur l'épargne, J. 962, n° 52,
anc. J. 961, n° 80. *(Mention.)*

9461. Mandement à Jean Laguette de payer à Bour-   15 décembre.
going Mascaron, chevaucheur d'écurie, 47 li-
vres 10 sous, complétant la somme de 160 livres tournois à lui ordonnée pour avoir porté,
au mois d'octobre dernier, de Lyon à Agen
des lettres de Messieurs du Conseil privé au
s^r de la Chassagne et à Jacques Arnoul, leur
ordonnant d'envoyer sans retard à Lyon les
deniers de la charge de Guyenne. Avignon,
15 décembre 1537.

Arch. nat., Acquits sur l'épargne, J. 962, n° 52,
anc. J. 961, n° 80. *(Mention.)*

9462. Mandement à Jean Laguette de payer au capi-   15 décembre.
taine Laurent Auguste, de Lucerne, 12 livres
10 sous tournois dont le roi lui a fait don

pour les services qu'il lui a rendus dans les cantons suisses. Avignon, 15 décembre 1537.

Arch. nat., Acquits sur l'épargne, J. 962, n° 52, anc. J. 961, n° 80. (Mention.)

9463. Mandement à Jean Laguette de délivrer à Bénigne Serre, receveur général de Languedoïl, la somme de 1,051 livres 17 sous 6 deniers tournois pour le payement des gages de dix-sept chevaucheurs établis en postes de Lyon à Marseille, pendant les mois de juillet, août et septembre 1537. Avignon, 15 décembre 1537.

Arch. nat., Acquits sur l'épargne, J. 962, n° 52, anc. J. 961, n° 80. (Mention.)

9464. Mandement à Jean Laguette de payer à Louis d'Ongnies, sʳ de Chaulne, venant d'Angleterre, 225 livres tournois pour être allé en diligence, le 25 novembre dernier, de Lyon en Piémont porter au roi, à l'armée, des lettres du roi d'Angleterre. Avignon, 15 décembre 1537.

Arch. nat., Acquits sur l'épargne, J. 962, n° 52, anc. J. 961, n° 80. (Mention.)

9465. Mandement à Jean Laguette de payer à Pierre Guérin, chevaucheur d'écurie, 112 livres 10 sous tournois pour être allé, le 26 novembre dernier, de Lyon en Piémont porter au roi, à l'armée, des lettres de Messieurs du Conseil privé l'avertissant que l'ambassadeur d'Angleterre venant d'Espagne était arrivé à Lyon et se disposait à retourner en Angleterre. Avignon, 15 décembre 1537.

Arch. nat., Acquits sur l'épargne, J. 962, n° 52, anc. J. 961, n° 80. (Mention.)

9466. Lettres autorisant le sʳ de la Maisonfort, capitaine de cent archers de la garde, à différer pendant un an le serment de l'office de maître des Eaux et forêts du duché d'Orléans, dont il a été pourvu après le décès du sʳ de Dampierre; et être payé cependant des gages de cet office comme s'il avait prêté ledit serment. Arles, 16 décembre 1537.

Arch. nat., Acquits sur l'épargne, J. 962, n° 53, anc. J. 961, n° 83. (Mention.)

9467. Don à Louis d'Urre, gentilhomme de la maison du roi sous Louis, comte de Nevers, du montant des lods et ventes et autres droits seigneuriaux dus au roi à cause de la vente de la terre et seigneurie de la Chapelle, dans le Valgodemart en Dauphiné, que Louise de Roussillon, femme dudit s^r d'Urre, a faite ou fera du consentement de son mari. Arles, 16 décembre 1537.

16 décembre.

Arch. nat., Acquits sur l'épargne, J. 962, n° 53, anc. J. 961, n° 83. (Mention.)

9468. Don à Robert de Caux, écuyer, à Denis, Louis et Jacques Maréchal, maîtres queux de la cuisine de bouche, et à Thomas Le Pessu, clerc des offices de la maison du roi, de la somme de 300 écus d'or soleil sur la vente de l'office de notaire au Châtelet de Paris à présent vacant par le décès de Pierre Leclerc. Arles, 16 décembre 1537.

16 décembre.

Arch. nat., Acquits sur l'épargne, J. 962, n° 53, anc. J. 961, n° 83. (Mention.)

9469. Don à Mme Du Perron, femme d'Antoine Gondi, receveur ordinaire de Lyon, de la somme de 2,300 livres tournois sur les droits et devoirs seigneuriaux échus ou à échoir au roi en Languedoc. Arles, 16 décembre 1537.

16 décembre.

Arch. nat., Acquits sur l'épargne, J. 962, n° 53, anc. J. 961, n° 83. (Mention.)

9470. Don au protonotaire de Montmoreau des lods et ventes et autres droits seigneuriaux échus au roi à cause de l'acquisition faite par Antoine Viault des villes, paroisses et villages de Montmoreau, Saint-Cybard, Saint-Eutrope-de-la-Lande, Saint-Laurent-de-Belzagot, et d'une rente de 75 livres tournois, achetés de Jean de Mareuil, baron de Montmoreau, et de Jacquette de Mortemart, sa femme, le tout tenu du roi à cause

16 décembre.

du château et du duché d'Angoulême. Arles,
16 décembre 1537.

> Arch. nat., Acquits sur l'épargne, J. 962, n° 53,
> anc. J. 961, n° 83. (Mention.)

9471. Don au duc d'Estouteville, comte de Saint-Pol,
de la somme de 2,050 livres tournois qu'Antoine Le Maçon, receveur général de Bourgogne, doit à un nommé Jean Langonne, demeurant en Flandre et tenant le parti de
l'empereur. Arles, 16 décembre 1537.

> Arch. nat., Acquits sur l'épargne, J. 962, n° 53,
> anc. J. 961, n° 83. (Mention.)

9472. Don accordé, sur la requête du cardinal Le
Veneur, à Robert Fortin, gentilhomme de la
fauconnerie, de la sergenterie de la Ferté-Macé
au bailliage de Caen, vacante par le décès de
Jean Doger. Arles, 17 décembre 1537.

> Rôle d'expéditions du 28 décembre 1537. Arch.
> nat., Acquits sur l'épargne, J. 962, n° 54, anc.
> J. 961, n° 78. (Mention.)

9473. Provisions en faveur de Louis Caillaud, conseiller au Parlement de Paris, de l'office de
président des enquêtes, vacant par le décès de
Pierre de Lestoile. Montpellier, 21 décembre
1537.

> Réception dudit Caillaud au Parl. le 2 janvier
> 1538 n. s. Arch. nat., X¹ᵃ 1540, reg. du Conseil,
> fol. 79. (Mention.)

9474. Lettres d'exemption des décimes accordées aux
présidents, conseillers et officiers ecclésiastiques du Parlement de Bordeaux. Montpellier,
22 décembre 1537.

> Enreg. au Parl. de Bordeaux le 11 janvier sui-
> vant. Arch. de la Gironde, B. 30 bis, fol. 370. 3 pages.

9475. Lettres portant que les officiers de la Cour des
Aides de Montpellier pourront prendre aux
greniers à sel telle quantité de sel qui leur sera
nécessaire pour leur consommation, sans payer
le droit de gabelle. Montpellier, 24 décembre
1537.

> Arch. départ. de l'Hérault, B. 455. (Mention.)

1537.

16 décembre.

17 décembre.

21 décembre.

22 décembre.

24 décembre.

III.

54

9476. Lettres portant défenses à tous imprimeurs et
libraires du royaume de mettre en vente aucun
livre imprimé, soit en langue latine, grecque
ou autre langue ancienne et moderne, avant
d'en avoir remis un exemplaire à Mellin de
Saint-Gelais, garde de la librairie de Blois,
et de vendre les ouvrages imprimés à l'étranger sans les avoir communiqués au même
Saint-Gelais, afin d'empêcher la propagation
des doctrines erronées. Montpellier, 28 décembre 1537.

1537.
28 décembre.

> *Enreg. au Châtelet de Paris, le 7 mars 1538 n. s.*
> *Arch. nat., Bannières, Y. 9, fol. 106. 3 pages.*
> *Copie. Bibl. nat., ms. fr. 22676, fol. 1.*
> *Copie. Arch. de la Préfecture de police, coll. La-*
> moignon, t. VI, fol. 491.
> IMP. Georges Picot, *Le dépôt légal.* Paris, Picard,
> 1883, in-8°, p. 5. (Extrait du compte rendu de
> l'Académie des sciences morales et politiques.

9477. Don à Jean Samson et à François de Boines,
valets de chambre, Jean Champion, Antoine
de Vaulx et Louis Billart, valets de garde-robe
du roi, à partager entre eux, de la somme de
400 écus d'or soleil, montant du quart de la
résignation de l'office de greffier du bailliage
d'Auxerre que doit faire Étienne Le Picart.
Montpellier, 28 décembre 1537.

28 décembre.

> *Arch. nat., Acquits sur l'épargne, J. 962, n° 54,*
> *anc. J. 961, n° 78. (Mention.)*

9478. Don à Antoine de Rocquart, Jean Duval, Guillaume Cachinart, François d'Argy et Pierre
Dumoulin, sommeliers du gobelet, de l'office
d'enquêteur en la sénéchaussée de Guyenne,
vacant par le décès de Jean de Carrosse, pour
en disposer à leur profit, en échange d'un
autre don que le roi leur avait fait du présent qu'il a eu de la ville d'Aigues-Mortes,
quand il y fit son entrée, et qu'il a conservé
pour son usage. Montpellier, 28 décembre
1537.

28 décembre.

> *Arch. nat., Acquits sur l'épargne, J. 962, n° 54,*
> *anc. J. 961, n° 78. (Mention.)*

9479. Don à Charles Deleaune et à Simon Massiquet, potagers du roi, à François Dupuy et à François Foyon, dit le Breton, sommeliers d'échansonnerie, de 30 écus à chacun sur les deniers dus pour la résignation de l'office de receveur ordinaire de Valois que Jean Vyon doit faire au profit de Laurent Debrue. Montpellier, 28 décembre 1537.

1537.
28 décembre.

> Arch. nat., Acquits sur l'épargne, J. 962, n° 54, anc. J. 961, n° 78. (Mention.)

9480. Don à Vaumartin, écuyer de cuisine du commun, à Louis Thureau, maître-queux, à Montavisart, potager, à Jean et Philippot du Mans, hâteurs de cuisine, de six offices de notaires des douze nouvellement créés à Loudun et au ressort du Loudunais, pour en disposer à leur profit, en dédommagement de leurs chevaux perdus et des dépenses extraordinaires qu'ils ont faites pendant la dernière expédition de Piémont. Montpellier, 28 décembre 1537.

28 décembre.

> Arch. nat., Acquits sur l'épargne, J. 962, n° 54, anc. J. 961, n° 78. (Mention.)

9481. Don à Robert Hyron, serdeau du roi, de l'office de sergent et garde des Eaux et forêts du bailliage d'Amboise, vacant par le décès d'Élie Dumonceau. Montpellier, 28 décembre 1537.

28 décembre.

> Arch. nat., Acquits sur l'épargne, J. 962, n° 54, anc. J. 961, n° 78. (Mention.)

9482. Don à Jean Terrasse, Léonard Martret, Étienne Regnart et Étienne Fromont, sommeliers d'échansonnerie, de l'office de sergent au Châtelet de Paris, vacant par le décès d'Antoine Gillier, pour en disposer à leur profit. Montpellier, 28 décembre 1537.

28 décembre.

> Arch. nat., Acquits sur l'épargne, J. 962, n° 54, anc. J. 961, n° 78. (Mention.)

9483. Don à Guillemin Piger et à Gilles de La Rivière, pâtissier et valet de fourrière du roi, d'un office de procureur au bailliage d'Orléans, du nombre de ceux qui ont été créés par un édit

28 décembre.

— 428 —

récent, pour en disposer à leur profit. Mont- pellier, 28 décembre 1537.

1537.

> Arch. nat., Acquits sur l'épargne, J. 962, n° 54, anc. J. 961, n° 78. (Mention.)

9484. Permission à M. de Châteaubriant de faire venir des vignobles d'Anjou, Orléans, Beaune et autres, sans payer aucun droit de traite, trépas de Loire, imposition foraine, etc., deux cents pipes de vin pour l'approvisionnement de ses maisons de Bretagne pendant l'année prochaine. Montpellier, 28 décembre 1537.

28 décembre.

> Arch. nat., Acquits sur l'épargne, J. 962, n° 54, anc. J. 961, n° 78. (Mention.)

9485. Permission à M. de Guémené de faire venir en toute franchise desdits vignobles cent pipes de vin pour la provision de ses maisons de Bretagne. Montpellier, 28 décembre 1537.

28 décembre.

> Arch. nat., Acquits sur l'épargne, J. 962, n° 54, anc. J. 961, n° 78. (Mention.)

9486. Mandement pour faire payer à Jérôme de Varade, médecin ordinaire du roi, sur la recette générale de Languedoc de cette année, la somme de 240 livres tournois, montant de trois années des gages de l'office de grènetier de Frontignan dont le roi lui a fait don il y a environ trois ans, pour en faire son profit, et qu'il a naguère fait mettre à son nom. Montpellier, 28 décembre 1537.

28 décembre.

> Arch. nat., Acquits sur l'épargne, J. 962, n° 54, anc. J. 961, n° 78. (Mention.)

9487. Lettres de naturalité et permission de tester, sans payer finance, octroyées à Claude, Philippe et Antoine du Chastelet, fils de Claude du Chastelet, seigneur du lieu, l'un des cent gentilshommes qui sont natifs de Lorraine. Montpellier, 28 décembre 1537.

28 décembre.

> Arch. nat., Acquits sur l'épargne, J. 962, n° 54, anc. J. 961, n° 78. (Mention.)

9488. Permission aux abbés de Fesmy et de Saint-Aubert de Cambray de faire venir de tel cru du

28 décembre.

royaume qu'il leur plaira chacun trente queues de vin sans payer aucun droit, même le nouvel impôt d'un écu par muid, dont le roi leur fait don et remise. Montpellier, 28 décembre 1537.

> Arch. nat., Acquits sur l'épargne, J. 962, n° 54, anc. J. 961, n° 78. (Mention.)

9489. Mandement aux cours de justice de rechercher et de punir les hommes d'armes et archers des ordonnances qui ont quitté le Piémont sans la permission de leurs capitaines. Montpellier, 29 décembre 1537.

> Enreg. au Parl. de Bordeaux, le 21 mars 1538 n. s. Archives de la Gironde, B. 30 bis, fol. 376. 2 pages.

9490. Dispense accordée à Aimé Julien de Verchisy pour être conseiller au Parlement de Dijon en même temps que son père. Montpellier, 29 décembre 1537.

> Enreg. au Parl. de Dijon. Arch. de la Côte-d'Or, Parl., reg. II, fol. 219 v°.

9491. Mandement à Jean Laguette, receveur général des parties casuelles, de payer à Jean Fère, courrier, 39 livres tournois pour être allé en poste, au mois d'octobre dernier, de Lyon à Riom, Clermont et Saint-Flour porter des lettres du Conseil privé au général Bohier et au conseiller Brandon. Montpellier, 29 décembre 1537.

> Arch. nat., Acquits sur l'épargne, J. 961, pl. 11, n° 31, anc. 74. (Mention.)

9492. Mandement à Jean Laguette de payer à Guillaume Picard, chevaucheur d'écurie, 61 livres tournois pour avoir porté, le 9 décembre précédent, à Pézenas des lettres du Conseil privé et des lettres patentes et commissions aux députés du roi pour tenir les États de Languedoc. Montpellier, 29 décembre 1537.

> Arch. nat., Acquits sur l'épargne, J. 961, pl. 11 n° 31, anc. 74. (Mention.)

1537.

29 décembre.

29 décembre.

29 décembre.

29 décembre.

9493. Mandement à Jean Laguette de payer à Jean Millet, courrier, 10 livres 10 sous tournois, complétant la somme de 100 livres 16 sous à lui taxée pour un voyage fait, au mois de novembre précédent, de Lyon à Paris et à Rouen, vers les commissaires chargés du recouvrement des deniers des charges d'Outre-Seine et Normandie, et pour trois autres voyages de Lyon à Vienne, où il porta des lettres du Conseil privé au bailli et aux habitants, et à Villefranche des lettres aux officiers de Beaujolais pour faire informer contre des hommes d'armes de la compagnie du s^r Jean-Paul [de Orsini]. Montpellier, 29 décembre 1537.

1537.
29 décembre.

Arch. nat., Acquits sur l'épargne, J. 961, pl. 11, n° 31, anc. 74. (Mention.)

9494. Mandement à Jean Laguette de payer à Jacques Godran, conseiller au Parlement de Dijon, 399 livres 16 sous tournois pour plusieurs voyages qu'il a faits, du commandement du roi, aux villes du duché de Bourgogne pour le fait des sommes que Sa Majesté leur a demandées cette année, et au comté de Charolais pour la réduction de ce pays. Montpellier, 29 décembre 1537.

29 décembre.

Arch. nat., Acquits sur l'épargne, J. 961, pl. 11, n° 31, anc. 74. (Mention.)

9495. Mandement à Jean Laguette de payer à Guillaume Picard, chevaucheur d'écurie, pour avoir porté, le 6 décembre précédent, de Lyon au sénéchal de Toulouse des lettres patentes du roi et des lettres missives du Conseil privé. Montpellier, 29 décembre 1537.

29 décembre.

Arch. nat., Acquits sur l'épargne, J. 961, pl. 11, n° 31, anc. 74. (Mention.)

9496. Mandement à Jean Laguette de payer à Martin Gauvain, premier huissier du Grand conseil, 30 écus d'or soleil pour avoir porté, le 6 décembre précédent, de Lyon à Avignon, au cardinal de Lorraine et à M. le Grand maître des actes et articles pour servir au traité de paix

29 décembre.

à intervenir entre le roi et l'empereur. Montpellier, 29 décembre 1537.

1537.

> *Arch. nat., Acquits sur l'épargne, J. 961, pl. 11,
> n° 31, anc. 74. (Mention.)*

9497. Mandement à Jean Laguette de payer à Hans
Paulle, messager de Fribourg, 7 écus d'or que
le roi lui donne en compensation du sac qui
lui a été volé naguère en Picardie par des
aventuriers français revenant du camp de Térouanne. Montpellier, 29 décembre 1537.

29 décembre.

> *Arch. nat., Acquits sur l'épargne, J. 961, pl. 11,
> n° 31, anc. 74. (Mention.)*

9498. Mandement à Jean Laguette de payer à Michel
Guilhen, maître de la Monnaie de Lyon,
820 livres tournois, complétant la somme de
1,420 livres à lui taxée pour plusieurs voyages
qu'il a faits, l'an 1531, tant à Paris, pour la
réformation des monnaies de France, qu'en
Flandre, pour le rachat des terres de Louis de
Nevers. Montpellier, 29 décembre 1537.

29 décembre.

> *Arch. nat., Acquits sur l'épargne, J. 961, pl. 11,
> n° 31, anc. 74. (Mention.)*

9499. Mandement à Jean Laguette de payer à Marc
Camus, serviteur de Pierre de Bourgogne,
10 écus d'or soleil en récompense de plusieurs services rendus pendant que Messieurs
du Conseil privé ont séjourné à Lyon. Montpellier, 29 décembre 1537.

29 décembre.

> *Arch. nat., Acquits sur l'épargne, J. 961, pl. 11,
> n° 31, anc. 74. (Mention.)*

9500. Mandement à Jean Laguette de délivrer à Jean
Vyon, commis aux dépenses extraordinaires
de l'artillerie, la somme de 5,000 livres tournois pour le payement des pionniers et chevaux d'artillerie revenant du camp de Piémont,
et autres frais nécessaires, suivant l'état envoyé
par le sr de Bury. Montpellier, 29 décembre
1537.

29 décembre.

> *Arch. nat., Acquits sur l'épargne, J. 961, pl. 11,
> n° 31, anc. 74. (Mention.)*

9501. Mandement à Jean Laguette de payer à François de Ruybons, homme d'armes de la compagnie du sénéchal de Toulouse, qui avait amené en sauf-conduit le s^r de Licques à Vienne le 11 décembre précédent, 25 écus soleil pour s'en retourner en diligence à Toulouse. Montpellier, 29 décembre 1537.

1537.
29 décembre.

> Arch. nat., Acquits sur l'épargne, J. 961, pl. 11, n° 31, anc. 74. (Mention.)

9502. Mandement à Jean Laguette de payer à Léonard Carat, chevaucheur d'écurie, 12 écus d'or soleil pour être allé, le 12 décembre, de Tournon à Avignon porter au roi des lettres du chancelier et du cardinal de Tournon. Montpellier, 29 décembre 1537.

29 décembre.

> Arch. nat., Acquits sur l'épargne, J. 961, pl. 11, n° 31, anc. 74. (Mention.)

9503. Mandement à Jean Laguette de payer à Jean de Villars, s^r de Blancfossé, 30 écus d'or soleil pour un voyage en poste de Tournon en Suisse, vers Louis d'Angerant, s^r de Boisrigault, ambassadeur, auquel il porta 500 écus soleil pour partie de son état des années passées et des frais extraordinaires faits au service du roi dans ledit pays. Montpellier, 29 décembre 1537.

29 décembre.

> Arch. nat., Acquits sur l'épargne, J. 961, pl. 11, n° 31, anc. 74. (Mention.)

9504. Mandement à Jean Laguette de délivrer à Martin de Troyes, trésorier de l'Extraordinaire des guerres, la somme de 1,000 écus d'or soleil ou 2,200 livres tournois qu'il doit faire tenir à Louis d'Angerant, s^r de Boisrigault, pour son état des années passées et les frais extraordinaires occasionnés par le service du roi en Suisse. Montpellier, 29 décembre 1537.

29 décembre.

> Arch. nat., Acquits sur l'épargne, J. 961, pl. 11, n° 31, anc. 74. (Mention.)

9505. Mandement à Jean Laguette de délivrer à Bénigne Serre, receveur général, la somme de 100 livres tournois pour le payement des bateaux,

29 décembre.

bateliers, etc., chargés de conduire le roi par le Rhône, d'Avignon à Aigues-Mortes. Montpellier, 29 décembre 1537.

> Arch. nat., Acquits sur l'épargne, J. 961, pl. 11, n° 31, anc. 74. (Mention.)

9506. Mandement à Jean Laguette de payer à l'abbesse et aux religieuses de Saint-Véran, près Avignon, la somme de 40 écus d'or soleil sur ce qui peut leur être dû de l'aumône de 30 sous par jour que le roi leur a ordonnée pour les aider à vivre, en attendant que leur église et leur couvent soient réédifiés; ils avaient été démolis naguère pour la sûreté du camp institué près d'Avignon. Montpellier, 29 décembre 1537.

29 décembre.

> Arch. nat., Acquits sur l'épargne, J. 961, pl. 11, n° 31, anc. 74. (Mention.)

9507. Mandement à Jean Laguette de délivrer à Martin de Troyes la somme de 23,025 livres tournois pour employer au fait de sa commission et particulièrement au payement des garnisons de Piémont, pendant le présent mois de décembre. Montpellier, 29 décembre 1537.

29 décembre.

> Arch. nat., Acquits sur l'épargne, J. 961, pl. 11, n° 31, anc. 74. (Mention.)

9508. Mandement à Jean Laguette de payer à Adrien Vernon, sr de Montreuil-Bonnin, la somme de 3,000 livres tournois à prendre sur les deniers qui proviendront de la résignation à survivance de l'office de receveur des tailles en Périgord, que se propose de faire Jean Debordes. Montpellier, 29 décembre 1537.

29 décembre.

> Arch. nat., Acquits sur l'épargne, J. 961, pl. 11, n° 31, anc. 74. (Mention.)

9509. Mandement à Jean Laguette de délivrer à Bénigne Serre 303 livres 3 sous tournois pour le payement des bateaux, bateliers et «tirots» qui ont conduit par eau le roi et ses officiers

29 décembre.

IMPRIMERIE NATIONALE.

d'Avignon à Montpellier. Montpellier, 29 décembre 1537. 1537.

Arch. nat., Acquits sur l'épargne, J. 961, pl. 11, n° 31, anc. 74. (*Mention.*)

9510. Mandement à Jean Laguette de payer à Pierre Barbier, président de la Chambre des Comptes de Montpellier, 225 livres tournois ou 100 écus soleil pour un voyage qu'il avait fait récemment dudit lieu près de Messieurs du Conseil privé à Lyon, touchant la ferme du tirage du sel sur les rivières du Rhône et de la Saône. Montpellier, 29 décembre 1537. — 29 décembre.

Arch. nat., Acquits sur l'épargne, J. 961, pl. 11, n° 31, anc. 74. (*Mention.*)

9511. Lettres adressées aux Chambres des Comptes de Paris, de Provence et de Languedoc en faveur de Jacques et de Jean de Saillans, comme liquidateurs de la succession de Jean de Saillans, leur père, grènetier du Pont-Saint-Esprit et trésorier des salpêtres de Languedoc, Provence et Dauphiné. Montpellier, 31 décembre 1537. — 31 décembre.

Enreg. à la Chambre des Comptes de Montpellier. Arch. départ. de l'Hérault, B. 341, fol. 190 v°. 2 pages.

9512. Mandement au trésorier de l'épargne de payer 283 livres 10 sous à Jean Sautain, chevaucheur, qui part le jour même pour aller porter des lettres du roi au sʳ de Castillon, ambassadeur en Angleterre. Montpellier, 31 décembre 1537. — 31 décembre.

Bibl. nat., ms. Clairambault 1215, fol. 75 v°. (*Mention.*)

9513. Établissement de trois nouvelles foires à Bourg-Argental, dans le Forez, en faveur de Jean de Bussac, seigneur du lieu. Montpellier, décembre 1537. — Décembre.

Enreg. à la Chancellerie de France. Arch. nat., Trésor des Chartes, JJ. 250, n° 263, fol. 56 v°. 1 page.

9514. Confirmation des privilèges, franchises et libertés accordés par les rois à l'Université de Montpellier. Montpellier, décembre 1537.

> *Enreg. à la Chancellerie de France. Arch. nat.,*
> *Trésor des Chartes, JJ. 250, n° 210, fol. 59 v°.*
> *1 page.*

9515. Confirmation des privilèges et statuts des maîtres couturiers de Montpellier. Montpellier,
décembre 1537.

Décembre.

> *Enreg. à la Chancellerie de France. Arch. nat.,*
> *Trésor des Chartes, JJ. 250, n° 204, fol. 56 v°.*
> *1 page.*

9516. Don à Pierre Duchâtel, lecteur ordinaire du roi
et prévôt de l'église d'Esnon, des biens ayant
appartenu à feu Philippe Coullebault et échus
au roi, ledit Philippe étant bâtard non légitimé. Montpellier, décembre 1537.

Décembre.

> *Bibl. nat., Armoires de Baluze, t. 18, fol. 230.*
> *(Mention.)*

9517. Concession à Roustan de Glieux, habitant d'Aix,
d'un étang salé sur les côtes de Provence.
Montpellier, décembre 1537.

Décembre.

> *Enreg. à la Chancellerie de France. Arch. nat.,*
> *Trésor des Chartes, JJ. 250, n° 198, fol. 55.*
> *2 pages.*

9518. Édit d'union au pays de Dauphiné de la ville et
vicairie ou bailliage de Barcelonnette avec ses
appartenance et dépendances, de quelque diocèse qu'ils soient, d'Embrun, de Nice ou de
Turin. Décembre 1537.

Décembre.

> *Arch. nat., portefeuilles de Fontanieu, K. 1157*
> *n° 7. (Mention.)*

1538. — Pâques, 21 avril.

9519. Don à l'écuyer Pérot de son chauffage de bois mort et mort-bois en la forêt de Blois, pour sa maison de Cheverny, sa vie durant. Montpellier, 1er janvier 1537.

> Arch. nat., Acquits sur l'épargne, J. 962, pl. 13, n° 1, anc. J. 961, n° 77. (Mention.)

9520. Don à Jean d'Escoubleau, sr de Sourdis, gentilhomme de la chambre, de la confiscation des biens de feu Jean de Gout, sr de Loux, et de Joachim de Massancoyne, dit Monluc, son gendre, adjugés au roi par arrêt du Parlement de Toulouse, pour plusieurs crimes par eux commis. Montpellier, 1er janvier 1537 [1].

> Arch. nat., Acquits sur l'épargne, J. 962, pl. 13, n° 1, anc. J. 961, n° 77. (Mention.)
> Bibl. nat., armoires de Baluze, vol. 18, fol. 230. (Mention.)

9521. Lettres de naturalité, légitimation et permission de tester, accordées à trois enfants bâtards de [Claude Dodieu], sr de Vély, maître des requêtes de l'hôtel, avec remise des droits à payer. Montpellier, 1er janvier 1537.

> Arch. nat., Acquits sur l'épargne, J. 962, pl. 13, n° 1, anc. J. 961, n° 77. (Mention.)

9522. Don sur la requête de M. de La Rochepot, à Charles d'André de l'office de sergent royal au gouvernement et prévôté foraine de Roye, vacant par la mort de Jacques Chastelain. Montpellier, 1er janvier 1537.

> Rôle d'expéditions du 9 mai 1538. Arch. nat., Acquits sur l'épargne, J. 962, pl. 15, n° 5, anc. J. 961, n° 242. (Mention.)

9523. Ordonnance réglant la tenue de la chambre des

---

[1] Le ms. de Baluze porte la date de janvier sans quantième.

vacations du Parlement de Provence. Montpellier, 2 janvier 1537.

Enreg. au Parl. de Provence. Arch. de la cour à Aix, Lettres royaux, reg. 2, in-fol. papier de 1,026 feuillets, fol. 993.

9524. Don à Adam Deshayes, barbier et valet de chambre ordinaire du roi, de la somme de 100 écus soleil à prendre sur les deniers des offices, finances extraordinaires et parties casuelles. Montpellier, 2 janvier 1537.

Arch. nat., Acquits sur l'épargne, J. 962, pl. 13, n° 2, anc. J. 961, n° 73. (Mention.)

9525. Don à Crédit, huissier de cuisine ayant la charge du sommier, à Antoine Huet et à Guillaume Rousselet, potagers du roi, de 80 écus soleil à répartir entre eux sur les deniers qui proviendront de la résignation à survivance de l'office de procureur du roi à Condom que doit faire Jacques Chappon. Montpellier, 2 janvier 1537.

Arch. nat., Acquits sur l'épargne, J. 962, pl. 13, n° 2, anc. J. 961, n° 73. (Mention.)

9526. Don à Thomas Le Pessu et à Jacques d'Asnières, clercs des offices du roi, à Odart Gonnault, commis du maître de la chambre aux deniers, et à Claude de Seurre, commis du contrôleur de la maison du roi, de la somme de 200 écus à répartir entre eux sur les deniers provenant de la vente de l'office d'huissier au Parlement de Toulouse, vacant par la destitution d'un nommé Pomarède. Montpellier, 2 janvier 1537.

Arch. nat., Acquits sur l'épargne, J. 962, pl. 13, n° 2, anc. J. 961, n° 73. (Mention.)

9527. Don à Louis de Villeneuve, archer de la garde, de la somme de 100 écus soleil sur les deniers provenant de la vente d'un office de procureur nouvellement créé au bailliage d'Orléans, avec faculté d'en faire pourvoir telle personne capable qu'il avisera, pour le dédommager de la perte d'un cheval que le roi lui tua derniè-

1538.

2 janvier.

2 janvier.

2 janvier.

2 janvier.

·rement à la chasse. Montpellier, 2 janvier
1537.

Arch. nat., Acquits sur l'épargne, J. 962, pl. 13,
n° 2, anc. J. 961, n° 73. (Mention.)

1538.

9528. Don à Mathieu Curet, écuyer de cuisine du roi,
de 100 écus soleil sur les deniers provenant de
la résignation de l'office d'enquêteur au bailliage d'Amiens, faite par Hugues Delarue au
profit de Jean Dugard. Montpellier, 2 janvier
1537.

Arch. nat., Acquits sur l'épargne, J. 962, pl. 13,
n° 2, anc. J. 961, n° 73. (Mention.)

2 janvier.

9529. Don à Guillaume Avriot, hâteur en la cuisine de
bouche, de l'office de garde de la halle aux
draps de la ville de Paris, vacant par la mort
du sr de Louvencourt, pour le mettre en son
nom ou en disposer à son profit. Montpellier,
2 janvier 1537.

Arch. nat., Acquits sur l'épargne, J. 962, pl. 13,
n° 2, anc. J. 961, n° 73. (Mention.)

2 janvier.

9530. Déclaration portant que les sr et dame de Manne
jouiront du revenu de la terre et seigneurie
de Granne en Valentinois, pour ce qui est
échu de l'année 1537, nonobstant que dans
les lettres de don de ladite terre qu'ils ont obtenues du roi il soit dit que leur jouissance
commencera seulement à la date desdites
lettres. Montpellier, 2 janvier 1537.

Arch. nat., Acquits sur l'épargne, J. 962, pl. 13,
n° 2, anc. J. 961, n° 73. (Mention.)

2 janvier.

9531. Lettres d'évocation au Parlement de Paris de
tous procès relatifs aux biens des hérétiques,
instruits par les juges sur la réformation des
finances en la Tour carrée. Montpellier, 5 janvier 1537.

Enreg. au Châtelet de Paris, Bannières. Arch. nat.,
Y. 9, fol. 105. 2 pages.

5 janvier.

9532. Lettres accordant aux habitants de la ville d'Arles
la somme de 20,000 livres tournois à prendre
chaque année, pendant dix ans, sur la recette
générale de Provence, pour être employée

5 janvier.

à leurs fortifications. Montpellier, 5 janvier 1537. 1538.

Enreg. à la Chambre des Comptes de Provence.
Arch. des Bouches-du-Rhône, B. 33 (Arietis), fol. 237.
3 pages.
Arch. nat., Acquits sur l'épargne, J. 962, pl. 13,
n° 3, anc. J. 961, n° 72. (Mention.)

9533. Mandement à Guillaume Prudhomme, trésorier 5 janvier.
de l'épargne, de payer sur les deniers provenant des dons gratuits et des deux décimes de
l'année 1537, à Georges de Selve, évêque de
Lavaur, ambassadeur à Rome, 1,150 livres
tournois, complétant la somme de 3,150 livres à lui taxée pour trois cent quinze jours
(20 février-30 décembre 1536) de sa mission, dont 2,000 livres lui ont été payées précédemment sur le trésor de l'épargne. Montpellier, 5 janvier 1537.

Original. Bibl. nat., Nouvelles acquisitions franç.,
ms. 1483, n° 61.

9534. Don à Élie Taschard, huissier en la cuisine de 5 janvier.
bouche, d'un office de notaire royal au village
de Curzay en Loudunais, du nombre des treize
nouvellement créés, pour le vendre à son
profit, en dédommagement des frais extraordinaires qu'il a dû supporter au voyage de
Piémont. Montpellier, 5 janvier 1537.

Arch. nat., Acquits sur l'épargne, J. 962, pl. 13,
n° 3, anc. J. 961, n° 72. (Mention.)

9535. Don à Geoffroy Charruau, Pierre Goguin, Sa- 5 janvier.
varon Stuart, Verdun Bonneau et Yvonnet
Rolland, enfants de cuisine du commun, de
l'office de sergent royal bailliager à Ferrières
en Loudunais, nouvellement créé, pour le
vendre à leur profit et en partager le produit par égale portion. Montpellier, 5 janvier
1537.

Arch. nat., Acquits sur l'épargne, J. 962, pl. 13,
n° 3, anc. J. 961, n° 72. (Mention.)

9536. Don à Pierre de Pontijou, François Danton, 5 janvier.
François Gillier et Michel Lemaistre, sommeliers de paneterie, de 100 écus soleil à répar-

tir entre eux, sur l'office d'huissier au Parlement de Toulouse, vacant par la destitution
d'un nommé Pomarède. Montpellier, 5 janvier
1537.

1538.

> Arch. nat., Acquits sur l'épargne, J. 962, pl. 13,
> n° 3, anc. J. 961, n° 72. (Mention.)

9537. Don au jeune Michelet, huissier de chambre,
de la somme de 180 écus qui restent de la taxe
et composition de l'office d'huissier dudit Pomarède. Montpellier, 5 janvier 1537.

5 janvier.

> Arch. nat., Acquits sur l'épargne, J. 962, pl. 13,
> n° 3, anc. J. 961, n° 72. (Mention.)

9538. Don à Michel Leboucq, Jacques Mestivier et
Pierre Forget, fruitiers, et à Jean Hunault,
officier de l'échansonnerie du roi, de la somme
de 100 écus à partager entre eux sur les deniers provenant de la résignation de l'office
de grènetier de Narbonne. Montpellier, 5 janvier 1537.

5 janvier.

> Arch. nat., Acquits sur l'épargne, J. 962, pl. 13,
> n° 3, anc. J. 961, n° 72. (Mention.)

9539. Don à Claude Le Poulcre, enfant de cuisine de
bouche, de l'office de notaire royal à Beuxe,
du nombre des treize nouvellement créés en
Loudunais, pour le vendre à son profit. Montpellier, 5 janvier 1537.

5 janvier.

> Arch. nat., Acquits sur l'épargne, J. 962, pl. 13,
> n° 3, anc. J. 961, n° 72. (Mention.)

9540. Prorogation pour dix ans du don fait précédemment (n° 5616) par le roi au capitaine Antoine
de Raincon des revenus de la terre et seigneurie
de Pierrelatte, payables par le receveur de ladite terre. Montpellier, 5 janvier 1537.

5 janvier.

> Arch. nat., Acquits sur l'épargne, J. 962, pl. 13,
> n° 3, anc. J. 961, n° 72. (Mention.)

9541. Ratification du bail fait par la Chambre des
Comptes de Paris de la garde noble des enfants
mineurs de feu Claude Le Roux à Nicolas Le
Roux, leur oncle paternel, et remise à celui-ci

5 janvier.

du droit qu'il devait payer au roi. Montpellier, 1538.
5 janvier 1537.

> *Arch. nat., Acquits sur l'épargne, J. 962, pl. 13,*
> *n° 3, anc. J. 961, n° 72. (Mention.)*
> *Enreg. à la Chambre des Comptes, le 22 mars*
> *1539 n. s., à la suite de lettres de surannation du*
> *28 février 1539 n. s., anc. mém. 2 J., fol. 138,*
> *Arch. nat., invent. PP. 136, p. 454. (Mention.)*

9542. Prorogation accordée à Antoine de Raincon, 6 janvier.
chevalier, chambellan du roi, et aux siens, de
la jouissance des revenus de la châtellenie de
Germolles en Chalonnais, à lui abandonnés
par lettres antérieures; et cela jusqu'au remboursement d'une somme de 6,000 écus que
le roi lui doit pour divers voyages. Montpellier, 6 janvier 1537 [1].

> *Enreg. à la Chambre des Comptes de Dijon. Arch.*
> *de la Côte-d'Or, B. 20, fol. 29.*
> *Arch. nat., Acquits sur l'épargne, J. 962, pl. 13,*
> *n° 3, anc. J. 961, n° 72. (Mention.)*
> *Bibl. nat., ms. Clairambault 782, p. 297. (Men-*
> *tion.)*

9543. Don à Louis de Sernissas, dit Coqueron, maître 7 janvier.
de la chapelle de la reine, de 100 écus d'or
soleil sur la vente de l'office d'auditeur des
comptes à Montpellier, vacant par le décès de
Guillaume de Fortia. Montpellier, 7 janvier
1537.

> *Arch. nat., Acquits sur l'épargne, J. 962, pl. 13,*
> *n° 4, anc. J. 961, n° 71. (Mention.)*

9544. Don à Martin Habert, valet de garde-robe du 7 janvier.
roi, de 50 écus soleil sur la résignation à survivance de l'office de procureur du roi en la
sénéchaussée de Guyenne. Montpellier, 7 janvier 1537.

> *Arch. nat., Acquits sur l'épargne, J. 962, pl. 13,*
> *n° 4, anc. J. 961, n° 71. (Mention.)*

9545. Don à Salomon Denis, huissier du bureau de la 7 janvier.
maison du roi, de l'office de mesureur du

---

[1] Le rôle d'expéditions des *Acquits sur l'épargne* où figurent ces lettres
est daté du 5 janvier, et la mention du ms. Clairambault du 7 janvier.

IMPRIMERIE NATIONALE.

grenier à sel de Lunel, vacant par la mort 1538.
de Giraud Corbière. Montpellier, 7 janvier
1537.

Arch. nat., Acquits sur l'épargne, J. 962, pl. 13,
n° 4, anc. J. 961, n° 71. (Mention.)

9546. Mandement à la Chambre des Comptes d'allouer ⟶ 7 janvier.
au compte de Jean Maciot, trésorier des sal-
pêtres en la charge d'Outre-Seine et Yonne, la
somme de 200 livres 16 sous 2 deniers, montant des frais qu'il a faits de mars à juin, pour
les expéditions de deux lettres patentes touchant les salpêtres, y compris 100 livres qui
lui ont été taxées pour ses vacations. Montpellier, 7 janvier 1537.

Arch. nat., Acquits sur l'épargne, J. 962, pl. 13,
n° 4, anc. J. 961, n° 71. (Mention.)

9547. Mandement pour faire payer sur les amendes du ⟶ 7 janvier.
Parlement de Provence à Guillaume Garson-
net, avocat du roi en ladite cour et garde du
sceau de la chancellerie d'Aix, la somme de
120 livres tournois à lui ordonnée pour avoir
fait porter à ses dépens, durant les vacations
de l'année 1536, ledit sceau à la suite de la
cour, lorsque l'empereur vint en Provence.
Montpellier, 7 janvier 1537.

Arch. nat., Acquits sur l'épargne, J. 962, pl. 13,
n° 4, anc. J. 961, n° 71. (Mention.)

9548. Lettres ordonnant que la Chambre des Comptes ⟶ 7 janvier.
de Montpellier prendra chaque année la somme
de 200 livres tournois pour la messe ordinaire,
le luminaire, la location de la maison où elle
siège, le feu, les boîtes, le papier et autres
menues nécessités de ladite chambre, sur les
restants des comptes des receveurs, grènetiers,
clavaires et autres comptables de son ressort.
Montpellier, 7 janvier 1537.

Arch. nat., Acquits sur l'épargne, J. 962, pl. 13,
n° 4, anc. J. 961, n° 71. (Mention.)

9549. Lettres adressées aux prévôt des marchands et ⟶ 8 janvier.
échevins de Paris, leur ordonnant de faire

provision de quatre-vingts milliers de salpêtre, cette année et la prochaine, sur les deniers communs, dons et octrois de ladite ville. Montpellier, 8 janvier 1537.

> *Copie collationnée à Paris, le 23 février suivant.*
> *Arch. nat., suppl. du Trésor des Chartes, J. 959, n° 5.*

1538.

9550. Lettres adressées au conseil de ville d'Angers, ordonnant à la ville de faire provision de dix milliers de salpêtre pour sa défense. Montpellier, 8 janvier 1537.

> *Enreg. au reg. du conseil de la ville. Arch. de la mairie d'Angers, BB. 29, fol. 263.*

8 janvier.

9551. Lettres ordonnant aux magistrats de la ville de Dijon de se fournir de dix milliers de salpêtre pour la défense de la ville, et d'entretenir quatre salpêtriers à ses gages, chargés des recherches et de la fabrication. Montpellier, 8 janvier 1537.

> *Original. Arch. municip. de Dijon, H. 124.*

8 janvier.

9552. Lettres ordonnant aux consuls de Limoges de faire des approvisionnements de poudre et de salpêtre. Montpellier, 8 janvier 1537.

> *Imp. Registres consulaires de Limoges, t. I, publié par E. Ruben, Limoges, 1869, in-8°, p. 321.*

8 janvier.

9553. Lettres ordonnant l'établissement à Périgueux d'un grenier à salpêtre et de deux salpêtriers, avec règlement des approvisionnements et des dépenses. Montpellier, 8 janvier 1537.

> *Original. Arch. municip. de Périgueux, EE. 21.*

8 janvier.

9554. Lettres adressées aux échevins de Reims, leur ordonnant de faire provision de douze milliers de salpêtre, cette année et l'année prochaine. Montpellier, 8 janvier 1537.

> *Copie collationnée, à Reims, le 6 mars suivant.*
> *Arch. nat., suppl. du Trésor des Chartes, J. 959.*

8 janvier.

9555. Lettres ordonnant aux conseillers de la ville de Rouen de faire provision de cinquante mil-

8 janvier.

liers de salpêtre, cette année et l'année prochaine. Montpellier, 8 janvier 1537.

Copie collationnée, à Rouen, le 6 avril suivant.
Arch. nat., suppl. du Trésor des Chartes, J. 959,
n° 1 [1].

1538.

9556. Lettres ordonnant aux capitouls de Toulouse de
faire provision de quarante milliers de salpêtre
et de les conserver dans un grenier, avec obligation de rendre compte chaque année de
l'état de ce dépôt. Montpellier, 8 janvier
1537.

8 janvier.

Expédition originale, signée Bochetel, présentée par
le juge mage le 1er mars 1538 n. s, Arch. municip. de
Toulouse, carton 71.
Copie. Idem, ms. 439, fol. 295.

9557. Provisions pour André Ricard de l'un des deux
offices de conseillers généraux qui viennent
d'être créés à la Cour des Aides de Montpellier. Montpellier, 8 janvier 1537.

8 janvier.

Vidimus du xvi° siècle. Bibl. nat., ms. fr. 25721,
n° 479.

9558. Don à Michel Vernoy, Verdun et Cicero, valets
de fourrière du roi, des deniers provenant de
la résignation de l'office de greffier des Eaux et
forêts d'Orléans que doit faire Simon Babou.
Montpellier, 8 janvier 1537 [2].

8 janvier.

Arch. nat., Acquits sur l'épargne, J. 962, pl. 13,
n° 5, anc. J. 961, n° 47. (Mention.)

9559. Don accordé sur la requête de M. de Châteaubriant, à Claude Du Châtel de tous les droits
et devoirs seigneuriaux dus au roi par le décès
de François Du Châtel, père dudit Claude, à
cause des fiefs, terres et seigneuries qu'il pos-

8 janvier.

[1] Ce carton J. 959 contient aussi les récépissés donnés par les officiers
municipaux de lettres semblables et de même date, adressées aux trente-
quatre villes suivantes : Amiens, Auxerre, Beauvais, Blois, Caen, Cha-
lon-sur-Saône, Châlons-sur-Marne, Château-Thierry, Clermont-Ferrand,
Dieppe, Dijon, Évreux, Grenoble, Langres, Laon, Lisieux, Mantes,
Meaux, Melun, Montargis, Nemours, Nevers, Noyon, Poitiers, Pontoise,
Provins, Reims, Riom, Senlis, Sézanne, Soissons, Tours, Troyes, Vitry.
[2] Ce don est porté de nouveau sur un rôle daté de Montpellier, le
15 janvier suivant. (J. 962, pl. 13, n° 9, anc. J. 961, n° 67.)

sédait en Bretagne. Montpellier, 8 janvier 1538.
1537.

> *Arch. nat.; Acquits sur l'épargne,* J. 962, pl. 13,
> n° 6, *anc.* J. 961, n° 68. (*Mention.*)

9560. Mandement au payeur de la compagnie du capitaine Jean-Paul [de Orsini] de payer aux
hommes d'armes et archers de ladite compagnie ci-après nommés les sommes qui suivent:
à Hercule Spadafora, homme d'armes, 60 livres
tournois; à François de Plaisance, à présent
guidon, 45 livres; à Jean-Paul de Loddes, à
présent homme d'armes et auparavant archer
à la grande paye, 30 livres; à Claude Sene, Ti-
berio Siciliano, Fabricio Tenaglivo et François
Genevois, hommes d'armes à la petite paye,
à chacun 45 livres; à Baltazard Thuzellin,
Jacomo di Bergamo, Michel de Plaisance et
Baptiste de la Cava, archers à la grande paye,
à chacun 30 livres tournois; et à Alexandre
Corivaldo, archer à la petite paye, 22 livres
10 sous; le tout montant à 457 livres 10 sous
tournois, pour leurs gages et solde du troisième
quartier de l'an 1536, nonobstant qu'ils aient
été portés absents à la montre qui fut faite
alors. Montpellier, 8 janvier 1537.

8 janvier.

> *Arch. nat., Acquits sur l'épargne,* J. 962, pl. 13,
> n° 6, *anc.* J. 961, n° 68. (*Mention.*)

9561. Réponse de François Iᵉʳ aux propositions de
l'empereur Charles-Quint. Montpellier, 10 janvier 1537.

10 janvier.

> Iᴍᴘ. Du Mont, *Corps universel diplomatique, etc.*
> Amsterdam, 1726, in-fol., t. IV, part. ɪɪ, p. 158,
> col. 2.

9562. Traité entre François Iᵉʳ et Charles-Quint. Ils
conviennent de ne faire aucune nouvelle alliance avec le roi d'Angleterre que d'un commun et mutuel consentement. Tolède, 10 janvier 1538 (style d'Espagne).

10 janvier.

> Iᴍᴘ. Frédéric Léonard, *Recueil de traitez,* t. II,
> p. 415.
> Du Mont, *Corps universel diplomatique, etc.*
> Amsterdam, 1726, in-fol., t. IV, part. ɪɪ, p. 159,
> col. 2.

9563. Mandement au Parlement de Toulouse et à la
Chambre des Comptes de Montpellier d'enregistrer les lettres de vente à Thomas Gadagne,
de Lyon, des seigneuries de Lunel et de Galargues. Montpellier, 10 janvier 1537.

> Enreg. à la Chambre des Comptes de Montpellier.
> Arch. départ. de l'Hérault, B. 341, fol. 221 v°.
> 1 page.

1538.
10 janvier.

9564. Mandement à Guillaume Prudhomme, trésorier
de l'épargne, de payer à Julien Bonacoursi,
trésorier et receveur général de Provence, la
somme de 510 livres tournois qu'il doit employer au payement de la solde d'une demi-
année du capitaine de la tour de Toulon et de
douze hommes d'armes placés sous ses ordres.
Montpellier, 10 janvier 1537.

> Original. Bibl. nat., ms. fr. 25721, n° 494.

10 janvier.

9565. Mandement au trésorier de l'épargne de payer
675 livres à Claude Dodieu pour ses dépenses
d'un voyage en Espagne, où il doit résider
comme ambassadeur du roi. Montpellier,
10 janvier 1537.

> Bibl. nat., ms. Clairambault 1215, fol. 76. (Men-
> tion.)

10 janvier.

9566. Prorogation jusqu'au 1er juin 1538 des trèves
de Bomy (30 juillet 1537) et de Monçon
(10 novembre 1537), conclues entre les commissaires du roi de France et ceux de l'empereur. Aux Cabanes de Fitou, entre Narbonne et Perpignan, 11 janvier 1537.

Avec les pouvoirs des commissaires. Ceux
de François Ier sont datés de Carmagnole, le
27 novembre 1537.

> Original. Arch. nat., Trésor des Chartes, J. 672,
> n° 3.
> Imp. Frédéric Léonard, Recueil de traitez, t. II,
> p. 405.
> Du Mont, Corps universel diplomatique, etc.
> Amsterdam, 1726, in-fol., t. IV, part. II, p. 159,
> col. 1.

11 janvier.

9567. Continuation pour trois ans du don fait, le 10 jan-

11 janvier.

vier 1535 n. s. (n° 7459), à Philiberte de   1538.
Luxembourg, princesse d'Orange, du revenu
des greniers à sel de Pouilly-en-Auxois et d'Arnay-le-Duc en Bourgogne. Montpellier, 11 janvier 1537.

> Enreg. à la Chambre des Comptes de Dijon. Arch.
> de la Côte-d'Or, reg. B. 20, fol. 31 v°.

9568. Bulle du pape Paul III pour la sécularisation de   11 janvier.
l'abbaye et de l'église collégiale de la Made-
leine de Vézelay. Rome, le 3 des ides de janvier 1537.

> Enreg. au Parl. de Paris, le 2 mars 1658, avec
> des lettres de confirmation de Louis XIV. Arch. nat.,
> X¹ᵃ 8660, fol. 597. 33 pages.

9569. Lettres portant augmentation de la somme attri-   12 janvier.
buée annuellement aux frais de justice du
Parlement de Provence. Montpellier, 12 janvier 1537.

> Enreg. à la Chambre des Comptes de Provence, le
> 8 janvier 1539 n. s. Arch. des Bouches-du-Rhône,
> B. 33 (Arietis), fol. 206. 2 pages.

9570. Mandement au sénéchal de Beaucaire, lui or-   12 janvier.
donnant de prendre le tribut accoutumé d'un
« harnois pour la défense de la ville », ou dix livres de ceux qui avaient été consuls de Nîmes
pour la première fois, nonobstant la prescrip-
tion de quarante ans. Montpellier, 12 janvier
1537.

> Original. Arch. municip. de Nîmes, BB. 2.
> Impr. Ménard, Histoire de la ville de Nîmes, etc.
> Paris, in-4°, t. IV, 1753, Preuves, p. 137.

9571. Lettres concernant le payement des gages des   12 janvier.
deux conseillers de la Cour des Aides de
Montpellier nouvellement créés. Montpellier,
12 janvier 1537.

> Enreg. à la Chambre des Comptes de Montpellier.
> Arch. départ. de l'Hérault, B. 343, fol. 31. 3 pages.

9572. Lettres de naturalité avec permission de tester,   13 janvier.
sans payer aucune finance, données en faveur

de Jean Ambroix de Turin, sculpteur et in-
génieur. Montpellier, 13 janvier 1537.

1538.

> *Arch. nat., Acquits sur l'épargne,* J. 962, pl. 18,
> n° 7, anc. J. 961, n° 66. (*Mention.*)

9573. Don à Antoine Bonacoursi, fils du trésorier de
Provence, de l'office de notaire et secrétaire
du roi, vacant par le décès de Guy Budé, en
récompense d'une somme de 3,500 livres
payée par son père sur l'ordre du roi. Montpellier, 13 janvier 1537.

13 janvier.

> *Arch. nat., Acquits sur l'épargne,* J. 962, pl. 13,
> n° 7, anc. J. 961, n° 66. (*Mention.*)

9574. Permission à François Clerc de résigner son office de greffier de la Cour des Aides de Montpellier au profit de Paul Clerc, son fils, avec
réserve de survivance, à condition que le père
exercera ledit office jusqu'à ce que son fils ait
atteint l'âge requis. Montpellier, 13 janvier
1537.

13 janvier.

> *Arch. nat., Acquits sur l'épargne,* J. 962, pl. 13,
> n° 7, anc. J. 961, n° 66. (*Mention.*)

9575. Don à Jacques Balart, tapissier du roi, de la
somme de 50 écus soleil sur les deniers provenant de la résignation de l'office de procureur en Guyenne, faite par Jean de Luziers,
au profit de Bertrand de Luziers, son fils.
Montpellier, 15 janvier 1537.

15 janvier.

> *Arch. nat., Acquits sur l'épargne,* J. 962, pl. 13,
> n° 8, anc. J. 961, n° 65. (*Mention.*)

9576. Don à Jean de Montjoye, dit La Mothe, et à
Pierre Boulay, dit Moricaud, huissiers de salle,
de 20 écus à chacun à prendre sur les deniers
provenant de la vente de l'un des deux offices
de général et conseiller de la justice des Aides
à Montpellier nouvellement créés, dont a été
pourvu André Ricquart. Montpellier, 15 janvier 1537 [1].

15 janvier.

> *Arch. nat., Acquits sur l'épargne,* J. 962, pl. 13,
> n° 8, anc. J. 961, n° 65. (*Mention.*)

[1] Ce don figure une première fois sur le rôle du 13 janvier (J. 962,
pl. 13, n° 7).

9577. Don à Louis Alamanni de la somme de 2,000 livres tournois restant à recouvrer sur la condamnation prononcée, l'an 1529, par le Parlement de Provence contre les juifs d'Avignon
et du Comtat-Venaissin, à la charge de faire
ce recouvrement à ses coûts et dépens. Montpellier, 15 janvier 1537.

> Arch. nat., Acquits sur l'épargne, J. 962, pl. 13,
> n° 8, anc. J. 961, n° 65. (Mention.)

1538.
15 janvier.

9578. Don au comte de Tende de tous les revenus des
biens saisis en Provence de l'ordonnance du
roi, échus depuis le jour de la mainmise,
appartenant aux Niçois, Génois et autres
tenant le parti de l'empereur. Montpellier,
15 janvier 1537.

> Arch. nat., Acquits sur l'épargne, J. 962, pl. 13,
> n° 8, anc. J. 961, n° 65. (Mention.)

15 janvier.

9579. Lettres portant qu'une somme de 600 livres sera
délivrée par le receveur des tailles en Touraine aux habitants de Colombiers, pour la
construction et réparation de leurs turcies et
levées, qui devront être faites d'ici un an.
Montpellier, 15 janvier 1537.

> Arch. nat., Acquits sur l'épargne, J. 962, pl. 13,
> n° 8, anc. J. 961, n° 65. (Mention.)

15 janvier.

9580. Don à Jean de Levin, sʳ de Loussart, archer de
la garde, des fruits et produits de vingt-quatre
journées de pré et de cent vingt journées de
terre labourable, saisies par le gouverneur de
Péronne sur des partisans de l'empereur, en
récompense des pertes qu'il a souffertes en ses
biens à l'occasion des guerres, et en considération des services qu'il rend chaque jour au
roi. Montpellier, 15 janvier 1537.

> Arch. nat., Acquits sur l'épargne, J. 962, pl. 13,
> n° 9, anc. J. 961, n° 67. (Mention.)

15 janvier.

9581. Mandement pour faire payer à Julien de Bourgneuf, président, et à Pierre de Marcé, conseiller au Parlement de Bretagne, la somme
de 308 livres tournois, au premier 168 livres
et au second 140 livres, à eux taxée par MM. de

15 janvier.

III.

IMPRIMERIE NATIONALE.

Soissons et de Bandeville, suivant l'ordonnance du Conseil privé, pour leurs frais, salaires et vacations de vingt-huit jours qu'ils ont employés à faire un emprunt particulier sur les villes de Bretagne, ladite somme à prendre sur les amendes de ladite cour, du conseil et chancellerie de Bretagne. Montpellier, 15 janvier 1537.

1538.

> Arch. nat., Acquits sur l'épargne, J. 962, pl. 13, n° 9, anc. J. 961, n° 67. (Mention.)

9582. Don à Étienne Richier, archer des toiles de chasse du roi, de l'office de notaire royal en Bourbonnais, du nombre des seize ordonnés à Moulins, vacant par le décès de Geoffroy Vidault, pour en disposer à son profit. Montpellier, 15 janvier 1537.

15 janvier.

> Arch. nat., Acquits sur l'épargne, J. 962, pl. 13, n° 9, anc. J. 961, n° 67. (Mention.)

9583. Réunion et incorporation au domaine des greffes, sceaux, geôles, exploits, amendes, etc., des cours subalternes, dans le pays de Languedoc. Montpellier, 16 janvier 1537.

16 janvier.

> Enreg. au Grand Conseil du roi, à Montpellier, le 18 janvier 1538 n. s.
> Enreg. au Parl. de Toulouse. Arch. de la Haute-Garonne, Édits, reg. 4, fol. 107. 2 pages.

9584. Lettres de don de l'office de procureur général en la Chambre des Comptes de Languedoc pour Jean de Penderia, bachelier ès droits. Montpellier, 16 janvier 1537.

16 janvier.

> Enreg. à la Chambre des Comptes de Montpellier. Arch. départ. de l'Hérault, B. 341, fol. 184 v°, 3 pages 1/2, et fol. 187. 1 page 1/2.

9585. Lettres conférant à Denis Duval le canonicat vacant à Sainte-Marthe de Tarascon par la résignation de Pierre Duval. Montpellier, 16 janvier 1537.

16 janvier.

> Enreg. au Parl. de Provence. Arch. de la cour à Aix, Lettres royaux, reg. 2, in-fol. papier de 1,026 feuillets, fol. 966.

9586. Mandement au Parlement de Paris, donné à la

16 janvier.

requête de Raymond Berthe, de faire garder
et observer l'ordonnance de Louis XII touchant la juridiction des auditeurs au Châtelet
de Paris. Montpellier, 16 janvier 1537.

> Présenté au Parl. le 28 mars 1538 n. s. Arch.
> nat., X¹ᵃ 4905, Plaidoiries, fol. 631 v°. (Mention.)

9587. Mandement de payer à Nicolas Corbin, conseiller au Grand conseil, 415 livres tournois
pour quatre-vingt-trois jours qu'il a employés
en 1536 à deux voyages en Bretagne pour
solliciter des évêques et du clergé de ce pays
le payement du reste des dîmes qu'ils doivent.
Montpellier, 16 janvier 1537.

> Original. Bibl. nat., Pièces orig., Corbin, vol. 852,
> p. 11.

9588. Mandement à Jean Laguette de payer à Jean
Breton, sr de Villandry, et à Guillaume Bochetel, secrétaires des finances, à chacun
500 écus d'or soleil pour les indemniser en
partie des dépenses qu'ils ont dû faire au dernier voyage de Piémont, où ils ont accompagné le roi. Montpellier, 17 janvier 1537.

> Arch. nat., Acquits sur l'épargne, J. 961, pl. 11,
> n° 25, anc. 58. (Mention.)

9589. Mandement à Jean Laguette de payer à César
Delphin (Delfino), de Parme, 50 écus d'or soleil dont le roi lui a fait don pour avoir com-
posé et offert à Sa Majesté un petit poème en
vers héroïques à l'honneur de la Vierge Marie.
Montpellier, 17 janvier 1537.

> Arch. nat., Acquits sur l'épargne, J. 961, pl. 11,
> n° 25, anc. 58. (Mention.)

9590. Mandement à Jean Laguette de payer à Félix
de Jonville, capitaine de lansquenets, et à
François de La Parvillière, commissaire chargé
de la conduite des lansquenets du comte Guillaume [de Furstenberg], la somme de 405 livres tournois pour s'être rendus en toute diligence du pays de Bresse à Montpellier, près
du roi, et de là à Leucate; ils sont repartis de
Montpellier pour la Bresse le 13 de ce mois

1538.

16 janvier.

17 janvier.

17 janvier.

17 janvier.

de janvier, en même diligence. Montpellier,
17 janvier 1537.

Arch. nat., Acquits sur l'épargne, J. 961, pl. 11,
n° 25, anc. 58. (*Mention.*)

9591. Mandement à Jean Laguette de délivrer à Martin
de Troyes, trésorier de l'Extraordinaire des
guerres, la somme de 185 livres tournois pour
payer plusieurs personnes qui ont servi à l'administration des vivres de l'armée de Piémont
et à faire les montres des mulets levés pour le
transport desdits vivres. Montpellier, 17 janvier 1537.

Arch. nat., Acquits sur l'épargne, J. 961, pl. 11,
n° 25, anc. 58. (*Mention.*)

9592. Mandement à Jean Laguette de payer à Pierre
Talon, receveur de Senlis, et à Pierre de Croix-
marc la somme de 175 livres tournois pour
un voyage qu'ils ont fait en diligence de Montpellier à la Côte-Saint-André pour la montre
et le payement des lansquenets du comte Guillaume [de Furstenberg]. Montpellier, 17 janvier 1537.

Arch. nat., Acquits sur l'épargne, J. 961, pl. 11,
n° 25, anc. 58. (*Mention.*)

9593. Mandement à Jean Laguette de payer à Thomas
Rapouel, s^r de Bandeville, la somme de
488 livres 17 sous tournois, à lui taxée par
MM. de Soissons et de Baïf pour trois voyages
qu'il fit sur le commandement du roi : le premier allant de Pagny, le 17 décembre 1535,
vers les commissaires du Louvre, pour vérifier
avec eux les recettes et dépenses des années
1534 et 1535, ce qui restait à lever et à payer,
et en rapporter les états signés; le deuxième
partant de Crémieu, le 1er mars 1536 n. s.,
pour aller ouvrir les coffres du trésor et en faire
tirer et apporter au roi 500,000 livres; et le
troisième partant de Montbrison, le 16 mai
1537, pour aller de nouveau ouvrir lesdits
coffres et apporter au roi le reste des sommes
qui pouvaient s'y trouver, « le tout pour

1538.

17 janvier.

17 janvier.

17 janvier.

subvenir ès affaires de la guerre ». Montpellier, 17 janvier 1537. 1538.

Arch. nat., Acquits sur l'épargne, J. 961, pl. 11, n° 25, anc. 58. (Mention.)

9594. Mandement à Jean Laguette de payer à Jean de Bagis, conseiller au Grand conseil, 450 livres sur ce qui lui sera dû pour instruire le procès de René Gentils. Montpellier, 17 janvier 1537. — 17 janvier.

Arch. nat., Acquits sur l'épargne, J. 961, pl. 11, n° 25, anc. 58. (Mention.)

9595. Mandement à Jean Laguette de délivrer à Bénigne Serre, receveur général, la somme de 123 livres 15 sous tournois pour payer à Nicolas Lecointe, tenant la poste pour le roi à Paris, ses gages des deux premiers quartiers de l'année 1537. Montpellier, 17 janvier 1537. 17 janvier.

Arch. nat., Acquits sur l'épargne, J. 961, pl. 11, n° 25, anc. 58. (Mention.)

9596. Mandement à Jean Laguette de rembourser à Guillaume Bigot la somme de 270 livres tournois qu'il lui avait payée, le 18 octobre dernier, pour l'office de sergent à cheval au Châtelet de Paris, que l'on disait vacant par la mort de Pierre Leboiteux, ce qui était faux. Montpellier, 17 janvier 1537. 17 janvier.

Arch. nat., Acquits sur l'épargne, J. 961, pl. 11, n° 25, anc. 58. (Mention.)

9597. Mandement à Jean Laguette de payer à Louis d'Adhémar de Grignan la somme de 637 livres 10 sous tournois pour avoir vaqué pendant quatre-vingt-cinq jours, à raison de 7 livres 10 sous par jour, à la vente du domaine du roi en Provence. Montpellier, 17 janvier 1537. 17 janvier.

Arch. nat., Acquits sur l'épargne, J. 961, pl. 11, n° 25, anc. 58. (Mention.)

9598. Mandement à Jean Laguette de payer à Geoffroy Demay, demeurant à Tournon, 225 livres tournois pour le récompenser de la perte qu'il fit en 1536 d'une « fuste » à lui appartenant, 17 janvier.

qui fût brûlée par les Suisses au camp d'Avignon. Montpellier, 17 janvier 1537.

1538.

> Arch. nat., Acquits sur l'épargne, J. 961, pl. 11,
> n° 25, anc. 58. (Mention.)

9599. Mandement à Jean Laguette de payer à Mellin de Saint-Gélais 30 écus d'or pour un voyage de Montpellier à Toulouse, où le roi l'a envoyé faire l'inventaire des livres de la bibliothèque du feu évêque de Rieux [Jean de Pins] et rechercher des papiers concernant les affaires de Sa Majesté qui étaient en possession du défunt. Montpellier, 17 janvier 1537.

17 janvier.

> Arch. nat., Acquits sur l'épargne, J. 961, pl. 11,
> n° 25, anc. 58. (Mention.)

9600. Mandement à Jean Laguette, receveur général des parties casuelles, de payer à Raymond Bardon, capitaine de Raveil (Revel), 200 livres tournois pour la pension annuelle que le roi lui a naguère accordée. Montpellier, 17 janvier 1537.

17 janvier.

> Arch. nat., Acquits sur l'épargne, J. 961, pl. 11,
> n° 25, anc. 58. (Mention.)

9601. Don et quittance au cardinal Le Veneur de tout ce qu'il devrait payer sur le don gratuit et caritatif accordé au roi par le clergé l'année dernière, à cause de son évêché de Lisieux et de ses abbayes et prieurés. Saint-Vallier, 24 janvier 1537 [1].

24 janvier.

> Original. Bibl. nat., ms. fr. 25721, n° 495.
> Arch. nat., Acquits sur l'épargne, J. 962, pl. 13,
> n° 9 bis, anc. J. 961, n° 61. (Mention.)

9602. Provisions en faveur de Jean de Lévis, chevalier, seigneur de Châteaumorant, de l'office de sénéchal d'Auvergne, en remplacement du sr de Barbezieux, décédé. Saint-Vallier, 24 janvier 1537.

24 janvier.

> Réception au Parl. de Paris le 29 décembre 1539.
> Arch. nat., X¹ᵃ 1544, reg. du Conseil, fol. 55 v°.
> (Mention.)

[1] Le 25 janvier, suivant les Acquits sur l'épargne.

9603. Don à Pierre Lalouette, huissier de salle et du Conseil étroit, de la somme de 75 écus soleil, montant du quart de la résignation de l'office de contrôleur du grenier à sel de Gisors, que doit faire André Rageau au profit de Robert Hurtault. Saint-Vallier, 25 janvier 1537.   1538. 25 janvier.

> Arch. nat., Acquits sur l'épargne, J. 962, pl. 13, n° 9 bis, anc. J. 961, n° 61. (Mention.)

9604. Don à François Fourchelles, valet de chambre de M. le Grand maître, de l'office de sergent à cheval au bailliage de Clermont-en-Beauvaisis, vacant par la mort de Geoffroy Allou, pour en disposer à son profit et en faire pourvoir tel personnage qu'il avisera. Saint-Vallier, 25 janvier 1537.   25 janvier.

> Arch. nat., Acquits sur l'épargne, J. 962, pl. 13, n° 9 bis, anc. J. 961, n° 61. (Mention.)

9605. Don à Nicolas Jousserant, dit Champigny, et à Jean Rocquart, sommeliers d'échansonnerie de bouche, de la somme de 200 livres sur les deniers provenant des lods et ventes et autres droits seigneuriaux échus au roi à cause de l'acquisition naguère faite par François Bourreau de certains dons et rentes qui appartenaient au sr de Reilhac en la recette ordinaire de Poitou. Saint-Vallier, 25 janvier 1537.   25 janvier.

> Arch. nat., Acquits sur l'épargne, J. 962, pl. 13, n° 9 bis, anc. J. 961, n° 61. (Mention.)

9606. Don à Jean Champion, valet de garde-robe du roi, de 500 écus soleil sur les deniers provenant de la résignation de l'office de receveur ordinaire du comté de Clermont en Beauvaisis que doit faire Jean Cuvelier au profit de Claude Billourt. Saint-Vallier, 25 janvier 1537.   25 janvier.

> Arch. nat., Acquits sur l'épargne, J. 962, pl. 13, n° 9 bis, anc. J. 961, n° 61. (Mention.)

9607. Permission au sr d'Oraison de résigner, en faveur de Jean de Rouen, son office de capitaine de la tour de Bouc en la vicomté de Martigues,   25 janvier.

avec remise du quart qui se paye habituelle-
ment. Saint-Vallier, 25 janvier 1537.

> *Arch. nat., Acquits sur l'épargne, J. 962, pl. 13,
> n° 9 bis, anc. J. 961, n° 61. (Mention.)*

1538.

9608. Lettres de maintenue et sauvegarde pour le curé
de Gueugnon, au sujet de la terre de Rom-
pey. 26 janvier 1537.

> *Arch. départ. de Saône-et-Loire.*

26 janvier.

9609. Provisions de l'office de juge des appeaux des
pays de Bresse, Bugey et Gex pour François
Du Puget, docteur ès droits, en remplacement
de Thomas Bergier, décédé. Lyon, 27 janvier
1537.

> *Enreg. au Parl. de Dijon, le 11 juillet suivant.
> Arch. de la Côte-d'Or, Parl., reg. II, fol. 208 v°.*

27 janvier.

9610. Mandement au général des finances de Bourgogne d'entériner les provisions de maître des
comptes au pays de Bresse pour Pierre Buatier, données le 30 mai 1536 (n° 8473).
Lyon, 27 janvier 1537.

> *Enreg. à la Chambre des Comptes de Dijon, le
> 24 avril 1538. Arch. de la Côte-d'Or, B. 18,
> fol. 333.*

27 janvier.

9611. Don au sr de la Vieilleville du déport ou rachat
naguère échu au roi du prieuré de Cunault
(Trèves-Cunault), vacant par le décès de Jean
Cottereau. Lyon, 27 janvier 1537.

> *Rôle d'expéditions du 7 février suivant. Arch. nat.,
> Acquits sur l'épargne, J. 962, pl. 13, n° 10, anc.
> J. 961, n° 57. (Mention.)*

27 janvier.

9612. Lettres portant jussion au Parlement de Paris
pour enregistrer purement et simplement la
déclaration du 4 octobre 1537 (n° 9336)
concernant les secrétaires du roi. Lyon, 28 janvier 1537.

> *Original et copies collationnées du XVIe siècle.
> Arch. nat., V² 3, n° 1434.
> Enreg. au Parl. de Paris, le 14 mars 1538 n. s.
> Arch. nat., X¹ᵃ 8613, fol. 84. 2 pages.
> Imp. A. Tesserau, Hist. de la chancellerie. Paris,
> 1710, in-fol., t. I, p. 97.*

28 janvier.

9613. Provisions en faveur de Bertrand Bègue de l'office de greffier criminel au siège de Marseille... Lyon, 29 janvier 1537.

1538.
29 janvier.

> Enreg. au Parl. de Provence. Arch. de la cour à Aix, Lettres royaux, reg. pet. in-fol. de 253 feuillets, fol. 137 v°.

9614. Confirmation des lettres accordant à la Chambre des Comptes de Montpellier les mêmes privilèges et franchises dont jouit la Chambre des Comptes de Paris. Montpellier, janvier 1537.

Janvier.

> Enreg. à la Chancellerie de France. Arch. nat., Trésor des Chartes, JJ. 254, n° 16, fol. 4 v°. 1 page.
> Enreg. à la Chambre des Comptes de Montpellier. Arch. départ. de l'Hérault, B. 341, fol. 183. 4 pages.

9615. Lettres accordant le privilège du sel aux officiers de la Chambre des Comptes de Montpellier. Montpellier, janvier 1537.

Janvier.

> Enreg. à la Chambre des Comptes de Montpellier. Archives départ. de l'Hérault, B. 341, fol. 161. 3 pages 1/2.

9616. Établissement de deux nouvelles foires annuelles à Bagnols-sur-Cèze. Montpellier, janvier 1537.

Janvier.

> Enreg. à la Chancellerie de France. Arch. nat., Trésor des Chartes, JJ. 254, n° 4, fol. 2. 1 page.

9617. Confirmation des privilèges concédés par les rois aux habitants de Montolieu, en Languedoc. Montpellier, janvier 1537.

Janvier.

> Enreg. à la Chancellerie de France. Arch. nat., Trésor des Chartes, JJ. 254, n° 14, fol. 4 v°. 1 page.

9618. Création de trois foires par an et d'un marché chaque semaine à Montolieu. Montpellier, janvier 1537.

Janvier.

> Enreg. à la Chancellerie de France. Arch. nat., Trésor des Chartes, JJ. 254, n° 6, fol. 2. 1 page.

9619. Institution d'une foire chaque année et d'un marché le mardi de chaque semaine à la Vac-

Janvier.

III.

58

querie, en Languedoc. Montpellier, janvier 1537.   1538.

Enreg. à la Chancellerie de France. Arch. nat., Trésor des Chartes, JJ. 254, n° 11, fol. 3. 1 page.

9620. Création de quatre nouvelles foires annuelles à Villeneuve-de-Berg. Montpellier, janvier 1537.   Janvier.

Enreg. à la Chancellerie de France. Arch. nat., Trésor des Chartes, JJ. 254, n° 15, fol. 4 v°. 1 page.

9621. Lettres d'anoblissement en faveur de Louis Michel, bourgeois de Pertuis, en Provence. Montpellier, janvier 1537.   Janvier.

Enreg. à la Chancellerie de France. Arch. nat., Trésor des Chartes, JJ. 254, n° 25, fol. 7. 1 page.

9622. Lettres de noblesse accordées à Suffren Motte, bourgeois de Pertuis, en Provence. Montpellier, janvier 1537.   Janvier.

Enreg. à la Chancellerie de France. Arch. nat., Trésor des Chartes, JJ. 254, n° 23, fol. 6 v°. 1 page.

9623. Lettres de sauvegarde pour l'archevêque de Lyon, Jean, cardinal de Lorraine. Lyon, janvier 1537.   Janvier.

Enreg. à la Chancellerie de France. Arch. nat., Trésor des Chartes, JJ. 254, n° 32, fol. 9. 1 page 1/2.

9624. Ordonnance portant que les appellations du juge ordinaire du Bugey ressortiront sans moyen au Parlement de Dijon. Moulins, 7 février 1537.   7 février.

Enreg. au Parl. de Dijon, le 11 mars suivant. Arch. de la Côte-d'Or, Parl., reg. II, fol. 216.

9625. Don accordé sur la requête de M. le Grand maître, à Jean Picard, notaire et secrétaire du roi, de l'office de trésorier et payeur des mortes-payes de Picardie, vacant par le décès de Guillaume Durant. Moulins, 7 février 1537.   7 février.

Arch. nat., Acquits sur l'épargne, J. 962, pl. 13, n° 10, anc. J. 961, n° 57. (Mention.)

9626. Permission accordée sur la requête de M. de
Montpezat, à Jean de La Place, sʳ de La Fau-
rie, de résigner avec réserve de survivance son
office de visiteur des navires passant devant
Blaye pour se rendre à Bordeaux en remontant la Gironde, au profit de Jean de Saint-
Chastier, sʳ de Saint-Martin, sans rien payer
des droits acoutumés. Moulins, 7 février
1537.

> Arch. nat., Acquits sur l'épargne, J. 962, pl. 13,
> n° 10, anc. J. 961, n° 57. (Mention.)

1538.
7 février.

9627. Don au cardinal Du Bellay de tout ce que le roi
pourrait redevoir au cardinal Spinola, récemment décédé, de la pension annuelle qu'il lui
avait accordée lors du voyage du pape Clément VII à Marseille, lesquels deniers Sa Majesté peut revendiquer par droit d'aubaine.
Moulins, 7 février 1537.

> Arch. nat., Acquits sur l'épargne, J. 962, pl. 13,
> n° 10, anc. J. 961, n° 57. (Mention.)

7 février.

9628. Lettres portant que désormais, et à partir du
1ᵉʳ janvier précédent, les cinq sergents et gardes
de la forêt de Moulière et les trois des forêts de
Lusignan et de Coulombiers en Poitou seront
payés de leurs gages, qui sont de 40 livres pour
chacun des gardes de la forêt de Moulière, et
de 30 livres pour chacun des autres, sur les
premiers et plus clairs deniers des amendes et
exploits, et des bois abattus et carvents desdites forêts respectivement, et sans qu'il soit
besoin d'un mandement spécial chaque année.
Moulins, 7 février 1537 [1].

> Arch. nat., Acquits sur l'épargne, J. 962, pl. 13,
> n° 10, anc. J. 961, n° 57. (Mention.)
> Enreg. à la Chambre des Comptes de Paris, le
> 12 avril suivant, anc. mém. 2 H, fol. 389. Arch.
> nat., invent. PP. 136, p. 455. (Mention.)

7 février.

9629. Don à Michel Vernoy, valet de fourrière du roi,
d'une rente annuelle de 8 ou 10 livres assise
sur certains héritages près d'Orléans, qui ap-

7 février.

[1] Le 14 février, suivant l'inventaire coté PP. 136.

58.

partenait à feu Simonne, fille bâtarde de feu
Aignan Lelièvre, et est échue au roi parce que
ladite Simonne est morte sans avoir obtenu
de lettres de légitimation. Moulins, 7 février
1537.

> *Arch. nat., Acquits sur l'épargne, J. 962, pl. 13,
> n° 10, anc. J. 961, n° 57. (Mention.)*

9630. Don et quittance à Jean Racine, sommelier
d'échansonnerie du roi, des lods et ventes
montant à 25 livres ou environ par lui dus, à
cause de l'acquisition qu'il a faite, de la veuve
de Jacques Boullay, d'une grange appelée le
Pressoir-de-Montoussan (paroisse de Souvi-
gny), en la recette ordinaire d'Amboise. Moulins, 7 février 1537.

> *Arch. nat., Acquits sur l'épargne, J. 962, pl. 13,
> n° 10, anc. J. 961, n° 57. (Mention.)*

9631. Don à Jean-Jacques de Mesmes, lieutenant civil
de la prévôté de Paris, du montant des droits
seigneuriaux qu'il doit au roi à cause de l'acquisition qu'il a faite, du feu comte de Dammartin, moyennant 2,500 livres tournois, de
la terre et seigneurie de Malassise, tenue et
mouvante du château de Senlis. Moulins, 7 février 1537.

> *Arch. nat., Acquits sur l'épargne, J. 962, pl. 13,
> n° 10, anc. J. 961, n° 57. (Mention.)*

9632. Don à Mlle de Trezay, l'une des demoiselles de
Mme la Dauphine, des droits et devoirs seigneuriaux montant à 100 livres environ, dus au roi
sur la terre et seigneurie de Chavagne en Loudunais, que Louise de Faye a apportée en mariage à René Hervé. Moulins, 7 février 1537.

> *Arch. nat., Acquits sur l'épargne, J. 962, pl. 13,
> n° 10, anc. J. 961, n° 57. (Mention.)*

9633. Don au duc de Vendôme des sommes ci-après à
lui prêtées et avancées depuis le 16 mars
1537 n. s., savoir : 600 livres par le greffier
Duval; 1,125 livres par le receveur général de
Bourgogne, commis à l'Extraordinaire des
guerres, et 1,000 livres par le général de Nor-

1538.

7 février.

7 février.

7 février.

7 février.

mandie; soit 2,725 livres, dont mandements et acquits seront expédiés à qui il appartiendra, sans que lesdites sommes soient déduites de la pension dudit duc. Moulins, 7 février 1537.

Arch. nat., Acquits sur l'épargne, J. 962, pl. 13, n° 10, *anc.* J. 961, n° 57. (*Mention.*)

9634. Don à Louis Burgensis, premier médecin du roi, de tous les droits et devoirs seigneuriaux échus au roi à cause de la vente et adjudication par décret des terres du grand et du petit Charentois, de Prunay (paroisse de Saint-Cyr-sur-Loire) et de Vaumorin (paroisse de Montlouis), mouvantes du duché de Touraine, lesdits droits montant à environ 429 livres 3 sous 4 deniers. Moulins, 7 février 1537.

Arch. nat., Acquits sur l'épargne, J. 962, pl. 13, n° 10, *anc.* J. 961, n° 57. (*Mention.*)

9635. Don aux s⁙ de La Grange et de Ressac de l'aubaine échue au roi par le décès de Raphaël...[1], médecin établi à Poitiers, qui n'avait pas obtenu de lettres de naturalité. Moulins, 7 février 1537.

Arch. nat., Acquits sur l'épargne, J. 962, pl. 13, n° 10, *anc.* J. 961, n° 57. (*Mention.*)

9636. Don à Pierre Tafforeau de l'office de geôlier et garde des prisons du Mans, vacant par la mort de René Pahoneau, et ce sans payer aucun droit, à la sollicitation du cardinal Du Bellay. Moulins, 7 février 1537.

Arch. nat., Acquits sur l'épargne, J. 962, pl. 13, n° 10, *anc.* J. 961, n° 57. (*Mention.*)

9637. Don à Christophe Daresse, huissier du Conseil, de 100 écus soleil sur la vente de l'office de contrôleur du grenier à sel de Falaise, vacant par la mort de Jean de Chalon, pour l'aider à terminer la maison de la chasse à Loches. Moulins, 7 février 1537.

Arch. nat., Acquits sur l'épargne, J. 962, pl. 13, n° 10, *anc.* J. 961, n° 57. (*Mention.*)

[1] Le nom est en blanc.

9638. Don à Charles Deleaune et à Simon Massiquet, potagers en la cuisine de bouche, à François Dupuis et à François Frion, dit le Breton, sommeliers d'échansonnerie, de la somme de 120 écus soleil, soit à chacun 30 écus, sur ledit office de contrôleur à Falaise, en échange d'une même somme qui leur avait été assignée autrement et qu'ils n'ont pu recouvrer. Moulins, 7 février 1537.

> Arch. nat., Acquits sur l'épargne, J. 962, pl. 18, n° 10, anc. J. 961, n° 57. (Mention.)

9639. Don à Crédit, huissier de cuisine, à Antoine Huet et à Guillaume Rousselet, potagers, de 80 écus sur ledit office de contrôleur à Falaise, en échange d'un autre don semblable qui n'avait pas sorti effet. Moulins, 7 février 1537.

> Arch. nat., Acquits sur l'épargne, J. 962, pl. 13, n° 10, anc. J. 961, n° 57. (Mention.)

9640. Lettres autorisant la confrérie de Saint-Michel de la cathédrale du Mans à retirer des mains de leurs détenteurs les biens autrefois aliénés, et notamment le lieu de la Vannerie à Saint-Ouen-en-Belin, au Maine. Paris (sic), 8 février 1537.

> Arch. départ. de la Sarthe, G. 116.

9641. Commission au bailli de Tours et d'Amboise pour l'exécution de l'édit du 24 février 1537 n. s. (n° 8810) sur la juridiction des baillis, sénéchaux et autres juges royaux. Moulins, 9 février 1537.

> IMP. Les loix, ordonnances et edictz des très chrestiens rois de France... depuis le roy saint Lois... Paris, Galiot du Pré, 1559, in-fol., fol. 134 v°.
> Girard et Joly, Le troisiesme livre des offices de France, etc., Paris, 1646, in-fol., t. II, p. 837.

9642. Provisions de l'état et office de connétable de France, en faveur d'Anne de Montmorency, grand maître et maréchal de France. Moulins, 10 février 1537.

> Enreg. au Parl. de Paris, le 4 mars suivant. Arch. nat., X¹ᵃ 8613, fol. 77 v°. 3 pages 1/3.

1538.
7 février.

7 février.

8 février.

9 février.

10 février.

Enreg. à la Chambre des Comptes de Paris. Arch. nat., P. 2306, p. 629. 6 pages.

Idem, P. 2537, fol. 288 v°, et P. 2553, fol. 279 v°.

Enreg. au Parl. de Bordeaux, le 2 septembre 1538. Arch. de la Gironde, B. 30 bis, fol. 387. 6 pages.

Enreg. au Parl. de Dauphiné, le 29 avril 1538, et à la Chambre des Comptes de Grenoble, le 30 avril. Arch. de l'Isère, B. 2910, cah. 56. 7 pages.

Enreg. au Parl. de Toulouse, le 10 mai 1538. Arch. de la Haute-Garonne, Édits, reg. 4, fol. 110 [1]. 4 pages.

Enreg. au Parl. de Rouen, le 21 mars 1537.

Enreg. à la Chambre des Comptes de Provence, le 27 juin 1538. Arch. des Bouches-du-Rhône, B. 33 (Aristis), fol. 287.

Copie du XVIII° siècle. Bibl. nat., Portefeuille de Fontanieu 346.

Imp. P. Rebuffi, *Les édits et ordonnances, etc.*, Lyon, 1573, in-fol., p. 907.

A. Fontanon, *Édits et ordonnances, etc.*, Paris, 1611, t. III, p. 3. (Date inexacte du 19 février.)

André Du Chesne, *Hist. généal. de la maison de Montmorency*, Paris, S. Cramoisy, 1624, in-fol., Preuves, p. 281.

Jean Le Féron, *Hist. des connestables, chanceliers, amiraux, mareschaux, etc.*, revue et continuée par Denys Godefroy. Paris, impr. royale, 1658, in-fol., 1re partie, p. 63.

Isambert, *Anc. lois françaises.* Paris, 1827, in-8°, t. XII, p. 542. (Date inexacte du 19 février.)

9643. Provisions de l'office de gouverneur et lieutenant général de Paris et de l'Ile-de-France, vacant par le décès du seigneur de Barbezieux, en faveur de François de Montmorency, seigneur de La Rochepot. Moulins, 10 février 1537.

10 février.

Enreg. au Parl. de Paris, le 1er avril 1538 n. s. [2]

Enreg. au Châtelet de Paris, Bannières. Arch. nat., Y. 9, fol. 109. 3 pages.

Enreg. au Bureau de la ville de Paris, le 1er avril 1538 n. s. Arch. nat., H. 1779, fol. 289 v°.

Imp. *Registres des délibérations du Bureau de la ville de Paris*, in-4°, t. II, 1886, p. 361.

---

[1] Il s'y trouve une mention ainsi conçue : «Enreg. au Parl. de Lyon (sic), le 21 mars 1537».

[2] Cette mention se trouve au bas du texte transcrit sur le registre du Bureau de la ville de Paris; cependant ces lettres ne se trouvent point parmi les ordonnances enregistrées au Parlement.

9644. Don de 2,250 livres accordé à Francisque Bryan, premier gentilhomme de la chambre du roi d'Angleterre, envoyé par son maître pour conférer avec le roi de France. Moulins, 10 février 1537.

> Bibl. nat., ms. Clairambault 1215, fol. 77. (Mention.)

1538.
10 février.

9645. Mandement à François de Saint-André, président au Parlement, lui ordonnant de nommer des commissaires, membres de la cour et maîtres des requêtes, pour prononcer le jugement d'un procès pendant entre frère Jean Boullanger et Jérôme Fondut, secrétaire de la chambre du roi, touchant le prieuré de Suresnes. Moulins, 11 [février [1]] 1537.

> Enreg. au Parl. de Paris, le 22 mai 1538. Arch. nat., X¹ᵃ 1541, reg. du Conseil, fol. 394. 1 page.

11 février.

9646. Évocation au Grand conseil de la cause pendante devant le Parlement de Provence entre Pierre Bosquier, archidiacre de Marseille, et Christophe Carnot au sujet de l'archidiaconé. Moulins, 12 février 1537.

> Enreg. au Parl. de Provence. Arch. de la cour à Aix, Lettres royaux, reg. 2, in-fol. papier de 1,026 feuillets, fol. 1,015.

12 février.

9647. Don à Jean Audineau, dit de La Chambre, et à La Roche, fauconniers et valets de garde-robe du roi, de la somme de 200 livres tournois pour les aider à s'acheter chacun un cheval, à prendre sur la somme de 2,000 livres que Réné Berthault doit payer pour le reste de la composition du greffe civil des plaids et assises de Saumur. Moulins, 12 février 1537.

> Arch. nat., Acquits sur l'épargne, J. 962, pl. 13, n° 11, anc. J. 961, n° 55. (Mention.)

12 février.

9648. Don au capitaine Félix de Jonville d'un billon d'argent, coupé en deux, pesant 24 livres et demie, et de 210 livres 5 sous en carolus, le

12 février.

---

[1] Le nom du mois a été omis. On voit par l'itinéraire du roi que ce mandement doit être du 11 février ou du 11 mars.

tout saisi par les gardes de Lyon sur un marchand allemand nommé Jean «Fichefeir», au moment où il les expédiait à Montluel, à Sébastien Abend, et depuis déclaré confisqué par sentence du maître des ports de Lyon pour cause de contravention aux ordonnances. Moulins, 12 février 1537.

> *Arch. nat., Acquits sur l'épargne, J.* 962, pl. 13, n° 11, *anc.* J. 961, n° 55. (*Mention.*)

1538.

9649. Mandement au trésorier de l'épargne de payer au sr de Villemontais, maître d'hôtel de M. le Connétable, 500 livres tournois que feu le duc d'Albany lui légua par son testament, et 70 écus que ledit défunt lui devait pour deux mois qu'il l'avait employé à ses affaires en la ville de Paris. Moulins, 12 février 1537.

> *Arch. nat., Acquits sur l'épargne, J.* 962, pl. 13, n° 11, *anc.* J. 961, n° 55. (*Mention.*)

12 février.

9650. Don à Charles de Rennes, écuyer de cuisine, et à Jean de Nevers, clerc des offices, de 100 écus soleil, montant des droits dus pour la résignation de l'office de greffier du juge de Béziers que doit faire Jean de Pontrieux au profit d'un sr Carbonnet. Moulins, 12 février 1537.

> *Arch. nat., Acquits sur l'épargne, J.* 962, pl. 13, n° 11, *anc.* J. 961, n° 55. (*Mention.*)

12 février.

9651. Don pour dix ans à André de Saint-André, maître d'hôtel du comte de Saint-Pol, des revenus annuels de la terre et seigneurie de Saint-Laurent-du-Pont, en Dauphiné, évalués à environ 260 livres tournois par an, payables par le trésorier et receveur général de Dauphiné. Moulins, 12 février 1537.

> *Arch. nat., Acquits sur l'épargne, J.* 962, pl. 13, n° 11, *anc.* J. 961, n° 55. (*Mention.*)

12 février.

9652. Don à Jean Soudain, huissier ordinaire des chambellans, de 96 livres 11 deniers sur la somme portée aux états sous le nom de Jean Lemoyne, son prédécesseur, décédé le 23 avril

12 février.

1537, les gages dudit office montant à 140 li- 1538.
vres par an. Moulins, 12 février 1537.

> Arch. nat., Acquits sur l'épargne, J. 962, pl. 13,
> n° 11, anc. J. 961, n° 55. (Mention.)

9653. Don à Philippe de Poix, valet de chambre du 12 février.
roi, bailli d'Abbeville, de l'office de notaire
royal au bailliage d'Amiens, vacant par le décès
de Nicolas Du Pille, pour en faire pourvoir
Philippe Duboys. Moulins, 12 février 1537.

> Arch. nat., Acquits sur l'épargne, J. 962, pl. 13,
> n° 11, anc. J. 961, n° 55. (Mention.)

9654. Don à Macé Blanchart, Pierre Dunoyer et Guil- 12 février.
lemin Dunoyer, palefreniers de l'écurie du roi,
en récompense des services qu'ils ont faits au
voyage de Piémont, du second office d'enquêteur au bailliage et prévôté de Blois, auquel
il n'a pas encore été pourvu depuis la création, pour en disposer à leur profit et le faire
mettre au nom de tel personnage qu'ils avise-
ront. Moulins, 12 février 1537.

> Arch. nat., Acquits sur l'épargne, J. 962, pl. 13,
> n° 11, anc. J. 961, n° 55. (Mention.)

9655. Édit réglant ce que les administrateurs du duché 13 février.
de Bretagne ont à faire au sujet de la réforma-
tion du domaine et de la levée de ce qui est
dû au roi. Moulins, 13 février 1537.

> Imp. Les ordonnances faites par le roy et ses pré-
> décesseurs sur le faict de la Chambre des Comptes en
> Bretagne... Tours, J. Rousset, 1556, in-4°, p. 115.
> (Bibl. nat., F. 2907².)
> J.-A. de La Gibonays, Recueil des édits... con-
> cernant la Chambre des Comptes de Bretagne. Nantes,
> 1721, in-fol., t. I, 1ʳᵉ partie, p. 34.

9656. Lettres concernant les actes de foi et hommage 13 février.
faits à la Chambre des Comptes de Bretagne
par les vassaux du duché. Moulins, 13 février
1537.

> Imp. Albert Padioleau, sʳ de Launay, Traité de
> la juridiction de la Chambre des Comptes de Bretagne
> sur le fait de la régale, etc. Nantes, S. de Heuque-
> ville, 1631, in-4°, p. 90.

9657. Lettres confirmatives de l'indult accordé par le
pape au cardinal de Carpi, à Rome, la veille
des calendes d'août 1537, contenant pouvoir
de collation de tous bénéfices dans le ressort
de son diocèse. Moulins, 13 février 1537.

1538.
13 février.

> *Enreg. au Parl. de Paris, sauf les restrictions ordi-
> naires, le 21 mars 1538 n. s. Arch. nat., X¹ᵃ 8613,
> fol. 85 v°-87 v°. 5 pages.*
> *Enreg. au Parl. de Toulouse, le 13 août 1538.
> Arch. de la Haute-Garonne, Édits, reg. 4, fol. 122.
> 1 page.*

9658. Édit portant établissement d'une chambre à sel
dans la ville de la Châtre en Berry. 13 février
1537.

13 février.

> *Enreg. à la Chambre des Comptes de Paris, anc.
> mém. 2 H, fol. 384. Arch. nat., invent. PP. 136,
> p. 455. (Mention.)*
> *Enreg. à la Cour des Aides de Paris. Arch. nat.,
> recueil Cromo, U. 665, fol. 282. (Mention.)*

9659. Permission accordée, sur la requête du duc d'Estouteville, à Jean Richard, de résigner son
office de contrôleur du grenier à sel de Caen
et de la chambre à sel de Bayeux au profit
de Louis Richard, son frère, sans payer aucune finance. Moulins, 14 février 1537 [1].

14 février.

> *Rôle d'expéditions du 23 octobre 1538. Arch. nat.,
> Acquits sur l'épargne, J. 962, pl. 15, n° 33, anc.
> J. 961, n° 253. (Mention.)*

9660. Provisions en faveur de Jean Chevalier, écuyer,
de l'office de prévôt des maréchaux dans le
duché de Châtellerault, office distrait de la
charge d'Antoine de L'Échelle, prévôt des maréchaux en Poitou. Moulins, 15 février 1537.

15 février.

> *Enreg. à la Connétablie et maréchaussée de France,
> siège de la Table de marbre, le 16 septembre 1538.
> Arch. nat., Z¹ᶜ 4, fol. 18.*

9661. Provisions de l'office de conseiller clerc au Parlement de Bordeaux en faveur de Christophe

15 février.

---

[1] Cet acte est porté à nouveau sur un rôle d'expéditions daté de
Moulins, le 18 février suivant, avec cette différence que Jean Richard est
dispensé seulement du tiers des droits à payer. (J. 962, pl. 13, n° 12.)

de Rouffignac. Moulins, 15 février 1537.

Enreg. au Parl. de Bordeaux, le 3 avril 1538 n. s. Arch. de la Gironde, B. 30 bis, fol. 379. 2 pages 1/2.

1538.

9662. Mandement au trésorier de l'épargne de payer à Louis de Perreau [s^r de Castillon], ambassadeur en Angleterre, 3,600 livres pour cent quatre-vingts jours d'exercice de sa charge, du 13 décembre 1537 au 10 juin 1538. Moulins, 16 février 1537.

16 février.

Bibl. nat., ms. Clairambault 1215, fol. 76. (Mention.)

9663. Mandement au trésorier de l'épargne de payer 1,125 livres à Antoine de Castelnau, évêque de Tarbes, qui va en Angleterre comme ambassadeur du roi. Moulins, 16 février 1537.

16 février.

Bibl. nat., ms. Clairambault 1215, fol. 76. (Mention.)

9664. Lettres portant que les visites des forêts devront être faites deux fois l'année par les maîtres des Eaux et forêts qui tiendront les assises. Moulins, 17 février 1537.

17 février.

Enreg. au Parl. de Toulouse. Arch. de la Haute-Garonne, Édits, reg. 4, fol. 94. 1 page 1/2.

9665. Provisions de l'office de gouverneur, capitaine et bailli des ville, place et château de Hesdin pour Adrien de Pisseleu, s^r de Heilly, en remplacement du s^r de Sarcus, décédé. Moulins, 17 février 1537.

17 février.

Réception au Parl. de Paris le 28 des mêmes mois et an. Arch. nat., X^{1a} 4905, Plaidoiries, fol. 490 v°. (Mention.)

9666. Lettres enjoignant au Parlement de Provence de juger sans retard le procès pendant entre les habitants de Marseille et les notaires de cette ville, opposants à la publication de l'édit réduisant à trente-six le nombre des notaires de cette ville (n° 8704). Moulins, 18 février 1537.

18 février.

Enreg. au Parl. de Provence. Arch. de la cour à Aix, Lettres royaux, reg. pet. in-fol. de 253 feuillets, fol. 140.

9667. Provisions de l'office de grand sénéchal de

18 février.

Guyenne pour Gilbert de La Rochefoucauld, 1538.
seigneur de Barbezieux, en remplacement de
son père. Moulins, 18 février 1537.

> *Enreg. au Parl. de Bordeaux (s. d.). Arch. de la
> Gironde, B. 30 bis, fol. 380 v°. 2 pages.
> Enreg. à la Chambre des Comptes de Paris, le
> 10 mai 1539. Arch. nat., P. 2537, fol. 300 v°.
> (Arrêt d'enregistrement.)
> Bibl. nat., ms. Clairambault 782, p. 298. (Mention.)*

9668. Lettres de dispense d'âge accordées au même 18 février.
pour exercer ledit office. Moulins, 18 février
1537.

> *Enreg. au Parl. de Bordeaux (s. d.). Arch. de la
> Gironde, B. 30 bis, fol. 381 v°. 2 pages.*

9669. Mandement au trésorier de l'épargne de payer 18 février.
1,905 livres 10 sous tournois à Jean de Lan-
geac, évêque de Limoges, pour un voyage qui
dura du 17 mars au 6 septembre; il avait
accompagné le roi d'Écosse retournant en son
royaume avec la fille du roi de France, qu'il
venait d'épouser à Paris, et s'en était retourné
par l'Angleterre, où il avait rempli une mission
du roi. Moulins, 18 février 1537.

> *Original. Bibl. nat., Pièces originales, Langeac,
> vol. 1639, p. 41.*

9670. Don à Charles de Pierrevive, trésorier de France, 18 février.
de la somme de 2,000 écus d'or soleil, payable
par le changeur du trésor sur les deniers des
lettres de légitimation et de naturalité, omis-
sions de recettes, restes de comptes, erreurs
de calcul et autres parties de cette nature qui
se perçoivent par le changeur du trésor. Moulins, 18 février 1537.

> *Arch. nat., Acquits sur l'épargne, J. 962, pl. 13,
> n° 12, anc. J. 961, n° 53. (Mention.)*

9671. Don et quittance à Léonard Deleaune, tailleur or- 18 février.
dinaire du roi, d'une amende prononcée contre
lui par arrêt du Parlement en un procès qu'il
avait contre un nommé Ambrois, marchand
allemand. Moulins, 18 février 1537.

> *Arch. nat., Acquits sur l'épargne, J. 962, pl. 13,
> n° 12, anc. J. 961, n° 53. (Mention.)*

9672. Continuation pour trois ans, accordée sur la re- | 1538.
quête de M. l'Amiral, à la princesse d'Orange, | 18 février.
du don des revenus des greniers à sel d'Arnay-
le-Duc et de Pouilly en Bourgogne, ainsi que
des amendes, forfaitures et confiscations qui y
écherront pendant ce temps. Moulins, 18 février 1537.

> Arch. nat., Acquits sur l'épargne, J. 962, pl. 13,
> n° 12, anc. J. 961, n° 53. (Mention.)

9673. Don à René Thouart et à Mathurin Barres, valets | 18 février.
de fourrière, qui ont fait le dernier voyage de
Piémont, de la somme de 60 écus sur les deniers de la vente de l'office d'essayeur des
monnaies à Montpellier, vacant par la mort
de Jean Mouchet. Moulins, 18 février 1537.

> Arch. nat., Acquits sur l'épargne, J. 962, pl. 13,
> n° 12, anc. J. 961, n° 53. (Mention.)

9674. Permission à Claude de Fontaines de résigner | 18 février.
son office de capitaine des ville et château de
la Neuville-en-Hez au profit d'Eustache Le
Doyen, sans rien payer des droits habituels.
Moulins, 18 février 1537.

> Arch. nat., Acquits sur l'épargne, J. 962, pl. 13,
> n° 12, anc. J. 961, n° 53. (Mention.)

9675. Don à Jean Falaise, dit Dieppe, valet de garde- | 18 février.
robe du roi, de l'office de garde et concierge
du château de Cognac, et des meubles et petit
parc dudit château, pour en jouir comme ont
fait ses prédécesseurs. Moulins, 18 février
1537.

> Arch. nat., Acquits sur l'épargne, J. 962, pl. 13,
> n° 12, anc. J. 961, n° 53. (Mention.)

9676. Mandement au trésorier de l'épargne de payer | 19 février.
à Claude Dodieu, ambassadeur en Espagne,
1,350 livres en déduction de ce qui pourra
lui être dû pour ses dépenses dans l'exercice
de sa charge. Moulins, 19 février 1537.

> Bibl. nat., ms. Clairambault 1215, fol. 76. (Men-
> tion.)

9677. Lettres de mainlevée de la saisie des revenus de | 20 février.

la prévôté de Chardavon en Provence, mis
sous la main du roi pour le motif, reconnu
faux, que le prévôt, Francisque Accursi, originaire de Milan, était des ennemis de l'État.
Moulins, 20 février 1537.

> Enreg. au Parl. de Provence. Arch. de la cour à
> Aix, Lettres royaux, reg. pet. in-fol. de 253 feuillets,
> fol. 140 v°.

9678. Lettres portant concession à Galleote Pic,
comte de la Mirandole, du revenu des terres
et seigneuries de Conches et Breteuil en Normandie, avec le droit d'habitation dans les
maisons et châteaux en dépendant. Moulins,
22 février 1537 [1].

22 février.

> Enreg. à la Chambre des Comptes de Paris, le
> 18 mars 1538 n. s. Arch. nat., P. 2306, p. 595.
> 4 pages 1/2.
> Arch. nat., Acquits sur l'épargne, J. 962, pl. 13,
> n° 12, anc. J. 961, n° 53. (Mention.)

9679. Lettres par lesquelles Zacharie Chapelain, greffier civil, criminel et des présentations au Parlement de Dijon, est maintenu dans ses attributions nonobstant la création de la chambre
criminelle. Moulins, 22 février 1537.

22 février.

> Enreg. au Parl. de Dijon, le 13 avril suivant.
> Arch. de la Côte-d'Or, Parl., reg. II, fol. 214.

9680. Provisions et réception d'Eustache Allegrain en
l'office de conseiller correcteur à la Chambre
des Comptes, au lieu de Guillaume Allegrain,
son père, pour l'exercer d'abord conjointe-
ment, puis par le survivant. 22 février 1537.

22 février.

> Enreg. à la Chambre des Comptes de Paris, le
> 11 mai suivant, anc. mém. 2 H, fol. 371. Arch.
> nat., invent. PP. 136, p. 455. (Mention.)

9681. Lettres permettant au cardinal de Châtillon de
faire des coupes et ventes des bois de haute
futaie de son évêché de Beauvais et de ses
abbayes de Saint-Lucien-lès-Beauvais et de

22 février.

---

[1] Le rôle d'expéditions des Acquits sur l'épargne, où sont mentionnées
ces lettres, est daté de « Moulins, le 18 février ».

Vauluisant, jusqu'à concurrence de la somme
de 12,000 livres tournois. 22 février 1537.

*Présentées le 11 mars suivant au Parl. de Paris,
qui refuse de les entériner. Arrêt du 20 mars. Arch.
nat., X¹ª 1540, reg. du Conseil, fol. 246. (Mention.)*

1538.

9682. Lettres enjoignant aux consuls de Lyon de hâter
leur approvisionnement de vingt-cinq milliers
de salpêtre. Moulins, 22 (*alias* 23) février
1537.

22 février.

*Original. Arch. de la ville de Lyon, CC. 335.
Copie. Idem, AA. 151, fol. 53.*

9683. Mandement au trésorier de l'épargne de payer
202 livres 10 sous à Guillaume Vallette, chevaucheur, pour aller à Londres remettre des
lettres du roi à ses ambassadeurs, l'évêque de
Tarbes et le seigneur de Castillon, et en rapporter la réponse. Moulins, 22 février 1537.

22 février.

*Bibl. nat., ms. Clairambault 1215, fol. 76. (Men-
tion.)*

9684. Don à la comtesse de Nevers du revenu des greniers à sel de Nevers, Dreux, Clamecy, Decize, Saint-Sauge, Moulins-Engilbert et Luzy,
et des amendes, forfaitures et confiscations qui
y écherront durant la présente année 1538,
payables par les grènetiers, pour en jouir ainsi
qu'elle a fait les années précédentes. Moulins,
22 février 1537.

22 février.

*Arch. nat., Acquits sur l'épargne, J. 962, pl. 13,
n° 13, anc. J. 961, n° 51. (Mention.)*

9685. Don à la comtesse de Nevers, au nom et comme
ayant la garde noble de François de Clèves,
comte d'Eu, son fils, du revenu des greniers à
sel d'Eu, Mers-en-Vimeu et Saint-Valery-sur-
Mer, ainsi que des amendes, forfaitures et
confiscations qui y écherront durant la présente année, pour en jouir comme elle a fait
les années précédentes. Moulins, 22 février
1537.

22 février.

*Arch. nat., Acquits sur l'épargne, J. 962, pl. 13,
n° 13, anc. J. 961, n° 51. (Mention.)*

9686. Mandement pour faire payer à la comtesse de

22 février.

Nevers, sur les deniers provenant des gardes
nobles en la vicomté d'Arques durant l'année
commencée en octobre 1537, la somme de
100 écus soleil, montant des droits de la garde
noble à elle baillée de François de Clèves,
comte d'Eu, son fils. Moulins, 22 février
1537.

Arch. nat., Acquits sur l'épargne, J. 962, pl. 13,
n° 13, anc. J. 961, n° 51. (Mention.)

1538.

9687. Continuation du don fait à la duchesse de Longueville, au nom et comme tutrice de François
d'Orléans, à présent duc de Longueville, son
fils, du revenu des greniers à sel de Châteaudun et de Montbard en Bourgogne, et des
amendes, forfaitures et confiscations qui y
écherront durant la présente année. Moulins,
22 février 1537.

22 février.

Arch. nat., Acquits sur l'épargne, J. 962, pl. 13,
n° 13, anc. J. 961, n° 51. (Mention.)

9688. Don à Lancelot Gosselin, valet de chambre ayant
la charge du petit lit, des biens confisqués de
feu Guillaume Pican, de la paroisse de Poilley-
sur-le-Homme, en la vicomté d'Avranches,
exécuté à mort pour avoir rogné des monnaies.
Moulins, 22 février 1537.

22 février.

Arch. nat., Acquits sur l'épargne, J. 962, pl. 13,
n° 13, anc. J. 961, n° 51. (Mention.)

9689. Don à Claude Le Poulcre et au petit Macquart,
enfants de cuisine du roi, d'un office de sergent
à Loudun. Moulins, 22 février 1537.

22 février.

Arch. nat., Acquits sur l'épargne, J. 962, pl. 13,
n° 13, anc. J. 961, n° 51. (Mention.)

9690. Don à Gatien de Balorre, gentilhomme de la
vénerie, des deniers provenant de la résignation de l'office de greffier des Eaux et forêts
du duché d'Orléans que doit faire Simon
Babau (aliàs Babou) au profit de François
Nourry. Moulins, 22 février 1537.

22 février.

Arch. nat., Acquits sur l'épargne, J. 962, pl. 13,
n° 13, anc. J. 961, n° 51. (Mention.)

III.

9691. Don et remise au s^r du Bouchage du montant
des droits et devoirs seigneuriaux qu'il doit au
roi pour l'aliénation par lui faite du Plessis-
Savary (paroisse de Perrusson), tenu et mouvant du château de Loches. Moulins, 22 février
1537.

> Arch. nat., Acquits sur l'épargne, J. 962, pl. 13,
> n° 13, anc. J. 961, n° 51. (Mention.)

1538.
22 février.

9692. Lettres portant que les gens des trois états de
Dauphiné, en considération des frais et dépenses extraordinaires qu'ils ont dû supporter
par suite du passage des gens de guerre et des
armées du roi allant en Italie et en revenant,
seront dégrevés des 20,144 livres du don gratuit accordé par les États tenus à Grenoble en
juillet 1537, y compris les 144 livres de la
composition de Tallard. Moulins, 22 février
1537.

> Arch. nat., Acquits sur l'épargne, J. 962, pl. 13,
> n° 13, anc. J. 961, n° 51. (Mention.)

22 février.

9693. Lettres autorisant la résignation à survivance que
veut faire Pierre de Baillon, vicomte et receveur de Caudebec, au profit d'Odet de Baillon,
son fils, et donnant les droits de tiers qui en
proviendront au s^r de la Ferté. Moulins, 22 février 1337.

> Arch. nat., Acquits sur l'épargne, J. 962, pl. 13,
> n° 13, anc. J. 961, n° 51. (Mention.)

22 février.

9694. Don à Cécile Girard de la somme annuelle de
50 livres tournois à prendre, sa vie durant,
sur la boucherie de Moulins, comme faisait
feu Françoise Girard, sa sœur. Moulins, 22 février 1537.

> Arch. nat., Acquits sur l'épargne, J. 962, pl. 13,
> n° 13, anc. J. 961, n° 51. (Mention.)

22 février.

9695. Don à Christophe du Refuge, écuyer d'écurie
du duc d'Estouteville, de la confiscation des
biens meubles et immeubles de Regnaud de la
Villeneuve, s^r de Bonnelles, qui fut condamné

22 février.

l'an 1535 à avoir la tête tranchée. Moulins, 1538.
22 février 1537.

Arch. nat., Acquits sur l'épargne, J. 962, pl. 13, n° 13, anc. J. 961, n° 51. (*Mention.*)

9696. Don à Jeannet de Bouchefort, chantre de la   22 février.
chambre du roi, de 600 livres tournois sur
ce que pourra redevoir Nicolas Ricard, ci-
devant maître de la monnaie de Crémieu en
Dauphiné, par la clôture de ses comptes des
années 1529 et 1530. Moulins, 22 février
1537.

Arch. nat., Acquits sur l'épargne, J. 962, pl. 13, n° 13, anc. J. 961, n° 51. (*Mention.*)

9697. Mandement au receveur ordinaire de Blois de   22 février.
payer, des deniers de sa recette de l'année
passée ou de la présente, à Jean Grenasie,
maître des comptes à Blois, à Jean Jolin,
lieutenant du maître des Eaux et forêts, et à
Guillaume Poisson, procureur du roi à Blois,
au premier 60 livres et à chacun des deux
autres 30 livres, en tout 120 livres tournois,
pour avoir vaqué pendant quinze jours, suivant la commission du roi, aux ventes de bois
des forêts de Boulogne et de Blois. Moulins,
22 février 1537.

Arch. nat., Acquits sur l'épargne, J. 962, pl. 13, n° 13, anc. J. 961, n° 51. (*Mention.*)

9698. Mandement au s^r Viart, receveur du comté de   22 février.
Blois, de payer sur les deniers de sa recette de
la présente année, à Guillaume le Maure et à
Denis de Mercoliano, jardiniers du château de
Blois, à chacun 300 livres tournois pour leurs
gages de ladite année. Moulins, 22 février
1537.

Arch. nat., Acquits sur l'épargne, J. 962, pl. 13, n° 13, anc. J. 961, n° 51. (*Mention.*)

9699. Mandement à Jean Laguette, receveur général   22 février.
des parties casuelles, de payer à François
Vallet, huissier du Conseil privé, 105 livres
10 sous tournois pour l'achat d'un cheval,
d'une charrette et d'autres ustensiles néces-

saires au service dudit Conseil. Moulins, 22 fé-   1538.
vrier 1537.

> Arch. nat., Acquits sur l'épargne, J. 962, pl. 13,
> n° 14, anc. J. 961, n° 49. (Mention.)

9700. Mandement à Jean Laguette de payer à Pierre   22 février.
Berbier, président de la Cour des Aides de
Montpellier, la somme de 200 livres tournois
à valoir sur ce qui lui sera ordonné pour les
informations dont il a été chargé par le roi
dans les localités de Languedoc, Dauphiné et
Provence, sur les abus, usurpations, fraudes
et malversations commises au préjudice des
droits de gabelle et du tirage du sel remontant
le Rhône. Moulins, 22 février 1537.

> Arch. nat., Acquits sur l'épargne, J. 962, pl. 13,
> n° 14, anc. J. 961, n° 49. (Mention.)

9701. Mandement à Jean Laguette de délivrer à Bé-   22 février.
nigne Serre, receveur général des finances,
la somme de 230 livres 1 sou 6 deniers tournois pour payer la location et l'accoutrement
de bateaux ordonnés au port de Pérols, près
Maguelonne, pour un voyage fait par le roi
sur l'étang de Lart (de l'Or ou de Mauguio),
de Pérols à Aigues-Mortes. Moulins, 22 février
1537.

> Arch. nat., Acquits sur l'épargne, J. 962, pl. 13,
> n° 14, anc. J. 961, n° 49. (Mention.)

9702. Mandement à Bénigne Serre pour le règlement   22 février.
de la dépense desdits bateaux et d'autres qui
ont conduit le roi sur le Rhône, d'Avignon à
Arles et autres lieux. Moulins, 22 février
1537.

> Arch. nat., Acquits sur l'épargne, J. 962, pl. 13,
> n° 14, anc. J. 961, n° 49. (Mention.)

9703. Mandement à Jean Laguette de délivrer à Guil-   22 février.
laume Prudhomme, trésorier de l'épargne, la
somme de 19,000 livres tournois pour employer au fait de sa charge. Moulins, 22 février
1537.

> Arch. nat., Acquits sur l'épargne, J. 962, pl. 13,
> n° 14, anc. J. 961, n° 49. (Mention.)

9704. Mandement à Jean Laguette de délivrer à Pierre Delagrange, commis au payement des réparations et fortifications des villes de Picardie, la somme de 20,000 livres tournois, savoir : 18,000 livres à prendre sur les deniers de la composition faite avec Jean Ruzé, et le reste sur la vente des offices, pour employer au fait de sa commission. Moulins, 22 février 1537.

1538.
22 février.

Arch. nat., Acquits sur l'épargne, J. 962, pl. 13, n° 14, anc. J. 961, n° 49. (Mention.)

9705. Mandement à Jean Laguette de payer à Jean de Saint-Rémy, l'un des cent gentilshommes de la maison du roi et commissaire ordinaire de l'artillerie, la somme de 300 écus d'or soleil pour son remboursement des dépenses qu'il a faites en plusieurs voyages, pendant les années 1536 et 1537, à la conduite des bandes de lansquenets du comte Guillaume [de Furstenberg] dans les garnisons de Bourgogne, puis en Picardie, et autres voyages à Hesdin, Montreuil et Narbonne pour les affaires de la guerre. Moulins, 22 février 1537.

22 février.

Arch. nat., Acquits sur l'épargne, J. 962, pl. 13, n° 14, anc. J. 961, n° 49. (Mention.)

9706. Mandement à Jean Laguette de payer à François de La Parvillière, commissaire chargé de la conduite des lansquenets du comte Guillaume [de Furstenberg], la somme de 55 écus d'or pour être allé en poste, au mois de janvier précédent, de Bourg en Bresse à Auberive, auprès de M. le Connétable, puis de Dombes à Moulins, pour le payement des lansquenets. Moulins, 22 février 1537.

22 février.

Arch. nat., Acquits sur l'épargne, J. 962, pl. 13, n° 14, anc. J. 961, n° 49. (Mention.)

9707. Mandement à Jean Laguette de payer à Thibaut de Longuejoue, maître des requêtes de l'hôtel, et à Jean Billon, maître des comptes, la somme de 400 livres tournois sur ce qui leur sera ordonné pour procéder à l'évaluation et estimation de la terre et seigneurie et des

22 février.

revenus du comté de Montfort-l'Amaury, qui
doit être échangé contre le comté de Saint-
Pol. Moulins, 22 février 1537.

*Arch. nat., Acquits sur l'épargne, J. 962, pl. 13,
n° 14, anc. J. 961, n° 49. (Mention.)*

1538.

9708. Mandement à Jean Laguette de payer à Nicole
de Ganay, conseiller au Grand conseil, 75 livres tournois, et à Martin Chambellan, naguère
procureur du roi au siège de Bourges, 45 livres, soit en tout 120 livres tournois qui leur
ont été taxées pour avoir vaqué à Issoudun,
Bourges, Nevers et Moulins au recouvrement
des sommes octroyées au roi par les habitants
de ces villes pour subvenir aux nécessités de la
guerre. Moulins, 22 février 1537.

*Arch. nat., Acquits sur l'épargne, J. 962, pl. 13,
n° 14, anc. J. 961, n° 49. (Mention.)*

22 février.

9709. Mandement à Jean Laguette de payer à Guillaume de Moussy, sr de Guiberville, homme
d'armes de la compagnie du comte de Saint-
Pol, la somme de 12 écus d'or soleil pour
porter de Moulins des lettres que le roi écrit à
M. de La Trémoïlle, et de là rejoindre la garnison de sa compagnie en Poitou. Moulins,
22 février 1537.

*Arch. nat., Acquits sur l'épargne, J. 962, pl. 13,
n° 14, anc. J. 961, n° 49. (Mention.)*

22 février.

9710. Lettres adressées aux maire et échevins de la
Rochelle, leur enjoignant de faire provision
de trente-six milliers de salpêtre, la présente
année et la prochaine, sur les deniers communs de ladite ville. Moulins, 23 février 1537.

*Copie de l'époque, collationnée sur les registres des
délibérations de la ville de la Rochelle. Arch. nat.,
suppl. du Trésor des Chartes, J. 959, n° 7.*

23 février.

9711. Lettres ordonnant à la ville de Lyon de faire
provision de vingt-cinq milliers de salpêtre,
cette année et l'année prochaine. Moulins,
23 février 1537.

*Récépissé original de la municipalité de Lyon.
Arch. nat., suppl. du Trésor des Chartes, J. 959,
n° 8. (Mention.)*

23 février.

9712. Confirmation de la vente à réméré faite au nom du roi, par le cardinal de Tournon, à Philibert de Beaujeu, seigneur de Linières, et à Catherine d'Amboise, sa femme, de la terre et seigneurie de Perreux, sise en Beaujolais. Moulins, 25 février 1537.

1538.
25 février.

Suit le contrat de ladite vente, passé le 31 octobre 1537.

Enreg. au Parl. de Paris, le 19 juin 1538. Arch. nat., X¹ᵃ 8613, fol. 89, 1 page 1/2, et fol. 90. 15 pages.

Enreg. à la Chambre des Comptes de Paris. Arch. nat., invent. PP. 136, p. 451. (Mention.)

9713. Édit portant que les terres et seigneuries de Pacy, Ézy et Nonancourt demeureront désunies du comté d'Évreux, établissement d'un office de vicomte et receveur desdites terres et provisions dudit office en faveur de Jacques Le Maçon. Moulins, 25 février 1537.

25 février.

Enreg. à la Chambre des Comptes de Paris, le 30 août 1538, anc. mém. 2 J, fol. 39. Arch. nat., invent. PP. 136, p. 455. (Mention.)

9714. Lettres portant règlement de l'exercice de la justice ordinaire dans le comté de Gien, cédé, par lettres de novembre 1537 (n° 9440), à Jacques Stuart, roi d'Écosse, et à Madeleine de France, sa femme. Moulins, 27 février 1537.

27 février.

Enreg. au Parl. de Paris, le 11 mars 1538 n. s. Arch. nat., X¹ᵃ 8613, fol. 81, 2 pages.

Enreg. à la Chambre des Comptes de Paris. Arch. nat., P. 2306, fol. 64. 4 pages.

9715. Confirmation des lettres de juillet 1537 (n° 9202) concernant l'échange de la seigneurie d'Yèvre-le-Châtel contre celle d'Avon, conclu entre le roi et François du Monceau, sᵣ de Saint-Cyr. Moulins, 27 février 1537.

27 février.

Enreg. au Parl. de Paris, le 9 mai 1538. Arch. nat., X¹ᵃ 8613, fol. 102. 2 pages.

Arrêt d'enregistrement. Idem, X¹ᵃ 4906, Plaidoiries, fol. 88 v°.

Enreg. à la Chambre des Comptes de Paris, anc. mém. coté 2 H, fol. 140. Arch. nat., invent. PP. 136, p. 448. (Mention.)

9716. Lettres ordonnant de fournir des vivres et des
munitions pour l'approvisionnement de Turin.
Moulins, 28 février 1537.

> Copie. Arch. de la ville de Lyon, CC. 316.

1538.
28 février.

9717. Lettres portant permission à l'abbé et aux religieux de Saint-Pierre de Molesmes de faire
couper et vendre trente-cinq arpents de bois
de chauffage au lieu dit Neufchêne, appartenant à ladite abbaye, pour employer les deniers
en provenant aux réparations urgentes de l'abbaye, à l'entretien de l'église et à l'achèvement
du clocher. Moulins, 28 février 1537.

> Présentées au Parl. de Paris le 16 mai 1538.
> Arch. nat., X¹ᵃ 1541, reg. du Conseil, fol. 376.
> (Mention.)

28 février.

9718. Mandement à Guillaume Prudhomme, trésorier
de l'épargne, de bailler à André Blondel
19,313 livres 18 sous 4 deniers tournois pour
parfaire le payement des cent lances des ordonnances de la compagnie de M. le Dauphin du dernier quartier de l'année 1537 et
du premier de 1538. Moulins, 28 février
1537.

> Arch. nat., Acquits sur l'épargne, J. 962, pl. 13,
> n° 14 bis, anc. J. 961, n° 41. (Mention.)

28 février.

9719. Mandement au trésorier de l'épargne de bailler
à Jacques Arnoul 20,245 livres tournois pour
le payement des cent lances de la compagnie
du roi de Navarre du dernier quartier de l'année 1537 et du premier de 1538. Moulins,
28 février 1537.

> Arch. nat., Acquits sur l'épargne, J. 962, pl. 13,
> n° 14 bis, anc. J. 961, n° 41. (Mention.)

28 février.

9720. Mandement au trésorier de l'épargne de bailler
à Audebert Catin 22,217 livres 10 sous tournois pour le payement des cent lances de
la compagnie de M. le Connétable, y compris un prévôt des maréchaux, vingt archers,
un commissaire et un contrôleur, pendant

28 février.

les mêmes quartiers. Moulins, 28 février 1537.

1538.

Arch. nat., Acquits sur l'épargne, J. 962, pl. 13, n° 14 bis, anc. J. 961, n° 41. (*Mention.*)

9721. Mandement au trésorier de l'épargne de bailler à Hector Personne 20,245 livres tournois pour le payement des cent lances de la compagnie du duc d'Estouteville, comte de Saint-Pol, pendant les mêmes quartiers. Moulins, 28 février 1537.

28 février.

Arch. nat., Acquits sur l'épargne, J. 962, pl. 13, n° 14 bis, anc. J. 961, n° 41. (*Mention.*)

9722. Mandement au trésorier de l'épargne de bailler à Bonnet de Moreau la somme de 19,925 livres tournois pour le payement des cent lances de la compagnie du duc de Lorraine pendant les mêmes quartiers. Moulins, 28 février 1537.

28 février.

Arch. nat., Acquits sur l'épargne, J. 962, pl. 13, n° 14 bis, anc. J. 961, n° 41. (*Mention.*)

9723. Mandement au trésorier de l'épargne de bailler à Jacques Marcel 20,245 livres tournois pour le payement des cent lances de la compagnie du duc de Guise pendant les mêmes quartiers. Moulins, 28 février 1537.

28 février.

Arch. nat., Acquits sur l'épargne, J. 962, pl. 13, n° 14 bis, anc. J. 961, n° 41. (*Mention.*)

9724. Mandement au trésorier de l'épargne de bailler à Gérard Sayve 20,245 livres tournois pour le payement des cent lances de la compagnie de [Philippe Chabot], comte de Buzançais, amiral de France, pendant les mêmes quartiers. Moulins, 28 février 1537.

28 février.

Arch. nat., Acquits sur l'épargne, J. 962, pl. 13, n° 14 bis, anc. J. 961, n° 41. (*Mention.*)

9725. Mandement au trésorier de l'épargne de bailler à Alain Veau 20,245 livres tournois pour le payement des cent lances de la compagnie du s^r de la Rochepot pendant les mêmes quartiers. Moulins, 28 février 1537.

28 février.

Arch. nat., Acquits sur l'épargne, J. 962, pl. 13, n° 14 bis, anc. J. 961, n° 41. (*Mention.*)

9726. Mandement au trésorier de l'épargne de bailler
à Étienne Noblet 21,685 livres pour le payement des cent lances de la compagnie du
s^r d'Aubigny, y compris un prévôt des maréchaux, vingt archers, un commissaire et un
contrôleur, pendant les mêmes quartiers. Moulins, 28 février 1537.

> Arch. nat., Acquits sur l'épargne, J. 962, pl. 13,
> n° 14 bis, anc. J. 961, n° 41. (Mention.)

1538.
28 février.

9727. Mandement au trésorier de l'épargne de bailler
à Michel Cosson 20,245 livres tournois pour
le payement des cent lances de la compagnie
du s^r de Montejean pendant les mêmes quartiers. Moulins, 28 février 1537.

> Arch. nat., Acquits sur l'épargne, J. 962, pl. 13,
> n° 14 bis, anc. J. 961, n° 41. (Mention.)

28 février.

9728. Mandement au trésorier de l'épargne de bailler
à Macé Bourget 7,422 livres 10 sous pour le
payement des soixante-dix lances de la compagnie du duc de Vendôme pendant le premier quartier de la présente année. Moulins,
28 février 1537.

> Arch. nat., Acquits sur l'épargne, J. 962, pl. 13,
> n° 14 bis, anc. J. 961, n° 41. (Mention.)

28 février.

9729. Mandement au trésorier de l'épargne de bailler
à Jacques Servant 6,362 livres 10 sous tournois pour le payement des soixante lances de
la compagnie du s^r Jean-Paul [de' Orsini] pendant le premier quartier de la présente année.
Moulins, 28 février 1537.

> Arch. nat., Acquits sur l'épargne, J. 962, pl. 13,
> n° 14 bis, anc. J. 961, n° 41. (Mention.)

28 février.

9730. Mandement au trésorier de l'épargne de bailler à
Jacques Servant 4,981 livres 5 sous tournois
pour le payement des cinquante lances de la
compagnie du s^r de Burie pendant le premier
quartier de la présente année. Moulins, 28 février 1537.

> Arch. nat., Acquits sur l'épargne, J. 962, pl. 13,
> n° 14 bis, anc. J. 961, n° 41. (Mention.)

28 février.

9731. Mandement au trésorier de l'épargne de bailler à Jean Gaultier 4,981 livres 5 sous tournois pour le payement des cinquante lances de la compagnie du duc d'Orléans pendant le même quartier. Moulins, 28 février 1537.

> Arch. nat., Acquits sur l'épargne, J. 962, pl. 13, n° 14 bis, anc. J. 961, n° 41. (Mention.)

9732. Mandement au trésorier de l'épargne de bailler à Jacques Le Roy 4,981 livres 5 sous tournois pour le payement des cinquante lances de la compagnie du prince de La Roche-sur-Yon pendant le même quartier. Moulins, 28 février 1537.

> Arch. nat., Acquits sur l'épargne, J. 962, pl. 13, n° 14 bis, anc. J. 961, n° 41. (Mention.)

9733. Mandement au trésorier de l'épargne de bailler à Guillaume Guyot 5,136 livres 18 sous 4 deniers tournois pour le payement des cinquante lances de la compagnie du comte de Nevers pendant le premier quartier de la présente année. Moulins, 28 février 1537.

> Arch. nat., Acquits sur l'épargne, J. 962, pl. 13, n° 14 bis, anc. J. 961, n° 41. (Mention.)

9734. Mandement au trésorier de l'épargne de bailler à Jean Hallé 4,981 livres 5 sous tournois pour le payement des cinquante lances de la compagnie de M. d'Aumale pendant le même quartier. Moulins, 28 février 1537.

> Arch. nat., Acquits sur l'épargne, J. 962, pl. 13, n° 14 bis, anc. J. 961, n° 41. (Mention.)

9735. Mandement au trésorier de l'épargne de bailler à René de Fontenay 4,981 livres 5 sous tournois pour le payement des cinquante lances de la compagnie du duc d'Étampes pendant le même quartier. Moulins, 28 février 1537.

> Arch. nat., Acquits sur l'épargne, J. 962, pl. 13, n° 14 bis, anc. J. 961, n° 41. (Mention.)

9736. Mandement au trésorier de l'épargne de bailler à Nicolas Le Jay 5,581 livres 5 sous tournois pour le payement des cinquante lances de la

1538.
28 février.

28 février.

28 février.

28 février.

28 février.

28 février.

compagnie du marquis de Rothelin, y compris les gages du contrôleur général des guerres. Moulins, 28 février 1537.

Arch. nat., Acquits sur l'épargne, J. 962, pl. 13, n° 14 bis, anc. J. 961, n° 41. (Mention.)

9737. Mandement au trésorier de l'épargne de bailler à François Chefdebien 20,885 livres tournois pour le payement de cent lances des compagnies du comte de Tende et du sénéchal de Toulouse, y compris un prévôt des maréchaux, vingt archers et les gages d'un commissaire et d'un contrôleur, pendant le dernier quartier de l'année 1537 et le premier quartier de la présente année. Moulins, 28 février 1537.

28 février.

Arch. nat., Acquits sur l'épargne, J. 962, pl. 13, n° 14 bis, anc. J. 961, n° 41. (Mention.)

9738. Mandement au trésorier de l'épargne de bailler à Jérôme Pajonnet 11,722 livres 10 sous tournois pour le payement des cinquante lances de la compagnie de M. d'Annebaut, y compris les gages d'un prévôt des maréchaux, de vingt archers, d'un commissaire et d'un contrôleur, pendant les deux mêmes quartiers. Moulins, 28 février 1537.

28 février.

Arch. nat., Acquits sur l'épargne, J. 962, pl. 13, n° 14 bis, anc. J. 961, n° 41. (Mention.)

9739. Mandement au trésorier de l'épargne de bailler à Blaise Cormicé 4,981 livres 5 sous tournois pour le payement des cinquante lances de la compagnie du comte de Brienne pendant le premier quartier de la présente année. Moulins, 28 février 1537.

28 février.

Arch. nat., Acquits sur l'épargne, J. 962, pl. 13, n° 14 bis, anc. J. 961, n° 41. (Mention.)

9740. Mandement au trésorier de l'épargne de bailler à Claude de Pérelles 4,981 livres 5 sous tournois pour le payement des cinquante lances de la compagnie du comte de Montrevel pendant le même quartier. Moulins, 28 février 1537.

28 février.

Arch. nat., Acquits sur l'épargne, J. 962, pl. 13, n° 14 bis, anc. J. 961, n° 41. (Mention.)

9741. Mandement au trésorier de l'épargne de bailler à Denis Le Prince 4,861 livres 5 sous tournois, complétant les 120 livres qu'il a entre les mains pour le payement des cinquante lances de la compagnie du prince de Melphe pendant le même quartier. Moulins, 28 février 1537.

> Arch. nat., Acquits sur l'épargne, J. 962, pl. 13, n° 14 bis, anc. J. 961, n° 41. (Mention.)

1538.
28 février.

9742. Mandement au trésorier de l'épargne de bailler à Claude Dulyon 9,842 livres 10 sous tournois pour le payement de cent lances des compagnies des sᵣ de Saint-André et de Beaumont-Brisay pendant le même quartier. Moulins, 28 février 1537.

> Arch. nat., Acquits sur l'épargne, J. 962, pl. 13, n° 14 bis, anc. J. 961, n° 41. (Mention.)

28 février.

9743. Mandement au trésorier de l'épargne de bailler à Adam Pinceverre 9,962 livres 10 sous tournois pour le payement des cinquante lances de la compagnie du sᵣ de Boisy pendant le dernier quartier de l'année 1537 et le premier de la présente année. Moulins, 28 février 1537.

> Arch. nat., Acquits sur l'épargne, J. 962, pl. 13, n° 14 bis, anc. J. 961, n° 41. (Mention.)

28 février.

9744. Mandement au trésorier de l'épargne de bailler à Guillaume de Moraines 4,981 livres 5 sous tournois pour le payement des cinquante lances de la compagnie du sᵣ de Montpezat pendant le premier quartier de la présente année. Moulins, 28 février 1537.

> Arch. nat., Acquits sur l'épargne, J. 962, pl. 13, n° 14 bis, anc. J. 961, n° 41. (Mention.)

28 février.

9745. Mandement au trésorier de l'épargne de bailler à Pierre Godefroy 9,962 livres 10 sous tournois pour le payement des cinquante lances de la compagnie du sᵣ Du Biez pendant le dernier quartier de l'année 1537 et le premier de 1538. Moulins, 28 février 1537.

> Arch. nat., Acquits sur l'épargne, J. 962, pl. 13, n° 14 bis, anc. J. 961, n° 41. (Mention.)

28 février.

9746. Mandement au trésorier de l'épargne de bailler
à Nicolas Saimbault 14,943 livres 15 sous
pour le payement des cinquante lances de la
compagnie du sʳ d'Auxy pendant les mêmes
quartiers, et des cinquante lances du vicomte
d'Étoges pendant le premier quartier de la
présente année. Moulins, 28 février 1537.

1538.
28 février.

> *Arch. nat., Acquits sur l'épargne, J. 962, pl. 13,
> n° 14 bis, anc. J. 961, n° 41. (Mention.)*

9747. Mandement au trésorier de l'épargne de bailler
à Pierre François 4,981 livres 5 sous tournois
pour le payement des cinquante lances de la
compagnie du sʳ de Créquy pendant le premier quartier de la présente année. Moulins,
28 févier 1537.

28 février.

> *Arch. nat., Acquits sur l'épargne, J. 962, pl. 13,
> n° 14 bis, anc. J. 961, n° 41. (Mention.)*

9748. Mandement au trésorier de l'épargne de bailler
à Pierre Légier 4,981 livres 5 sous tournois
pour le payement des cinquante lances de la
compagnie du sʳ de Bernieulles pendant le
même quartier. Moulins, 28 février 1537.

28 février.

> *Arch. nat., Acquits sur l'épargne, J. 962, pl. 13,
> n° 14 bis, anc. J. 961, n° 41. (Mention.)*

9749. Mandement au trésorier de l'épargne de bailler
à Raoul Moreau 9,962 livres 10 sous tournois
pour le payement des cinquante lances de la
compagnie du sʳ de Piennes et des cinquante
lances de la compagnie du sʳ de Torcy pendant
le même quartier. Moulins, 28 février 1537.

28 février.

> *Arch. nat., Acquits sur l'épargne, J. 962, pl. 13,
> n° 14 bis, anc. J. 961, n° 41. (Mention.)*

9750. Mandement au trésorier de l'épargne de bailler
à Étienne Trotereau 9,804 livres 16 sous 8 deniers tournois pour le payement des cinquante
lances de la compagnie du sʳ de Bonneval
pendant le dernier quartier de l'année 1537
et le premier de 1538. Moulins, 28 février
1537.

28 février.

> *Arch. nat., Acquits sur l'épargne, J. 962, pl. 13,
> n° 14 bis, anc. J. 961, n° 41. (Mention.)*

9751. Mandement au trésorier de l'épargne de bailler
à Pierre Le Vassor 19,925 livres tournois
pour le payement des compagnies des s^rs de la
Meilleraye et de Villebon, de cinquante lances
chacune, pendant les deux mêmes quartiers.
Moulins, 28 février 1537.

> Arch. nat., Acquits sur l'épargne, J. 962, pl. 13,
> n° 14 bis, anc. J. 961, n° 41. (Mention.)

1538.
28 février.

9752. Mandement au trésorier de l'épargne de bailler à
Jacques Boursault 9,962 livres 10 sous pour
le payement des cinquante lances de la compagnie du s^r de La Roche-du-Maine pendant
les deux mêmes quartiers. Moulins, 28 février
1537.

> Arch. nat., Acquits sur l'épargne, J. 962, pl. 13,
> n° 14 bis, anc. J. 961, n° 41. (Mention.)

28 février.

9753. Mandement au trésorier de l'épargne de bailler à
Antoine Béchet 9,655 livres tournois pour le
payement des compagnies du s^r de La Fayette
et du baron de Curton, de cinquante lances
chacune, pendant le premier quartier de la présente année. Moulins, 28 février 1537.

> Arch. nat., Acquits sur l'épargne, J. 962, pl. 13,
> n° 14 bis, anc. J. 961, n° 41. (Mention.)

28 février.

9754. Mandement au trésorier de l'épargne de bailler
à Guillaume Fauvelet 9,962 livres 10 sous
pour le payement des cinquante lances de la
compagnie du s^r de Sedan durant le dernier
quartier de l'année 1537 et le premier de
l'année 1538. Moulins, 28 février 1537.

> Arch. nat., Acquits sur l'épargne, J. 962, pl. 13,
> n° 14 bis, anc. J. 961, n° 41. (Mention.)

28 février.

9755. Mandement au trésorier de l'épargne de bailler
à Bertrand Delamothe 19,925 livres tournois
pour le payement des deux compagnies du
s^r d'Assier et du s^r de Crussol, de cinquante
lances chacune, durant les deux mêmes quartiers. Moulins, 28 février 1537.

> Arch. nat., Acquits sur l'épargne, J. 962, pl. 13,
> n° 14 bis, anc. J. 961, n° 41. (Mention.)

28 février.

9756. Mandement au trésorier de l'épargne de bailler
à André Rageau 5,041 livres 5 sous tournois
pour le payement des cinquante lances de la
compagnie du sᵣ de Boutières pendant le premier quartier de la présente année, y compris
les gages d'un contrôleur pour le quartier précédent, Moulins, 28 février 1537.

> Arch. nat., Acquits sur l'épargne, J. 962, pl. 13,
> n° 14 bis, anc. J. 961, n° 41. (Mention.)

1538.
28 février.

9757. Mandement au trésorier de l'épargne de bailler
à Nicolas Hérouët 4,981 livres tournois pour
le payement des cinquante lances de la compagnie du sᵣ de La Ferté pendant le premier
quartier de la présente année. Moulins, 28 février 1537.

> Arch. nat., Acquits sur l'épargne, J. 962, pl. 13,
> n° 14 bis, anc. J. 961, n° 41. (Mention.)

28 février.

9758. Confirmation des privilèges, franchises et libertés
des habitants d'Aigueperse en Auvergne. Moulins, février 1537.

> Enreg. à la Chancellerie de France. Arch. nat.,
> Trésor des Chartes, JJ. 254, n° 41, fol. 11 v°,
> 1/2 page.

Février.

9759. Lettres de sauvegarde accordées au chapitre de
la cathédrale Saint-Étienne d'Auxerre. Moulins, février 1537.

> Enreg. à la Chancellerie de France. Arch. nat.,
> Trésor des Chartes, JJ. 254, n° 49, fol. 13.
> 1 page 1/2.

Février.

9760. Établissement d'une foire annuelle et d'un marché hebdomadaire à Barjols en Provence.
Moulins, février 1537.

> Enreg. à la Chancellerie de France. Arch. nat.,
> Trésor des Chartes, JJ. 254, n° 63, fol. 16 v°.
> 1 page.

Février.

9761. Permission aux habitants de Chitry, dans l'Auxerrois, de faire clore leur ville de murs et de
fortifications. Moulins, février 1537.

> Enreg. à la Chancellerie de France. Arch. nat.,
> Trésor des Chartes, JJ. 254, n° 59, fol. 15 v°.
> 1 page.

Février.

9762. Confirmation des privilèges, franchises et coutumes des habitants de Montaigut-en-Com-
braille (Auvergne). Moulins, février 1537.

> Enreg. à la Chancellerie de France. Arch. nat.,
> Trésor des Chartes, JJ. 254, n° 36, fol. 10 v°.
> 1 page.

1538.
Février.

9763. Lettres de sauvegarde octroyées au prieur et au
chapitre de Saint-Ursin de Montcenoux (Ville-
franche-de-Montcenoux), en Bourbonnais.
Moulins, février 1537.

> Enreg. à la Chancellerie de France. Arch. nat.,
> Trésor des Chartes, JJ. 254, n° 50, fol. 13 v°.
> 1 page 1/2.

Février.

9764. Permission aux habitants de Sacy, au bailliage
d'Auxerre, de faire enclore leur bourg de murs
et de fortifications. Moulins, février 1537.

> Enreg. à la Chancellerie de France. Arch. nat.,
> Trésor des Chartes, JJ. 254, n° 47, fol. 13. 1 page.

Février.

9765. Permission accordée aux habitants de Saint-Cyr-
les-Colons, dans l'Auxerrois, d'enclore leur
bourg de murs et de fortifications. Moulins,
février 1537.

> Enreg. à la Chancellerie de France. Arch. nat.,
> Trésor des Chartes, JJ. 254, n° 58, fol. 15 v°.
> 1 page.

Février.

9766. Établissement de deux foires l'an et d'un marché
chaque semaine à Viry (Viry-Châtillon), en
faveur de Robert Piédefer, seigneur de Viry
en partie. Moulins, février 1537 [1].

> Enreg. à la Chancellerie de France. Arch. nat.,
> Trésor des Chartes, JJ. 254, n° 42, fol. 11 v°.
> 1 page.
> Enreg. au Châtelet de Paris, le 27 avril 1538.
> Arch. nat., Bannières, Y. 9, fol. 110 v°. 2 pages.

Février.

9767. Lettres portant permission à Guillaume Prudhomme, trésorier de l'épargne, d'établir des ta-
bellions, des notaires et un sceau dans sa terre

Février.

[1] Le registre du Châtelet donne à cet acte la date : «Moulins, mars
1537.»

et seigneurie de Fontenay-en-Brie. Moulins, février 1537. · 1538.

Enreg. à la Chambre des Comptes de Paris, anc. mém. 2 H, fol. 382. Arch. nat., invent. PP. 136, p. 455. (Mention.)

9768. Lettres de naturalité, avec don et remise de la finance, accordées à Nicolas Perussi, Florentin établi à Nantes. Moulins, février 1537.[1]. · · · · Février.

Enreg. à la Chambre des Comptes de Bretagne. Archives de la Loire-Inférieure, B. Mandements royaux, II, 165.
Arch. nat., Acquits sur l'épargne, J. 962, pl. 13, n° 11, anc. J. 961, n° 55. (Mention.)

9769. Lettres ordonnant aux commissaires du roi de procéder en diligence aux coupes et ventes des bois que le clergé de France à mis à la disposition de Sa Majesté en manière de subside pour l'aider à entretenir ses armées et à mettre les places fortes en état. Moulins, 1er mars 1537. · 1er mars.

Copie du XVIe siècle. Arch. de l'Yonne, H. 1148.

9770. Mandement à Guillaume Prudhomme, trésorier de l'épargne, de payer à Georges d'Amboise, archevêque de Rouen, lieutenant du roi, en l'absence du dauphin, au gouvernement de Normandie, la somme de 4,071 livres 9 sous tournois pour les besoins de sa charge. Moulins, 1er mars 1537. · 1er mars.

Original. Bibl. nat., ms. fr. 25721, n° 496.

9771. Déclaration touchant la juridiction des prévôts et châtelains de Beaujolais. Le roi, par son édit de 1536, portant règlement de juridiction pour les baillis, prévôts et autres juges, n'a pas entendu augmenter leur compétence. Moulins, 2 mars 1537. · 2 mars.

Enreg. au Parl. de Paris, le 11 avril 1538 n. s. Arch. nat., X¹ᵃ 8613, fol. 88. 1 page 1/2.
Arrêt d'enregistrement: Idem, X¹ᵃ 4905, Plaidoiries, fol. 672 v°.

[1] Le rôle d'expéditions des *Acquits sur l'épargne* où figurent ces lettres porte la date du 12 février.

9772. Don à Guillaume Breirargues (*aliàs* Boyrargues)
de l'office d'auditeur à la Chambre des Comptes
de Montpellier, vacant par le décès de Jacques
Guilhen. Moulins, 2 mars 1537.

1538.
2 mars.

> *Enreg. à la Chambre des Comptes de Montpellier.
> Arch. départ. de l'Hérault, B.* 341, fol. 187 v°.
> 2 pages.
> *Arch. nat., Acquits sur l'épargne, J.* 962, pl. 13,
> n° 15, *anc.* J. 961, n° 48. (*Mention.*)

9773. Don et quittance à Louise de Polignac, dame
du Vigean, veuve de François Du Fou, chambellan du roi et capitaine de Lusignan, de
la somme de 10,000 livres parisis, montant
d'une amende prononcée contre son mari par
arrêt du Parlement de Paris. Moulins, 2 mars
1537.

2 mars.

> *Arch. nat., Acquits sur l'épargne, J.* 962, pl. 13,
> n° 15, *anc.* J. 961, n° 48. (*Mention.*)

9774. Don à Guillaume Marchandon de l'office de sergent en la garde de Neuville, forêt d'Orléans,
vacant par la mort de Pierre Pallier. Moulins,
2 mars 1537.

2 mars.

> *Arch. nat., Acquits sur l'épargne, J.* 962, pl. 13,
> n° 15, *anc.* J. 961, n° 48. (*Mention.*)

9775. Mandement au receveur des amendes de Touraine de payer à Jean Durant, demeurant à
Loches, la somme de 293 livres 10 sous 8 deniers tournois pour avoir fait, par ordonnance
du bailli de Touraine, certaines informations
contre Pierre Dissot et Simon Canteteau,
accusés de fausse monnaie. Moulins, 2 mars
1537.

2 mars.

> *Arch. nat., Acquits sur l'épargne, J.* 962, pl. 13,
> n° 15, *anc.* J. 961, n° 48. (*Mention.*)

9776. Lettres portant modération et rabais, en faveur
de Guillemine Juzel, veuve de Jean Du Vernoy,
fille et héritière d'Henri Juzel, et des associés
de celui-ci dans la ferme des ports et havres
de Tréguier et de Saint-Brieuc qu'ils avaient
prise pour trois années finissant le 30 septembre 1539, de la somme de 1,442 livres

2 mars.

sur les 12,807 livres qu'ils devaient par le compte de ladite ferme. Moulins, 2 mars 1537.

Arch. nat., Acquits sur l'épargne, J. 962, pl. 13, n° 15, anc. J. 961, n° 48. (Mention.)

9777. Don à la duchesse douairière de Vendôme du revenu du grenier à sel de Marle pendant les années 1537 et 1538. Moulins, 2 mars 1537.

Arch. nat., Acquits sur l'épargne, J. 962, pl. 13, n° 15, anc. J. 961, n° 48. (Mention.)

9778. Don à René Pintret, barbier du roi, d'une amende prononcée par le conseil de la chambre à Lyon, contre Claude Leydier, s' du Chaffault, pour un meurtre commis sur la personne de Claude Liquet. Moulins, 2 mars 1537.

Arch. nat., Acquits sur l'épargne, J. 962, pl. 13, n° 15, anc. J. 961, n° 48. (Mention.)

9779. Mandement au receveur des amendes du Parlement de Paris de payer 6,000 livres tournois à Louis de Lestoile, conseiller en ladite cour, pour son remboursement de ladite somme qu'il avait prêtée au roi. Moulins, 2 mars 1537.

Arch. nat., Acquits sur l'épargne, J. 962, pl. 13, n° 15, anc. J. 961, n° 48. (Mention.)

9780. Don aux religieuses du couvent de Sainte-Claire, à Nantes, des droits qu'elles auraient à payer pour faire transporter par eau et par terre trente pipes de vin, le blé, l'huile, les pois, fèves et autres provisions qui leur seront donnés en aumône pour la dépense de leur maison durant la présente année. Moulins, 2 mars 1537.

Arch. nat., Acquits sur l'épargne, J. 962, pl. 13, n° 15, anc. J. 951, n° 48. (Mention.)

9781. Mandement à Jean Laguette, trésorier et receveur général des finances extraordinaires et parties casuelles, de payer la somme de 300 écus d'or soleil que le roi a donnée à Louis Du Retour et à Marc Terrier, sommeliers

---

1538.

2 mars.

2 mars.

2 mars.

2 mars.

2 mars.

de paneterie, à Jacques Métivier, son fruitier,   1538.
et à Geoffroy Gilbert, dit Cicero, son valet de
fourrière. Moulins, 2 mars 1537.

> Arch. nat., *Acquits sur l'épargne*, J. 962, pl. 13,
> n° 15, anc. J. 961, n° 48. (*Mention.*)

9782. Mandement au receveur ordinaire du comté de   2 mars.
Lauraguais de payer la somme de 800 livres
tournois ordonnée pour les réparations des
ponts et passages dudit comté par commandement du roi. Moulins, 2 mars 1537.

> Arch. nat., *Acquits sur l'épargne*, J. 962, pl. 13,
> n° 15, anc. J. 961, n° 48. (*Mention.*)

9783. Lettres portant qu'il sera levé sur les habitants   4 mars.
des bonnes villes du royaume la somme néces-
saire à l'entretien de 20,000 hommes de pied
pour trois mois, afin de défendre le royaume
contre les entreprises de Charles-Quint. La
généralité d'Outre-Seine, Yonne et Picardie
est taxée à l'entretien de 5,465 hommes, soit
à 32,790 livres par mois [1], et commission est
donnée à Antoine de Lamet, conseiller et
général des finances en ladite généralité, de
faire procéder à la levée des cotisations des
villes de son ressort. Moulins, 4 mars 1537.

> *Enreg. à la Cour des Aides de Paris, le 16 mars*
> *1538 n. s.*
> *Enreg. au Bureau de la ville de Paris, le 16 mars*
> *1538 n. s. Arch. nat., H. 1779, fol. 282* [2].
> *Copie du XVIe siècle. Arch. municip. d'Auxerre* [3].
> *Imp. Registres des délibérations du Bureau de la*
> *ville de Paris, in-4°, t. II, 1886, p. 353.*

9784. Commission à Antoine Bullioud, général des   4 mars.
finances en Bretagne, de lever 50 hommes
de pied à la solde de la ville de Saint-Malo,
à raison de 6 livres par mois pour chaque
homme, et ce pendant quatre mois seulement,

---

[1] L'état de répartition de ce subside pour les villes de ladite généralité se trouve dans le *Registre des délibérations du Bureau de la ville de
Paris*, imp., t. II, 1886, p. 355.

[2] D'après la répartition, la ville de Paris dut fournir la solde de
3,000 hommes.

[3] La part de cette ville fut de 545 hommes, dont la solde s'élevait pour
chaque mois à 3,270 livres.

pour aller à l'encontre de l'empereur. Moulins, 4 mars 1537.   1538.

> *Vidimus du xvie siècle, donné par un notaire de Nantes. Arch. municip. de Saint-Malo, EE. 4, n° 104.*

9785. Commission adressée à Pierre Secondat, conseiller et général des finances en la généralité de Guyenne, pour procéder à la levée de la solde de 2,595 hommes imposée sur ladite généralité. Moulins, 4 mars 1537.   4 mars.

> Imp. *Registres consulaires de Limoges*, t. I, publié par E. Ruben. Limoges, 1869, in-8°, p. 315.

9786. Lettres mettant la solde de 100 hommes de pied à la charge de la ville d'Angers pendant quatre mois. Moulins, 4 mars 1537.   4 mars.

> *Copie du xvie siècle. Arch. de la mairie d'Angers, BB. 20, fol. 258.*

9787. Commission à Pierre Arnaud, dit Saint-Pardou, archer de la garde du roi, de se transporter en Forez pour en faire sortir la compagnie du sieur de Boutières, forte de cinquante lances, et la mener prendre garnison à Limoges. Moulins, 4 mars 1537.   4 mars.

> Imp. *Registres consulaires de Limoges*, t. I, publié par E. Ruben. Limoges, 1869, in-8°, p. 319.

9788. Lettres d'érection en titre d'office du greffe de la prévôté de Provins. Moulins, 6 mars 1537.   6 mars.

> *Enreg. au Parl. de Paris, le 19 novembre 1538. Arch. nat., X^{1a} 8613, fol. 113 v°. 2 pages.*
> *Arrêt d'enregistrement. Idem, X^{1a} 4907, Plaidoiries, fol. 16 v°.*
> *Enreg. à la Chambre des Comptes de Paris, anc. mém. coté 2 J, fol. 68. Arch. nat., invent. PP. 136, p. 456. (Mention.)*

9789. Lettres portant que Pierre de Saint-Martin, conseiller au Parlement de Toulouse, exercera, concurremment avec son office de conseiller, l'état de vicaire général de François Du Bourg, évêque de Rieux. Moulins, 6 mars 1537.   6 mars.

> *Enreg. au Parl. de Toulouse. Arch. de la Haute-Garonne, Édits, reg. 4, fol. 113. 1 page.*

9790. Lettres attribuant au maître des ports et passages
et à son lieutenant, en première instance,
la connaissance des infractions provenant de
l'entrée des marchandises prohibées. Moulins,
6 mars 1537.

1538.
6 mars.

> Enreg. au Parl. de Toulouse. Arch. de la Haute-
> Garonne, Édits, reg. 4, fol. 131, 2 pages.
> Bibl. nat., ms. fr. 4402, fol. 74, n° 98. (Men-
> tion.)

9791. Lettres portant mandement à Charles Du Plessis, général des finances en Languedoc, de
faire imposer dans sa généralité la somme de
20,820 livres pour l'entretien de 3,470 hommes de guerre pour résister à l'invasion étran-
gère et aux armées de l'empereur. Moulins,
7 mars 1537.

7 mars.

> Copie envoyée aux consuls de Mende, la ville
> devant fournir cinquante hommes de pied et
> 1,200 livres pour leur entretien pendant quatre mois.
> Arch. municip. de Mende (Lozère), EE. 7.
> Copie envoyée aux consuls de Montpellier, la
> ville devant fournir 10 hommes de pied, à raison
> de 6 livres tournois par mois pour chaque homme.
> Arch. municip. de Montpellier, EE.

9792. Lettres adressées aux consuls d'Agen, taxant la
ville d'Agen à la solde de 100 hommes de
pied pendant quatre mois, à raison de 600 livres tournois par mois, pour sa part de la solde
de 20,000 hommes de guerre. Moulins, 7 mars
1537.

7 mars.

> Enreg. au livre des jurades. Arch. municip. d'Agen,
> BB. 25, fol. 81. 2 pages.

9793. Lettres requérant de la ville d'Auxerre la somme
nécessaire à l'entretien d'un supplément de
100 hommes de pied pour trois mois, à raison de 6 livres par homme et par mois. Moulins, 7 mars 1537.

7 mars.

> Copie du XVIe siècle. Arch. municip. d'Auxerre.

9794. Lettres portant que pour la levée de 20,000 hommes de pied chargés de la défense du royaume,
la part de la ville de Nîmes sera de 400 hommes;

7 mars.

et la somme à payer de 2,400 livres par mois 1538.
pendant quatre mois. Moulins, 7 mars 1537.

Vidimus desdites lettres et mandement de Charles
Du Plessis, général des finances de Languedoc, donnés
à Lyon, le 1ᵉʳ avril 1538, et adressés aux consuls de
Nîmes. Arch. municip. de Nîmes, NN. 4.
Imp. Ménard, Histoire de la ville de Nîmes, etc.
Paris, in-4°, t. IV, 1753, Preuves, p. 138.

9795. Provisions de l'office de conseiller lai au Parle- 7 mars.
ment de Bordeaux en faveur de Guillaume
Vergoing. Moulins, 7 mars 1537.

Enreg. au Parl. de Bordeaux, le 23 mars 1538
n. s. Arch. de la Gironde, B, 30 bis, fol. 377 v°.
3 pages 1/2.

9796. Mandement au trésorier des guerres La Mala- 7 mars.
dière de payer à huit hommes d'armes et à
neuf archers de la compagnie du feu sʳ de Barbezieux, que le roi a dissoute après la mort
dudit sieur, la somme de 100 écus d'or soleil,
soit 225 livres tournois, en récompense de
quelques quartiers de services dont il n'a été
fait ni montre ni payement, et pour leurs frais
de retour chez eux en Guyenne. Moulins,
7 mars 1537.

Arch. nat., Acquits sur l'épargne, J. 962, pl. 13,
n° 16, anc. J. 961, n° 45. (Mention.)

9797. Mandement à la Chambre des Comptes d'allouer 7 mars.
au compte du trésorier des guerres La Mala-
dière la somme de 262 livres 10 sous tournois qu'il a payés à six hommes d'armes et à
neuf archers nouvellement enrôlés en la compagnie du prince de Melphe, à raison de
25 livres par homme d'armes et de 12 livres
10 sous par archer, que le roi a ordonné leur
être délivrés quand ils passèrent la montre à
Lyon pour se rendre en Piémont. Moulins,
7 mars 1537.

Arch. nat., Acquits sur l'épargne, J. 962, pl. 13,
n° 16, anc. J. 961, n° 45. (Mention.)

9798. Mandement à la Chambre des Comptes d'allouer 7 mars.
au compte dudit de La Maladière la somme de

75 livres tournois qu'il a payée à trois hommes d'armes nouvellement enrôlés en la compagnie du comte de Brienne, dans les mêmes conditions et circonstances. Moulins, 7 mars 1537.

Arch. nat., Acquits sur l'épargne, J. 962, pl. 13, n° 16, anc. J. 961, n° 45. (*Mention.*)

1538.

9799. Mandement au trésorier des guerres. La Maladière de payer au s^r de Sedan, capitaine de cinquante lances, et à plusieurs hommes d'armes de sa compagnie et de celle du s^r de Jametz la somme de 732 livres 10 sous pour leur solde du quartier d'octobre 1536 et pour les aider à supporter les frais du voyage de Piémont, où ils vont accompagner M. le Dauphin. Moulins, 7 mars 1537.

7 mars.

Arch. nat., Acquits sur l'épargne, J. 962, pl. 13, n° 16, anc. J. 961, n° 45. (*Mention.*)

9800. Mandement à la Chambre des Comptes d'allouer aux comptes de Jérôme Pajonnet, payeur des cinquante lances du s^r d'Annebaut, la somme de 4,755 livres tournois qu'il a payée à Turin, pendant le siège de cette ville, à quarante-six hommes d'armes et à soixante-quatorze archers de ladite compagnie, le 29 juillet 1536. Moulins, 7 mars 1537.

7 mars.

Arch. nat., Acquits sur l'épargne, J. 962, pl. 13, n° 16, anc. J. 961, n° 45. (*Mention.*)

9801. Don à Christophe Guimault et à Jean Du Bastier, qui sont actuellement au service du roi en Piémont, sous le commandement du s^r de Thais (Taix), la somme de 250 écus d'or soleil à prendre sur les biens de Jean Caillet, dit Boileau, de Semur en Brionnais, confisqués par arrêt du Parlement de Dijon. Moulins, 7 mars 1537.

7 mars.

Arch. nat., Acquits sur l'épargne, J. 962, pl. 13, n° 16, anc. J. 961, n° 45. (*Mention.*)

9802. Mandement à Jean Laguette, receveur général des finances extraordinaires et parties casuelles, de payer 50 écus d'or soleil dont le roi a fait don à Simon Robin, maître queux, à Jean

7 mars.

III.

63

Loyer, dit Cognac, hâteur, et à Vincent Diligent, potager de la cuisine du roi, sur les deniers provenant de la résignation de l'office de receveur des aides et tailles en l'élection de Saint-Quentin en Vermandois, faite par Robert Dey au profit d'Antoine Estroquart. Moulins, 7 mars 1537.

Arch. nat., Acquits sur l'épargne, J. 962, pl. 13, n° 16, anc. J. 961, n° 45. (Mention.)

1538.

9803. Mandement au receveur ordinaire du comté de la Basse-Marche de payer 166 livres 13 sous 4 deniers tournois dont le roi a fait don à Jean Rocquart, sommelier d'échansonnerie de bouche du roi, sur les lods et ventes et autres droits seigneuriaux échus au roi à cause de l'acquisition faite par Clément Pastoureau de Nicolas Regnault et de Marguerite de Cloys, sa femme, le 21 juin 1518, du fief de Massignac, tenu de Sa Majesté et mouvant du comté de la Basse-Marche. Moulins, 7 mars 1537.

Arch. nat., Acquits sur l'épargne, J. 962, pl. 13, n° 16, anc. J. 961, n° 45. (Mention.)

7 mars.

9804. Confirmation du don de la terre de Milly et ses appartenances dont le roi avait fait don au s^r de Sarcus pour dix années, [donnée en faveur de ses héritiers]. Moulins, 7 mars 1537.

Arch. nat., Acquits sur l'épargne, J. 962, pl. 13, n° 16, anc. J. 961, n° 45. (Mention.)

7 mars.

9805. Don à Mademoiselle de La Bâtie de l'office de sergent à cheval vacant par la forfaiture de Léon Le Texier, pour en disposer à son profit. Moulins, 7 mars 1537.

Arch. nat., Acquits sur l'épargne, J. 962, pl. 13, n° 16, anc. J. 961, n° 45. (Mention.)

7 mars.

9806. Mandement aux vicomtes et receveurs ordinaires de Caen, Bayeux, Vire et Falaise de payer à Jean Maugis, lieutenant général au bailliage de Rouen, la somme de 3,000 écus soleil en remboursement de pareille somme qu'il a prêtée au roi, provenant des reliefs, treizième et droits d'aubaine échus et à échoir dans

7 mars.

lesdits vicomtés et bailliage. Moulins, 7 mars 1537.   1538.

Arch. nat., Acquits sur l'épargne, J. 962, pl. 13, n° 16, anc. J. 961, n° 45. (Mention.)

9807. Don à Jean de Bretagne, duc d'Étampes et comte de Penthièvre, chevalier de l'ordre, et à Anne de Pisseleu, sa femme, des biens confisqués sur Bernard de Marcilhac, écuyer, par arrêt du Parlement de Toulouse. Moulins, 7 mars 1537.   7 mars.

Arch. nat., Acquits sur l'épargne, J. 962, pl. 13, n° 16, anc. J. 961, n° 45. (Mention.)

9808. Don et quittance au s' de Mailly de la somme de 1,400 livres tournois qu'il devait au roi pour les droits seigneuriaux de sa terre de Mailly. Moulins, 7 mars 1537.   7 mars.

Arch. nat., Acquits sur l'épargne, J. 962, pl. 13, n° 16, anc. J. 961, n° 45. (Mention.)

9809. Don à Buisson, valet de chambre du roi, et à Dubois, son portemanteau, de la somme de 200 écus d'or soleil sur les deniers qui proviendront de la résignation faite par Jean de Lussas à Bertrand de Lussas, son fils, de l'office de procureur général en la sénéchaussée de Guyenne. Moulins, 7 mars 1537.   7 mars.

Arch. nat., Acquits sur l'épargne, J. 962, pl. 13, n° 16, anc. J. 961, n° 45. (Mention.)

9810. Mandement à Jean Laguette, receveur général des finances extraordinaires et parties casuelles, de payer la somme de 500 livres tournois à M. de Morette pour les frais d'un voyage qu'il a fait en poste, parti lui sixième de Lyon, le 5 octobre 1537, pour aller à Briançon et de là à Exilles, où il y a quatorze postes. Moulins, 7 mars 1537.   7 mars.

Arch. nat., Acquits sur l'épargne, J. 962, pl. 13, n° 16, anc. J. 961, n° 45. (Mention.)

9811. Mandement pour faire délivrer à Charles de Marigny, s' dudit lieu et de Boulancourt, capitaine de la porte de l'hôtel du roi, ses robes   7 mars.

de velours d'été et d'hiver, tant qu'il tiendra
ledit office. Moulins, 7 mars 1537.

1538.

> Arch. nat., Acquits sur l'épargne, J. 962, pl. 13,
> n° 16, anc. J. 961, n° 45. (Mention.)

9812. Don à M. de Santal (alias Cental) de la terre et
seigneurie de Barcelonne et son mandement,
et des villages dépendant de la ville de Coni,
pour en jouir sa vie durant. Moulins, 7 mars
1537.

7 mars.

> Arch. nat., Acquits sur l'épargne, J. 962, pl. 13,
> n° 16, anc. J. 961, n° 45. (Mention.)

9813. Permission à Madame [de Montpezat], sénéchale
de Poitou, dame d'honneur de la reine, de
faire transporter hors du royaume 1,000 tonneaux de blé en payant les droits dus et accoutumés. Moulins, 7 mars 1537.

7 mars.

> Arch. nat., Acquits sur l'épargne, J. 962, pl. 13,
> n° 16, anc. J. 961, n° 45. (Mention.)

9814. Lettres de naturalité accordées à Guillemin le
Maure, jardinier du roi au château de Blois,
et à son frère, natifs de Turquie, sans payer
aucune finance. Moulins, 7 mars 1537.

7 mars.

> Arch. nat., Acquits sur l'épargne, J. 962, pl. 13,
> n° 16, anc. J. 961, n° 45. (Mention.)

9815. Lettres de naturalité et permission de tester
accordées à Jean Brisart, sommelier de paneterie de la reine, natif du Cambrésis, sans payer
aucun droit. Moulins, 7 mars 1537.

7 mars.

> Arch. nat., Acquits sur l'épargne, J. 962, pl. 13,
> n° 16, anc. J. 961, n° 45. (Mention.)

9816. Lettres de naturalité et permission de tester pour
Jean-Paul Gazagne, sans payer aucun droit.
Moulins, 7 mars 1537.

7 mars.

> Arch. nat., Acquits sur l'épargne, J. 962, pl. 13,
> n° 16, anc. J. 961, n° 45. (Mention.)

9817. Don à Charles de Reims, écuyer de cuisine du
roi, de la somme de 100 écus soleil sur les deniers des offices et parties casuelles. Moulins,
7 mars 1537.

7 mars.

> Arch. nat., Acquits sur l'épargne, J. 962, pl. 13,
> n° 16, anc. J. 961, n° 45. (Mention.)

9818. Lettres autorisant la résignation à survivance de l'office de maître visiteur des poids, balances et mesures du comté du Maine que veut faire Balthazar de Richet au profit de René de Richet, son fils. Moulins, 7 mars 1537.

> *Arch. nat., Acquits sur l'épargne,* J. 962, pl. 13, n° 16, anc. J. 961, n° 45. (*Mention.*)

1538.
7 mars.

9819. Mandement au trésorier de l'épargne de payer 202 livres 10 sous à Guillaume Vallette, chevaucheur, pour aller à Londres remettre des lettres du roi à ses ambassadeurs, l'évêque de Tarbes et le seigneur de Castillon, et en rapporter la réponse. Moulins, 8 mars 1537.

> *Bibl. nat.,* ms. Clairambault 1215, fol. 76. (*Mention.*)

8 mars.

9820. Commission adressée à Guillaume Poyet, président au Parlement de Paris, et à Jean Bertrandi, premier président du Parlement de Toulouse, pour examiner les titres produits par la princesse de La Roche-sur-Yon et son fils, touchant leurs prétentions à la succession du connétable de Bourbon. Moulins, 9 mars 1537.

> *Original scellé. Arch. nat., suppl. du Trésor des Chartes,* J. 954, n° 25.

9 mars.

9821. Lettres portant continuation pour huit ans au chapitre de Saint-Martin de Tours de la jouissance de deux muids de franc-salé par an accordée audit chapitre par lettres du 22 janvier 1529 n. s. (n° 3302). 9 mars 1537.

> *Enreg. à la Chambre des Comptes de Paris. Arch. nat.,* invent. PP. 136, p. 456. (*Mention.*)

9 mars.

9822. Confirmation du don de 1,300 livres de pension annuelle sur la trésorerie générale de Dauphiné fait à Jacques de Brisay, seigneur de Beaumont, lieutenant de l'amiral au gouvernement de Bourgogne, par Louise de Savoie, régente, le 13 mars 1525 n. s. (n° 2128), et relief

10 mars.

d'adresse à la Chambre des Comptes. Moulins, 10 mars 1537.   1538.

> *Enreg. à la Chambre des Comptes de Paris, le 14 septembre 1538. Arch. nat., P. 2306, p. 663. 3 pages 1/4.*

9823. Lettres portant convocation du ban et de l'arrière-ban de tous les sujets du roi, « pour obvier aux entreprinses de ses ennemis et tenir son royaulme en seureté ». Moulins, 10 mars 1537.   10 mars.

> *Vidimus du xvie siècle, dans un acte par lequel Claude Musset, lieutenant du bailliage de Blois, ordonne de les publier. Bibl. de Blois, Pièces provenant de la collection Joursanvault, n° 1676.*

9824. Commission à Olivier Molan, grènetier de Tours, pour tenir le compte et faire le payement des dépenses qu'il conviendra faire, sous la surveillance du s^r de La Bourdaisière, trésorier de France, pour le transport (aller et retour) de Paris en Provence des meubles du roi, à l'occasion de la réception du pape. Moulins, 10 mars 1537.   10 mars.

> *Copie du xvie siècle. Bibl. nat., ms. fr. 10391, fol. 1 v°.*

9825. Provisions de l'office de chevalier d'honneur du Parlement de Dijon pour François de Vienne, seigneur de Commarin, panetier du dauphin, en remplacement et sur la résignation à survivance de Gérard de Vienne, seigneur d'Antigny et de Ruffey, son père. Moulins, 11 mars 1537.   11 mars.

> *Enreg. au Parl. de Dijon, le 14 mars suivant. Arch. de la Côte-d'Or, Parl., reg. H, fol. 217.*
> *Arch. nat., Acquits sur l'épargne, J. 962, pl. 13, n° 17, anc. J. 961, n° 44. (Mention.)*

9826. Mandement à Guillaume Prudhomme, trésorier de l'épargne, de payer à Nicolas de Troyes, argentier du roi, la somme de 1,816 livres 12 sous 9 deniers tournois qui lui est due en vertu des lettres d'acquit du 11 février 1537 n. s. (n° 8795), mais qui n'a pu encore lui être payée. Moulins, 11 mars 1537.   11 mars.

> *Original. Bibl. nat., ms. fr. 25721, n° 497.*

9827. Mandement à Jean Laguette, trésorier et rece- 1538.
veur général des finances extraordinaires et 11 mars.
parties casuelles, de payer 200 livres tournois
que le roi a données à Jean Moulin, à Nicolas
Guedon, à Jean Méry, à François Bonguireau,
à Mathurin Buiry et à René Delespine, charretiers de l'écurie du roi, en dédommagement des
pertes qu'ils ont subies au dernier voyage du
roi au delà des monts. Moulins, 11 mars 1537.

Arch. nat., Acquits sur l'épargne, J. 962, pl. 13,
n° 17, anc. J. 961, n° 44. (Mention.)

9828. Mandement au receveur des exploits et amendes 11 mars.
du Parlement de Paris de payer la somme de
2,000 livres tournois que le roi a donnée à
Lyonnette de Maurely pour la marier. Moulins, 11 mars 1537.

Arch. nat., Acquits sur l'épargne, J. 962, pl. 13,
n° 17, anc. J. 961, n° 44. (Mention.)

9829. Mandement aux receveurs du domaine des bail- 11 mars.
liages de Caen et de Cotentin et des vicomtés
qui y sont comprises de payer la somme de
3,000 écus d'or soleil que le roi a ordonné
être baillée à Jean Maugis, lieutenant général
de Rouen, sur les deniers qui proviendront
des exploits et amendes desdites juridictions,
pour le rembourser de semblable somme qu'il
a prêtée au roi. Moulins, 11 mars 1537.

Arch. nat., Acquits sur l'épargne, J. 962, pl. 13,
n° 17, anc. J. 961, n° 44. (Mention.)
(Voir ci-dessus au 7 mars, n° 9806.)

9830. Mandement à Jean Laguette, receveur général 11 mars.
des finances extraordinaires et parties casuelles,
de payer la somme de 100 écus d'or soleil
dont le roi a fait don à Claude du Tonnin,
sr dudit lieu, l'un des gentilshommes de la vénerie. Moulins, 11 mars 1537.

Arch. nat., Acquits sur l'épargne, J. 962, pl. 13,
n° 17, anc. J. 961, n° 44. (Mention.)

9831. Lettres permettant la résignation de l'office de 11 mars.
maître des ports et passages en la sénéchaus-

sée de Carcassonne et Béziers, faite par Étienne
Ovran par procureur, au profit de Jean De-
saix, écuyer, s^r de Paulignan, sans payer finance. Moulins, 11 mars 1537.

Arch. nat., Acquits sur l'épargne, J. 962, pl. 13,
n° 17, anc. J. 961, n° 44. (Mention.)

9832. Lettres de survivance de l'office de capitaine de
la ville et du château de Beaune, ayant la
charge et conduite des mortes-payes, de l'artillerie et harnais de guerre de ladite place,
résigné par Girard de Vienne, chevalier de
l'ordre, s^r de Ruffey, baron d'Antigny et de
Saint-Aubin, en faveur de François de Vienne,
son fils. Moulins, 11 mars 1537.

Arch. nat., Acquits sur l'épargne, J. 962, pl. 13,
n° 17, anc. J. 961, n° 44. (Mention.)

9833. Lettres de survivance de l'office de concierge de
la maison du roi à Beaune accordées à François de Vienne sur la résignation de son père,
le s^r de Ruffey. Moulins, 11 mars 1537.

Arch. nat., Acquits sur l'épargne, J. 962, pl. 13,
n° 17, anc. J. 961, n° 44. (Mention.)

9834. Mandement à la Chambre des Comptes d'allouer
au compte que lui a rendu feu Louis de La
Chapelle, au nom d'Antoine Bulioud, la somme
de 2,109 livres 14 sous 6 deniers obole tournois, sur laquelle la veuve dudit de La Chapelle a payé comptant 1,500 livres tournois
entre les mains de Guillaume de Moraines,
commis à la recette générale de Languedoc,
et le reste a été quitté et remis par le roi à ladite dame et à ses enfants. Moulins, 11 mars
1537.

Arch. nat., Acquits sur l'épargne, J. 962, pl. 13,
n° 17, anc. J. 961, n° 44. (Mention.)

9835. Lettres continuant l'assignation des pensions de
400 livres parisis dues aux avocats et procureur général du roi à Paris, sur ce qui reste
chaque année de la crue du sel imposée pour

1538.

11 mars.

11 mars.

11 mars.

11 mars.

le payement des cours souveraines. Moulins,
11 mars 1537.

Arch. nat., Acquits sur l'épargne, J. 962, pl. 13,
n° 17, anc. J. 961, n° 44. (Mention.)

1538.

9836. Don au sᵣ de Maugiron de l'office de secrétaire
du Parlement de Dauphiné, vacant par le
décès de Jean Menon, pour en disposer à son
profit. Moulins, 11 mars 1537.

11 mars.

Arch. nat., Acquits sur l'épargne, J. 962, pl. 13,
n° 17, anc. J. 961, n° 44. (Mention.)

9837. Don au sᵣ de Sourdis des biens meubles et immeubles qui appartinrent à feu Martial Duhac,
en son vivant demeurant à Orléans, échus et
adjugés au roi par droit d'aubaine, ledit Duhac
étant étranger non naturalisé. Moulins, 11 mars
1537.

11 mars.

Arch. nat., Acquits sur l'épargne, J. 962, pl. 13,
n° 17, anc. J. 961, n° 44. (Mention.)

9838. Mandement au receveur ordinaire de Paris de
payer sur les deniers provenant des rachats,
reliefs, quints et requints, lods et ventes et
autres droits seigneuriaux, échus et à échoir en
sa recette, la somme de 1,200 livres tournois
que le roi a ordonné de bailler à Pierre Gronneau, clerc et payeur des deniers pour la réparation des berceaux, treillis, haies d'ap-
pui, etc., du jardin du roi au Palais à Paris.
Moulins, 11 mars 1537.

11 mars.

Arch. nat., Acquits sur l'épargne, J. 962, pl. 13,
n° 17, anc. J. 961, n° 44. (Mention.)

9839. Lettres accordant une traite de 200 pipes de vin
franches de tous droits pour les provisions des
châteaux de Brest et de Conq (Concarneau),
durant la présente année. Moulins, 11 mars
1537.

11 mars.

Arch. nat., Acquits sur l'épargne, J. 962, pl. 13,
n° 17, anc. J. 961, n° 44. (Mention.)

9840. Mandement au trésorier de l'épargne de payer
à Georges de Selve, ambassadeur à Rome,
900 livres pour quatre-vingt-dix jours d'exer-

11 mars.

cice de sa charge, du 1ᵉʳ janvier au 31 mars 1538   1538.
n. s. Moulins, 11 mars 1537.

> Bibl. nat., ms. Clairambault 1215, fol. 76. (Mention.)

9841. Mandement au trésorier de l'épargne de payer   11 mars.
345 livres 5 sous 4 deniers à Georges de Selve,
ambassadeur à Rome, à titre de remboursement d'une pareille somme qu'il a avancée.
Moulins, 11 mars 1537.

> Bibl. nat., ms. Clairambault 1215, fol. 76.
> (Mention.)

9842. Don à Guillaume Challemeau, l'un des veneurs   12 mars.
du roi, de l'office de sergent des Eaux et forêts
de Chauny, vacant par la mort de Jean Huré,
pour en disposer à son profit. Le Parc-lès-
Moulins, 12 mars 1537.

> Rôle d'expéditions du 4 décembre 1538. Arch. nat.,
> Acquits sur l'épargne, J. 962, pl. 15, n° 39, anc.
> J. 961, n° 273. (Mention.)

9843. Mandement à Antoine Bullioud, général des fi-   12 mars.
nances en Bretagne, de mettre à exécution la
commission du 4 mars précédent (n° 9784).
Le Parc-lès-Moulins, 12 mars 1537.

> Vidimus du xviᵉ siècle. Arch. municip. de Saint-
> Malo, EE. 4, n° 104.

9844. Confirmation du don viager de la terre de   13 mars.
Sainte-Mesme fait par le roi à son chambellan
ordinaire, Jean de La Roche, seigneur de la
Rochebeaucourt, et abandon audit seigneur
de certains droits litigieux. Le Parc-lès-Moulins, 13 mars 1537.

Lettres de jussion pour l'enregistrement des
précédentes. Chevagnes, 10 août 1538.

> Enreg. au Parl. de Paris, le 13 mai 1539. Arch.
> nat., X¹ᵃ 8613, fol. 156, 157 v°. 6 pages 1/2.
> Arrêt d'enregistrement. Idem, X¹ᵃ 4908, Plaidoi-
> ries, fol. 167 v°.
> Arch. nat., Acquits sur l'épargne, J. 962, pl. 13,
> n° 18, anc. J. 961, n° 43. (Mention.)

9845. Mandement pour faire payer à Jean Bapte   13 mars.
maître d'hôtel de Mᵐᵉ la Dauphine, receveur

ordinaire du comté de Lauraguais, ses gages
dudit office de receveur depuis le jour de ses
provisions jusqu'à son institution, un an et
demi environ, dont le roi lui fait don. Le
Parc-lès-Moulins, 13 mars 1537.

1538.

> *Arch. nat., Acquits sur l'épargne, J. 962, pl. 13,
> n° 18, anc. J. 961, n° 43. (Mention.)*

9846. Don à Péronnelle, veuve de Thierry Caunier,
fermier du greffe de la châtellenie de Hérisson, de la somme de 100 livres tournois en
déduction de ce que son mari redevait au roi
sur le prix de ladite ferme. Le Parc-lès-Moulins, 13 mars 1537.

13 mars.

> *Arch. nat., Acquits sur l'épargne, J. 962, pl. 13,
> n° 18, anc. J. 961, n° 43. (Mention.)*

9847. Lettres portant affranchissement et exemption
pendant six ans, en faveur des habitants de la
ville et des faubourgs de Linières en Berry, qui
ont été victimes d'un incendie, d'une partie des
tailles et subsides qu'ils doivent payer au roi.
Le Parc-lès-Moulins, 13 mars 1537.

13 mars.

> *Arch. nat., Acquits sur l'épargne, J. 962, pl. 13,
> n° 18, anc. J. 961, n° 43. (Mention.)*

9848. Don à Catherine Maupel, huissière de la Chambre des Comptes de Montpellier, de l'office
de procureur du roi en ladite chambre, auquel il n'a pas encore été pourvu depuis sa
création, pour en disposer à son profit. Le
Parc-lès-Moulins, 13 mars 1537.

13 mars.

> *Arch. nat., Acquits sur l'épargne, J. 962, pl. 13,
> n° 18, anc. J. 961, n° 43. (Mention.)*

9849. Don et quittance à Méry Grellet, s^r de La Roche-
berthaut, gentilhomme de la maison du roi
sous le commandement du s^r de Canaples, de
la somme de 300 livres tournois, montant des
droits de rachat dus au roi à cause des terres
échues à la femme dudit s^r de La Rocheber-
thaut par la mort de Jacques de Valenciennes,
son frère. Le Parc-lès-Moulins, 13 mars 1537.

13 mars.

> *Arch. nat., Acquits sur l'épargne, J. 962, pl. 13,
> n° 18, anc. J. 961, n° 43. (Mention.)*

9850. Lettres données à la requête des États, en vertu
desquelles les marchands et habitants du pays
de Languedoc ne devront payer aucun nouveau subside pour raison du commerce et
trafic du pastel, des laines et autres marchandises, sauf pour celles qui iront en pays
étranger. Le Parc-lès-Moulins, 14 mars 1537.

1538.
14 mars.

> Enreg. au Parl. de Toulouse, le 29 avril 1538.
> Arch. de la Haute-Garonne, Édits, reg. 4, fol. 109.
> 3 pages.
> Arch. de l'Ardèche, C. 265 bis.
> Vidimus du 9 octobre 1538 ; donné par Louis d'Au-
> riole, juge d'Albi et d'Albigeois. Arch. communales
> de la ville d'Albi, HH. 8.
> Arch. départ. de l'Hérault, C. États de Languedoc,
> Procès-verbaux, 1538. (Mention.)

9851. Confirmation des privilèges des habitants de
Montélimart, sauf cette restriction qu'ils payeront leur quote-part des frais et dépens de
guerre qui seront imposés en Dauphiné. Le
Parc-lès-Moulins, 14 mars 1537.

14 mars.

> Imp. L'abbé C.-U.-J. Chevalier, Cartulaire mu-
> nicipal de la ville de Montélimart. Montélimart, 1871,
> in-8°, p. 346.

9852. Mandement au trésorier de l'épargne de payer
à Honorat de Queis (Caix), ambassadeur en
Portugal, en déduction de ce qui peut lui être
dû, 1,125 livres que Ruys Fernand d'Almeida,
ambassadeur du roi de Portugal en France,
est chargé de lui remettre. 15 mars 1537.

15 mars.

> Bibl. nat., ms. Clairambault 1215, fol. 76.
> (Mention.)

9853. Provisions de l'office de receveur des restes en
Bourgogne pour Barthélemy Chauvelet, en
remplacement et sur la résignation de François Saumaire. Le Parc-lès-Moulins, 16 mars
1537.

16 mars.

> Enreg. par analyse à la Chambre des Comptes de
> Dijon, le 12 avril suivant. Arch. de la Côte-d'Or,
> B. 19, fol. 12.

9854. Déclaration interprétative de l'ordonnance du
28 décembre 1537 (n° 9476), au sujet du dépôt

17 mars.

des livres imprimés, maintenant l'interdiction   1538.
de n'imprimer aucun ouvrage sans l'approbation royale. Varennes, 17 mars 1537.

> *Enreg. au Châtelet de Paris, le 20 mars 1538 n. s.*
> *Arch. nat., Bannières, Y. 9, fol. 107 v°. 2 pages.*
> *Copie. Arch. de la Préfecture de police, coll. La-*
> *moignon, t. VI, fol. 495.*

9855. Provisions en faveur de Jean Chasteigner, sᴿ de   18 mars.
La Rochepozay, maître d'hôtel ordinaire du
roi, de l'office de maître des Eaux et forêts
du duché de Bourbonnais, en remplacement
de Renaud de La Loue. La Palisse, 18 mars
1537.

> *Bibl. nat., ms. Clairambault 782, p. 298. (Men-*
> *tion.)*

9856. Déclaration portant que le sᴿ de La Rochepozay,   18 mars.
maître des Eaux et forêts du duché de Bour-
bonnais et ses successeurs audit office prendront dorénavant chaque année, sur la trésorerie et recette ordinaire dudit duché, la
somme de 400 livres tournois de gages, y
compris ceux qu'ils avaient coutume de prendre auparavant. La Palisse, 18 mars 1537.

> *Arch. nat., Acquits sur l'épargne, J. 962, pl. 13,*
> *n° 19, anc. J. 961, n° 40. (Mention.)*

9857. Don à Louis de La Seigne (*alias* Lanseigne),   18 mars.
gentilhomme de la vénerie, de l'office d'élu à
Coutances, vacant par la mort de Nicole de
Coustantin, pour le dédommager de la dépense
qu'il a faite depuis deux ans pour la nourriture
du vautrait du roi et pour les réparations des
toiles de chasse. La Palisse, 18 mars 1537.

> *Arch. nat., Acquits sur l'épargne, J. 962, pl. 13,*
> *n° 19, anc. J. 961, n° 40. (Mention.)*

9858. Don et quittance à Léonard Thorion, portier   18 mars.
du roi, d'une amende de 20 livres parisis prononcée contre lui par arrêt des Généraux de
la justice des aides à Paris. La Palisse, 18 mars
1537.

> *Arch. nat., Acquits sur l'épargne, J. 962, pl. 13,*
> *n° 19, anc. J. 961, n° 40. (Mention.)*

9859. Don à Fleury, valet de chambre ordinaire du roi, de la somme de 394 livres 13 sous 4 deniers tournois, montant des droits de rachat échus au roi à cause de l'acquisition faite par Aignan Cailly, vicomte de Carentan, de douze muids de froment à la mesure de Provins et de 15 livres tournois de rente sur les moulins dudit Provins. La Palisse, 18 mars 1537.

Arch. nat., Acquits sur l'épargne, J. 962, pl. 13, n° 19, anc. J. 961, n° 40. (Mention.)

> 1538.
> 18 mars.

9860. Provisions pour Pierre d'Orgemont de l'office de contrôleur du grenier à sel de Lagny-sur-Marne, vacant par le décès de Guillaume d'Orgemont, son père. La Palisse, 18 mars 1537.

Arch. nat., Acquits sur l'épargne, J. 962, pl. 13, n° 19, anc. J. 961, n° 40. (Mention.)

> 18 mars.

9861. Don à Catherine Dollé, veuve de feu Hans de Mizambourg, sommelier d'armes du roi, de tous les biens de son mari, échus à Sa Majesté par droit d'aubaine, ledit de Mizambourg étant étranger non naturalisé. La Palisse, 18 mars 1537.

Arch. nat., Acquits sur l'épargne, J. 962, pl. 13, n° 19, anc. J. 961, n° 40. (Mention.)

> 18 mars.

9862. Mandement à Jean Laguette, receveur général des finances extraordinaires et parties casuelles, de payer la somme de 6,000 livres tournois ordonnée à la comtesse de Nevers pour sa pension de l'année 1537. La Palisse, 18 mars 1537.

Arch. nat., Acquits sur l'épargne, J. 962, pl. 13, n° 19, anc. J. 961, n° 40. (Mention.)

> 18 mars.

9863. Don au s^r de La Chaptière, lieutenant du roi à Brest, de la somme de 1,800 livres tournois à prendre sur les bris (épaves) échus à Sa Majesté sur les côtes de Bretagne, pour ce qui lui est dû de sa pension de six années. La Palisse, 18 mars 1537.

Arch. nat., Acquits sur l'épargne, J. 962, pl. 13, n° 19, anc. J. 961, n° 40. (Mention.)

> 18 mars.

9864. Mandement à Jean Laguette de payer à Salomon   1538.
Denis 8 écus d'or soleil que le roi lui a don-   18 mars.
nés, sur les deniers de la résignation de l'office
de sergent royal au bailliage d'Orléans, faite
par Pierre Gouin au profit de Pierre Main-
ferme. La Palisse, 18 mars 1537.

> *Arch. nat., Acquits sur l'épargne*, J. 962, pl. 13,
> n° 19, anc. J. 961, n° 40. (*Mention.*)

9865. Don à Calvesin (*alias* Carvoisin), écuyer d'écurie   18 mars.
du roi, de vingt-cinq arbres en la forêt de
Petits-Jeux. La Palisse, 18 mars 1537.

> *Arch. nat., Acquits sur l'épargne*, J. 962, pl. 13,
> n° 19, anc. J. 961, n° 40. (*Mention.*)

9866. Lettres de naturalité et permission de tester ac-   18 mars.
cordées au sr de Saint-Estève, sans payer au-
cune finance. La Palisse, 18 mars 1537.

> *Arch. nat., Acquits sur l'épargne*, J. 962, pl. 13,
> n° 19, anc. J. 961, n° 40. (*Mention.*)

9867. Confirmation de l'exemption des tailles, dons   19 mars.
gratuits, emprunts, etc., dont jouissent l'Université d'Orléans et ses suppôts. Paris (*sic*),
19 mars 1537.

> *Copie. Arch. du Loiret*, série D, Université.

9868. Mandement à Jean Laguette, receveur général   22 mars.
des parties casuelles, de payer à Claude d'Asnières la somme de 15 écus d'or soleil pour
être allé, le 24 février 1538 n. s., de Moulins
à Sens porter des lettres du roi et en avoir
rapporté la réponse. Pommiers, 22 mars
1537.

> *Arch. nat., Acquits sur l'épargne*, J. 962, pl. 13,
> n° 20, anc. J. 961, n° 37. (*Mention.*)

9869. Mandement à Jean Laguette de payer à Jean   22 mars.
Barville, clerc de Gilbert Bayard, secrétaire
des finances, la somme de 100 livres tournois
pour avoir fait écrire et grossoyer un grand
nombre de commissions et de lettres missives
qui ont été dépêchées, tant pour la levée de
20,000 hommes de pied dans les villes du
royaume que pour les permissions accordées

aux gens d'église de couper et vendre des bois dépendant de leurs bénéfices, et pour avoir fourni l'encre, le papier et le parchemin. Pommiers, 22 mars 1537.

Arch. nat., Acquits sur l'épargne, J. 962, pl. 13, n° 20, anc. J. 961, n° 37. (Mention.)

9870. Mandement à Jean Laguette de payer à Francisque de Bologne, « besongnant en ouvrage de stuc », la somme de 300 livres tournois sur 900, complétant celle de 1,200 livres qui lui était due pour ses gages, état et entretien au service du roi des années 1535 et 1536, à raison de 600 livres par an. Pommiers, 22 mars 1537.

Arch. nat., Acquits sur l'épargne, J. 962, pl. 13, n° 20, anc. J. 961, n° 37. (Mention.)

9871. Mandement à Jean Laguette de rembourser à Pierre Boullé, huissier des chambellans, la somme de 43 livres 18 sous tournois qu'il a avancée de ses deniers, sur l'ordre verbal du roi, pour faire nettoyer le château de Fontainebleau, l'année précédente, et faire conduire dehors les immondices. Pommiers, 22 mars 1537.

Arch. nat., Acquits sur l'épargne, J. 962, pl. 13, n° 20, anc. J. 961, n° 37. (Mention.)

9872. Mandement à Jean Laguette de payer à Jean Bellot la somme de 200 livres tournois sur ce qui lui sera taxé et ordonné pour assister, suivant sa commission, aux ventes de bois que feront l'archevêque de Sens et les autres évêques et abbés du pays de Champagne. Pommiers, 22 mars 1537.

Arch. nat., Acquits sur l'épargne, J. 962, pl. 13, n° 20, anc. J. 961, n° 37. (Mention.)

9873. Mandement à Jean Laguette de payer à Jean Bryant, chevaucheur d'écurie, la somme de 24 livres 15 sous tournois pour être allé, le 15 mars dernier, de Moulins à Agen porter

1538.

22 mars.

22 mars.

22 mars.

22 mars.

au général de Guyenne des lettres du roi. Pom-   1538.
miers, 22 mars 1537.

> *Arch. nat., Acquits sur l'épargne, J. 962, pl. 13,
> n° 20, anc. J. 961, n° 37. (Mention.)*

9874. Mandement à Jean Laguette de payer à Alexan-   22 mars.
dre de Court, gentilhomme milanais, 20 écus
d'or que le roi lui donne pour l'aider à vivre
et à s'entretenir à la suite de Sa Majesté, en
attendant qu'il ait été pourvu d'un état et d'une
pension annuelle. Pommiers, 22 mars 1537.

> *Arch. nat., Acquits sur l'épargne, J. 962, pl. 13,
> n° 20, anc. J. 961, n° 37. (Mention.)*

9875. Mandement à Jean Laguette de payer à Marin   22 mars.
Berlant la somme de 40 écus d'or pour être
allé, le 15 mars dernier, de Moulins à Paris
vers les s⁰ⁿ de Saveuse et général Lamet, chercher une obligation de la somme de 6,000 écus
d'or due par le canton de Lucerne. Pommiers,
22 mars 1537.

> *Arch. nat., Acquits sur l'épargne, J. 962, pl. 13,
> n° 20, anc. J. 961, n° 37. (Mention.)*

9876. Mandement à Jean Laguette de bailler à Guil-   22 mars.
laume Prudhomme, trésorier de l'épargne, la
somme de 4,500 livres tournois provenant
de la vente d'un office de maître des comptes
nouvellement créé en la Chambre des Comptes
de Dijon, pour employer au fait de sa charge.
Pommiers, 22 mars 1537.

> *Arch. nat., Acquits sur l'épargne, J. 962, pl. 13,
> n° 20, anc. J. 961, n° 37. (Mention.)*

9877. Mandement à Jean Laguette de payer à Simon   22 mars.
d'Arnault, de la Ligue grise, la somme de
10 écus d'or pour l'aider à vivre et à supporter
la dépense qu'il fait à la suite du roi. Pommiers, 22 mars 1537.

> *Arch. nat., Acquits sur l'épargne, J. 962, pl. 13,
> n° 20, anc. J. 961, n° 37. (Mention.)*

9878. Lettres portant continuation pour l'année cou-   22 mars.
rante du don fait à M. de Laval du revenu du

grenier à sel de Laval, Pommiers, 22 mars 1538.
1537.

Arch. nat., Acquits sur l'épargne, J. 962, pl. 13, n° 20, anc. J. 961, n° 37. (Mention.)

9879. Commission donnée aux maîtres des requêtes   25 mars.
ordinaires de l'hôtel et conseillers au Grand
conseil pour recueillir le produit de l'imposition de trois décimes mise sur le clergé et le
faire parvenir à Martin de Troyes, commis
au payement de l'Extraordinaire des guerres.
Monbrison, 25 mars 1537.

Original. Arch. départ. de la Haute-Marne, Chapitre de Langres, série G, liasse 15.
Copie collationnée du xvi° siècle. Bibl. nat.,
ms. fr. 25721, n° 498.

9880. Lettres portant que Gervais du Moulinet, pro-   25 mars.
cureur général à la Chambre des Comptes de
Paris, sera payé des gages, droits, pension et
augmentation nouvelle de pension attribués à
son office. 25 mars 1537.

Enreg. à la Chambre des Comptes de Paris, le
4 octobre 1538. Arch. nat., invent. PP. 136, p. 456.
(Mention.)

9881. Don au duc de Guise du revenu des greniers à   27 mars.
sel de Guise, Joinville, la Ferté-Bernard et
Maine-la-Juhée (Mayenne), pour l'année courante, et des confiscations, amendes et forfaitures qui y écherront, ainsi qu'il en a joui les
années précédentes. Montbrison, 27 mars
1537.

Arch. nat., Acquits sur l'épargne, J. 962, pl. 13,
n° 21, anc. J. 961, n° 39. (Mention.)

9882. Don à François Lamy, valet de chambre du roi,   27 mars.
de la somme de 250 livres tournois à prendre
sur l'aubaine échue au roi par la mort de François de Crousillon, de Sermur en Combrailles,
décédé sans hoirs habiles à lui succéder. Montbrison, 27 mars 1537.

Arch. nat., Acquits sur l'épargne, J. 962, pl. 13,
n° 21, anc. J. 961, n° 39. (Mention.)

9883. Don et quittance à Antoine Dubuz, sr de Ville-   27 mars.

mareuil, d'une amende de 800 livres parisis
prononcée contre lui par arrêt du Parlement
de Paris. Montbrison, 27 mars 1537.

> *Arch. nat., Acquits sur l'épargne, J. 962, pl. 13,
> n° 21, anc. J. 961, n° 39. (Mention.)*

1538.

9884. Don à Jeanne de Cardelan, demoiselle de la
reine, de la somme de 600 livres monnaie de
Bretagne, montant des droits de rachat échus
au roi par la mort de Péronnelle de Leversault
et de François Le Rouge, à cause des terres et
seigneuries qu'ils tenaient du roi au duché de
Bretagne. Montbrison, 27 mars 1537.

27 mars.

> *Arch. nat., Acquits sur l'épargne, J. 962, pl. 13,
> n° 21, anc. J. 961, n° 39. (Mention.)*

9885. Lettres portant que Honoré Dragny, receveur
des deniers provenant du sceau de la chancellerie du comté de Provence, prendra chaque
semaine, outre ses gages ordinaires, deux sceaux
simples de 7 sous 6 deniers tournois pièce.
Montbrison, 27 mars 1537.

27 mars.

> *Arch. nat., Acquits sur l'épargne, J. 962, pl. 13,
> n° 21, anc. J. 961, n° 39. (Mention.)*

9886. Don et quittance à Charles de Tournon, évêque
de Viviers, de tous les droits de rachat et autres
devoirs seigneuriaux qu'il doit au roi à cause
de la résignation faite à son profit du prieuré
de Cunault (Trèves-Cunault), au diocèse d'Angers. Montbrison, 27 mars 1537.

27 mars.

> *Arch. nat., Acquits sur l'épargne, J. 962, pl. 13,
> n° 21, anc. J. 961, n° 39. (Mention.)*

9887. Don aux sieur et dame de La Ferté, à l'occasion
de leur mariage, de la somme de 10,000 livres tournois à prendre sur tels deniers que
M. le Chancelier jugera à propos. Montbrison,
27 mars 1537.

27 mars.

> *Arch. nat., Acquits sur l'épargne, J. 962, pl. 13,
> n° 21, anc. J. 961, n° 39. (Mention.)*

9888. Mandement à Claude Guyot de payer sur les deniers du revenu de l'abbaye de Saint-Ouen de
Rouen, qu'il a perçus par commission du roi,

27 mars.

la somme de 1,200 livres tournois pour employer aux réparations et à la réfection de l'église du Havre-de-Grâce. Montbrison, 27 mars 1537.

Arch. nat., Acquits sur l'épargne, J. 962, pl. 13, n° 21, anc. J. 961, n° 39. (Mention.)

9889. Permission aux religieuses du couvent de Sainte-Claire de Nantes de faire venir 30 pipes de vin pour la consommation de leur maison, sans payer les droits de traite, imposition foraine, trépas de Loire et autres quelconques. Montbrison, 27 mars 1537.

Arch. nat., Acquits sur l'épargne, J. 962, pl. 13, n° 21, anc. J. 961, n° 39. (Mention.)

9890. Mandement au Parlement de Paris d'excuser François de Saint-André, président en ladite cour, et de le faire remplacer par un autre président jusqu'à ce qu'il ait terminé le procès entre les s" de Pompadour et de Châteauneuf. Saint-Rambert en Forez, 28 mars 1537.

Présenté au Parl. le 4 mai 1538. Arch. nat., X" 1541, reg. du Conseil, fol. 341 v°. (Mention.)

9891. Ordonnance permettant le cours des monnaies étrangères et fixant leur valeur. Cormicy, 29 mars 1537 (sic).

Publiée à Paris le 3 avril 1538.
Imp. Pièce. Bibl. nat., Inv. Réserve, F. 1822.
P. Rebuffi, Les édits et ordonnances, etc. Lyon, 1573, in-fol., p. 471.
A. Fontanon, Édits et ordonnances, etc. Paris, 1611, in-fol., t. II, p. 111.
(Voir au 29 mars 1533 n. s., n° 5605).

9892. Mandement aux maîtres des requêtes ordinaires de l'hôtel et conseillers au Grand conseil, leur confirmant la commission du 25 mars précédent (n° 9879) et leur donnant pouvoir, afin de hâter les payements, de saisir les biens des personnes qui s'y refuseraient et de les emprisonner elles-mêmes. Saint-Rambert, 29 mars 1537.

Copie collationnée du XVI° siècle. Bibl. nat., ms. fr. 25721, n° 498.

1538.

27 mars.

28 mars.

29 mars.

29 mars.

9893. Lettres portant création d'un nouvel office de conseiller au Parlement de Toulouse. Moulins, mars 1537.

> *Enreg. au Parl. de Toulouse. Arch. de la Haute-Garonne, Édits, reg. 4, fol. 122. 1 page.*

1538. Mars.

9894. Confirmation et vidimus des lettres de privilèges et immunités accordées par Charles VIII (Moulins, octobre 1494 [1]) aux religieuses du monastère de Saint-Laurent de Bourges. Moulins, mars, 1537.

> *Enreg. à la Chancellerie de France. Arch. nat., Trésor des Chartes, JJ. 254, n° 93, fol. 22 v°. 3 pages.*

Mars.

9895. Établissement de quatre foires par an et d'un marché chaque semaine à Bellenaves en Bourbonnais. Moulins, mars 1537.

> *Enreg. à la Chancellerie de France. Arch. nat., Trésor des Chartes, JJ. 254, n° 84, fol. 20 v°. 1 page.*

Mars.

9896. Création de quatre foires par an et d'un marché chaque semaine à Chasselay, dans le Lyonnais. Moulins, mars 1537.

> *Enreg. à la Chancellerie de France. Arch. nat., Trésor des Chartes, JJ. 254, n° 77, fol. 19 v°. 1 page.*

Mars.

9897. Établissement de deux foires chaque année et d'un marché tous les lundis à Caune (Cosne), dans le Nivernais, en faveur de François de Damas, seigneur de Brèves et dudit lieu. Moulins, mars 1537.

> *Enreg. à la Chancellerie de France. Arch. nat., Trésor des Chartes, JJ. 254, n° 81, fol. 20. 1 page.*

Mars.

9898. Lettres de sauvegarde octroyées au chapitre de Saint-Sauveur de Hérisson en Bourbonnais. Moulins, mars 1537.

> *Enreg. à la Chancellerie de France. Arch. nat., Trésor des Chartes, JJ. 254, n° 66, fol. 17. 1 page 1/2.*

Mars.

---

[1] Ces lettres de Charles VIII ne sont pas publiées dans le recueil des *Ordonnances.*

9899. Lettres de sauvegarde octroyées aux Célestins de la Sainte-Trinité-lès-Vichy. Moulins, mars 1537.

1538.
Mars.

> *Enreg. à la Chancellerie de France. Arch. nat., Trésor des Chartes, JJ. 254, n° 91, fol. 22. 1 page 1/2.*

9900. Établissement de deux foires par an et d'un marché chaque semaine à Villy-en-Trode, au bailliage de Troyes. Moulins, mars 1537.

Mars.

> *Enreg. à la Chancellerie de France. Arch. nat., Trésor des Chartes, JJ. 254, n° 85, fol. 21. 1 page.*

9901. Don à Jacques d'Arson, l'un des gentilshommes de la vénerie du roi, de tous les biens qui appartinrent à feu Claude Bouyer, de Charroux, échus au roi par confiscation, suivant la sentence du samedi avant la mi-carême 1537 n. s., condamnant ledit Bouyer à être pendu pour ses démérites. Moulins, mars 1537 [1].

Mars.

> *Enreg. à la Chancellerie de France. Arch. nat., Trésor des Chartes, JJ. 254, n° 88, fol. 21 v°. 1 page. Arch. nat., Acquits sur l'épargne, J. 962, pl. 13, n° 17, anc. J. 961, n° 44. (Mention.)*

9902. Don à Gilbert de La Rochefoucauld, sr de Barbezieux, sénéchal de Guyenne, en récompense des services rendus au roi par son père, feu Antoine de La Rochefoucauld, chevalier de l'ordre, de l'aubaine échue à Sa Majesté par la mort d'Antoine Moret, bâtard, qui n'avait pas obtenu de lettres de légitimation. Moulins, mars 1537 [2].

Mars.

> *Enreg. à la Chancellerie de France. Arch. nat., Trésor des Chartes, JJ. 254, n° 86, fol. 21. 1 page. Arch. nat., Acquits sur l'épargne, J. 962, pl. 13, n° 15, anc. J. 961, n° 48. (Mention.)*

9903. Lettres portant que les appels des sentences rendues par François Alamant, sieur du Châ-

1er avril.

---

[1] Le rôle des *Acquits sur l'épargne* par lequel l'expédition de cet acte est ordonnée porte la date du 11 mars.

[2] Ce don est porté sur un rôle daté de Moulins, le 2 mars, dans les *Acquits sur l'épargne.*

telet, contrôleur général des greniers à sel du
royaume, touchant les abus, malversations et
infractions aux ordonnances sur la gabelle et
la vente du sel, seront portés au Parlement
de Paris, en la petite chambre des enquêtes.
Lyon, 1ᵉʳ avril 1537.

1538.

> Enreg. au Parl. de Paris, le 3 décembre 1538.
> Arch. nat., Xˡᵃ 8613, fol. 121 v°. 3 pages.
> (Voyez plus bas au 24 août, n° 10204).

9904. Déclaration confirmative de l'exemption de toutes
tailles, aides et impôts octroyée aux habitants
d'Angoulême. Lyon, 2 avril 1537.

2 avril.

> Enreg. au Parl. de Paris, le 2 avril 1549 avant
> Pâques. Arch. nat., Xˡᵃ 8616, fol. 441. 2 pages.
> IMP. Les privilèges, franchises, libertés, immunités
> et statuts de la ville d'Angoulesme, etc. Angoulesme,
> imp. de Hélie Le Paige, 1627, in-4°, p. 87. (Bibl.
> nat., L¹⁷ 312.)

9905. Lettres pourvoyant Louis Rouillart de l'office de
conseiller clerc au Parlement de Paris que
tenait et exerçait Antoine Rouillart, son fils,
et ce dernier de l'office de conseiller lai exercé
jusque-là par son père. Lyon, 2 avril 1537.

2 avril.

> Reception au Parl. le 13 avril suivant. Arch. nat.,
> Xˡᵃ 1540, reg. du Conseil, fol. 304 v°. (Mention.)

9906. Mandement au Parlement de Paris lui ordonnant de nommer une commission composée
d'un président et de vingt conseillers au moins
pour juger certains procès pendants devant
ladite cour entre François de La Trémoïlle,
vicomte de Thouars, d'une part, les sʳˢ d'Annebaut, du Plessis-Guerry, etc., d'autre. Lyon,
2 avril 1537.

2 avril.

> Enreg. au Parl., le 13 mai 1538. Arch. nat.,
> Xˡᵃ 1541, reg. du Conseil, fol. 371. 1 page.

9907. Lettres portant que Louise, princesse de La
Roche-sur-Yon, ne peut prétendre aucun droit
sur les biens de la maison de Bourbon. Lyon,
3 avril 1537.

3 avril.

> Copie du XVIIIᵉ siècle. Bibl. nat., ms. fr. 4643,
> fol. 70.

9908. Déclaration portant règlement pour la juridiction des juges royaux et des juges de l'archevêque, dans la ville de Lyon. Lyon, 4 avril 1537.

1538.
4 avril.

> *Enreg. au Parl. de Paris, le 8 août 1538. Arch.
> nat., X¹ᵃ 8613, fol. 112. 1 page 1/2.
> Arrêt d'enregistrement. Idem, X¹ᵃ 4906, Plai-
> doiries, fol. 604 v°.*

9909. Concession aux chevaliers de l'arquebuse de Quimper-Corentin d'une franchise de billot, en vertu de laquelle le roi du papegaut jouira pendant un an du privilège de vendre 30 pipes de vin sans payer de droits, le tout sans préjudice des privilèges accordés aux chevaliers de l'arc et de l'arbalète. Lyon, 4 avril 1537.

4 avril.

> *Enreg. à la Chambre des Comptes de Bretagne.
> Archives de la Loire-Inférieure, B. Mandements
> royaux, II, fol. 149.*

9910. Lettres portant que les consuls d'Albi feront provision de huit milliers de salpêtre et qu'ils entretiendront aux frais de la ville deux salpêtriers chargés de rechercher partout le salpêtre sans aucun empêchement. Il est dit que le roi paye le salpêtre 8 livres 10 sous, poids de marc. Lyon, 4 avril 1537.

4 avril.

> *Copie. Arch. municip. de la ville d'Albi, EE. 28.*

9911. Lettres ordonnant à la ville d'Alençon de faire provision, cette année et l'année prochaine, de quatre milliers de salpêtre, sur les deniers communs de ladite ville. Lyon, 4 avril 1537.

4 avril.

> *Récépissés du 5 septembre 1538. Arch. nat.,
> J. 959, nᵒˢ 27 et 28. (Mentions.)*

9912. Lettres ordonnant et réglant l'approvisionnement et la conservation du salpêtre dans la ville de Cahors. Lyon, 4 avril 1537.

4 avril.

> *Original. Arch. municip. de Cahors, liasse 5,
> n° 49.*

9913. Lettres ordonnant aux consuls de Nîmes de faire provision de huit milliers de salpêtre, pour cette année et la prochaine, sur les deniers communs de la ville, et d'entretenir deux

4 avril.

personnes chargées de sa conservation. Lyon, 4 avril 1537.

> *Expédition originale. Arch. municip. de Nîmes, JJ. 8.*
> Imp. Ménard, *Histoire de la ville de Nîmes, etc.* Paris, in-4°, t. IV, 1753, Preuves, p. 141.

1538.

9914. Mandement à Guillaume Prudhomme, trésorier de l'épargne, de payer au seigneur Pomponio Trivulce, gouverneur de Lyon, la somme de 1,250 livres tournois pour sa pension et son entretien. Lyon, 4 avril 1537.

> *Original. Bibl. nat., ms. fr.* 25721, n° 499.

4 avril.

9915. Mandement au trésorier de l'épargne de bailler à Antoine Juge, trésorier de la maison de la reine, 2,500 livres tournois pour employer à son office. Lyon, 4 avril 1537.

> *Original. Londres, British Museum,* Add. Charters, 12712.

4 avril.

9916. Don à Gaston de Lévis de tous les biens du s^r de Léran, son père, confisqués et adjugés au roi par arrêt du Parlement de Toulouse, «pour aucuns cas et crimes dont ledit s^r de Léran est chargé», nonobstant que la valeur de ces biens ne soit déclarée et toutes ordonnances contraires. Lyon, 4 avril 1537.

> *Arch. nat., Acquits sur l'épargne,* J. 961, pl. 11, n° 17, anc. 36. (*Mention.*)

4 avril.

9917. Lettres accordant aux habitants de Thérouanne huit mortes-payes outre les cent qui y sont à présent, et portant que leur solde sera comprise désormais dans les frais ordinaires de la ville. Lyon, 4 avril 1537.

> *Arch. nat., Acquits sur l'épargne,* J. 961, pl. 11, n° 17, anc. 36. (*Mention.*)

4 avril.

9918. Permission aux habitants de Thérouanne de faire venir de toutes les parties du royaume, sans payer aucun droit de traite, de travers, péage, etc., le vin, le blé, les victuailles et toutes marchandises dont ils auront besoin, à

4 avril.

III.

condition de fournir des certificats du gouver-   1538.
neur et des officiers de la ville constatant que
lesdits approvisionnements n'ont pas été transportés ailleurs. Lyon, 4 avril 1537.

Arch. nat., Acquits sur l'épargne, J. 961, pl. 11,
n° 17, anc. 36. (Mention.)

9919. Don à Nicolas Jousserant, sommelier d'échan-   4 avril.
sonnerie de bouche, de 100 livres tournois à
prendre sur la recette ordinaire de Civray de
la présente année, somme que l'ancien fermier de Civray n'avait voulu lui rabattre, malgré le don qu'il en tenait du roi, sur le montant des droits et devoirs seigneuriaux dus par
ledit Jousserant à cause de l'acquisition qu'il a
faite de la terre du Breuillac, tenue du roi à
cause de la seigneurie de Civray. Lyon, 4 avril
1537.

Arch. nat., Acquits sur l'épargne, J. 961, pl. 11,
n° 17, anc. 36. (Mention.)

9920. Permission aux s^rs de Roberval et de Guelphe de   4 avril.
chercher, ouvrir et exploiter dans le royaume
et les autres pays appartenant au roi les mines
d'or, d'argent et d'autres métaux précieux, pendant trois ans à courir de l'ouverture desdites
mines, avec don du droit qui pourrait échoir
au roi pour cette concession. Lyon, 4 avril
1537.

Arch. nat., Acquits sur l'épargne, J. 961, pl. 11,
n° 17, anc. 36. (Mention.)

9921. Don aux s^rs de « Saint-Mozy » et de Bois-d'Illiers,   4 avril.
gentilshommes de la fauconnerie du roi, de
l'office de notaire royal au bailliage d'Amboise,
vacant par la mort de Jean Dupuy, pour en
disposer à leur profit. Lyon, 4 avril 1537.

Arch. nat., Acquits sur l'épargne, J. 961, pl. 11,
n° 17, anc. 36. (Mention.)

9922. Don à François Le Bacle, gentilhomme de la   4 avril.
maison du duc d'Étampes, d'une amende de
330 livres prononcée contre un nommé Jac-

qúes de Dreuillé par le sénéchal de Bourbonnais. Lyon, 4 avril 1537.

1538.

> Arch. nat., Acquits sur l'épargne, J. 961, pl. 11,
> n° 17, anc. 36. (Mention.)

9923. Don à Charles de Reims, écuyer de cuisine du
commun, d'une amende de 75 livres prononcée contre le chapitre de Notre-Dame d'Aigueperse par arrêt du Parlement de Paris. Lyon,
4 avril 1537.

4 avril.

> Arch. nat., Acquits sur l'épargne, J. 961, pl. 11,
> n° 17, anc. 36. (Mention.)

9924. Prorogation pour six ans, en faveur des habitants
de Joinville, de l'affranchissement que le roi
leur a ci-devant octroyé de toutes les aides,
tailles et impositions, y compris le vingtième
et le huitième du vin. Lyon, 4 avril 1537.

4 avril.

> Arch. nat., Acquits sur l'épargne, J. 961, pl. 11,
> n° 17, anc. 36. (Mention.)

9925. Lettres autorisant le cardinal du Bellay, évêque
de Paris, à faire des coupes et ventes de bois
dans le domaine de son abbaye de Longpont,
pour aider au payement du subside promis au
roi. Crémieu, 9 avril 1537.

9 avril.

> Enreg. à la Chambre des Eaux et forêts (siège
> de la Table de marbre), le 11 mai 1538. Arch. nat.,
> Z¹ᵉ 325 (anc. Z. 4582), fol. 100. 2 pages.

9926. Lettres accordant mainlevée du revenu saisi du
prieuré de la Coste, au diocèse d'Apt. Crémieu,
9 avril 1537.

9 avril.

> Enreg. au Parl. de Provence. Arch. de la cour
> à Aix, Lettres royaux, reg. 2, in-fol. papier de
> 1,026 feuillets, fol. 968.

9927. Mandement à Guillaume Prudhomme, trésorier
de l'épargne, de faire payer à Victor Barguin,
trésorier général de la dauphine et de Marguerite de France, la somme de 3,588 livres
6 sous 11 deniers tournois, pour laquelle il
avait déjà reçu des lettres d'acquit, mais qu'il
n'avait pas pu utiliser. Crémieu, 9 avril 1537.

9 avril.

> Original. Bibl. nat., ms. fr. 25721, n° 500.

66.

9928. Mandement à la Cour des Monnaies de vérifier et d'entériner les lettres de juillet 1536 (n° 8591), changeant l'office d'ouvrier du serment de l'empire exercé à la Monnaie de Bayonne par Jacques de Montbrun en office du serment de France. La Balme, 13 avril 1537.

1538.
13 avril.

> *Enreg. à la Cour des Monnaies, le 11 septembre 1538. Arch. nat., Z^{th} 62, fol. 232 v°. (Mention.)*

9929. Don au comte Guido Rangone, chevalier de l'ordre, de la châtellenie, terre et seigneurie de Belleville en Beaujolais et du péage de Beauregard, qui en dépend, pour en jouir sa vie durant, sans réserve, sauf les foi, hommage et souveraineté. La Balme en Dauphiné, 13 avril 1537.

13 avril.

> *Rôle d'expéditions du 28 avril 1538. Arch. nat., Acquits sur l'épargne, J. 962, pl. 15, n° 2, anc. J. 961, n° 237. (Mention.)*

9930. Mandement à Guillaume Prudhomme, trésorier de l'épargne, de payer à Nicolas de Troyes, argentier du roi, la somme de 4,498 livres 2 sous 6 deniers tournois pour les besoins de sa charge. La Balme, 15 avril 1537.

15 avril.

> *Original. Bibl. nat., ms. fr. 25721, n° 501.*

9931. Don fait, sur la requête de M. le Connétable, à François Bernard de l'office de sergent royal à cheval au comté du Maine, vacant par le décès de Jean Lambert, pour en disposer à son profit et en faire pourvoir qui bon lui semblera. La Balme en Dauphiné, 16 avril 1537.

16 avril.

> *Arch. nat., Acquits sur l'épargne, J. 962, pl. 13, n° 22, anc. J. 961, n° 69. (Mention.)*

9932. Don à Anne de Silly, veuve de Jacques de Mátignon, s^r de La Roche, et à Joachim de Matignon, frère du défunt, de la garde-noble des enfants mineurs dudit s^r de La Roche et de ladite dame, aux charges et devoirs accoutumés. La Balme en Dauphiné, 16 avril 1537.

16 avril.

> *Arch. nat., Acquits sur l'épargne, J. 962, pl. 13, n° 22, anc. J. 961, n° 69. (Mention.)*

9933. Mandement à Jean Laguette de payer, sur les deniers provenant de la vente des offices et autres parties casuelles, la somme de 1,500 livres tournois redue au comte de Tende, gouverneur et lieutenant général du roi en Provence, sur la somme de 4,000 livres que Sa Majesté lui avait ordonnée, le 1er septembre 1533, pour sa pension de l'année 1532. La Balme en Dauphiné, 16 avril 1537.

1538.
16 avril.

Arch. nat., Acquits sur l'épargne, J. 962, pl. 13, n° 22, anc. J. 961, n° 69. (Mention.)

9934. Mandement à Jean Laguette de payer sur les parties casuelles à Vespasien Carvoisin, écuyer d'écurie du roi, la somme 1,600 livres tournois pour deux années de la pension de 800 livres par an que Sa Majesté lui a ordonnée, outre les 400 livres de gages qu'il prend sur les états de sa maison. La Balme en Dauphiné, 16 avril 1537.

16 avril.

Arch. nat., Acquits sur l'épargne, J. 962, pl. 13, n° 22, anc. J. 961, n° 69. (Mention.)

9935. Don à la demoiselle de Bièvres de la somme de 400 livres tournois sur la vente de l'office de receveur de Coucy. La Balme, 16 avril 1537.

16 avril.

Arch. nat., Acquits sur l'épargne, J. 962, pl. 13, n° 22, anc. J. 961, n° 69. (Mention.)

9936. Don à Denis Bridot, à Jean de Courtaux et à Jacques d'Estizaux, valets de pied du roi, de l'office de sergent royal en la sénéchaussée de Lyon, vacant par la mort de Jean Guérin, pour en disposer à leur profit. La Balme en Dauphiné, 16 avril 1537.

16 avril.

Arch. nat., Acquits sur l'épargne, J. 962, pl. 13, n° 22, anc. J. 961, n° 69. (Mention.)

9937. Don à Jean Champion et à Martin Habert, valets de garde-robe du roi, de l'office de contrôleur des deniers communs de la ville de Blois, vacant par la mort de Jacques Féret,

16 avril.

pour en disposer à leur profit. La Balme en
Dauphiné, 16 avril 1537.

1538.

Arch. nat., Acquits sur l'épargne, J. 962, pl. 13,
n° 22, anc. J. 961, n° 69. (Mention.)

9938. Mandement à la Chambre des Comptes de Montpellier d'allouer aux comptes de Pierre Plan-
tevy, commis à tenir le compte des réparations
de Languedoc, les sommes qu'il a payées de
ce chef, par les ordonnances du feu s^r de Clermont, sans s'arrêter au pouvoir dudit défunt,
non plus qu'à celui de M. le Connétable de le
déléguer à cet effet en son lieu et place, et
nonobstant que lesdites ordonnances ne soient
expédiées en la forme voulue. La Balme en
Dauphiné, 16 avril 1537.

16 avril.

Arch. nat., Acquits sur l'épargne, J. 962, pl. 13,
n° 22, anc. J. 961, n° 69. (Mention.)

9939. Mandement au trésorier de l'épargne de faire
payer par Adrien Oger, receveur et payeur
des gages des officiers du Parlement de Bretagne, à François Tavel, conseiller en ladite cour, la somme de 243 livres 15 sous
tournois pour ses gages et droits dudit office
de l'année 1537, nonobstant que, retenu à
Paris pour le service du roi, il n'ait siégé audit
Parlement. La Balme en Dauphiné, 16 avril
1537.

16 avril.

Arch. nat., Acquits sur l'épargne, J. 962, pl. 13,
n° 22, anc. J. 961, n° 69. (Mention.)

9940. Lettres ordonnant que des deniers redus par le
feu receveur ordinaire de Coucy, naguère décédé, il sera pris une somme de 1,200 livres
tournois pour employer aux fortifications et
réparations des ville et château de Coucy. La
Balme, 16 avril 1537.

16 avril.

Arch. nat., Acquits sur l'épargne, J. 962, pl. 13,
n° 23, anc. J. 961, n° 28. (Mention.)

9941. Don à Louis Burgensis, conseiller et premier
médecin du roi, d'une pension annuelle et
viagère de 400 livres tournois à prendre cha-

16 avril.

que année, à partir du 15 avril présent mois, 1538.
sur la recette ordinaire de Blois, outre la somme
de 600 livres tournois qu'il reçoit par autre
don sur ladite recette, en considération de
ses services et pour l'aider à entretenir sa
femme à la suite de la cour, où sa charge
l'oblige à résider continuellement. La Balme,
16 avril 1537.

*Arch. nat., Acquits sur l'épargne, J. 962, pl. 13,
n° 23, anc. J. 961, n° 28. (Mention.)*

9942. Don fait sur la requête de M. l'Amiral, à Balthazar   16 avril.
de Richot, gentilhomme de sa fauconnerie,
de la somme de 130 écus soleil taxée pour
la résignation à survivance qu'il a faite en faveur de son fils de l'office de maître visiteur
des poids et balances, aunes et laines au comté
du Maine. La Balme, 16 avril 1537.

*Arch. nat., Acquits sur l'épargne, J. 962, pl. 13,
n° 23, anc. J. 961, n° 28. (Mention.)*

9943. Lettres données à la requête de M. de Boisy,   16 avril.
admettant la résignation que veut faire Jean
Bahuet au profit de Louis Gresle de son office
de sergent royal au siège d'Angers, sans rien
payer des droits de quart accoutumés. La
Balme, 16 avril 1537.

*Arch. nat., Acquits sur l'épargne, J. 962, pl. 13,
n° 23, anc. J. 961, n° 28. (Mention.)*

9944. Lettres données sur la requête du duc de Guise,   16 avril.
portant prorogation pour six ans en faveur du
sʳ de Parroy, son lieutenant au gouvernement
de Champagne et en sa compagnie, du don
qui lui a été fait ci-devant du revenu de la
terre, châtellenie, prévôté et seigneurie de
Vaucouleurs, au bailliage de Chaumont-en-
Bassigny. La Balme, 16 avril 1537.

*Arch. nat., Acquits sur l'épargne, J. 962, pl. 13,
n° 23, anc. J. 961, n° 28. (Mention.)*

9945. Provisions en faveur de Claude de Bossut, sʳ de   17 avril.
Cavron, de l'office de bailli de Vermandois,
en remplacement et sur la résignation de son

père, Nicolas de Bossut, s' de Longueval. La
Côte-Saint-André, 17 avril 1537 [1].

1538.

> *Réception au Parl. de Paris le 14 avril 1539. Arch.*
> *nat., X¹ᵃ 4908, Plaidoiries, fol. 10 v°. (Mention.)*
> *Arch. nat., Acquits sur l'épargne, J. 962, pl. 15,*
> *n° 1, anc. J. 961, n° 235. (Mention.)*

9946. Création de seize offices de procureurs en la
sénéchaussée de Beaucaire, dont le siège est à
Nîmes. La Côte-Saint-André, 18 avril 1537.
Lettres ordonnant la publication des précédentes. Saint-Gilles, 10 juillet 1538.

18 avril.

> *Enreg. au Parl. de Provence, le 27 mai 1538.*
> *Enreg. au Parl. de Toulouse, le 23 juillet 1538.*
> *Arch. de la Haute-Garonne, Édits, reg. 4, fol. 117.*
> *2 pages 1/2.*

9947. Édit de création d'un troisième office de président et de deux de conseillers au Parlement
de Dijon, avec provisions de l'office de président en faveur de Jacques Godran, conseiller
en ladite cour. La Côte-Saint-André, 20 avril
1537.

20 avril.

> *Enreg. au Parl. de Dijon, le 20 mai 1538. Arch.*
> *de la Côte-d'Or, Parl., reg. II, fol. 220 v°.*
> *Enreg. à la Chambre des Comptes de Dijon. Arch.*
> *de la Côte-d'Or, B. 20, fol. 35 v°.*
> *Imp. Pierre Palliot, Le Parlement de Bourgogne.*
> *Dijon, 1649, in-fol., p. 34. (Mention.)*

9948. Lettres d'exemption et affranchissement perpétuel de toutes tailles, aides, subsides et impôts,
accordées aux habitants de Thérouanne, en
considération des pertes que la guerre leur
a fait subir l'année précédente. Lyon, avril
1537 [2].

Avril.

> *Enreg. à la Chancellerie de France. Arch. nat.,*
> *Trésor des Chartes, JJ. 254, n° 104, fol. 25.*
> *1 page 1/2.*
> *Arch. nat., Acquits sur l'épargne, J. 961, pl. 11,*
> *n° 17, anc. 36. (Mention.)*

---

[1] La permission de résigner figure aux *Acquits sur l'épargne*, dans un
rôle daté de la Côte-Saint-André, le 23 avril 1538.

[2] Le rôle d'expéditions où figurent ces lettres dans les *Acquits sur*
l'épargne est daté de Lyon, le 4 avril 1537 n. s.

9949. Établissement d'une foire chaque année, le jour de saint Roch, à Villefranche en Périgord. Lyon, avril 1537.

> *Enreg. à la Chancellerie de France. Arch. nat., Trésor des Chartes, JJ. 254, n° 118, fol. 28. 1 page.*

9950. Lettres d'érection de la baronnie de Saint-Aignan en comté, en faveur de Claude de Beauvillier, gouverneur de Blois, et de Claude de Rohan, sa femme. Crémieu, avril 1537.

Avril.

> *Enreg. à la Chancellerie de France. Arch. nat., Trésor des Chartes, JJ. 254, n° 111, fol. 26 v°: 1 page 1/2.*
> *Enreg. au Parl. de Paris, le 4 juin 1538. Arch. nat., X¹ᵃ 8613, fol. 103 v°. 3 pages.*
> *Enreg. à la Chambre des Comptes de Paris. Arch. nat., P. 2306, p. 649. 5 pages 1/2.*

9951. Création de huit offices de conseillers en la sénéchaussée de Quercy, au siège de Cahors. La Vallière, avril 1537.

Avril.

> *Enreg. au Parl. de Toulouse, le 23 juillet 1538. Arch. de la Haute-Garonne, Édits, reg. 4, fol. 126. 3 pages.*

9952. Mandement au trésorier de l'épargne de payer 146 livres 5 sous tournois à Guillaume Vallette, chevaucheur, pour aller à Londres remettre des lettres du roi à ses ambassadeurs, l'évêque de Tarbes et le seigneur de Castillon, et en rapporter la réponse. La Côte-Saint-André, 21 avril 1538.

21 avril.

> *Bibl. nat., ms. Clairambault 1215, fol. 76. (Mention.)*

9953. Lettres accordant aux habitants de Bourges l'exemption des tailles, aides et impôts, en confirmation des privilèges octroyés par les rois à ladite ville. La Côte-Saint-André, 22 avril 1538.

22 avril.

> *Imp. Privilèges de la ville de Bourges et confirmations d'iceux, etc. Bourges, J. Chaudière, 1661, in-4°, p. 60. (Bibl. nat., Lᵏ⁷ 1331ᵇ.)*
> La Thaumassière, *Histoire de Berry, etc.* Paris, 1689, in-fol., liv. III, ch. 20, p. 154. (*Mention.*)

9954. Lettres portant que les villes du royaume qui ont payé leur quote-part pour la solde et l'entretien d'une armée de 20,000 hommes seront dispensées de l'emprunt que le roi leur avait demandé peu de temps auparavant. La Côte-Saint-André, 22 avril 1538.

1538.
22 avril.

> *Copie collationnée du 2 juillet 1538. Arch. nat., suppl. du Trésor des Chartes, J. 1024, n° 61.*

9955. Lettres portant que les habitants de Poitiers sont déchargés d'un emprunt demandé aux villes du royaume et seront obligés seulement à contribuer à la solde de 20,000 hommes, selon qu'ils en avaient été taxés. La Côte-Saint-André, 22 avril 1538.

22 avril.

> *Original. Arch. municip. de Poitiers, I. 17.*

9956. Lettres de ratification du bail de la ferme du tirage du sel contre-mont les rivières du Rhône, de la Saône et de l'Isère, en Dauphiné et en Provence, dans le Comtat-Venaissin et dans la principauté d'Orange, passé pour dix ans (du 1er octobre 1538 au 30 septembre 1548), par le cardinal de Tournon et Charles Du Plessis, agissant au nom du roi, à André Sormán, Milanais, habitant de Valence, et à Albisse d'Elbene, demeurant à Lyon, par contrat du 10 décembre 1537; avec affranchissement des biens desdits fermiers et de Thomas Gadagne, habitant de Lyon, et de Jean Philippe de Rome, Milanais, à présent habitant de Valence, leurs cautions, de tout droit d'aubaine après leur décès, bien qu'ils soient étrangers. La Côte-Saint-André, 23 avril 1538.

23 avril.

> *Enreg. au Parl. de Grenoble, le 9 novembre 1538. Arch. de l'Isère, Chambre des Comptes de Grenoble, B. 2910, cah. 61. 12 pages.*
> *Enreg. au Parl. de Paris, sauf réserve, à la suite d'un mandement de Henri II, le 14 décembre 1549. Arch. nat., X1a 8616, fol. 336 v°. 3 pages.*
> *Copie du xvie siècle appartenant à M. G. Masson de Montalivet.*
> *Arch. nat., Acquits sur l'épargne, J. 962, pl. 15, n° 1, anc. J. 961, n° 235. (Mention.)*

9957. Lettres prescrivant d'employer la somme de
467 livres tournois, à prendre sur le produit
des amendes du Parlement de Bourgogne,
pour le payement des réparations faites au
Palais de justice de Dijon. La Côte-Saint-
André, 23 avril 1538.

> *Enreg. à la Chambre des Comptes de Dijon, le
> 17 mai suivant. Arch. de la Côte-d'Or, reg. B. 19,
> fol. 13.*
> *Arch. nat., Acquits sur l'épargne, J. 962, pl. 15,
> n° 1, anc. J. 961, n° 235. (Mention.)*

9958. Lettres affectant aux menues dépenses du Parlement de Dijon, et notamment aux gages du
concierge du Palais, la somme de 600 livres
tournois, à prendre chaque année sur le produit des amendes. La Côte-Saint-André,
23 avril 1538.

> *Enreg. à la Chambre des Comptes de Dijon. Arch.
> de la Côte-d'Or, reg. B. 19, fol. 12.*
> *Arch. nat., Acquits sur l'épargne, J. 962, pl. 15,
> n° 1, anc. J. 961, n° 235. (Mention.)*

9959. Lettres de continuation pendant dix ans de l'octroi fait aux maire, échevins et habitants de
Poitiers d'une somme annuelle de 100 livres
sur les aides du Poitou, pour être employée
à l'entretien des ponts et chemins de leur ville,
avec relief d'adresse des lettres portant ledit
octroi et rétablissement des parties rayées au
nom desdits habitants sur les comptes des
aides de Poitou. La Côte-Saint-André, 23 avril
1538.

Lettres de relief de surannation. 28 février
1541.

> *Original. Arch. municipales de Poitiers, H. 35.*
> *Enreg. à la Chambre des Comptes de Paris, le
> 4 avril 1542 n. s., anc. mém. 2 K, fol. 111. Arch.
> nat., invent. PP. 136, p. 457. (Mention.)*

9960. Commission au sénéchal de Poitou ou à son
lieutenant et au procureur du roi de faire remettre les vases, meubles, joyaux sacrés et
profanes et tous autres objets qui avaient été
emportés de l'abbaye de la Trinité de Poitiers

1538.
23 avril.

23 avril.

23 avril.

23 avril.

67.

à l'occasion d'une contestation entre les religieuses qui n'avaient pas voulu reconnaître comme abbesse Jeanne de Clermont, pourvue de l'abbaye par le roi et par le pape. La Côte-Saint-André, 23 avril 1538.

1538.

Copie du xviiie siècle. Bibl. de la ville de Poitiers, coll. dom Fonteneau, t. XXVII, p. 411.

9961. Lettres assignant sur les amendes du Parlement de Bourgogne une somme de 250 livres tournois à Nicole Le Roy, conseiller de ladite cour, pour le voyage qu'il vient de faire près du roi touchant les affaires de Sa Majesté et celles dudit Parlement. La Côte-Saint-André, 23 avril 1538.

23 avril.

Arch. nat., Acquits sur l'épargne, J. 962, pl. 15, n° 1, anc. J. 961, n° 235. (Mention.)

9962. Lettres assignant sur les amendes du Parlement de Bourgogne 150 livres tournois à Philibert Berbis, conseiller de ladite cour, pour le voyage qu'il vient de faire près du roi au sujet du département des greniers à sel sur lesquels sont assignés les gages des présidents, conseillers et autres officiers dudit Parlement. La Côte-Saint-André, 23 avril 1538.

23 avril.

Arch. nat., Acquits sur l'épargne, J. 962, pl. 15, n° 1, anc. J. 961, n° 235. (Mention.)

9963. Don au Maure, l'un des fauconniers du roi, de 50 écus soleil à prendre sur les deniers provenant de la résignation de l'office de procureur du roi à Loudun faite par Guillaume Lefèvre au profit de Louis de Sainte-Marthe. La Côte-Saint-André, 23 avril 1538.

23 avril.

Arch. nat., Acquits sur l'épargne, J. 962, pl. 15, n° 1, anc. J. 961, n° 235. (Mention.)

9964. Permission aux Cordeliers de Nantes de faire venir par eau ou par terre 40 pipes de vin de la dernière récolte, pour la provision de leur couvent durant la présente année, sans payer aucun droit de traite, trépas de Loire,

23 avril.

imposition foraine ou autre subside. La Côte-
Saint-André, 23 avril 1538.

> *Arch. nat., Acquits sur l'épargne, J. 962, pl. 15,
> n° 1, anc. J. 961, n° 235. (Mention.)*

9965. Don à André Le Roy, archer de la garde sous
le commandement du s' de Chavigny, et à
Cressanville, maître d'hôtel du s' de Clermont,
de l'office de sergent royal au bailliage de
Rouen, vacant par le décès de Louis Lelièvre,
pour en disposer à leur profit. La Côte-Saint-
André, 23 avril 1538.

23 avril.

> *Arch. nat., Acquits sur l'épargne, J. 962, pl. 15,
> n° 1, anc. J. 961, n° 235. (Mention.)*

9966. Don à Pierre Ribou, écuyer de cuisine du commun, de 30 écus soleil sur les deniers provenant de la résignation de l'office de sergent
à cheval au Châtelet de Paris faite par Pierre
Avenart au profit de Jean Champagne. La Côte-
Saint-André, 23 avril 1538.

23 avril.

> *Arch. nat., Acquits sur l'épargne, J. 962, pl. 15,
> n° 1, anc. J. 961, n° 235. (Mention.)*

9967. Don à Buisson, portemanteau du roi, de la
somme de 100 écus soleil à prendre sur les
deniers des parties casuelles. La Côte-Saint-
André, 23 avril 1538.

23 avril.

> *Arch. nat., Acquits sur l'épargne, J. 962, pl. 15,
> n° 1, anc. J. 961, n° 235. (Mention.)*

9968. Don et remise à Louis d'Oignies, s' de Chaulnes,
de la somme de 1,326 livres 17 sous 10 deniers tournois, montant des droits et devoirs
seigneuriaux qu'il devait au roi pour la succession d'Antoine et Bonaventure d'Oignies, son
frère et sa sœur, à cause des terres et seigneuries qu'ils tenaient de Sa Majesté, pour son
récent mariage avec Antoinette de Rasse,
chargée de la garde-noble de François de Sau-
court, son fils du premier lit, et aussi pour les
acquisitions par lui faites du s' de Castelpers

23 avril.

et de sa femme, sœur dudit s^r de Chaulnes. 1538.
La Côte-Saint-André, 23 avril 1538.

Arch. nat., Acquits sur l'épargne, J. 962, pl. 15, n° 1, anc. J. 961, n° 235. (*Mention.*)

9969. Lettres accordant aux habitants du Dauphiné, 23 avril.
en considération des dommages qu'ils ont
éprouvés pendant les deux dernières années
par le fait du passage des armées du roi, la
remise d'une somme de 20,144 livres octroyée
à Sa Majesté par les États du pays assemblés
au mois de mars dernier, y compris la composition de Tallart, sans préjudice d'un dégrè-
vement semblable qu'ils avaient obtenu pour
l'année précédente. La Côte-Saint-André,
23 avril 1538.

Arch. nat., Acquits sur l'épargne, J. 962, pl. 15, n° 1, anc. J. 961, n° 235. (*Mention.*)

9970. Don à la demoiselle de Baptisse, gouvernante 23 avril.
des filles de Mesdames, de 200 écus soleil à
prendre sur les deniers qui proviendront de
la vente de l'office d'huissier au Parlement de
Toulouse vacant par la destitution et le bannissement de son dernier titulaire, le s^r Pomarède. La Côte-Saint-André, 23 avril 1537.

Arch. nat., Acquits sur l'épargne, J. 962, pl. 15, n° 1, anc. J. 961, n° 235. (*Mention.*)

9971. Quatre lettres adressées aux s^rs de Boisrigault et 23 avril.
d'Izernay, écuyer et valet de chambre ordinaire
du roi, leur donnant pouvoirs spéciaux pour
recouvrer et recevoir du duc de Bavière la
somme de 100,000 écus et de lui en donner
quittance. La Côte-Saint-André, 23 avril 1538.

Bibl. nat., ms. fr. 3019, fol. 171, et ms. fr. 3035, fol. 76. (*Mentions.*)

9972. Lettres ordonnant l'ouverture d'une enquête *de* 24 avril.
commodo et incommodo au sujet de la prise
d'eau accordée à Pierre Perdrier, greffier de
la ville de Paris, pour sa maison au coin de

la rue Sainte-Avoie. La Côte-Saint-André, 1538.
24 avril 1538.

Enreg. au Châtelet de Paris, Bannières. Arch.
nat., Y. 9, fol. 112. 1 page.

9973. Mandement à Jean Laguette, receveur général   25 avril.
des parties casuelles, de payer à Madeleine de
La Forêt, veuve de Gilbert de Macon, s' du
Poyet, et sœur de feu Jean de La Forêt, la
somme de 100 écus d'or soleil dont le roi lui
a fait don en souvenir des services que ledit
Jean, son frère, lui a rendus en Turquie. La
Côte-Saint-André, 25 avril 1538.

Arch. nat., Acquits sur l'épargne, J. 962, pl. 14,
n° 38, anc. J. 961, n° 236. (Mention.)

9974. Mandement à Jean Laguette de payer à Marin   25 avril.
Berlant, clerc, 40 écus d'or soleil, complé-
tant la somme de 80 écus à lui ordonnée pour
un voyage qu'il a fait en poste de Moulins à
Paris et à Amiens pour chercher l'obligation
de 6,000 écus soleil que devaient les cantons
de Lucerne et l'apporter au roi à Montbrison.
La Côte-Saint-André, 25 avril 1538.

Arch. nat., Acquits sur l'épargne, J. 962, pl. 14,
n° 38, anc. J. 961, n° 236. (Mention.)

9975. Mandement à Jean Laguette de payer à Pierre   25 avril.
Turpin, chevaucheur d'écurie, la somme de
5 écus d'or soleil, pour être allé, le 1er avril
dernier, de Lyon à Dijon porter à Pierre d'Apestigny, général de Bourgogne, les lettres patentes touchant la solde des gens de pied que
le roi fait demander aux villes de Bourgogne.
La Côte-Saint-André, 25 avril 1538.

Arch. nat., Acquits sur l'épargne, J. 962, pl. 14,
n° 38, anc. J. 961, n° 236. (Mention.)

9976. Mandement à Jean Laguette de payer à Joseph   25 avril.
de La Molle, s' dudit lieu, capitaine de
1,000 hommes de pied pour la garde de Marseille, la somme de 225 livres tournois, tant
pour un voyage de Marseille à Lyon auprès
du roi que pour accompagner jusqu'à Savone
le cardinal de Carpi et lui assurer le vivre et

le logement dans les pays du roi. La Côte-
Saint-André, 25 avril 1538.

Arch. nat., Acquits sur l'épargne, J. 962, pl. 14, n° 38, anc. J. 961, n° 236. (Mention.)

9977. Mandement à Jean Laguette de payer au sr de
Laval, de Provence, la somme de 112 livres
10 sous tournois à lui ordonnée pour accompagner le cardinal de Carpi hors du royaume
et lui faire donner les vivres et le logement.
La Côte-Saint-André, 25 avril 1538.

Arch. nat., Acquits sur l'épargne, J. 962, pl. 14, n° 38, anc. J. 961, n° 236. (Mention.)

9978. Mandement à Jean Laguette de payer à Charles
Ricquet, grènetier de Lunel, la somme de
60 livres tournois pour le rachat du principal
de 4 livres tournois de rente vendues sur le
revenu dudit grenier et pour le payement des
arrérages, ladite somme à prendre sur les deniers de la vente de l'office de mesureur audit
grenier vacant par la mort de Géraud Corbière. La Côte-Saint-André, 25 avril 1538.

Arch. nat., Acquits sur l'épargne, J. 962, pl. 14, n° 38, anc. 961, n° 236. (Mention.)

9979. Mandement à Jean Laguette de bailler à Martin
de Troyes, trésorier de l'Extraordinaire des
guerres, la somme de 8,000 livres tournois
pour l'achat des vivres et munitions nécessaires au ravitaillement des villes de Piémont,
et 900 livres pour les gages d'un mois des
commissaires desdits vivres. La Côte-Saint-
André, 25 avril 1538.

Arch. nat., Acquits sur l'épargne, J. 962, pl. 14, n° 38, anc. J. 961, n° 236. (Mention.)

9980. Mandement à Jean Laguette de bailler à Martin
de Troyes la somme de 6,700 livres tournois
pour l'achat et le transport desdits vivres en
Piémont. La Côte-Saint-André, 25 avril 1538.

Arch. nat., Acquits sur l'épargne, J. 962, pl. 14, n° 38, anc. J. 961, n° 236. (Mention.)

9981. Mandement à Jean Laguette de bailler audit

1538.

25 avril.

25 avril.

25 avril.

25 avril.

25 avril.

Martin de Troyes 10,000 livres tournois provenant de l'état de secrétaire pour signer en.
finances dont a été pourvu Claude Robertet,
sʳ d'Alluye, pour ladite somme être employée
au fait des vivres que le roi fait conduire en
Piémont par l'abbé Bourgarel. La Côte-Saint-
André, 25 avril 1538.

> *Arch. nat., Acquits sur l'épargne, J. 962, pl. 14,
> n° 38, anc. J. 961, n° 236. (Mention.)*

1538.

9982. Mandement à Jean Laguette de bailler à Martin
de Troyes la somme de 9,000 livres tournois
pour l'achat et transport desdits vivres et
munitions. La Côte-Saint=André, 25 avril
1538.

> *Arch. nat., Acquits sur l'épargne, J. 962, pl. 14,
> n° 38, anc. J. 961, n° 236. (Mention.)*

25 avril.

9983. Mandement à Jean Laguette de payer à Jean
Marie, dit Benedict, natif du pays de Sien-
nois, expert en cosmographie, la somme de
50 écus d'or soleil dont le roi lui a fait don
pour l'aider à s'entretenir à son service. La
Côte-Saint-André, 25 avril 1538.

> *Arch. nat., Acquits sur l'épargne, J. 962, pl. 14,
> n° 38, anc. J. 961, n° 236. (Mention.)*

25 avril.

9984. Mandement à Jean Laguette de payer à Henri
Du Tot, sʳ de La Mothe, capitaine de Suze,
la somme de 50 écus soleil pour un voyage
de Suze à Lyon, où il est venu trouver le roi.
La Côte-Saint-André, 25 avril 1538.

> *Arch. nat., Acquits sur l'épargne, J. 962, pl. 14,
> n° 38, anc. J. 961, n° 236. (Mention.)*

25 avril.

9985. Mandement à Jean Laguette de payer à Nicole
Thibault, procureur général au Parlement de
Paris, la somme de 450 livres tournois pour
le voyage qu'il a fait naguère à la suite du
roi touchant les affaires de Mᵐᵉ la princesse de
La Roche-sur-Yon et de M. le prince, son
fils; ladite somme à prendre sur la vente de
l'office de receveur ordinaire de Clermont
en Beauvaisis, vacant par la mort de Jean

25 avril.

III.

IMPRIMERIE NATIONALE.

Le Cavelier. La Côte-Saint-André, 25 avril 1538.   1538.

> *Arch. nat., Acquits sur l'épargne, J. 962, pl. 14,*
> *n° 38, anc. J. 961, n° 236. (Mention.)*

9986. Édit de création de quatre offices de sergents royaux en la justice et mairie des faubourgs Saint-Jacques et Notre-Dame-des-Champs de Paris, au lieu de ceux qui tenaient leurs pouvoirs du bailli du Palais. La Côte-Saint-André, 26 avril 1538.   26 avril.

> *Enreg. au Parl. de Paris, le 27 juin 1538*[1].
> *Arch. nat., X¹ᵃ 8613, fol. 488. 1 page 1/3.*
> *Arrêt d'enregistrement. Idem, X¹ᵃ 4906, Plaidoiries, fol. 363 v°.*
> *Imp. E. Girard et J. Joly, Le troisiesme livre des offices de France, etc. Paris, 1647, in-fol., t. II, p. 1841.*

9987. Permission à Mᵐᵉ de Rieux de faire venir des vignobles d'Anjou, Orléans et autres, 100 pipes de vin franches de tous droits de traite, trépas de Loire, imposition foraine, etc., pour l'approvisionnement de sa maison de Bretagne pendant l'année présente. La Côte-Saint-André, 28 avril 1538.   28 avril.

> *Arch. nat., Acquits sur l'épargne, J. 962, pl. 15,*
> *n° 2, anc. J. 961, n° 237. (Mention.)*

9988. Don à Bertrand de Mancey, maître queux du roi, de l'office de sergent à verge au Châtelet de Paris vacant par le décès d'Étienne Hervy, pour en disposer à son profit et le faire expédier au nom de qui bon lui semblera. La Côte-Saint-André, 28 avril 1538.   28 avril.

> *Arch. nat., Acquits sur l'épargne, J. 962, pl. 15,*
> *n° 2, anc. J. 961, n° 237. (Mention.)*

9989. Provision en faveur de Mᵐᵉ de Sarcus, de [François de Sarcus], évêque du Puy, et d'Adrien de Sarcus, veuve et enfants du feu sʳ de Sarcus, pour leur assurer la jouissance des terres et seigneuries de Milly et de Troussures, au   28 avril.

[1] Cependant il se trouve sur le registre de 1543.

comté de Clermont en Beauvaisis, durant le
temps qui reste à courir des dix années pendant lesquelles le feu s^r de Sarcus devait
prendre les revenus desdites terres, suivant
les lettres de don qu'il en avait eues du roi.
La Côte-Saint-André, 28 avril 1538.

*Arch. nat., Acquits sur l'épargne, J. 962, pl. 15,
n° 2, anc. J. 961, n° 237. (Mention.)*

1538.

9990. Provision pour faire jouir Louis de Nevers du
revenu des terres et seigneuries de Montmerle
et de Chalamont, au pays de Dombes, dont il
avait don du roi depuis le commencement
de la guerre, bien qu'il n'en ait pris possession
que quelque temps après. La Côte-Saint-
André, 28 avril 1538.

*Arch. nat., Acquits sur l'épargne, J. 962, pl. 15,
n° 2, anc. J. 961, n° 237. (Mention.)*

28 avril.

9991. Don au s^r de Boisy de 6,000 écus d'or soleil
pour l'aider à payer sa rançon, somme dont
le roi veut qu'il soit payé en deux termes et
par égales portions sur ses finances ordinaires
des troisième et quatrième quartiers de la présente année. La Côte-Saint-André, 28 avril
1538.

*Arch. nat., Acquits sur l'épargne, J. 962, pl. 15,
n° 2, anc. J. 961, n° 237. (Mention.)*

28 avril.

9992. Lettres faisant défense à tous gens de guerre de
passer en Dauphiné, s'ils n'ont une commission expresse du roi ou du connétable de
Montmorency. La Côte-Saint-André, 29 avril
1538.

*Enreg. à la Chambre des Comptes de Grenoble.
Arch. de l'Isère, B. 2911, II, fol. 24. 2 pages 1/2.*

29 avril.

9993. Mandement à Pierre d'Apestigny, général des
finances du duché de Bourgogne, de faire
rembourser à Nicole de Recourt, conseiller au
Parlement de Dijon, la somme de 2,000 livres
tournois qu'il avait prêtée au roi lors de sa
nomination. La Côte-Saint-André, 30 avril
1538.

Original. Bibl. nat., ms. fr. 25721, n° 502.

30 avril.

68.

9994. Création de deux foires annuelles à Aixe-sur-Vienne en Limousin, ville appartenant à la reine de Navarre. La Côte-Saint-André, avril 1538.

> *Enreg. à la Chancellerie de France. Arch. nat., Trésor des Chartes,* JJ. 254, n° 113, fol. 27 v°.
> 1 page.

9995. Permission aux habitants de Dixmont, au bailliage de Sens, de faire entourer leur ville de murs et de fortifications. La Côte-Saint-André, avril 1538.

> *Enreg. à la Chancellerie de France. Arch. nat., Trésor des Chartes,* JJ. 254, n° 106, fol. 26.
> 1 page.

9996. Confirmation des privilèges, franchises et coutumes concédés par le dauphin Jean aux habitants de Saint-Étienne-de-Saint-Jurs en Dauphiné. La Côte-Saint-André, avril 1538.

> *Enreg. à la Chancellerie de France. Arch. nat., Trésor des Chartes,* JJ. 254, n° 110, fol 26 v°.
> 1 page.
> *Enreg. au Parl. de Grenoble, le 31 mai 1538. Arch. de l'Isère, Chambre des Comptes de Grenoble,* B. 2980, fol. 607. 4 pages.

9997. Lettres de sauvegarde octroyées aux bénédictins de l'abbaye de Saint-Vincent en Vermandois (Saint-Vincent de Laon). La Côte-Saint-André, avril 1538.

> *Enreg. à la Chancellerie de France. Arch. nat., Trésor des Chartes,* JJ. 254, n° 131, fol. 30 v°.
> 1 page 1/2.

9998. Don à Edme de Courtenay, s\r de Bléneau, gentilhomme de la maison du roi et écuyer d'écurie du connétable, des biens ayant appartenu à feu Simon Lardy, échus au roi par droit d'aubaine. La Côte-Saint-André, avril 1538.

> *Bibl. nat.,* armoires de Baluze, vol. 18, fol. 230.
> (*Mention.*)
> *Bibl. nat.,* ms. Clairambault 782, p. 297.
> (*Mention.*[1])

(1) Sous la date du 1er juillet 1538.

9999. Provisions, en faveur de Bertrand Sabatier, de
l'office de procureur général au Parlement
de Toulouse, charge résignée par son père,
Raymond Sabatier. La Côte-Saint-André,
1er mai 1538.

1538.
1er mai.

Il est reçu et prête serment au Parlement
de Toulouse le 11 mai 1538.

*Enreg. au Parl. de Toulouse. Arch. de la Haute-
Garonne, Édits, reg. 4, fol. 112. 2 pages 1/2.*

10000. Commission à Jacques Godran, président au
Parlement de Dijon, pour, de concert avec
les avocats et procureurs du roi des bailliages, faire crier et donner à bail certaines
parties du domaine en Bourgogne. La Côte-
Saint-André, 1er mai 1538.

1er mai.

*Enreg. à la Chambre des Comptes de Dijon. Arch.
de la Côte-d'Or, B. 20, fol. 34 v°.*

10001. Commission adressée à Charles de Mouy, sr de
La Meilleraye, vice-amiral, et à Claude de
Montmorency, sr de Fosseux, maître d'hôtel
du roi, pour ordonner de l'armement, équi-
page et avitaillement de trois galéasses et
quatre vaisseaux, et en général de tout ce
qui concerne le voyage par mer de la duchesse douairière de Longueville, qui se rend
en Écosse pour son mariage avec le roi Jacques V. La Côte-Saint-André, 1er mai 1538.

1er mai.

*Copie du xvie siècle. Arch. nat., Comptes de
P. Gontier, KK. 103, 2e partie, fol. 7. 3 pages.
Copie du xvie siècle. Bibl. nat., ms. fr. 4574,
fol. 3.*

10002. Lettres de don de l'office d'huissier en la
Chambre des Comptes de Languedoc, pour
Gaspard Bastide. La Côte-Saint-André,
1er mai 1538.

1er mai.

*Enreg. à la Chambre des Comptes de Montpellier.
Arch. départ. de l'Hérault, B. 341, fol. 189 v°.
2 pages.*

10003. Déclaration portant que, par son édit du
19 juin 1536 (n° 8525) sur la juridiction des
baillis, prévôts et autres juges royaux, le roi

2 mai.

n'a pas entendu accroître la compétence des prévôts et châtelains du bailliage de Forez. La Côte-Saint-André, 2 mai 1538.

> *Enreg. au Parl. de Paris, nonobstant l'opposition desdits châtelains, le 19 juin 1539. Arch. nat., X¹ᵃ 8643, fol. 161. 1. page 1/2.*
> *Arrêt d'enregistrement. Idem, X¹ᵃ 4909, Plaidoiries, fol. 35 v°.*

1538

10004. Don et remise à M. de Boisy de tous les droits et devoirs seigneuriaux échus au roi par suite du décès d'Hélaine de Genlis, mère dudit sieur, à cause de ses terres de Picardie, savoir : Beaugies, Guivry et Ognes, tenues du roi et mouvantes de la seigneurie de Chauny, et celle de Fransart, mouvante de la seigneurie de Roye. La Côte-Saint-André, 2 mai 1538.

> *Arch. nat., Acquits sur l'épargne, J. 962, pl. 15, n° 3, anc. J. 961, n° 239. (Mention.)*

2 mai.

10005. Don à Yvon Rolland, Geoffroy Charuau, Verdun Bonneau et Pierre Gouin, enfants de cuisine du roi, de l'office de sergent royal au bailliage de Rouen, vacant par le décès de Louis Lelièvre, pour en disposer à leur profit et le faire expédier au nom de qui bon leur semblera. La Côte-Saint-André, 2 mai 1538.

> *Arch. nat., Acquits sur l'épargne, J. 962, pl. 15, n° 3, anc. J. 961, n° 239. (Mention.)*

2 mai.

10006. Lettres maintenant l'Université de Poitiers dans ses anciens privilèges et exemptant ses membres de toutes charges, et en particulier de l'imposition qu'avaient mise sur eux les maire et échevins de la ville de Poitiers. La Côte-Saint-André, 3 mai 1538.

> *Copie collationnée du 22 février 1710. Arch. de la Vienne, D. 2.*
> *Copie du xviii° siècle. Bibl. de Poitiers, coll. dom Fonteneau, t. XXIII, p. 421.*

3 mai.

10007. Mandement à Guillaume Prudhomme, trésorier de l'épargne, de payer à Jean Hénard, secrétaire du roi, commis au payement des pen-

3 mai.

sions générales et particulières des cantons
suisses, la somme de 580 livres tournois
pour les besoins de son office, et en particulier pour la pension de Gabriel Marcelin,
truchement en langue germanique, et de
Christophe Faibriord, de Saint-Gall. La
Côte-Saint-André, 3 mai 1538.

1538.

Original. Bibl. nat., ms. fr. 25721, n° 503.

10008. Mandement au trésorier de l'épargne de payer
à Georges de Selve, ambassadeur à Rome,
270 livres qu'il avait données à Bergamin,
courrier, pour plusieurs voyages. La Côte-
Saint-André, 3 mai 1538.

3 mai.

Bibl. nat., ms. Clairambault 1215, fol. 76.
(Mention.)

10009. Mandement au trésorier de l'épargne de payer
27 livres à Christophe de Siresmes, envoyé
par le roi de Bressieux à Lyon, porteur de
dépêches pour le comte Guido Rangone et
les ambassadeurs d'Angleterre. Bressieux,
5 mai 1538.

5 mai.

Bibl. nat., ms. Clairambault 1215, fol. 76.
(Mention.)

10010. Don à Jean Regnard, Jean de Wissel, Louis
Faron, Raoul Burgensis, Salomon Cottereau
et Pierre Picquet, sommeliers ordinaires
de paneterie et d'échansonnerie du roi, de
300 écus d'or soleil (50 à chacun) à prendre
sur les deniers des parties casuelles. Saint-
Antoine-de-Viennois, 6 mai 1538.

6 mai.

Arch. nat., Acquits sur l'épargne. J. 962, pl. 15,
n° 4, anc. J. 961, n° 240. (Mention.)

10011. Don au capitaine Nagu, huissier de chambre
du roi, de l'office de concierge de la Chambre
des Comptes de Dijon, vacant par le décès
de Guillaume Leconte, pour en disposer à
son profit. Saint-Antoine-de-Viennois, 6 mai
1538.

6 mai.

Arch. nat., Acquits sur l'épargne, J. 962, pl. 15
n° 4, anc. J. 961, n° 240. (Mention.)

10012. Don à François de Ligny de 400 livres parisis
sur l'amende prononcée par arrêt du Parlement de Paris contre Antoine Dubuz, s^r de
Villemareuil. Saint-Antoine-de-Viennois,
6 mai 1538.

> Arch. nat., Acquits sur l'épargne, J. 962, pl. 15,
> n° 4, anc. J. 961, n° 240. (Mention.)

1538.
6 mai.

10013. Mandement à la Chambre des Comptes de Provence d'allouer aux comptes de Jean François, commis à la trésorerie de Provence, ce
qu'il a retenu pour ses gages, fixés à 40 sous
tournois par jour qu'il vaque au recouvrement des deniers de ladite trésorerie, ainsi
que les autres commis des recettes générales,
tant pour la présente année que pour l'avenir. Saint-Antoine-de-Viennois, 6 mai 1538.

> Arch. nat., Acquits sur l'épargne, J. 962, pl. 15,
> n° 4, anc. J. 961, n° 240. (Mention.)

6 mai.

10014. Mandement à la Chambre des Comptes de Provence d'allouer aux comptes du trésorier de
Provence la somme de 283 livres 6 sous
8 deniers tournois qu'il a payée à Barthélemy
de Chasseneuz, président du Parlement d'Aix,
pour ses gages depuis le 1er janvier 1533 n. s.
qu'il a été pourvu dudit office, jusqu'au
26 mars suivant, jour de sa réception, somme
dont le roi lui a fait don. Saint-Antoine-de-
Viennois, 6 mai 1538.

> Arch. nat., Acquits sur l'épargne, J. 962, pl. 15,
> n° 4, anc. J. 961, n° 240. (Mention.)

6 mai.

10015. Assignation sur les restes des deniers de Provence de l'année passée, d'une somme de
5,666 livres 10 sous tournois, complément
de ce qui était dû à Pierre Durant et à Jean
Archier, marchands de Marseille, pour la nourriture des équipages de quatre « fustes » et
d'une galère de Turquie durant le temps qu'ils
ont séjourné au port de Marseille. Saint-Antoine-de-Viennois, 6 mai 1538.

> Arch. nat., Acquits sur l'épargne, J. 962, pl. 15,
> n° 4, anc. J. 961, n° 240. (Mention.)

6 mai.

10016. Mandement pour faire payer à François de La
Colombière la somme de 180 livres tournois à lui taxée pour avoir vaqué à l'intendance des vivres depuis le 8 octobre jusqu'au 8 décembre 1537, à raison de 60 sous tournois par jour. Saint-Antoine-de-Viennois, 6 mai 1538.

1538.
6 mai.

> Arch. nat., Acquits sur l'épargne, J. 962, pl. 15, n° 4, anc. J. 961, n° 240. (Mention.)

10017. Mandement pour faire payer à François Tavel, conseiller aux Parlements de Paris et de Bretagne, la somme de 243 livres 15 sous tournois pour ses gages de conseiller au Parlement de Bretagne de l'année 1537, bien qu'il n'y ait point siégé, retenu à Paris pour le service du roi. Saint-Antoine-de-Viennois, 6 mai 1538.

6 mai.

> Arch. nat., Acquits sur l'épargne, J. 962, pl. 15, n° 4, anc. J. 961, n° 240. (Mention.)

10018. Permission à Odile Barrin, greffier de la commission chargée de faire le procès du s' d'Oraison et d'autres personnages de Provence, de retenir sur les deniers dont il est dépositaire, la somme de 266 livres tournois à lui ordonnée pour ses salaires et vacations. Saint Antoine-de-Viennois, 6 mai 1538.

6 mai.

> Arch. nat., Acquits sur l'épargne, J. 962, pl. 15, n° 4, anc. J. 961, n° 240. (Mention.)

10019. Mandement au Parlement de Paris pour l'entérinement et l'exécution d'une transaction passée, le 13 avril précédent, entre la faculté de décret et les trois autres facultés de l'Université de Paris, portant que la faculté de décret pourra nommer chaque année quarante bacheliers ayant accompli leur temps d'études, c'est-à-dire cinq ans pour les non-nobles et trois ans pour les nobles. Paris (sic), 8 mai 1538.

8 mai.

> Imp. C.-E. Du Boulay, Historia Universitatis Parisiensis. Paris, 1665-1673, 6 vol. in-fol., t. VI, p. 325.

IMPRIMERIE NATIONALE.

10020. Lettres portant établissement d'un gouverneur à Barcelonnette. Saint-Antoine-de-Viennois, 8 mai 1538.

1538.
8 mai.

> *Enreg. à la Chambre des Comptes de Provence. Archives des Bouches-du-Rhône, B. 34 (Fenix), fol. 222 v°. 2 pages.*

10021. Don à François Robert de l'office de sergent de la garde de Sainte-Marthe en la forêt de Conches, vacant par le décès d'Henri Mullet, pour le mettre à son nom ou en disposer comme il lui plaira. Saint-Antoine-de-Viennois, 9 mai 1538.

9 mai.

> *Arch. nat., Acquits sur l'épargne, J. 962, pl. 15, n° 5, anc. J. 961, n° 242. (Mention.)*

10022. Permission à Jean de L'Hôpital, receveur ordinaire en la sénéchaussée de Quercy, de résigner son office au profit de Jean de Cambefort, sans rien payer au trésor, ladite permission accordée à la requête de [Jacques Galyot de Genouilhac], grand écuyer, auquel ledit de L'Hôpital avait fait cession de sondit office en payement de plusieurs années de ses gages de sénéchal de Quercy qu'il lui devait. Saint-Antoine-de-Viennois, 9 mai 1538.

9 mai.

> *Arch. nat., Acquits sur l'épargne; J. 962, pl. 15, n° 5, anc. J. 961, n° 242. (Mention.)*

10023. Lettres autorisant la ville de Lyon à prélever sur les revenus de l'impôt des fortifications les sommes nécessaires à la solde de 1,200 hommes de guerre. Romans, 9 mai 1538.

9 mai.

> *Original. Arch. municip. de Lyon, CC. 316. Copie du XVI° siècle. Idem, AA. 151, fol. 52.*

10024. Lettres adressées aux consuls de Riom, leur ordonnant de faire provision de six milliers de salpêtre, cette année et l'année prochaine, sur les deniers communs de ladite ville. Romans, 9 mai 1538.

9 mai.

> *Récépissé en date du 2 juin suivant. Arch. nat., J. 959, n° 26. (Mention.)*

10025. Nouveau mandement aux cours de justice relatif aux poursuites à exercer contre les gens
d'armes et archers des ordonnances qui ont
abandonné leurs enseignes sans congé (voir
n° 9489). Valence, 11 mai 1538.

 Enreg. au Parl. de Bordeaux, le 18 juin 1538.
 Arch. de la Gironde, B. 39 bis, fol. 383, 5 pages.
 Enreg. au Parl. de Toulouse le 1ᵉʳ juillet 1538.
 Arch. de la Haute-Garonne, Édits, reg. 4, fol. 114.
 3 pages 1/2.

1538.
11 mai.

10026. Lettres enjoignant de procéder à l'expertise
des dommages occasionnés aux religieux de
Saint-Véran par le campement des troupes
du roi, et de dresser un état des indemnités.
Avignon, 15 mai 1538.

 Enreg. à la Chambre des Comptes de Provence, le
 28 mai 1539. Arch. des Bouches-du-Rhône, B. 34
 (Fenix), fol. 31. 2 pages.

15 mai.

10027. Lettres portant règlement pour la juridiction
du lieu de Seillans en Provence. Avignon,
15 mai 1538.

 Enreg. au Parl. de Provence. Arch. de la cour
 à Aix, Lettres royaux, reg. 2, in-fol. papier de
 1,026 feuillets, fol. 992.

15 mai.

10028. Mandement au Parlement de Paris ordonnant
que toutes les causes et instances que Jean
Pigoussy et sa femme ont en ladite cour, tant
contre Antoine Rigault, Louis Maleton, Raymond Pégurier, Jean Guillemette, les cura-
teurs de Jeanne de Luz, etc., que contre
Antoine de Rochechouart, sénéchal de Toulouse, soient jugées en la grande chambre des
enquêtes. Avignon, 15 mai 1538.

 Entériné au Parl. le 3 août suivant. Arch. nat.,
 Xˡᵃ 1541, reg. du Conseil, fol. 552. (Mention.)

15 mai.

10029. Don au sʳ de Lautrec du revenu des greniers
à sel de Beaufort, Saint-Florentin, Arcis-sur-
Aube et Villemaur, ainsi que des amendes et
confiscations qui y pourront échoir durant
la présente année. Tarascon, 16 mai 1538.

 Arch. nat., Acquits sur l'épargne, J. 962, pl. 15,
 n° 6, anc. J. 961, n° 215. (Mention.)

16 mai.

10030. Don au sr de Lautrec de la somme de 5,000 livres tournois, montant de la composition du
Rethelais pour l'année commencée le 1er octobre 1537. Tarascon, 16 mai 1538.

> *Arch. nat., Acquits sur l'épargne,* J. 962, pl. 15,
> n° 6, anc. J. 961, n° 215. (*Mention.*)

1538.
16 mai.

10031. Don à Jean Thibault, dit Bresseau, gentilhomme de la vénerie du roi, de 200 écus
d'or soleil à prendre sur les deniers qui proviendront de la résignation que fait Guillaume Simonneau de son office d'élu à Tours
au profit de François Leprince. Tarascon,
16 mai 1538.

> *Arch. nat., Acquits sur l'épargne,* J. 962, pl. 15,
> n° 6, anc. J. 961, n° 215. (*Mention.*)

16 mai.

10032. Don et remise au sr de Compans, homme d'armes de la compagnie de M. le prince de La
Roche-sur-Yon, des droits et devoirs seigneuriaux échus au roi, tant par suite du décès
de Jacques de Valenciennes, sr des Pains, que
pour le mariage de Marie de Valenciennes,
sœur du défunt, dame en partie dudit lieu
« des Pains », avec ledit sr de Compans, le tout
dépendant de la seigneurie de Romorantin.
Tarascon, 16 mai 1538.

> *Arch. nat., Acquits sur l'épargne,* J. 962, fol. 15,
> n° 6, anc. J. 961, n° 215. (*Mention.*)

16 mai.

10033. Lettres déchargeant les habitants de Limoges
de l'imposition mise à l'occasion de la guerre
sur les bonnes villes du royaume. Aix en Provence, 20 mai 1538.

> *Imp. Registres consulaires de Limoges,* t. I, pu-
> blié par E. Ruben. Limoges, 1869, in-8°, p. 307.

20 mai.

10034. Mandement à Guillaume Prudhomme, trésorier
de l'épargne, de délivrer à Martin de Troyes,
commis au payement de l'Extraordinaire des
guerres, la somme de 5,977 livres tournois
qui doit lui servir à payer la solde de
500 hommes de guerre en garnison à Marseille, sous les ordres du capitaine La Molle,

20 mai.

et de sept mortes-payes à Mollans, et pour
subvenir aux frais de l'entrevue avec le pape
à Nice. Aix, 20 mai 1538.

1538.

Original. Bibl. nat., ms. fr. 25721, n° 504.

10035. Mandement au trésorier de l'épargne de payer
à Jean Hotman, orfèvre, 1,383 livres 7 sous
6 deniers pour la vaisselle dont le roi a fait
don à David Beaton, ambassadeur du roi
d'Écosse, qui est resté longtemps en France,
s'est occupé en particulier du mariage du
roi d'Écosse avec la duchesse de Longueville
et a assisté aux fiançailles qui ont eu lieu le
8 mai, à Châteaudun. Aix en Provence,
20 mai 1538.

20 mai

Bibl. nat., ms. Clairambault 1215, fol. 76 v°.
(Mention.)

10036. Mandement au sénéchal de Beaucaire de s'informer si les communautés du diocèse d'Uzès
ont été reçues à prêter serment au sujet de
la dépense que leur a occasionnée le passage
des gens de guerre. Aix, [20-21 mai[1]] 1538.

20-21 mai.

Copie. Arch. départ. de l'Hérault, C. États de
Languedoc, coll. dom Pacotte, t. XI.

10037. Permission au capitaine Magdelon d'Ornezan
de faire amener de Dauphiné à Marseille par
l'Isère, la Durance et le Rhône, franc de tous
droits et péages, un radeau de bois destiné
au radoub des galères dont il a la charge. Aix
en Provence, 21 mai 1538.

21 mai.

Arch. nat., Acquits sur l'épargne, J, 962, pl. 15,
n° 7, anc. J. 961, n° 216. (Mention.)

10038. Assignation sur les deniers provenant de la
vente des offices, à la demoiselle de Baptisse,
de la somme de 200 écus d'or soleil que le
roi lui avait donnée et assignée précédemment (n° 9970) sur un office d'huissier au

21 mai.

[1] Le mois et le quantième ne sont pas indiqués. Nous n'avons d'actes
datés d'Aix en 1538 que des 20 et 21 mai. Il y a donc apparence que
ce mandement a été donné à cette époque. Cependant il pourrait se
placer avec autant de vraisemblance entre le 26 juin (Fréjus, n° 10115)
et le 5 juillet (Tarascon, n° 10126).

Parlement de Toulouse, dont elle n'a rien eu. 1538.
Aix, 21 mai 1538.

Arch. nat., Acquits sur l'épargne, J. 962, pl. 15, n° 7, anc. J. 961, n° 216. (Mention.)

10039. Don au s^r de Laval de tous les droits et devoirs   21 mai.
seigneuriaux qui furent retenus et réservés
après la mort du feu s^r de Laval, son père,
par Antoinette de Daillon, sa veuve, douairière de Laval, et qui sont maintenant échus
au roi par suite du décès de ladite dame. Aix,
21 mai 1538.

Arch. nat., Acquits sur l'épargne, J. 962, pl. 15, n° 7, anc. J. 961, n° 216. (Mention.)

10040. Don au s^r de Taurines, guidon de la compa-   21 mai.
gnie du comte de Tende, de tous les biens
meubles et immeubles confisqués, par arrêt
du Parlement de Provence, sur les habitants
du comté de Nice qui ont tenu le parti de
l'empereur. Aix, 21 mai 1538.

Arch. nat., Acquits sur l'épargne, J. 962, pl. 15, n° 7, anc. J. 961, n° 216. (Mention.)

10041. Don au greffier Bochetel de la somme de   21 mai.
80 écus d'or soleil due par feu François
Scuyer, s^r de Maubranche, à feu Jean de La
Roche, homme d'armes de la compagnie du
s^r d'Aubigny, échue au roi par droit d'aubaine,
ledit de La Roche étant bâtard. Aix, 21 mai
1538.

Arch. nat., Acquits sur l'épargne, J. 962, pl. 15, n° 7, anc. J. 961, n° 216. (Mention.)

10042. Mandement à Jean Laguette, receveur général   21 mai.
des parties casuelles, de payer à Guillaume
Chalumeau (aliàs Chalemeau), veneur de la
vénerie du roi, la somme de 30 écus d'or ou
67 livres 10 sous dont Sa Majesté lui a fait
don. Aix, 21 mai 1538.

Arch. nat., Acquits sur l'épargne, J. 962, pl. 15, n° 8, anc. J. 961, n° 217. (Mention.)

10043. Mandement à Jean Laguette de payer à Jé-   21 mai.
rôme Sourde, de Naples, la somme de

30 écus d'or dont le roi lui a fait don en récompense des services qu'il lui a rendus à la guerre. Aix, 21 mai 1538.

> *Arch. nat., Acquits sur l'épargne, J. 962, pl. 15, n° 8, anc. J. 961, n° 217. (Mention.)*

10044. Mandement à Jean Laguette de payer à Guillaume Féau, s' d'Izernay, valet de chambre ordinaire du roi, la somme de 600 livres tournois à lui ordonnée pour un voyage qu'il fit à Soleure, partant de la Côte-Saint-André, le 29 avril précédent, pour le recouvrement de 100,000 écus d'or dus au roi par les ducs Guillaume et Louis de Bavière. Aix, 21 mai 1538.

> *Arch. nat., Acquits sur l'épargne, J. 962, pl. 15, n° 8, anc. J. 961, n° 217. (Mention.)*

10045. Mandement à Jean Laguette de payer à André de Marcé, capitaine du château d'If, 30 écus soleil pour avoir porté de la Côte-Saint-André, le 28 avril précédent, des lettres du roi au gouverneur de Provence, aux capitaines de Marseille et aux capitaines des galères à l'ancre dans le port, touchant la trêve entre le roi et l'empereur. Aix, 21 mai 1538.

> *Arch. nat., Acquits sur l'épargne, J. 962, pl. 15, n° 8, anc. J. 961, n° 217. (Mention.)*

10046. Mandement à Jean Laguette de payer à don Diego de Mendoça, échanson ordinaire du roi, 450 livres tournois dont Sa Majesté lui a fait don pour subvenir aux frais de sa maladie. Aix, 21 mai 1538.

> *Arch. nat., Acquits sur l'épargne, J. 962, pl. 15, n° 8, anc. J. 961, n° 217. (Mention.)*

10047. Mandement à Jean Laguette de payer à Guillaume Astorc, marchand de Narbonne, la somme de 697 livres 12 sous 6 deniers tournois pour diverses marchandises qu'il a achetées en Espagne par commission du roi. Aix, 21 mai 1538.

> *Arch. nat., Acquits sur l'épargne, J. 962, pl. 15, n° 8, anc. J. 961, n° 217. (Mention.)*

1538.

21 mai.

21 mai.

21 mai.

21 mai.

10048. Mandement à Jean Laguette de payer à Georges-Luc, comte de « Glic », 600 livres tournois, complétant la somme de 1,250 livres à lui due pour sa pension de l'année 1537. Aix, 21 mai 1538.

> Arch. nat., Acquits sur l'épargne, J. 962, pl. 15, n° 8, anc. J. 961, n° 217. (Mention.)

1538.
21 mai.

10049. Mandement à Jean Laguette de payer à René de « Gulphe, sᵣ de Nèple », l'un des cent gentilshommes de la maison du roi et capitaine de 1,000 hommes de pied, la somme de 225 livres tournois pour ses dépenses dans la levée d'un certain nombre de gens de pied qui lui a été commandée par le roi. Aix, 21 mai 1538.

> Arch. nat., Acquits sur l'épargne, J. 962, pl. 15, n° 8, anc. J. 961, n° 217. (Mention.)

21 mai.

10050. Mandement à Jean Laguette de payer à Arnaud de Launay, capitaine de gens de pied, la somme de 135 livres tournois pour les dépenses que lui occasionnera la levée d'un certain nombre de gens de pied dont le roi lui a donné commission. Aix, 21 mai 1538.

> Arch. nat., Acquits sur l'épargne, J. 962, pl. 15, n° 8, anc. J. 961, n° 217. (Mention.)

21 mai.

10051. Mandement à Jean Laguette de payer à Pierre Fougère, chevaucheur d'écurie, 8 livres 5 sous tournois pour être allé de la Côte-Saint-André à Aubenas en Languedoc porter une lettre du roi à Mᵐᵉ de Lestrange, l'avertissant de venir trouver la reine pour l'accompagner au voyage de Nice. Aix, 21 mai 1538.

> Arch. nat., Acquits sur l'épargne, J. 962, pl. 15, n° 8, anc. J. 961, n° 217. (Mention.)

21 mai.

10052. Mandement à Jean Laguette de payer à Gabriel Dumas 30 écus soleil pour aller, par commission du roi, à Langres au-devant des nouvelles bandes de lansquenets du comte Guillaume [de Furstenberg] et les conduire

21 mai.

jusqu'à Avignon, pour le service de Sa Ma- · 1538.
jesté. Aix, 21 mai 1538.

> *Arch. nat., Acquits sur l'épargne*, J. 962, pl. 15,
> n° 8, anc. J. 961, n° 217. (*Mention.*)

10053. Mandement à Jean Laguette de payer à Louis   21 mai.
Chenu, dit Entendement, chevaucheur d'é-
curie, et à Jean Beauvoisin 6 livres 15 sous
tournois, pour être allés, le premier de Saint-
Antoine-de-Viennois à Valence porter des
lettres du chancelier au cardinal de Tournon,
et le second de Romans à Saint-Antoine
porter des lettres du chancelier au roi et au
connétable. Aix, 21 mai 1538.

> *Arch. nat., Acquits sur l'épargne*, J. 962, pl. 15,
> n° 8, anc. J. 961, n° 217. (*Mention.*)

10054. Mandement à Jean Laguette de bailler à Mar-   21 mai.
tin de Troyes, trésorier de l'Extraordinaire
des guerres, la somme de 2,250 livres tournois pour le transport des vivres destinés au
ravitaillement des villes de Piémont. Aix,
21 mai 1538.

> *Arch. nat., Acquits sur l'épargne*, J. 962, pl. 15,
> n° 8, anc. J. 961, n° 217. (*Mention.*)

10055. Mandement à Jean Laguette de payer à Bernar-   21 mai.
din de Bulio, podestat de « Quiers » (Chieri)
en Piémont, la somme de 200 livres tournois dont le roi lui a fait don en récompense de ses services. Aix, 21 mai 1538.

> *Arch. nat., Acquits sur l'épargne*, J. 962, pl. 15,
> n° 8, anc. J. 961, n° 217. (*Mention.*)

10056. Mandement à Jean Laguette de payer à Raoul   21 mai.
de Coucy et à Fiacre de Forges, dit Barre-
neuve, gentilshommes de la fauconnerie, à
chacun 150 écus d'or soleil dont le roi leur
a fait don en récompense de leurs services
journaliers. Aix, 21 mai 1538.

> *Arch. nat., Acquits sur l'épargne*, J. 962, pl. 15,
> n° 8, anc. J. 961, n° 217. (*Mention.*)

10057. Mandement à Jean Laguette de rembourser à   21 mai.

III.

70

[Georges de Selve], évêque de Lavaur, la somme de 157 livres 10 sous tournois qu'il a avancée à un courrier dépêché exprès de la cour du pape pour porter au roi certains avis touchant la paix et le voyage de Nice. Aix, 21 mai 1538.

Arch. nat., Acquits sur l'épargne, J. 962, pl. 15, n° 8, anc. J. 961, n° 217. (*Mention.*)

1538.

10058. Mandement à Jean Laguette de délivrer à Bénigne Serre, receveur général de Languedoil, la somme de 900 livres tournois, savoir : 600 livres pour les frais d'un pont de bateaux que le roi a fait jeter sur la Durance lors de son voyage d'Avignon à Aix, et 300 livres pour les bateaux et les mariniers qui ont conduit Sa Majesté sur le Rhône, d'Avignon à Tarascon. Aix, 21 mai 1538.

Arch. nat., Acquits sur l'épargne, J. 962, pl. 15, n° 8, anc. J. 961, n° 217. (*Mention.*)

21 mai.

10059. Mandement à Jean Laguette de payer à Sébastien Chapelle 10 livres tournois pour avoir porté d'Avignon aux principales villes d'Auvergne des lettres patentes du roi relatives aux approvisionnements de salpêtre. Aix, 21 mai 1538.

Arch. nat., Acquits sur l'épargne, J. 962, pl. 15, n° 8, anc. J. 961, n° 217. (*Mention.*)

21 mai.

10060. Mandement à Jean Laguette de délivrer à Martin de Troyes, trésorier de l'Extraordinaire des guerres, la somme de 3,000 livres tournois pour l'achat des vivres destinés au ravitaillement de Turin. Aix, 21 mai 1538.

Arch. nat., Acquits sur l'épargne, J. 962, pl. 15, n° 8, anc. J. 961, n° 217. (*Mention.*)

21 mai.

10061. Mandement à Jean Laguette de payer à Latino Juvenal, secrétaire du pape, la somme de 400 écus d'or dont le roi lui a fait don en récompense de ses services et pour la mission qu'il vient de remplir de la part de son maître

21 mai.

auprès du roi, touchant le voyage de Nice. 1538.
Aix, 21 mai 1538.

> *Arch. nat.; Acquits sur l'épargne, J. 962, pl. 15,*
> *n° 8, anc. J. 961, n° 217. (Mention.)*

10062. Mandement à Jean Laguette de payer à Gabriel 21 mai.
Dumas 40 écus d'or soleil pour retourner
d'Aix à Langres, près des capitaines des nouvelles bandes de lansquenets, et leur faire
part des intentions du roi touchant leur solde
et le service qu'il attend d'eux. Aix, 21 mai
1538.

> *Arch. nat., Acquits sur l'épargne, J. 962, pl. 15,*
> *n° 8, anc. J. 961, n° 217. (Mention.)*

10063. Provisions pour Nicolas Robot de l'office de ta- 23 mai.
bellion à Auxerre. « Saint-Luc » en Provence,
23 mai 1538.

> *Copie du xvi² siècle. Bibl. nat., ms. fr. 5124,*
> *fol. 120.*

10064. Mandement à Guillaume Prudhomme, tréso- 23 mai.
rier de l'épargne, de payer à Jean Crosnier,
trésorier de la marine du Levant, 54,826 livres 18 sous 5 deniers tournois, complétant
la somme de 120,599 livres 5 sous 3 deniers
tournois que le roi lui a ordonnée pour la
solde de vingt-deux galères à Marseille pendant le deuxième et le troisième quartiers de
l'année 1537. Saint-Maximin, 23 mai 1538.

> *Original. Bibl. nat., ms. lat. 17059, n° 201.*

10065. Pouvoirs donnés par François Ier au cardinal 23 mai.
de Lorraine et au connétable Anne de Mont-
morency pour négocier une trêve avec les
plénipotentiaires de Charles-Quint (trêve de
Nice, signée le 18 juin suivant, n° 10100).
Saint-Maximin, 23 mai 1538.

> *Insérés dans le texte de la trêve. Original. Arch.*
> *nat., Trésor des Chartes, J. 672, n° 4.*
> *Imp. G. Ribier, Lettres et mémoires d'Estat, etc.*
> *Paris, 1666, 2 vol. in-fol., t. I, p. 163.*

10066. Mandement à Guillaume Prudhomme, tréso- 24 mai.
rier de l'épargne, de délivrer à Martin de

Troyes, commis au payement de l'Extraordi-
naire des guerres, la somme de 40,890 livres
tournois qui doit être employée au payement,
pour le mois de juin, des lansquenets com-
mandés par le comte Guillaume de Fursten-
berg. Saint-Maximin, 24 mai 1538.

Original. Bibl. nat., ms. fr. 25721, n° 505.

10067. Mandement au trésorier de l'épargne de payer
au cardinal Charles de Hémart [de Denon-
ville], ambassadeur à Rome, 4,240 livres
pour deux cent douze jours d'exercice de sa
charge, du 1er novembre 1537 au 31 mai
1538. Saint-Maximin, 24 mai 1538.

Bibl. nat., ms. Clairambault 1215, fol. 76 v°.
(Mention.)

24 mai.

10068. Édit de révocation des offices de lieutenants cri-
minels nouvellement créés aux sièges de Saint-
Sever, Dax et Bayonne. A..... [1] en Pro-
vence, 27 mai 1538.

Enreg. au Parl. de Bordeaux, le 25 juin 1538.
Arch. de la Gironde, B. 30 bis, fol. 385 v°. 3 pages.

27 mai.

10069. Lettres d'évocation en la Cour des Aides des
procès engagés au sujet du recouvrement des
créances de la succession de Jean de Poncher,
général des finances, condamné au payement
de 385,000 livres tournois. 30 mai 1538.

Enreg. à la Cour des Aides de Paris, le 6 février
1539 n. s. Arch. nat., recueil Cromo, U. 665,
fol. 283. (Mention.)

30 mai.

10070. Don fait, sur la requête du connétable, au ca-
pitaine Magdelon d'Ornezan, de l'office de
contrôleur des aides et tailles en l'élection
de Chartres, auquel il n'avait encore été
pourvu depuis sa création, pour en disposer
à son profit et en faire pourvoir qui bon lui
semblera, en récompense des dépenses extra-
ordinaires qu'il a faites en Provence et parti-
culièrement pour l'entretien d'une garnison
supplémentaire mise en la tour de Toulon

31 mai.

[1] Le nom de lieu est resté en blanc

par le commandement du connétable. Villeneuve, 31 mai 1538.

> *Arch. nat., Acquits sur l'épargne*, J. 962, pl. 15,
> n° 9, *anc.* J. 961, n° 218. (*Mention.*)

10071. Don et remise à Catherine de Sarrebruck,
comtesse de Roucy et douairière de Roye,
de la somme de 1,600 livres tournois, montant des droits et devoirs seigneuriaux dus au
roi à cause de la vente que ladite dame se
propose de faire de ses terres et seigneuries
d'Aulnay-le-Châtel, Aulnay-l'Aître, Amblain-
court et Coulmiers, tenues du roi en plein
fief et mouvantes de son château de Vitry.
Villeneuve, 31 mai 1538.

> *Arch. nat., Acquits sur l'épargne*, J. 962, pl. 15,
> n° 9, *anc.* J. 961, n° 218. (*Mention.*)

10072. Don à René de La Rocque, enfant d'honneur
du dauphin, de la somme de 240 livres tournois, montant du droit de rachat de la terre
et seigneurie de Beaumanoir en la juridiction de Rennes, échu au roi par suite de la
mort de Louis des Désers, président de Bretagne, beau-père dudit de La Rocque. Villeneuve, 31 mai 1538.

> *Arch. nat., Acquits sur l'épargne*, J. 962, pl. 15,
> n° 9, *anc.* J. 961, n° 218. (*Mention.*)

10073. Don à Mme de Nemours des droits et devoirs
seigneuriaux échus au roi pour le double rachat de la baronnie de Secondigny, le premier à l'occasion du mariage de M. de Nemours avec ladite dame, le second par suite
du décès dudit s^r de Nemours. Villeneuve,
31 mai 1538.

> *Arch. nat., Acquits sur l'épargne*, J. 962, pl. 15,
> n° 9, *anc.* J. 961, n° 218. (*Mention.*)

10074. Édit de création d'un office de greffier en la
Chambre des Comptes de Dijon. La Côte-
Saint-André, mai 1538.

> *Copie collationnée du xvie siècle. Arch. de la
> Côte-d'Or, B. 3.*

1538.

31 mai.

31 mai.

31 mai.

Mai.

10075. Confirmation des libertés, franchises et coutumes des habitants de Saint-Flour en Auvergne. La Côte-Saint-André, mai 1538.

1538.
Mai.

> Enreg. à la Chancellerie de France. Arch. nat., Trésor des Chartes, JJ. 254, n° 134, fol. 30 v°. 1/2 page.

10076. Confirmation des privilèges, franchises et coutumes des habitants de la Côte-Saint-André en Dauphiné. Romans, mai 1538.

Mai.

> Enreg. à la Chancellerie de France. Arch. nat., Trésor des Chartes, JJ. 254, n° 133, fol. 30 v°. 1 page.
> Enreg. à la Chambre des Comptes de Grenoble, le 13 mai 1539. Arch. de l'Isère, B. 2911, cah. 37. 5 pages.

10077. Confirmation des privilèges, immunités et libertés des prieurs et religieux du Val-Sainte-Marie, de l'ordre des Chartreux, au diocèse de Die. Romans, mai 1538.

Mai.

> Enreg. à la Chancellerie de France. Arch. nat., Trésor des Chartes, JJ. 254, n° 135, fol. 31. 1 page.
> Enreg. au Parl. de Grenoble, le 28 juin 1538. Arch. de l'Isère, Chambre des Comptes de Grenoble, B. 2977, fol. 725. 5 pages.
> Archives de la Drôme, B. 1767.

10078. Confirmation des privilèges, exemptions et coutumes des habitants de Bouc en Provence. Aix, mai 1538.

Mai.

> Enreg. à la Chancellerie de France. Arch. nat., Trésor des Chartes, JJ. 254, n° 137, fol. 31. 1 page.

10079. Déclaration portant règlement pour les gages des docteurs étrangers professant à l'Université de Valence en Dauphiné, et assignation des fonds nécessaires sur la ferme du sel. Villeneuve près Nice, 5 juin 1538.

5 juin.

> Enreg. au Parl. de Grenoble. Arch. de l'Isère, Chambre des Comptes, B. 2987, fol. 109. 7 pages.
> Arch. de la ville de Valence, GG. 60.

10080. Lettres accordant aux habitants d'Ubraye la faculté de se racheter des droits de seigneurie

5 juin.

et de rentrer sous la juridiction royale. Villeneuve, 5 juin 1538.

*Enreg. à la Chambre des Comptes de Provence, le
6 mars 1539 n. s. Arch. des Bouches-du-Rhône,
B. 33 (Arietis), fol. 346. 3 pages.*

10081. Mandement au trésorier de l'épargne de payer
à Claude Dodieu, ambassadeur en Espagne,
4,265 livres pour ses dépenses dans l'exercice de sa charge du 1ᵉʳ octobre 1537 au
30 juin 1538. Villeneuve, 5 juin 1538.

*Bibl. nat., ms. Clairambault 1215, fol. 76 v°.
(Mention.)*

10082. Provisions de l'office de conseiller au Parlement
de Dijon pour Jean Machéco, docteur en
droit, en survivance de son père, Chrétien
Machéco. Villeneuve près Nice, 7 juin 1538.

*Enreg. au Parl. de Dijon le 18 juillet suivant.
Arch. de la Côte-d'Or, Parl., reg. 11, fol. 222.*

10083. Mandement au trésorier de l'épargne de payer
225 livres à Laurent Bouhot, chevaucheur,
qui va en Angleterre porter des lettres à
l'ambassadeur du roi. Villeneuve, 9 juin
1538.

*Bibl. nat., ms. Clairambault 1215, fol. 76 v°.
(Mention.)*

10084. Lettres de naturalité pour Antoine de Lascaris.
Villeneuve près Nice, 11 juin 1538.

*Enreg. au Parl. de Provence. Arch. de la cour
à Aix, Lettres royaux, reg. 2, in-fol. papier de
1,026 feuillets, fol. 998.*

10085. Don à Brives, valet de chambre ordinaire du
roi, de la somme de 400 livres, montant
d'une amende prononcée par la Cour des
Aides de Rouen contre Jean Legrand, sergent en la vicomté de Condé, pour avoir fait
un faux exploit. Villeneuve en Provence,
12 juin 1538.

*Arch. nat., Acquits sur l'épargne, J. 962, pl. 15,
n° 10, anc. J. 961, n° 220. (Mention.)*

1538.

5 juin.

7 juin.

9 juin.

11 juin.

12 juin.

10086. Don à Béraud de Beaumont, s' de Beauregard, gentilhomme de la maison du roi, de la somme de 302 livres 10 sous tournois, moitié de l'amende prononcée contre lui par les Grands jours de Moulins, dont le roi lui avait d'abord fait remise entière, mais qui n'avait été entérinée que pour la moitié, suivant l'ordonnance. Villeneuve, 12 juin 1538.

1538. 12 juin.

> Arch. nat., Acquits sur l'épargne, J. 962, pl. 15, n° 10, anc. J. 961, n° 220. (Mention.)

10087. Lettres de naturalité avec dispense de toute finance, données en faveur de l'écuyer Moret et de sa femme, natifs d'Italie. Villeneuve, 12 juin 1538.

12 juin.

> Arch. nat., Acquits sur l'épargne, J. 962, pl. 15, n° 10, anc. J. 961, n° 220. (Mention.)

10088. Don à César Frégosse et au s' de Brissac, par égale portion, de tous les deniers dont seront redevables, par la clôture de leurs comptes, les commis à la recette des emprunts, décimes, dons et octrois du diocèse d'Agen, du temps que le feu cardinal de La Rovere et Antoine de La Rovere en ont été évêques (1487-1538), ou les héritiers desdits prélats et commis. Villeneuve, 12 juin 1538.

12 juin.

> Arch. nat., Acquits sur l'épargne, J. 962, pl. 15, n° 10, anc. J. 961, n° 220. (Mention.)

10089. Prorogation pour dix ans, en faveur des habitants de Fougères, de leur affranchissement et exemption de toutes tailles, fouages, impôts, etc., de tous droits de traite pour les draps et autres produits manufacturés en ladite ville et ses faubourgs, ainsi que pour leurs trois foires franches. Villeneuve, 12 juin 1538.

12 juin.

> Arch. nat., Acquits sur l'épargne, J. 962, pl. 15, n° 10, anc. J. 961, n° 220. (Mention.)

10090. Don au capitaine Martin du Bellay, s' de L'Herbaudière, du droit des bourses appartenant au roi en la chancellerie d'Aix en Pro-

12 juin.

vence, pour en jouir sa vie durant. Ville- 1538.
neuve, 12 juin 1538.

> Arch. nat., Acquits sur l'épargne, J. 962, pl. 15,
> n° 10, anc. J. 961, n° 220. (Mention.)

10091. Don au s' de Roquetaillade, homme d'armes 12 juin.
de la compagnie de M. le Connétable, et à
Louis du Retour, valet de chambre dudit
sieur, de l'office d'huissier en la Chambre
des Comptes de Montpellier vacant par le
décès de Martin Philippe, pour en disposer à
leur profit. Villeneuve, 12 juin 1538.

> Arch. nat., Acquits sur l'épargne, J. 962, pl. 15,
> n° 10, anc. J. 961, n° 220. (Mention.)

10092. Mandement pour faire payer à Charles Savary, 12 juin.
geôlier des prisons de Lyon, la somme de
240 livres tournois pour ses gages, la nourriture et l'entretien de François Pomarède,
huissier au Parlement de Toulouse, et de
Guy de Claveris, son clerc, prisonniers audit
lieu, jugés par le Grand conseil, et pour les
avoir fait mener de Lyon à Toulouse pour
l'exécution de l'arrêt prononcé contre eux.
Villeneuve, 12 juin 1538.

> Arch. nat., Acquits sur l'épargne, J. 962, pl. 15,
> n° 10, anc. J. 961, n° 220. (Mention.)

10093. Don à Guyenne et à Lalouette, huissiers du 12 juin.
Conseil privé, de la somme de 40 écus d'or
soleil à partager entre eux, sur les deniers
provenant de la vente de l'office de mesureur du grenier à sel de Caen vacant par le
décès de Pierre Ruelle. Villeneuve, 12 juin
1538.

> Arch. nat., Acquits sur l'épargne, J. 962, pl. 15,
> n° 10, anc. J. 961, n° 220. (Mention.)

10094. Don à la duchesse d'Étampes des revenus de 15 juin.
la terre de Limours, depuis la saisie qui en
fut faite jusqu'au jour de la transaction
conclue par le roi avec les enfants du feu
général Poncher, auquel ladite terre avait

III. 71

appartenu. Villeneuve-de-Tende, 15 juin 1538.   1538.

Arch. nat., Acquits sur l'épargne, J. 962, pl. 15,
n° 11, anc. J. 961, n° 221. (Mention.)

10095. Don à la duchesse d'Étampes des revenus de   15 juin.
la terre et seigneurie de Brétencourt et du
fief d'Orlu, depuis la saisie jusqu'au jour
de ladite transaction. Villeneuve-de-Tende,
15 juin 1538.

Arch. nat., Acquits sur l'épargne, J. 962, pl. 15,
n° 11, anc. J. 961, n° 221. (Mention.)

10096. Don et remise à la duchesse d'Étampes de tous   15 juin.
les droits et devoirs seigneuriaux qu'elle peut
devoir au roi à cause de l'acquisition par elle
faite de la terre et seigneurie de Challeau.
Villeneuve-de-Tende, 15 juin 1538.

Arch. nat., Acquits sur l'épargne, J. 962, pl. 15,
n° 11, anc. J. 961, n° 221. (Mention.)

10097. Don à la duchesse d'Étampes de la somme   15 juin.
de 13,000 livres que feu Antoine Dubois,
évêque de Béziers, devait à Madame du Ru.
Villeneuve-de-Tende, 15 juin 1538.

Arch. nat., Acquits sur l'épargne, J. 962, pl. 15,
n° 11, anc. J. 961, n° 221. (Mention.)

10098. Mandement à Guillaume Prudhomme, tréso-   16 juin.
rier de l'épargne, de délivrer au commis
chargé du payement des frais extraordinaires
de l'artillerie la somme de 861 livres tournois qui doit être employée au payement
pour un mois des gages et dépenses de sept
commissaires, soixante-quinze canonniers
et un commis du contrôleur. Villeneuve-
de-Tende, 16 juin 1538.

Original. Bibl. nat., ms. fr. 25721, n° 506.

10099. Déclaration portant que les velours qui sortiront   18 juin.
de Piémont pour entrer en France payeront
les droits d'entrée à Suze, et défense de les
faire passer ailleurs. Lyon, 18 juin 1538.

Enreg. au Parl. de Grenoble, le 24 juin 1539.
Arch. de l'Isère, Chambre des Comptes de Gre-
noble, B. 2910, cah. 127. 3 pages.

10100. Trève conclue pour dix ans entre François Ier et l'empereur Charles-Quint, avec les pouvoirs des commissaires. Nice, 18 juin 1538.

1538.
18-21 juin.

Ratification par Charles-Quint. Villefranche, près Nice, 19 juin 1538.

Ratification par François Ier. Villeneuve, 21 juin 1538.

> *Original. Arch. nat., Trésor des Chartes, J. 672, n° 4.*
>
> *Présentées au Parl. de Paris le 4 juillet 1538. Arch. nat., X^{1a} 1541, reg. du Conseil, fol. 484 v°. (Mention.)*
>
> *Ordre de publication. Arch. nat., Bannières du Châtelet de Paris, Y. 9, fol. 112 v°.*
>
> *Idem. Registres du Bureau de la ville de Paris. Arch. nat., H. 1779, fol. 295 v°.*
>
> *Imp. Du Mont, Corps universel diplomatique, etc. Amsterdam, 1726, in-fol., t. IV, part. II, p. 169, col. 2.*
>
> *H. Bouche, Histoire chronologique de Provence. Aix, 1664, 2 vol. in-fol., t. II, p. 594. (Ordre de publication.)*

10101. Lettres de François Ier, en forme de requête, au pape, pour lui demander la confirmation des bulles d'Eugène IV relatives aux grâces expectatives en faveur du chancelier de France et des présidents et conseillers au Parlement. (Pas de date.)

19 juin.

> *Fiat ut petitur. Datum extra muros Nicienses, XIII Kal. Julii anno quarto* [1].
>
> *Enreg. au Parl. de Paris, sans date (entre le 8 août et le 19 novembre 1538). Arch. nat., X^{1a} 8613, fol. 113. 2 pages.*
>
> *Autre enregistrement, même reg., fol. 147 v°.*
>
> *Imp. E. Girard et J. Joly, Le troisiesme livre des offices de France, etc. Paris, 1647, in-fol., t. I, p. 208.*
>
> *François Pinsson, Notes sommaires sur les indults accordés au roi ou à d'autres, à sa recommandation, par les derniers papes... Paris, 1673, 2 vol. in-12, t. I, p. 134.*

10102. Bulles du pape Paul III portant confirmation de celles d'Eugène IV touchant les collations

19 juin.

---

[1] Il n'est pas douteux, malgré l'absence de millésime, qu'il s'agit du pape Paul III, et cette date doit être traduite ainsi : 19 juin 1538.

de bénéfices et les grâces expectatives en faveur du chancelier de France, des présidents,
conseillers et autres officiers du Parlement.
Faubourgs de Nice, le 13 des calendes de
juillet 1538.

> *Enrég. au Parl. de Paris. Arch. nat.*, X¹ᵃ 8613,
> fol. 225 v°. 3 pages.
> *Imp. A. Fontanon., Édits. et ordonnances*, etc.
> Paris, 1611, in-fol., t. IV, p. 487.
> E. Girard et J. Joly, *Le troisiesme livre des offices
> de France*, etc. Paris, 1647, in-fol., t. I, p. 209.
> [Lemère], *Recueil des actes, titres et mémoires
> du clergé de France*... divisé en 12 tomes. Paris,
> 1716-1750, t. II, col. 1457.

10103. Lettres contenant le consentement du roi à la
sécularisation du chapitre de Saint-Gilles.
Villeneuve-de-Tende, 20 juin 1538.

> *Original. Arch. départ. du Gard*, H. 2.

10104. Don à M. de Vendôme du revenu du grenier
à sel établi à Vendôme et des amendes, forfaitures et confiscations qui y sont échues et
écherront pendant la présente année. Fréjus,
24 juin 1538.

> *Arch. nat., Acquits sur l'épargne*, J. 962, pl. 15,
> n° 12, anc. J. 961, n° 222. (*Mention.*)

10105. Don à la duchesse douairière de Vendôme du
revenu des greniers à sel de la Flèche et de
Château-Gontier, et des amendes, forfaitures
et confiscations qui y sont échues et écherront durant la présente année. Fréjus, 24 juin
1538.

> *Arch. nat., Acquits sur l'épargne*, J. 962, pl. 15,
> n° 12, anc. J. 961, n° 222. (*Mention.*)

10106. Mandement au trésorier de l'épargne et au général de Bourgogne de faire payer par Étienne
Noblet, commis à la recette générale de Bourgogne, sur les plus-values de sa charge pendant la présente année, à Antoine Le Maçon,
receveur général de Bourgogne, ses gages ordinaires de 1,000 livres tournois pour l'année
1537, nonobstant qu'il n'ait exercé sondit

1538.

20 juin.

24 juin.

24 juin.

24 juin.

office, ayant été suspendu ainsi que les
autres receveurs généraux. Fréjus, 24 juin
1538.

1538.

> *Arch. nat., Acquits sur l'épargne, J. 962, pl. 15,
> n° 12, anc. J. 961, n° 222. (Mention.)*

10107. Mandement à la Chambre des Comptes de
Paris d'allouer à la dépense des comptes de
Martin de Troyes, trésorier de l'Extraordinaire des guerres, la somme de 3,624 livres
13 sous 9 deniers tournois par lui payée, sur
l'ordonnance du comte de Tende, gouverneur et lieutenant du roi en Provence, pour
les fortifications de Notre-Dame-de-la-Garde
près Marseille et autres affaires du roi, sur
des sommes qui lui avaient été délivrées pour
d'autres objets. Fréjus, 24 juin 1538.

24 juin.

> *Arch. nat., Acquits sur l'épargne, J. 962, pl. 15,
> n° 12, anc. J. 961, n° 222. (Mention.)*

10108. Mandement à la Chambre des Comptes de
Paris d'allouer aux comptes de Martin de
Troyes, trésorier de l'Extraordinaire des
guerres, la somme de 16,207 livres 10 sous
tournois qu'il a payée comptant par les ordonnances de Jean d'Estouteville, sr de Villebon, prévôt de Paris, lieutenant du roi et
gouverneur de Saint-Pol en Artois, pour les
réparations et fortifications de la ville et du
château, depuis le 28 mars 1537 n. s. que
ledit sr de Villebon y fut envoyé, jusqu'au
15 juin suivant que ladite ville fut prise
d'assaut par les ennemis. Fréjus, 24 juin
1538.

24 juin.

> *Arch. nat., Acquits sur l'épargne, J. 962, pl. 15,
> n° 12, anc. J. 961, n° 222. (Mention.)*

10109. Lettres accordant à Jean de Lévis, sr de Châteaumorant, pourvu le 24 janvier précédent
(n° 9602) de l'office de sénéchal d'Auvergne,
en remplacement du feu sr de Barbezieux,
un délai d'un an pour la prestation de son
serment au Parlement de Paris, pendant le-

24 juin.

quel temps il sera néanmoins payé de ses gages. Fréjus, 24 juin 1538.

Présentées au Parl. de Paris le 29 décembre 1539. Arch. nat.; X¹ᵃ 1544, Conseil, fol. 56. (Mention.)
    Arch. nat., Acquits sur l'épargne, J. 962, pl. 15, n° 12, anc. J. 961, n° 222. (Mention.)

10110. Don à Louis de Montgomboy, l'un des cent gentilshommes de l'hôtel, de la terre et seigneurie de Pontailler, pour en percevoir les revenus sa vie durant, ainsi que faisait feu Robert de Montgomboy, son père. Fréjus, 24 juin 1538.

Arch. nat., Acquits sur l'épargne, J. 962, pl. 15, n° 12, anc. J. 961, n° 222. (Mention.)

10111. Don à Jean Champion et à Martin Habert, valets de garde-robe du roi, d'une somme de 100 écus d'or soleil à prendre sur l'office de mesureur du grenier à sel de Rouen, vacant par le décès de Pierre Ruelle. Fréjus, 24 juin 1538.

Arch. nat., Acquits sur l'épargne, J. 962, pl. 15, n° 12, anc. J. 961, n° 222. (Mention.)

10112. Don à Nicolas de Rennes de l'office de sergent hérédital de Bolbec en la vicomté de Caudebec, dont a été privé Adrien Le Pouchin, convaincu de meurtre sur la personne de Michel de Caux, pour en disposer à son profit et en faire pourvoir qui bon lui semblera. Fréjus, 24 juin 1538.

Arch. nat., Acquits sur l'épargne, J. 962, pl. 15, n° 12, anc. J. 961, n° 222. (Mention.)

10113. Don au sʳ de Villemontée, maître d'hôtel de M. le Connétable, de l'office de garde des sceaux du comté de Montpensier, dauphiné d'Auvergne et Clermont, vacant par le décès d'Anne du Prat. Fréjus, 24 juin 1538.

Arch. nat., Acquits sur l'épargne, J. 962, pl. 15, n° 12, anc. J. 961, n° 222. (Mention.)

10114. Don à Louis Burgensis, premier médecin du
roi, du tiers de la résignation à survivance
de l'office de receveur de la crue de 55 sous
par muid de sel passant aux Ponts-de-Cé et à
Ingrande, que Louis Barrangier doit faire au
profit de Jacques Barrangier, son fils. Fréjus,
24 juin 1538.

> *Arch. nat., Acquits sur l'épargne, J.* 962, pl. 15,
> n° 12, anc. J. 961, n° 222. (*Mention.*)

1538.
24 juin.

10115. Provisions en faveur de François de Montcalm,
sʳ de Ners, de l'office de capitaine et viguier
du château et de la ville et viguerie de Ro-
quemaure, vacant par la démission de Jean
de Montcalm, sʳ de Saint-Véran, conseiller
au Grand conseil, père dudit François. Fréjus, 26 juin 1538.

> *Vidimus du sénéchal de Beaucaire et Nîmes. Bibl.
> nat., Pièces orig.,* Montcalm, vol. 2011, p. 20.

26 juin.

10116. Lettres confirmant Jean Damian, prieur du
couvent de Saint-Dominique à Saint-Maximin, dans les droits et privilèges attachés à
ce prieuré. Villeneuve, 26 juin 1538.

> *Enreg. à la Chambre des Comptes de Provence,
> le 19 février 1539 n. s. Arch. des Bouches-du-
> Rhône,* B. 33 (*Arietis*), fol. 291 v°. 3 pages.

26 juin.

10117. Confirmation de l'établissement du siège du
sénéchal de Rouergue en la ville de Villefranche, où il fut érigé en 1379 et gardé
sans conteste jusqu'en 1490, époque où les
habitants de Rodez réclamèrent ce siège,
prétention que le Parlement de Paris re-
poussa. Villeneuve-lès-Nice, juin 1538.

> *Enreg. à la Chancellerie de France. Arch. nat.,
> Trésor des Chartes,* JJ. 254, n° 164, fol. 35 v°.
> 1 page 1/2.
> *Enreg. au Parl. de Toulouse, le 5 juillet 1538.
> Arch. de la Haute-Garonne, Édits,* reg. 4, fol. 115.
> 2 pages.

Juin.

10118. Confirmation du bail du lieu de Favas fait par
la Chambre des Comptes aux habitants de

Juin.

Bargemon en Provence. Villeneuve-de-Tende, 1538.
juin 1538.

> *Enreg. à la Chancellerie de France. Arch. nat.,*
> *Trésor des Chartes, JJ. 254, n° 151, fol. 33 v°.*
> *1 page.*
> *Enreg. à la Chambre des Comptes de Provence.*
> *Archives des Bouches-du-Rhône, B. 33 (Arietis),*
> *fol. 274.*

10119. Lettres de don de la terre et seigneurie de Li-   Juin.
mours, confisquée sur François de Poncher,
général des finances, à Anne de Pisseleu, duchesse d'Étampes. Villeneuve-de-Tende, juin
1538 [1].

> *Enreg. à la Chancellerie de France. Arch. nat.,*
> *Trésor des Chartes, JJ. 254, n° 165, fol. 35 v°.*
> *2 pages.*
> *Arch. nat., Acquits sur l'épargne, J. 962, pl. 15,*
> *n° 11, anc. J. 961, n° 221. (Mention.)*

10120. Création de quatre foires par an et d'un mar-   Juin.
ché chaque semaine à Puyguilhem en Péri-
gord. Villeneuve-de-Tende, juin 1538.

> *Enreg. à la Chancellerie de France. Arch. nat.,*
> *Trésor des Chartes, JJ. 254, n° 153, fol. 33 v°.*
> *1 page.*

10121. Confirmation des privilèges et franchises des   Juin.
habitants d'Antibes en Provence. Antibes,
juin 1538.

> *Enreg. à la Chancellerie de France. Arch. nat.,*
> *Trésor des Chartes, JJ. 254, n° 156, fol. 34.*
> *1 page.*
> *Enreg. à la Chambre des Comptes de Provence,*
> *le 21 avril 1539. Arch. des Bouches-du-Rhône,*
> *B. 34 (Fenix), fol. 17.*

10122. Confirmation des privilèges, franchises et cou-   Juin.
tumes des habitants de Colmars en Provence.
Antibes, juin 1538.

> *Enreg. à la Chancellerie de France. Arch. nat.,*
> *Trésor des Chartes, JJ. 254, n° 158, fol. 34 v°.*
> *1 page.*
> *Enreg. à la Chambre des Comptes de Provence,*
> *le 18 avril 1539. Arch. des Bouches-du-Rhône,*
> *B. 34 (Fenix), fol. 15.*

[1] Le rôle des *Acquits sur l'épargne* où est ordonnée l'expédition de ces lettres porte la date du 15 juin.

10123. Confirmation des libertés, privilèges et fran-   1538.
chises des habitants de Grasse en Provence.   Juin.
Antibes, juin 1538.

> *Enreg. à la Chancellerie de France, Arch. nat.,*
> *Trésor des Chartes, JJ. 254, n° 159, fol. 34 v°.*
> *1 page.*
> *Enreg. à la Chambre des Comptes de Provence,*
> *le 30 août 1538. Arch. des Bouches-du-Rhône,*
> *B. 33 (Arietis), fol. 294.*

10124. Confirmation des privilèges, franchises et li-   Juin.
bertés des habitants de Saint-Vallier près
Grasse, Antibes, juin 1538.

> *Enreg. à la Chancellerie de France, Arch. nat.,*
> *Trésor des Chartes, JJ. 254, n° 150, fol. 33 v°.*
> *1 page.*
> *Enreg. à la Chambre des Comptes de Provence,*
> *le 4 décembre 1538. Arch. des Bouches-du-Rhône,*
> *B. 33 (Arietis), fol. 343.*

10125. Lettres portant confirmation du transport fait   2 juillet.
par Raoul de Coucy à Jean de Bonneval,
gentilhomme de la chambre du roi, des
biens de Charles d'Aubusson. 2 juillet 1538.

> *Enreg. à la Chambre des Comptes de Paris, le*
> *4 février 1539 n. s., anc. mém. 2 J., fol. 244.*
> *Arch. nat., invent. PP. 136, p. 460. (Mention.)*

10126. Confirmation de la vente faite par Antoine Bo-   5 juillet.
hier et Ponce Brandon, commissaires royaux
pour les aliénations du domaine, à Bernard
et à Marc Fortia, père et fils, des greffes
de Saumur et d'Angers. Tarascon, 5 juillet
1538.

Suit le contrat de la vente susdite, du
8 avril 1538.

> *Enreg. au Parl. de Paris, le 26 novembre 1538.*
> *Arch. nat., X¹ᵃ 8613, fol. 115 v°, 116 v°. 2 pages*
> *et 7 pages.*
> *Arrêt d'enregistrement. Idem, X¹ᵃ 4907, Plai-*
> *doiries, fol. 32 v°.*
> *Enreg. à la Cour des Aides de Paris, le 13 février*
> *1539 n. s. Arch. nat., recueil Cromo, U. 665,*
> *fol. 285, 286. (Mentions.)*

10127. Don accordé, sur la requête du cardinal de   8 juillet.
Lorraine, à Cyprien de Brimeux, écuyer d'é-
curie de la reine, des droits provenant de la

résignation à survivance que Guillaume Cottereau doit faire de son office de receveur
des aides, tailles et équivalents du Bas-Li-
mousin au profit de Michel Cottereau, son
fils. Vauvert, 8 juillet 1538.

> *Rôle d'expéditions du 10 août 1538. Arch. nat.,*
> *Acquits sur l'épargne, J. 962, pl. 15, n° 16, anc.*
> *J. 961, n° 230. (Mention.)*

10128. Mandement au Parlement de Toulouse ordonnant la publication des lettres du 18 avril
1538 n. s. (n° 9946) portant création de
seize offices de procureurs en la sénéchaussée
de Beaucaire. Saint-Gilles, 10 juillet 1538.

10 juillet.

> *Enreg. au Parlement de Toulouse le 23 juillet sui-*
> *vant. Arch. de la Haute-Garonne, Édits, reg. 4,*
> *fol. 118.*

10129. Prorogation pour huit ans du privilège accordé
aux habitants d'Harfleur de pouvoir acheter
au grenier à sel de la ville ou aux navires qui
viendront dans le port le sel dont ils ont besoin pour la salaison des harengs, morues et
maquereaux et leur usage particulier, sans
payer de droit de gabelle. Aigües-Mortes,
17 juillet 1538.

17 juillet.

> *Copie collationnée du XVI° siècle. Bibl. nat., ms.*
> *fr. 25721, n° 527.*

10130. Confirmation des lettres du 17 mai 1534
(n° 7040) accordant le privilège de papegaut
aux habitants de Saint-Malo. Nîmes, 18 juillet
1538.

18 juillet.

> *Enreg. au bureau des finances de Nantes, le*
> *20 juillet 1539.*
> *Original scellé. Arch. municipales de Saint-Malo,*
> *EE. I, n° 11.*
> *Imp. Pièce de 3 pages 1/2. Saint-Malo, 1732.*
> *Idem, EE. I, n° 12.*

10131. Mandement au trésorier de l'épargne de payer
450 livres au s' de Monluc, chambrier du
pape, qui est pour l'instant ambassadeur du
roi à Rome. Montélimart, 22 juillet 1538.

22 juillet.

> *Bibl. nat., ms. Clairambault 1215, fol. 76 v°*
> *(Mention.)*

10132. Permission à M. de Boisy de faire conduire de
    Marseille à sa maison d'Oiron en Poitou
    quatorze ou quinze blocs de marbre taillés,
    destinés aux tombeaux de son père et de sa
    mère, francs et quittes de tous les droits qui
    pourraient appartenir au roi. Montélimart,
    23 juillet 1538.

> *Arch. nat., Acquits sur l'épargne,* J. 962, pl. 15,
> n° 13, anc. J. 961, n° 225. (*Mention.*)

10133. Don et remise à Gilbert de Doyat, archer de
    la garde sous le commandement du séné-
    chal d'Agénais, d'une amende de 60 livres
    parisis prononcée contre lui par arrêt du
    Parlement de Paris, nonobstant toutes or-
    donnances contraires. Montélimart, 23 juillet
    1538.

> *Arch. nat., Acquits sur l'épargne,* J. 962, pl. 15,
> n° 13, anc. J. 961, n° 225. (*Mention.*)

10134. Don à Raymond Gaultier, valet de garde-robe
    du dauphin et du duc d'Orléans, d'une somme
    de 40 écus d'or soleil sur la vente de l'office
    de sergent à verge au Châtelet de Paris va-
    cant par la mort de Pierre Veneteau. Monté-
    limart, 23 juillet 1538.

> *Arch. nat., Acquits sur l'épargne,* J. 962, pl. 15,
> n° 13, anc. J. 961, n° 225. (*Mention.*)

10135. Mandement à la Chambre des Comptes de
    Paris de faire payer Charles de Bièvres, sʳ de
    La Salle, écuyer d'écurie de la reine, con-
    cierge et garde des meubles du château de
    la Chaussière en Bourbonnais, par le rece-
    veur ordinaire du lieu, de ses gages depuis
    son institution audit office de concierge jus-
    qu'à présent et pour l'avenir, à raison de
    60 livres tournois par an. Montélimart,
    23 juillet 1538.

> *Arch. nat., Acquits sur l'épargne,* J. 962, pl. 15,
> n° 13, anc. J. 961, n° 225. (*Mention.*)

10136. Don à Jean de Wissel, sommelier de bouche du
    roi, des droits de lods et ventes montant à

1538.
23 juillet.

23 juillet.

23 juillet.

23 juillet.

23 juillet.

72.

environ 80 écus soleil, dus au roi par diverses personnes pour acquisitions de maisons, rue de la Chausseterie et rue Saint-Lubin, à Blois, et d'autres héritages en divers lieux. Montélimart, 23 juillet 1538.

> *Arch. nat., Acquits sur l'épargne,* J. 962, pl. 15, n° 13, *anc.* J. 961, n° 225. (*Mention.*)

10137. Don à François de La Ferté, écuyer d'écurie de la reine, de 400 écus d'or soleil à prendre sur la vente de l'office d'élu à Coutances, vacant par le décès de Nicolas de Coustantin, en récompense des gages qu'il a donnés pour répondre de différentes choses fournies pour le service du roi en la ville de Mouzon. Montélimart, 23 juillet 1538.

23 juillet.

> *Arch. nat., Acquits sur l'épargne,* J. 962, pl. 15, n° 13, *anc.* J. 961, n° 225. (*Mention.*)

10138. Don à Bertrand de Maulny de la somme de 75 écus d'or à prendre sur le quart de la résignation de l'office de greffier de l'élection d'Avranches faite par Lancelot Gosselin au profit de Gilles Gillart. Montélimart, 23 juillet 1538.

23 juillet.

> *Arch. nat., Acquits sur l'épargne,* J. 962, pl. 15, n° 13, *anc.* J. 961, n° 225. (*Mention.*)

10139. Mandement à Jean Laguette, receveur général des parties casuelles, de payer à Jean Prévost la somme de 50 écus d'or soleil pour un voyage qu'il a fait, au mois de mai dernier, de Paris à Aix en Provence, où il est venu trouver le roi. Valence, 26 juillet 1538.

26 juillet.

> *Arch. nat., Acquits sur l'épargne,* J. 962, pl. 14, n° 33, *anc.* J. 961, n° 226. (*Mention.*)

10140. Mandement à Jean Laguette de remettre à Martin de Troyes, trésorier de l'Extraordinaire des guerres, 600 écus pour payer le transport des vivres dans les places fortes du Piémont, et 200 écus pour les frais et transport d'autres vivres amenés au camp des lansquenets et de la maison du roi en Pro-

26 juillet.

vence, lors de l'entrevue de François Ier avec le
pape et l'empereur. Valence, 26 juillet 1538.

1538.

Arch. nat., Acquits sur l'épargne, J. 962, pl. 14,
n° 33, anc. J. 961, n° 226. (Mention.)

10141. Mandement à Jean Laguette de payer à Francisque de Bologne, valet de chambre du
roi, « besongnant en ouvraige de stuc », la
somme de 600 livres tournois complétant les
1,200 livres de sa pension pour les années
1535 et 1536. Valence, 26 juillet 1538.

26 juillet.

Arch. nat., Acquits sur l'épargne, J. 962, pl. 14,
n° 33, anc. J. 961, n° 226. (Mention.)

10142. Mandement à Jean Laguette de payer à
Alexandre de Court, gentilhomme milanais,
la somme de 20 écus d'or dont le roi lui a
fait don. Valence, 26 juillet 1538.

26 juillet.

Arch. nat., Acquits sur l'épargne, J. 962, pl. 14,
n° 33, anc. J. 961, n° 226. (Mention.)

10143. Mandement à Jean Laguette de payer à Jean
Paris, chevaucheur d'écurie, 4 livres 10 sous
tournois pour être allé en poste, le 5 juin dernier, d'Antibes à Nice porter au cardinal de
Lorraine et au connétable de Montmorency
leurs pouvoirs pour traiter avec les délégués
de l'empereur. Valence, 26 juillet 1538.

26 juillet.

Arch. nat., Acquits sur l'épargne, J. 962, pl. 14,
n° 33, anc. J. 961, n° 226. (Mention.)

10144. Mandement à Jean Laguette de payer à Mathurin Ménart 270 livres tournois pour être
venu trouver le roi à Villeneuve en Provence
de la part de M. le duc de Guise, touchant
« ses exprès affaires du costé de Bourgongne ».
Valence, 26 juillet 1538.

26 juillet.

Arch. nat., Acquits sur l'épargne, J. 962, pl. 14,
n° 33, anc. J. 961, n° 226. (Mention.)

10145. Mandement à Jean Laguette de payer à Jean
Cluzet, archer du prévôt de l'hôtel, 105 sous
tournois pour avoir gardé et nourri pendant
sept jours, par le commandement du roi, un
Turc trouvé sur la côte de Marseille, qu'il a

depuis remis entre les mains du comte de
Tende. Valence, 26 juillet 1538.

Arch. nat., Acquits sur l'épargne, J. 962, pl. 14,
n° 33, anc. J. 961, n° 226. (*Mention.*)

1538.

10146. Mandement à Jean Laguette de payer à Guy
Carruel, sʳ de Bourran, commissaire ordinaire des guerres, et à Jean de Gouzolles
225 livres tournois pour être allés en diligence de Villeneuve en Provence à Vienne,
recevoir la montre des 10,000 lansquenets
que le roi y avait naguère fait venir et qu'il
a renvoyés en leur pays. Valence, 26 juillet
1538.

26 juillet.

Arch. nat., Acquits sur l'épargne, J. 962, pl. 14,
n° 33, anc. J. 961, n° 226. (*Mention.*)

10147. Mandement à Jean Laguette de payer à Cathrin
Jehan la somme de 35 écus d'or soleil pour
être allé en poste, le 26 juin dernier, du Luc
à Lyon, porter à Martin de Troyes, trésorier
de l'Extraordinaire des guerres, des lettres
du roi et du chancelier lui ordonnant d'envoyer de suite la somme nécessaire au payement de la solde des 10,000 lansquenets
étant à Vienne, pour le mois de juillet, afin
d'éviter toute querelle et réclamation. Valence, 26 juillet 1538.

26 juillet.

Arch. nat., Acquits sur l'épargne, J. 962, pl. 14,
n° 33, anc. J. 961, n° 226. (*Mention.*)

10148. Mandement à Jean Laguette de payer à Jacques
de Bailleux, receveur des aides de Lyon, la
somme de 264 livres 11 sous 6 deniers tournois pour ses déboursés, frais et port de plusieurs caisses envoyées de Constantinople par
feu Jean de La Forêt et confiées à la garde
dudit de Bailleux, qui les a fait conduire à la
suite du roi, tant à Montpellier qu'à Moulins. Valence, 26 juillet 1538.

26 juillet.

Arch. nat., Acquits sur l'épargne, J. 962, pl. 14,
n° 33, anc. J. 961, n° 226. (*Mention.*)

10149. Mandement à Jean Laguette de payer à Jean
Bonvoisin 4 écus d'or soleil pour être allé

26 juillet.

en poste, le 1ᵉʳ juillet dernier, d'Aix à Marseille, trouver le roi pour ses affaires urgentes. Valence, 26 juillet 1538.

Arch. nat., Acquits sur l'épargne, J. 962, pl. 14, n° 33, anc. J. 961, n° 226. (Mention.)

1538.

10150. Mandement à Jean Laguette de payer à Georges-Luc, comte de « Glic », de Danemark, la somme de 600 livres tournois a lui ordonnée pour le premier semestre de sa pension de la présente année. Valence, 26 juillet 1538.

26 juillet.

Arch. nat., Acquits sur l'épargne, J. 962, pl. 14, n° 33, anc. J. 961, n° 226. (Mention.)

10151. Mandement à Jean Laguette de payer à Jean du Châtelet, sʳ de Saint-Amand, la somme de 225 livres tournois pour subvenir à la dépense des ambassadeurs des princes et villes d'Allemagne qui sont récemment venus trouver le roi jusqu'à Tarascon. Sa Majesté a chargé ledit du Châtelet de les conduire à Lyon, où ils devront attendre « des nouvelles d'icelluy seigneur sur l'exécution de leur légation ». Valence, 26 juillet 1538.

26 juillet.

Arch. nat., Acquits sur l'épargne, J. 962, pl. 14, n° 33, anc. J. 961, n° 226. (Mention.)

10152. Mandement à Jean Laguette de payer à Jean Thibault, gentilhomme de la vénerie, 25 écus d'or soleil pour aller de Tarascon à Lyon, et faire venir par bateau sur le Rhône quelques pièces de venaison que le roi a ordonné lui être amenées jusqu'à Aigues-Mortes. Valence, 26 juillet 1538.

26 juillet.

Arch. nat., Acquits sur l'épargne, J. 962, pl. 14, n° 33, anc. J. 961, n° 226. (Mention.)

10153. Mandement à Jean Laguette de bailler à Bénigne Serre, receveur général, la somme de 1,143 livres 15 sous tournois pour distribuer à dix-huit chevaucheurs d'écurie qui font le service de la poste de Lyon à Suze, y compris ces deux villes, et à un aide à pied, pour

26 juillet.

leurs gages de trois mois (24 mars-23 juin 1538). Valence, 26 juillet 1538.

Arch. nat., Acquits sur l'épargne, J. 962, pl. 14, n° 33, anc. J. 961, n° 226. (*Mention.*)

10154. Mandement à Jean Laguette de bailler à Jacques Bernard, maître de la chambre aux deniers du roi, la somme de 1,000 livres tournois employée à la dépense faite à Aigues-Mortes à l'occasion de l'entrevue de François Ier avec Charles-Quint. Valence, 26 juillet 1538.

Arch. nat., Acquits sur l'épargne, J. 962, pl. 14, n° 33, anc. J. 961, n° 226. (*Mention.*)

10155. Mandement à Jean Laguette de payer à Gilbert Bayard, secrétaire des finances, la somme de 500 écus d'or soleil dont le roi lui a fait don en récompense des services qu'il a rendus à Sa Majesté en plusieurs voyages, tant en Piémont qu'en Languedoc et en Provence. Valence, 26 juillet 1538.

Arch. nat., Acquits sur l'épargne, J. 962, pl. 14, n° 33, anc. J. 961, n° 226. (*Mention.*)

10156. Mandement à Jean Laguette de payer à Martin Fontanille la somme de 25 livres 4 sous tournois a lui due dès l'an 1536 en payement de 174 «tables de radeau» qu'il a fournies pour les réparations de la ville de Marseille, suivant le certificat du s^r Bonnet, commissaire, et de Thomas Bullioud, contrôleur desdites réparations. Valence, 26 juillet 1538.

Arch. nat., Acquits sur l'épargne, J. 962, pl. 14, n° 33, anc. J. 961, n° 226. (*Mention.*)

10157. Mandement à Jean Laguette de payer à Pierre de La Marche, écuyer tranchant du dauphin, et à Antoine Gaultier, valet de chambre du roi, la somme de 91 livres 10 sous tournois pour être allés, au mois de mai dernier, de Saint-Maximin à Chambéry, faire la montre de 500 lansquenets et les amener jusqu'à Villeneuve en Provence, d'où lesdits La Marche

1538.

26 juillet.

26 juillet.

26 juillet.

26 juillet.

et Gaultier ont rejoint Sa Majesté à Marseille. Valence, 26 juillet 1538. 1538.

Arch. nat., Acquits sur l'épargne, J. 962, pl. 14, n° 33, anc. J. 961, n° 226. (*Mention.*)

10158. Don à Jean Samson, valet de chambre du roi, de 100 écus soleil sur les finances extraordinaires et parties casuelles. Saint-Vallier, 27 juillet. 27 juillet.

Arch. nat., Acquits sur l'épargne, J. 962, pl. 15, n° 14, anc. J. 961, n° 227. (*Mention.*)

10159. Don à Jean de Poissy, chirurgien du roi, de l'office de sergent à verge au Châtelet de Paris vacant par le décès de Guillaume Boillet, pour en disposer à son profit et en faire pourvoir qui bon lui semblera. Saint-Vallier, 27 juillet 1538. 27 juillet.

Arch. nat., Acquits sur l'épargne, J. 962, pl. 15, n° 14, anc. J. 961, n° 227. (*Mention.*)

10160. Permission à Jean de Garges, sʳ de Macquelines, de résigner son office de gruyer de la forêt de Halatte, près Senlis, au profit de Robert du Fresnoy, sans rien payer pour le quart. Saint-Vallier, 27 juillet 1538. 27 juillet.

Arch. nat., Acquits sur l'épargne, J. 962, pl. 15, n° 14, anc. J. 961, n° 227. (*Mention.*)

10161. Don à Louis Billart et à Jean Champion, valets de garde-robe du roi, de 60 écus soleil sur les deniers provenant du quart de la résignation de l'office d'élu de Montfort que doit faire Jean Petit au profit d'Étienne Fromont. Saint-Vallier, 27 juillet 1538. 27 juillet.

Arch. nat., Acquits sur l'épargne, J. 962, pl. 15, n° 14, anc. J. 961, n° 227. (*Mention.*)

10162. Don à Antoine de Chabannes, dit Chevreau, potager de la cuisine du commun, de 30 écus sur l'office de greffier des conservateurs de Montpellier, vacant par le décès de Guillaume de Beaulieu. Saint-Vallier, 27 juillet 1538. 27 juillet.

Arch. nat., Acquits sur l'épargne, J. 962, pl. 15, n° 14, anc. J. 961, n° 227. (*Mention.*)

IMPRIMERIE NATIONALE.

10163. Don à Hector Guynot, sommelier d'échansonnerie du roi, de la somme de 41 livres
13 sous 4 deniers tournois, montant des
lods et ventes dus au roi à cause de son
duché de Châtellerault, pour l'acquisition
faite par ledit Guynot, d'un sien neveu
nommé Antoine de La Rivière, d'une maison
à Châtellerault. Saint-Vallier, 27 juillet 1538.

    *Arch. nat., Acquits sur l'épargne, J. 962, pl. 15,
n° 14, anc. J. 961, n° 227. (Mention.)*

1538.
27 juillet.

10164. Don à la jeune demoiselle de Maupas, en récompense des services qu'elle fait chaque
jour à Mesdames la Dauphine et Marguerite
de France, de l'office de contrôleur des aides
et tailles en l'élection de Châlons, auquel il
n'a encore été pourvu depuis sa création,
pour en disposer à son profit et en faire pourvoir qui bon lui semblera. Saint-Vallier,
27 juillet 1538.

    *Arch. nat., Acquits sur l'épargne, J. 962, pl. 15,
n° 14, anc. J. 961, n° 227. (Mention.)*

27 juillet.

10165. Don à la nourrice du dauphin de l'office de
sergent au Bois-Petit, en la châtellenie de
Pacy, vacant par le décès de Guillaume Sa-
chier, pour le faire mettre au nom de Guillaume Michel, frère de ladite nourrice. Saint-
Vallier, 27 juillet 1538.

    *Arch. nat., Acquits sur l'épargne, J. 962, pl. 15,
n° 14, anc. J. 961, n° 227. (Mention.)*

27 juillet.

10166. Lettres par lesquelles le roi cède aux consuls
de Lyon son jardin situé dans ladite ville,
devant la maison dite de Roanne. Lyon,
30 juillet 1538.

    *Copie du xvi° siècle. Arch. de la ville de Lyon,
AA. 151, fol. 65.*

30 juillet.

10167. Confirmation des privilèges, franchises et libertés des habitants de Toulon. Tarascon,
juillet 1538.

    *Enreg. à la Chancellerie de France. Arch. nat.,
Trésor des Chartes, JJ. 254, n° 175, fol. 37.
1 page.*

Juillet.

10168. Confirmation des statuts et privilèges des maîtres jurés cordonniers de Toulouse. Valence, juillet 1538.

1538.
Juillet.

Enreg. à la Chancellerie de France. Arch. nat., Trésor des Chartes, JJ. 254, n° 171, fol. 36 v°. 1 page.

10169. Confirmation des privilèges, franchises et libertés des habitants de Saint-Marcellin en Dauphiné. Lyon, juillet 1538.

Juillet.

Enreg. à la Chancellerie de France. Arch. nat., Trésor des Chartes, JJ. 254, n° 168, fol. 36 v°. 1/2 page.

10170. Mandement au trésorier de l'épargne de payer 247 livres 10 sous à Guillaume Valette, chevaucheur, qui va en Angleterre porter des lettres du roi à son ambassadeur, le seigneur de Castillon. Paray-le-Monial, 3 août 1538.

3 août.

Bibl. nat., ms. Clairambault 1215, fol. 76 v°. (Mention.)

10171. Permission à Antoine de Rocquart, sommelier d'échansonnerie de bouche, de résigner son office de viguier et clavaire du Pont-Saint-Esprit en faveur de Charles de Joyes, et celui de receveur du petit blanc prélevé sur chaque quintal de sel remontant le Rhône et passant au Pont-Saint-Esprit, au profit de Guillaume La Boysse, sans rien payer des droits accoutumés. Dompierre, 6 août 1538.

6 août.

Arch. nat., Acquits sur l'épargne, J. 962, pl. 15, n° 15, anc. J. 961, n° 229. (Mention.)

10172. Don et provisions accordés, sur la requête de Mᵐᵉ la maréchale de Châtillon, à Adrien de Fauquembergues, de l'office de maître de la garde de Chaumontois en la forêt d'Orléans, vacant par la mort de Jean Boutault, pour l'exercer en personne. Dompierre, 6 août 1538.

6 août.

Arch. nat., Acquits sur l'épargne, J. 962, pl. 15, n° 15, anc. J. 961, n° 229. (Mention.)

10173. Don à Louis de Thiville, sᵣ de La Rocheverte, huissier de chambre du roi, de la somme de

6 août.

3.

200 écus d'or sur les deniers qui proviendront de la vente de l'office de notaire au Châtelet de Paris du nombre ancien, vacant par le décès de Gabriel Lefèvre. Dompierre, 6 août 1538.

1538.

> *Arch. nat., Acquits sur l'épargne*, J. 962, pl. 15, n° 15, anc. J. 961, n° 229. (*Mention.*)

10174. Don à Julien de Morand, huissier de la chambre de Messeigneurs, de l'office de sergent extraordinaire en la sénéchaussée de Poitou, vacant par le décès de Jacques Garnier, pour en disposer à son profit. Dompierre, 6 août 1538.

6 août.

> *Arch. nat., Acquits sur l'épargne*, J. 962, pl. 15, n° 15, anc J. 961, n° 229. (*Mention.*)

10175. Don à Hector de Villefrance, homme d'armes de la compagnie du marquis de Rothelin, de tous les droits et devoirs seigneuriaux dus au roi à cause du mariage d'Edmée de Villefrance, pour la part de la terre et seigneurie de « Villefrance » dont elle doit jouir aux termes de son contrat de mariage, lesdits droits s'élevant à environ 200 écus. Dompierre, 6 août 1538.

6 août.

> *Arch. nat., Acquits sur l'épargne*, J. 962, pl. 15, n° 15, anc. J. 961, n° 229. (*Mention.*)

10176. Don à Damien Marguerie, sommelier d'échansonnerie de Mesdames, de l'office de contrôleur et garde de la forêt de Bagnolet en Bourbonnais, vacant depuis longtemps et auquel il n'a pas encore été pouvu depuis la réunion de ce pays au domaine de la couronne. Dompierre, 6 août 1538.

6 août.

> *Arch. nat., Acquits sur l'épargne*, J. 962, pl. 15, n° 15, anc. J. 961, n° 229. (*Mention.*)

10177. Prorogation pour six ans de l'exemption de tailles et impôts accordée aux habitants de Reims, et augmentation d'octroi sur le vin. Chevagnes, 7 août 1538.

7 août.

> *Original. Arch. municipales de Reims*, Octrois, liasse 1re, n° 9.

Enreg. en l'élection de Reims, le 18 décembre 1540.
Copie collationnée faite par ordre de la Cour des Aides, le 14 août 1776. Arch. nat., Z¹ª 526.

1538.

10178. Mandement à Guillaume Prudhomme, trésorier de l'épargne, de payer à Jean Carré, commis au payement des gages des officiers domestiques du roi, la somme de 2,250 livres tournois qui doit être distribuée en gratifications à ceux desdits officiers qui ont accompagné Sa Majesté dans son voyage de Nice. Chevagnes, 8 août 1538.

8 août.

Original. Bibl. nat., ms. fr. 25721, n° 508.

10179. Lettres portant que pour la continuation des réparations de Bourg en Bresse, il sera prélevé sur le trésorier de Bresse la somme de 2,000 livres tournois qui sera délivrée entre les mains du commis au payement desdites réparations. Chevagnes, 9 août 1538.

9 août.

Rôle d'expéditions du 14 septembre 1538. Arch. nat., Acquits sur l'épargne, J. 962, pl. 15, n° 23, anc. J. 961, n° 241. (Mention.)

10180. Mandement au trésorier de l'épargne de payer à Louis de Perreau, seigneur de Castillon, ambassadeur en Angleterre, 1,153 livres 4 sous 3 deniers pour les dépenses faites par lui, tant pour les messagers envoyés au sujet des affaires du roi que pour les habits de deuil qu'il a dû prendre et faire prendre à ses serviteurs pour assister aux funérailles de la reine Jeanne d'Angleterre. Chevagnes, 9 août 1538.

9 août.

Bibl. nat., ms. Clairambault 1215, fol. 76 v°. (Mention.)

10181. Lettres de jussion pour l'enregistrement de celles du 13 mars 1538 (n° 9844) concernant le don viager fait au s⁏ de La Rochebeaucourt des revenus viagers de la terre et seigneurie de Sainte-Mesme. Chevagnes, 10 août 1538.

10 août.

Enreg. au Parl. de Paris, le 13 mai 1539. Arch. nat., X¹ª 8613, fol. 157. 2 pages.

10182. Don à Hector de Foville, portemanteau du roi, de 200 écus soleil sur les reliefs et treizième de la seigneurie des Essarts au bailliage de Caux, nonobstant toutes ordonnances contraires. Chevagnes, 10 août 1538.

Arch. nat., Acquits sur l'épargne, J. 962, pl. 15, n° 16, anc. J. 961, n° 230. (Mention.)

1538.
10 août.

10183. Lettres octroyant à Louis Caillaud, président des enquêtes au Parlement de Paris, une pension annuelle de 600 livres tournois, comme aux autres présidents des enquêtes, outre ses gages dudit office. Chevagnes, 10 août 1538.

Arch. nat., Acquits sur l'épargne, J. 962, pl. 15, n° 16, anc. J. 961, n° 230. (Mention.)

10 août.

10184. Lettres de légitimation et permission de tester accordées à Blanche Mangeat, « bonne femme vieille » servant en la maison du s' de La Bourdaisière, avec remise de toute finance. Chevagnes, 10 août 1538.

Arch. nat., Acquits sur l'épargne, J. 962, pl. 15, n° 16, anc. J. 961, n° 230. (Mention.)

10 août.

10185. Lettres portant à 70 livres au lieu de 60 les gages de Léonie de La Chaise, veuve de Pierre l'Italien, pour l'entretien du jardin du château de Moulins, son feu mari et ses autres prédécesseurs en ladite charge ayant joui desdits gages de 70 livres par an, et ce à commencer du jour de ses provisions. Chevagnes, 10 août 1538.

Arch. nat., Acquits sur l'épargne, J. 962, pl. 15, n° 16, anc. J. 961, n° 230. (Mention.)

10 août.

10186. Don au s' des Barres, dit le Barrois, conseiller et maître d'hôtel du roi, de la somme de 90 livres tournois, montant des arrérages de trois ans d'une rente annuelle de 30 livres tournois due à Sa Majesté sur la prévôté de la Chapelle, dépendant de la châtellenie d'Ivoy et appartenant audit le Barrois. Chevagnes, 10 août 1538.

Arch. nat., Acquits sur l'épargne, J. 962, pl. 15, n° 16, anc. J. 961, n° 230. (Mention.)

10 août.

10187. Don et remise, sur la requête de M. de Boisy, à François de Suryau, canonnier ordinaire de l'artillerie, des amendes et dépens auxquels il a été condamné par la Chambre des Comptes et la Cour des Aides de Paris pour malversations commises dans l'administration que le roi lui avait confiée des biens de feu Guillaume Fortier. Chevagnes, 10 août 1538.

1538.
10 août.

> Arch. nat., Acquits sur l'épargne, J. 962, pl. 15, n° 16, anc. J. 961, n° 230. (Mention.)

10188. Mandement à Guillaume Prudhomme, trésorier de l'épargne, de faire payer par Pierre Le Vassor, commis au recouvrement des finances du duché de Normandie, à Claude Robertet, trésorier de France, la somme de 4,806 livres 18 sous 5 deniers tournois qui lui était encore due, tant pour ses gages et ses frais que pour ce qui restait du règlement des comptes de feu François Briçonnet, maître de la chambre aux deniers sous Louis XII, dont la fille Anne Briçonnet, femme de Claude Robertet, était l'héritière. Chevagnes, 11 août 1538.

11 août.

> Original. Bibl. nat., ms. fr. 25721, n° 509.

10189. Lettres de naturalité et permission de tenir des bénéfices dans le royaume jusqu'à concurrence d'une somme de 1,500 livres tournois, octroyées à Pierre Gazette, natif d'Italie. Chevagnes, 11 août 1538.

11 août.

> Arch. nat., Acquits sur l'épargne, J. 962, pl. 15, n° 17, anc. J. 961, n° 165. (Mention.)

10190. Don et remise au sr de La Bourdaisière des arrérages d'une rente annuelle de 81 livres tournois par lui dus à la seigneurie d'Amboise à cause de la seigneurie de Tuisseau et des îles de Montlouis, pour trois années commençant au 1er janvier 1536 n. s. Chevagnes, 11 août 1538.

11 août.

> Arch. nat., Acquits sur l'épargne, J. 962, pl. 15, n° 17, anc. J. 961, n° 165. (Mention.)

10191. Don pour dix ans au s^r de La Bourdaisière du droit « d'afforage » du moulin de Saint-Thomas, joignant le clos d'Amboise, à commencer du 1er janvier prochain, ainsi qu'il en jouissait par octroi de feu Madame. Chevagnes, 11 août 1538.

1538.
11 août.

> *Arch. nat., Acquits sur l'épargne,* J. 962, pl. 15, n° 17, *anc.* J. 961, n° 165. (*Mention.*)

10192. Lettres en faveur de Thomas Rapouël, portant de 1,200 à 2,000 livres tournois la pension annuelle qu'il a du roi sur les traites d'Anjou, à commencer du jour de la création de ladite pension. Chevagnes, 11 août 1538.

11 août.

> *Arch. nat., Acquits sur l'épargne,* J. 962, pl. 15, n° 17, *anc.* J. 961, n° 165. (*Mention.*)

10193. Mandement au trésorier de l'épargne de payer à Louis de Perreau, s^r de Castillon, ambassadeur en Angleterre, 3,600 livres pour cent quatre-vingts jours d'exercice de sa charge, du 11 juin au 7 décembre 1538. Chevagnes, 21 (*corr.* 11) août 1538.

11 août.

> *Bibl. nat.,* ms. Clairambault 1215, fol. 76. (*Mention.*)

10194. Prorogation d'affranchissement et concession pour quatre ans des devoirs d'aides, d'impôt de billot, de port et havre, accordées aux habitants de Morlaix, pour les aider à relever leur ville qui fut totalement détruite et brûlée par les Anglais. Romorantin, 19 août 1538.

19 août.

> *Enreg. à la Chambre des Comptes de Bretagne. Archives de la Loire-Inférieure,* B. *Mandements royaux,* II, fol. 175.

10195. Don au s^r de La Maisonfort, l'un des capitaines des gardes, de la somme de 600 écus d'or soleil à prendre sur les parties casuelles. Romorantin, 19 août 1538.

19 août.

> *Arch. nat., Acquits sur l'épargne,* J. 962, pl. 15, n° 18, *anc.* J. 961, n° 232. (*Mention.*)

10196. Don au s^r de La Guiche, gentilhomme de la chambre, de l'office d'élu sur le fait des

19 août.

aides en l'élection de Tours, vacant par le
décès de Guillaume Travers, pour en disposer à son profit. Romorantin, 19 août
1538.

> Arch. nat., Acquits sur l'épargne, J. 962, pl. 15,
> n° 18, anc. J. 961, n° 232. (Mention.)

10197. Lettres portant rabais et déduction en faveur
d'André Sorman, fermier du tirage du sel
remontant le Rhône et l'Isère en Dauphiné
et Provence, dans le Comtat-Venaissin et le
comté d'Orange, d'une somme de 9,333 livres 1 sou tournois sur ce qu'il redoit de sa
ferme pour les six dernières années à échoir
le 30 septembre prochain, en considération
des pertes qu'il a subies à l'occasion des
guerres. Romorantin, 19 août 1538.

> Arch. nat., Acquits sur l'épargne, J. 962, pl. 15,
> n° 18, anc. J. 961, n° 232. (Mention.)

10198. Lettres portant assignation sur la recette ordinaire de Toulouse d'une somme de 101 livres
6 sous 6 deniers tournois taxée à Julien Taboué, avocat au Parlement de Toulouse, par
ordre de ladite cour, pour un voyage qu'il
a fait ci-devant auprès du roi touchant les
affaires de Sa Majesté et dudit Parlement.
Romorantin, 19 août 1538.

> Arch. nat., Acquits sur l'épargne, J. 962, pl. 15,
> n° 18, anc. J. 961, n° 232. (Mention.)

10199. Commission de gouverneur de Bresse pour
Philibert de La Baume, seigneur de Mont-
falconet, octroyée à la requête de l'empereur
Charles-Quint. Romorantin, 20 août 1538.

> Enreg. au Parl. de Dijon, le 19 février 1539
> n. s. Arch. de la Côte-d'Or, Parl., reg. II, fol. 228.

10200. Don de 1,800 livres à Louis d'Adhémar de
Monteil, sr de Grignan, pour les dépenses
qu'il va être obligé de faire pour son voyage
en Piémont et à Rome. Romorantin, 21 août
1538.

> Bibl. nat., ms. Clairambault 1215, fol. 76 v°.
> (Mention.)

10201. Mandement au trésorier de l'épargne de payer
1,800 livres à Louis d'Adhémar de Monteil,
s^r de Grignan, chambellan du roi, pour un
voyage de cent quatre-vingts jours, du 21 août
au 16 février suivant, qu'il va faire en Piémont pour y régler certaines affaires de justice
et de police, et de là à Rome, comme ambassadeur du roi. Romorantin, 21 août 1538.

> Bibl. nat., ms. Clairambault 1215, fol. 76 v°.
> (Mention.)

1538.
21 août.

10202. Don de 1,800 livres à Antoine de Castelnau,
évêque de Tarbes, en récompense des services qu'il a rendus au roi en qualité d'ambassadeur auprès de l'empereur. Pontlevoy,
22 août 1538.

> Bibl. nat., ms. Clairambault 1215, fol. 77.
> (Mention.)

22 août.

10203. Mandement au trésorier de l'épargne de payer à
Antoine de Castelnau, ambassadeur en Angleterre, 1,800 livres pour cent quatre-vingts jours
d'exercice de sa charge, du 22 août 1538 au
17 février suivant. Pontlevoy, 22 août 1538.

> Bibl. nat., ms. Clairambault 1215, fol. 76.
> (Mention.)

22 août.

10204. Mandement au Parlement lui enjoignant d'enregistrer les lettres patentes du 1er avril précédent (n° 9903) relatives aux appels des sentences du contrôleur général des greniers à
sel du royaume. Chenonceaux, 24 août 1538.

> Enreg. au Parl. de Paris, le 3 décembre 1538.
> Arch. nat., X^{1a} 8613, fol. 123, 1 page.

24 août.

10205. Lettres ordonnant que 2,000 livres tournois
seront prélevées sur les amendes du Parlement de Toulouse et 4,000 livres sur les
ventes extraordinaires de bois faites dans la
sénéchaussée de Toulouse, pour employer
aux réparations du palais du Parlement de
Toulouse qui menace ruine. Chenonceaux,
24 août 1538.

> Enreg. au Parl. de Toulouse. Arch. de la Haute-

24 août.

Garonne, Édits, reg. 4, fol. 125, et double, fol. 144. 2 pages.

Arch. nat., Acquits sur l'épargne, J. 962, pl. 15, n° 19, anc. J. 961, n° 267. (*Mention.*)

1538.

10206. Lettres attribuant au cardinal de Châtillon, sur les 25,000 livres tournois qui proviendront de la vente des bois de ses bénéfices autorisée par le roi, la somme de 18,000 livres tournois, savoir: 6,000 livres en remboursement de ce qu'il a prêté à Sa Majesté, et 12,000 livres qu'il lui avait été permis de tirer de ladite vente, mais qu'il n'avait pu réaliser, le Parlement de Paris s'y étant opposé. Le reste devra être versé entre les mains du trésorier de l'Extraordinaire des guerres ou du receveur des parties casuelles. Chenonceaux, 24 août 1538.

24 août.

Arch. nat., Acquits sur l'épargne, J. 962, pl. 15, n° 19, anc. J. 961, n° 267. (*Mention.*)

10207. Lettres portant que le cardinal de Châtillon sera dispensé des emprunts que le roi demande aux prélats et autres bénéficiers de son royaume, en considération des deux tiers du produit de la vente des bois dépendant de ses bénéfices que Sa Majesté s'est réservés, et ordonnant mainlevée des saisies qui pourraient avoir été faites de sesdits bénéfices. Chenonceaux, 24 août 1538.

24 août.

Arch. nat., Acquits sur l'épargne, J. 962, pl. 15, n° 19, anc. J. 961, n° 267. (*Mention.*)

10208. Don à Antoine Robart, valet de garde-robe du roi, de l'office de sergent à verge au Châtelet de Paris, vacant par le décès d'un nommé Beauthomas, pour en disposer à son profit. Chenonceaux, 24 août 1538.

24 août.

Arch. nat., Acquits sur l'épargne, J. 962, pl. 15, n° 19, anc. J. 961, n° 267. (*Mention.*)

10209. Don à Pinton, sommelier d'échansonnerie du commun, de l'office de sergent à cheval au Châtelet de Melun, vacant par le décès de

24 août.

74.

Denis Pilloue, pour en disposer à son profit. 1538.
Chenonceaux, 24 août 1538.

> Arch. nat., Acquits sur l'épargne, J. 962, pl. 15,
> n° 19, anc. J. 961, n° 267. (Mention.)

10210. Lettres ordonnant que François Sapte, naguère   24 août.
fermier des ports et passages de Carcassonne,
prendra 4,000 livres tournois sur la recette
ordinaire dudit lieu, par quatre portions
égales en quatre années, le premier payement
commençant au 31 décembre prochain, pour
le dédommager des pertes qu'il a éprouvées
en sa ferme, particulièrement par suite de
la donation faite par le roi à don Henri de
Tolède de la confiscation, appartenant audit
Sapte à cause de ladite ferme, des biens transportés par François de Majorque hors du
royaume, contrairement aux ordonnances.
Chenonceaux, 24 août 1538.

> Arch. nat., Acquits sur l'épargne, J. 962, pl. 15,
> n° 19, anc. J. 961, n° 267. (Mention.)

10211. Don à Guillaume Dalmes, héraut d'armes au   24 août.
titre de Valois, de l'office de capitaine et châtelain de Montceau et Saint-Romain, vacant
par le décès de Jacques Perrin. Chenonceaux,
24 août 1538.

> Arch. nat., Acquits sur l'épargne, J. 962, pl. 15,
> n° 19, anc. J. 961, n° 267. (Mention.)

10212. Continuation pour quatre ans, en faveur des   24 août.
habitants de la ville et des faubourgs de
Decize, de leur affranchissement de toutes
tailles, impositions et subsides quelconques,
y compris le huitième du vin vendu en détail
dans la ville et les faubourgs. Chenonceaux,
24 août 1538.

> Arch. nat., Acquits sur l'épargne, J. 962, pl. 15,
> n° 19, anc. J. 961, n° 267. (Mention.)

10213. Don à Jacques d'Asnières, clerc d'office, et à   24 août.
Pierre Dumoulin, sommelier d'échansonnerie
de bouche, de 200 écus d'or soleil à prendre
sur l'office d'huissier et sergent des requêtes

de l'hôtel, vacant par la mort de Pierre Roze.   1538.
Chenonceaux, 24 août 1538.

Arch. nat., Acquits sur l'épargne, J. 962, pl. 15,
n° 19, anc. J. 961, n° 267. (Mention.)

10214. Don à Pascalin Gillefort, huissier de salle du   24 août.
roi et concierge du château de Romorantin,
des droits de quint et requint montant à
144 livres tournois, dus au roi à cause de
l'acquisition faite par Jean Gallus, châtelain
et juge ordinaire de Romorantin, d'un droit
de dîme tenu et mouvant de ladite châtellenie, appelée la dîme « d'Aguenet ». Chenonceaux, 24 août 1538.

Arch. nat., Acquits sur l'épargne, J. 962, pl. 15,
n° 19, anc. J. 961, n° 267. (Mention.)

10215. Lettres portant que Jacques de Silly, évêque de   24 août.
Séez, abbé de Saint-Pierre-sur-Dives et de
Saint-Vigor de Cerisy, sera remboursé de la
somme de 1,450 écus soleil qu'il a prêtée au
roi, sur les 8,000 livres tournois, montant
des deux tiers qui reviendront à Sa Majesté
dans les ventes de bois qui se doivent faire
sur les terres dépendant des bénéfices dudit
évêque. Chenonceaux, 24 août 1538.

Arch. nat., Acquits sur l'épargne, J. 962, pl. 15,
n° 19, anc. J. 961, n° 267. (Mention.)

10216. Mandement à Guillaume Prudhomme, trésorier   24 août.
de l'épargne, de faire payer à Gabriel Le Roy,
payeur de la compagnie du s^r de Boutières,
par André Rageau, 157 livres 10 sous tournois complétant la somme de 5,041 livres
5 sous tournois, montant de la solde de ladite compagnie pendant le deuxième quartier
de la présente année. Chenonceaux, 24 août
1538.

Bibl. nat., ms. fr. 10390, fol. 88 v°. (Mention.)

10217. Lettres déterminant dans quelle mesure et à   26 août.
quelles conditions un maître rational peut

en remplacer un autre en cas d'absence ou de maladie. Amboise, 26 août 1538.

> Enreg. à la Chambre des Comptes de Provence, le 6 février 1539 n. s. Arch. des Bouches-du-Rhône, B. 33 (Arietis), fol. 358 v°. 1 page.

10218. Lettres octroyées aux s^{rs} d'Annebaut, maréchal de France, et du Plessis-Guerry, ordonnant au Parlement de Paris de procéder à l'achèvement du procès pendant entre eux d'une part, et le s^r de La Trémoille, d'autre, durant le temps des vacations. Amboise, 26 août 1538.

26 août.

> Entérinées au Parl. de Paris le 7 septembre suivant. Arch. nat., X^{1a} 1541, reg. du Conseil, fol. 645. (Mention.)

10219. Mandement au trésorier de l'épargne de payer 900 livres à Antoine de Castelnau, évêque de Tarbes, pour un voyage qu'il va faire en Espagne comme ambassadeur du roi. Amboise, 26 août 1538.

26 août.

> Bibl. nat., ms. Clairambault 1215, fol. 76. (Mention.)

10220. Lettres approuvant l'établissement du jeu de papegaut en la ville de Morlaix, permettant à ceux qui tireront de l'arc, de l'arbalète ou de l'arquebuse de se réunir le 1er dimanche de mai et autres dimanches, et octroyant à celui qui abattra le papegaut du trait de l'arc la franchise de 10 tonneaux, du trait de l'arbalète la franchise de 20 tonneaux, et du tir de l'arquebuse la franchise de 30 tonneaux. Chaumont-sur-Loire, 27 août 1538 [1].

27 août.

> Enreg. à la Chambre des Comptes de Bretagne. Archives de la Loire-Inférieure, B. Mandements royaux, II, fol. 173.
> Arch. nat., Acquits sur l'épargne, J. 962, pl. 15, n° 20, anc. J. 961, n° 266. (Mention.)

10221. Lettres portant concession aux prévôt des marchands et échevins de Paris, pour dix nou-

28 août.

---

[1] Le rôle d'expéditions où figurent ces lettres dans les Acquits sur l'épargne est daté de Blois, le 28 août.

velles années, de l'octroi sur le vin et le
sel vendus ou entrant à Paris et dans les
faubourgs, en considération des dépenses
considérables supportées par la ville, tant
pour l'entrée du roi d'Écosse et la réception
d'ambassadeurs, que pour achats d'armes,
salpêtres et fonte d'artillerie, Blois, 28 août
1538.

> *Original. Arch. nat., K. 954, n° 98.*

1538.

10222. Don à Pellegrin de Yessa, fils du trésorier de
Navarre, de l'office de receveur ordinaire des
Lannes, vacant par la mort d'Arnaud « Xans
Deshois.». Blois, 28 août 1538.

> *Arch. nat., Acquits sur l'épargne, J. 962, pl. 15,
> n° 20, anc. J. 961, n° 266. (Mention.)*

28 août.

10223. Mandement à Jean Carré, commis au payement des officiers domestiques de la maison
du roi, de payer au sʳ du Lude ses gages de
gentilhomme de la chambre depuis le 1ᵉʳ septembre 1537, date de la mort de Regnaut
de Laloue, en remplacement duquel il a été
pourvu de cet office, jusqu'au jour où il a été
inscrit sur les états des officiers de la maison
du roi. Blois, 28 août 1538.

> *Arch. nat., Acquits sur l'épargne, J. 962, pl. 15,
> n° 20, anc. J. 961, n° 266. (Mention.)*

28 août.

10224. Mandement à la Chambre des Comptes d'allouer aux comptes du receveur ordinaire de
Romorantin ce qu'il a payé à Jean Millet,
jardinier du château de Romorantin, pour ses
gages et pension dudit état depuis la mort de
Madame, mère du roi, et ce qu'il lui payera
à l'avenir pour cette cause. Blois, 28 août
1538.

> *Arch. nat., Acquits sur l'épargne, J. 962, pl. 15,
> n° 20, anc. J. 961, n° 266. (Mention.)*

28 août.

10225. Mandement à la Chambre des Comptes d'allouer aux comptes du receveur de Romorantin ce qu'il a payé pour les gages de Jean
Gommier, vigneron du château de Romorantin, depuis la mort de Madame, mère du

28 août.

roi, et de continuer ainsi à l'avenir. Blois, 28 août 1538.

1538.

Arch. nat., Acquits sur l'épargne, J. 962, pl. 15, n° 20, anc. J. 961, n° 266. (Mention.)

10226. Don à Mathurin Girard, valet de garde-robe du roi, de l'office de sergent à verge au Châtelet de Paris, vacant par la mort de Nicolas Picot, pour en disposer à son profit. Blois, 28 août 1538.

28 août.

Arch. nat., Acquits sur l'épargne, J. 962, pl. 15, n° 20, anc. J. 961, n° 266. (Mention.)

10227. Lettres portant que Pierre de Malignac, dit Saladin, pourvu par le roi de l'office de capitaine de Chenonceaux, avec la surveillance des bois, vignes et jardins dudit lieu, jouira pour son état de 200 livres tournois chaque année et qu'il entretiendra deux gardes auxquels il donnera à chacun 20 livres tournois par an. Blois, 28 août 1538.

28 août.

Arch. nat., Acquits sur l'épargne, J. 962, pl. 15, n° 20, anc. J. 961, n° 266. (Mention.)

10228. Lettres approuvant l'établissement d'un jeu de papegaut en la ville de Fougères et octroyant au roi du jeu la faveur de vendre au détail en toute franchise 10 tonneaux de vin. Blois, 29 août 1538.

29 août.

Enreg. à la Chambre des Comptes de Bretagne. Archives de la Loire-Inférieure, B. Mandements royaux, II, fol. 195.

10229. Provisions de l'office de maître particulier des Eaux et forêts de la sénéchaussée du Maine pour Louis du Bois, gentilhomme de la vénerie, en remplacement de Charles de La Bretonnière, décédé. Blois, 29 août 1538.

29 août.

Enreg. aux Eaux et forêts, le 14 mars 1539 n. s. Arch. nat., Z¹ᵉ 326, fol. 27 v°. 1 page.

10230. Déclaration portant que Melchior Des Prez sera véritable possesseur et titulaire, nonobstant son bas âge, des offices de sénéchal et gouverneur du duché de Châtellerault et de maître des Eaux et forêts de Poitou,

30 août.

résignés en sa faveur par son père, Antoine
Des Prez, s^r de Montpezat, et que ce dernier
pourra les exercer en attendant que son fils
ait l'âge requis pour prêter serment. Blois,
30 août 1538.

1538.

> *Entérinée au Parl., le 12 décembre 1538. Arch.
> nat.*, X^{1a} 1542, reg. du Conseil, fol. 65 v°. (*Mention.*)
>
> *Enreg. à la Chambre des Comptes de Paris, le
> 20 décembre 1538*, anc. mém. 2 J, fol. 83. *Arch.
> nat.*, invent. PP. 136, p. 461. (*Mention.*)

10231. Lettres de cession du comté de Montpensier et
du dauphiné d'Auvergne, ainsi que des seigneuries de la Tour, de la Bussière et de
Roche-en-Régnier, faite par le roi à Louise
de Bourbon, princesse de La Roche-sur-Yon,
et à Louis, prince de La Roche-sur-Yon, son
fils, pour les droits qu'ils pouvaient prétendre à la succession du feu connétable de
Bourbon. Blois, août 1538.

Août.

Suivies de trois actes de rachat de terres dépendant desdits comté et seigneuries. 1er septembre, 13 novembre et 2 décembre 1538.

> *Enreg. au Parl. de Paris, le 3 décembre 1538.
> Arch. nat.*, X^{1a} 8613, fol. 124 et 126. 4 et 5 pages.
> *Autre contrat semblable, du 3 décembre 1538.
> Idem*, fol. 136. 1 page.
> *Arrêt d'enregistrement. Idem*, X^{1a} 4907, Plai-
> doiries, fol. 71.
> *Enreg. à la Chambre des Comptes de Paris, le
> 11 décembre 1539. Arch. nat.*, P. 2306, p. 847.
> 7 pages.
> *Idem*, P. 2537, fol. 311 v°; P. 2553, fol. 297 v°
> (sous la date de septembre 1538); et AD.IX 124,
> n° 56.
> *Deux copies collationnées du xvie siècle. Arch.
> nat., suppl. du Trésor des Chartes*, J. 954, n°s 27
> et 28.
> *Autre copie du xvie siècle. Idem*, J. 955, n° 25.
> *Imp.* Nicolas Coustureau, *Hist. de la vie et faits
> de Louis de Bourbon, surnommé le Bon, premier
> duc de Montpensier...* mise au jour et augmentée
> par le s^r du Bouchet. Rouen, J. Cailloré, 1645,
> in-4°, p. 122.
> Le P. Anselme, *Hist. généal. de la maison de
> France, etc.* Paris, 1728, in-fol., t. III, p. 517.

10232. Lettres qui incorporent les justices de Plou-
guernevel, Plouray et Saint-Caradec à celle
de Guémené (Bretagne), en faveur de Louis
de Rohan. Blois, août 1538.

> Enreg. à la Chancellerie de France, Arch. nat.,
> Trésor des Chartes, JJ. 254, n° 182, fol. 38.
> 1 page.

1538.
Août.

10233. Permission aux habitants de Cerisiers, au bailliage de Sens, de fermer leur ville d'une en-
ceinte de murs, et de fortifications. Blois,
août 1538.

> Enreg. à la Chancellerie de France. Arch. nat.,
> Trésor des Chartes, JJ. 254, n° 186, fol. 38 v°.
> 1 page.

Août.

10234. Confirmation à l'Université de Cahors des privilèges que lui avait accordés Louis XI. Août
1538.

> Bibl. nat., coll. de Doat, vol. 6, fol. 263 v°.
> (Mention.)

Août.

10235. Provisions de l'office de grand louvetier de
Bourgogne pour Jean de Gand, gentilhomme
de la vénerie royale, en remplacement de
Jean de Saulx, décédé. Meung-sur-Loire,
3 septembre 1538.

> Enreg. au Parl. de Dijon, le 18 juin 1539.
> Archives de la Côte-d'Or, Parl., reg. II, fol. 235.

3 septembre.

10236. Permission à [Antoine de Castelnau], évêque
de Tarbes, de résigner son office de conseiller au Grand conseil en faveur de Geoffroy Couillaud; à celui-ci de résigner son
office de conseiller au Parlement de Bordeaux,
à Pierre de Ferrand, notaire et secrétaire du
roi, lequel pourra aussi abandonner sondit
office de secrétaire au profit de Jérôme Marchand, serviteur dudit évêque; cette dernière
résignation affranchie du droit habituel à
payer au roi. Meung-sur-Loire, 3 septembre
1538.

> Arch. nat., Acquits sur l'épargne, J. 962, pl. 15,
> n° 21, anc. J. 961, n° 264. (Mention.)

3 septembre.

10237. Lettres ordonnant que Jean du Peyrat, lieute-

3 septembre.

nant général en la sénéchaussée de Lyon, commis par le roi pour bailler et expédier les permissions de faire entrer des velours et draps de soie de Gênes dans le royaume, jouira tant qu'il exercera ladite commission, de 400 livres tournois par an sur les deniers provenant desdits congés. Meung-sur-Loire, 3 septembre 1538.

Arch. nat., Acquits sur l'épargne, J. 962, pl. 15, n° 21, anc. J. 961, n° 264. (Mention.)

1538.

10238. Don à Gatien Guyon, aide en l'échansonnerie du roi, d'une amende de 60 livres parisis prononcée contre Raoul Spifame par arrêt du Parlement de Paris. Meung-sur-Loire, 3 septembre 1538.

Arch. nat., Acquits sur l'épargne, J. 962, pl. 15, n° 21, anc. J. 961, n° 264. (Mention.)

3 septembre.

10239. Don à Annet et à Henri Roger, archers du prévôt de l'hôtel, d'une somme de 60 écus d'or soleil sur l'aubaine échue au roi par la mort d'Antoine de Chalus, prêtre, bâtard. Meung-sur-Loire, 3 septembre 1538.

Arch. nat., Acquits sur l'épargne, J. 962, pl. 15, n° 21, anc. J. 961, n° 264. (Mention.)

3 septembre.

10240. Don à Léonard Mabret, sommelier d'échansonnerie du commun, de 50 écus d'or soleil sur les deniers provenant de la résignation de l'office de notaire au Châtelet de Paris que doit faire Jean Favart au profit de François Fremelle. Meung-sur-Loire, 3 septembre 1538.

Arch. nat., Acquits sur l'épargne, J. 962, pl. 15, n° 21, anc. J. 961, n° 264. (Mention.)

3 septembre.

10241. Don et quittance à Maugin Bonneau, maître charpentier du château de Chambord, des lods et ventes qu'il doit au roi à cause de l'acquisition qu'il a faite d'une maison en la grande rue d'Amboise. Meung-sur-Loire, 3 septembre 1538.

Arch. nat., Acquits sur l'épargne, J. 962, pl. 15, n° 21, anc. J. 961, n° 264. (Mention.)

3 septembre.

10242. Don à [Jacques Galyot de Genouilhac], grand
écuyer, de la somme de 1,454 livres 11 sous
3 deniers, montant des amendes et restitutions de gabelles adjugées au roi par le réformateur général des gabelles La Forêt,
au cours de ses recherches dans le ressort
du grenier à sel de Montrichard. Meung-sur-
Loire, 3 septembre 1538.

> Arch. nat., Acquits sur l'épargne, J. 962, pl. 15,
> n° 21, anc. J. 961, n° 264. (Mention.)

1538.
3 septembre.

10243. Don à Jean Malvaut et à Jean Goudart, valets
de pied du roi, de l'office de sergent à cheval
au bailliage, prévôté et châtelet d'Orléans,
vacant par la mort de Jean Jaquet. Meung-
sur-Loire, 3 septembre 1538.

> Arch. nat., Acquits sur l'épargne, J. 962, pl. 15,
> n° 21, anc. J. 961, n° 264. (Mention.)

3 septembre.

10244. Don au sr de La Roche-du-Maine, gentilhomme
de la chambre, de l'office de commissaire au
Châtelet de Paris vacant par la mort de... [1]
Carré, pour en disposer à son profit. Meung-
sur-Loire, 3 septembre 1538.

> Arch. nat., Acquits sur l'épargne, J. 962, pl. 15,
> n° 21, anc. J. 961, n° 264. (Mention.)

3 septembre.

10245. Lettres de survivance des offices d'avocat du roi
et de conseiller au Châtelet de Paris, exercés
par Robert Piédefer, en faveur de Michel
Piédefer, son fils. Saint-Germain-en-Laye,
7 septembre 1538.

> Enreg. au Châtelet de Paris, le 28 septembre
> 1538. Arch. nat., Bannières, Y. 9, fol. 113 v°.
> 2 pièces, 5 pages.

7 septembre.

10246. Lettres portant permission aux églises collégiales de Saint-Michel de Gaillac et de Sainte-
Foi de Conques de publier les pardons qu'elles
ont obtenus du pape pour recueillir de l'ar-

7 septembre.

---

[1] Le prénom est en blanc.

gent destiné aux réparations de leurs églises. Bordeaux (sic), 7 septembre 1538.

Copie collationnée du 11 septembre 1538. Arch. nat., suppl. du Trésor des Chartes, J. 945, n° 10. Imp. [Dupuy], Preuves des libertés de l'Église gallicane, 3ᵉ édit., Paris, S. Cramoisy, 1651, 2 vol. in-fol., 3ᵉ partie, p. 145.

1538.

10247. Don à Jean de Jussac, écuyer, sʳ de Maret, de la baronnie d'Argental. 7 septembre 1538.

7 septembre.

Bibl. nat., ms. Clairambault 782, p. 297. (Mention.)

10248. Pouvoirs des commissaires du roi aux États de Languedoc qui s'assembleront à Albi le 8 octobre 1538. Saint-Germain-en-Laye, 8 septembre 1538.

8 septembre.

Copie. Arch. départ. de l'Hérault, États de Languedoc, C. Procès-verbaux (1538). 6 pages.

10249. Lettres fixant à 21,315 livres tournois le contingent que devront payer les pays de Bigorre et de Comminge sur un impôt de 3 millions de livres tournois levé par le roi pour subvenir aux dépenses excessives qu'il est obligé de faire pour réparer les maux de la guerre. Saint-Germain-en-Laye, 8 septembre 1538.

8 septembre.

Imp. Catalogue des archives du baron de Joursanvault. Paris, 1838, in-8°, t. I, p. 30. (Original mentionné.)

10250. Mandement au bailli de Dijon de faire publier les ordonnances qui défendent d'introduire des étoffes d'or et d'argent dans le royaume autrement que par Lyon. Saint-Germain-en-Laye, 8 septembre 1538.

8 septembre.

Original. Arch. municip. de Dijon, G. 233.

10251. Mandement aux États de Languedoc pour la répartition d'une somme de 333,881 livres, représentant la part d'imposition mise à la charge du pays sur celle de 3 millions à répartir sur le royaume. Saint-Germain-en-Laye, 8 septembre 1538.

8 septembre.

Original. Arch. départ. de l'Ardèche, C. 265 bis.

10252. Mandement aux élus du Lyonnais leur faisant
savoir qu'ils ont à lever pour la taille, dans
leur élection, une somme totale de 41,549 livres 8 deniers tournois. Saint-Germain-en-
Laye, 8 septembre 1538.

*Copie du xvie siècle. Bibl. nat., ms. fr. 2702,
fol. 216 v°.*

1538.
8 septembre.

10253. Mandement aux élus de l'élection de Mantes
leur faisant savoir qu'ils ont à lever 11,194 livres 10 sous tournois, sans compter les frais,
pour la quote-part de l'élection dans la taille
de 3 millions de livres tournois mise sur tout
le royaume. Saint-Germain-en-Laye, 8 septembre 1538.

8 septembre.

Original. Bibl. nat., ms. fr. 25721, n° 510.

10254. Commission à Olivier Molan de tenir le
compte et faire le payement des dépenses
nécessaires pour le transport (aller et retour)
des meubles du roi de Paris en Picardie, à
l'occasion de l'entrevue de Sa Majesté et de
la reine de Hongrie, sous la surveillance de
Charles de Pierrevive, s^r de Lésigny, trésorier
de France. Saint-Germain-en-Laye, 8 sep-
tembre 1538.

8 septembre.

*Copie du xvie siècle. Bibl. nat., ms. fr. 10391,
fol. 2 v°.*

10255. Don et quittance au s^r d'Estissac des lods et
ventes et autres droits et devoirs seigneuriaux
qu'il doit au roi pour l'acquisition qu'il a faite,
moyennant 20,000 livres tournois, d'une
partie de la terre et seigneurie de la Brousse
en Saintonge. Saint-Germain-en-Laye, 8 septembre 1538.

8 septembre

*Arch. nat., Acquits sur l'épargne, J. 962, pl. 15,
n° 22, anc. J. 961, n° 263. (Mention.)*

10256. Don à Mathieu Theuret, à Louis Toureau et à
Toussaint Daniel, écuyer et maîtres queux en
la cuisine du commun, de 150 écus d'or
soleil sur les deniers provenant de la résignation de l'office de receveur des tailles en

8 septembre

l'élection d'Harfleur faite par Louis Boudin   1538.
en faveur de Pierre de Créteville. Saint-Germain-en-Laye, 8 septembre 1538.

> *Arch. nat., Acquits sur l'épargne, J. 962, pl. 15,*
> *n° 22, anc. J. 961, n° 263. (Mention.)*

10257. Don à Étienne Deschamps et à Imbert Minet,   8 septembre.
sommeliers de paneterie du commun, et à
Gatien Guyon, huissier des offices, de la
somme de 100 écus soleil sur la vente de
l'office d'huissier des Requêtes de l'hôtel,
vacant par la mort de Pierre Roy. Saint-Germain-en-Laye, 8 septembre 1538.

> *Arch. nat., Acquits sur l'épargne, J. 962, pl. 15,*
> *n° 22, anc. J. 961, n° 263. (Mention.)*

10258. Don à Adam Deshayes, premier barbier et   8 septembre.
valet de chambre du roi, de 200 écus d'or
soleil sur la vente de l'office de notaire au
Châtelet de Paris vacant par la mort de Pierre
Mérault. Saint-Germain-en-Laye, 8 septembre
1538.

> *Arch. nat., Acquits sur l'épargne, J. 962, pl. 15,*
> *n° 22, anc. J. 961, n° 263. (Mention.)*

10259. Don à Sébastien Le Rouillé, conseiller au Châ-   8 septembre.
telet de Paris, de l'office de trésorier des
Chartes vacant par la mort de Jean Budé.
Saint-Germain-en-Laye, 8 septembre 1538.

> *Arch. nat., Acquits sur l'épargne, J. 962, pl. 15,*
> *n° 22, anc. J. 961, n° 263. (Mention.)*

10260. Don à Jean Duteil, Étienne Regnard et Pierre   8 septembre.
Dumoulin, sommeliers d'échansonnerie de
bouche, de 150 écus d'or soleil sur la vente
de l'office de notaire au Châtelet de Paris
vacant par la mort de Pierre Mérault. Saint-
Germain-en-Laye, 8 septembre 1538.

> *Arch. nat., Acquits sur l'épargne, J. 962, pl. 15,*
> *n° 22, anc. J. 961, n° 263. (Mention.)*

10261. Lettres autorisant l'établissement d'un tir à l'ar-   11 septembre.
quebuse et à la couleuvrine à Vannes, le
troisième dimanche de mai, et accordant
à celui qui gagnera le prix, dans l'année de

sa royauté, la faculté d'amener à Vannes 20 pipes de vin et de les vendre en franchise. Saint-Germain-en-Laye, 11 septembre 1538 [1].

1538.

> *Enreg. à la Chambre des Comptes de Bretagne. Archives de la Loire-Inférieure, B. Mandements royaux, II, fol. 168.*
> *Arch. nat., Acquits sur l'épargne, J. 962, pl. 15, n° 23, anc. J. 961, n° 241. (Mention.)*

10262. Lettres constatant l'hommage fait au roi par Jean et Jacques Bouton de la seigneurie de Bosjean au bailliage de Chalon. Saint-Germain-en-Laye, 11 septembre 1538.

11 septembre.

> *Imp. Pierre Palliot, Hist. généalogique des comtes de Chamilly de la maison de Bouton. Lyon, 1671, in-fol., Preuves, p. 110, 111.*

10263. Provisions en faveur d'Agnet Chabut, et sur la résignation pure et simple de Jean de Serre, d'un office de conseiller clerc au Parlement de Paris. Saint-Germain-en-Laye, 11 septembre 1538.

11 septembre.

> *Réception provisoire dudit Chabut au Parlement le 24 octobre, et réception définitive le 12 novembre 1538. Arch. nat., X¹ᵃ 1542, reg. du Conseil, fol. 2. (Mention.)*

10264. Provisions en faveur d'Antoine Pétremol, notaire et secrétaire du roi, greffier de la Cour des Aides, de l'office de conseiller maître lai en la Chambre des Comptes de Paris, au lieu de Jacques Boucher. Saint-Germain-en-Laye, 12 septembre 1538.

12 septembre.

> *Réception à la Chambre des Comptes le 20 septembre suivant. Arch. nat., invent. PP. 136, p. 462. (Mention.)*
> *Bibl. nat., ms. Clairambault 782, p. 297. (Mention.)*

10265. Confirmation du don précédemment fait aux habitants de Caselle en Piémont de tout le revenu pendant dix ans de la châtellenie,

14 septembre.

---

[1] Le rôle d'expéditions où figure l'analyse de ces lettres dans les *Acquits sur l'épargne* est daté de Saint-Germain-en-Laye, le 14 septembre 1538.

terre et seigneurie dudit Gaselle. Saint-Ger- 1538.
main-en-Laye, 14 septembre 1538.

> *Copie collationnée de l'époque. Arch. nat., suppl.*
> *du Trésor des Chartes, J. 993, n° 15[19].*

10266. Don à Théode Manos, capitaine de chevau- 14 septembre.
légers, d'une rente annuelle de 500 livres
tournois, sa vie durant, sur la terre et seigneurie de Châtelard en Beaujolais, avec sa
demeure au château du lieu, ladite somme à
prendre par les mains du receveur ordinaire.
Saint-Germain-en-Laye, 14 septembre 1538.

> *Arch. nat., Acquits sur l'épargne, J. 962, pl. 15,*
> n° 23, anc. J. 961, n° 241. (*Mention.*)

10267. Lettres ordonnant que Jacques Cartier, pilote 14 septembre.
du roi, sera payé sur les parties casuelles de
la somme de 3,499 livres 4 sous 6 deniers
qui lui est due de reste des voyages qu'il a
accomplis par le commandement du roi, et
particulièrement de celui qu'il a fait dernièrement à la découverte des terres occiden-
tales. Saint-Germain-en-Laye, 14 septembre
1538. [1]

> *Arch. nat., Acquits sur l'épargne, J. 962, pl. 15,*
> n° 23, anc. J. 961, n° 241. (*Mention.*)

10268. Lettres permettant à Emmanuel Riccio de 14 septembre.
faire entrer dans le royaume 2,347 pièces de
velours de toutes couleurs et de draps de
soie de la manufacture de Gênes, sans payer
le droit nouvellement imposé de 2 écus par
pièce, et ce en payement de la somme de
4,694 écus soleil à lui due pour des perles
qu'il a vendues et fournies au roi. Saint-Germain-en-Laye, 14 septembre 1538.

> *Arch. nat., Acquits sur l'épargne, J. 962, pl. 15,*
> n° 23, anc. J. 961, n° 241. (*Mention.*)

10269. Don à Hilaire de Marconnay, dame de la Ber- 14 septembre.
landière, femme de chambre de la reine, en
considération des services qu'elle rend jour-

---

[1] « Led. Cartier fera suffisamment apparoir comme ceste partie luy
est due. » (*Note en marge du rôle.*)

IMPRIMERIE NATIONALE.

nellement à Sa Majesté, d'une somme de
3oo livres tournois à prendre chaque année,
pendant six ans, sur la recette ordinaire de
Châtellerault. Saint-Germain-en-Laye, 1 4 septembre 1538.

Arch. nat., Acquits sur l'épargne, J. 962, pl. 15,
n° 23, anc. J. 961, n° 241. (*Mention.*)

1538.

10270. Don à Robert Lezé et à René Thouart, valets
de fourrière du roi, d'une amende de 3oo livres parisis prononcée récemment contre
Gilles de Poillé par arrêt du Parlement de
Paris. Saint-Germain-en-Laye, 14 septembre
1538.

Arch. nat., Acquits sur l'épargne, J. 962, pl. 15,
n° 23, anc. J. 961, n° 241. (*Mention.*)

14 septembre.

10271. Don à Dieppe, valet de garde-robe du roi, de
l'office de geôlier des prisons du Mans, vacant
par le décès de René Pahoneau. Saint-Germain-en-Laye, 14 septembre 1538.

Arch. nat., Acquits sur l'épargne, J. 962, pl. 15,
n° 23, anc. J. 961, n° 241. (*Mention.*)

14 septembre.

10272. Don au s^r de Burie, gentilhomme de la chambre, de 4,000 livres tournois sur les deniers
revenant bons de l'extraordinaire de l'artillerie, pour compléter les 10,000 livres que le
roi lui avait promises afin de l'aider à payer
sa rançon, et dont il n'a eu que 6,000 livres.
Saint-Germain-en-Laye, 14 septembre 1538.

Arch. nat., Acquits sur l'épargne, J. 962, pl. 15,
n° 23, anc. J. 961, n° 241. (*Mention.*)

14 septembre.

10273. Don au capitaine Jean-André Gottofredo, de
Plaisance, de la terre et seigneurie de la
Pérouse (Perosa Argentina) en Piémont et
ses dépendances, pour en jouir sa vie durant.
Saint-Germain-en-Laye, 14 septembre 1538.

Arch. nat., Acquits sur l'épargne, J. 962, pl. 15,
n° 23, anc. J. 961, n° 241. (*Mention.*)

14 septembre.

10274. Mandement à Étienne Trotereau, commis à
partie de la recette générale de Languedoil,

14 septembre.

de payer comptant à Philibert Babou, s^r de
La Bourdaisière, la somme de 800 écus ou
1,800 livres tournois dont Sa Majesté lui
fait don pour contribuer aux frais de construction, en son château de la Bourdaisière,
d'un second pavillon carré, où le roi se réserve de « loger, quant il yra à l'esbat audit
lieu ». Saint-Germain-en-Laye, 14 septembre
1538.

> Arch. nat., Acquits sur l'épargne, J. 962, pl. 15,
> n° 23, anc. J. 961, n° 241. (Mention.)

10275. Lettres ordonnant que le s^r de Cendrey, maître
des Eaux et forêts de Blois, capitaine et garde
général desdites forêts, aura dorénavant sur
la recette ordinaire de Blois la somme de
400 livres tournois par an pour son état de
capitaine et garde, outre les gages et droits
qui lui appartiennent à cause dudit office de
maître des Eaux et forêts. Saint-Germain-en-
Laye, 14 septembre 1538.

14 septembre.

> Arch. nat., Acquits sur l'épargne, J. 962, pl. 15,
> n° 23, anc. J. 961, n° 241. (Mention.)

10276. Don à Mathieu Theuret, à Louis Toureau et à
Toussaint Daniel, écuyer et maîtres queux de
la cuisine du commun, de 150 écus d'or
soleil à prendre sur les deniers de la résignation à survivance de l'office de receveur des
aides et tailles en l'élection de Montivilliers
faite par Pierre de Créteville en faveur de
Louis Boudin et de Thomas Aubry. Saint-
Germain-en-Laye, 14 septembre 1538.

14 septembre.

> Arch. nat., Acquits sur l'épargne, J. 962, pl. 15,
> n° 23, anc. J. 961, n° 241. (Mention.)

10277. Prorogation pour dix ans, en faveur de la prieure
et des religieuses du couvent de Saint-Louis
de Poissy, de la rente annuelle de 2,000 livres tournois qu'elles prennent par provision
sur la vicomté et recette ordinaire de Gisors,
au lieu de 2,800 livres tournois qu'elles pré-
tendaient avoir droit de recevoir chaque
année par don des rois de France, à cause

14 septembre.

de la fondation et dotation de leur église. Saint-Germain-en-Laye, 14 septembre 1538.

1538.

Arch. nat., Acquits sur l'épargne, J. 962, pl. 15, n° 23, anc. J. 961, n° 241. (Mention.)

10278. Don à Jérôme de Varade, médecin du roi, de la somme de 500 écus d'or soleil sur les deniers provenant de la vente de l'office d'élu de Paris vacant par la mort de Louis de Longueil. Saint-Germain-en-Laye, 14 septembre 1538.

14 septembre.

Arch. nat., Acquits sur l'épargne, J. 962, pl. 15, n° 23, anc. J. 961, n° 241. (Mention.)

10279. Don et quittance à Pierre Dugard, tapissier ordinaire du roi, d'une amende de 75 livres tournois prononcée contre lui par arrêt du Parlement de Paris. Saint-Germain-en-Laye, 14 septembre 1538.

14 septembre.

Arch. nat., Acquits sur l'épargne, J. 962, pl. 15, n° 23, anc. J. 961, n° 241. (Mention.)

10280. Don et quittance à Jacques d'Auberville, baron de Canteloup, bailli de Caen, de 384 livres 12 sous 3 deniers obole tournois, montant des droits de relief et treizième denier qu'il doit à cause de la vente par lui faite de la terre des Moulineaux en la vicomté de Caen. Saint-Germain-en-Laye, 14 septembre 1538.

14 septembre.

Arch. nat., Acquits sur l'épargne, J. 962, pl. 15, n° 23, anc. J. 961, n° 241. (Mention.)

10281. Don à Pierre Boullé et Salomon Denis, huissiers des chambellans, et à François Moyet, huissier de la cuisine du roi, de 90 écus d'or soleil sur la vente de l'office de notaire au Châtelet de Paris vacant par la mort de Nicole Thamenay. Saint-Germain-en-Laye, 14 septembre 1538.

14 septembre.

Arch. nat., Acquits sur l'épargne, J. 962, pl. 15, n° 23, anc. J. 961, n° 241. (Mention.)

10282. Permission à Nicolas Berthereau, bailli du Palais, de résigner à survivance son office de receveur des impôts et fouages de l'évêché

14 septembre.

de Saint-Malo au profit de Jean Avril et de
Simon Avril, frères, sans payer le quart habituel du prix de cet office. Saint-Germain-
en-Laye, 14 septembre 1538.

1538.

> *Arch. nat., Acquits sur l'épargne, J. 962, pl. 15,
> n° 23, anc. J. 961, n° 241. (Mention.)*

10283. Lettres portant règlement pour les fonctions et
privilèges des officiers de l'artillerie. Saint-
Germain-en-Laye, 15 septembre 1538.

15 septembre.

> *Enreg. au Parl. de Paris, sauf réserve, le 18 juillet
> 1539. Arch. nat., X¹ᵃ 8613, fol. 167, 4 pages 1/4.*
> *Copie collationnée faite par ordre de la Cour des
> Aides de Paris. Arch. nat., Z¹ᵃ 526.*
> *Enreg. à la Chambre des Comptes de Paris, anc.
> mém. coté 2 J, fol. 194. Arch. nat., invent.
> PP. 136, p. 462. (Mention.)*

10284. Mandement au trésorier de l'épargne de payer
à Jean Hotman, orfèvre, 2,668 livres 18 sous
11 deniers pour la vaisselle plate dont le roi
a fait don à Étienne Gardyner, évêque de
Winchester, ambassadeur du roi d'Angleterre, et à son secrétaire. Saint-Germain-en-
Laye, 16 septembre 1538.

16 septembre.

> *Bibl. nat., ms. Clairambault 1215, fol. 76 v°.
> (Mention.)*

10285. Lettres de don en faveur de Charles de Roye,
baron de Conty. 16 septembre 1538.

16 septembre.

> *Bibl. nat., ms. Clairambault 782, p. 297.
> (Mention.)*

10286. Mandement à Antoine de Lamet, général des
finances, de faire lever le plus tôt possible
ce qui reste dû des cotisations des villes de
sa généralité pour la solde d'une armée de
20,000 hommes. Saint-Germain-en-Laye,
17 septembre 1538.

17 septembre.

> *Enreg. au Bureau de la ville de Paris, le 20 sep-
> tembre. Arch. nat., H. 1779, fol. 310.*
> *Copie de l'époque. Arch. nat., K. 954, n° 99.*
> *IMP. Registres des délibérations du Bureau de la
> ville de Paris, in-4°, t. II, 1886, p. 386.*
> (Voir ci-dessus, 4 mars 1538, n° 9783.)

10287. Provisions en faveur de François du Bourg, évêque de Rieux, fils du feu chancelier Antoine du Bourg, de l'office de maître des requêtes de l'hôtel en remplacement de Pierre Dauvet, décédé. Saint-Germain-en-Laye, 17 septembre 1538.

1538. 17 septembre.

> *Réception au Parlement de Paris le 12 novembre suivant. Arch. nat.; X¹ᵃ 1542, reg. du Conseil, fol. 1 v°. (Mention.)*
> *Imp. Blanchard, Les généalogies des maistres des requestes, etc. Paris, 1670, in-4°, p. 270. (Mention.)*

10288. Déclaration interprétative de l'édit du 19 juin 1536 (n° 8525) touchant la juridiction des baillis, prévôts et autres juges, en ce qui concerne les prévôts et châtelains du bailliage d'Amiens; le roi n'a pas entendu augmenter leur compétence. Saint-Germain-en-Laye, 18 septembre 1538.

18 septembre.

> *Enreg. au Parl. de Paris, le 28 novembre 1538. Arch. nat., X¹ᵃ 8613, fol. 120 v°. 2 pages.*
> *Arrêt d'enregistrement. Idem, X¹ᵃ 4907, Plaidoiries, fol. 40.*

10289. Provisions en faveur de Jean d'Averton, sʳ de La Haye, de l'office de maître particulier des Eaux et forêts de la seigneurie de Baugé, vacant par la mort de Louis Berruyer, sʳ de La Mimerolle. Saint-Germain-en-Laye, 18 septembre 1538.

18 septembre.

> *Enreg. aux Eaux et forêts (siège de la Table de marbre du Palais), le 14 octobre 1538. Arch. nat., Z¹ᵉ 325, fol. 171 v°. 1 page 1/2.*

10290. Lettres de naturalité et permission de tester accordées à Balthazar Rangone, fils du comte Guido Rangone, sans payer aucune finance. Saint-Germain-en-Laye, 18 septembre 1538.

18 septembre.

> *Arch. nat., Acquits sur l'épargne, J. 962, pl. 15, n° 24, anc. J. 961, n° 243. (Mention.)*

10291. Don à Jules de Pise, valet de chambre du roi, de la somme de 200 écus d'or soleil à prendre sur les deniers provenant de la confiscation des biens de feu Adam et Étienne Brunet, père et fils, sergents du guet au Châtelet de

18 septembre.

Paris, condamnés à mort et exécutés. Saint-Germain-en-Laye, 18 septembre 1538.

Arch. nat., Acquits sur l'épargne, J. 962, pl. 15, n° 24, anc. J. 961, n° 243. (Mention.)

10292. Don à François de Montours, gentilhomme de la vénerie, de deux offices de sergents du guet de la ville de Paris vacants par la condamnation à mort d'Adam et Étienne Brunet. Saint-Germain-en-Laye, 18 septembre 1538.

18 septembre.

Arch. nat., Acquits sur l'épargne, J. 962, pl. 15, n° 24, anc. J. 961, n° 243. (Mention.)

10293. Don à Antonin d'André, conseiller au Parlement de Turin, de la somme de 350 écus d'or soleil sur la confiscation d'André-Théodore « Vagon », de la maison de Troufarel » (Troffarello ou Truffarello, en Piémont). Saint-Germain-en-Laye, 18 septembre 1538.

18 septembre.

Arch. nat., Acquits sur l'épargne, J. 962, pl. 15, n° 24, anc. J. 961, n° 243. (Mention.)

10294. Lettres relevant de leur absence aux montres, afin d'être payés de leur solde, François de Thémines et Jean de Lagut, hommes d'armes à la petite paye, pour le troisième quartier de l'année 1536; Antoine de Gensac, homme d'armes à la petite paye, pour les troisième et quatrième quartiers; Béraud du Fieux, aussi homme d'armes, pour le dernier quartier; Jeannot de Saint-Félix, archer à la grande paye, pour ledit quartier; et Jean Laurens, archer à la petite paye, pour le troisième quartier de ladite année; tous six des compagnies du sr de Montpezat et du feu sr de Barbezieux. Saint-Germain-en-Laye, 18 septembre 1538.

18 septembre.

Arch. nat., Acquits sur l'épargne, J. 962, pl. 15, n° 24, anc. J. 961, n° 243. (Mention.)

10295. Mandement au trésorier payeur des officiers du Grand conseil de payer à Jean de Bagis, conseiller en ladite cour, ses gages du dernier quartier de l'année 1537 et du premier quartier de 1538, nonobstant qu'il n'ait

18 septembre.

siégé pendant ce temps, retenu par com- 1538.
mission du roi à l'instruction du procès de
René Gentils et consorts. Saint-Germain-en-
Laye, 18 septembre 1538.

*Arch. nat., Acquits sur l'épargne, J. 962, pl. 15,
n° 24, anc. J. 961, n° 243. (Mention.)*

10296. Lettres de dispense accordées à François du   19 septembre.
Bourg, évêque de Rieux, fils du chancelier
du Bourg, pour être admis à prêter serment
et à exercer sa charge de maître des requêtes
de l'hôtel, nonobstant l'incompatibilité. Saint-
Germain-en-Laye, 19 septembre 1538.

Lettres de relief de surannation pour l'enregistrement et la vérification des précédentes. Paris, 28 août 1542.

*Enreg. au Parl. de Paris, le 30 août 1542. Arch.
nat., X¹ᵃ 8613, fol. 352. 3 pages.*
*Arrêt d'enregistrement. Idem, X¹ᵃ 1542, reg. du
Conseil, fol. 1 v°. (Mention.)*

10297. Lettres de jussion adressées aux gens du   20 septembre.
Grand conseil, sur la requête du syndic du
diocèse d'Albi, pour la poursuite d'un procès
évoqué audit conseil et dont la procédure
avait été suspendue. Saint-Germain-en-Laye,
20 septembre 1538.

*Copie du xvi° siècle, signée Leconte, greffier du
Conseil. Arch. municip. de la ville d'Albi, FF. 93.*

10298. Mandement au trésorier de l'épargne de faire   20 septembre.
payer par Martin de Troyes, commis à tenir
le compte de l'Extraordinaire des guerres, à
Catherine de Mathefelon, veuve du capitaine
René de Quenquelin, 466 livres tournois
dues à ce dernier pour ses gages et les doubles
payes de la bande d'aventuriers français qu'il
commandait à Turin en octobre 1536. Saint-
Germain-en-Laye, 20 septembre 1538.

*Original. Bibl. nat., Pièces orig., vol. 2411.
Quenquelin, pièce 2.*

10299. Lettres de relief de l'erreur du nom de Jean   22 septembre.
qui avait été donné à Gaillard de Mont-
camp, juge-mage de Beaucaire et de Nîmes,

député dans la Bresse, la Savoie et le Pié-   1538.
mont, avec le seigneur de Grignan. Saint-
Germain-en-Laye, 22 septembre 1538.

> *Original scellé. Arch. nat., suppl. du Trésor des*
> *Chartes, J. 1045, n° 7.*

10300. Mandement à Jean Laguette, trésorier et rece-   22 septembre.
veur général des finances extraordinaires et
parties casuelles, de payer à Jacques Cartier,
pilote du roi en la marine de Ponant, demeurant à Saint-Malo, 50 écus d'or soleil en
acompte sur son salaire et pour la nourriture
de quelques « gens sauvaiges » qu'il a entre-
tenus depuis deux ans par l'ordre du roi.
Saint-Germain-en-Laye, 22 septembre 1538.

> *Original. Bibl. nat., ms. lat. 17059, n° 202.*

10301. Don à Mesdames la Dauphine et Marguerite   22 septembre.
de France, à Mademoiselle de Vendôme et à
Madame la duchesse d'Étampes de 45 aunes
de ruban d'or étroit pour garnir les robes de
drap gris de Carcassonne dont le roi leur a
aussi fait présent, ledit ruban d'une valeur de
52 livres 10 sous tournois, à payer sur les
deniers de l'argenterie. Saint-Germain-en-
Laye, 22 septembre 1538.

> *Arch. nat., Acquits sur l'épargne, J. 962, pl. 14,*
> *n° 46, anc. J. 961, n° 260. (Mention.)*

10302. Commission à G. Sevin et à Antoine de Beau-   26 septembre.
lieu, trésoriers et receveurs d'Albret et de
Périgord, pour percevoir, en vertu de lettres
précédentes relatives à la poursuite des faux-
monnayeurs dans le duché de Guyenne, les
deniers provenant des amendes et confiscations qui seront prononcées par les Parlements de Toulouse et de Bordeaux, ou autres
cours, contre les faux-monnayeurs du pays
de Guyenne et leurs complices. Chantilly,
26 septembre 1538.

> *Copie collationnée faite au château de Nérac, le*
> *8 septembre 1550. Archives des Basses-Pyrénées,*
> *E. 114.*

10303. Don à Olivier Tizon et à Jean Maindron, archers de la garde, de la somme de 3 1 6 livres 1 3 sous 4 deniers tournois, montant des lods et ventes échus au roi au comté de la Basse-Marche, à cause des ventes faites par Jacques d'Archiac, s^r d'Availles, du fief du Cerisier à François Compaing, et d'un étang sis en la terre d'Availles à François Guillon. Chantilly, 27 septembre 1538.

1538.
27 septembre.

Arch. nat., Acquits sur l'épargne, J. 962, pl. 15, n° 25, anc. J. 961, n° 245. (Mention.)

10304. Don à Pierre du Saulsoy, homme d'armes de la compagnie du duc d'Orléans, de la somme de 100 livres tournois, montant des droits et devoirs seigneuriaux dus au roi par ledit sieur et par François d'Aoust, son beau-frère, à cause du fief de Méry-sur-Marne, près Châlons, tenu de Sa Majesté et mouvant de son château de Vitry-en-Perthois. Chantilly, 27 septembre 1538.

27 septembre.

Arch. nat., Acquits sur l'épargne, J. 962, pl. 15, n° 25, anc. J. 961, n° 245. (Mention.)

10305. Lettres données, à la requête du cardinal de Lorraine, permettant à Pierre Raymond, élu de Châteaudun et de Bonneval, de résigner son office sans payer la finance ordinaire, au profit de son gendre, François Vallet, héraut d'armes au titre de Guyenne, en récompense des services rendus au roi par ce dernier pendant les récentes guerres. Chantilly, 27 septembre 1538.

27 septembre.

Arch. nat., Acquits sur l'épargne, J. 962, pl. 15, n° 25, anc. J. 961, n° 245. (Mention.)

10306. Don à Jean de Hurtebie, commissaire ordinaire de l'artillerie, de l'office de notaire au Châtelet de Paris vacant par la mort de Nicole Rat, pour en disposer à son profit. Chantilly, 27 septembre 1538.

27 septembre.

Arch. nat., Acquits sur l'épargne, J. 962, pl. 15, n° 25, anc. J. 961, n° 245. (Mention.)

10307. Don à Jacques Le Roy, secrétaire du prince de 1538.
La Roche-sur-Yon, du quart des deniers de 27 septembre.
la résignation de l'office de grènetier du grenier à sel de Dijon que doit faire Jean Sor-
dot au profit d'Antoine Juret. Chantilly,
27 septembre 1538.

> *Arch. nat., Acquits sur l'épargne, J. 962, pl. 15,
> n° 25, anc. J. 961, n° 245. (Mention.)*

10308. Don à Raymond Pellisson, président de Savoie, 27 septembre.
en récompense de ses services et des frais
qu'il a dû faire depuis qu'il réside dans ce
pays, d'une somme de 1,500 livres tournois,
outre ses gages ordinaires, à prendre sur les
receveurs et châtelains de Savoie. Chantilly,
27 septembre 1538.

> *Arch. nat., Acquits sur l'épargne, J. 962, pl. 15,
> n° 25, anc. J. 961, n° 245. (Mention.)*

10309. Don à Jean de La Potherie, gentilhomme de 27 septembre.
la vénerie, d'un office de sergent à cheval au
Châtelet de Paris vacant par décès. Chantilly, 27 septembre 1538.

> *Arch. nat., Acquits sur l'épargne, J. 962, pl. 15,
> n° 25, anc. J. 961, n° 245. (Mention.)*

10310. Lettres portant que Jacques Le Clerc, dit Coic- 27 septembre.
tier, grand rapporteur en la Chancellerie,
sera remboursé sur les amendes du Parlement
de Paris de la somme de 4,000 livres tournois qu'il a prêtée au roi l'an 1527, au
moyen d'un office de notaire et secrétaire de
Sa Majesté qu'il résigna purement et simplement, et dont le roi disposa à son profit.
Chantilly, 27 septembre 1538.

> *Arch. nat., Acquits sur l'épargne, J. 962, pl. 15,
> n° 25, anc. J. 961, n° 245. (Mention.)*

10311. Lettres portant que, en récompense des services 27 septembre.
qu'Étienne Bellot, conseiller au Parlement de
Rouen, lui a rendus ci-devant, le roi a baillé et
fieffé audit sieur, pour en jouir sa vie durant,
un lieu appelé le Manoir du Roi et certains
héritages et rentes situés dans les paroisses
de Couronne et de Moulineaux, que tenaient

de la même manière feu Roger Favé et sa femme, en payant à la recette ordinaire de Rouen la somme de 15 livres tournois par an, et à la charge de les entretenir en bon état. Chantilly, 27 septembre 1538.

1538.

> Arch. nat., Acquits sur l'épargne, J. 962, pl. 15, n° 25, anc. J. 961, n° 245. (Mention.)

10312. Don à Louis Burgensis, premier médecin du roi, de 500 écus d'or soleil sur les parties casuelles, en récompense de ses services et pour l'aider à payer les droits seigneuriaux qu'il doit à l'église de Saint-Merry de Paris à cause de la maison du receveur général Ruzé dont le roi lui a récemment fait don. Chantilly, 27 septembre 1538.

27 septembre.

> Arch. nat., Acquits sur l'épargne, J. 962, pl. 15, n° 25, anc. J. 961, n° 245. (Mention.)

10313. Don à Mademoiselle de La Bâtie de l'office de sergent à cheval au Châtelet de Paris vacant par la forfaiture de Léon Le Tessier, récemment condamné à mort, pour en disposer à son profit. Chantilly, 27 septembre 1538.

27 septembre.

> Arch. nat., Acquits sur l'épargne, J. 962, pl. 15, n° 25, anc. J. 961, n° 245. (Mention.)

10314. Permission à Mesmin Jabin, notaire et secrétaire du roi et clerc de ses offices, de résigner son office de notaire et secrétaire au profit de qui bon lui semblera, sans payer aucun droit. Chantilly, 27 septembre 1538.

27 septembre.

> Arch. nat., Acquits sur l'épargne, J. 962, pl. 15, n° 25, anc. J. 961, n° 245. (Mention.)

10315. Don à Jean Le Poulcre, écuyer de cuisine, à Denis Louis et à Jacques Maréchal, maîtres queux du roi, de la somme de 90 écus d'or soleil, soit 30 écus à chacun, sur les deniers provenant de la vente de l'office de notaire au Châtelet de Paris vacant par le décès de Nicolas Thamenay. Chantilly, 27 septembre 1538.

27 septembre.

> Arch. nat., Acquits sur l'épargne, J. 962, pl. 15, n° 25, anc. J. 961, n° 245. (Mention.)

10316. Don et cession à [Jacques Galyot de Genouil-
hac], grand écuyer de France, des rentes,
ventes, greffes, etc., de Montfaucon, de Car-
lucet et du Mont-Sainte-Marie en Quercy, le
tout montant à 98 livres 7 sous 6 deniers
tournois par an, pour en jouir jusqu'à l'entier
payement d'une somme de 2,000 écus d'or
soleil que le roi lui donne pour le dédommager des frais et dépenses qu'il a dû faire
durant le temps qu'il a résidé à Bayonne,
pour la garde et défense de cette ville. Chantilly, 29 septembre 1538.

1538.
29 septembre

> *Arch. nat., Acquits sur l'épargne, J.* 962, pl. 15,
> n° 26, anc. J. 961, n° 244. (*Mention.*)

10317. Don à Pierre Potier, sr de La Terrasse, en récompense des services qu'il a rendus au roi
en Languedoc dans plusieurs missions importantes, de la somme de 2,200 livres tournois à prendre sur la recette ordinaire de
Toulouse, particulièrement des deniers qui
proviendront des ventes, baux et inféodations
des terres du domaine en ladite sénéchaussée.
Chantilly, 29 septembre 1538.

29 septembre

> *Arch. nat., Acquits sur l'épargne, J.* 962, pl. 15,
> n° 26, anc. J. 961, n° 244. (*Mention.*)

10318. Mandement à la Chambre des Comptes de faire
payer à Catherine de Gouhault, veuve, et aux
enfants mineurs de feu Jacques Minut, premier président au Parlement de Toulouse, la
somme de 3,544 livres qui lui avait été
taxée pour avoir vaqué, par commission du
roi, au fait de la réformation des finances en
la Tour carrée à Paris, depuis le 14 janvier
1527 n. s. jusqu'au 30 septembre 1528.
Chantilly, 30 septembre 1538.

30 septembre.

> *Copie du xvi* siècle. Arch. nat., KK. 338,
> *Comptes des deniers provenant des arrêts de la Tour
> carrée,* fol. 91. 1 page.

10319. Don à Jacques de Fontaines, sr de Mormoulin,
gentilhomme de l'hôtel du roi, capitaine de
navires, de la somme de 200 livres tournois

30 septembre.

en récompense des services qu'il a rendus « au faict de la marine », et particulièrement en accompagnant la duchesse douairière de Longueville en Écosse. Chantilly, 30 septembre 1538.

1538.

Copie du xvie siècle. Bibl. nat., ms. fr. 4574, fol. 56.

10320. Lettres de don à Jean de Courteaux, valet de pied ordinaire du roi, pour lui et ses hoirs, d'une maison avec jardin à Blois, rue du Puy-Chastel, paroisse Saint-Soulaine, ayant appartenu à feu Gaillard Spifame, général des finances, et confisquée avec les autres biens dudit Spifame par arrêt des juges de la Tour carrée du 3 mai 1535. Hardeluy [1], septembre 1538 [2].

Septembre.

Enreg. au Parl. de Paris, le 28 novembre 1538. Arch. nat., X^{1a} 1542, reg. du Conseil, fol. 42. (Mention.)
Arch. nat., Acquits sur l'épargne, J. 962, pl. 15, n° 25, anc. J. 961, n° 245. (Mention.)

10321. Établissement de deux foires par an et d'un marché chaque semaine à Banyreaux (Bagnizeau) en Saintonge, à la requête d'Adrien de Montberon, seigneur d'Archiac. Saint-Germain-en-Laye, septembre 1538.

Septembre.

Enreg. à la Chancellerie de France. Arch. nat., Trésor des Chartes, JJ. 254, n° 199, fol. 41.
1 page.

10322. Union du tiers du fief de Pont et du fief Bertrand et de plusieurs autres membres de fief à la baronnie de Cléville au bailliage de Caen, pour être tenus sous un seul hommage, en faveur de Jean Ruault, écuyer. Saint-Germain-en-Laye, septembre 1538.

Septembre.

Enreg. à la Chancellerie de France. Arch. nat., Trésor des Chartes, JJ. 254, n° 207, fol. 42 v°.
1 page.

---

[1] S. d. Ardelu, canton d'Auneau, arrondissement de Chartres (Eure-et-Loir), où le roi put passer entre le 3 et le 7 septembre, venant de Meung et se rendant à Saint-Germain (n°s 10244-10245).
[2] Le rôle d'expéditions des *Acquits sur l'épargne* où cet acte est mentionné est daté de Chantilly, le 27 septembre 1538.

10323. Confirmation et vidimus des statuts et privilèges des maîtres et ouvriers cordonniers de
Meulan. Saint-Germain-en-Laye, septembre
1538.

1538.
Septembre.

> *Enreg. à la Chancellerie de France. Arch. nat.,*
> *Trésor des Chartes, JJ. 254, n° 212, fol. 43.*
> 1 page 1/2.

10324. Confirmation des privilèges, franchises et coutumes des habitants de Puicelcy en Albigeois.
Saint-Germain-en-Laye, septembre 1538.

Septembre.

> *Enreg. à la Chancellerie de France. Arch. nat.,*
> *Trésor des Chartes, JJ. 254, n° 203, fol. 42.*
> 1/2 page.

10325. Permission à Jean de Montdoucet, receveur
général de l'artillerie, de construire un colombier dans sa propriété de Monteaux. Saint-
Germain-en-Laye, septembre 1538.

Septembre.

> *Enreg. à la Chancellerie de France. Arch. nat.,*
> *Trésor des Chartes, JJ. 254, n° 201, fol. 41 v°.*
> 1 page.
> *Enreg. à la Chambre des Comptes de Blois. Arch.*
> *nat., KK. 897, fol. 291 v°.*

10326. Don à Augustin Voisin, archer des toiles des
chasses du roi, de l'office de sergent en la
garde de Neuville, forêt d'Orléans, vacant
par le décès de Nicolas Garnier, pour en disposer à son profit. Saint-Germain-en-Laye,
septembre 1538.

Septembre.

> *Rôle d'expéditions du 4 décembre 1538. Arch.*
> *nat., Acquits sur l'épargne, J. 962, pl. 15, n° 39,*
> *anc. J. 961, n° 273. (Mention.)*

10327. Lettres de naturalité avec permission de tenir
bénéfices en France jusqu'à la somme de
500 écus d'or de revenu, pour Pierre de Mal-
vanda, natif de Burgos. Saint-Germain-en-
Laye, septembre 1538.

Septembre.

> *Bibl. nat., armoires de Baluze, t. 18, fol. 230.*
> (*Mention.*)

10328. Confirmation des statuts et privilèges des

Septembre.

maîtres tondeurs de draps de Bordeaux. Saint-Nicolas-lès-Senlis, septembre 1538. 1538.

Enreg. à la Chancellerie de France. Arch. nat., Trésor des Chartes, JJ. 254, n° 206, fol. 42. 1 page.

10329. Mandement portant assignation sur l'argenterie d'une somme de 10,152 livres tournois pour des robes et autres objets d'habillement dont le roi a fait présent à vingt-sept demoiselles de la maison de Mesdames. Villers-Cotterets, 3 octobre 1538. 3 octobre.

Arch. nat., Acquits sur l'épargne, J. 962, pl. 15, n° 27, *anc.* J. 961, n° 261. (*Mention.*)

10330. Don au s[r] de Montpezat, chevalier de l'ordre, de tous les biens meubles et immeubles confisqués sur Joachim de Sainte-Hermine, s[r] du Fa, condamné à mort par coutumace pour crime de fausse monnaie, suivant la sentence du sénéchal d'Angoumois, confirmée par arrêt du Parlement de Paris. Villers-Cotterets, 3 octobre 1538. 3 octobre.

Arch. nat., Acquits sur l'épargne, J. 962, pl. 15, n° 28, *anc.* J. 961, n° 246. (*Mention.*)

10331. Don à Conrad Reneigere des lods et ventes qu'il peut devoir au roi à cause des acquisitions qu'il a faites de plusieurs héritages sis au faubourg de la Bretonnière à Blois, pour l'agrandissement de sa maison et des jardins qui en dépendent. Villers-Cotterets, 3 octobre 1538. 3 octobre.

Arch. nat., Acquits sur l'épargne, J. 962, pl. 15, n° 28, *anc.* J. 961, n° 246. (*Mention.*)

10332. Don à Antoine de Saint-Martial, s[r] de Drugeac, gentilhomme de la maison du roi, de tous les biens de feu Jean Cortezi, adjugés au roi par sentence du bailli des Montagnes d'Auvergne, parce que ledit Cortezi était bâtard et n'avait obtenu ni légitimation ni permission de tester. Villers-Cotterets, 3 octobre 1538. 3 octobre.

Arch. nat., Acquits sur l'épargne, J. 962, pl. 15, n° 28, *anc.* J. 961, n° 246. (*Mention.*)

10333. Lettres portant renouvellement pour quatre ans
de la pension annuelle de 200 livres tournois accordée à Charlotte Pelé, nourrice de
la feue reine Claude, à prendre sur la recette
ordinaire du comté de Blois. Villers-Cotterets, 3 octobre 1538.

> *Arch. nat., Acquits sur l'épargne, J. 962, pl. 15,
> n° 28, anc. J. 961, n° 246. (Mention.)*

1538.
3 octobre.

10334. Lettres de sauvegarde octroyées à l'abbesse et
aux religieuses de Longchamp près Paris.
Paris (sic), 4 octobre 1538.

> *Original. Arch. nat., K. 87, n° 8.*

4 octobre.

10335. Mandement à Guillaume Prudhomme, trésorier
de l'épargne, de bailler à Nicolas de Troyes,
argentier du roi, la somme de 1,364 livres
7 sous 6 deniers qu'on aurait dû lui payer
sur le quartier de janvier-avril 1536 n. s.
Soissons, 4 octobre 1538.

> *Original. Bibl. nat., ms. fr. 25721, n° 511.*

4 octobre.

10336. Lettres portant règlement des juridictions où
doivent être relevées les appellations des sentences rendues aux sièges de Compiègne,
tant pour le domaine et la justice ordinaire
que pour les Eaux et forêts. Paris (sic), 5 octobre 1538.

> *Enreg. à la Chambre des Eaux et forêts (siège
> de la Table de marbre), le 31 mars 1539 n.s. Arch.
> nat., Z¹ᵉ 326, fol. 45 v°. 2 pages.*

5 octobre.

10337. Commission à Jean Bertrand, premier président du Parlement de Toulouse, d'instruire
la requête des habitants des Romans, demandant d'être autorisés à se pourvoir de sel
ailleurs qu'à Valence. Saint-Quentin en Vermandois, 7 octobre 1538.

> *Original. Arch. de la ville de Valence (Drôme),
> FF. 12.*

7 octobre.

10338. Lettres de naturalité et permission de tester
octroyées au comte Guido Rangone, sans

7 octobre.

III.

78

payer aucune finance. Saint-Quentin, 7 octobre 1538.

Arch. nat., Acquits sur l'épargne, J. 962, pl. 15, n° 29, anc. J. 961, n° 249. (*Mention.*)

10339. Mandement à Jean Chambon, trésorier de la maison de Boulogne, de payer à Catherine d'Ussel, veuve du feu sʳ de Villemontée, la somme de 100 livres tournois pour une année échue à la saint Jean-Baptiste dernière de la pension viagère que feu la duchesse d'Urbin lui faisait. Saint-Quentin, 7 octobre 1538.

7 octobre.

Arch. nat., Acquits sur l'épargne, J. 962, pl. 15, n° 29, anc. J. 961, n° 249. (*Mention.*)

10340. Don à René Bertault, dit Lagoise, de l'office de greffier civil de Saumur, moyennant la somme de 2,000 livres tournois qu'il a payée comptant entre les mains du trésorier des parties casuelles, le roi lui ayant fait remise du surplus en compensation d'un office de notaire et secrétaire qu'il lui avait promis lorsqu'il fut envoyé avec le cardinal de Mâcon, ambassadeur à Rome. Saint-Quentin, 7 octobre 1538.

7 octobre.

Arch. nat., Acquits sur l'épargne, J. 962, pl. 15, n° 29, anc. J. 961, n° 249. (*Mention.*)

10341. Lettres accordant à François Baudy, naguère fermier de la prévôté de Châtellerault, pour trois années finies le 30 juin dernier, un rabais de 550 livres tournois sur le prix de sa ferme, savoir : 150 livres pour la première année, et 200 livres pour chacune des deux autres. Saint-Quentin, 7 octobre 1538.

7 octobre.

Arch. nat., Acquits sur l'épargne, J. 962, pl. 15, n° 29, anc. J. 961, n° 249. (*Mention.*)

10342. Don à Jacques Destizon, valet de pied du roi, de l'office de sergent à verge au Châtelet de Paris vacant par la mort de Guillaume Cauchois, pour en disposer à son profit. Saint-Quentin, 7 octobre 1538.

7 octobre.

Arch. nat., Acquits sur l'épargne, J. 962, pl. 15, n° 29, anc. J. 961, n° 249. (*Mention.*)

10343. Don à René Cambout et à Jean de Nasselles, gentilshommes de M. de Châteaubriant, de 5oo livres, monnaie de Bretagne, sur les droits et devoirs seigneuriaux échus au roi par la mort de Jean du Chastel, sr de Mesle et de Châteaugal, dans les juridictions de Landerneau, Châteauneuf-du-Faou, Brest, Saint-Renan, etc. Saint-Quentin, 7 octobre 1538 [1].

1538.
7 octobre.

> Arch. nat., Acquits sur l'épargne, J. 962, pl. 15, n° 29, anc. J. 961, n° 249. (Mention.)

10344. Don à Antoine Huet et à Montavisart, potagers du roi, de la somme de 3o écus soleil sur les deniers provenant du quart de la résignation de l'office de sergent à cheval au Châtelet de Paris que Léonard Godard doit faire au profit de Bertrand Martin. Saint-Quentin, 7 octobre 1538.

7 octobre.

> Arch. nat., Acquits sur l'épargne, J. 962, pl. 15, n° 29, anc. J. 961, n° 249. (Mention.)

10345. Mandement pour faire payer au général de Lamet la somme de 3,ooo livres tournois pour une année et demie de ses gages finie le 31 décembre 1536, sur les plus-values de la recette générale d'Outre-Seine et Yonne de cette présente année. Saint-Quentin, 7 octobre 1538.

7 octobre.

> Arch. nat., Acquits sur l'épargne, J. 962, pl. 15, n° 29, anc. J. 961, n° 249. (Mention.)

10346. Don au sr de La Châteigneraye, valet tranchant du roi, de tous les droits seigneuriaux échus à Sa Majesté par la mort de François Le Rouge, en la juridiction et recette de Rennes, montant à environ 6oo écus soleil. Saint-Quentin, 7 octobre 1538.

7 octobre.

> Arch. nat., Acquits sur l'épargne, J. 962, pl. 15, n° 29, anc. J. 961, n° 249. (Mention.)

10347. Don à Godard, valet de pied du roi, de l'office de courtier et auneur de draps en la châtel-

7 octobre.

---

[1] Ce don est porté une seconde fois sur le rôle d'expéditions daté de Villers-Cotterets, le 8 novembre suivant. (Idem, n° 35.)

78.

lenie de Nogent-le-Roi, auquel feu M. le Grand sénéchal avait pourvu, mais dont la provision a été déclarée par sentence appartenir au roi, pour en disposer à son profit. Saint-Quentin, 7 octobre 1538.

Arch. nat., Acquits sur l'épargne, J. 962, pl. 15, n° 29, anc. J. 961, n° 249. (Mention.)

1538.

10348. Don au s^r de Marolles, lieutenant de M. de Sedan en la compagnie des Cent Suisses de la garde, de tous les droits de rachat qu'il peut devoir au roi, à cause de son mariage avec Anne de Château-Chalon, sur les terres de Reuilly et des Granges mouvantes du comté de Blois, lesdits droits montant à environ 300 livres tournois. Saint-Quentin, 7 octobre 1538.

7 octobre.

Arch. nat., Acquits sur l'épargne, J. 962, pl. 15, n° 29, anc. J. 961, n° 249. (Mention.)

10349. Mandement ordonnant de payer sur l'argenterie la somme de 3,402 livres 18 sous 4 deniers pour des étoffes de velours, satin, toiles d'or et d'argent, rubans, etc., donnés par le roi à Mesdames de Canaples, de Cany, de Lestrange, d'Ainay, de Castelpers et autres. Saint-Quentin, 7 octobre 1538.

7 octobre.

Arch. nat., Acquits sur l'épargne, J. 962, pl. 15, n° 30, anc. J. 961, n° 262. (Mention.)

10350. Don à Georges de Selve de 2,250 livres pour le récompenser des services qu'il a rendus dans diverses ambassades, à Venise, à Rome et ailleurs auprès de l'empereur. Compiègne, 9 octobre 1537 (corr. 1538).

9 octobre.

Bibl. nat., ms. Clairambault 1215, fol. 78. (Mention.)

10351. Lettres accordant aux officiers de la Chambre des Comptes de Bretagne l'autorisation de se partager, comme par le passé, pour leur droit de robes et manteaux, une somme de 750 livres. Paris (sic), 11 octobre 1538.

11 octobre.

Imp. J.-A. de La Gibonays, Recueil des édits... concernant la Chambre des Comptes de Bretagne. Nantes, 1721, in-fol., t. II, 4ᵉ partie, p. 200.

10352. Provisions de l'office de bailli et capitaine
d'Étampes pour Nicolas d'Herbelot, sʳ de
Ferrières, en remplacement et sur la résignation de Nicolas de Poncher, et sur la nomination faite de sa personne par le duc et
la duchesse d'Étampes, qui ont pouvoir de
nommer aux offices dudit duché. La Fère,
11 octobre 1538.

*Présentées au Parl. de Paris, qui décide d'adresser
des remontrances au roi, le 16 novembre 1538.
Arch. nat., X¹ᵃ 1542, reg. du Conseil, fol. 4 v°.
(Mention.)*

*Réception au Parl. le 10 décembre 1538. Arch.
nat., X¹ᵃ 4907, Plaidoiries, fol. 89 v°. (Mention.)*

1538.
11 octobre.

10353. Mandement au Parlement de Paris de recevoir
Nicolas d'Herbelot et de l'instituer en l'office
de bailli et capitaine d'Étampes, bien qu'il
ait, contrairement aux ordonnances, donné
une somme d'argent à Nicolas de Poncher
pour obtenir sa résignation. La Fère, 11 octobre 1538.

*Présenté au Parl. de Paris le 16 novembre 1538.
Arch. nat., X¹ᵇ 1542, reg. du Conseil, fol. 4 v°.
(Mention.)*

11 octobre.

10354. Lettres suspendant, à cause de la paix avec
l'empereur, l'effet des lettres de marque et
représailles accordées, le 18 novembre 1537
(n° 9425), à Guillaume de Moraines, commis à partie de la recette générale de Languedoïl, sur les Milanais, gentilshommes et
marchands, pour une somme de 6,000 écus
volée par des Milanais à un clerc des finances
qui les portait à M. le cardinal de Tournon,
lieutenant général dans le Lyonnais, et mandement à la Chambre des Comptes d'allouer
ladite somme aux comptes dudit de Moraines, qui n'est en rien responsable de cette
perte. Coucy, 12 octobre 1538.

*Arch. nat., Acquits sur l'épargne, J. 962, pl. 15,
n° 31, anc. J. 961, n° 250. (Mention.)*

12 octobre.

10355. Don à Jacques de Saint-Mesmin, commis au
contrôle des postes du roi, de la somme de

12 octobre.

200 écus soleil à prendre sur les deniers provenant de la résignation à survivance de l'office de receveur des aides et tailles en l'élection de Montivilliers faite par Pierre de Créteville au profit de Louis Bodin et de Thomas Aubry. Coucy, 12 octobre 1538.

1538.

> *Arch. nat., Acquits sur l'épargne,* J. 962, pl. 15, n° 31, anc. J. 961, n° 250. *(Mention.)*

10356. Don à Louis de Thiville, sᵉ de La Rocheverte, huissier de chambre du roi, de tous les biens de feu Jean de Bullainville, adjugés au roi par droit d'aubaine, le défunt étant étranger et n'ayant obtenu ni lettres de naturalité ni permission de tester. Coucy, 12 octobre 1538.

12 octobre.

> *Arch. nat., Acquits sur l'épargne,* J. 962, pl. 15, n° 31, anc. J. 961, n° 250. *(Mention.)*

10357. Don octroyé, sur la requête du connétable, à Gilles de Laval, sᵉ de Loué, du droit de rachat qu'il doit au roi à cause de la terre et seigneurie de « Saumonce », à lui léguée par le feu sᵉ de Marsilly, son oncle. Coucy, 12 octobre 1538.

12 octobre.

> *Arch. nat., Acquits sur l'épargne,* J. 962, pl. 15, n° 31, anc. J. 961, n° 250. *(Mention.)*

10358. Permission à M. de Châteaubriant de faire transporter des vignobles d'Anjou et autres, en toute franchise, 200 pipes de vin pour l'approvisionnement de sa maison de Bretagne pendant l'année 1539. Coucy, 12 octobre 1538.

12 octobre.

> *Arch. nat., Acquits sur l'épargne,* J. 962, pl. 15, n° 31, anc. J. 961, n° 250. *(Mention.)*

10359. Permission au sᵉ d'Acigné de faire transporter en toute franchise 100 pipes de vin desdits vignobles pour la provision de sa maison pendant l'année 1539. Coucy, 12 octobre 1538.

12 octobre.

> *Arch. nat., Acquits sur l'épargne,* J. 962, pl. 15, n° 31, anc. J. 961, n° 250. *(Mention.)*

10360. Délégation donnée à deux généraux de la Cour des Aides pour procéder à une enquête au sujet des abus commis, tant par les officiers du grenier à sel que par les regrattiers de la ville de Paris. 15 octobre 1538.   1538, 15 octobre.

> *Enreg. à la Cour des Aides de Paris. Arch. nat., recueil Cromo, U. 665, fol. 282. (Mention.)*

10361. Lettres nommant Bertrand Deygua, premier avocat général au Parlement de Toulouse, en remplacement et sur la résignation de son père, Jean Deygua. Compiègne, 17 octobre 1538.   17 octobre.

Il est reçu et prête serment au Parlement de Toulouse le 14 décembre 1538.

> *Enreg. au Parl. de Toulouse. Arch. de la Haute-Garonne, Édits, reg. 4, fol. 127. 2 pages.*

10362. Commission ordonnant le déplacement de la boucherie de Saint-Nizier à Lyon, à cause de ses émanations. Compiègne, 17 octobre 1538.   17 octobre.

> *Copie du XVII⁰ siècle. Arch. de la ville de Lyon, AA. 151, fol. 63.*

10363. Lettres fixant le temps dans lequel doivent être faits à la Chambre des Comptes de Bretagne les hommages et aveux. Paris (sic), 18 octobre 1538.   18 octobre.

> *Imp. J.-A. de La Gibonays, Recueil des édits... concernant la Chambre des Comptes de Bretagne. Nantes, in-fol., 1721, t. I, 1ʳᵉ partie, p. 40.*

10364. Mandement au trésorier de l'épargne de payer à Georges de Selve, évêque de Lavaur et ancien ambassadeur du roi à Venise, 1,095 livres 12 sous 5 deniers pour quatre-vingt-six jours d'exercice de sa charge, du 26 novembre 1536 au 19 février suivant, date de son départ pour Rome. Compiègne, 18 octobre 1537 (corr. 1538).   18 octobre.

> *Bibl. nat., ms. Clairambault 1215, fol. 75 v°. (Mention.)*

10365. Mandement au trésorier de l'épargne de payer à Georges de Selve 2,000 livres en déduction de ce qui lui est ou pourra lui être dû pour   18 octobre.

l'exercice de sa charge d'ambassadeur à Rome
depuis le 20 février 1537 n. s., date de son
entrée en fonctions. Compiègne, 18 octobre
1537 (*corr.* 1538).

> *Bibl. nat.*, ms. Clairambault 1215, fol. 75 v°.
> (*Mention.*)

1538.

10366. Lettres ordonnant de nouveau au Parlement
de Provence d'envoyer chaque année, en mai,
un président et six conseillers à Marseille
pour y tenir les Grands jours. Compiègne,
21 octobre 1538.

> *Enreg. au Parl. d'Aix. Arch. de la cour à Aix,
> Lettres royaux, reg.* petit in-fol. de 253 feuillets,
> fol. 239 v°.

21 octobre.

10367. Lettres d'évocation et renvoi au Parlement de
Paris, en la grande chambre des enquêtes,
d'un procès touchant la cure de Noyers, pendant au Parlement de Dijon, avec adjonction
comme juges de Jean Tixerant et de Philibert
Berbis, conseillers à la cour de Dijon. Compiègne, 21 octobre 1538.

> *Entérinées au Parl. de Paris le 13 décembre sui-
> vant. Arch. nat.*, X¹ᵃ 1542, reg. du Conseil,
> fol. 67. (*Mention.*)

21 octobre.

10368. Mandement au trésorier de l'épargne de payer
à Claude Dodieu, ambassadeur en Espagne,
1,805 livres 15 sous pour ses dépenses du
mois de juillet 1538. Compiègne, 22 octobre
1538.

> *Bibl. nat.*, ms. Clairambault 1215, fol. 76.
> (*Mention.*)

22 octobre.

10369. Don au duc de Guise du revenu des greniers
à sel de Joinville, Guise, la Ferté-Bernard et
Maine-la-Juhée (Mayenne), et des amendes
et confiscations qui y écherront pendant
l'année 1539. La Fère-sur-Oise, 22 octobre
1538.

> *Arch. nat., Acquits sur l'épargne*, J. 962, pl. 15,
> n° 32, *anc.* J. 961, n° 252. (*Mention.*)

22 octobre.

10370. Don au sʳ de Rambures de tous les droits de
rachat et autres devoirs seigneuriaux dus au

22 octobre.

roi à cause du mariage dudit sieur avec la
comtesse de Dammartin, sur les terres et seigneuries appartenant à ladite dame, à quelque
somme que lesdits droits puissent monter. La
Fère-sur-Oise, 22 octobre 1538.

*Arch. nat., Acquits sur l'épargne, J. 962, pl. 15,
n° 32, anc. J. 961, n° 252. (Mention.)*

1538.

10371. Don à César Frégosse, de tous les biens confisqués de feu Pantaléon de Vagna, en son
vivant demeurant à Lyon, naguère exécuté à
mort pour ses crimes, suivant la sentence du
sénéchal de Lyon. La Fère-sur-Oise, 22 octobre 1538.

*Arch. nat., Acquits sur l'épargne, J. 962, pl. 15,
n° 32, anc. J. 961, n° 252, (Mention.)*

22 octobre.

10372. Don à Nagu, huissier de chambre du roi, de
453 écus d'or soleil restant de la somme
due à feu Madame, mère du roi, par Noël
Maillard, Étienne Charlet et Étienne Moirot,
à cause de certaine ferme qu'ils tenaient des
biens de ladite dame. La Fère-sur-Oise, 22 octobre 1538.

*Arch. nat., Acquits sur l'épargne, J. 962, pl. 15,
n° 32, anc. J. 961, n° 252. (Mention.)*

22 octobre.

10373. Mandement au trésorier payeur des officiers
du Grand conseil de payer, sur les deniers
revenant bons de sa recette, à Jean Cottel,
conseiller audit conseil, la somme de 500 livres tournois à lui ordonnée pour avoir servi
le semestre d'été 1536, au lieu du sr Cordier.
La Fère-sur-Oise, 22 octobre 1538.

*Arch. nat., Acquits sur l'épargne, J. 962, pl. 15,
n° 32, anc. J. 961, n° 252. (Mention.)*

22 octobre.

10374. Mandement pour faire rembourser à Robert
de La Masure, conseiller au Parlement de
Rouen, sur les amendes de ladite cour, la
somme de 4,000 livres tournois qu'il avait
prêtée au roi le 22 juin 1520. La Fère-sur-
Oise, 22 octobre 1538.

*Arch. nat., Acquits sur l'épargne, J. 962, pl. 15,
n° 32, anc. J. 961, n° 252. (Mention.)*

22 octobre.

10375. Don à Dieppe, valet de garde-robe du roi, de
l'office de geôlier des prisons du Mans vacant
par le décès de René Pahonneau, pour en
disposer à son profit. La Fère-sur-Oise, 22 octobre 1538.

1538.
22 octobre.

Arch. nat., Acquits sur l'épargne, J. 962, pl. 15,
n° 32, anc. J. 961, n° 252. (Mention.)

10376. Prorogation pour six ans en faveur des quarante
arquebusiers de la ville de Saint-Quentin, du
don qui leur a été ci-devant octroyé par le
roi de la somme de 60 livres tournois, à
prendre chaque année sur la recette générale
de Picardie. La Fère-sur-Oise, 22 octobre
1538.

22 octobre.

Arch. nat., Acquits sur l'épargne, J. 962, pl. 15,
n° 32, anc. J. 961, n° 252. (Mention.)

10377. Mandement à la Chambre des Comptes de Bretagne de faire délivrer chaque année par le
payeur des gages des officiers du Conseil de
Bretagne, à Julien de Bourgneuf, garde du
sceau dudit pays, 600 livres pour ses gages, si
ses prédécesseurs jouissaient de cette somme.
La Fère-sur-Oise, 22 octobre 1538.

22 octobre.

Arch. nat., Acquits sur l'épargne, J. 962, pl. 15,
n° 32, anc. J. 961, n° 252. (Mention.)

10378. Lettres accordant à Jean Buzon, Guillaume
Justice et Eutrope Le Rondeleux, fermiers des
quatre moulins des ponts de Blois, pour
six années échues le 24 juin dernier, rabais
et diminution de 600 livres tournois sur le
prix de ladite ferme. La Fère-sur-Oise, 22 octobre 1538.

22 octobre.

Arch. nat., Acquits sur l'épargne, J. 962, pl. 15,
n° 32, anc. J. 961, n° 252. (Mention.)

10379. Mandement à la Chambre des Comptes de
Paris de faire payer par le receveur et payeur
des gages et droits des officiers des comptes,
à Antoine Petremol, maître ordinaire des
comptes, la somme de 97 livres 16 sous
4 deniers parisis, montant des gages et droits

22 octobre.

de bûche appartenant audit office, échus
depuis le décès de Jacques Boucher, son
prédécesseur, jusqu'au jour de la réception et
prestation de serment dudit Petremol. La
Fère-sur-Oise, 22 octobre 1538.

1538.

Arch. nat., Acquits sur l'épargne, J. 962, pl. 15,
n° 32, anc. J. 961, n° 252. (*Mention.*)

10380. Don à Jean Le Prêtre, barbier et valet de
chambre du roi, de 100 écus d'or soleil à
prendre sur les deniers provenant de l'office
de garde de la monnaie de Lyon, vacant par
la mort de Jean Cheilieu, dit Bellegrève. La
Fère-sur-Oise, 22 octobre 1538.

22 octobre.

Arch. nat., Acquits sur l'épargne, J. 962, pl. 15,
n° 32, anc. J. 961, n° 252. (*Mention.*)

10381. Don à Jean Pineau, fruitier du roi, du quart
denier de la résignation de l'office de sergent
à cheval au Châtelet de Paris que doit faire
Nicolas Le Pelletier au profit de Claude Buf-
fereau. La Fère-sur-Oise, 22 octobre 1538.

22 octobre.

Arch. nat., Acquits sur l'épargne, J. 962, pl. 15,
n° 32, anc. J. 961, n° 252. (*Mention.*)

10382. Don à Gaston de Lévis de tous les biens du
sʳ de Leran, son père, confisqués et adjugés
au roi par arrêt du Parlement de Toulouse.
La Fère-sur-Oise, 22 octobre 1538.

22 octobre.

Arch. nat., Acquits sur l'épargne, J. 962, pl. 15,
n° 32, anc. J. 961, n° 252. (*Mention.*)

10383. Mandement à François Mallevault, receveur de
l'écurie du roi, de payer sur les deniers revenant bons de ladite écurie, pour les années
1536 et 1537, à Thomas de Cardi, dit le
Chevalier, écuyer ordinaire de l'écurie, la
somme de 3,570 livres dont le roi lui a fait
don pour l'indemniser de ses dépenses pendant les voyages de Picardie, de Provence et
de Piémont qu'il a faits à la suite du roi,
l'année précédente. La Fère-sur-Oise, 22 octobre 1538.

22 octobre.

Arch. nat., Acquits sur l'épargne, J. 962, pl. 15,
n° 32, anc. J. 961, n° 252. (*Mention.*)

10384. Mandement au général de Dauphiné de faire payer par le commis à la trésorerie dudit pays, à André Guillart, maître des requêtes de l'hôtel, la somme de 2,497 livres 2 sous 8 deniers tournois, restant de 3,000 livres que le roi avait données à feu Bonaventure de Saint-Barthélemy, président au Parlement de Grenoble, par le décès duquel tous ses biens, y compris ledit don, échurent à sa femme Jeanne Guillart, morte à son tour, et dont ledit André Guillart, son frère, est seul héritier, ladite somme à prendre sur les droits et devoirs seigneuriaux échus au roi en Dauphiné. La Fère-sur-Oise, 22 octobre 1538. **1538. 22 octobre.**

Arch. nat., Acquits sur l'épargne, J. 962, pl. 15, n° 32, anc. J. 961, n° 252. (Mention.)

10385. Don à Nicolas «Babée», l'un des valets de chambre du roi, de l'office de sergent à cheval au bailliage de Meaux, siège de Provins, vacant par le décès de Denis Privé, pour en disposer à son profit. La Fère-sur-Oise, 22 octobre 1538. **22 octobre.**

Arch. nat., Acquits sur l'épargne, J. 962, pl. 15, n° 32, anc. J. 961, n° 252. (Mention.)

10386. Addition d'articles aux traités de trêves de Bomy et de Nice, du 18 juin précédent (n° 10100). La Fère, 23 octobre 1538. **23 octobre.**

Imp. Du Mont, Corps universel diplomatique, etc. Amsterdam, 1726, in-fol., t. IV, part. II, p. 171, col. 1.

10387. Mandement à Guillaume Prudhomme, trésorier de l'épargne, de bailler à Jean Duval, changeur du trésor, la somme de 700 livres tournois qu'il doit employer au payement des gages de l'année 1537 des douze hommes d'armes chargés par le roi de la garde de la Bastille. La Fère-sur-Oise, 23 octobre 1538. **23 octobre.**

Original. Bibl. nat., ms. fr. 25721, n° 512.

10388. Don à Jean Rocquart, sommelier d'échansonnerie de bouche, de la somme de 100 livres **23 octobre.**

tournois sur les lods et ventes et autres droits seigneuriaux dus au roi par François Pastoureau, marchand de Confolens en Angoumois, à cause de l'acquisition par lui faite de Nicolas Regnault, s' de Massignac, du fief, terre et seigneurie de Mouchedune. La Fère-sur-Oise, 23 octobre 1538.

1538.

> *Arch. nat., Acquits sur l'épargne, J. 962, pl. 15, n° 33, anc. J. 961, n° 253. (Mention.)*

10389. Don à Jean Terrasse, sommelier d'échansonnerie du roi, de deux amendes de 60 livres parisis chacune, prononcées contre Pierre Bouyn, écuyer, et contre Jean Ferrand, par arrêts du Parlement de Paris. La Fère-sur-Oise, 23 octobre 1538.

23 octobre.

> *Arch. nat., Acquits sur l'épargne, J. 962, pl. 15, n° 33, anc. J. 961, n° 253. (Mention.)*

10390. Don à François de Fourchelles, valet de chambre du connétable, de l'office de sergent des Eaux et forêts au bailliage de Senlis, vacant par le décès de Denis Breteuil, pour en disposer à son profit et en faire pourvoir qui bon lui semblera. La Fère-sur-Oise, 23 octobre 1538.

23 octobre.

> *Arch. nat., Acquits sur l'épargne, J. 962, pl. 15, n° 33, anc. J. 961, n° 253. (Mention.)*

10391. Lettres renouvelant en faveur des enfants mineurs de Philippe de Calonne, baron d'Alembon et guidon de la compagnie du dauphin, le don fait à leur père, le 25 avril 1533, des droits et devoirs seigneuriaux qui pourraient échoir au roi à cause des terres et seigneuries de Courtebourne, Bouvelinghen, Alembon, Hermelinghen et Licques, au comté de Guines, appartenant audit Philippe de Calonne et à Antoine de Calonne, son frère, qui étaient alors, comme elles le sont encore à présent, sur le point d'être adjugées par décret. La Fère-sur-Oise, 23 octobre 1538.

23 octobre.

> *Arch. nat., Acquits sur l'épargne, J. 962, pl. 15, n° 3 anc. J. 961, n° 253. (Mention.)*

10392. Lettres de naturalité et permission de tester,   1538.
sans payer aucune finance, accordées à Jean   23 octobre.
Guilles, dit Mouchet. La Fère-sur-Oise,
23 octobre 1538.

> *Arch. nat., Acquits sur l'épargne, J.* 962, pl. 15,
> n° 33, anc. J. 961, n° 253. (*Mention.*)

10393. Don à Albert de Rippe, valet de chambre du   23 octobre.
roi, de 200 écus soleil sur les deniers prove-
nant de la vente d'un office de garde de la
monnaie de Lyon, vacant par le décès de
Jean Cheilen, dit Bellegrève. La Fère-sur-
Oise, 23 octobre 1538.

> *Arch. nat., Acquits sur l'épargne, J.* 962, pl. 15,
> n° 33, anc. J. 961, n° 253. (*Mention.*)

10394. Don à Jean du Mans, hâteur, à Simon Robin,   23 octobre.
maître queux, à Vincent Diligent, potager,
et à Jacques Royet, dit Crédit, porteur de
broche de la cuisine du roi, de l'office de sergent à cheval du guet de Paris, vacant par
la mort de Jean Guy, dit Moricaud, pour en
disposer à leur profit et en faire pourvoir qui
bon leur semblera. La Fère-sur-Oise, 23 octobre 1538.

> *Arch. nat., Acquits sur l'épargne, J.* 962, pl. 15,
> n° 33, anc. J. 961, n° 253. (*Mention.*)

10395. Don à Charles de Pierrevive, sr de Lésigny,   23 octobre.
trésorier de France, de la somme de 2,000
livres tournois au lieu de ses droits de chevauchées des années 1537 et 1538, à prendre
par les mains de Martin de Troyes, commis
à la recette générale de Languedoc, Lyonnais, Forez et Beaujolais. La Fère-sur-Oise,
23 octobre 1538.

> *Arch. nat., Acquits sur l'épargne, J.* 962, pl. 15,
> n° 33, anc. J. 961, n° 253. (*Mention.*)

10396. Lettres en faveur des habitants de Montreuil-   23 octobre.
sur-Mer. Leur ville ayant été pillée et brûlée,
le jour de Saint-Jean-Baptiste dernier, par les
ennemis, le roi, pour les aider à se relever
de leurs ruines, leur fait remise entière de ce
qu'ils peuvent lui devoir depuis le 24 juin

jusqu'à présent, et les affranchit pendant
vingt ans de la taille, des droits de minage et
de tonlieu, ainsi que de la somme de 800 livres parisis qu'ils payent chaque année, par
suite du rachat qu'ils ont fait du quart et du
huitième dus pour le vin vendu en détail
dans leur ville. La Fère-sur-Oise, 23 octobre 1538.

1538.

> *Arch. nat., Acquits sur l'épargne*, J. 962, pl. 15,
> n° 33, anc. J. 961, n° 253. (*Mention.*)

10397. Articles et conventions passées entre François Ier
et la reine de Hongrie. La Fère, 28 octobre
1538.

28 octobre.

> *Copie du XVIIe siècle. Bibl. nat., mss Cinq-cents*
> Colbert, t. 500, fol. 186.

10398. Confirmation des statuts et privilèges des boulangers de Bordeaux. Saint-Quentin, octobre
1538.

Octobre.

> *Enreg. à la Chancellerie de France. Arch. nat.,*
> *Trésor des Chartes*, JJ. 254, n° 224, fol. 45.
> 1 page.

10399. Confirmation des statuts et privilèges des maîtres
et ouvriers chaussetiers de Bordeaux. Saint-
Quentin, octobre 1538.

Octobre.

> *Enreg. à la Chancellerie de France. Arch. nat.,*
> *Trésor des Chartes*, JJ. 254, n° 223, fol. 45.
> 1 page.

10400. Confirmation des statuts et privilèges des maîtres
et ouvriers lormiers de Paris. Compiègne,
octobre 1538.

Octobre.

> *Enreg. à la Chancellerie de France. Arch. nat.,*
> *Trésor des Chartes*, JJ. 254, n° 228, fol. 45 v°.
> 1 page.

10401. Lettres transférant au deuxième mardi de
chaque mois le marché franc qui se tenait à
Saint-Riquier en Picardie, le deuxième mercredi de chaque mois. Compiègne, octobre
1538.

Octobre.

> *Enreg. à la Chancellerie de France. Arch. nat.,*
> *Trésor des Chartes*, JJ. 254, n° 232, fol. 46.
> 1 page.

10402. Établissement d'une foire annuelle et d'un marché hebdomadaire à la Bachellerie en Périgord. La Fère-sur-Oise, octobre 1538.

> *Enreg. à la Chancellerie de France. Arch. nat., Trésor des Chartes, JJ. 254, n° 226, fol. 45 v°. 1 page.*

1538.
Octobre.

10403. Lettres accordant à Guillaume Prudhomme, seigneur de Fontenay-en-Brie, la permission de conserver et entretenir la clôture de pierre protégeant une source dite la Fontaine-Morin, venant de la seigneurie de Marle au village de Fontenay. La Fère-sur-Oise, octobre 1538.

> *Enreg. au Châtelet de Paris, le 13 novembre 1538. Arch. nat., Bannières, Y. 9, fol. 117. 2 pages.*

Octobre.

10404. Lettres portant création et établissement d'une foire et d'un marché dans la terre de Pouget, en faveur de Jean Chat, seigneur de Pouget et de Rastignac. La Fère-sur-Oise, octobre 1538.

> *Imp. D'Hozier, Armorial de la France. Paris, Pierre Prault, 1752, in-fol., reg. III, 1re partie, Généalogie de Rastignac, p. 81, note G.*

Octobre.

10405. Mandement à Guillaume Prudhomme, trésorier de l'épargne, de faire payer par Martin de Troyes, trésorier de l'Extraordinaire des guerres, commis à la recette générale de Languedoc, à André Joussaud la somme de 272 livres 7 sous 6 deniers tournois qui lui est encore due pour les frais et vacations par lui faits à la recherche des droits de gabelle, tant dans le Languedoc que dans le Dauphiné. Villers-Coterets, 1er novembre 1538.

> *Original. Bibl. nat., ms. fr. 25721, n° 513.*

1er novembre.

10406. Mandement à la Chambre des Comptes de faire payer à Jean Duval, secrétaire du roi, trésorier de la maison du dauphin, par le receveur de Caen, la somme de 1,076 livres sur ce qui est dû au roi à cause de l'acquisition faite par Nicolas de Valois de la terre

3 novembre.

et seigneurie de Fontaines-Étoupefour. 3 novembre 1538.

1538.

*Enreg. à la Chambre des Comptes de Paris, le
22 février 1539 n. s. Arch. nat., invent. PP. 136,
p. 464. (Mention.)*

10407. Mandement à Bertrand de Lamothe, payeur
des deux compagnies d'ordonnnances commandées par les srs d'Assier et de Crussol, de
payer aux héritiers de feu Antoine de Bussy,
seigneur de La Morlaye, commissaire ordinaire des guerres, la somme de 200 livres
tournois qui lui était due pour ses gages des
quartiers d'avril-juin et juillet-septembre
1537. Villers-Cotterets, 5 novembre 1538.

5 novembre.

Original. Bibl. nat., ms. fr. 25721, n° 514.

10408. Mandement au trésorier de l'épargne de payer
à Jean Hotman, orfèvre, 2,803 livres 5 sous
pour une chaîne d'or dont le roi a fait don, à
la Fère-sur-Oise, le 23 octobre dernier, au
seigneur Corneille (Cornelius Scepperus),
ambassadeur de l'empereur, qui partit alors
pour la Flandre en compagnie de la reine
de Hongrie, venue pour voir le roi. Villers-
Cotterets, 7 novembre 1538.

7 novembre.

*Bibl. nat., ms. Clairambault 1215, fol. 76 v°.
(Mention.)*

10409. Mandement au trésorier de l'épargne de payer
1,413 livres à Jean Hotman, orfèvre, pour
une chaîne d'or dont le roi a fait don à
don Diego de Mendoça, gentilhomme de la
maison de l'empereur, qui a passé à Villers-
Cotterets, se rendant en Espagne. Villers-Cotterets, 7 novembre 1538.

7 novembre.

*Bibl. nat., ms. Clairambault 1215, fol. 76 v°.
(Mention.)*

10410. Don à Villeneuve, valet de chambre du roi, de
la somme de 100 écus d'or soleil sur les deniers provenant de la résignation de l'office
de garde du petit sceau royal de Montpellier
que veut faire Jean de Mazis au profit de

8 novembre.

François Gaudete, son neveu. Villers-Cotterets, 8 novembre 1538.

Arch. nat., Acquits sur l'épargne, J. 962, pl. 15,
n° 35, anc. J. 961, n° 270. (*Mention.*)

10411. Don à Martin Habert, valet de garde-robe du
roi, de l'office de sergent à cheval au bailliage et prévôté d'Orléans, vacant par la mort
de Jean Bruneton, pour en disposer à son
profit. Villers-Cotterets, 8 novembre 1538.

8 novembre.

Arch. nat., Acquits sur l'épargne, J. 962, pl. 15,
n° 35, anc. J. 961, n° 270. (*Mention.*)

10412. Don et quittance à Anne de Silly, veuve de
Jacques de Matignon, de la somme de 100
livres tournois par an, à elle taxée par la
Chambre des Comptes pour la garde-noble
de ses enfants mineurs que le roi lui a baillée
en société du s^r de Matignon, frère dudit
Jacques. Villers-Cotterets, 8 novembre 1538.

8 novembre.

Arch. nat., Acquits sur l'épargne, J. 962, pl. 15,
n° 35, anc. J. 961, n° 270. (*Mention.*)

10413. Don et quittance à Thibaut de Ravenel, naguère
maréchal des logis de la compagnie du s^r de
Fresnoy, gouverneur de Térouanne, de la
somme de 100 écus d'or soleil, montant des
droits seigneuriaux dus au roi par ledit sieur
à cause de la tour, fief, terre et seigneurie
de l'Échelle appartenant à sa femme et mouvants de la châtellenie de Provins. Villers-
Cotterets, 8 novembre 1538.

8 novembre.

Arch. nat., Acquits sur l'épargne, J. 962, pl. 15,
n° 35, anc. J. 961, n° 270. (*Mention.*)

10414. Mandement au trésorier payeur des officiers du
Grand conseil de payer à Guy Breslay, conseiller audit conseil, ses gages des mois d'avril
et août derniers, nonobstant qu'il n'ait siégé
pendant ce temps à cause de la mort de sa
mère et de son beau-père. Villers-Cotterets,
8 novembre 1538.

8 novembre.

Arch. nat., Acquits sur l'épargne, J. 962, pl. 15,
n° 35, anc. J. 961, n° 270. (*Mention.*)

10415. Don à Jean Soudain, dit le Duc, huissier des
chambellans, de 20 écus d'or soleil sur la
vente de l'office de sergent de l'eau en la vicomté de Rouen, vacant par la mort de Jean
Bellet. Villers-Cotterets, 8 novembre 1538.

> Arch. nat., Acquits sur l'épargne, J. 962, pl. 15,
> n° 35, anc. J. 961, n° 270. (Mention.)

1538.
8 novembre.

10416. Permission aux religieuses du couvent de Sainte-
Claire d'Alençon de faire conduire par eau
et par terre à leur couvent, sans payer les
droits de traite, trépas de Loire, imposition
foraine, etc., tout le blé, vin, fèves, pois et
autres denrées qui leur seront donnés en
aumône pour la provision de leur maison.
Villers-Cotterets, 8 novembre 1538.

> Arch. nat., Acquits sur l'épargne, J. 962, pl. 15,
> n° 35, anc. J. 961, n° 270. (Mention.)

8 novembre.

10417. Don à [Jacques Galyot de Genouilhac], grand
écuyer de France, de l'office de receveur de
l'écurie, pour en disposer à son profit et en
faire pourvoir qui bon lui semblera. Villers-
Cotterets, 8 novembre 1538.

> Arch. nat., Acquits sur l'épargne, J. 962, pl. 15,
> n° 35, anc. J. 961, n° 270. (Mention.)

8 novembre.

10418. Don à l'écuyer Pommereul de l'office de payeur
des archers du prévôt de l'hôtel, vacant par
le décès de Jean Cheilieu, pour en disposer
à son profit. Villers-Cotterets, 8 novembre
1538.

> Arch. nat., Acquits sur l'épargne, J. 962, pl. 15,
> n° 35, anc. J. 961, n° 270. (Mention.)

8 novembre.

10419. Don au duc d'Estouteville, comte de Saint-Pol,
de l'office d'élu sur le fait des aides et tailles
en l'élection de Blois, vacant par la mort de
François Viart, pour en disposer à son profit.
Villers-Cotterets, 8 novembre 1538.

> Arch. nat., Acquits sur l'épargne, J. 962, pl. 15,
> n° 35, anc. J. 961, n° 270. (Mention.)

8 novembre.

10420. Don à Jean Samson, valet de chambre du roi,
de l'office de segreyer de la forêt de Long-

8 novembre.

aulnay (Longuenée en Anjou), vacant par
le décès de François de Champelais, pour le
mettre en son nom ou en faire son profit.
Villers-Cotterets, 8 novembre 1538.

1538.

*Arch. nat., Acquits sur l'épargne, J. 962, pl. 15,
n° 35, anc. J. 962, n° 270. (Mention.)*

10421. Don à Louis Nepveu, officier de fourrière du
roi, de la somme de 40 écus d'or soleil sur
les deniers provenant de la résignation à survivance de l'office d'enquêteur en la vicomté
de Conches, que doit faire Sulpice Le Master
au profit de Michel Lepaige. Villers-Cotterets,
8 novembre 1538.

8 novembre.

*Arch. nat., Acquits sur l'épargne, J. 962, pl. 15,
n° 35, anc. J. 961, n° 270. (Mention.)*

10422. Don et quittance octroyés, sur la requête du
comte de Saint-Pol, à Jean de Sézanne, s' de
Sarny, de tous les droits seigneuriaux qu'il
peut devoir au roi à cause de l'acquisition
qu'il a faite de la terre de Chaumont-en-Por-
cien. Villers-Cotterets, 8 novembre 1538.

8 novembre.

*Arch. nat., Acquits sur l'épargne, J. 962, pl. 15,
n° 35, anc. J. 961, n° 270. (Mention.)*

10423. Don à Jean Boyer, dit Coignac, hâteur de la
cuisine du commun, de 25 écus d'or soleil
sur la vente de l'office de contrôleur des deniers communs de la ville de Coucy, vacant
par la mort de Pierre Poitevin. Villers-Cotterets, 8 novembre 1538.

8 novembre.

*Arch. nat., Acquits sur l'épargne, J. 962, pl. 15,
n° 35, anc. J. 961, n° 270. (Mention.)*

10424. Don à Charles d'Aché, s' de Serquigny, panetier ordinaire du roi, de la somme de 272 livres 7 sous tournois sur les droits de treizième dus au roi à cause de la vente faite
depuis un an de la terre et seigneurie de Bonneval en la vicomté d'Orbec. Villers-Cotterets,
8 novembre 1538.

8 novembre.

*Arch. nat., Acquits sur l'épargne, J. 962, pl. 15,
n° 35, anc. J. 961, n° 270. (Mention.)*

10425. Lettres de jussion pour l'enregistrement des
lettres du 24 septembre 1537 (n° 9319)
accordant à Melchior Des Prez, s' de Montpezat, une augmentation de 300 livres de
gages sur la recette ordinaire du Poitou. 9 novembre 1537.

> *Enreg. à la Chambre des Comptes de Paris, le
> 10 décembre suivant, anc. mém. 2 J, fol. 72. Arch.
> nat., invent. PP. 136, p. 450. (Mention.)*

1538.
9 novembre.

10426. Mandement à la Chambre des Comptes d'allouer aux comptes d'André Rageau 60 livres
tournois qu'il a payées, par ordre de M. de
Montmorency, grand maître et connétable
de France, lieutenant général en Piémont, à
Charles de Sorbiez, homme d'armes à la
grande paye des cinquante lances de la compagnie du s' de Boutières, pour sa solde du
dernier quartier de l'année 1536, quoiqu'il
n'ait pas assisté aux montres. Villers-Cotterets, 9 novembre 1538.

> *Bibl. nat., ms. fr. 10390, fol. 86. (Mention.)*

9 novembre.

10427. Provisions de l'office de chancelier de France
en faveur de Guillaume Poyet, président au
Parlement de Paris, en remplacement d'Antoine du Bourg, décédé. Nanteuil-le-Hau-
doin, 12 novembre 1538.

> *Enreg. au Parl. de Paris, le 18 novembre 1538.
> Arch. nat., X¹ᵃ 8613, fol. 115. 1 page 1/2.
> Arrêt d'enregistrement. Idem, X¹ᵃ 4907, Plai-
> doiries, fol. 10.
> Copie du XVIII° siècle. Bibl. nat., ms. fr. 7544,
> fol. 326.*

12 novembre.

10428. Don à Louis d'Oignies, s' de Chaulnes, écuyer
d'écurie du roi, des états et offices de gouverneur, bailli et capitaine de la terre et seigneurie de Crèvecœur et des revenus de ladite terre, pour en jouir de la même façon
que François de Rasse, s' de La Hargerie, son
beau-père, à la survivance l'un de l'autre.
Nanteuil, 12 novembre 1538.

> *Arch. nat., Acquits sur l'épargne, J. 962, pl. 15,
> n° 36, anc. J. 961, n° 271. (Mention.)*

12 novembre.

10429. Don à Martin Habert, valet de garde-robe du roi, de l'office de sergent à cheval du guet de Paris vacant par la mort de Guillaume Lefèvre, pour en disposer à son profit. Nanteuil, 12 novembre 1538.

Arch. nat., Acquits sur l'épargne, J. 962, pl. 15, n° 36; anc. J. 961, n° 271. (Mention.)

10430. Mandement à la Chambre des Comptes de passer aux comptes du receveur ordinaire de Châtellerault la somme de 100 livres tournois qu'il a fournie et délivrée, sur le commandement verbal de feu Madame, mère du roi, duchesse de Châtellerault, pour la construction d'un hôpital destiné aux pestiférés dans les faubourgs de ladite ville, laquelle somme a été employée à cet effet, comme le roi en a été suffisamment certifié. Nanteuil, 12 novembre 1538.

Arch. nat., Acquits sur l'épargne, J. 962, pl. 15, n° 36, anc. J. 961, n° 271. (Mention.)

10431. Lettres renouvelant la création en office formé d'un concierge du jeu de paume de la porte du donjon du château d'Amboise, et don de cet office à Antoine du Coudray, qui aura les mêmes gages que feu Mathurin Noillet, lequel en avait été pourvu après l'érection faite par feu Madame, mère du roi, et en sera payé à partir du jour de la mort dudit Noillet. Nanteuil, 12 novembre 1538.

Arch. nat., Acquits sur l'épargne, J. 962, pl. 15, n° 36, anc. J. 961, n° 271. (Mention.)

10432. Don à Geoffroy Chéruau, Aymon Rolland, sauciers, et à Guillaume de Saint-Thibaut, enfant de la cuisine du roi, de l'office de sergent à cheval au bailliage et prévôté d'Orléans, vacant par la mort de Jean Breton, pour en disposer à leur profit. Nanteuil, 12 novembre 1538.

Arch. nat., Acquits sur l'épargne, J. 962, pl. 15, n° 36, anc. J. 961, n° 271. (Mention.)

1538.
12 novembre.

12 novembre.

12 novembre.

12 novembre.

10433. Lettres de relief de surannation pour l'enregistrement des lettres du mois d'avril 1528 n. s.
(n° 2946) confirmant les statuts et privilèges
des tonneliers et déchargeurs de vins de la
ville de Paris. Paris (*sic*), 13 novembre 1538.

> *Enreg. au Châtelet de Paris, le 16 novembre*
> *suivant. Arch. nat., Bannières, Y. 9, fol. 122 v°.*

1538.
13 novembre.

10434. Ordonnance interdisant à tous vivandiers, poulailliers et rôtisseurs la vente du menu gibier
à poil et à plumes, comme lièvres, faisans,
hérons. Chantilly, 15 novembre 1538.

> *Enreg. au Châtelet de Paris, le 27 novembre 1538.*
> *Arch. nat., Bannières, Y. 9, fol. 125. 3 pages.*

15 novembre.

10435. Lettres ordonnant au Parlement de Paris de
commettre l'un des conseillers de la cour au
lieu de Martin Ruzé pour procéder à l'exécution d'un arrêt obtenu par le roi de Navarre
contre les consuls et habitants de Limoges.
18 novembre 1538.

> *Présentées au Parl., qui commet François Demier,*
> *le 22 novembre suivant. Arch. nat., X¹ᵃ 1542, reg.*
> *du Conseil, fol. 9. (Mention.)*

18 novembre.

10436. Don « au Puys », gentilhomme de la vénerie,
de la somme de 400 écus soleil sur les deniers provenant de la résignation de l'office
de vicomte de Montivilliers faite ou sur le
point de l'être par le sʳ Farineau au profit
de Claude Vimont. Chantilly, 18 novembre
1538.

> *Arch. nat., Acquits sur l'épargne, J. 962, pl. 15,*
> *n° 34, anc. J. 961, n° 257. (Mention.)*

18 novembre.

10437. Don à Pierre Lalouette et à Jean Barbarin,
huissiers de salle du roi, et à Jean Champion, son valet de garde-robe, de tout ce qui
sera payé pour la résignation de l'office d'élu
d'Évreux que doit faire Jean de Souchey
au profit de Jean de Souchey, son fils. Chantilly, 18 novembre 1538.

> *Arch. nat., Acquits sur l'épargne, J. 962, pl. 15,*
> *n° 34, anc. J. 961, n° 257. (Mention.)*

18 novembre.

10438. Don à François de Lorjou, sʳ de la Poultière, valet de chambre du dauphin, de la somme de 200 écus prêtée au roi par Jean de Combettes, médecin de Saintes, laquelle est entre les mains de Martin de Troyes, trésorier de l'Extraordinaire des guerres. Chantilly, 18 novembre 1538.

Arch. nat., Acquits sur l'épargne, J. 962, pl. 15, n° 34, anc. J. 961, n° 257. (Mention.)

1538.
18 novembre.

10439. Lettres de naturalité avec permission de tester et de tenir des bénéfices en France, en Provence et en Bretagne, octroyées à Jean-Francisque Valerio, abbé de Saint-Pierre-le-Vif de Sens, sans payer aucune finance. Chantilly, 18 novembre 1538.

Arch. nat., Acquits sur l'épargne, J. 962, pl. 15, n° 34, anc. J. 961, n° 257. (Mention.)

18 novembre.

10440. Lettres de naturalité et permission de tester et de tenir des bénéfices dans les États du roi, données en faveur de Julio Valerio, neveu dudit abbé. Chantilly, 18 novembre 1538.

Arch. nat., Acquits sur l'épargne, J. 962, pl. 15, n° 34, anc. J. 961, n° 257. (Mention.)

18 novembre.

10441. Permission au cardinal Trivulce de prendre, du revenu de ses bénéfices de Provence, 300 sommes de froment et de les faire transporter à Rome, en toute franchise, pour la pension et dépense de sa maison. Chantilly, 18 novembre 1538.

Arch. nat., Acquits sur l'épargne, J. 962, pl. 15, n° 34, anc. J. 961, n° 257. (Mention.)

18 novembre.

10442. Don au sʳ de La Rocheverte, huissier de chambre du roi, de 100 écus d'or soleil sur la vente de l'office de notaire au Châtelet de Paris vacant par la mort de Gabriel Lefèvre, outre la somme de 200 écus que le roi lui a déjà donnée sur ledit office. Chantilly, 18 novembre 1538.

Arch. nat., Acquits sur l'épargne, J. 962, pl. 15, n° 37, anc. J. 961, n° 272. (Mention.)

18 novembre.

10443. Don au s^r de Marconnay, gentilhomme de la vénerie, de la somme de 200 écus d'or soleil à prendre sur la vente de l'office de garde de la monnaie de Lyon vacant par le décès de Jean Cheilieu. Chantilly, 18 novembre 1538.

1538.
18 novembre.

> *Arch. nat., Acquits sur l'épargne*, J. 962, pl. 15, n° 37, anc. J. 961, n° 272. (*Mention.*)

10444. Don à Pinton et à Jean Boullet, sommeliers d'échansonnerie du roi, des deniers de la résignation de l'office d'élu de Sens que doit faire Jacques Ménager au profit de Pierre Lecocq. Chantilly, 18 novembre 1538.

18 novembre.

> *Arch. nat., Acquits sur l'épargne*, J. 962, pl. 15, n° 37, anc. J. 961, n° 272. (*Mention.*)

10445. Don à Jean Le Velu, dit le Buisson, portemanteau, et à Fernand de Forges, sommelier de paneterie de bouche du roi, des deniers de la résignation de l'office d'élu d'Orléans que doit faire Louis Acarie. Chantilly, 18 novembre 1538.

18 novembre.

> *Arch. nat., Acquits sur l'épargne*, J. 962, pl. 15, n° 37, anc. J. 961, n° 272. (*Mention.*)

10446. Don à Léger Bohier, maître queux, à Charles Deleaulne et à Mathurin Habert, potagers du roi, des deniers de la vente de l'office de sergent de l'eau en la vicomté de Rouen, vacant par la mort de Jean Bellet, sauf les 20 écus que le roi a déjà donnés sur ladite vente à Jean Soudain, dit le Duc, huissier des chambellans (n° 10415). Chantilly, 18 novembre 1538.

18 novembre.

> *Arch. nat., Acquits sur l'épargne*, J. 962, pl. 15, n° 37, anc. J. 961, n° 272. (*Mention.*)

10447. Don accordé, sur la requête de M. d'Humières, à Bon Roussel, de l'office de sergent au bailliage de Hesdin et de gardien de l'abbaye d'Auchy audit bailliage, vacant par la mort de Girard Thierry. Chantilly, 18 novembre 1538.

18 novembre.

> *Arch. nat., Acquits sur l'épargne*, J. 962, pl. 15, n° 37, anc. J. 961, n° 272. (*Mention.*)

10448. Don à Salomon Denis, huissier des chambellans, de la somme de 30 écus d'or soleil sur la vente de l'office de notaire royal au bailliage de Mâcon vacant par la mort de Pierre Galopin. Chantilly, 18 novembre 1538.

1538.
18 novembre.

> Arch. nat., Acquits sur l'épargne, J. 962, pl. 15, n° 37, anc. J. 961, n° 272. (Mention.)

10449. Lettres portant bail à Jeanne Dessousmons, veuve de Jean de Sens, de la garde-noble de leurs enfants mineurs, sans rien payer. Chantilly, 18 novembre 1538.

18 novembre.

> Arch. nat., Acquits sur l'épargne, J. 962, pl. 15, n° 37, anc. J. 961, n° 272. (Mention.)

10450. Don à Baron, valet de garde-robe du dauphin, de l'office de procureur du roi au bailliage de Caux, siège de Neufchâtel, vacant par la mort de Nicole de La Mothe, pour en disposer à son profit et en faire pourvoir qui bon lui semblera. Chantilly, 18 novembre 1538.

18 novembre.

> Arch. nat., Acquits sur l'épargne, J. 962, pl. 15, n° 37, anc. J. 961, n° 272. (Mention.)

10451. Don et quittance à Émery Henne, pauvre gentilhomme de Picardie, d'une amende de 60 livres parisis, prononcée contre lui par arrêt du Parlement de Paris. Chantilly, 18 novembre 1538.

18 novembre.

> Arch. nat., Acquits sur l'épargne, J. 962, pl. 15, n° 37, anc. 961, n° 272. (Mention.)

10452. Don à Gaspard Parthois de l'office de sergent royal au bailliage de Vitry vacant par la mort de Claude Girardin. Chantilly, 18 novembre 1538 [1].

18 novembre.

> Arch. nat., Acquits sur l'épargne, J. 962, pl. 15, n° 37, anc. J. 961, n° 272. (Mention.)

10453. Don à Madame de Castelpers de la terre et

18 novembre.

---

[1] Ce don est inscrit de nouveau sur un rôle du 4 décembre (J. 962, pl. 15, n° 39).

seigneurie de Gontaut, pour en jouir pendant dix ans. Chantilly, 18 novembre 1538.

Arch. nat., Acquits sur l'épargne, J. 962, pl. 15, n° 37, anc. J. 961, n° 272. (Mention.)

10454. Mandement au trésorier payeur des officiers domestiques de la maison du dauphin et du duc d'Orléans de payer à François de La Forêt, échanson de mesdits seigneurs, ses gages de l'année 1537, nonobstant qu'il n'ait été inscrit sur les états. Chantilly, 18 novembre 1538.

18 novembre.

Arch. nat., Acquits sur l'épargne, J. 962, pl. 15, n° 37, anc. J. 961, n° 272. (Mention.)

10455. Don à Mademoiselle Jeanne de Curzay de la somme de 100 écus soleil sur les deniers provenant des rachats, ventes et droits seigneuriaux échus et à échoir au duché de Châtellerault. Chantilly, 18 novembre 1538.

18 novembre.

Arch. nat., Acquits sur l'épargne, J. 962, pl. 15, n° 37, anc. J. 961, n° 272. (Mention.)

10456. Permission à Madame de Rieux de faire venir 100 pipes de vin pour la provision de sa maison sans payer les droits de traite, trépas de Loire ni autres subsides. Chantilly, 18 novembre 1538.

18 novembre.

Arch. nat., Acquits sur l'épargne, J. 962, pl. 15, n° 37, anc. J. 961, n° 272. (Mention.)

10457. Don à Madame de Boucart de l'office de sergent à cheval au Châtelet de Paris vacant par la mort de Claude Hannet, pour en disposer à son profit et en faire pourvoir qui bon lui semblera. Chantilly, 18 novembre 1538.

18 novembre.

Arch. nat., Acquits sur l'épargne, J. 962, pl. 15, n° 37, anc. J. 961, n° 272. (Mention.)

10458. Permission à Christophe de Lubiano, lieutenant des galères de M. le Connétable, de faire venir de Dauphiné et de Languedoc, par le Rhône et l'Isère, le bois nécessaire à la

18 novembre.

construction de deux galères sans payer aucun droit. Chantilly, 18 novembre 1538.

> Arch. nat., Acquits sur l'épargne, J. 962, pl. 15, n° 37, anc. J. 961, n° 272. (Mention.)

10459. Permission à Jean Aubert de résigner, avec réserve de survivance, son office de garde de la porte du château de Moulins au profit de Jean Pinel, sans rien payer du droit ordinaire. Chantilly, 18 novembre 1538.

18 novembre.

> Arch. nat., Acquits sur l'épargne, J. 962, pl. 15, n° 37, anc. J. 961, n° 272. (Mention.)

10460. Mandement au trésorier de l'épargne de payer 225 livres à Martin du Bellay, qui part le jour même pour aller à Turin, dont le roi lui confie la garde. Chantilly, 18 novembre 1538.

18 novembre.

> Bibl. nat., ms. Clairambault 1215, fol. 76 v°. (Mention.)

10461. Provisions en faveur de Claude de Lorraine, duc de Guise, de la charge de lieutenant général au gouvernement de Bourgogne. Chantilly, 19 novembre 1538.

19 novembre.

> Enreg. à la Chambre des Comptes de Dijon. Arch. de la Côte-d'Or, B. 18, fol. 340 v°.
> Copie du XVIII° siècle: Bibl. nat., ms. Clairambault 952, p. 289.

10462. Secondes lettres de jussion ordonnant au Parlement de Paris de recevoir Nicolas d'Herbelot, pourvu par le roi de l'office de bailli d'Étampes le 11 octobre précédent (n° 10352), sur la nomination du duc et de la duchesse d'Étampes et la résignation de Nicolas de Poncher, et de le mettre en possession dudit office. Chantilly, 21 novembre 1538.

21 novembre.

> Reçu au Parlement le 10 décembre suivant. Arch. nat., X¹ᵃ 1542, reg. du Conseil, fol. 60. (Mention.)

10463. Mandement de payer au comte Guillaume de Furstenberg, pour sa pension de l'année 1537, 6,750 livres tournois sur les deniers

24 novembre.

provenant des décimes octroyés par le clergé. **1538.**
Chantilly, 24 novembre 1538.

> *Original. Bibl. nat., Pièces orig., vol. 1259, Furstemberg, p. 2.*

10464. Don à François de Marsillac, premier président **24 novembre.**
du Parlement de Rouen, de la somme de
420 livres tournois, montant des reliefs et
treizième par lui dus au roi à cause de l'acquisition qu'il a récemment faite de la terre
et seigneurie des Moulineaux au bailliage de
Caen, nonobstant toutes ordonnances contraires. Chantilly, 24 novembre 1538.

> *Arch. nat., Acquits sur l'épargne, J. 962, pl. 15, n° 38, anc. J. 961, n° 258. (Mention.)*

10465. Don à l'écuyer Puygriffier de l'office de con- **24 novembre.**
trôleur des mortes-payes de Picardie vacant
par le décès du sʳ de Longuejoue, pour en
disposer à son profit. Chantilly, 24 novembre
1538.

> *Arch. nat., Acquits sur l'épargne, J. 962, pl. 15, n° 38, anc. J. 961, n° 258. (Mention.)*

10466. Don à Antoine de Caux, écuyer de la cuisine **24 novembre.**
de bouche, de l'office de sergent général et
ordinaire au ressort de Saumur, vacant par
le décès de Didier Poirier, pour en disposer à
son profit. Chantilly, 24 novembre 1538.

> *Arch. nat., Acquits sur l'épargne, J. 962, pl. 15, n° 38, anc. J. 961, n° 258. (Mention.)*

10467. Don au sʳ de Montpezat, chevalier de l'ordre **24 novembre.**
et gentilhomme de la chambre du roi, de
l'office d'élu sur le fait des aides et tailles en
l'élection d'Évreux, vacant par la mort de
Jean de Souchey, pour en disposer à son
profit et en faire pourvoir qui bon lui semblera. Chantilly, 24 novembre 1538.

> *Arch. nat., Acquits sur l'épargne, J. 962, pl. 15, n° 38, anc. J. 961, n° 258. (Mention.)*

10468. Mandement au trésorier de l'épargne de payer **24 novembre.**
112 livres 10 sous à Antoine du Ha, chevaucheur, qui va en Angleterre porter des

lettres du roi au seigneur de Castillon, son
ambassadeur. Chantilly, 24 novembre 1538.

1538.

> *Bibl. nat., ms. Clairambault 1215, fol. 76 v°.*
> *(Mention.)*

10469. Lettres portant règlement pour l'enregistrement
des bulles octroyées à Philibert Ferrier,
évêque d'Yvrée, par le pape Paul III (Rome,
le 13 des calendes d'octobre 1538), le nommant légat du Saint-Siège apostolique dans
le royaume de France. Chantilly, 25 novembre 1538.

25 novembr

> *Enreg. au Parl. de Paris, sauf restrictions, le
> 15 décembre suivant. Arch. nat., X¹ᵃ 8613, fol. 128,
> 129 et 134 v°. 14 pages (y compris le texte des
> bulles).*
> *Imp. [Dupuy], Preuves des libertés de l'Église
> gallicane, 3ᵉ édit. Paris, S. Cramoisy, 1651, 2 vol.
> in-fol., 3ᵉ partie, p. 88.*

10470. Lettres permettant aux échevins de Lyon de
faire un port devant le palais de Roanne et
une levée le long de la rivière jusqu'au pont
de Saône. Chantilly, 25 novembre 1538.

25 novembre.

> *Copie du xvɪɪ siècle. Arch. de la ville de Lyon,
> AA. 151, fol. 65.*

10471. Mandement au trésorier de l'épargne de payer
300 livres à Jean-Jacques de Castione, gentilhomme italien, ambassadeur chez les Grisons,
en déduction de ce qui peut lui être dû pour
l'exercice de sa charge. L'Isle-Adam, 26 novembre 1537 (*corr.* 1538).

26 novembre.

> *Bibl. nat., ms. Clairambault 1215, fol. 77.*
> *(Mention.)*

10472. Don à Philibert de Nagu, seigneur de Soulains,
huissier ordinaire de la chambre du roi et
lieutenant du capitaine de la porte, de 1,019
livres 5 sous tournois. 27 novembre 1538.

27 novembre.

> *Bibl. nat., ms. Clairambault 782, p. 298.*
> *(Mention.)*

10473. Édit portant suppression du cours dans le
royaume de certaines monnaies étrangères,

29 novembre.

telles que les *vaches de Béarn*, les *niquets* et   1538.
les liards de Lausanne. Paris, 29 novembre
1538.

> *Original et vidimus sur parchemin. Arch. nat.,*
> Z¹ᵇ 536.
> *Enreg. au Parl. de Paris, le 12 décembre 1538.*
> *Arch. nat., X¹ᵃ 8613, fol. 136 v°. 3 pages.*
> *Enreg. à la Cour des Monnaies, le 14 décembre*
> *1538. Arch. nat., Z¹ᵇ 62, fol. 234.*
> *Enreg. au Châtelet de Paris, le 16 décembre 1538.*
> *Arch. nat., Bannières, Y. 9, fol. 123 v°. 3 pages.*
> *Enreg. au Parl de Grenoble, le 14 janvier 1539.*
> *Arch. de l'Isère, Chambre des Comptes de Grenoble,*
> *B. 2910, cah. 123. 4 pages.*
> *Enreg. au Parl. de Toulouse, le 10 mars 1539.*
> *Arch. de la Haute-Garonne, Édits, reg. 4, fol. 132.*
> *2 pages.*
> *Enreg. au Parl. de Bordeaux, le 29 mars 1538.*
> *Arch. de la Gironde, B. 31, fol. 27. 3 pages.*
> Imp. P. Rebuffi, *Les édits et ordonnances, etc.*
> Lyon, 1573, in-fol., p. 472.
> A. Fontanon, *Édits et ordonnances, etc.* Paris,
> 1611, in-fol., t. II, p. 112.
> Isambert, *Anciennes lois françaises.* Paris, 1827,
> in-8°, t. XII, p. 548.

10474. Création de deux foires par an et d'un marché   Novembre.
chaque semaine à Bouilly, au bailliage de
Troyes, en faveur d'Henri de Malain, seigneur
du lieu. Paris, novembre 1538.

> *Enreg. à la Chancellerie de France. Arch. nat.,*
> *Trésor des Chartes, JJ. 251, n° 450, fol. 143 v°.*
> 1 page.

10475. Confirmation de la création d'un marché à Ca-   Novembre.
rignan en Piémont. Paris, novembre 1538.

> *Enreg. à la Chancellerie de France. Arch. nat.,*
> *Trésor des Chartes, JJ. 251, n° 453, fol. 144.*
> 1 page.

10476. Lettres de sauvegarde octroyées à l'évêque et   Novembre.
au chapitre de Luçon. Paris, novembre
1538.

> *Enreg. à la Chancellerie de France. Arch. nat.,*
> *Trésor des Chartes, JJ. 251, n° 452, fol. 144.*
> 2 pages.

10477. Lettres confirmant les privilèges octroyés par   Novembre.
les ducs de Bretagne au chapitre de l'église

de Tréguier et aux habitants du Minihy-Tré-
guier. Paris, novembre 1538.

Enreg. à la Chambre des Comptes de Bretagne,
Archives de la Loire-Inférieure, B. Mandements
royaux, H, fol. 191.

10478. Lettres portant don à Anne Hénard, veuve
d'Antoine du Bourg, chancelier de France,
et à Antoine du Bourg, son second fils, de la
baronnie, terre et seigneurie de Saint-Sulpice dans la sénéchaussée de Toulouse, pour
en jouir leur vie durant, comme en jouissait
le feu chancelier. Paris, 1er décembre 1538.

1er décembre.

Enreg. à la Chambre des Comptes de Paris, le
13 janvier 1539 n. s. Arch. nat., P. 2306, p. 703.
5 pages.
Enreg. au Parl. de Toulouse, le 13 décembre
1538. Arch. de la Haute-Garonne, Édits, reg. 4,
fol. 128. 2 pages 1/2.
Arch. nat., Acquits sur l'épargne, J. 962, pl. 15,
n° 35, anc. J. 961, n° 270. (Mention.) [1]

10479. Déclaration du roi rétablissant en l'office de
tabellion d'Auxerre Nicolas Robot, pourvu
dudit office le 23 mai 1538 (n° 10063), et
dont il avait été injustement privé par le
bailli d'Auxerre. Paris, 2 décembre 1538.

2 décembre.

Copie du xvie siècle. Bibl. nat., ms. fr. 5124,
fol. 172.

10480. Mandement au sénéchal de Valentinois de
poursuivre les fermiers des péages du Rhône
et de l'Isère, qui, au mépris des ordres du
roi, ont arrêté les radeaux qui conduisaient
à Marseille les bois nécessaires aux galères.
Paris, 4 décembre 1538.

4 décembre.

Enreg. à la Chambre des Comptes de Grenoble, le
6 février 1539. n. s. Arch. de l'Isère, B. 2920,
cah. 66. 4 pages.

10481. Lettres portant qu'Antoine Dusolier, conseiller au Parlement de Toulouse, sera reçu au-

4 décembre.

[1] Le rôle des *Acquits sur l'épargne* où sont portées ces lettres est daté
de Villers-Cotterets, le 8 novembre 1538.

dit office, en dérogation de l'édit de novembre
1531 (n° 4325). Paris, 4 décembre 1538.

Enreg. au Parl. de Toulouse. Arch. de la Haute-Garonne, Édits, reg. 4, fol. 129 v° 1 page.

1538.

10482. Don à Madame la Dauphine de tout ce qui
peut être dû au roi par Pierre Coste, Gabriel
L'Huillier, trésorier de Carcassonne, et autres,
touchant la ferme du comté de Lauraguais,
qui fut baillée audit Coste par feu le duc
d'Albany pour trois années (24 juin 1535-
23 juin 1538), ainsi que le rêve de la sénéchaussée de Carcassonne, l'aide mage de Carcassonne, l'aide mage et menue de Béziers et
les moulins dudit Béziers, pour le prix de
8,000 livres tournois par an, dont le duc
d'Albany n'a été payé audit prix que pour la
première année. [4 décembre 1538.(1)]

4 décembre.

*Arch. nat., Acquits sur l'épargne, J. 962, pl. 15,
n° 39, anc. J. 961, n° 273. (Mention.)*

10483. Don à Louis de Lasaigne, gentilhomme de la
vénerie, de l'office de capitaine de Villers-
Cotterets, dont le roi l'a récemment pourvu,
à 100 livres tournois de gages par année,
Sa Majesté ordonnant en outre qu'il ait une
pension annuelle de 300 livres pendant
dix ans, le tout payable sur la recette ordinaire de Crépy-en-Valois. [4 décembre 1538.]

4 décembre.

*Arch. nat., Acquits sur l'épargne, J. 962, pl. 15,
n° 39, anc. J. 961, n° 273. (Mention.)*

10484. Don à la duchesse de Nemours de la somme
de 300 livres tournois ou environ, montant
du subside que les sujets de ladite dame en
ses terres de Saint-Sorlin et de Chazay peuvent devoir au roi, en raison du subside
général que les sujets de Charles de Savoie
lui avaient accordé pour les années 1537 et
1538. [4 décembre 1538.]

4 décembre.

*Arch. nat., Acquits sur l'épargne, J. 962, pl. 15,
n° 39, anc. J. 961, n° 273. (Mention.)*

(1) La date de ce rôle a été restituée postérieurement.

10485. Lettres de naturalité et permission de tester 1538. octroyées à Georges de Charensonnay, écuyer 4 décembre. tranchant du dauphin, et à Jean et Jacques de Charensonnay, natifs de Savoie, au diocèse de Genève, sans pour ce payer finance. [4 décembre 1538.]

Arch. nat., Acquits sur l'épargne, J. 962, pl. 15, n° 39, anc. J. 961, n° 273. (Mention.)

10486. Mandement au trésorier payeur des officiers du 4 décembre. Grand conseil de payer, sur les deniers revenant bons du semestre d'été de la présente année, les gages de conseiller audit conseil d'Antoine de Castelnau, évêque de Tarbes, pour ledit semestre, nonobstant qu'il n'ait point siégé, retenu ailleurs pour le service du roi. [4 décembre 1538.]

Arch. nat., Acquits sur l'épargne, J. 962, pl. 15, n° 39, anc. J. 961, n° 273. (Mention.)

10487. Don à François de Gacon, Antoine Mason et 4 décembre. Pierre Dupré, serviteurs de M. le Connétable, de la somme de 500 livres tournois sur les droits seigneuriaux dus au roi par le s^r Damy à cause de certaine rente par lui acquise du s^r de Branges. [4 décembre 1538.]

Arch. nat., Acquits sur l'épargne, J. 962, pl. 15, n° 39, anc. J. 961, n° 273. (Mention.)

10488. Don à Jean Hunault et à Jeannot Marandat, 4 décembre. sommeliers d'échansonnerie du roi, de deux amendes montant à 120 livres parisis, prononcées par arrêt du Parlement contre Simon Lucas et Michelle Lange, veuve de Jean Connault. [4 décembre 1538.]

Arch. nat., Acquits sur l'épargne, J. 962, pl. 15, n° 39, anc. J. 961, n° 273. (Mention.)

10489. Don à Adrien Mengeaut, naguère contrôleur de 4 décembre. la maison de la feue reine d'Écosse, de l'office de sergent royal au bailliage d'Amboise, vacant par la mort de Jean Bédassier, pour en disposer à son profit. [4 décembre 1538.]

Arch. nat., Acquits sur l'épargne, J. 962, pl. 15, n° 39, anc. J. 961, n° 273. (Mention.)

10490. Don à Savaron Stuart, enfant de la cuisine du commun, de l'office de sergent royal de la prévôté de Chinon, vacant par la forfaiture de Martin Bigot, pour en disposer à son profit. [4 décembre 1538.]

1538.
4 décembre.

Arch. nat., Acquits sur l'épargne, J. 962, pl. 15, n° 39, anc. J. 961, n° 273. (Mention.)

10491. Mandement à Jean Carré, commis au payement des gages des officiers de la maison du roi, de payer à Jean Soudain, huissier des chambellans, 140 livres tournois pour ses gages de la présente année, portés sur les états au nom de feu Jean Lemoyne, son prédécesseur audit office. [4 décembre 1538.]

4 décembre.

Arch. nat., Acquits sur l'épargne, J. 962, pl. 15, n° 39, anc. J. 961, n° 273. (Mention.)

10492. Mandement audit Jean Carré de payer à Salomon Denis, autre huissier des chambellans, 70 livres tournois pour ses gages de l'année présente, portés sur les états au nom de Jean Soudain, qu'il a remplacé. [4 décembre 1538.]

4 décembre.

Arch. nat., Acquits sur l'épargne, J. 962, pl. 15, n° 39, anc. J. 961, n° 273. (Mention.)

10493. Permission à Guillaume Cyrot de résigner son office de concierge et geôlier des prisons de Moulins en faveur de Jean Rochart, sans rien payer. [4 décembre 1538.]

4 décembre.

Arch. nat., Acquits sur l'épargne, J. 962, pl. 15, n° 39, anc. J. 961, n° 273. (Mention.)

10494. Mandement au trésorier des parties casuelles de payer à François de La Forêt ses gages dudit office de l'année 1537, qu'il n'a pas eus parce qu'il n'était point porté sur les états. [4 décembre 1538.]

4 décembre.

Arch. nat., Acquits sur l'épargne, J. 962, pl. 15, n° 39, anc. J. 961, n° 273. (Mention.)

10495. Permission à Antoine Le Maçon, receveur général de Bourgogne, de résigner son office, quand et au profit de qui bon lui semblera,

4 décembre.

sans payer le quart denier, comme il est
d'usage. [4 décembre 1538.]

1538.

Arch. nat., Acquits sur l'épargne, J. 962, pl. 15,
n° 39, anc. J. 961, n° 273. (Mention.)

10496. Don et quittance à Millet, écuyer des grands
chevaux du roi, d'une amende de 500 livres
prononcée contre lui pour l'entérinement
d'une rémission qu'il a naguère obtenue du
roi. [4 décembre 1538.]

4 décembre.

Arch. nat., Acquits sur l'épargne, J. 962, pl. 15,
n° 39, anc. J. 961, n° 273. (Mention.)

10497. Don à la duchesse d'Étampes de la somme de
4,000 livres tournois sur les deniers provenant du rachat et des arrérages d'une rente
de 100 livres tournois que feu Jean Le
Groing, chevalier, sʳ de Challeau, constitua
l'an 1561 à Morelet du Museau, sur tous ses
biens et particulièrement sur sa terre de Challeau. [4 décembre 1538.]

4 décembre.

Arch. nat., Acquits sur l'épargne, J. 962, pl. 15,
n° 39, anc. J. 961, n° 273. (Mention.)

10498. Lettres accordant à [Charles de Gramont], archevêque de Bordeaux, déduction de ce qui
se trouvera par lui redû des décimes, dons
gratuits et emprunts pour raison de ses bénéfices, sur ce que le roi peut devoir audit archevêque de son état et pension de lieutenant
au gouvernement de Guyenne. [4 décembre
1538.]

4 décembre.

Arch. nat., Acquits sur l'épargne, J. 962, pl. 15,
n° 39, anc. J. 961, n° 273. (Mention.)

10499. Don à Mathieu Chasseport, sommelier d'échansonnerie du roi, de l'office de garde et sergent en la forêt de Longaulnay (Longuenée
en Anjou), vacant par le décès de Jean Boi-
vin. [4 décembre 1538.]

4 décembre.

Arch. nat., Acquits sur l'épargne, J. 962, pl. 15,
n° 39, anc. J. 961, n° 273. (Mention.)

10500. Don à François Boyer, dit Macquart, enfant de
cuisine de bouche, de 25 écus d'or, montant

4 décembre.

du quart denier de la résignation de l'office   1538.
de sergent royal au bailliage de Touraine que
fait Guillaume Vignau au profit de Jean Pel-
lault. [4 décembre 1538.]

Arch. nat., Acquits sur l'épargne, J. 962, pl. 15,
n° 39, *anc.* J. 961, n° 273. (*Mention.*)

10501. Permission à Julien Bonacoursy, trésorier et re-   4 décembre.
ceveur général de Provence, de résigner son
office, sans payer le quart denier, comme c'est
l'usage, au profit de Nicolas « Delœil » (*alias*
de Cosil), dit Agaffin, pourvu qu'il certifie de la
reddition de ses comptes. [4 décembre 1538.]

Arch. nat., Acquits sur l'épargne, J. 962, pl. 15,
n° 39, *anc.* J. 961, n° 273. (*Mention.*)

10502. Permission au s^r de Grignan, conseiller et   4 décembre.
chambellan du roi et son ambassadeur à Rome,
de faire venir de Dauphiné et de Provence à
Rome 1,500 charges de blé et 1,500 charges
d'avoine du produit de ses terres, tant pour
la provision et dépense de sa maison, que
pour en disposer comme bon lui semblera,
sans rien payer des droits appartenant au roi.
[4 décembre 1538.]

Arch. nat., Acquits sur l'épargne, J. 962, pl. 15,
n° 39, *anc.* J. 961, n° 273. (*Mention.*)

10503. Don à Alof de L'Hopital, s^r de Choisy-aux-Loges,   4 décembre.
de l'office de maître forestier de la forêt de
Bière, vacant par la sentence criminelle rendue
contre Claude de Villiers, dernier titulaire,
par André Guillart, maître des requêtes de
l'hôtel, et Étienne des Ruyaulx, prévôt de
l'hôtel, commissaires sur ce députés, par laquelle ledit de Villiers a été banni pour dix
ans du royaume, pour dudit office disposer
à son profit et en faire pourvoir telle personne
capable qu'il avisera. [4 décembre 1538.]

Arch. nat., Acquits sur l'épargne, J. 962, pl. 15,
n° 39, *anc.* J. 961, n° 273. (*Mention.*)

10504. Don et quittance à Annet de Castelpers des   4 décembre.
amendes montant à 700 livres tournois aux

quelles il a été naguère condamné envers le
roi. [4 décembre 1538.]

*Arch. nat., Acquits sur l'épargné, J. 962, pl. 15,
n° 39, anc. J. 961, n° 273. (Mention.)*

1538.

10505. Provisions pour Louis Foucquet de l'office de
forestier de la forêt de Bière, vacant par suite
de la condamnation de Claude de Villiers,
s^r de Chailly, pour faits criminels. Paris,
5 décembre 1538.

5 décembre.

*Enreg. aux Eaux et forêts, le 27 mars 1539
n. s. Arch. nat., Z^{1e} 826, fol. 40 v°, 6 page 1/2.*

10506. Lettres autorisant le cardinal de Lorraine à
faire couper et vendre 1,200 arpents, mesure
de Nivernais, des bois de haute futaie de la
forêt de la Bertrange à lui appartenant à cause
du prieuré de la Charité et de la terre et seigneurie de Dampierre, pour les deniers qui
en proviendront être délivrés au commissaire
du roi. Paris, 5 décembre 1538.

5 décembre.

*Présentées au Parl. de Paris, le 8 janvier 1539
n. s. Arch. nat., X^{1a} 1542, reg. du Conseil, fol. 110.
(Mention.)*

10507. Provisions de l'office de conseiller lai au Parlement de Dijon pour Nicolas de Recourt, en
remplacement de Jacques Godran, nommé
troisième président. Paris, 6 décembre 1538.

6 décembre.

*Enreg. au Parl. de Dijon. Arch. de la Côte-d'Or,
Parl., reg. II, fol. 148 et 220 v°.*

10508. Déclaration explicative de l'ordonnance de Moulins, en date du 13 février 1538 (n°° 9655
et 9656), « sur les foy et hommages en Bretagne et sur les pastiz, bruyères, forests et terrains vagues empiétés sur le domaine ». Paris,
8 décembre 1538.

8 décembre.

*Copie du XVI° siècle. Bibl. nat., ms. fr. 2832,
fol. 6.*

10509. Lettres de confirmation de la vente faite à Nicolas de Neufville de Villeroy du greffe de la
prévôté et vicomté de Paris, moyennant

11 décembre.

30,000 livres, et de l'érection dudit greffe   1538.
en titre d'office. Paris, 11 décembre 1538.

> *Enreg. au Parl. de Paris, le 7 janvier 1539 n. s.*
> *Arch. nat., X¹ᵃ 8613, fol. 138. 3 pages 1/2.*
> *Arrêt d'enregistrement, Arch. nat., X¹ᵃ 1542,*
> *reg. du Conseil, fol. 101 v°.*
> *Enreg. au Châtelet de Paris, Arch. nat., Ban-*
> *nières, Y. 9, fol. 127, et Livre jaune grand., Y. 6⁵,*
> *fol. 32. 5 pages.*
> *Arch. nat., Acquits sur l'épargne, J. 962, pl. 15,*
> *n° 41, anc. J. 961, n° 276. (Mention.)*

10510. Lettres portant prorogation, en faveur des ha-   11 décembre.
bitants de la ville et des faubourgs de la
Guierche, diocèse de Rennes, de l'affranchissement des aides et tailles jusqu'à concurrence
de 60 livres par an, qu'ils ont obtenu précédemment. Paris, 11 décembre 1538.

> *Enreg. à la Chambre des Comptes de Bretagne,*
> *Archives de la Loire-Inférieure, B. Mandements*
> *royaux, II, fol. 190.*
> *Arch. nat., Acquits sur l'épargne, J. 962, pl. 15,*
> *n° 40, anc. J. 961, n° 275. (Mention.)*

10511. Permission à Pierre d'Apestigny, général de   11 décembre.
Bourgogne, de résigner son office de notaire
et secrétaire du roi en faveur de Guillaume
de Moraines, trésorier de Bourbonnais et
commis à partie de la recette générale de
Languedoïl, avec don et quittance audit de
Moraines, en récompense de ses services,
du quart denier de ladite résignation. Paris,
11 décembre 1538.

> *Arch. nat., Acquits sur l'épargne, J. 962, pl. 15,*
> *n° 40, anc. J. 961, n° 275. (Mention.)*

10512. Don à François de Brives, valet de chambre   11 décembre.
ordinaire du roi, des droits de quint, re-
quint et autres devoirs seigneuriaux échus à
Sa Majesté à cause de l'acquisition naguère
faite par Claude du Chapt du fief de Méry,
mouvant de la tour de Provins, lesdits droits
montant à environ 160 écus d'or soleil. Paris,
11 décembre 1538.

> *Arch. nat., Acquits sur l'épargne, J. 962, pl. 15,*
> *n° 40, anc. J. 961, n° 275. (Mention.)*

10513. Mandement au trésorier de l'épargne de faire   1538.
payer par Jean Vyon, trésorier et receveur des   11 décembre.
terres et seigneuries de Briost, Omiécourt
et Ressons-sur-Matz, appartenant au dauphin et à la dauphine, à Claude de Nouveau,
solliciteur des procès pendants au Parlement
pour raison des terres et biens desdits seigneur et dame, la somme de 758 livres
10 sous 11 deniers tournois qui lui est due
par la clôture de son compte de l'administration des affaires du feu duc d'Albany. Paris,
11 décembre 1538.

Arch. nat., Acquits sur l'épargne, J. 962, pl. 15,
n° 40, *anc.* J. 961, n° 275. (*Mention.*)

10514. Don à Jean et Louis Dubois, gentilshommes   11 décembre.
de la vénerie, de la somme de 550 livres
tournois, montant d'amendes prononcées par
le sénéchal de Bourbonnais contre huit personnes coupables de monopole. Paris, 11 décembre 1538.

Arch. nat., Acquits sur l'épargne, J. 962, pl. 15,
n° 40, *anc.* J. 961, n° 275. (*Mention.*)

10515. Don à Courtigny, valet de garde-robe du dau-   11 décembre.
phin, du quart dû pour la résignation de
l'office de sergent à cheval au Châtelet de
Paris faite par Joachim Taillebois au profit
de Guillaume Brouillet. Paris, 11 décembre
1538.

Arch. nat., Acquits sur l'épargne, J. 962, pl. 15,
n° 40, *anc.* J. 962, n° 275. (*Mention.*)

10516. Don à Adam Follarton, l'un des vingt-quatre   11 décembre.
archers de la garde du corps, d'un office de
sergent à cheval au Châtelet de Paris vacant par la mort de Pierre de La Forêt, pour
en disposer à son profit. Paris, 11 décembre
1538.

Arch. nat., Acquits sur l'épargne, J. 962, pl. 15,
n° 40, *anc.* J. 961, n° 275. (*Mention.*)

10517. Lettres ordonnant que, sur les deniers levés et   11 décembre.
quêtés par les églises collégiales de Sainte-Foi
de Conques et de Saint-Michel de Gaillac

(voir n° 10246), saisis en la main du roi, sera prélevée la somme de 2,000 livres tournois pour employer en achat de vin pour la provision de l'Hôtel-Dieu de Paris. Paris, 11 décembre 1538.

> *Arch. nat., Acquits sur l'épargne, J. 962, pl. 15, n° 40, anc. J. 961, n° 275. (Mention.)*

10518. Don à Jean Champion, valet de garde-robe du roi, de l'office de sergent à cheval au Châtelet de Paris vacant par la mort de Guillaume Barbier, pour en disposer à son profit. Paris, 11 décembre 1538.

> *Arch. nat., Acquits sur l'épargne, J. 962, pl. 15, n° 40, anc. J. 961, n° 275. (Mention.)*

10519. Lettres ordonnant que les maîtres des comptes de Bretagne prendront dorénavant chaque année, sur les finances dudit pays, la somme de 750 livres, monnaie de Bretagne, à répartir entre eux pour leurs droits de robes. Paris, 11 décembre 1538.

> *Arch. nat., Acquits sur l'épargne, J. 962, pl. 15, n° 40, anc. J. 961, n° 275. (Mention.)*

10520. Prorogation accordée aux maire, échevins et habitants d'Auxonne de l'octroi qu'ils ont obtenu précédemment de moitié du revenu du péage dudit lieu, valant de 100 à 120 livres tournois par an, l'autre moitié leur appartenant déjà, pour employer aux réparations et fortifications de leur ville. Paris, 11 décembre 1538.

> *Arch. nat., Acquits sur l'épargne, J. 962, pl. 15, n° 40, anc. J. 961, n° 275. (Mention.)*

10521. Lettres de naturalité et permission de tester, avec don et remise de finance, octroyées à « Domaine d'Olifve », originaire du Piémont, marié et demeurant à Paris en l'hôtel de M. le Connétable. Paris, 11 décembre 1538 [1].

> *Arch. nat., Acquits sur l'épargne, J. 962, pl. 15, n° 40, anc. J. 961, n° 275. (Mention.)*

---

[1] Ces lettres figurent de nouveau sur un rôle d'expéditions daté de Saint-Germain-en-Laye, le 23 décembre 1538. (J. 962, n° 44.)

1538.

11 décembre.

11 décembre.

11 décembre.

11 décembre.

III.

10522. Permission de faire venir 100 pipes de vin pour la provision du château de Nantes durant la prochaine année, avec affranchissement de l'imposition foraine, trépas de Loire et autres droits quelconques, ainsi qu'il est accoutumé. Paris, 11 décembre 1538.

1538.
11 décembre.

Arch. nat., Acquits sur l'épargne, J. 962, pl. 15, n° 40, anc. J. 961, n° 275. (Mention.)

10523. Permission à M. de Guémené de faire venir 100 muids de vin pour l'approvisionnement de ses maisons de Bretagne durant la prochaine année, avec affranchissement de tous droits et péages. Paris, 11 décembre 1538.

11 décembre.

Arch. nat., acquits sur l'épargne, J. 962, pl. 15, n° 40, anc. J. 961, n° 275, et J. 962, n° 41, anc. J. 961, n° 276. (Mentions.)

10524. Don à Jeannet de Bouchefort, chantre de la chambre du roi, des amendes prononcées contre Henri Imbert, général des aides à Rouen, Jean Lecomte et Jacques Manteau, la première de 160 livres parisis, la seconde de 40 livres et la troisième de 20 livres. Paris, 11 décembre 1538.

11 décembre.

Arch. nat., Acquits sur l'épargne, J. 962, pl. 15, n° 40, anc. J. 961, n° 275. (Mention.)

10525. Don par manière de pension à Jean Vollant, récemment pourvu de l'office de receveur ordinaire du domaine de Rouen, de la somme de 150 livres tournois par an, ainsi que l'ont eue ses prédécesseurs, tant qu'il exercera ledit office. Paris, 11 décembre 1538.

11 décembre.

Arch. nat., Acquits sur l'épargne, J. 962, pl. 15, n° 41, anc. J. 961, n° 276. (Mention.)

10526. Don à Joachim Sautereau, fourrier de M. le Connétable, et à Petitjean, fourrier de M. le cardinal de Lorraine, de l'office de sergent à cheval au Châtelet de Paris vacant par le décès de Guillaume Barbier, pour en disposer à leur profit. Paris, 11 décembre 1538.

11 décembre.

Arch. nat., Acquits sur l'épargne, J. 962, pl. 15, n° 41, anc. J. 961, n° 276. (Mention.)

10527. Don à Pierre de Beauvoir de la somme de
520 livres parisis, montant d'amendes prononcées contre Nicolas Mauroy par arrêt
du Parlement de Paris, et contre Henri Imbert, général des aides à Rouen, par les conseillers de ladite Cour des Aides. Paris,
11 décembre 1538.

> Arch. nat., Acquits sur l'épargne, J. 962, pl. 15,
> n° 41, anc. J. 961, n° 276. (Mention.)

3558.
11 décembre.

10528. Ordonnance portant attribution aux préyôts
des maréchaux de France et à leurs lieutenants de la connaissance des crimes et
délits en matière de chasse. Paris, 12 décembre 1538.

> Présentée au Parl. de Paris le 16 février 1541
> n. s.; la cour arrête qu'elle présentera au roi des
> remontrances, le 25 du même mois. Arch. nat.,
> X¹ᵒ 1546, reg. du Conseil, fol. 164 et 180. (Men-
> tions.)
> Imp. Pièce in-8°. Arch. nat., AD.I 19. 2 pages.
> Autre. Bibl. nat., Inv. Réserve, F. 1537.
> P. Rebuffi, Les édits et ordonnances, etc. Lyon,
> 1573, in-fol., p. 461.
> A. Fontanon, Édits et ordonnances, etc. Paris,
> 1611, in-fol., t. I, p. 390.
> E. Girard et J. Joly, Le troisiesme livre des offices
> de France, etc. Paris, 1647, in-fol., t. II, p. 1141.
> Saugrain, La maréchaussée de France, etc. Paris,
> 1697, in-4°, p. 9.
> Isambert, Anciennes lois françaises. Paris, 1827,
> in-8°, t. XII, p. 550.

12 décembre.

10529. Déclaration portant que les appels du maître
particulier des Eaux et forêts de la baronnie
de Châteauneuf-en-Thimerais devront être
portés directement devant le Grand maître
enquêteur et réformateur général des Eaux
et forêts, et non devant le bailli de Châteauneuf. Paris, 12 décembre 1538.

> Enreg. au Parl. de Paris, le 29 juillet 1539.
> Arch. nat., X¹ᵃ 8613, fol. 173. 1 page 1/2.

12 décembre.

10530. Lettres accordant aux habitants d'Albi, sur les
4,800 livres qu'ils devaient payer pour la
levée de 20,000 hommes de pied, la remise
de la somme de 2,500 livres qu'ils avaient

12 décembre.

prêtée au roi l'année précédente. Paris, 12 décembre 1538.   1538.

> *Original. Arch. municip. de la ville d'Albi*, CC. 118(¹)

10531. Pouvoirs donnés par le roi à Antoine de Castelnau, évêque de Tarbes, pour traiter avec les députés de l'empereur. Paris, 14 décembre 1538[1].   14 décembre.

> *Copie du* XVI° *siècle. Bibl. nat.*, ms. fr. 3916, fol. 279.

10532. Lettres de naturalité et permission de tenir bénéfices en France, accordées à « Nofry Mellin », natif de Ferrare. Paris, 15 décembre 1538.   15 décembre.

> *Enreg. au Parl. de Paris, le 14 juillet 1545. Arch. nat.*, X¹ᵃ 8615, fol. 117. 1 page 1/3.

10533. Mandement de payer à Antoine Des Prez, seigneur de Montpezat, gentilhomme de la chambre, 3,000 livres tournois pour sa pension. Paris, 15 décembre 1538.   15 décembre.

> *Original. Bibl. nat., Pièces orig., Prez*, vol. 2385 (doss. 53455), p. 20.

10534. Lettres enjoignant au Parlement de Toulouse d'informer contre les sectateurs de l'hérésie luthérienne, contre les imprimeurs, vendeurs, acheteurs ou détenteurs de livres hérétiques, et de procéder contre eux rigoureusement. Paris, 16 décembre 1538.   16 décembre.

> *Enreg. au Parl. de Toulouse, le 21 avril 1539. Arch. de la Haute-Garonne, Édits*, reg. 4, fol. 135. 2 pages 1/2.
> Imp. *Bulletin de la Société de l'histoire du Protestantisme français*. Paris, in-8°, ann. 1889, n° 2, p. 72.

10535. Lettres de compulsoire pour Pierre Potier, secrétaire du roi et payeur des gages du Parlement de Toulouse, contre le trésorier et rece-   16 décembre.

---

(1) On a imprimé 1537, dans le *Catalogue des manuscrits de la Bibliothèque nationale*. En effet on lirait plutôt 1537, mais l'année du règne indiquée à la suite (24°) et le lieu de la date prouvent que ces lettres sont bien de 1538.

veur de la ville de Toulouse, receveur des
amendes de la cour. Paris, 16 décembre
1538.

1538.

> *Enreg. au Parl. de Toulouse. Arch. de la Haute-*
> *Garonne, Édits, reg. 4, fol. 134 v°.*
> *Bibl. nat., ms. fr. 4402, fol. 74 v°, n° 102.*
> *(Mention.)*

10536. Lettres portant règlement pour l'enregistrement et l'exécution d'un arrêt du Conseil
d'État ordonnant que le siège du bailliage du
bas Viennois sera fixé dans la ville de Saint-
Marcellin. Paris, 17 décembre 1538.

17 décembre.

> *Enreg. au Parl. de Grenoble, le 4 janvier suivant.*
> *Arch. de l'Isère, Chambre des Comptes de Grenoble,*
> *B. 2982, fol. 513. 17 pages.*

10537. Lettres portant règlement pour les privilèges
des habitants de la ville de Mouzon-sur-
Meuse. Paris, 17 décembre 1538.

17 décembre.

> *Enreg. à la Chambre des Comptes de Paris, anc.*
> *mém. 2 J, fol. 78. Arch. nat., invent. PP. 136,*
> *p. 465. (Mention.)*
> *Enreg. à la Cour des Aides de Paris, le 26 mai*
> *1546. Arch. nat., recueil Cromo, U. 665, fol. 320.*
> *(Mention.)*
> *Voir ci-dessus, juin 1537 (n° 9168).*

10538. Lettres relatives à la police des greniers à sel et
à la cession aux grenetiers par les particuliers
du sel auquel ceux-ci ont droit en vertu de
privilèges. Paris, 17 décembre 1538.

17 décembre.

> *Enreg. à la Chambre des Comptes de Montpellier.*
> *Archives départ. de l'Hérault, B. 342, fol. 109.*
> *4 pages.*

10539. Mandement à Guillaume Prud'homme, trésorier
de l'épargne, de payer à Jean Duval, changeur du trésor, la somme de 720 livres tournois qu'il doit employer au payement, pour
l'année 1538, des gages des douze hommes
d'armes chargés de la garde de la Bastille.
Paris, 17 décembre 1538.

17 décembre.

> *Original. Bibl. nat., ms. fr. 25721, n° 515.*

10540. Mandement à Guillaume Prud'homme, trésorier
de l'épargne, de bailler à Jean Godet, commis

17 décembre.

au payement des gens de guerre chargés de la   1538.
garde des places fortes, de Champagne, la
somme de 1,950 livres tournois, qu'il doit
employer au payement des garnisons de Mon-
tigny, Mont-le-Roy, Charvot et Coiffy. Paris,
17 décembre 1538.

> *Original. Bibl. nat., ms. fr. 25721, n° 516.*

10541. Mandement à Guillaume Prudhomme, trésorier   17 décembre.
de l'épargne, de délivrer à Nicolas de Cosil,
dit Agaffin, receveur général des finances
de Provence, la somme de 1,200 livres tournois qu'il doit employer au payement des
capitaines et des gardes des tours d'If et de
Toulon pour leurs gages des quartiers d'avril-
juin et juillet-septembre 1538. Paris, 17 décembre 1538.

> *Original. Bibl. nat., ms. fr. 25721, n° 517.*

10542. Don de 10,000 livres à Louise de Polignac,   17 décembre.
dame du Vigean, veuve de François du Fou,
chevalier, sr du Vigean, capitaine de Lusignan. 17 décembre 1538.

> *Bibl. nat., ms. Clairambault 782, p. 298. (Men-*
> *tion.)*

10543. Déclaration portant que le sénéchal de Tou-   18 décembre.
louse et les autres juges qui ressortissent
devant lui, ou leurs lieutenants, ne pourront
prendre pour greffiers, dans les commissions
qui leur seront adressées, d'autres personnes
que les fermiers des greffes de ladite séné-
-chaussée. Paris, 18 décembre 1538.

> *Enreg. au Parl. de Toulouse, le 20 novembre 1539.*
> *Arch. de la Haute-Garonne, Édits, reg. 4, fol. 154.*
> 2 pages.

10544. Lettres concernant le payement des amendes,   18 décembre.
sous peine de ne pouvoir être élargi de
prison, par les appelants des sentences des
juges subalternes qui les ont frappés d'amendes pécuniaires. Paris, 18 décembre 1538.

> *Enreg. au Parl. de Toulouse, le 20 novembre 1539.*
> *Arch. de la Haute-Garonne, Édits, reg. 4, fol. 152.*
> 2 pages.

10545. Lettres ordonnant que désormais les arrêts de
confiscation au profit du roi, prononcés par
le Parlement de Toulouse, seront immédiatement exécutés. Le jour même du prononcé
de l'arrêt, le greffier criminel en enverra
copie au trésorier et receveur ordinaire de la
sénéchaussée de Toulouse, qui procédera
aussitôt à la saisie, nonobstant oppositions
ou appels. Paris, 18 décembre 1538.

1538.
18 décembre.

> *Enreg. au Parl. de Toulouse, le 20 novembre
> 1539. Arch. de la Haute-Garonne, Édits, reg. 4,
> fol. 153.*
> *Copie du XVIe siècle. Arch. départ. des Basses-
> Pyrénées, E. 571.*

10546. Déclaration du roi accordant à ses vassaux du
duché de Bretagne un délai de quarante jours
depuis l'ouverture du fief, pour rendre la foi
et hommage devant la Chambre des Comptes
de Bretagne, et quarante autres jours pour
l'aveu. Paris, 18 décembre 1538.

18 décembre.

> Imp. Albert Padioleau, s^r de Launay, *Traité de
> la juridiction de la Chambre des Comptes de Bre-
> tagne sur le fait de la régale*, etc. Nantes, S. de
> Heuqueville, 1631, in-4°, p. 93.
> J.-A. de La Gibonays, *Recueil des édits..... con-
> cernant la Chambre des Comptes de Bretagne.*
> Nantes, 1721, in-fol., t. I, 1re partie, p. 42.

10547. Ordonnance portant règlement pour les récep-
tions de foi et hommages, et pour les aveux
et dénombrements dans le comté de Poitou.
Reçus par le procureur du roi au siège de
Poitiers, ils devront être apportés à la
Chambre des Comptes. Paris, 18 décembre
1538.

18 décembre.

> *Enreg. au Parl. de Paris, le 20 février 1539 n. s.
> Arch. nat., X^{1a} 8613, fol. 141 v°. 3 pages.*
> *Arrêt d'enregistrement. Idem, X^{2a} 4907, Plai-
> doiries, fol. 335.*
> *Enreg. à la Chambre des Comptes de Paris, le
> 8 août 1539. Archives nationales, P. 2306, p. 737.
> 5 pages 1/2.*
> *Idem, P. 2537, fol. 303 v°, et P. 2553, fol. 291.*
> Imp. *Pièce in-4°. Arch. nat., AD.I 20; AD.IX
> 124, n° 60. 4 pages.*

10548. Confirmation du traité d'alliance avec la confédération et hanse teutonique des Ostrelins (ou Ostfaliens), et des privilèges à eux accordés par les rois de France. Paris, 18 décembre 1538.

1538.
18 décembre.

Enreg. au Parl. de Paris, le 27 juillet 1542. Arch. nat., X¹ᵃ 8613, fol. 345, 2 pages 1/2. Arrêt d'enregistrement. Idem, X¹ᵃ 4916, Plaidoiries (à la date).

10549. Mandement à Guillaume Prudhomme, trésorier de l'épargne, de faire donner à Martin de Troyes, commis au payement de l'Extraordinaire des guerres, la somme de 23,453 livres 10 sous tournois qu'il doit employer au payement des 3,960 hommes chargés de la garde des places et des villes du Piémont. Paris, 18 décembre 1538.

18 décembre.

Original. Bibl. nat., ms. fr. 25721, n° 548.

10550. Don et quittance à Charles Pavyot, aumônier du roi, d'une amende de 60 livres parisis récemment prononcée contre lui par arrêt du Parlement de Paris. Paris, 18 décembre 1538.

18 décembre.

Arch. nat., Acquits sur l'épargne, J. 962, pl. 15, n° 42, anc. J. 961, n° 269. (Mention.)

10551. Don à Pierre Boulay, huissier de salle des chambellans du roi, des lods et ventes échus à Sa Majesté à cause de l'acquisition faite par Guillaume Pagot d'une maison sise à la porte Baudet à Paris, à l'enseigne du *Heaume*. Paris, 18 décembre 1538.

18 décembre.

Arch. nat., Acquits sur l'épargne, J. 962, pl. 15, n° 42, anc. J. 961, n° 269. (Mention.)

10552. Don à Léger Bohier, dit Macquart, maître queux en la cuisine de bouche, de 25 écus soleil, montant du quart de la résignation de l'office de sergent à cheval du guet de Paris faite par Jean Girard en faveur de Robert Mallequin. Paris, 18 décembre 1538.

18 décembre

Arch. nat., Acquits sur l'épargne, J. 962, pl. 15, n° 42, anc. J. 961, n° 269. (Mention.)

10553. Lettres de naturalité et permission de tester   1538.
avec dispense de finance, accordées à Pierre   18 décembre.
Foullon, peintre de M. de Boisy, originaire
d'Anvers, à condition de se marier en France.
Paris, 18 décembre 1538.

       *Arch. nat., Acquits sur l'épargne, J. 962, pl. 15,
n° 42, anc. J. 961, n° 269. (Mention.)*

10554. Don à Antoine de Heu et à Jean Starbe de   18 décembre.
l'office de sergent royal au bailliage et châ-
telet d'Orléans vacant par le décès de Clément Venet, pour en disposer à leur profit.
Paris, 18 décembre 1538.

       *Arch. nat., Acquits sur l'épargne, J. 962, pl. 15,
n° 42, anc. J. 961, n° 269. (Mention.)*

10555. Mandement au trésorier des parties casuelles   18 décembre.
de payer à M. de Fosseux, maître d'hôtel du
roi, la somme de 1,269 livres tournois à lui
taxée, suivant l'ordonnance du Conseil privé,
par MM. de Soissons et de Vély, pour un
voyage qu'il a fait au Havre-de-Grâce par
ordre du roi, et autres frais pour le service
de Sa Majesté. Paris, 18 décembre 1538.

       *Arch. nat., Acquits sur l'épargne, J. 962, pl. 15,
n° 42, anc. J. 961, n° 269. (Mention.)*

10556. Continuation, en faveur des Cordeliers de   18 décembre.
Meung-sur-Loire, du don d'une somme an-
nuelle de 15 livres tournois sur la recette
ordinaire d'Orléans, pour acheter le bois nécessaire à leur couvent. Paris, 18 décembre
1538.

       *Arch. nat., Acquits sur l'épargne, J. 962, pl. 15,
n° 42, anc. J. 961, n° 269. (Mention.)*

10557. Don et quittance à Jacques Caillaut, écuyer de   18 décembre.
cuisine de la reine, d'une amende de 60 livres
parisis prononcée contre lui par arrêt du Parlement de Paris. Paris, 18 décembre 1538.

       *Arch. nat., Acquits sur l'épargne, J. 962, pl. 15,
n° 42, anc. J. 961, n° 269. (Mention.)*

10558. Permission de faire conduire à Saint-Malo,   18 décembre.
pour la provision du château, 100 pipes de

vin franches des droits de traite, trépas de
Loire et autres, ainsi qu'il est accoutumé.
Paris, 18 décembre 1538.

*Arch. nat., Acquits sur l'épargne, J. 962, pl. 15,
n° 42, anc. J. 961, n° 269. (Mention.)*

10559. Don à Louise Du Plessis, l'une des demoiselles
de Mademoiselle de Roye, de la somme de
1,000 livres tournois sur l'amende ou confiscation prononcée contre un nommé Larez,
du pays de Normandie, et ses complices, condamnés pour plusieurs crimes. Paris, 18 décembre 1538.

*Arch. nat., Acquits sur l'épargne, J. 962, pl. 15,
n° 42, anc. J. 961, n° 269. (Mention.)*

10560. Lettres enjoignant à la ville de Lyon de n'imposer, parmi les Florentins, Lucquois et
autres étrangers, que ceux qui seront nés ou
mariés à Lyon ou y ayant acquis des héritages. Paris, 19 décembre 1538.

Original. Arch. de la ville de Lyon, CC. 914, n° 7.

10561. Mandement au trésorier de l'épargne de payer
123 livres 15 sous à Jean Prost, qui part le
jour même pour aller en Angleterre porter
des lettres du roi au seigneur de Castillon,
son ambassadeur. Saint-Germain-en-Laye,
21 décembre 1538.

*Bibl. nat., ms. Clairambault 1215, fol. 76 v°.
(Mention.)*

10562. Commission aux présidents du Parlement de
Rouen, François de Marsillac et Robert de
Villy et à d'autres personnages de connaître
des infractions aux traités conclus avec le
roi de Portugal et de publier les défenses
aux sujets français de voyager au Brésil.
Saint-Germain-en-Laye, 22 décembre 1538.

*Copie. Arch. municip. de Rouen, A. 14, fol. 283.
IMP. E. de Fréville, Mémoire sur le commerce
maritime de Rouen. Petit in-8°, 1857, Paris et
Rouen, t. II, Pièces justificatives, p. 437.*

10563. Lettres portant continuation pour six ans, en
faveur de la ville de Laon, du droit d'octroi

1538.

18 décembre.

19 décembre.

21 décembre.

22 décembre.

23 décembre.

de 2 sous parisis levé sur chaque minot de sel   1538.
vendu au grenier à sel de Laon, afin d'aider
aux réparations des murailles de la ville.
Saint-Germain-en-Laye, 23 décembre 1538.

Original. Arch. de la ville de Laon, AA. 19.

10564. Mandement à Guillaume Prudhomme, trésorier   23 décembre.
de l'épargne, de délivrer à Jean Carré, commis
au payement des gages des gentilshommes de
la chambre du roi et des officiers domestiques
de son hôtel, la somme de 43,509 livres dont
il a besoin pour les gages de la présente
année 1538. Saint-Germain-en-Laye, 23 décembre 1538.

Original. Bibl. nat., ms. fr. 25721, n° 519.

10565. Mandement à Jean Vyon, commis à tenir le   23 décembre.
compte de l'extraordinaire de l'artillerie, de
payer à Étienne Tanneguy, commissaire et
fondeur de l'artillerie, la somme de 280 livres
tournois pour les voyages qu'il a faits de
Tours, où il habite, à Chenonceaux, Amboise, Paris, Saint-Germain-en-Laye, Melun
et Fontainebleau, où il a été mandé par le
roi au sujet de la fonte d'artillerie que Sa
Majesté veut faire faire à Paris. Saint-Germain-
en-Laye, 23 décembre 1538.

*Arch. nat., Acquits sur l'épargne, J. 962, pl. 15,
n° 43, anc. J. 961, n° 206. (Mention.)*

10566. Mandement à Jean Carré, commis à tenir le   23 décembre.
compte des officiers domestiques de la maison
du roi, de payer à Pierre de Lestang, dit Pinton, sommelier de l'échansonnerie du commun, la somme de 180 livres tournois pour
ses gages et son entretien durant la présente
année, somme portée sur les états au nom
de feu Fortin Mérian, son prédécesseur audit
office. Saint-Germain-en-Laye, 23 décembre
1538.

*Arch. nat., Acquits sur l'épargne, J. 962, pl. 15,
n° 43, anc. J. 961, n° 206. (Mention.)*

10567. Don à Pierre de Lestang, dit Pinton, somme-   23 décembre.

lier d'échansonnerie, et à Étienne Deschamps, sommelier de paneterie, de la somme de 40 écus d'or soleil sur les deniers qui proviendront de la vente de l'office de troisième bouteiller et priseur de vin en la ville et vicomté de Rouen, vacant par la mort de Jean Pommier. Saint-Germain-en-Laye, 23 décembre 1538.

Arch. nat., Acquits sur l'épargne, J. 962, pl. 15, n° 43, anc. J. 961, n° 206. (*Mention.*)

1538.

10568. Don à Jean de Montjoye, dit de La Mothe, huissier de salle des chambellans du roi, de la somme de 30 écus d'or soleil sur les deniers provenant de l'office de sergent royal en la baronnie de Preuilly en Touraine, nouvellement créé, à laquelle somme a été taxé ledit office, dont a été pourvu Jean Lemoyne. Saint-Germain-en-Laye, 23 décembre 1538.

Arch. nat., Acquits sur l'épargne, J. 962, pl. 15, n° 43, anc. J. 961, n° 206. (*Mention.*)

23 décembre.

10569. Don à Nicole Frerey de l'office de contrôleur de Conches et Breteuil, vacant par la confiscation ou destitution de Jean Maillard, dernier titulaire dudit office, par arrêt du Parlement de Rouen. Saint-Germain-en-Laye, 23 décembre 1538.

Arch. nat., Acquits sur l'épargne, J. 962, pl. 15, n° 43, anc. J. 961, n° 206. (*Mention.*)

23 décembre.

10570. Lettres de survivance de l'office d'avocat au bailliage d'Autun, résigné par Jean de Xaintonge au profit de Guillaume d'Angoste, lieutenant en la chancellerie d'Autun. Saint-Germain-en-Laye, 23 décembre 1538.

Arch. nat., Acquits sur l'épargne, J. 962, pl. 15, n° 43, anc. J. 961, n° 206. (*Mention.*)

23 décembre.

10571. Don à Pierre Collet, laquais de M. le Dauphin, de l'office de sergent à Chauny en Picardie, vacant par la mort de Gérard Morot. Saint-Germain-en-Laye, 23 décembre 1538.

Arch. nat., Acquits sur l'épargne, J. 962, pl. 15, n° 43, anc. J. 961, n° 206. (*Mention.*)

23 décembre.

10572. Don à Jean-Jacques de Castillon, l'un des cent
gentilshommes du roi, de l'aubaine échue
à Sa Majesté par la mort de Paul de la Silve,
originaire du duché de Milan, décédé dans le
royaume sans avoir obtenu lettres de naturalité ni permission de tester. Saint-Germain-
en-Laye, 23 décembre 1538. *

> *Arch. nat., Acquits sur l'épargne,* J. 962, pl. 15,
> n° 43, anc. J. 961, n° 206. (*Mention.*)

1538.
23 décembre.

10573. Don au sr des Ruyaulx, prévôt et maître d'hôtel
ordinaire du roi, de tous les biens meubles
et immeubles de feu Georges de Wolmers-
hauser, Allemand, décédé sans avoir obtenu
lettres de naturalité ni permission de tester,
adjugés au roi comme droit d'aubaine par
sentence des conseillers du Trésor. Saint-
Germain-en-Laye, 23 décembre 1538.

> *Arch. nat., Acquits sur l'épargne,* J. 962, pl. 15,
> n° 43, anc. J. 961, n° 206. (*Mention.*)

23 décembre.

10574. Don au capitaine Jean Petit, de la Ligue grise,
en récompense des services de guerre qu'il a
rendus au roi, de la somme de 100 écus d'or
soleil à prendre sur les parties casuelles. Saint-
Germain-en-Laye, 23 décembre 1538.

> *Arch. nat., Acquits sur l'épargne,* J. 962, pl. 15,
> n° 43, anc. J. 961, n° 206. (*Mention.*)

23 décembre.

10575. Don à la reine de Navarre de 90 livres parisis,
moitié de trois amendes montant à 180 livres
parisis, prononcées contre elle par le Parlement de Paris, dont le roi lui avait fait remise
entière et que la Chambre des Comptes n'a
voulu entériner que pour moitié, et de 60 livres parisis, montant d'une autre amende
prononcée contre ladite dame par arrêt de la
même cour. Saint-Germain-en-Laye, 23 décembre 1538.

> *Arch. nat., Acquits sur l'épargne,* J. 962, pl. 15,
> n° 44, anc. J. 961, n° 203. (*Mention.*)

23 décembre.

10576. Don au chevalier d'Aulx de l'office d'enquêteur
au bailliage et prévôté de Sens, vacant par la

23 décembre.

mort de Guillaume Grasset, pour en disposer
à son profit. Saint-Germain-en-Laye, 23 décembre 1538.

1538.

> Arch. nat., Acquits sur l'épargne, J. 962, pl. 15,
> n° 44, anc. J. 961, n° 203. (Mention.)

10577. Don à François de Reilhac, vicomte de Mé-
rinville et s' de Brigueuil, de la moitié des
lods et ventes dus au roi à cause des ventes
ou engagements faits, tant par feu Bertrand
de Reilhac, son père, que par lui, de fiefs
nobles et villages à eux appartenant au comté
de Poitou. Saint-Germain-en-Laye, 23 décembre 1538.

23 décembre.

> Arch. nat., Acquits sur l'épargne, J. 962, pl. 15,
> n° 44, anc. J. 961, n° 203. (Mention.)

10578. Don et quittance à damoiselle Jacquette Le
Groing, veuve de Claude de Saint-Avit, de
moitié de trois amendes de 60 livres parisis
chacune, prononcées contre son feu mari et
elle par arrêts du Parlement de Paris. Saint-
Germain-en-Laye, 23 décembre 1538.

23 décembre.

> Arch. nat., Acquits sur l'épargne, J. 962, pl. 15,
> n° 44, anc. J. 961, n° 203. (Mention.)

10579. Don à damoiselle Renée de Bonneval de la
somme de 6,000 livres tournois sur ce que
feu Jean Favereau, receveur du quart du sel
en Poitou, pouvait redevoir au roi sur ladite
recette. Saint-Germain-en-Laye, 23 décembre
1538.

23 décembre.

> Arch. nat., Acquits sur l'épargne, J. 962, pl. 15,
> n° 44, anc. J. 961, n° 203. (Mention.)

10580. Don à Jean Leprêtre, barbier et valet de
chambre du roi, à l'occasion de son mariage,
de l'office de contrôleur des aides et tailles en
l'élection de Châteaudun et Bonneval, auquel
il n'a pas encore été pourvu depuis sa création, pour le faire mettre à son nom. Saint-
Germain-en-Laye, 23 décembre 1538.

23 décembre.

> Arch. nat., Acquits sur l'épargne, J. 962, pl. 15,
> n° 44, anc. J. 961, n° 203. (Mention.)

10581. Provision au receveur de Paris pour compter des deniers qui proviendront de la vente d'une maison sise à Paris près le Châtelet, qui fut à feu François Charbonnier, mise à la criée audit Châtelet, déduction faite des sommes qui seront trouvées être dues au roi par le défunt. Saint-Germain-en-Laye, 23 décembre 1538.

*1538.
23 décembre.*

> *Arch. nat., Acquits sur l'épargne, J. 962, pl. 15, n° 44, anc. J. 961, n° 203. (Mention.)*

10582. Mandement au receveur de Paris de payer la somme de 1,224 livres tournois, montant des réparations des grands berceaux du jardin du roi au Palais à Paris, suivant le bail au rabais qui en a été fait par les conseillers du Trésor. Saint-Germain-en-Laye, 23 décembre 1538.

23 décembre.

> *Arch. nat., Acquits sur l'épargne, J. 962, pl. 15, n° 44, anc. J. 961, n° 203. (Mention.)*

10583. Ordonnance sur le fait des finances, portant révocation des commissions baillées par le roi à certains personnages et remplacement de ceux-ci par d'autres, pour faire le recouvrement de certaines impositions. Saint-Germain-en-Laye, 26 décembre 1538.

26 décembre.

> *Enreg. à la Chambre des Comptes de Dijon. Arch. de la Côte-d'Or, reg. B. 20, fol. 41 v°.*

10584. Lettres du don viager des revenus du comté de Bar-sur-Seine et du grenier à sel de cette ville fait à Jacquette de Longwy, fille de feu Jean de Longwy et de Jeanne d'Orléans, bâtarde d'Angoulême, sœur naturelle du roi. Saint-Germain-en-Laye, 26 décembre 1538.

26 décembre.

> *Enreg. à la Chambre des Comptes de Dijon, le 6 février suivant. Arch. de la Côte-d'Or, reg. B. 20, fol. 38.*

10585. Nouvelle commission donnée à Martin de Troyes, trésorier de l'Extraordinaire des guerres, pour la levée de toutes les finances du roi dans la généralité de Languedoc pen-

26 décembre.

dant l'année 1539. Saint-Germain-en-Laye, 26 décembre 1538.

1538.

Original. Bibl. nat., ms. fr. 25721, n° 520.
Enreg. à la Chambre des Comptes de Montpellier.
Arch. départ. de l'Hérault, B. 342, fol. 106 v°.
4 pages 1/2.

10586. Provisions en faveur de Michel Rafferon des offices de sergent et garde de la garenne de Glandas, avec la conciergerie de la Muette en la forêt de Laye. Saint-Germain-en-Laye, 26 décembre 1538.

26 décembre.

Enreg. aux Eaux et forêts (siège de la Table de marbre), le 24 janvier 1539 n. s. Arch. nat., Z¹ᵉ 325, fol. 216, 1 page 1/2.

10587. Lettres commettant aux deux frères Salomon et Pierre de Herbaines, tapissiers des maisons de la reine et de la dauphine, la garde et l'entretien des meubles, tapisseries et broderies du château de Fontainebleau. Saint-Germain-en-Laye, 27 décembre 1538.

27 décembre.

Copie. Bibl. nat., ms. fr. 11179 (anc. suppl. fr. 336).
Imp. L. de Laborde, Les comptes des bâtiments du roi. Paris, 1877, in-8°, t. I, p. 120.

10588. Mandement au payeur de la compagnie du sire de Montejean, maréchal de France, de payer leurs gages à Roger d'Ossun et à Marin de Pescherets, commissaires ordinaires des guerres. Saint-Germain-en-Laye, 27 décembre 1538.

27 décembre.

Original. Bibl. nat., Pièces orig., Ossun, vol. 2173, p. 4.

10589. Don au sʳ de Sedan du revenu du grenier à sel de Château-Thierry et des amendes, forfaitures et confiscations qui y sont échues durant la présente année. Saint-Germain-en-Laye, 27 décembre 1538.

27 décembre.

Arch. nat., Acquits sur l'épargne, J. 962, pl. 15, n° 45, anc. J. 961, n° 204. (Mention.)

10590. Don à Oudart Drouart, sommelier d'échansonnerie du roi, de la somme de 50 écus d'or,

27 décembre.

soleil sur les deniers provenant de la vente   1538.
de l'office de troisième bouteiller et priseur
du vin en la ville et vicomté de Rouen, vacant
par le décès de Jean Pommier. Saint-Germain-
en-Laye, 27 décembre 1538.

*Arch. nat., Acquits sur l'épargne, J. 962, pl. 15,
n° 45, anc. J. 961, n° 204. (Mention.)*

10591. Don à Pierre Gaultier, écuyer de cuisine de la   27 décembre.
reine de Navarre, de la somme de 120 livres
tournois sur les deniers provenant du rachat
et profit de fief dû et échu au roi à cause de
la terre et seigneurie de Villaines, mouvante
du château du Mans. Saint-Germain-en-Laye,
27 décembre 1538.

*Arch. nat., Acquits sur l'épargne, J. 962, pl. 15,
n° 45, anc. J. 961, n° 204. (Mention.)*

10592. Don à Gatien de Balorre, gentilhomme de la   27 décembre.
vénerie, de la somme de 120 écus à prendre
sur les deniers provenant de la vente de
l'office de sergent royal en la ville et banlieue
de Rouen, vacant par la mort de Robert
Delacour. Saint-Germain-en-Laye, 27 décembre 1538.

*Arch. nat., Acquits sur l'épargne, J. 962, pl. 15,
n° 45, anc. J. 961, n° 204. (Mention.)*

10593. Mandement au receveur ordinaire de Blois de   27 décembre.
payer, sur les deniers de sa recette de l'année
commencée le 1er avril dernier, à Martin
Habert, tapissier et valet de garde-robe ordinaire du roi, la somme de 100 livres tournois pour la garde et entretien des tapisseries
du château de Blois. Saint-Germain-en-Laye,
27 décembre 1538.

*Arch. nat., Acquits sur l'épargne, J. 962, pl. 15,
n° 45, anc. J. 961, n° 204. (Mention.)*

10594. Lettres portant remise et décharge, en faveur   27 décembre.
de Laurent Roussel, commis du grènetier du
grenier à sel de Guise à la recette dudit
grenier, de 185 livres tournois par lui reçues,
montant de la crûe de 100 sous par muid

de sel vendu audit grenier et dans les chambres à sel de Vervins et d'Aubenton, depuis le 1.er janvier 1536 n. s. jusqu'au 2 août suivant, que la ville de Guise fut brûlée et où ledit Roussel perdit tous ses biens. Saint-Germain-en-Laye, 27 décembre 1538.

1538.

Arch. nat., Acquits sur l'épargne, J. 962, pl. 15, n° 45, anc. J. 961, n° 204. (Mention.)

10595. Lettres interdisant aux secrétaires du roi de délivrer des lettres scellées, avant la levée des audiences de la chancellerie. Paris, 30 décembre 1538.

30 décembre.

Copie du xvie siècle. Bibl. nat., ms. fr. 14020, fol. 86 v°.

10596. Mandement au trésorier de l'épargne de payer à Louis de Perreau, sr de Castillon, ambassadeur en Angleterre, 1,800 livres pour trois mois d'exercice de sa charge, du 8 décembre 1538 au 7 mars 1539 n. s. Paris, 31 décembre 1538.

31 décembre.

Bibl. nat., ms. Clairambault 1215, fol. 76. (Mention.)

10597. Confirmation des privilèges et statuts des maîtres barbiers et chirurgiens d'Angoulême. Paris, décembre 1538.

Décembre.

Enreg. à la Chancellerie de France. Arch. nat., Trésor des Chartes, JJ. 251, n° 508, fol. 162 v°. 1 page.

10598. Création de deux foires annuelles et d'un marché hebdomadaire à Baracé dans l'Anjou, en faveur de François Crespin, président au Parlement de Bretagne, seigneur du lieu. Paris, décembre 1538.

Décembre.

Enreg. à la Chancellerie de France. Arch. nat., Trésor des Chartes, JJ. 251, n° 517, fol. 165. 1 page.

10599. Permission aux habitants de Barbonne en

Décembre.

Champagne de fortifier leur bourg. [Paris,] 1538. décembre 1538.

Enreg. à la Chancellerie de France, Arch. nat., Trésor des Chartes, JJ. 251, n° 516, fol. 164 v°. 1 page.

10600. Création de trois foires annuelles et d'un mar- **Décembre.** ché hebdomadaire à Beines, au bailliage d'Auxerre, en faveur de François de La Rivière, vicomte de Quincy. Paris, décembre 1538.

Enreg. à la Chancellerie de France, Arch. nat., Trésor des Chartes, JJ. 251, n° 483, fol. 154. 1 page.

10601. Changement des jours des foires et marchés **Décembre.** de Rieux en Languedoc, et création d'une nouvelle foire annuelle en ladite ville. Paris, décembre 1538.

Enreg. à la Chancellerie de France. Arch. nat., Trésor des Chartes, JJ. 251, n° 514, fol. 164. 1 page.

10602. Permission aux habitants de Romagnat en Au- **Décembre.** vergne d'enclore leur ville de murs et de fortifications. Paris, décembre 1538.

Enreg. à la Chancellerie de France. Arch. nat., Trésor des Chartes, JJ. 251, n° 507, fol. 162. 1 page.

10603. Établissement de deux foires par an et d'un **Décembre.** marché chaque semaine à Saint-Just-en-Beauvaisis, en faveur du cardinal de Châtillon, évêque de Beauvais. Paris, décembre 1538.

Enreg. à la Chancellerie de France. Arch. nat., Trésor des Chartes, JJ. 251, n° 466, fol. 149. 1 page.

10604. Confirmation des privilèges, exemptions, fran- **Décembre.** chises et libertés des habitants de Sermaize en Champagne. Paris, décembre 1538.

Enreg. à la Chancellerie de France. Arch. nat., Trésor des Chartes, JJ. 251, n° 506, fol. 162. 1 page.

10605. Permission aux habitants de Voutenay, bourg **Décembre.**

85.

dépendant de l'abbaye de Vézelay, au bailliage d'Auxerre, de se clore de murs et de fortifications. Paris, décembre 1538.

Enreg. à la Chancellerie de France. Arch. nat., Trésor des Chartes, JJ. 251, n° 521, fol. 166. 1 page.

10606. Anoblissement de Pierre de Valence, bourgeois d'Arles, qui s'était distingué à la défense de cette ville lors de l'expédition des Impériaux en Provence. Paris, décembre 1538.

Enreg. à la Chancellerie de France. Arch. nat., Trésor des Chartes, JJ. 251, n° 518, fol. 165. 1 page.

10607. Exemption de tailles et impôts en faveur de Vital de Plantade, seigneur de Clairac, capitaine de Pézenas. Paris, décembre 1538.

Enreg. à la Chancellerie de France. Arch. nat., Trésor des Chartes, JJ. 251, n° 513, fol. 163 v°. 2 pages.

10608. Lettres de naturalité accordées à Jacques de Briance, Milanais, habitant Lyon. Paris, décembre 1538.

Copie du XVI° siècle. Archives de la ville de Lyon, AA. 151, fol. 109.

1539. — Pâques, 6 avril.

10609. Lettres portant confirmation de la réunion des greffes au domaine, et, pour dédommager les greffiers anciennement pourvus de la finance qu'ils ont dû payer, leur accordant en don viager le tiers des deniers qui proviendront de l'accensement des greffes et tabliers des cours et juridictions royales, avec permission de pouvoir passer contrats et autres actes publics. Paris, 1er janvier 1538.

Enreg. à la Chambre des Comptes de Paris, anc. mém. 2 J, fol. 115. Arch. nat., invent. PP. 136, p. 466. (Mention.)
Enreg. au Parl. de Toulouse. Arch. de la Haute-Garonne, Édits, reg. 4, fol. 130. 3 pages.

10610. Déclaration portant règlement pour les droits et fonctions du greffier des appeaux des causes civiles et de celui du viguier de Toulouse. Paris, 1er janvier 1538.

1539. 1er janvier.

> *Enreg. à la Chambre des Comptes de Paris, anc. mém. 2 J, fol. 116. Arch. nat., invent. PP. 136, p. 466; AD.IX 124, n° 52. (Mentions.)*

10611. Mandement à la Chambre des Comptes de Paris d'allouer aux comptes du receveur de Lisieux de l'année 1527 la somme tenue en souffrance de 10,000 livres tournois, par lui payée à Diane de Poitiers, veuve du comte de Maulévrier, à qui les États de Normandie l'avaient donnée lorsqu'il fut nommé gouverneur de la province. Paris, 1er janvier 1538.

1er janvier.

> *Original. Bibl. nat., ms. Clairambault 969, p. 141.*

10612. Provisions pour Claude Rafferon, sur la résignation de Michel Rafferon, de l'office de sergent de la forêt de Saint-Germain-en-Laye et de garde du Repos-Tonnelet en ladite forêt. Paris, 2 janvier 1538.

2 janvier.

> *Enreg. aux Eaux et forêts, avec des lettres de surannation du 19 février 1546 n. s., le 8 mars 1546. Arch. nat., Z1e 330, fol. 103. 1 page 1/2.*
> *Arch. nat., Acquits sur l'épargne, J. 962, pl. 16, n° 1, anc. J. 961, n° 154. (Mention.)*

10613. Mandement à Nicolas de Troyes, argentier du roi, de payer à Galliot « Dallebranque », marchand de Lyon, la somme de 11,610 livres 17 sous tournois qui lui est due pour des draps, toiles d'or, d'argent et de soie, etc., qui lui avaient été achetés et dont le roi avait fait don à la dauphine, à Marguerite de France et à d'autres dames et demoiselles de leur maison, en prévision des entrevues qui ont eu lieu en juin et juillet à Saint-Laurent, près Nice, avec le pape, et à Aigues-Mortes avec l'empereur. Paris, 2 janvier 1538.

2 janvier.

> *Original. Bibl. nat., ms. fr. 25721, n° 521.*

10614. Lettres de naturalité et permission de tester accordées à Isabelle de Calderon, veuve de Jean Fernandez de Tilledieu, homme d'armes des ordonnances de la compagnie du gouverneur d'Orléans, et à damoiselle Anne de Calderon, leur fille (sic), natives de Tolède en Castille, avec exemption de tous droits. Paris, 2 janvier 1538.

1539.
2 janvier.

> Arch. nat., Acquits sur l'épargne, J. 962, pl. 16, n° 1, anc. J. 961, n° 154. (Mention.)

10615. Lettres de naturalité et permission de tester accordées à Pierre d'Escalante, huissier de chambre de la reine, natif d'Espagne, avec dispense de tous droits. Paris, 2 janvier 1538.

2 janvier.

> Arch. nat., Acquits sur l'épargne, J. 962, pl. 16, n° 1, anc. J. 961, n° 154. (Mention.)

10616. Don à Jacques Ferynore, valet de chambre de la duchesse d'Étampes, de la moitié d'une maison près le puits Saint-Laurent [à Paris], échue au roi par droit d'aubaine, Jean Dauvergne, à qui elle appartenait, étant décédé sans hoirs. Paris, 2 janvier 1538.

2 janvier.

> Arch. nat., Acquits sur l'épargne, J. 962, pl. 16, n° 1, anc. J. 961, n° 154. (Mention.)

10617. Don à [Antoine] baron de Mouy d'une somme de 1,200 livres tournois, montant des droits et devoirs seigneuriaux qui sont ou seront dus au roi à cause de la donation que le père dudit s' de Mouy veut lui faire, à l'occasion de son mariage avec la fille de la maréchale de Chabannes, des terres du Hamel et de Mézières, tenues de Sa Majesté et mouvantes du château de Ribemont. Paris, 2 janvier 1538.

2 janvier.

> Arch. nat., Acquits sur l'épargne, J. 962, pl. 16, n° 1, anc. J. 961, n° 154. (Mention.)

10618. Don à Antoine Pivin et à Léger Boyer, maîtres queux, et à Jean Eschalart, saucier de la cuisine de bouche, de la somme de 500 li-

2 janvier.

vres tournois à partager entre eux également, sur les lods et ventes et autres droits seigneuriaux échus au roi à cause d'une maison sise aux halles de Paris sous les Piliers, à l'enseigne des *Trois corbillons*, qui appartint à feu Joseph Béguin. Paris, 2 janvier 1538.

> *Arch. nat., Acquits sur l'épargne*, J. 962, pl. 16, n° 1, anc. J. 961, n° 154. (*Mention.*)

1539.

10619. Don à Guillaume Chalemeau, veneur en la vénerie du roi, de 200 écus soleil sur les deniers provenant de la résignation de l'office de receveur des tailles de Senlis que doit faire Adam Pinceverre au profit de Jean de Fourcy. Paris, 2 janvier 1538.

2 janvier.

> *Arch. nat., Acquits sur l'épargne*, J. 962, pl. 16, n° 1, anc. J. 961, n° 154. (*Mention.*)

10620. Don à Philippe Cheney, serviteur de la lavandière du corps de Sa Majesté, de 120 livres parisis, montant d'une amende prononcée contre François Doust, par arrêt du Parlement. Paris, 2 janvier 1538.

2 janvier.

> *Arch. nat., Acquits sur l'épargne*, J. 962, pl. 16, n° 1, anc. J. 961, n° 154. (*Mention.*)

10621. Lettres ratifiant la résignation faite par Pierre d'Aymar, archer de la garde du corps et capitaine de Corbeil, de l'office de sergent et garde de la garenne de Glandas, conciergerie de la Muette, en la forêt de Laye, au profit de Michel Rafferon, l'un des gardes de la vénerie du roi. Paris, 2 janvier 1538.

2 janvier.

> *Arch. nat., Acquits sur l'épargne*, J. 962, pl. 16, n° 1, anc. J. 961, n° 154. (*Mention.*)

10622. Lettres ratifiant la résignation faite par René de La Mothe de son office de verdier de la forêt royale de Loches en Touraine au profit de Guillaume Chalemeau, l'un des veneurs de la vénerie du roi. Paris, 2 janvier 1538.

2 janvier.

> *Arch. nat., Acquits sur l'épargne*, J. 962, pl. 16, n° 1, anc. J. 961, n° 154. (*Mention.*)

10623. Lettres instituant tapissiers du château de Fon-

2 janvier.

tainebleau les deux frères de Herbannes, Salomon, tapissier de la maison de Madame la Dauphine, et Pierre, tapissier de la maison de la reine, aux gages de 240 livres par an pour les deux, à condition qu'il y en aura toujours un en résidence à Fontainebleau. Ils seront chargés de la garde et de l'entretien des meubles, tapisseries, broderies, draps d'or, d'argent et de soie, etc., dudit château, avec pouvoir de décharger les concierges de Fontainebleau et d'Amboise, le tapissier du Louvre et tous autres de ce qu'ils leur bailleront en garde, par inventaires ou certificats notariés. Paris, 2 janvier 1538.

Arch. nat., Acquits sur l'épargne, J. 962, pl. 16, n° 1, anc. J. 961, n° 154. (Mention.)

1539.

10624. Lettres ordonnant de payer à Nicolas Picart, trésorier des bâtiments de Fontainebleau, la somme de 1,500 livres tournois pour employer au rhabillage et à la restauration des tapisseries, broderies et nouveaux ouvrages qui s'y feront, aux achats de soie, laine, fil d'or et aux journées des brodeurs et tapissiers, sous le contrôle du trésorier Babou. Paris, 2 janvier 1538.

2 janvier.

Arch. nat., Acquits sur l'épargne, J. 962, pl. 16, n° 1, anc. J. 961, n° 154. (Mention.)

10625. Lettres ratifiant l'institution du jeu de papegaut en la ville de Tréguier et octroyant au vainqueur qui abattra l'oiseau les franchises dont il jouit à Saint-Malo. Paris, 4 janvier 1538[1].

4 janvier.

Enreg. à la Chambre des Comptes de Bretagne. Archives de la Loire-Inférieure, B. Mandements royaux, II, fol. 198.
Arch. nat., Acquits sur l'épargne, J. 962, pl. 16, n° 3, anc. J. 961, n° 212. (Mention.)

10626. Mandement à Jean Laguette, trésorier et receveur général des finances extraordinaires et

5 janvier.

[1] Le rôle des *Acquits sur l'épargne* contenant mention de ces lettres est daté de Paris, le 11 janvier.

parties casuelles, de payer à Jean de Saint-
Aulaire, chevalier, maître d'hôtel ordinaire
du roi, 115 livres tournois pour s'être rendu,
le 11 août 1538, en vertu d'une commission royale, de Chevagnes en Angoumois,
pour faire une enquête sur les dégâts
qu'avaient subis les bois et les châteaux
royaux; à Thomas Rapouël, secrétaire ordinaire de la chambre du roi, qui a accom-
pagné le s^r de Saint-Aulaire, et qui, de plus,
a fait une enquête en Guyenne, Saintonge et
Poitou sur la gabelle, 456 livres 5 sous tournois; et à François de Bar, lieutenant particulier et assesseur d'Angoumois, 138 livres
tournois pour avoir accompagné et aidé
le s^r de Saint-Aulaire et Thomas Rapouël.
Paris, 5 janvier 1538.

Original. Bibl. nat., ms. lat. 17059, n° 204.

10627. Lettres ordonnant aux généraux des finances
et au trésorier de l'épargne de faire payer à
Antoine Bohier, général des finances en la
charge de Languedoil, la somme de 3,840 livres tournois par an pour ses gages, chevauchées et pension dudit office, à dater du
1er janvier 1537 n. s. Paris, 5 janvier 1538.

5 janvier.

*Arch. nat., Acquits sur l'épargne, J. 962, pl. 16,
n° 2, anc. J. 962, n° 208. (Mention.)*

10628. Provisions pour Thomassin Feudrix de l'office
de sergent de la forêt d'Eawy, garde de Maucomble, en la vicomté d'Arques, en remplacement et sur la résignation de Colin Feudrix, avec dispense du quart qui se paye
ordinairement pour les résignations. Paris,
5 janvier 1538.

5 janvier.

*Arch. nat., Acquits sur l'épargne, J. 962, pl. 16,
n° 2, anc. J. 961, n° 208. (Mention.)*

10629. Don à Gatien de Balorre, gentilhomme de la
vénerie, de l'office de garde de la forêt de
Blois, vacant par le décès de Pierre Mestais,
pour en disposer à son profit et en faire pour-

5 janvier.

voir qui bon lui semblera. Paris, 5 janvier   1539.
1538.

*Arch. nat., Acquits sur l'épargne, J. 962, pl. 16,
n° 2, anc. J. 961, n° 208. (Mention.)*

10630. Don à Louis Billart, valet de garde-robe, de   5 janvier.
la somme de 100 écus soleil sur les amendes
adjugées au roi par le grenetier et le contrôleur du grenier à sel de Blois. Paris, 5 janvier 1538.

*Arch. nat., Acquits sur l'épargne, J. 962, pl. 16,
n° 2, anc. J. 961, n° 208. (Mention.)*

10631. Continuation pour dix ans du don ci-devant   5 janvier.
octroyé à Louise de Polignac, dame du Vi-
gean, de 246 boisseaux trois quarts de froment, 410 boisseaux un quart de seigle,
161 boisseaux un quart de baillarge, 154 boisseaux un quart d'avoine, à la mesure du
comté de Civray, plus 85 livres 15 sous 5 deniers obole avec 5 pipes de vin blanc et
leurs fûts, dont l'abbé et le couvent de la
Maison-Dieu de Montmorillon sont redevables de rente chaque année au roi depuis
la mort de feu Madame, comtesse de Civray.
Paris, 5 janvier 1538.

*Arch. nat., Acquits sur l'épargne, J. 962, pl. 16,
n° 2, anc. J. 961, n° 208. (Mention.)*

10632. Mandement au receveur et payeur de l'écurie   5 janvier.
de payer des deniers de son office de l'année
finie le 31 décembre 1538, 60 livres à Constantin de Latour, héraut d'armes au titre
d'Angoulême, 90 livres à Charles Bricet, héraut d'armes au titre de Champagne, et
60 livres tournois à Jean Guérin, poursui-
vant d'armes, pour leurs gages depuis le
1er juillet 1538 qu'ils furent pourvus desdits
états, jusqu'au 31 décembre suivant. Paris,
5 janvier 1538.

*Arch. nat., Acquits sur l'épargne, J. 962, pl. 16,
n° 2, anc. J. 961, n° 208. (Mention.)*

10633. Don à Nicolas de Goursault, homme d'armes   5 janvier.
des ordonnances, de la somme de 113 livres

19 sous 2 deniers tournois, dont feu Michel
de Goursault, son père, grenetier du Pont-
de-l'Arche, est demeuré redevable envers le
roi, et de 32 livres tournois, montant d'une
amende prononcée contre ledit Michel par
la Chambre des Comptes. Paris, 5 janvier
1538.

> *Arch. nat., Acquits sur l'épargne, J.* 962, *pl.* 16,
> n° 2, *anc.* J. 961, n° 208. *(Mention.)*

10634. Provisions en faveur du capitaine Thomas de
Dampont, chevalier, l'un des cent gentilshommes de la maison du roi sous le commandement de Louis de Nevers, de l'office
de capitaine du Château-Gaillard près les
Andelys, vacant par la mort de Quentin de
Ferrières. Paris, 7 janvier 1538[1].

7 janvier.

> *Copie collationnée du* xvi° *siècle. Bibl. nat.,*
> *Pièces orig.,* vol. 1037, Dampont, p. 2.
> *Arch. nat., Acquits sur l'épargne, J.* 962, *pl.* 16,
> n° 3, *anc.* J. 961, n° 212. *(Mention.)*

10635. Provisions pour Nicole Papillon d'un office de
clerc auditeur en la Chambre des Comptes
de Paris, en remplacement de Jean Fraguier.
7 janvier 1538.

7 janvier.

> *Réception dudit Papillon le* 27 *janvier suivant,*
> anc. mém. J. fol. 1001. Arch. nat. invent.
> PP. 136, p. 466. *(Mention.)*

10636. Mandement au sénéchal de Carcassonne d'envoyer au roi, dans le délai de deux mois, les
bulles de sécularisation qui auraient pu être
obtenues par des monastères ou églises situés
dans son ressort. Paris, 9 janvier 1538.

9 janvier.

> *Copie collationnée du* xvi° *siècle. Arch. nat., suppl.*
> *du Trésor des Chartes,* J. 886, n° 9.

10637. Lettres portant prorogation pour quatre ans des
privilèges accordés à la ville de Joigny par
lettres du 13 mars 1531 n. s. (n° 3890).
Paris, 9 janvier 1538.

9 janvier.

> *Original. Arch. communales de Joigny.*

---

[1] Cet acte est mentionné dans les *Acquits sur l'épargne* à la date du
11 janvier.

10638. Ordonnance portant que les arrêts des cours de Parlement ne seront exécutoires qu'après avoir été expédiés en forme, signés et scellés du sceau royal. Paris, 10 janvier 1538.

1539.
10 janvier.

Copie du XVIe siècle. Bibl. nat., ms. fr. 14019, fol. 192 v°.
Bibl. nat., ms. Moreau, t. 1302, fol. 221. (Mention.)

10639. Lettres déchargeant les capitouls de Toulouse de la somme de 20,000 livres tournois sur 36,000 livres à eux imposées pour la solde de 400 hommes de pied pendant quatre mois, à condition de restituer au domaine la somme de 1,000 livres tournois de rente dont ils s'étaient rendus acquéreurs. Paris, 11 janvier 1538.

11 janvier.

Copie. Arch. municipales de Toulouse, ms. 439, fol. 313.

10640. Don au s^r de Lorges de la somme de 200 livres tournois sur les droits de rachat échus par la mort de Jeanne de La Bouëxière et de Claude de La Bouëxière, cette dernière femme du s^r de Lorges, dames en partie de la terre et seigneurie de Bourgbarré et ses dépendances, tenue du roi et mouvante du comté de Rennes. Paris, 11 janvier 1538.

11 janvier.

Arch. nat., Acquits sur l'épargne, J. 962, pl. 16, n° 3, anc. J. 961, n° 212. (Mention.)

10641. Don à Salomon Cottereau, sommelier ordinaire du roi, de la somme de 100 livres tournois, montant d'une amende prononcée par le bailli de Touraine contre Jean Quetier. Paris, 11 janvier 1538.

11 janvier.

Arch. nat., Acquits sur l'épargne, J. 962, pl. 16, n° 3, anc. J. 961, n° 212. (Mention.)

10642. Don à Charles de Reims, écuyer de cuisine du roi, de la somme de 50 écus soleil sur les deniers provenant de la résignation de l'office de receveur des exploits et amendes du Parlement de Toulouse faite par Guillaume Nivet

11 janvier.

au profit d'Alain Legrand, Paris, 11 janvier   1539.
1538.

> *Arch. nat., Acquits sur l'épargne, J. 962, pl. 16,*
> *n° 3, anc. J. 961, n° 212. (Mention.)*

10643. Don à Guyot Gouverneur, dit Guirson, valet   11 janvier.
de limiers du roi, d'un office de sergent de
la forêt d'Orléans, vacant par l'exécution à
mort d'Étienne Feuillet, Paris, 11 janvier
1538.

> *Arch. nat., Acquits sur l'épargne, J. 962, pl. 16,*
> *n° 3, anc. J. 961, n° 212. (Mention.)*

10644. Mandement au trésorier des parties casuelles   11 janvier.
de rembourser à [Claude Dodieu], s' de Vély,
maître des requêtes ordinaire de l'hôtel, la
somme de 700 écus d'or soleil qu'il prêta
au roi le 20 juillet 1522, Sa Majesté étant
à Bournay en Dauphiné. Paris, 11 janvier
1538.

> *Arch. nat., Acquits sur l'épargne, J. 962, pl. 16,*
> *n° 3, anc. J. 961, n° 212. (Mention.)*

10645. Provisions pour Christophe Isambert de l'of-   11 janvier.
fice de receveur ordinaire de la vicomté d'Aul-
nay, en remplacement et sur la résignation de Pierre Delaplace. Paris, 11 janvier
1538.

> *Arch. nat., Acquits sur l'épargne, J. 962, pl. 16,*
> *n° 3, anc. J. 961, n° 212. (Mention.)*

10646. Mandement à la Chambre des Comptes et aux   11 janvier.
trésoriers de France d'allouer aux comptes
du receveur ordinaire de Poitou tout ce qui a
été pris et perçu pour feu François du Fou,
chevalier, s' du Vigean et capitaine de Lusignan, et depuis sa mort pour sa veuve, Louise
de Polignac, dame du Vigean, par les mains
des fermiers de la forêt de Gâtine et de l'étang
de la Tomberrard, depuis l'arrêt du 22 décembre 1533 donné par les commissaires sur
le fait de la réunion du domaine, jusqu'à présent, et portant que désormais, pendant le
temps qui reste à courir de neuf années com-
mencées au jour de la saisie de la forêt et

de l'étang, le receveur de Poitou en délivrera   1539.
le revenu à la dame du Vigean sur sa simple
quittance. Paris, 11 janvier 1538.

Arch. nat., Acquits sur l'épargne, J. 962, pl. 16, n° 3, anc. J. 961, n° 212. (*Mention.*)

10647. Don à Gatien Guyon, sommelier d'échanson-   11 janvier.
nerie du roi, de l'office de sergent à verge au
Châtelet de Paris vacant par le décès d'André Buart. Paris, 11 janvier 1538.

Arch. nat., Acquits sur l'épargne, J. 962, pl. 16, n° 3, anc. J. 961, n° 212. (*Mention.*)

10648. Mandement à la Chambre des Comptes de lever,   11 janvier.
pour cette fois et sans que cela puisse tirer à
conséquence, les souffrances mises sur les parties des comptes des receveurs de l'écurie et
autres, concernant les «journades et hoque-
tons» d'orfèvrerie des archers de la garde
fournis par Louis Duluc, marchand de Blois,
et feu Jean Étienne, marchand d'Amboise,
sur le vu des quittances de ces marchands et
des certificats des capitaines ou des fourriers
des compagnies d'archers, depuis le temps
que ces compagnies ont été sous le commandement des s^{rs} de Grussol, de Chavigny, de
Chevrières et du sénéchal d'Agénais, jusqu'à
l'année 1533 inclusivement. Paris, 11 janvier 1538.

Arch. nat., Acquits sur l'épargne, J. 962, pl. 16, n° 3, anc. J. 961, n° 212. (*Mention.*)

10649. Don au capitaine Martin [du Bellay] de l'office   11 janvier.
d'avocat à la Chambre des Comptes de Paris,
en échange du premier office de secrétaire
vacant, qui lui avait été promis au «retour
de sa prison de Saint-Pol», pour en disposer
à son profit. Paris, 11 janvier 1538.

Arch. nat., Acquits sur l'épargne, J. 962, pl. 16, n° 3, anc. J. 961, n° 212. (*Mention.*)

10650. Édit portant défenses aux quêteurs étrangers   12 janvier.
de publier des indulgences et pardons dans
le royaume, sans permission expresse du

roi, vérifiée au Parlement. Paris, 12 janvier 1539.
1538.

> Enreg. au Parl. de Paris, le 3 février 1539
> n. s. Arch. nat., X¹ᵃ 8613, fol. 139 v°, 1 page 1/4.
> Arrêt d'enregistrement. Idem, X¹ᵃ 4907, Plaidoiries, fol. 275.
> Enreg. au Parl. de Bordeaux, le 19 février 1539.
> Arch. de la Gironde, B. 31, fol. 60. 3 pages.
> Enreg. au Parl. de Dijon, le 17 mai 1539. Arch.
> de la Côte-d'Or, Parl., reg. II, fol. 234.
> Enreg. au Parl. de Toulouse, le 12 mai 1539.
> Arch. de la Haute-Garonne, Édits, reg. 4, fol. 139.
> 1 page.
> IMP. [Dupuy], Preuves des libertés de l'église
> gallicane, 3ᵉ édit. Paris, Cramoisy, 1651, 2 vol.
> in-fol., 3ᵉ partie, p. 147.
> [Jean-Antoine Tousart], Diplomata pontificia
> et regia ordini regulari et hospitali Sancti Spiritus
> Monspeliensi concessa. Paris, Vᵉ J. Lefebvre, 1723,
> in-fol., t. II, p. 8. (Bibl. nat. L³ 110.)
> Isambert, Anciennes lois françaises, etc. Paris,
> 1827, in-8°, t. XII, p. 551.

10651. Lettres ordonnant la poursuite en la Cour des 12 janvier.
Aides des clercs et commis de Jean Ruzé,
receveur général des finances en la généralité
d'Outre-Seine et Yonne, en exécution des
arrêts rendus par la Chambre de la Tour
carrée. Paris, 12 janvier 1538.

> Enreg. à la Cour des Aides de Paris. Arch. nat.,
> recueil Cnomo, U. 665, fol. 283. (Mention.)

10652. Édit de création d'un second office de prévôt 12 janvier.
des maréchaux en Guyenne, et provisions
dudit office en faveur de Guillaume de La
Roze. Paris, 12 janvier 1538.

> Enreg. au Parl. de Bordeaux, le 12 mai 1539.
> Arch. de la Gironde, B. 31, fol. 31. 2 pages.

10653. Déclaration portant défenses à toutes personnes 12 janvier.
de faire entrer, conduire, vendre ou acheter
dans le royaume de France les draps de
Perpignan, de Catalogne et autres pays étrangers. Paris, 12 janvier 1538.

> IMP. P. Rebuffi, Édits et ordonnances des rois de
> France. Lyon, 1573, in-fol., p. 1214.

A. Fontanon, *Édits et ordonnances, etc.* Paris, 1611, in-fol., t. I, p. 1030.

Isambert, *Anc. lois françaises, etc.* Paris, 1827, in-8°, t. XII, p. 552.

10654. Lettres accordant à la ville de Lyon un délai   12 janvier.
d'un an pour payer la somme de 14,400 livres tournois, quartier de la solde de 1,200
hommes de guerre à pied qui lui a été imposée. Paris, 12 janvier 1538.

> *Original. Arch. de la ville de Lyon. CC. 316.*

10655. Provisions pour Nicolas de Neufville, fils aîné   12 janvier.
du s' de Villeroy, de l'office de notaire et secrétaire du roi et maison de France, pour
l'exercer par chacun d'eux, en l'absence de
l'autre, et avec réserve au survivant. Paris,
12 janvier 1538.

> *Copie collationnée du xvii' siècle. Arch. nat.,
> V' 32. (Dossier Secrétaires du roi.)
> Arch. nat., Acquits sur l'épargne, J. 962, pl. 16,
> n° 4, anc. J. 961, n° 213. (Mention.)*

10656. Don à M. de Lautrec du revenu des greniers à   12 janvier.
sel de Beaufort, Saint-Florentin, Arcis-sur-
Aube et Villemaur, et des amendes, forfaitures et confiscations qui y écherront pendant la présente année 1539. Paris, 12 janvier 1538.

> *Arch. nat., Acquits sur l'épargne, J. 962, pl. 16,
> n° 4, anc. J. 961, n° 213. (Mention.)*

10657. Don à M. de Lautrec de la somme de 5,000 li-   12 janvier.
vres tournois pour la composition du Rethélais durant l'année commencée le 1er octobre
1538. Paris, 12 janvier 1538.

> *Arch. nat., Acquits sur l'épargne, J. 962, pl. 16,
> n° 4, anc. J. 961, n° 213. (Mention.)*

10658. Provisions pour Jacques de Cambefort des of-   12 janvier.
fices de viguier et juge de Figeac, en remplacement et sur la résignation à survivance de
Guy de Cambefort, son père. Paris, 12 janvier 1538.

> *Arch. nat., Acquits sur l'épargne, J. 962, pl. 16,
> n° 4, anc. J. 961, n° 213. (Mention.)*

10659. Don à Rémonnet de Bagneux, Bertrand de
Tartas et Jacques Ticquet, valets de chambre
de M. le Connétable, de l'office de garde de
la monnaie de Tours, vacant par la destitution de Louis de Coussy. Paris, 12 janvier
1538.

> *Arch. nat., Acquits sur l'épargne*, J. 962, pl. 16,
> n° 4, anc. J. 961, n° 213. (*Mention.*)

1539.
12 janvier.

10660. Don à Simon Lhommedieu, concierge du château de Blois, de la somme de 90 écus d'or
soleil, montant des droits dus pour la résignation à survivance faite par Jean Ruelle
au profit de Robert Ruelle, son fils, de l'office de bouteiller et priseur des vins en la ville
et vicomté de l'eau de Rouen. Paris, 12 janvier 1538.

> *Arch. nat., Acquits sur l'épargne*, J. 962, pl. 16,
> n° 4, anc. J. 961, n° 213. (*Mention.*)

12 janvier.

10661. Don à l'écuyer Poton des biens meubles et héritages de feu Jean Castel, faux-monnayeur,
condamné à être bouilli vif par sentence du
bailli de Caux, confirmée par arrêt du Parlement de Rouen. Paris, 12 janvier 1538.

> *Arch. nat., Acquits sur l'épargne*, J. 962, pl. 16,
> n° 4, anc. J. 961, n° 213. (*Mention.*)

12 janvier.

10662. Don et remise à Jacques Connon, fermier du
greffe des assises d'Angers, pour trois années
échues le 31 octobre 1537, de la somme de
140 livres tournois sur le prix de sa ferme.
Paris, 12 janvier 1538.

> *Arch. nat., Acquits sur l'épargne*, J. 962, pl. 16,
> n° 4, anc. J. 961, n° 213. (*Mention.*)

12 janvier.

10663. Don à René de La Mothe, panetier du roi et
de la reine de Navarre, de la garde-noble de
son neveu Louis Durant, fils de Robert Durant, sr de la Rivière, et de N. de La Mothe,
pour ses biens et héritages situés en Normandie. Paris, 12 janvier 1538.

> *Arch. nat., Acquits sur l'épargne*, J. 962, pl. 16,
> n° 4, anc. J. 961, n° 213. (*Mention.*)

12 janvier.

III.

10664. Don à Louis du Retour, valet de chambre de
M. le Connétable, d'une cense avec toutes
ses appartenances, assise en la paroisse de
Gagny, confisquée ainsi que ses autres biens
sur feu Audebert Valentin, receveur de Nantes.
Paris, 12 janvier 1538.

1539.
12 janvier.

> Arch. nat., Acquits sur l'épargne, J. 962, pl. 16,
> n° 4, anc. J. 961, n° 213. (Mention.)

10665. Mandement à la Chambre des Comptes, aux
trésoriers de France, aux généraux des finances et au trésorier de l'épargne de faire
payer, outre ses gages ordinaires qui sont de
1,200 livres tournois, à Jean Breton, s' de
Villandry, contrôleur général de la guerre,
une pension annuelle de 1,200 livres tournois sur les deniers revenant bons des payements de la gendarmerie, de quartier en
quartier, à partir de juillet 1538. Paris,
12 janvier 1538.

12 janvier.

> Arch. nat., Acquits sur l'épargne, J. 962, pl. 16,
> n° 4, anc. J. 961, n° 213. (Mention.)

10666. Mandement au trésorier de l'épargne de payer
au cardinal Charles de Hémart [de Denon-
ville] 164 livres 5 sous qu'il doit faire parvenir au protonotaire Monluc, chargé à Rome
des affaires du roi. Paris, 12 janvier 1538.

12 janvier.

> Bibl. nat., ms. Clairambault 1215, fol. 77.
> (Mention.)

10667. Provisions de l'office de lieutenant général en
la gruerie d'Autun pour Jacques Le Maçon.
Paris, 13 janvier 1538.

13 janvier.

> Enreg. au Parl. de Dijon le 21 février suivant.
> Arch. de la Côte-d'Or, Parl., reg. II, fol. 223.

10668. Don à Nicolas de Neufville, fils de Nicolas de
Neufville, seigneur de Villeroy, pour l'acquit
de sa créance de 20,000 livres sur le Trésor,
de l'office de greffier civil et criminel du Châtelet de Paris, sur la résignation de son père.
Meudon, 14 janvier 1538.

14 janvier.

> Enreg. au Châtelet de Paris, Bannières. Arch.
> nat., Y. 9, fol. 131. 3 pages.
> Ibid., Livre jaune grand, Y. 6°, fol. 35.

10669. Mandement au trésorier de l'épargne de payer
à Honorat de Queis (Caix), ambassadeur en
Portugal, 2,395 livres pour ses dépenses
dans l'exercice de sa charge du 1er septembre
1537 au 31 mars suivant. Paris, 15 janvier
1538.

> *Bibl. nat., ms. Clairambault 1215, fol. 77.*
> (*Mention.*)

1539.
15 janvier.

10670. Mandement au trésorier de l'épargne de payer
900 livres à Claude Dodieu, seigneur d'«Es-
pacieu», qui va porter au pape des lettres du
roi. Paris, 16 janvier 1538.

> *Bibl. nat., ms. Clairambault 1215, fol. 77.*
> (*Mention.*)

16 janvier.

10671. Lettres de naturalité accordées à Conrad Néobar, imprimeur du roi «ès lettres grecques»
en l'Université de Paris, et à Gilles Néobar,
son frère, natifs de «Kempisvorst» au diocèse
de Cologne. Paris, 17 janvier 1538.

> *Enreg. à la Chancellerie de France. Arch. nat.,
> Trésor des Chartes, JJ. 253¹, n° 60, p. 18. 1 page.*
> *Imp. Aug. Bernard, Les Estienne et les types grecs
> de François Ier. Paris, p. 13, note 1. (Mention.)*

17 janvier.

10672. Lettres accordant privilège à Conrad Néobar
d'imprimer des manuscrits grecs, à condition
de soumettre les ouvrages qui n'ont pas encore été édités, à l'approbation de la faculté
de théologie. Paris, 17 janvier 1538.

> *Imp. Crapelet, Études sur la typographie, etc.
> Paris, 1836, in-8°, t. I, p. 88.*
> *Aug. Bernard, Geoffroy Tory, etc. Paris, in-8°,
> p. 223.*
> *Aug. Bernard, Les Estienne et les types grecs de
> François Ier. Paris, in-8°, p. 11.*

17 janvier.

10673. Mandement à Guillaume Prudhomme, trésorier de l'épargne, de payer à Jean Seigneu-
ret, trésorier des offrandes et aumônes du
roi, une somme de 3,000 livres tournois
pour les besoins de son office pendant six
mois. Paris, 17 janvier 1538.

> *Original. Bibl. nat., ms. fr. 25721, n° 522.*

17 janvier.

87.

10674. Don au capitaine Bazoges de la somme de 600 livres tournois sur les deniers provenant de la vente de l'office de contrôleur du grenier à sel de Tonnerre, vacant par le décès de Guillaume Midé. Paris, 17 janvier 1538.

1539.
17 janvier.

> Arch. nat., Acquits sur l'épargne, J. 962, pl. 16, n° 5, anc. J. 961, n° 199. (Mention.)

10675. Don à Jean du Buchet, gruyer de Saint-Germain-en-Laye, pour l'aider à marier sa fille, des deniers provenant de la résignation de l'office de secrétaire du roi que Sa Majesté a autorisé Léonard Dalaines à faire au profit de Nicole Buyer. Paris, 17 janvier 1538.

17 janvier.

> Arch. nat., Acquits sur l'épargne, J. 962, pl. 16, n° 5, anc. J. 961, n° 199. (Mention.)

10676. Don à Léger Roy, sommelier de paneterie du dauphin, de la somme de 24 livres tournois, montant des lods et ventes d'une maison par lui acquise récemment en la ville d'Amboise des héritiers de feu Pierre Chauvin. Paris, 17 janvier 1538.

17 janvier.

> Arch. nat., Acquits sur l'épargne, J. 962, pl. 16, n° 5, anc. J. 961, n° 199. (Mention.)

10677. Lettres de naturalité avec dispense de tous droits accordées à Jean de Constantin, écuyer de M. de Boisy. Paris, 17 janvier 1538.

17 janvier.

> Arch. nat., Acquits sur l'épargne, J. 962, pl. 16, n° 5, anc. J. 961, n° 199. (Mention.)

10678. Don et remise à Jean de Constantin d'une amende de 60 livres parisis prononcée contre lui par arrêt du Parlement de Paris. Paris, 17 janvier 1538.

17 janvier.

> Arch. nat., Acquits sur l'épargne, J. 962, pl. 16, n° 5, anc. J. 961, n° 199. (Mention.)

10679. Don à Jean de Constantin de vingt charretées de bois à prendre chaque année pendant dix ans en la forêt de Chinon. Paris, 17 janvier 1538.

17 janvier.

> Arch. nat., Acquits sur l'épargne, J. 962, pl. 16, n° 5, anc. J. 961, n° 199. (Mention.)

10680. Mandement à la Chambre des Comptes de rétablir au compte de Claude du Lyon, payeur
des compagnies des s^{rs} de Saint-André et de
Beaumont-Brisay, de l'année 1536, la somme
de 180 livres tournois payée à Robert Bigot,
contrôleur ordinaire de la guerre, pour ses
gages, et rayée par les gens des comptes parce
qu'il ne leur est pas apparu de l'assignation
ni de l'ordonnance de payement. Paris,
17 janvier 1538.

1539.
17 janvier.

    Arch. nat., Acquits sur l'épargne, J. 962, pl. 16,
n° 5, anc. J. 961, n° 199. (*Mention.*)

10681. Don à Louis de Thiville, s^r de la Rocheverte,
des offices de capitaine et de verdier et
garde des eaux et forêts de Civray et Usson,
vacants par le décès d'Adrien Vernon, s^r de
Montreuil-Bonnin, aux gages de 100 livres
tournois par an, à prendre sur la recette
ordinaire de Civray. Paris, 17 janvier 1538.

17 janvier.

    Arch. nat., Acquits sur l'épargne, J. 962, pl. 16,
n° 5, anc. J. 961, n° 199. (*Mention.*)

10682. Don à François de Saint-Julien, s^r de Luzeret,
de deux amendes montant à 260 livres pa-
risis, prononcées contre lui et un nommé
Jean Villain par arrêt du Parlement de Paris.
Paris, 17 janvier 1538.

17 janvier.

    Arch. nat., Acquits sur l'épargne, J. 962, pl. 16,
n° 5, anc. J. 961, n° 199. (*Mention.*)

10683. Don à Jean de Montjoye, dit la Motte, huissier de salle des chambellans, de la somme
de 25 écus soleil, montant des droits de résignation de l'office de notaire royal aux contrats à Poitiers que fait Mathurin Limousin
au profit de Charles Limousin, son fils. Paris,
17 janvier 1538.

17 janvier.

    Arch. nat., Acquits sur l'épargne, J. 962, pl. 16,
n° 5, anc. J. 961, n° 199. (*Mention.*)

10684. Don à Jeanne Péhu de 40 livres tournois, montant du droit de quint qu'elle doit au roi
pour l'acquisition par elle faite récemment
des fiefs Hémart et de Gannes au village de

17 janvier.

Montmartin, tenus de Sa Majesté à cause   1539.
de son château de Clermont en Beauvaisis.
Paris, 17 janvier 1538.

   Arch. nat., Acquits sur l'épargne, J. 962, pl. 16,
n° 5, anc. J. 961, n° 199. (Mention.)

10685. Mandement à la Chambre des Comptes et aux   17 janvier.
   juges de la Tour carrée, ordonnant de tenir
   quitte Antoine Bohier, général des finances,
   de la somme de 190,000 livres tournois,
   montant de la condamnation prononcée
   contre son père, feu Thomas Bohier, par lesdits juges de la Tour carrée, moyennant les
   payements qui suivent, faits par ledit Antoine : la terre, seigneurie et château de Chenonceaux que le roi a pris pour 90,000 livres tournois; le quart de la vicomté d'Orbec,
   pour 10,000 livres; les greffes des prévôtés
   de Senlis et de Meaux, pour 9,055 livres; la
   somme de 18,112 livres 1 sou 4 deniers que
   Sa Majesté devait audit Thomas Bohier; la
   somme de 22,832 livres 18 sous 8 deniers,
   payée en trois termes, en deniers comptants;
   et du surplus, montant à 40,000 livres, le
   roi a fait don et remise à Antoine Bohier,
   de sorte que celui-ci est complètement dé-
   chargé de sa dette. Paris, 17 janvier 1538.

   Arch. nat., Acquits sur l'épargne, J. 962, pl. 16,
n° 5, anc. J. 961, n° 199. (Mention.)

10686. Mandement pour faire payer Pontlevoy sur les   17 janvier.
   états de la vénerie, de la somme de 216 li-
   vres 13 sous 4 deniers, portée au nom de feu
   Francisque-Antoine, son prédécesseur. Paris,
   17 janvier 1538.

   Arch. nat., Acquits sur l'épargne, J. 962, pl. 16,
n° 5, anc. J. 961, n° 199. (Mention.)

10687. Lettres portant continuation pendant dix ans   18 janvier.
   du droit des consuls de Lyon de lever le
   dixième du vin et le péage du pont du Rhône.
   Paris, 18 janvier 1538.

   Original Arch. de la ville de Lyon, série CC.

10688. Mandement au trésorier de l'épargne de payer   1539.
à Georges de Selve, ancien ambassadeur à   18 janvier.
Rome, 910 livres qui lui sont encore dues
pour quatre-vingt-onze jours d'exercice de sa
charge, du 1er avril au 30 juin 1538. Paris,
18 janvier 1538.

> Bibl. nat., ms. Clairambault 1215, fol. 77.
> (Mention.)

10689. Assignation sur les deniers de l'argenterie du   18 janvier.
roi de la somme de 970 livres 13 sous 6 de-
niers tournois pour « deux accoustremens de
masques ». Paris, 18 janvier 1538.

> Arch. nat., Acquits sur l'épargne, J. 962, pl. 16,
> n° 6, anc. J. 961, n° 190. (Mention.)

10690. Confirmation de Philibert de La Baume, sr de   19 janvier.
Montfalconet, dans la charge de gouverneur
de Bresse. Paris, 19 janvier 1538.

> Enreg. au Parl. de Dijon le 19 février suivant.
> Arch. de la Côte-d'Or, Parl. reg. II, fol. 228 v°.

10691. Commission de la charge de lieutenant général   19 janvier.
pour le roi dans les pays de Bresse, Bugey et
Valromey, en faveur de Jean de La Baume,
comte de Montrevel, chevalier de l'ordre.
Paris, 19 janvier 1538.

> Enreg. au Parl. de Dijon le 13 mars suivant.
> Arch. de la Côte-d'Or, Parl. reg. II, fol. 231 v°.

10692. Don de 2,035 livres à Georges de Selve, am-   19 janvier.
bassadeur à Venise et ensuite à Rome, pour
l'aider à supporter les dépenses qu'il fit du
20 février 1537 n. s., date de son départ de
Venise, jusqu'au 30 juin suivant, terme de
sa mission auprès du pape. Paris, 19 janvier 1538.

> Bibl. nat., ms. Clairambault 1215, fol. 78.
> (Mention.)

10693. Provisions pour Antoine Potarde d'un office   19 janvier.
de clerc auditeur en la Chambre des Comptes

de Paris, en remplacement de François Tertereau. 19 janvier 1538.

> *Réception dudit Potard le 23 avril 1539, anc.
> mém. 2 J, fol. 143. Arch. nat. invent. PP. 136,
> p. 466. (Mention.)*

10694. Lettres du don fait à César de Cantelme, gentilhomme ordinaire de l'hôtel du roi, d'une
rente annuelle de 300 livres tournois, pendant dix ans, sur le revenu du grenier à sel
de Chalon. Paris, 20 janvier 1538.

20 janvier.

> *Enreg. à la Chambre des Comptes de Dijon le
> 26 mars suivant. Arch. de la Côte-d'Or, reg. B. 20,
> fol. 43.
> Arch. nat., Acquits sur l'épargne, J. 962, pl. 16,
> n° 7, anc. J. 961, n° 159. (Mention.)*

10695. Lettres ordonnant de rembourser aux Florentins et Lucquois habitant Lyon les sommes
qu'ils avaient été indûment contraints de
payer pour l'impôt. Paris, 20 janvier 1538.

20 janvier.

> *Copie du xvi° siècle. Archives de la ville de
> Lyon, CC. 314.*

10696. Mandement à Jean Laguette, trésorier et receveur des finances extraordinaires et parties
casuelles, de rembourser à François de Marcillac, premier président au Parlement de
Rouen, une somme de 12,000 livres tournois dont il avait fait prêt au roi le 22 mars
1522. Paris, 20 janvier 1538.

20 janvier.

> *Original. Bibl. nat., ms. fr. 25721, n° 523.
> Idem, ms. fr. 25722, n° 543. (Mention.)*

10697. Mandement à la Chambre des Comptes et aux
généraux des finances de faire payer désormais à Guillaume Poyet, chancelier de France,
sur ses simples quittances, la pension annuelle de 2,000 livres tournois que le roi
lui a ordonnée sur la recette générale de la
traite d'Anjou, après la mort d'Antoine du
Prat, légat et chancelier, laquelle Sa Majesté
lui renouvelle et confirme, outre ses autres

20 janvier.

gages, dons, états et pensions. Paris, 20 janvier 1538.

1539.

> *Arch. nat., Acquits sur l'épargne*, J. 962, pl. 16, n° 7, anc. J. 961, n° 159. (*Mention.*)

10698. Don à M. de Sedan du revenu du grenier à sel de Château-Thierry et des amendes, forfaitures et confiscations qui y pourront échoir durant la présente année 1539. Paris, 20 janvier 1538.

20 janvier.

> *Arch. nat., Acquits sur l'épargne*, J. 962, pl. 16, n° 7, anc. J. 961, n° 159. (*Mention.*)

10699. Don à Jean Papillon de la somme de 600 livres sur les deniers provenant de la résignation à survivance de l'office de trésorier de Carcassonne, en échange d'autres dons qui n'ont pu sortir effet. Paris, 20 janvier 1538.

20 janvier.

> *Arch. nat., Acquits sur l'épargne*, J. 962, pl. 16, n° 7, anc. J. 961, n° 159. (*Mention.*)

10700. Don à René Tournemine, panetier ordinaire de M. le Dauphin, du droit de rachat échu au roi par la mort de Raoul Tournemine, son père, pour les terres et seigneuries qu'il tenait de Sa Majesté en Bretagne. Paris, 20 janvier 1538.

20 janvier.

> *Arch. nat., Acquits sur l'épargne*, J. 962, pl. 16, n° 7, anc. J. 961, n° 159. (*Mention.*)

10701. Don à Pierre Tournemine, échanson de M. le Dauphin, fils de feu Raoul Tournemine, de l'office de capitaine d'Hennebont, vacant par la mort de son père. Paris, 20 janvier 1538.

20 janvier.

> *Arch. nat., Acquits sur l'épargne*, J. 962, pl. 16, n° 7, anc. J. 961, n° 159. (*Mention.*)

10702. Don à Jacqueline d'Estouteville, dame de Bricquebec, de la garde-noble de Joachim, Gilles, Georges, Louis, Pierre, Marie, Péronne, Avoye et Jacqueline, enfants mineurs de feu Nicolas de Mathan et de feu Madeleine d'Espinay, pour leurs biens et héritages de Normandie. Paris, 20 janvier 1538.

20 janvier.

> *Arch. nat., Acquits sur l'épargne*, J. 962, pl. 16, n° 7, anc. J. 961, n° 159. (*Mention.*)

III.

88

10703. Don à Diego de Mendoça, panetier du roi, des hôtels de Flandre, d'Artois et de Bourgogne, sis en la ville de Paris, pour en jouir sa vie durant. Paris, 20 janvier 1538.

Arch. nat., Acquits sur l'épargne, J. 962, pl. 16, n° 7, anc. J. 961, n° 159. (Mention.)

1539.
20 janvier.

10704. Don à Guillaume Bonneville, sommelier du duc d'Étampes, des biens immeubles de feu André Prévost, qui, par sentence des commissaires ordonnés pour la réformation des monnaies en la Chambre du trésor à Paris, a été condamné à être étranglé et bouilli au Marché aux Pourceaux, et ses biens déclarés confisqués, pour crime de fausse monnaie. Paris, 20 janvier 1538.

Arch. nat., Acquits sur l'épargne, J. 962, pl. 16, n° 7, anc. J. 961, n° 159. (Mention.)

20 janvier.

10705. Don par le roi, à la requête de Jeanne de Mazancourt, veuve d'Antoine de Bussy, l'un des cent gentilshommes de l'hôtel, commissaire ordinaire des guerres, aux enfants mineurs dont elle est tutrice naturelle, de tout le droit royal sur une partie de la seigneurie de la Morlaye dépendant de la châtellenie de Creil, à charge de foi et hommage au roi et de 12 livres tournois par an à payer au receveur ordinaire de Senlis. Paris, 21 janvier 1538.

Copie authentique de l'année 1565. Bibl. nat., Pièces orig., vol. 562, Bussy, pièce 8.
Arch. nat., Acquits sur l'épargne, J. 962, pl. 16, n° 8, anc. J. 961, n° 202. (Mention.)

21 janvier.

10706. Mandement à la Chambre des Comptes de lever les souffrances par elle mises aux comptes du receveur ordinaire de Creil des années 1529-1531, en ce qui touche la somme de 79 livres 19 sous 9 deniers obole parisis, montant du revenu de la terre de la Morlaye, qu'il avait payée, suivant le don du roi, à Antoine de Bussy, dit Picquet, l'un des cent gentilshommes de l'hôtel et commissaire ordinaire des guerres, et d'allouer ladite somme

21 janvier.

aux comptes des années suivantes, le don
en ayant été continué aux héritiers dudit de
Bussy. Paris, 21 janvier 1538.

> Arch. nat., Acquits sur l'épargne, J. 962, pl. 16,
> n° 8, anc. J. 961, n° 202. (Mention.)

10707. Permission à Jean Barise, écuyer, de faire mettre
en son nom les lettres d'office de la verderie
de « Montdelancie », que le roi avait ci-devant
donnée à Philippe des Bordes, gentilhomme
de sa vénerie. Paris, 21 janvier 1538.

21 janvier.

> Arch. nat., Acquits sur l'épargne, J. 962, pl. 16,
> n° 8, anc. J. 961, n° 202. (Mention.)

10708. Don et remise à Jean de Falaise, dit Dieppe,
des droits dus pour la résignation à survivance de l'office de « brouetier » en la ville et
vicomté de l'eau de Rouen, qu'il entend faire
au profit de Jean de Falaise, son fils. Paris,
21 janvier 1538.

21 janvier.

> Arch. nat., Acquits sur l'épargne, J. 962, pl. 16,
> n° 8, anc. J. 961, n° 202. (Mention.)

10709. Don à Guillaume Bagot, artilleur du roi, de
l'office de la « grant charue » de Rouen, vacant par le décès de Guillaume Le Cresteur.
Paris, 21 janvier 1538.

21 janvier.

> Arch. nat., Acquits sur l'épargne, J. 962, pl. 16,
> n° 8, anc. J. 961, n° 202. (Mention.)

10710. Don au sr de Gordes de tous les biens meubles
et immeubles de feu Georges de Salles, étranger non naturalisé, adjugés au roi en vertu
du droit d'aubaine par sentence du prévôt
de Paris. Paris, 21 janvier 1538.

21 janvier.

> Arch. nat., Acquits sur l'épargne, J. 962, pl. 16,
> n° 8, anc. J. 961, n° 202. (Mention.)

10711. Mandement à Jean Carré, commis au payement des officiers domestiques de la maison
du roi, de payer sur les deniers de sa commission de l'année 1538, à Africain Blonde,
fourrier ordinaire, la somme de 200 livres
tournois à lui ordonnée pour ses gages de
ladite année, cette somme portée sur les états
des fourriers au nom de feu Jehannot De-

21 janvier.

lisle, à la place duquel ledit Africain a été 1539.
nommé, nonobstant qu'il n'ait encore eu ses
provisions. Paris, 21 janvier 1538.

*Arch. nat., Acquits sur l'épargne, J. 962, pl. 16,
n° 8, anc. J. 961, n° 202. (Mention.)*

10712. Commission à Augustin de Thou, président 22 janvier.
d'une chambre des enquêtes, à Louis Gayant,
Pierre Viole, Guillaume Bourgoing, Guillaume Abot, Antoine Hellin, Antoine De-
lyon, Ponce Brandon, Claude Levoix, François Errault, Étienne Tournebulle, André
Sanguin, Michel de L'Hôpital, Nicole Lesueur et Antoine Fumée, conseillers au Parlement, pour juger avec le grand maître des
Eaux et forêts et ses lieutenants, en dernier
ressort, les procès engagés par suite de la réformation de la forêt de Jouy, près Provins.
Paris, 22 janvier 1538.

*Enreg. à la Chambre des Eaux et forêts (siège de
la Table de marbre), le 8 février suivant. Arch. nat.,
Z¹ᵉ 326, fol. 7. 2 pages.*

10713. Lettres d'évocation et renvoi au Grand conseil 22 janvier.
d'un procès pendant au Parlement entre Louis
de Boisgarnier, demandeur en déprédation
et ravissement de biens contre Jean Ango,
sᵣ de la Rivière, capitaine et vicomte de
Dieppe, et Grégoire Toustain, défendeurs.
22 janvier 1538.

*Arrêt du Parl. du 27 août 1541. Arch. nat.,
Xʰ 1547, reg. du Conseil, fol. 287 v°. (Mention.)*

10714. Déclaration renouvelant les défenses contenues 23 janvier.
dans les lettres du 19 mai 1536[1], pour l'im-
portation des draps de soie qui devaient être
marqués à Lyon avant leur mise en vente.
Paris, 23 janvier 1538.

*Publiée, le 30 janvier 1539 n. s., au Châtelet de
Paris, Bannières. Arch. nat., Y. 9, fol. 133.
3 pages.
Arch. départ. de l'Hérault, B. 5, p. 685. (Mention.)*

[1] *Sic.* Il s'agit sans doute des lettres du 31 mai 1536 (ci-dessus
n° 8479).

10715. Lettres ordonnant l'entérinement au bailliage
de Meaux des lettres de rémission accordées
par le roi d'Écosse, pour sa joyeuse venue
dans le royaume, à Marie de Quatrelivres,
qui avait été l'objet de poursuites criminelles
pour supposition d'enfant. Paris, 23 janvier
1538.

> *Enreg. au Châtelet de Paris, Bannières. Arch.*
> *nat., Y. 9, fol. 134. 2 pages.*

1539.
23 janvier.

10716. Ordonnance portant que la châtellenie de Hesdin et partie du comté de Saint-Pol ressortiront en appel au siège de Montreuil-sur-Mer.
Paris, 23 janvier 1538.

> *Enreg. au Parl. de Paris, le 28 avril 1539.*
> *Arch. nat., X¹ᵃ 8613, fol. 146. 1 page 2/3.*
> *Copie collationnée du XVIᵉ siècle. Arch. nat.,*
> *suppl. du Trésor des Chartes, J. 793, n° 12.*

23 janvier.

10717. Commission donnée à Jean de Bérard, général
des monnaies, pour la recherche des infractions aux ordonnances relatives au décri de
certaines monnaies en Languedoc et en
Guyenne. Paris, 23 janvier 1538.

> *Enreg. au Parl. de Bordeaux (s. d.). Arch. de la*
> *Gironde, B. 31, fol. 29. 3 pages.*

23 janvier.

10718. Mandement à la Chambre des Comptes et
autres officiers de justice de Bretagne pour
la vérification des devoirs seigneuriaux. Paris,
23 janvier 1538.

> *Imp. Les ordonnances faites par le Roy et ses pré-*
> *décesseurs sur le faict de la Chambre des Comptes de*
> *Bretagne. Tours, J. Rousset, 1556, in-4°, p. 129.*
> *(Bibl. nat., F. 2907².)*

23 janvier.

10719. Lettres ordonnant que les grosses des enquêtes
faites par les examinateurs-enquêteurs nouvellement créés dans la sénéchaussée de
Guyenne demeureront entre les mains des
greffiers. Paris, 24 janvier 1538.

Lettres de relief de surannation pour l'enregistrement des précédentes. Bordeaux,
20 mars 1539.

> *Enreg. au Parl. de Bordeaux (s. d.). Arch. de la*
> *Gironde, B. 31, fol. 71. 6 pages.*

24 janvier.

10720. Lettres portant rachat et réunion au domaine royal de la communauté de Brignoles en Provence. Paris, 24 janvier 1538.

1539.
24 janvier.

> *Enreg. à la Chambre des Comptes de Provence. Arch. des Bouches-du-Rhône, B. 34 (Fenix), fol. 11. 1 page.*

10721. Lettres relatives au remboursement à la communauté de Brignoles des deniers qu'elle a fournis pour son rachat et sa réunion au domaine royal. Paris, 24 janvier 1538.

24 janvier.

> *Enreg. à la Chambre des Comptes de Provence, le 18 avril 1539. Arch. des Bouches-du-Rhône, B. 34 (Fenix), fol. 10. 1 page.*

10722. Mandement aux élus du Lyonnais de laisser jouir les conseillers et échevins de Lyon des gabelles de la ville, dont ils ont fait l'achat. Paris, 24 janvier 1538.

24 janvier.

> *Copie du XVIᵉ siècle. Bibl. nat., ms. fr. 2702, fol. 206 v°.*

10723. Lettres portant défense d'imposer les Florentins et Lucquois habitant Lyon qui n'y sont nés, mariés ou établis définitivement. Paris, 24 janvier 1538.

24 janvier.

> *Copie du XVIᵉ siècle. Arch. de la ville de Lyon, AA. 151, fol. 62.*

10724. Mandement à Jean Laguette, trésorier et receveur des parties casuelles, de payer à [Gilles de Laval], sʳ de Loué, chambellan ordinaire du roi, la somme de 4,000 livres tournois qui lui est due pour deux années de sa pension finies au mois d'août 1534. Paris, 24 janvier 1538.

24 janvier.

> *Original. Bibl. nat., ms. fr. 25721, n° 524.*

10725. Don à Mˡˡᵉ de Roye de l'office de général des monnaies à Paris, vacant par le décès de Jean de Beux, pour en disposer à son profit. Paris, 24 janvier 1538.

24 janvier.

> *Arch. nat., Acquits sur l'épargne, J. 962, pl. 16, n° 9, anc. J. 961, n° 201. (Mention.)*

10726. Don au greffier Duval du droit de treizième dû

24 janvier.

au roi à cause de l'acquisition faite par Nicolas Le Vallois de la terre et seigneurie de Fontaine-Étoupefour, près Caen, tenue et mouvante de Sa Majesté. Paris, 24 janvier 1538.

Arch. nat., Acquits sur l'épargne, J. 962, pl. 16, n° 9, anc. J. 961, n° 201. (Mention.)

10727. Don à Nicolas Viole, maître des comptes et conseiller du roi, en récompense de ses nombreux services et pour l'aider à marier l'une de ses filles, de la somme de 1,000 écus d'or soleil, à prendre sur les ventes d'offices et autres parties casuelles, par les mains du receveur général des finances extraordinaires. Paris, 24 janvier 1538.

24 janvier.

Arch. nat., Acquits sur l'épargne, J. 962, pl. 16, n° 9, anc. J. 961, n° 201. (Mention.)

10728. Don à Mlle de Maubuisson de l'office de sergent à cheval au Châtelet de Paris, vacant par le décès de Pierre Barbier, pour en disposer à son profit. Paris, 24 janvier 1538.

24 janvier.

Arch. nat., Acquits sur l'épargne, J. 962, pl. 16, n° 9, anc. J. 961, n° 201. (Mention.)

10729. Don au capitaine Martin du Bellay, pour en disposer à son profit, de l'office d'auditeur des comptes à Paris, vacant par le décès de Jean Tertereau, au lieu d'un office de secrétaire du roi que Sa Majesté lui avait promis pour l'aider à payer sa rançon, lorsqu'il fut fait prisonnier à Saint-Pol, nonobstant que l'office d'auditeur soit de plus grande valeur que celui de secrétaire. Paris, 24 janvier 1538.

24 janvier.

Arch. nat., Acquits sur l'épargne, J. 962, pl. 16, n° 9, anc. J. 961, n° 201. (Mention.)

10730. Mandement à Jean Laguette, trésorier des parties casuelles, de payer à madame des Radrets, dame d'honneur de la duchesse de Vendôme, la somme de 400 écus d'or so-

25 janvier.

leil dont le roi lui fait don. Villeneuve-Saint-Georges, 25 janvier 1538.

Original. Bibl. nat., ms. fr. 25721, n° 525.
Arch. nat., Acquits sur l'épargne, J. 962, pl. 16,
n° 10, anc. J. 961, n° 179. (Mention.)

10731. Mandement au Parlement de Rouen contenant défenses à tous marchands et marins d'envoyer des navires à la Guinée ou au Brésil, donné à la requête du roi de Portugal. Vers le 25 janvier 1538.

Arch. nat., H. 1779, fol. 319. (Mention.)
Imp. Registres des délibérations du Bureau de la
ville de Paris, in-4°, t. II, 1886, p. 400. (Mention.)

25 janvier.

10732. Lettres enjoignant à la Chambre des Comptes de Montpellier de ne laisser en retard aucun des comptes annuels des clavaires. Paris, 27 janvier 1538.

Enreg. à la Chambre des Comptes de Montpellier.
Archives départ. de l'Hérault, B. 341, fol. 224.
1/2 page.

27 janvier.

10733. Mandement au sénéchal de Carcassonne de s'enquérir si dans le ressort de sa juridiction des mutations de régularité en sécularité ont été faites, et d'envoyer au roi les bulles concernant ces mutations. Fontainebleau, 29 janvier 1538.

Imp. [Dupuy], Preuves des libertés de l'Église
gallicane, 3° édit. Paris, Cramoisy, 1651, 2 vol.
in-fol., 4° partie, p. 107.
[Lemère], Recueil des actes, titres et mémoires
concernant les affaires du clergé de France, etc., di-
visé en douze tomes. Paris, V° de F. Muguet,
1716-1750, t. IV, col. 2042.

29 janvier.

10734. Mandement au trésorier de l'épargne de faire payer par Étienne Trotereau, naguère commis à partie de la recette générale de Languedoïl, des deniers par lui reçus l'an 1538, à Antoine Bohier, général des finances, 4,605 livres tournois pour quatre cent quarante-sept journées entières, à raison de 10 livres par jour, employées, durant les années 1536, 1537 et 1538, à l'exécution des com-

29 janvier.

missions dont il fut chargé par le roi, tant pour
la vente du domaine que pour le payement
de partie de la solde de 20,000 hommes de
pied levée sur les villes du royaume, y compris 135 livres pour trente postes courues par
ledit Bohier pendant ce laps de temps. Fontainebleau, 29 janvier 1538.

*Arch. nat., Acquits sur l'épargne, J. 962, pl. 16,
n° 11, anc. J. 961, n° 180. (Mention.)*

1539.

10735. Don à Jean de Sèvemont, homme d'armes de
la compagnie de M. du Biez, de l'office de
« rechasseur » des forêts du comté de Boulonnais, vacant par le décès de Charles Le Marchant. Fontainebleau, 29 janvier 1538.

*Arch. nat., Acquits sur l'épargne, J. 962, pl. 16,
n° 11, anc. J. 961, n° 180. (Mention.)*

29 janvier.

10736. Mandement au général des finances du comté
de Blois de faire payer par le receveur ordinaire dudit comté, des deniers de sa recette
de la présente année, à Denis de Mercoliano,
jardinier ordinaire du château de Blois, la
somme de 300 livres tournois pour ses gages
et l'entretien des jardins pendant l'année
1539. Fontainebleau, 29 janvier 1538.

*Arch. nat., Acquits sur l'épargne, J. 962, pl. 16,
n° 11, anc. J. 961, n° 180. (Mention.)*

29 janvier.

10737. Don à la veuve et aux héritiers de Jacques
Perrin, élu du pays de Forez et auparavant
notaire royal en ce pays, des protocoles des
notes et contrats passés par le défunt, du
temps qu'il a exercé son office de notaire,
nonobstant que la valeur n'en soit déclarée.
Fontainebleau, 29 janvier 1538.

*Arch. nat., Acquits sur l'épargne, J. 962, pl. 16,
n° 11, anc. J. 961, n° 180. (Mention.)*

29 janvier.

10738. Don au sr de Harambures de la somme de
400 livres parisis, moitié de l'amende prononcée au profit du roi par arrêt du Parlement de Paris contre Antoine du Bus, écuyer,

29 janvier.

III.

89

s^r de Villemareuil. Fontainebleau, 9 janvier   1539.
1538.

*Arch. nat., Acquits sur l'épargne, J. 962, pl. 16,
n° 11, anc. J. 961, n° 180. (Mention.)*

10739. Provisions de l'office d'avocat général en la   31 janvier.
Chambre des Comptes de Paris, pour An-
toine Minart, en remplacement de François
Lefèvre. 31 janvier 1538.

*Enreg. à la Chambre des Comptes de Paris, le
4 février suivant, anc. mém. 2 J, fol. 117. Arch.
nat., invent. PP. 136, p. 466; AD.IX 124, n° 53.
(Mentions.)*

10740. Mandement au trésorier de l'épargne de payer   31 janvier.
157 livres 10 sous à Antoine du Ha, che-
vaucheur, qui va en Angleterre porter des
lettres du roi à son ambassadeur, le seigneur
de Castillon. Fontainebleau, 31 janvier
1538.

*Bibl. nat., ms. Clairambault 1215, fol. 77.
(Mention.)*

10741. Lettres d'érection du comté de Nevers en duché-   Janvier.
pairie, en faveur de Marie d'Albret, veuve de
Charles de Clèves, comte de Nevers, et de
son fils, François de Clèves. Paris, janvier
1538.

*Enreg. à la Chancellerie de France. Arch. nat.,
Trésor des Chartes, JJ. 253^b, n° 18, fol. 5. 2 pages.
Enreg. au Parl. de Paris, le 17 février 1539
n. s., Arch. nat., X^{1a} 8613, fol. 140 v°. 2 pages.
Enreg. à la Chambre des Comptes de Paris, le
26 février 1539 n.s. Arch. nat., P. 2306, p. 683,
et p. 689. 5 pages 1/2.
Imp. Le P. Anselme, Hist. généal. de la maison
de France, etc. Paris, in-fol., 1728, t. III, p. 445.
L'abbé de Marolles, Inventaire des titres de Nevers, publié par le comte de Soultrait. Nevers,
1873, in-4°, p. 37. (Mention.)*

10742. Lettres d'exemption de toutes tailles et impo-   Janvier.
sitions en faveur des maîtres des forges et
mines d'or, d'argent, de plomb et de cuivre
du royaume. Paris, janvier 1538.

*Enreg. à la Chancellerie de France. Arch. nat.,
Trésor des Chartes, JJ. 253^b, n° 5, fol. 2. 1 page.*

10743. Établissement de quatre foires annuelles et d'un marché hebdomadaire à Courpignac en Saintonge, en faveur de Blanche d'Aubeterre, dame du lieu, veuve de Robert, seigneur de la Rochandry. Paris, janvier 1538.

1539. Janvier.

> *Enreg. à la Chancellerie de France, Arch. nat., Trésor des Chartes, JJ. 253¹, n° 69, fol. 22 v°. 1 page.*

10744. Lettres d'institution de trois foires, en outre des trois anciennes, à Égletons (Limousin), en faveur de Gilbert, comte de Ventadour. Paris, janvier 1538.

Janvier.

> *Enreg. à la Chancellerie de France. Arch. nat., Trésor des Chartes, JJ. 253¹, n° 57, fol. 17 v°. 1 page.*

10745. Création de deux foires annuelles et d'un marché franc chaque semaine à Grandvilliers, au bailliage d'Amiens, sur la demande du cardinal de Châtillon, abbé de Saint-Lucien de Beauvais, pour remédier aux malheurs causés par la guerre. Paris, janvier 1538.

Janvier.

> *Original. Arch. départ. de l'Oise, série H. 1145.*
> *Enreg. à la Chancellerie de France. Arch. nat., Trésor des Chartes, JJ. 253¹, n° 79, fol. 27. 1 page 1/2.*
> *Enreg. à la Chambre des Comptes de Paris, le 20 mars 1554 n. s., avec une confirmation de Henri II, de janvier 1548 n. s. Arch. nat., invent. PP, 136, p. 466. (Mention.)*

10746. Création de deux foires annuelles et de deux marchés hebdomadaires à Montdidier en Picardie. Paris, janvier 1538.

Janvier.

> *Enreg. à la Chancellerie de France. Arch. nat., Trésor des Chartes, JJ. 253¹, n° 9, fol. 3. 1 page.*
> *Imp. Victor de Beauvillé, Histoire de la ville de Montdidier, 2° édit. Paris, 1875, in-4°, t. II, p. 333.*

10747. Institution de trois foires annuelles et d'un marché hebdomadaire à Montlouis (commune de Jardres, en Poitou), en faveur d'André Faye-

Janvier.

reau, seigneur du Charrault et de Montlouis. 1539.
Paris, janvier 1538.

Enreg. à la Chancellerie de France. Arch. nat.,
Trésor des Chartes, JJ. 253¹, n° 13, fol. 4. 1 page.

10748. Établissement de deux foires par an et d'un Janvier.
marché chaque semaine à Montaigu en Ver-
mandois, prévôté de Laon, en faveur de
Robert de La Marck, seigneur de Sedan et
dudit lieu. Paris, janvier 1538.

Enreg. à la Chancellerie de France. Arch. nat.,
Trésor des Chartes, JJ. 253¹, n° 74, fol. 26.
1 page.

10749. Lettres de sauvegarde octroyées aux gens d'é- Janvier.
glise, nobles et bourgeois de Peuvillers près
Damvilliers, terre et seigneurie du chapitre
de Verdun, faisant alors partie du duché de
Luxembourg. Paris, janvier 1538.

Enreg. à la Chancellerie de France. Arch. nat.,
Trésor des Chartes, JJ. 253¹, n° 7, fol. 2 v°.
1 page 1/2.

10750. Permission aux habitants de Précy-le-Sec, au Janvier.
bailliage d'Auxerre, d'enclore leur ville de
fortifications. Paris, janvier 1538.

Enreg. à la Chancellerie de France. Arch. nat.,
Trésor des Chartes, JJ. 253¹, n° 39, fol. 11 v°.
1 page 1/2.

10751. Institution de deux foires annuelles à Saint- Janvier.
Alban, au bailliage de Vivarais, en faveur de
Gilbert, comte de Ventadour, seigneur du
lieu. Paris, janvier 1538.

Enreg. à la Chancellerie de France. Arch. nat.,
Trésor des Chartes, JJ. 253¹, n° 59, fol. 18.
1 page.

10752. Établissement de quatre foires par an et d'un Janvier.
marché chaque semaine à Savigny, dans le
Berry. Paris, janvier 1538.

Enreg. à la Chancellerie de France. Arch. nat.,
Trésor des Chartes, JJ. 253¹, n° 1, fol 1. 1 page.

10753. Permission aux habitants de Séant-en-Othe, Janvier.
au bailliage de Troyes (auj. Bérulles), de clore

leur bourg de murailles et de fortifications.
Paris, janvier 1538.

1539.

*Enreg. à la Chancellerie de France. Arch. nat.,
Trésor des Chartes, JJ. 253¹, n° 16, fol. 5. 1 page.*

10754. Établissement de trois foires par an et d'un
marché chaque semaine à Séant-en-Othe.
Paris, janvier 1538.

Janvier.

*Enreg. à la Chancellerie de France. Arch. nat.,
Trésor des Chartes, JJ. 253¹, n° 17, fol. 5. 1 page.*

10755. Permission aux habitants des Sièges, au bailliage de Sens, d'enclore leur bourg de murailles, fossés et autres fortifications. Paris,
janvier 1538.

Janvier.

*Enreg. à la Chancellerie de France. Arch. nat.,
Trésor des Chartes, JJ. 253¹, n° 14, fol. 4 v°.
1 page.*

10756. Établissement de trois foires annuelles et d'un
marché hebdomadaire aux Sièges. Paris, janvier 1538.

Janvier.

*Enreg. à la Chancellerie de France. Arch. nat.,
Trésor des Chartes, JJ. 253¹, n° 15, fol. 4 v°.
1 page.*

10757. Lettres de rétablissement et confirmation des
anciennes foires de Valence en Dauphiné.
Paris, janvier 1538.

Janvier.

*Enreg. à la Chancellerie de France. Arch. nat.,
Trésor des Chartes, JJ. 253¹, n° 8, fol. 3.
1 page 1/2.*

10758. Lettres de don à Jean de Charasson, écuyer
tranchant de M. le cardinal de Lorraine, des
biens de feu Thomas de Coqueborne (Cock-
born), Écossais, échus au roi par droit d'aubaine, le défunt n'ayant obtenu ni lettres de
naturalité ni permission de tester. Paris, janvier 1538 [1].

Janvier.

*Enreg. à la Chambre des Comptes de Paris, le
6 mai 1539. Arch. nat., P. 2306, p. 717.
4 pages 1/4.
Arch. nat., Acquits sur l'épargne, J. 962, pl. 16,
n° 8, anc. J. 961, n° 202. (Mention.)*

[1] Le rôle d'expéditions des Acquits sur l'épargne où est mentionné
ce don porte la date du 21 janvier.

10759. Cession, moyennant certaines conditions, à Guillaume de Montpellier, fourrier des logis du roi, de l'emplacement situé entre la Halle au blé et la rue de la Tonnellerie, à Paris, « où soulloient estre anciennement la halle Trompée et celle de Bruxelles, dite de Louvain ». Paris, janvier 1538.

> *Enreg. à la Chancellerie de France. Arch. nat.,
> Trésor des Chartes, JJ. 253¹, n° 72, fol. 24 v°.
> 4 pages.*

10760. Lettres de légitimation obtenues par Marie Oudot, fille naturelle d'Anne Oudot, mariée à Claude Rossignol, dont le mariage avait été cassé, et qui l'avait eue après de Charles de Chalon, prêtre constitué en dignité. Marie Oudot était la femme d'Antoine Duchemin. Paris, janvier 1538.

> *Enreg. à la Chambre des Comptes de Dijon, le
> 3 juillet 1539. Arch. de la Côte-d'Or, B. 72,
> fol. 159 v°.*

10761. Permission à François et à Étienne Sapte, marchands de draps à Carcassonne, de faire fortifier le lieu dit le Moulin-de-la-Terte, près Conques, pour protéger une filature qu'ils y avaient établie. Paris, janvier 1538.

> *Enreg. à la Chancellerie de France. Arch. nat.,
> Trésor des Chartes, JJ. 253¹, n° 56, fol. 17.
> 1 page.*

10762. Ratification du traité conclu à Tolède entre François de Lascours, grand commandeur de Léon en l'ordre de Saint-Jacques, et Nicolas Perrenot de Granvelle, procureurs de l'empereur, d'une part, et l'évêque de Tarbes, procureur du roi de France, d'autre part. Fontainebleau, 1ᵉʳ février 1538.

> *Copie du XVIᵉ siècle. Bibl. nat., ms. fr. 3916,
> fol. 275.*

10763. Mandement au trésorier de l'épargne de payer à Georges de Selve 476 livres 14 sous, à titre de remboursement d'une pareille somme qu'il avait déboursée pendant son ambassade à Rome. Fontainebleau, 1ᵉʳ février 1538.

Bibl. nat., ms. Clairambault 325, fol. 77. (*Mention.*)

1539.

10764. Mandement à la Chambre des Comptes de Bretagne de rétablir aux comptes d'Adrien Auger, receveur et payeur des gages des officiers du Parlement de Bretagne, la somme de 122 livres 10 sous tournois qu'il avait payée à feu Antoine Le Viste, chevalier, sʳ de Fresnes, président aux Parlements de Paris et de Bretagne, pour trente-cinq journées que celui-ci avait vaqué l'an 1536, à Vannes, aux jugements des causes dudit Parlement. Fontainebleau, 2 février 1538.

2 février.

Arch. nat., Acquits sur l'épargne, J. 962, pl. 16, n° 12, anc. J. 961, n° 181. (Mention.)

10765. Lettres de naturalité et permission de tester accordées à Toussaint Marcou, serviteur du vidame de Chartres, natif de Legnago, près Vérone, en Italie. Fontainebleau, 2 février 1538.

2 février.

Arch. nat., Acquits sur l'épargne, J. 962, pl. 16, n° 12, anc. J. 961, n° 181. (Mention.)

10766. Don et remise à Pierre d'Apremont, sʳ de Saint-Bauzeil, l'un des cent gentilshommes de l'hôtel, de la somme de 200 livres tournois, montant d'une amende prononcée contre lui par le Parlement de Bordeaux, faute de comparoir, ce qu'il ne pouvait faire étant alors au service du roi en Piémont. Fontainebleau, 2 février 1538.

2 février.

Arch. nat., Acquits sur l'épargne, J. 962, pl. 16, n° 12, anc. J. 961, n° 181. (Mention.)

10767. Prorogation pour six ans, en faveur des habitants d'Ancre (auj. Albert) et de Bray-sur-Somme, de l'affranchissement des tailles et impositions que le roi leur a ci-devant accordé, pour les aider à se relever des pertes

2 février.

et dommages que les guerres leur ont fait
subir. Fontainebleau, 2 février 1538.

> Arch. nat., Acquits sur l'épargne, J. 962, pl. 16,
> n° 12, anc. J. 961, n° 181. (Mention.)

10768. Provisions pour Louis Bertier de l'office de
secrétaire de la chancellerie de Toulouse, en
remplacement et sur la résignation de Simon
Bertier, son père. Fontainebleau, 2 février
1538.

> Arch. nat., Acquits sur l'épargne, J. 962, pl. 16,
> n° 12, anc. J. 961, n° 181. (Mention.)

10769. Don à Salmonin Macrinus, valet de chambre
du roi, de la somme de 200 écus d'or soleil
sur les deniers qui proviendront de la vente
d'un office d'élu de Beaujolais actuellement
vacant par décès. Fontainebleau, 2 février
1538.

> Arch. nat., Acquits sur l'épargne, J. 962, pl. 16,
> n° 12, anc. J. 961, n° 181. (Mention.)

10770. Don au sr de Choisy, du revenu de Montceaux
pendant neuf années, pour la nourriture des
poules et moutons du roi. Fontainebleau,
2 février 1538.

> Arch. nat., Acquits sur l'épargne, J. 962, pl. 16,
> n° 12, anc. J. 961, n° 181. (Mention.)

10771. Lettres accordant à Jean de Lévis, sr de Châteaumorant, pourvu de l'office de sénéchal
d'Auvergne le 24 janvier 1538 n. s. (n° 9602),
un nouveau délai pour la prestation de son
serment au Parlement. Fontainebleau, 3 février 1538.

> Présentées au Parl. de Paris le 29 décembre 1539.
> Arch. nat., X¹ᵃ 1544, reg. du Conseil, fol. 56.
> (Mention.)

10772. Mandement au trésorier de l'épargne de payer
à Guillaume Pellicier, évêque de Montpellier,
envoyé à Venise comme ambassadeur du
roi, 3,750 livres pour deux cent quarante
jours d'exercice de sa charge, du 3 février

1539.

2 février.

2 février.

2 février.

3 février.

3 février.

1539 n. s. au 30 septembre suivant. Fontainebleau, 3 février 1538.

Bibl. nat., ms. Clairambault 1215, fol. 77.
(*Mention.*)

10773. Mandement au trésorier de l'épargne de payer à
Jean-Jacques de Castion, ambassadeur du roi
auprès des Grisons, 3,375 livres qu'il n'avait
pas encore touchées sur les 4,450 livres qui
lui étaient dues pour quatre cent trente-cinq
jours d'exercice de sa charge, du 22 septembre 1537 au 30 novembre 1538. Fontainebleau, 4 février 1538.

                                 4 février.

Bibl. nat., ms. Clairambault 1215, fol. 77.
(*Mention.*)

10774. Mandement au trésorier de l'épargne de payer
à Louis d'Adhémar de Monteil, ambassadeur
à Rome, 3,600 livres pour cent quatre-vingts
jours d'exercice de sa charge, du 17 février
1539 n. s. au 15 août suivant. Fontainebleau,
5 février 1538.

                                 5 février.

Bibl. nat., ms. Clairambault 1215, fol. 77 v°.
(*Mention.*)

10775. Mandement au trésorier de l'épargne de payer
à Jehannot Bouteiller, sommelier ordinaire
de l'échansonnerie de bouche ayant la charge
des vignes du roi près Fontainebleau au lieu
dit les Andoches, paroisse de Samoreau, la
somme de 2,011 livres 6 deniers tournois,
tant pour ses gages que pour les frais, façons
et entretien desdites vignes, (état détaillé)
pendant la présente année. Fontainebleau,
5 février 1538.

                                 5 février.

Arch. nat., Acquits sur l'épargne, J. 962, pl. 16,
n° 131, et J. 964, n° 181. (Mention.)

10776. Déclaration portant révocation des dons de
lods et ventes, et autres droits seigneuriaux
faits depuis dix ans, les deniers en provenant
étant destinés aux réparations des villes et
forteresses du Dauphiné. Fontainebleau, 6 février 1538.

                                 6 février.

Enreg. au Parl. de Grenoble, le 30 mai 1539.
Arch. de l'Isère, Chambre des Comptes de Grenoble,
B. 2910; cah. 1073 pages.

10777. Lettres portant mandement aux prévôts des
marchands et échevins de Paris de faire
rouvrir la porte de Bucy au plus tard dans
un mois. Fontainebleau, 6 février 1538.

1539.
6 février.

Original, Arch. nat., K. 955, n° 4.
Copie du XVI⁰ siècle, Idem, K. 954, n° 104.
Enreg. au Bureau de la ville de Paris, le 7 mars
suivant. Arch. nat., H. 1779, fol. 320.
Imp. Pièce in-4°. Paris, MDCCLXXXVIII. Arch. nat.,
AD I 26, 4 pages.
Registres des délibérations du Bureau de la ville
de Paris, Paris, Imp. nat., gr. in-4°, t. II, 1886,
p. 403.

10778. Mandement au trésorier de l'épargne de payer à
Antoine de Castelnau, évêque de Tarbes et ambassadeur auprès de l'empereur, 3,600 livres
pour cent quatre-vingts jours d'exercice de
sa charge, du 18 février 1539 n. s. au 16 août
suivant. Fontainebleau, 7 février 1538.

7 février.

Bibl. nat., ms. Clairambault 1215, fol. 77 v°.
(Mention.)

10779. Ordonnance délimitant l'étendue de la gruerie
de Sénart et de Rougeau et interdisant d'y
faire aucune coupe de bois taillis avant que
les bois aient une croissance de dix années.
Fontainebleau, 10 février 1538.

10 février.

Enreg. à la Chambre des Eaux et forêts (siège de
la Table de marbre), le 4 juillet 1539. Arch. nat.,
Z¹ 326, fol. 105. 3 pages.

10780. Don à Antoine de Glandèves, s⁰ de Pourrières en
Provence, des lods et ventes et autres droits
seigneuriaux qui pourront échoir au roi pour
le retrait et rachat de la terre et seigneurie
du Luc, ci-devant vendue par le s⁰ de Soul-
lières (Soliers), pour le dédommager des
pertes qu'il a éprouvées par suite de l'expédition de l'empereur en Provence, pendant
laquelle sa maison a été brûlée, ses meubles
pillés et ses champs dévastés. Fontainebleau,
10 février 1538.

10 février.

Arch. nat., Acquits sur l'épargne, J. 962, pl. 16,
n° 14, anc. J. 961, n° 152. (Mention.)

10781. Don à Jeanne Jupitre, veuve de l'huissier Bon-   1538,
din, de la somme de 60 livres parisis, mon-   10 février.
tant d'une amende prononcée contre elle et
Claude Aligre par arrêt du Parlement de
Paris. Fontainebleau, 10 février 1538.

Arch. nat., Acquits sur l'épargne, J. 962, pl. 16,
n° 14, anc. J. 961, n° 152. (Mention.)

10782. Don à Christophe Simon, veneur des toiles,   10 février.
de l'office de sergent en la forêt d'Eawy,
garde de Musedain, vacant par la mort de
Robert Danet, pour en disposer à son profit.
Fontainebleau, 10 février 1538.

Arch. nat., Acquits sur l'épargne, J. 962, pl. 16,
n° 14, anc. J. 961, n° 152. (Mention.)

10783. Permission à Claude Isambert de résigner son   10 février.
office d'élu de Châteaudun en faveur de Jean
Isambert, son frère, et don des droits qu'il
devra au roi à Maurice de Nogent, gentilhomme de la maison de M. le Dauphin. Fontainebleau, 10 février 1538.

Arch. nat., Acquits sur l'épargne, J. 962, pl. 16,
n° 14, anc. J. 961, n° 152. (Mention.)

10784. Don à Guillaume Bonneville, sommelier du   10 février.
duc d'Étampes, de la somme de 50 écus
soleil sur l'amende de 800 livres parisis adjugée au roi sur les biens de feu André Prévost, dit Judas, condamné à mort pour crime
de fausse monnaie par les réformateurs des
monnaies. Fontainebleau, 10 février 1538.

Arch. nat., Acquits sur l'épargne, J. 962, pl. 16,
n° 14, anc. J. 961, n° 152. (Mention.)

10785. Permission à l'écuyer Pommereul de résigner   10 février.
son office de secrétaire du roi quand et à qui
bon lui semblera, sans payer aucun droit.
Fontainebleau, 10 février 1538.

Arch. nat., Acquits sur l'épargne, J. 962, pl. 16,
n° 14, anc. J. 961, n° 152. (Mention.)

10786. Permission à Julien Bonacoursy de résigner   10 février.
son office de notaire et secrétaire du roi en
faveur de son fils Antoine, et à celui-ci de ré-

90.

signer un autre office de notaire et secrétaire   1539.
qu'il tient, au profit de tel personnage qu'il
avisera, sans payer aucun droit. Fontainebleau, 10 février 1538.

Arch. nat., Acquits sur l'épargne, J. 962, pl. 16,
n° 14, anc. J. 961, n° 152. (Mention.)

10787. Don au s^r de Favria de 500 écus soleil sur les   10 février.
premiers et plus clairs deniers de la ferme
générale des revenus de Piémont. Fontainebleau, 10 février 1538.

Arch. nat., Acquits sur l'épargne, J. 962, pl. 16,
n° 14, anc. J. 961, n° 152. (Mention.)

10788. Don de 200 écus soleil au capitaine San Pietro,   10 février.
Corse, sur les deniers de la ferme générale
des revenus de Piémont. Fontainebleau,
10 février 1538.

Arch. nat., Acquits sur l'épargne, J. 962, pl. 16,
n° 14, anc. J. 961, n° 152. (Mention.)

10789. Don et remise aux habitants des villes de Villa-   10 février.
nuova d'Asti, de Buttigliera, de Castelnuovo,
de Bordighera, de Villafranca et de Canta-
rana, de tout ce dont ils peuvent être redevables envers le roi, à cause de leurs censes
ordinaires et annuelles, depuis la réduction
du pays à l'obéissance de Sa Majesté jusqu'au
1er janvier dernier. Fontainebleau, 10 février
1538.

Arch. nat., Acquits sur l'épargne, J. 962, pl. 16,
n° 14, anc. J. 961, n° 152. (Mention.)

10790. Don à La Grénerie, portemanteau de M. le duc   10 février.
d'Orléans, de la somme de 200 écus sur les
deniers qui proviendront de la vente de l'office
de greffier du sénéchal de Provence à Marseille, vacant par le décès d'Antoine Flotte.
Fontainebleau, 10 février 1538.

Arch. nat., Acquits sur l'épargne, J. 962, pl. 16,
n° 14, anc. J. 961, n° 152. (Mention.)

10791. Don à Jacques de La Haye, maréchal des logis   10 février.
du roi, de la somme de 615 livres 7 sous
8 deniers parisis sur les droits de treizième

dus à Sa Majesté à cause de la vente naguère   1539.
faite de la terre et seigneurie de Lintot au
pays de Caux, par Jeanne de Régneville à
Richard de La Haye, prêtre, son fils. Fontainebleau, 10 février 1538.

Arch. nat., Acquits sur l'épargne, J. 962, pl. 16,
n° 15, anc. J. 961, n° 150. (*Mention.*)

10792. Don à Laurent Bigot, premier avocat du roi   10 février.
au Parlement de Rouen, de la somme de
750 livres tournois, montant des droits seigneuriaux dus au roi à cause de l'acquisition
que doit faire ledit Laurent, comme tuteur
de Thomas Rougeville, du fief de la Pierre-
Saint-Maclou et autres terres mouvantes de la
vicomté de Rouen. Fontainebleau, 10 février
1538.

Arch. nat., Acquits sur l'épargne, J. 962, pl. 16,
n° 15, anc. J. 961, n° 150. (*Mention.*)

10793. Don à Antoine de Lavergne, gentilhomme de   10 février.
la vénerie du roi, et à Jean Chambon, valet
de chambre de M. le Dauphin, de tous les
lods et ventes dus et échus au roi en ses
comté de Clermont en Auvergne, seigneuries
de Montrognon et de Chamalières, depuis
trente ans. Fontainebleau, 10 février 1538.

Arch. nat., Acquits sur l'épargne, J. 962, pl. 16,
n° 15, anc. J. 961, n° 150. (*Mention.*)

10794. Lettres portant que des deniers de la taille et   10 février.
de l'octroi du Briançonnais de l'année 1539
il sera délivré aux habitants de Montgenève
la somme de 400 livres tournois que le roi
leur avait donnée précédemment, à prendre
sur ledit octroi des années 1536 et 1537,
pour les aider à reconstruire leurs maisons,
et dont ils n'avaient pu être payés. Fontainebleau, 10 février 1538.

Arch. nat., Acquits sur l'épargne, J. 962, pl. 16,
n° 15, anc. J. 961, n° 150. (*Mention.*)

10795. Don à Thomas Loriot, l'un des valets de chiens   10 février.
du roi, de l'office de sergent de la forêt

d'Eawy, garde de Maucomble, vacant par la 1539.
destitution de Colin Frédrix, dernier titulaire. Fontainebleau, 10 février 1538.

*Arch. nat., Acquits sur l'épargne, J. 962, pl. 16,
n° 15, anc. J. 961, n° 156. (Mention.)*

10796. Mandement à Claude Grandin, payeur de la   12 février.
compagnie du duc d'Estouteville, comte de
Saint-Pol, de donner, sur les sommes qu'il a
reçues pour les nécessités de son office, 50 livres tournois à Gervais du Moulinet, procureur du roi en la Chambre des Comptes, qui
doit les distribuer aux clercs employés à faire
les extraits et copies relatifs à la gendarmerie, pendant les années 1534 à 1537. Fontainebleau, 12 février 1538.

*Original. Bibl. nat., ms. fr. 25721, n° 526.
Arch. nat., Acquits sur l'épargne, J. 962, pl. 16,
n° 16, anc. J. 961, n° 185. (Mention.)*

10797. Mandement aux généraux des finances et au   12 février.
trésorier de l'épargne de faire payer par Clé-
rambault Le Clerc, commis à la recette générale de Languedoil, sur les plus-values de sa
recette, à Martin Fumée, maître des requêtes
de l'hôtel, à cause de sa femme, Martine
Dalès, à Guillaume Bohier, bailli de Cotentin, à cause de Marie Dalès, sa femme, et à
Françoise Dalès, filles et héritières de feu
François Dalès, la somme de 20,820 livres
tournois, tant pour le rachat de la terre et
châtellenie de Rugny que pour les autres
parties à eux dues par le roi. Fontainebleau,
12 février 1538.

*Arch. nat., Acquits sur l'épargne, J. 962, pl. 16,
n° 16, anc. J. 961, n° 185. (Mention.)*

10798. Don à François Lombard, juge ordinaire et   12 février.
lieutenant général de Bugey, de la somme de
600 livres tournois de pension chaque année
tant qu'il exercera ledit office, à prendre sur
le trésorier et receveur général de Bresse,
Bugey et Valromey, depuis le 1er janvier de

la présente année. Fontainebleau, 12 février 1539.
1538.

Arch. nat., Acquits sur l'épargne, J. 962, pl. 16,
n° 16, anc. J. 961, n° 185. (*Mention.*)

10799. Don à Mme d'Estouteville de la moitié de la 12 février.
succession de Julien Mesnard, échue au roi
par droit d'aubaine, ladite moitié réservée à
Sa Majesté par la Chambre des Comptes,
lorsqu'elle vérifia le don intégral qui en avait
été fait, l'an 1519, aux feu s^rs de Crussol et
de Cheyrières. Fontainebleau, 12 février
1538.

Arch. nat., Acquits sur l'épargne, J. 962, pl. 16,
n° 16, anc. J. 961, n° 185. (*Mention.*)

10800. Don à Claude Gautery, à Pontgibault et à Jean 12 février.
Drouot, sommeliers d'échansonnerie du roi,
de la somme de 100 écus soleil sur les deniers
qui proviendront de la vente de l'office de
contrôleur du grenier à sel de Sully, vacant
par la mort d'Étienne Marrois. Fontainebleau, 12 février 1538.

Arch. nat., Acquits sur l'épargne, J. 962, pl. 16,
n° 16, anc. J. 961, n° 185. (*Mention.*)

10801. Don à Jean Hunault, sommelier d'échanson- 12 février.
nerie du roi, de la somme de 60 livres
parisis, montant d'une amende prononcée
contre Jourdain Bassereau, procureur au
Châtelet de Paris. Fontainebleau, 12 février
1538.

Arch. nat., Acquits sur l'épargne, J. 962, pl. 16,
n° 16, anc. J. 961, n° 185. (*Mention.*)

10802. Don à Robert Villemoine, écuyer de cuisine, et 12 février.
à Guillaume Touchet, potager, de la somme
de 50 écus soleil sur la vente de l'office
d'essayeur à la Monnaie de Tours, vacant
par le décès d'Éloi Michel. Fontainebleau,
12 février 1538.

Arch. nat., Acquits sur l'épargne, J. 962, pl. 16,
n° 16, anc. J. 961, n° 185. (*Mention.*)

10803. Lettres portant exemption et affranchissement 12 février.

en faveur des gens des trois états, habitants   1539.
du Dauphiné, de leur quote-part de la contribution levée pour la solde de 20,000 hommes
de pied sur les villes du royaume, pour les
mois de mai, juin, juillet et août 1538. Fontainebleau, 12 février 1538.

> Arch. nat., Acquits sur l'épargne, J. 962, pl. 16,
> n° 16, anc. J. 961, n° 185. (Mention.)

10804. Don à Pierre Delaunay, Jacques de Viterbe et   12 février.
Mathurin Robin, sommeliers d'échansonne-
rie de Mesdames, de l'office de sergent à verge
au Châtelet de Paris, vacant par la destitution de Pierre Camus, pour en disposer à leur
profit. Fontainebleau, 12 février 1538.

> Arch. nat., Acquits sur l'épargne, J. 962, pl. 16,
> n° 16, anc. J. 961, n° 185. (Mention.)

10805. Don à Mme de Nevers du revenu des greniers à   12 février.
sel de Nevers, Dreux, Clamecy, Decize, Saint-
Sauge, Moulins-lès-Engilbert et Luzy, et des
amendes, forfaitures et confiscations qui y
pourront échoir pendant la présente année.
Fontainebleau, 12 février 1538.

> Arch. nat., Acquits sur l'épargne, J. 962, pl. 16,
> n° 16, anc. J. 961, n° 185. (Mention.)

10806. Don à Mme de Nevers, au nom et comme ayant   12 février.
la garde-noble du duc de Nevers, comte d'Eu,
pair de France, son fils, du revenu des greniers à sel d'Eu, Mers-en-Vimeu et Saint-
Valery-sur-Mer, et des amendes, forfaitures
et confiscations qui y écherront pendant la
présente année. Fontainebleau, 12 février
1538.

> Arch. nat., Acquits sur l'épargne, J. 962, pl. 16,
> n° 16, anc. J. 961, n° 185. (Mention.)

10807. Lettres de jussion à la Chambre des Comptes   14 février.
pour l'exécution des lettres en date du 1er décembre 1538 (n° 10478) concédant à Anne
Hénard, veuve d'Antoine du Bourg, chancelier de France, et à Antoine du Bourg, son
second fils, la jouissance viagère de la terre

de Saint-Sulpice, dans la sénéchaussée de
Toulouse. Fontainebleau, 14 février 1538.

1539.

> *Enreg. à la Chambre des Comptes de Paris, le
> 2 mai 1539. Arch. nat., P. 2306, p. 708.
> 4 pages 1/2.*

10808. Lettres de dispense accordées à G. Bohier,
receveur des finances en Poitou, bien qu'il
ait acheté cet office, contrairement aux dis-
positions des ordonnances. Fontainebleau,
14 février 1538.

14 février.

> *Copie du xvie siècle. Bibl. nat., ms. fr. 5124,
> fol. 77.*

10809. Provisions en faveur de Jacques Desloges, d'un
office de conseiller lai au Parlement de Paris,
en remplacement et sur la résignation de
François Errault. Fontainebleau, 16 février
1538.

16 février.

> *Reçu au Parl. le 25 du même mois. Arch. nat.,
> X^{1a} 1542, reg. du Conseil, fol. 233. (Mention.)*

10810. Confirmation du contrat de mariage de Louis II
de Bourbon, duc de Montpensier, avec Jacqueline de Longwy. Fontainebleau, 18 février
1538.

18 février.

> *Enreg. à la Chancellerie de France. Arch. nat.,
> Trésor des Chartes, JJ. 253¹, n° 130, fol. 46.
> 2 pages.*

10811. Lettres relatives aux affaires de justice ressor-
tissant au tribunal apostolique d'Avignon.
Fontainebleau, 19 février 1538.

19 février.

> *Enreg. à la Chambre des Comptes de Provence,
> le 11 février 1540 n.s. Arch. des Bouches-du-Rhône,
> B. 34 (Fenix), fol. 8. 1 page.*

10812. Don à Hugues de Vaux, s^r de Saintines, des
quints, requints et autres droits seigneuriaux
échus au roi à cause des échanges, par-
tages, etc., de la terre et seigneurie de Chau-
mont-Porcien, dus et non encore payés,
tant par Philippe d'Étaules, s^r de Glageon et

19 février.

IMPRIMERIE NATIONALE.

de Chaumont, que par ses prédécesseurs. 1539.
Fontainebleau, 19 février 1538.

> *Copie du XVIe siècle. Arch. départ. de la Marne,*
> *série A, Terrier de Sainte-Menehould, fol. 252.*
> *Arch. nat., Acquits sur l'épargne, J. 962, pl. 16,*
> *n° 17, anc. J. 961, n° 187. (Mention.)*

10813. Lettres de dispense accordées à Pierre Perdrier, 19 février.
s[r] de Bobigny, greffier, contrôleur général et
conseiller de la ville de Paris, lui permettant d'exercer ces divers offices en même
temps. Fontainebleau, 19 février 1538.

> *Présentées au Parl. de Paris, le 19 mars 1539*
> *n. s. Arch. nat., X¹ᵃ 1542, reg. du Conseil,*
> *fol. 294 v°. (Mention.)*

10814. Don à Jean Duthier, notaire et secrétaire du 19 février.
roi, de l'office de clerc et auditeur des
comptes à Dijon, vacant par la mort de Denis
Pourcelet, pour en disposer à son profit et
en faire pourvoir qui bon lui semblera, en
versant entre les mains du trésorier et receveur général des finances extraordinaires et
parties casuelles la somme de 300 écus soleil.
Fontainebleau, 19 février 1538.

> *Arch. nat., Acquits sur l'épargne, J. 962, pl. 16,*
> *n° 17, anc. J. 961, n° 187. (Mention.)*

10815. Provisions de l'office de clerc et auditeur en la 19 février.
Chambre des Comptes de Dijon pour An-
toine Brocard, en remplacement de Denis
Pourcelet, décédé. Fontainebleau, 19 février
1538.

> *Enreg. à la Chambre des Comptes de Dijon. Arch.*
> *de la Côte-d'Or, B. 18, fol. 336 v°.*

10816. Don à Guyon du Goust, s[r] de Saint-Germain, 19 février.
écuyer d'écurie du duc d'Estouteville, des
droits de tiers et danger dus au roi par l'abbaye de Saint-Ouen de Rouen à cause de la
vente faite à François Doucet de certains bois
taillis en la baronnie de Quévreville, dans la
vicomté du Pont-de-l'Arche. Fontainebleau,
19 février 1538.

> *Arch. nat., Acquits sur l'épargne, J. 962, pl. 16,*
> *n° 17, anc. J. 961, n° 187. (Mention.)*

10817. Lettres portant assignation à Jean Bellanger, dit le capitaine Biscnetz, de la somme de 2,000 livres tournois sur la recette ordinaire du Maine, tant pour le payement de trois années de son état de la marine échues le 31 décembre dernier, à raison de 500 livres par an, que pour le récompenser des dépenses qu'il a faites pendant son dernier voyage au Brésil. Fontainebleau, 19 février 1538.

1539.
19 février.

Arch. nat., Acquits sur l'épargne, J. 962, pl. 16, n° 17, anc. J. 961, n° 187. (Mention.)

10818. Mandement à la Chambre des Comptes d'allouer au compte de Pierre Faure, ci-devant commis au payement des réparations et fortifications des villes et places fortes de Picardie, la somme de 499 livres 14 sous 1 denier tournois faisant partie de plus grande somme qu'il bailla contre reçu à Philippe Lebon, marchand de Montreuil, pour les réparations de ladite ville et de son château, mais qui fut employée à certaines autres affaires urgentes pour le service du roi, sur l'ordre du s[r] d'Estrées, capitaine de Montreuil, qui en avait reçu commandement verbal de M. de La Rochepot, lieutenant du feu duc de Vendôme, gouverneur de Picardie. Fontainebleau, 19 février 1538.

19 février.

Arch. nat., Acquits sur l'épargne, J. 962, pl. 16, n° 17, anc. J. 961, n° 187. (Mention.)

10819. Mandement pour faire payer à Mme de Nevers, sur les deniers provenant des gardes-nobles de la vicomté d'Arques, pendant l'année commencée le 1er octobre dernier, la somme de 100 écus soleil, montant de la composition faite avec elle pour la garde de François de Clèves, comte d'Eu, duc de Nevers, son fils. Fontainebleau, 19 février 1538.

19 février.

Arch. nat., Acquits sur l'épargne, J. 962, pl. 16, n° 17, anc. J. 961, n° 187. (Mention.)

10820. Permission à Jacques Taranne de résigner son office de général des monnaies au profit

19 février.

91.

d'Alexandre de Faucon, et don à Mlle de
Maubuisson du droit de quart qu'il devait
payer, suivant l'usage. Fontainebleau, 19 février 1538.

1539.

> Arch. nat., Acquits sur l'épargne, J. 962, pl. 16,
> n° 17, anc. J. 961, n° 187. (Mention.)

10821. Don à [Charles de Croy], comte de Sainghin,
de tous les droits de relief, quint et requint
et autres devoirs seigneuriaux échus au roi
par le traité de mariage dudit sieur avec la
dame de Saint-Georges, à cause des terres à
elle appartenant et tenues du roi, tant au
bailliage de Chaumont-en-Bassigny qu'ailleurs.
Fontainebleau, 19 février 1538.

19 février.

> Arch. nat., Acquits sur l'épargne, J. 962, pl. 16,
> n° 17, anc. J. 961, n° 187. (Mention.)

10822. Don et remise au s^r de Condé des droits seigneuriaux qu'il doit au roi à cause de partie
d'un fief nommé le Bois-Grenier, tenu du roi
et mouvant du château de Meaux, qu'il a récemment acquise. Fontainebleau, 19 février
1538.

19 février.

> Arch. nat., Acquits sur l'épargne, J. 962, pl. 16,
> n° 17, anc. J. 961, n° 187. (Mention.)

10823. Don à Hurtaut Menessier, garde-vaisselle, à Robert Héron, serdeleau, et à François Moyer,
huissier de cuisine, de la somme de 49 écus
soleil sur les deniers qui proviendront de
la vente des papiers, registres et protocoles
de feu Jean Gonnet, François Lemor, Jean
Fauré, Henri Aucoin, François Salladin,
Guillaume Traclart et Jean Ratier, notaires
de Beaujolais et de Dombes. Fontainebleau,
19 février 1538.

19 février.

> Arch. nat., Acquits sur l'épargne, J. 962, pl. 16,
> n° 18, anc. J. 961, n° 188. (Mention.)

10824. Mandement aux généraux des finances et au
trésorier de l'épargne de faire payer par le
receveur des terres de Briost, Omiécourt et
Ressons-sur-Matz, dépendant de la maison
de Boulogne, à Étienne du Bourg, procureur

19 février.

général de la sénéchaussée d'Auvergne, ses
gages et pension de 3o livres tournois par an
qui lui sont dus depuis la mort du chancelier
Antoine du Bourg, et d'en continuer le
payement désormais chaque année. Fontainebleau, 19 février 1538.

> Arch. nat., Acquits sur l'épargne, J. 962, pl. 16,
> n° 18, anc. J. 961, n° 188. (Mention.)

10825. Don à Jeanne, Anne, Hardoine, Perrine, Mar-   19 février.
guerite et Françoise, filles de René de Rennes,
écuyer, s' de la Haye-Huon, pour aider à les
marier, de la somme de 43o livres parisis,
moitié d'une amende de 86o livres parisis
prononcée contre leur père par arrêt du Parlement de Paris. Fontainebleau, 19 février
1538.

> Arch. nat., Acquits sur l'épargne, J. 962, pl. 16,
> n° 18, anc. J. 961, n° 188. (Mention.)

10826. Mandement à Jean Carré, commis à la recette   19 février.
et payement des gages des officiers de l'hôtel,
de payer sur ses restes de l'année 1538, à
Nicolas Guichard, naguère retenu en l'état
de potager de la cuisine du commun, la
somme de 39 livres 2 sous 6 deniers tournois pour ses gages depuis le 2 octobre dernier, date de ses provisions, jusqu'au 31 décembre suivant, à raison de 160 livres par
an, portée sur les états au nom de feu Guillaume Fromentin, son prédécesseur. Fontainebleau, 19 février 1538.

> Arch. nat., Acquits sur l'épargne, J. 962, pl. 16,
> n° 18, anc. J. 961, n° 188. (Mention.)

10827. Don à Guillaume Godemier et à Jean Houlliers,   19 février.
officiers de la fruiterie du roi, de l'office de
sergent à verge au Châtelet de Paris, vacant
par la mort de Louis Charpentier. Fontainebleau, 19 février 1538.

> Arch. nat., Acquits sur l'épargne, J. 962, pl. 16,
> n° 18, anc. J. 961, n° 188. (Mention.)

10828. Don à Laurent Bigot, premier avocat du roi   19 février.
au Parlement de Rouen, de la somme de

1,645 livres 3 sous 10 deniers obole tournois
pour sa pension durant six années et deux
cent douze jours, outre ses gages ordinaires,
bien qu'il n'ait été institué que le 27 septembre 1537. Fontainebleau, 19 février 1538.

1539.

*Arch. nat., Acquits sur l'épargne, J. 962, pl. 16,
n° 18, anc. J. 961, n° 188. (Mention.)*

10829. Don à Lazare Lefèvre, naguère messager de
Soissons, de l'office de geôlier du Beffroi du-
dit lieu, vacant par le décès de Charles
Vieux. Fontainebleau, 19 février 1538.

19 février.

*Arch. nat., Acquits sur l'épargne, J. 962, pl. 16,
n° 18, anc. J. 961, n° 188. (Mention.)*

10830. Don à Charles Martel, sr de Bacqueville, des
amendes non payées, prononcées par la juridiction des Eaux et forêts et le Parlement de
Rouen, et des reprises faites sur les comptes
des vicomtes et receveurs ordinaires par la
Chambre des Comptes de Paris, etc., à la
charge et condition que ledit de Bacqueville
fera les poursuites et recouvrements à ses dépens. Fontainebleau, 19 février 1538.

19 février.

*Arch. nat., Acquits sur l'épargne, J. 962, pl. 16,
n° 18, anc. J. 961, n° 188. (Mention.)*

10831. Don à Pierre le Basque, sommelier de M. le
Connétable, et à Michelet, sommelier du
roi, de l'office de sergent royal aux bailliages
de Montargis et de Gien, vacant par le décès
de Pierre Pellerin, pour en disposer à leur
profit. Fontainebleau, 19 février 1538.

19 février.

*Arch. nat., Acquits sur l'épargne, J. 962, pl. 16,
n° 18, anc. J. 961, n° 188. (Mention.)*

10832. Don à Dieppe, valet de garde-robe du roi, de
l'office de sergent royal de Civray, vacant par
le décès de Jean Bréderel, pour en disposer
à son profit. Fontainebleau, 19 février 1538.

19 février.

*Arch. nat., Acquits sur l'épargne, J. 962, pl. 16,
n° 18, anc. J. 961, n° 188. (Mention.)*

10833. Mandement aux baillis de Dijon et de Troyes
et aux sénéchaux de Toulouse et de Guyenne

20 février.

de faire traîner en effigie sur une claie Gau-
cher de Dinteville, sr de Vanlay, coupable de
plusieurs crimes et condamné à mort par
contumace par le Parlement de Paris. Fontainebleau, 20 février 1538.

> *Copie du xvie siècle. Bibl. nat., ms. fr. 16811.*

1539.

10834. Mandement au trésorier de l'épargne de payer
à Antoine de Rincon, chambellan du roi et
ambassadeur à Constantinople, 13,500 livres
tant pour sa pension que pour certaines dépenses. Fontainebleau, 20 février 1538.

> *Bibl. nat., ms. Clairambault 1215, fol. 77 v°.*
> *(Mention.)*

20 février.

10835. Lettres de surannation de la confirmation des
trois jours de foires franches accordées aux
habitants de Meaux au mois d'avril 1538 n. s.
(n° 5674). 21 février 1538.

> *Enreg. à la Cour des Aides de Paris le 27 février*
> *suivant. Arch. nat., recueil Cromo, U. 665, fol. 184.*
> *(Mention.)*

21 février.

10836. Don à Nicolas de Saimbault de l'office de receveur des exploits et amendes du Parlement
de Paris, des Requêtes de l'hôtel et du palais, en remplacement et sur la résignation
d'Étienne Lapite. Fontainebleau, 22 février
1538.

> *Reçu au Parl. le 28 du même mois. Arch. nat.,*
> *Xia 1542, reg. du Conseil, fol. 234. (Mention.)*
> *Arch. nat., Acquits sur l'épargne, J. 962, pl. 16,*
> *n° 19, anc. J. 960, n° 1641. (Mention sur un rôle*
> *du 23 février.)*

22 février.

10837. Don à César Frégose, chevalier de l'ordre, des
biens meubles et immeubles de feu Pantaléon Vagna, marchand, demeurant à Lyon,
condamné et exécuté. 22 février 1538.

> *Bibl. nat., ms. Clairambault 782, p. 298.*
> *(Mention.)*

22 février.

10838. Lettres du don viager du comté de Bar-sur-
Seine, avec tous les droits de justice et autres,
du revenu du grenier à sel de Bar-sur-Seine,
des revenus d'Aisey-le-Duc, de Buncey et

23 février.

des étangs de Villiers-le-Duc, fait à Louis de
Bourbon, prince de La Roche-sur-Yon, comte
de Montpensier, et à Jacqueline de Longwy,
sa future épouse. Fontainebleau, 23 février
1538.

*Enreg. à la Chambre des Comptes de Dijon. Arch.
de la Côte-d'Or, reg. B. 20, fol. 44.*
Arch. nat., Acquits sur l'épargne, J. 962, pl. 16,
n° 20, anc. J. 961, n° 163. (Mention.)

1539.

10839. Lettres portant don d'une pension annuelle
de 200 livres tournois en faveur d'Antoine
Escalins, dit le Poulain, capitaine de Châ-
teau-Dauphin. Fontainebleau, 23 février
1538.

*Enreg. à la Chambre des Comptes de Grenoble.
Arch. de l'Isère, B. 2910, cah. 135. 5 pages.*
Arch. nat., Acquits sur l'épargne, J. 962, pl. 16,
n° 19, anc. J. 961, n° 188. (Mention.)

23 février.

10840. Lettres déterminant les attributions du gouverneur de Provence et interdisant au Parlement
de s'ingérer dans son administration. Fontainebleau, 23 février 1538.

*Enregistré à la Chambre des Comptes de Provence,
le 18 avril 1539. Arch. des Bouches-du-Rhône,
B. 34 (Fénia), fol. 14. 2 pages.*

23 février.

10841. Don au duc André d'Atria de la châtellenie,
terre et seigneurie de Belleville en Beaujolais
et du péage de Beauregard en ladite seigneurie, pour en jouir sa vie durant, avec
tous les droits de justice et autres, réservé
seulement au roi la foi et hommage, ainsi
qu'en jouissait le feu comte Guido Rangone.
Fontainebleau, 23 février 1538.

Arch. nat., Acquits sur l'épargne, J. 962, pl. 16,
n° 19, anc. J. 961, n° 164. (Mention.)
*Enreg. à la Chambre des Comptes de Paris le
10 mars suivant. Bibl. nat., ms. Clairambault 782,
p. 298. (Mention.)*
Idem, p. 299. (Mention sous la date du 2 juillet.)

23 février.

10842. Don pour dix ans à Jean-Bernardin de San
Severino, fils du feu duc de Somma, de la
terre et seigneurie de Langeais et ses dépen-

23 février.

dances, tout ainsi qu'en jouissait son père. 1539.
Fontainebleau, 23 février 1538.

Arch. nat., Acquits sur l'épargne, J. 962, pl. 16,
n° 19, anc. J. 961, n° 164. (Mention.)

10843. Lettres retenant au service du roi le marquis de   23 février.
Corrato, du royaume de Naples, gendre du
prince de Melphe, avec don d'une pension
annuelle de 1,200 livres tournois à prendre
sur les finances ordinaires ou extraordinaires.
Fontainebleau, 23 février 1538.

Arch. nat., Acquits sur l'épargne, J. 962, pl. 16,
n° 19, anc. J. 961, n° 164. (Mention.)

10844. Don à Christophe de Forest, médecin ordi-   23 février.
naire du roi, de tous les biens que feu Ber-
nardin Bec, étranger non naturalisé, possédait
à Paris au moment de sa mort, échus à Sa
Majesté par droit d'aubaine et à elle adjugés
par sentence du prévôt de Paris. Fontainebleau, 23 février 1538.

Arch. nat., Acquits sur l'épargne, J. 962, pl. 16,
n° 19, anc. J. 961, n° 164. (Mention.)

10845. Permission à Nicolas Levain de résigner son   23 février.
office d'élu en l'élection de Noyon au profit
d'Henri de Fichelle, valet de chambre du
duc d'Estouteville, sans payer aucun droit.
Fontainebleau, 23 février 1538.

Arch. nat., Acquits sur l'épargne, J. 962, pl. 16,
n° 19, anc. J. 961, n° 164. (Mention.)

10846. Don à Fontan, Nicolas Péronet, Jean Boullay,   23 février.
Jean de Vauquère, Jean Broullé et Claude
Péronet, hautbois et violons du roi, des biens
d'Étienne Fourré, confisqués et adjugés au
roi à cause de l'homicide commis par ledit
Fourré et ses complices sur la personne de
feu Pierre Pigou, clerc de la chancellerie
royale. Fontainebleau, 23 février 1538.

Arch. nat., Acquits sur l'épargne, J. 962, pl. 16,
n° 20, anc. J. 961, n° 163. (Mention.)

10847. Don à Jean Béraudi, sommelier d'échansonnerie   23 février.
du roi, de la somme de 25 écus soleil sur les

deniers provenant ou à provenir de la vente
des protocoles au comté de Forez. Fontainebleau ; 23 février 1538.

1539.

> Arch. nat., Acquits sur l'épargne, J. 962, pl. 16,
> n° 20, anc. J. 961, n° 163. (Mention.)

10848. Provisions des offices de procureur du roi en
la sénéchaussée d'Auvergne et d'élu en Forez
pour Antoine du Bourg, en remplacement
et sur la résignation à survivance d'Étienne
du Bourg, son père. Fontainebleau, 23 février 1538.

23 février.

> Arch. nat., Acquits sur l'épargne, J. 962, pl. 16,
> n° 20, anc. J. 961, n° 163. (Mention.)

10849. Permission à Antoine de Châteauchalon, capitaine de Brest, sous le commandement de
M. l'Amiral, de faire venir des pays d'Anjou,
la Marche et Orléans 30 pipes de vin par
terre ou par eau, sans payer aucun droit de
traite, imposition foraine, trépas de Loire, etc.
Fontainebleau, 23 février 1538.

23 février.

> Arch. nat., Acquits sur l'épargne, J. 962, pl. 16,
> n° 20, anc. J. 961, n° 163. (Mention.)

10850. Don à François Rascas, sr du Muy, conseiller
au Parlement de Provence, des lods et ventes
qui pourront être dus sur les places d'Andon
et Mazaugues, pour raison des droits de
légitime de sa femme et des héritiers de feu
Gasparde de Castellane, sa tante. Fontainebleau, 23 février 1538.

23 février.

> Arch. nat., Acquits sur l'épargne, J. 962, pl. 16,
> n° 20, anc. J. 961, n° 163. (Mention.)

10851. Mandement au trésorier de l'épargne de faire
payer par les receveurs généraux de Languedoil, Outre-Seine et Yonne, Normandie,
Languedoc et Bourgogne, sur les deniers revenant bons de la crue de 15 livres sur chaque
muid de sel pour le payement des gages des
officiers des cours souveraines, à Jean Duval,
receveur et payeur des gages des officiers du
Parlement de Paris, la somme de 101,045 livres 4 sous 9 deniers tournois pour sept quar-

23 février.

tiers arriérés, satisfaction faite d'abord aux assignations courantes. Fontainebleau, 23 février 1538.

Arch. nat., Acquits sur l'épargne, J. 962, pl. 16, n° 20, anc. J. 961, n° 163. (Mention.)

1539.

10852. Mandement à la Chambre des Comptes de lever les souffrances mises sur les comptes rendus par les héritiers de feu Lambert Meigret, ci-devant trésorier de l'Extraordinaire des guerres, et de rétablir les sommes rayées de 1,980 livres 9 sous, 1,296 livres et 3,402 livres portées en don à feu Thomas Gadagne, banquier de Lyon, et à Thomas Gadagne, sᵣ de Beauregard, son neveu, s'il appert desdits dons, et considéré qu'en ce temps-là le sᵣ de Beaune eut pouvoir du roi de faire faire semblables payements, etc. Fontainebleau, 23 février 1538.

23 février.

Arch. nat., Acquits sur l'épargne, J. 962, pl. 16, n° 20, anc. J. 961, n° 163. (Mention.)

10853. Défense faite aux seigneurs possédant des biens en pays étrangers d'assister aux assemblées publiques de ces pays sous les noms et titres que leurs confèrent leurs seigneuries de Provence. Paris, 25 février 1538.

25 février.

Enreg. à la Chambre des Comptes de Provence. Arch. des Bouches-du-Rhône, B. 34 (Fenix), fol. 9. 1 page.

10854. Commission à Pierre Porte, général des monnaies, de se rendre à Dijon pour procéder à la fermeture des boîtes de la monnaie de cette ville, y compris celles dont le Conseil a décidé la clôture. Fontainebleau, 25 février 1538.

25 février.

Enreg. à la Chambre des Comptes de Dijon. Arch. de la Côte-d'Or, B. 19, fol. 16.

10855. Déclaration en faveur de l'huissier sergent de la Connétablie et maréchaussée de France (alors nommé Jean Cornet, *alias* du Cornet), portant qu'il aura les mêmes droits et fera les mêmes exploits et exécutions que les huis-

26 février.

siers sergents des Requêtes de l'hôtel. Fon- 1539.
tainebleau, 26 février 1538.

Lettres de relief d'adresse au Parlement
pour l'enregistrement des précédentes. Cognac, 10 décembre 1542.

Enreg. au Parl. de Paris, le 4 février 1543
n. s. Arch. nat., X¹ᵃ 8613, fol. 376, 2 pages.
Enreg. à la Connétablie et maréchaussée, siège de
la Table de marbre, le 24 janvier 1540 n. s. Arch.
nat., Z¹ᵇ 4, fol. 95, v°. 2 pages. (Date inexacte de
mars 1538 n. s.)
Enreg. à la Chambre des Eaux et forêts, le 27 avril
1543. Arch. nat., Z¹ᵃ 328, fol. 180, 2 pages.

10856. Mandement au trésorier de l'épargne de faire 26 février.
payer par Pierre Le Vassor, commis à la re-
cette générale de Normandie, à Claude Robertet, trésorier de France, la somme de
2,000 livres tournois, montant de ses chevauchées accoutumées des années 1537 et
1538. Fontainebleau, 26 février 1538.

Arch. nat., Acquits sur l'épargne, J. 962, pl. 16,
n° 21, anc. J. 961, n° 162. (Mention.)

10857. Lettres de naturalité et permission de tester 26 février.
accordées à Francisque Sibecco, menuisier
du roi, natif de Carpi en Italie, sans payer
aucun droit. Fontainebleau, 26 février 1538.

Arch. nat., Acquits sur l'épargne, J. 962, pl. 16,
n° 21, anc. J. 961, n° 162. (Mention.)

10858. Don à François de Fourchelles et Bertrand du 26 février.
Tartas, valets de chambre de M. le Conné-
table, de la somme de 100 écus soleil sur les
deniers provenant de la vente des protocoles
des notaires décédés dans les pays de Forez,
Beaujolais et Dombes. Fontainebleau, 26 février 1538 [1].

Arch. nat., Acquits sur l'épargne, J. 962, pl. 16,
n° 21, anc. J. 961, n° 162. (Mention.)

10859. Don et remise à Jeanne de Granville, lavan- 26 février.
dière du corps et de bouche de M. le duc

_____

[1] Ce don est porté de nouveau sur le rôle daté de Fontainebleau,
le 28 février. (J. 962, pl. 16, anc. J. 961, n° 191.)

d'Orléans, de la somme de 20 livres 11 sous
3 deniers tournois qu'elle doit au roi pour
l'acquisition par elle faite de Jean Deverot, dit
de Lyon, d'une maison sise entre les ponts
d'Amboise. Fontainebleau, 26 février 1538.

1539.

*Arch. nat., Acquits sur l'épargne, J. 962, pl. 16,
n° 21, anc. J. 961, n° 162. (Mention.)*

10860. Don au sr de Saint-Julien, l'aîné, en récompense de ses services comme gentilhomme
de la maison du roi, et en dédommagement
des dépenses qu'il a dû faire pour remplir
certaines missions auxquelles il a été employé pendant la dernière guerre, de la
somme de 800 écus soleil, montant de la
taxe fixée pour la résignation à survivance
faite par Guillaume Cottereau au profit de
Michel Cottereau, son fils, de son office de
receveur des tailles du Limousin. Fontainebleau, 26 février 1538.

26 février.

*Arch. nat., Acquits sur l'épargne, J. 962, pl. 16,
n° 21, anc. J. 961, n° 162. (Mention.)*

10861. Don à Guy Brousset, sr du Parc, gentilhomme
de la maison du duc de Nevers, des reliefs et
treizièmes dus au roi par Jean Roux,
sr d'Ouilly et de la Rivière, à cause de l'acquisition par lui faite de la terre et seigneurie d'Hermeville en la vicomté de Montivilliers. Fontainebleau, 26 février 1538.

26 février.

*Arch. nat., Acquits sur l'épargne, J. 962, pl. 16,
n° 21, anc. J. 961, n° 162. (Mention.)*

10862. Don à François Imperat, l'un des serviteurs de
M. le Connétable, de l'office de grènetier du
grenier à sel de Villeneuve, près Montpellier,
vacant par le décès de Pierre Broche, pour
l'exercer en personne. Fontainebleau, 26 février 1538.

26 février.

*Arch. nat., Acquits sur l'épargne, J. 962, pl. 16,
n° 21, anc. J. 961, n° 162. (Mention.)*

10863. Lettres de retenue au service du roi de Balthazar Rangone, fils du feu comte Guido
Rangone, avec 1,000 livres tournois de pen-

26 février.

sion annuelle, à dater de la mort de son père. 1539.
Fontainebleau, 26 février 1538.

> *Arch. nat., Acquits sur l'épargne*, J. 962, pl. 16,
> n° 21, anc. J. 961, n° 162. (*Mention.*)

10864. Permission aux habitants de Saligny, en Niver- 28 février.
nais, de fortifier leur ville. Fontainebleau,
28 février 1538.

> *Enreg. à la Chancellerie de France. Arch. nat.,*
> *Trésor des Chartes*, JJ. 253¹, n° 113, fol. 39.
> 1 page.

10865. Assignation sur les revenus de Bresse d'une 28 février.
somme de 781 livres 12 sous tournois or-
donnée au s' de Montfalconnet, gouverneur
de Bresse, pour sa pension de la présente
année, tant à cause de sondit office de gouverneur que pour ses capitaineries et châtellenies de Bourg et de Châtillon en Dombes.
Fontainebleau, 28 février 1538.

> *Arch. nat., Acquits sur l'épargne*, J. 962, pl. 16,
> n° 22, anc. J. 961, n° 191. (*Mention.*)

10866. Don et remise à Bastien Le Gagneur, sellier 28 février.
de Mesdames, de la somme de 20 écus
soleil, montant des lods et ventes qu'il doit
au roi pour l'acquisition par lui faite de René
Hénault, valet de fourrière du roi, d'une
maison en la ville d'Amboise. Fontainebleau,
28 février 1538.

> *Arch. nat., Acquits sur l'épargne*, J. 962, pl. 16,
> n° 22, anc. J. 961, n° 191. (*Mention.*)

10867. Don à Simon Perrichon de l'office de sergent 28 février.
à cheval au Châtelet de Paris, vacant par la
mort de Lyon Tessier, exécuté par justice,
lequel don avait été fait ci-devant à Mlle de
La Bâtie. Fontainebleau, 28 février 1538.

> *Arch. nat., Acquits sur l'épargne*, J. 962, pl. 16,
> n° 22, anc. J. 961, n° 191. (*Mention.*)

10868. Don à N. de Longueville, pauvre damoiselle, 28 février.
de l'office de mesureur du grenier à sel de la
Charité, que Pierre Joubert, notaire royal,
ne peut continuer à exercer, pour cause

d'incompatibilité. Fontainebleau, 28 février   1539.
1538.

*Arch. nat., Acquits sur l'épargne, J. 962, pl. 16,
n° 22, anc. J. 961, n° 191. (Mention.)*

10869. Don et octroi aux habitants du village de Chau-   28 février.
mont en Dauphiné d'une rente annuelle de
200 livres tournois à prendre pendant six ans
sur le péage de Suze. Fontainebleau, 28 février 1538.

*Arch. nat., Acquits sur l'épargne, J. 962, pl. 16,
n° 22, anc. J. 961, n° 191. (Mention.)*

10870. Mandement au Parlement et à la Chambre des   28 février.
Comptes de Paris, et au bailli de Melun, de
faire tenir quittes et déchargés Denis Bou-
quin, Germain Tissot, Simon Roger et Jean
Camelin, commis à l'administration des terres
de Chailly, Livry, Crisenoy et Courois,
saisies sur-Claude de Villiers, écuyer, de la
somme de 1,193 livres tournois sur l'amende
de 4,000 livres prononcée contre l'édit de
Villiers par les commissaires chargés de lui
faire son procès. Fontainebleau, 28 février
1538.

*Arch. nat., Acquits sur l'épargne, J. 962, pl. 16,
n° 22, anc. J. 961, n° 191. (Mention.)*

10871. Mandement au receveur des Lannes de payer   28 février.
la somme de 568 livres 15 sous tournois,
complétant celle de 668 livres 15 sous ordonnée à Pierre d'Estiron, fils de feu Guillaume d'Estiron, de Dax, pour le dédommager de deux maisons appartenant à son
père, près les murs de Dax, que le feu sr de
la Palice, lieutenant général en Guyenne,
fit abattre, en 1522 et 1523, pour l'accroissement des fortifications de la ville. Fontainebleau, 28 février 1538.

*Arch. nat., Acquits sur l'épargne, J. 962, pl. 16,
n° 22, anc. J. 961, n° 191. (Mention.)*

10872. Permission à Pierre Mouraut, sr de la Prévô-   28 février.
tière, lieutenant du capitaine de Concq (Con-
carneau), de faire venir par eau ou par terre

audit lieu, franches et quittes de tous droits
et péages, 30 pipes de vin des crus de
Beaune, Orléans, Anjou, la Marche, Saint-
Pourçain et autres. Fontainebleau, 28 février
1538.

*Arch. nat., Acquits sur l'épargne, J. 962, pl. 16,
n° 22, anc. J. 961, n° 191. (Mention.)*

10873. Lettres ordonnant, pour la réparation du pont
de Bayonne, la somme de 2,000 livres tournois à prendre sur les deniers de la recette
des Lannes, provenant de l'imposition récemment mise sur les marchandises exportées
de ladite ville depuis deux ans et durant la
dernière guerre. Fontainebleau, 28 février
1538.

*Arch. nat., Acquits sur l'épargne, J. 962, pl. 16,
n° 22, anc. J. 961, n° 191. (Mention.)*

10874. Lettres de relief de surannation pour l'enregistrement des lettres du 5 janvier 1538
n. s. (n° 9541) portant don à Nicole Le Roux,
prêtre, de la garde-noble des enfants mineurs
de Claude Le Roux, ses neveux. 28 février
1538.

*Enreg. à la Chambre des Comptes de Paris, le
22 mars 1539 n. s., anc. mém. 2 J, fol. 138.
Arch. nat., invent. PP. 136, p. 454. (Mention.)*

10875. Lettres d'érection du comté de Montpensier
en duché, en faveur de Louise de Bourbon,
comtesse de Montpensier, et de Louis de
Bourbon, prince de La Roche-sur-Yon, son
fils. Fontainebleau, février 1538.

*Enreg. à la Chancellerie de France. Arch. nat.,
Trésor des Chartes, JJ. 253¹, n° 109, fol. 38.
2 pages.
Enreg. au Parl. de Paris, le 6 mars 1539 n. s.
Arch. nat., X¹ª 8613, fol. 143. 3 pages.
Arrêt d'enregistrement. Idem, X¹ª 4907, Plai-
doiries, fol. 393 v°.
Enreg. à la Chambre des Comptes de Paris, le
19 mars 1539 n. s. Arch. nat., P. 2306, p. 77.
6 pages.
Idem, P. 2537, fol. 319; P. 2553, fol. 304; et
AD.IX 124, n° 54.*

1539.

28 février.

28 février.

Février.

Copie de 1569. Arch. nat., K. 87, n° 9.
Autre copie du XVI° siècle. Arch. nat., suppl. du
Trésor des Chartes, J. 833, n° 19.
Copie du XVII° siècle. Arch. nat., K. 546, 11.
IMP. Le P. Anselme, Hist. généal. de la maison
de France, etc., Paris, 1728, in-fol., t. III, p. 519.

1539.

10876. Confirmation des privilèges, franchises et libertés de plusieurs villes du comté d'Asti. Fontainebleau, février 1538.

Février.

Enreg. à la Chancellerie de France. Arch. nat.,
Trésor des Chartes, JJ. 253¹, n° 128, fol. 45 v°.
1 page.

10877. Établissement de deux foires annuelles et d'un
marché hebdomadaire à Butigliera (comté
d'Asti). Fontainebleau, février 1538.

Février.

Enreg. à la Chancellerie de France. Arch. nat.,
Trésor des Chartes, JJ. 253¹, n° 127, fol. 45.
1 page.

10878. Établissement de deux foires annuelles et d'un
marché hebdomadaire à Castel-Nuovo (comté
d'Asti). Fontainebleau, février 1538.

Février.

Enreg. à la Chancellerie de France. Arch. nat.,
Trésor des Chartes, JJ. 253¹, n° 129, fol. 45 v°.
1 page.

10879. Confirmation et vidimus des statuts et privilèges des maîtres tondeurs de Troyes. Fontainebleau, février 1538.

Février.

Enreg. à la Chancellerie de France. Arch. nat.,
Trésor des Chartes, JJ. 253¹, n° 118, fol. 40 v°.
4 pages.

10880. Création de trois foires annuelles et d'un marché hebdomadaire à Aix en Provence. Paris,
février 1538.

Février.

Enreg. à la Chancellerie de France. Arch. nat.,
Trésor des Chartes, JJ. 253¹, n° 115, fol. 39 v°.
1 page.
Enreg. à la Chambre des Comptes de Provence,
le 9 décembre 1540. Arch. des Bouches-du-Rhône,
B. 34 (Fenix), fol. 227.

10881. Établissement de quatre foires par an et d'un
marché chaque semaine à Clion en Saintonge

Février.

en faveur de Blanche d'Aubeterre, veuve de
Robert de La Rochandry, dame du lieu.
Paris, février 1538.

*Enreg. à la Chancellerie de France. Arch. nat.,
Trésor des Chartes, JJ. 253¹, n° 95, fol. 32 v°.
1 page.*

10882. Établissement de quatre foires annuelles et d'un
marché chaque semaine à Neuvicq en Saintonge, en faveur de Blanche d'Aubeterre,
dame du lieu. Paris, février 1538.

*Enreg. à la Chancellerie de France. Arch. nat.,
Trésor des Chartes, JJ. 253¹, n° 96, fol. 33. 1 page.*

10883. Lettres de sauvegarde octroyées aux chanoines
de l'église de Roye en Picardie. Paris, février
1538.

*Enreg. à la Chancellerie de France. Arch. nat.,
Trésor des Chartes, JJ. 253¹, n° 103, fol. 35 v°.
2 pages.*

10884. Confirmation des privilèges, franchises et libertés des habitants de Saint-Antoine-d'Er-
nay et de Beaufort en Viennois. Paris, février
1538.

*Enreg. à la Chancellerie de France. Arch. nat.,
Trésor des Chartes, JJ. 253¹, n° 117, fol. 40.
1 page.*

10885. Confirmation accordée à Jeanne du Désert,
dame de Monteaux, de son droit de chasse
des blés et autres grains dans le comté de
Blois, pour les moudre dans son moulin
de Monteaux dans le Blésois. Paris, février
1538.

*Enreg. à la Chambre des Comptes de Blois, le
22 mai 1539. Arch. nat., KK. 898, fol. 18 v°.
2 pages.*

10886. Mandement à [Guillaume Prudhomme, trésorier de l'épargne, de payer à Nicolas de]
Troyes la somme de 970 livres 13 sous
10 deniers tournois qui doit être donnée en
payement de toiles d'or et d'argent, de da-

1539.

Février.

Février.

Février.

Février.

Février.

mas, satin, etc., achetés et donnés pour les 1539.
noces du comte de [..... [1]], février 1538.

Original. Bibl. nat., ms. fr. 25721, n° 528.

10887. Provisions de l'office de receveur et châtelain 3 mars.
d'Argilly pour Claude Richard, en rempla-
cement de Simon Viard, décédé. Paris,
3 mars 1538.

*Enreg. à la Chambre des Comptes de Dijon, le
29 mars suivant. Arch. de la Côte-d'Or, B. 19,
fol. 17.*

10888. Mandement au Parlement de Chambéry d'en- 4 mars.
registrer et de publier dans tout son ressort
les lettres de commission de gouverneur de
Bresse données le 20 août 1538 (n° 10199)
en faveur de Philibert de La Baume, sr de
Montfalconet. Paris, 4 mars 1538.

*Enreg. au Parl. de Dijon. Arch. de la Côte-d'Or,
Parl., reg. II, fol. 230.*

10889. Lettres portant règlement pour les droits du 5 mars.
greffier de la Cour des Monnaies en matière
de procès criminels. Paris, 5 mars 1538.

*Enreg. à la Cour des Monnaies, le 21 mars 1539
n. s. Arch. nat., Z¹ᵇ 62, fol. 235 v°. 2 pages.*

10890. Mandement au trésorier de l'épargne de payer 5 mars.
225 livres à Jean-Jacques de Castion pour
un voyage qu'il va faire, sur l'ordre du roi,
chez les Grisons. Fontainebleau, 5 mars
1538.

Bibl. nat., ms. Clairambault 1215, fol. 77.
(Mention.)

10891. Cession et transport à Pierre de Pontbriant, 6 mars.
sr de Montréal, des terres et seigneuries de
Morand et Molandier, pour en jouir par lui
et ses héritiers, comme il faisait avant la saisie
qui en a été faite lors de la dernière réunion
du domaine, jusqu'à ce qu'il soit remboursé
en une seule fois de la somme de 4,000 écus

---

[1] Cette pièce a été lacérée. Le nom du comte, le lieu de la date et
le quantième manquent.

dont le roi Louis XI lui fit don ainsi qu'à sa
femme, à l'occasion de leur mariage, et pour
sûreté de laquelle il leur engagea lesdites
terres. Fontainebleau, 6 mars 1538.

Arch. nat., Acquits sur l'épargne, J. 962, pl. 16,
n° 23, anc. J. 961, n° 192. (Mention.)

10892. Lettres de naturalité et permission de tester accordées à François Imperat, natif d'Avignon.
Fontainebleau, 6 mars 1538.

Arch. nat., Acquits sur l'épargne, J. 962, pl. 16,
n° 23, anc. J. 961, n° 192. (Mention.)

10893. Lettres de naturalité et de légitimation accordées à François de Biagras, natif de Piémont.
Fontainebleau, 6 mars 1538.

Arch. nat., Acquits sur l'épargne, J. 962, pl. 16,
n° 23, anc. J. 961, n° 192. (Mention.)

10894. Mandement au général des finances du comté
de Blois de faire payer par le receveur ordinaire dudit comté, à Guillemin le Maure,
jardinier du château de Blois, la somme de
300 livres pour ses gages et l'entretien des
jardins pendant la présente année. Fontainebleau, 6 mars 1538.

Arch. nat., Acquits sur l'épargne, J. 962, pl. 16,
n° 23, anc. J. 961, n° 192. (Mention.)

10895. Don à Louis de Lasaigne, gentilhomme de la
vénerie, et à Guillaume du Perrot, ayant la
charge du vautrait du roi, de la somme de
1,200 écus soleil, en dédommagement des
dépenses qu'ils ont faites jusqu'à ce jour pour
l'entretien, la nourriture, etc., dudit vautrait,
ladite somme à prendre sur ce que la veuve
et les héritiers de Jean Favereau, receveur du
quart du sel de Poitou et de Saintonge, peuvent redevoir au roi. Fontainebleau, 6 mars
1538.

Arch. nat., Acquits sur l'épargne, J. 962, pl. 16,
n° 23, anc. J. 961, n° 192. (Mention.)

10896. Don à Jean Simier, sommelier d'échansonnerie
de la reine, de la somme de 45 livres tournois à prendre sur les droits de lods et ventes

1539.

6 mars.

6 mars.

6 mars.

6 mars.

6 mars.

dus au roi par Jacques de Bernouville à
cause de l'acquisition par lui faite dudit Simier d'une maison et d'une rente étant au
fief du roi en sa ville d'Amboise. Fontainebleau, 6 mars 1538.

1539.

> *Arch. nat., Acquits sur l'épargne*, J. 962, pl. 16,
> n° 23, anc. J. 961, n° 192. (*Mention.*)

10897. Don et remise à Charles Chaillou, avocat du
roi au bailliage d'Amboise, de la moitié,
suivant l'ordonnance, d'une amende de 60 livres parisis prononcée contre lui par arrêt du
Parlement de Paris. Fontainebleau, 6 mars
1538.

6 mars.

> *Arch. nat., Acquits sur l'épargne*, J. 962, pl. 16,
> n° 23, anc. J. 961, n° 192. (*Mention.*)

10898. Don à Bernard Stopinchan, docteur ès droits,
de la moitié d'une amende de 500 livres prononcée contre lui par arrêt du Parlement de
Toulouse. Fontainebleau, 6 mars 1538.

6 mars.

> *Arch. nat., Acquits sur l'épargne*, J. 962, pl. 16,
> n° 23, anc. J. 961, n° 192. (*Mention.*)

10899. Don à Briandas de l'office de boutefeu et bu-
vetier de la Cour des généraux des aides à
Paris, auquel il n'avait pas été pourvu depuis
l'avènement du roi, pour en disposer à son
profit. Fontainebleau, 6 mars 1538.

6 mars.

> *Arch. nat., Acquits sur l'épargne*, J. 962, pl. 16,
> n° 23, anc. J. 961, n° 192. (*Mention.*)

10900. Assignation, sur les revenus du pays de Bresse
de la présente et de la prochaine année, au
sr de Montfalconnet, gouverneur de Bresse,
de la somme de 1,563 livres 4 sous tournois, à lui ordonnée pour sa pension de deux
années. Fontainebleau, 6 mars 1538.

6 mars.

> *Arch. nat., Acquits sur l'épargne*, J. 962, pl. 16,
> n° 24, anc. J. 961, n° 197. (*Mention.*)

10901. Don à Thibaut Dubot et à François de Romare,
archers de la garde du roi, de la somme de
400 livres, montant d'une amende prononcée
par arrêt du Parlement de Bretagne contre

6 mars.

Grégoire de Coudré et Marie Benoit, sa femme. Fontainebleau, 6 mars 1538.

Arch. nat., Acquits sur l'épargne, J. 962, pl. 16, n° 24, anc. J. 961, n° 197. (Mention.)

1539.

10902. Don et remise à Jacques Le Gros, de Montmorency, de l'amende de 60 livres parisis prononcée contre lui par arrêt du Parlement de Paris. Fontainebleau, 6 mars 1538.

Arch. nat., Acquits sur l'épargne, J. 962, pl. 16, n° 24, anc. J. 961, n° 197. (Mention.)

6 mars.

10903. Don à François de La Barre du montant des droits seigneuriaux dus au roi à cause de l'acquisition d'une rente de 30 livres sur des biens sis en Artois, faite du feu s' de Mailly par le chapitre de Thérouanne, et depuis vendue par le chapitre audit s' de La Barre. Fontainebleau, 6 mars 1538.

Arch. nat., Acquits sur l'épargne, J. 962, pl. 16, n° 24, anc. J. 961, n° 197. (Mention.)

6 mars.

10904. Don à Jean Samson, valet de chambre du roi, de la somme de 100 écus d'or sur les deniers provenant de la vente de l'office de contregarde de la Monnaie de Rouen, vacant par le décès de Jean Pelé. Fontainebleau, 6 mars 1538.

Arch. nat., Acquits sur l'épargne, J. 962, pl. 16, n° 24, anc. J. 961, n° 197. (Mention.)

6 mars.

10905. Don et remise au baron de Mailly, écuyer tranchant de M. le Dauphin, de la somme de 1,400 livres tournois, montant des lods et ventes et autres droits seigneuriaux qu'il doit au roi à cause de l'acquisition par lui faite de la terre et seigneurie de Mailly. Fontainebleau, 6 mars 1538.

Arch. nat., Acquits sur l'épargne, J. 962, pl. 16, n° 24, anc. J. 961, n° 197. (Mention.)

6 mars.

10906. Confirmation du don fait, le 1er décembre 1534, à Hilaire de Marconnay, dame de la Berlandière, dame de la chambre de la reine, d'une pension annuelle de 300 livres tour-

6 mars.

nois pendant six ans, sur la recette de Châtellerault, pour ladite dame en être payée
nonobstant la perte de ses premières lettres.
Fontainebleau, 6 mars 1538.

> Arch. nat.; Acquits sur l'épargne, J. 962, pl. 16,
> n° 24, anc. J. 961, n° 197. (Mention.)

1539.

10907. Mandement à la Chambre des Comptes d'allouer aux comptes de la généralité de Normandie la somme de 317 livres 5 sous 10 deniers tournois, payée pour l'achat de 26,894
écus d'or, dont le roi avait un besoin urgent.
Fontainebleau, 8 mars 1538.

> Original. Bibl. nat., Pièces orig., Becdelièvre,
> vol. 260, p. 59.

8 mars.

10908. Don à Antoine d'Ailly, vidame d'Amiens, de
la somme de 750 livres tournois, montant
des droits et devoirs seigneuriaux dus au roi
à cause du rachat fait par feu Charles d'Ailly,
son père, des terres et seigneuries de Thory et
Louvrechy, et du bois de la Corne de Puisieux,
vendus à réméré par Jean d'Ailly, aïeul d'Antoine, le tout tenu du roi et mouvant de Montdidier. Fontainebleau, 9 mars 1538.

> Arch. nat., Acquits sur l'épargne, J. 962, pl. 16,
> n° 25, anc. J. 961, n° 193. (Mention.)

9 mars.

10909. Don à Florentin Tabois, fils de feu Verdun
Tabois, maître de la fourrière du roi, d'une
somme de 50 livres tournois, montant des
lods et ventes dus à Sa Majesté à cause de
l'acquisition d'une maison à Cognac, faite
par François Gourdineau de Regnault Ner-
gonneau. Fontainebleau, 9 mars 1538.

> Arch. nat., Acquits sur l'épargne, J. 962, pl. 16,
> n° 25, anc. J. 961, n° 193. (Mention.)

9 mars.

10910. Don à Jean Grenasie, maître des comptes à
Blois, d'une pension annuelle de 200 livres
tournois pendant dix ans, sur la recette ordinaire du comté de Blois, en récompense
de ses services à la conservation du domaine
et des forêts de Blois, de Coucy et d'autres

9 mars.

terres et seigneuries. Fontainebleau, 9 mars
1538. 1539.

> *Arch. nat., Acquits sur l'épargne*, J. 962, pl. 16,
> n° 25, anc. J. 961, n° 193. (*Mention.*)

10911. Don à Pierre Langlois, tapissier du roi, de l'office de priseur juré en la ville et prévôté de
Corbeil, vacant par le décès de Charles Maçon, pour en disposer à son profit. Fontainebleau, 9 mars 1538. 9 mars.

> *Arch. nat., Acquits sur l'épargne*, J. 962, pl. 16,
> n° 25, anc. J. 961, n° 193. (*Mention.*)

10912. Lettres allouant à Philibert Babou, sr de la
Bourdaisière, trésorier de France, des gages
annuels de 1,200 livres pour son état et commission de surintendant des bâtiments du
roi. Fontainebleau, 10 mars 1538. 10 mars.

> *Copie. Bibl. nat.*, ms. fr. 11179 (anc. suppl.
> fr. 336).
> IMP. L. de Laborde, *Les comptes des bâtiments
> du roi*. Paris, 1877, in-8°, t. I, p. 124 et 169.

10913. Don à François Peffier et à René de La Coudraye, archers de la garde sous le commandement de M. de Chavigny, de la somme de
100 livres tournois, montant des lods et
ventes et autres droits seigneuriaux dus au
roi à cause de l'acquisition faite par Jacques
de Saintrey de Jacques de Sarzay, sr de Fontaines en Sologne, d'un pré de 7 arpents
et de deux moulins à bac sur la Loire, près
de Saint-Dyé. Fontainebleau, 10 mars 1538. 10 mars.

> *Arch. nat., Acquits sur l'épargne*, J. 962, pl. 16,
> n° 26, anc. J. 961, n° 194. (*Mention.*)

10914. Provisions pour Nicolas Poilly de l'office de
greffier en l'élection et grenier à sel de Ponthieu, sur la résignation de son père, Nicolas
Poilly, avec réserve de survivance. Fontainebleau, 10 mars 1538. 10 mars.

> *Arch. nat., Acquits sur l'épargne*, J. 962, pl. 16,
> n° 26, anc. J. 961, n° 194. (*Mention.*)

10915. Don à Nicolas Lavernot, chirurgien de M. le
Dauphin, de la somme de 50 écus soleil, 10 mars.

montant des droits de résignation de l'office
de greffier de l'élection et grenier à sel de
Ponthieu. Fontainebleau, 10 mars 1538.

Arch. nat., Acquits sur l'épargne, J. 962, pl. 16,
n° 26, anc. J. 961, n° 194. (Mention.)

10916. Don à Jacques Rocquart et à Charles Godefroy,
valets de chambre de M. le Dauphin, de
l'office de garde des ports et portes de la ville
de Lyon, vacant par le décès de Jean Perron,
pour en disposer à leur profit. Fontainebleau,
10 mars 1538.

Arch. nat., Acquits sur l'épargne, J. 962, pl. 16,
n° 26, anc. J. 961, n° 194. (Mention.)

10917. Mandement pour faire payer à [Claude Dodieu],
sr de Vély, ses gages de conseiller au Parlement de Bretagne des années 1536, 1537 et
1538, à raison de 292 livres 10 sous tournois
par an. Fontainebleau, 10 mars 1538.

Arch. nat., Acquits sur l'épargne, J. 962, pl. 16,
n° 26, anc. J. 961, n° 194. (Mention.)

10918. Don à Mme du Vigean, veuve de François du
Fou, du revenu de la moitié de la forêt de
Gâtine et de l'étang de la Tomberrard pendant quatre ans cinq mois et dix-neuf jours
qui restaient à courir au moment de la mort
de son mari sur les neuf années à lui concé-
dées. Fontainebleau, 10 mars 1538.

Arch. nat., Acquits sur l'épargne, J. 962, pl. 16,
n° 26, anc. J. 961, n° 194. (Mention.)

10919. Mandement à Guillaume Prudhomme, trésorier de l'épargne, d'autoriser Antoine Le
Maçon, receveur général des finances en Bourgogne, à prendre des deniers de sa recette
pour le payement des gages des officiers de la
Chambre des Comptes de Dijon. Fontainebleau, 11 mars 1538.

Enreg. à la Chambre des Comptes de Dijon. Arch.
de la Côte-d'Or, B. 19, fol. 18.

10920. Mandement au trésorier de l'épargne de payer

1539.

10 mars.

10 mars.

10 mars.

10 mars.

11 mars.

11 mars.

à Charles de Marillac, ambassadeur en Angleterre, 900 livres pour quatre-vingt-dix jours d'exercice de sa charge, du 1 mars au 8 juin 1538. Fontainebleau, 11 mars 1538.

> *Bibl. nat.*, ms. Clairambault 1215, fol. 77 v°. (*Mention.*)

1539.

10921. Don à Charles de Marillac de 900 livres pour qu'il puisse se mettre à même de bien remplir sa charge d'ambassadeur en Angleterre. Fontainebleau, 11 mars 1538.

> *Bibl. nat.*, ms. Clairambault 1215, fol. 78. (*Mention.*)

11 mars.

10922. Lettres octroyant aux habitants de Châtellerault la coupe des bois de Corbery au duché de Châtellerault, pour les aider à reconstruire leur pont sur la Vienne emporté par une inondation, à condition qu'ils feront le surplus de la dépense, et portant permission d'imposer les habitants de la ville et des faubourgs de la somme nécessaire pour terminer ce travail. Fontainebleau, 11 mars 1538.

> *Arch. nat., Acquits sur l'épargne*, J. 962, pl. 16, n° 27, anc. J. 961, n° 198. (*Mention.*)

11 mars.

10923. Lettres enjoignant au juge du vicomte de Murat de publier les ordonnances sur le fait des forêts et de procéder à la répression et poursuite des abus, malversations, vols et dégradations commis dans les forêts. Paris (*sic*), 12 mars 1538.

> *Enreg. à la Chambre des Eaux et forêts, le 17 mars 1539 n. s. Arch. nat.*, Z¹ᵉ 326, fol. 29 v°. 1 page.

12 mars.

10924. Lettres ordonnant à Nicolas Picart, commis à tenir le compte des bâtiments de Fontainebleau, de faire faire les réparations et aménagements des meubles qui seront apportés de Blois et d'Amboise au château de Fontainebleau, sous la direction de Philibert Babou,

12 mars.

s^r de la Bourdaisière, trésorier de France. 1539.
Montereau-faut-Yonne, 12 mars 1538.

> Copie. Bibl. nat., ms. fr. 11179 (anc. suppl.
> fr. 336.)
> Imp. L. de Laborde, Les comptes des bâtiments
> du roi. Paris, 1877, in-8°, t. I, p. 122.

10925. Commission adressée à Nicolas Picart, trésorier   12 mars.
des bâtiments de Fontainebleau, Boulogne et
Villers-Cotterets, pour tenir aussi le compte
des démolitions et réparations de certains
corps d'hôtel du château de Saint-Germain-
en-Laye. Montereau-faut-Yonne, 12 mars
1538.

> Copie. Bibl. nat., ms. fr. 11179 (anc. suppl.
> fr. 336.)
> Imp. L. de Laborde, Les comptes des bâtiments
> du roi. Paris, 1877, in-8°, t. I, p. 145.

10926. Mandement au trésorier de l'épargne, Guillaume   14 mars.
Prudhomme, de faire rembourser par Martin
de Troyes, commis à la recette générale de
Languedoc, Lyonnais, Forez et Beaujolais,
à Charles du Plessis, s^r de Savonnières, général
des finances, 121 livres 1 sous 6 deniers
tournois qu'il a payés l'année dernière pour
les affaires du roi. Montereau-faut-Yonne,
14 mars 1538.

> Original. Bibl. nat., Nouvelles acquisitions fran-
> çaises, ms. 1483, n° 62.

10927. Lettres données au sujet du payement de   20 mars.
6,000 livres accordées par le roi pour la réparation et reconstruction du palais du Parlement de Toulouse, somme que le sieur Potier,
receveur et payeur des gages des membres
de la cour, prendra des mains du receveur
des deniers royaux, exploits et amendes
de ladite cour. Paris (sic), 20 mars 1538.

> Enreg. au Parl. de Toulouse. Arch. de la Haute-
> Garonne, Édits, reg. 4, fol. 134. 1 page.

10928. Mandement au trésorier de l'épargne de payer   20 mars.
à Jean-Joachim de Passano, ambassadeur à
Venise, 2,320 livres pour cent quatre-vingt-
deux jours d'exercice de sa charge, du 1er oc-

94.

tobre 1538 au 31 mars suivant. Fontainebleau, 20 mars 1538.

*Bibl. nat., ms. Clairambault 1215, fol. 77 v°.
(Mention.)*

10929. Lettres adresséess à la Chambre des Comptes
de Paris lui enjoignant de recevoir Gilbert
de La Rochefoucauld en l'office de sénéchal
de Guyenne, dont il avait été pourvu par
lettres du 18 février 1538 n. s. (n° 9867),
malgré son jeune âge. Vauluisant, 21 mars
1538.

*Enreg. à la Chambre des Comptes de Paris, le
10 mai 1539. Arch. nat., P. 2537, fol. 301,
et P. 2553, fol. 289. (Arrêt d'enregistrement.)*

10930. Don au roi de Navarre de tous les biens meubles
et immeubles qui appartinrent à Bertrand
de Lande et à Pierre de Irrigaray, condamnés
au bannissement à perpétuité et à la confiscation, «pour avoir fait change, triage, tre-
buschage, billonnage et grande quantité de
monnoye de dixains et douzains». Nogent-
sur-Seine, 21 mars 1538.

*Arch. nat., Acquits sur l'épargne, J. 962, pl. 16,
n° 28, anc. J. 961, n° 176. (Mention.)*

10931. Don à Pierre de Caux, fourrier de la reine, de
la somme de 20 écus soleil sur une amende
de 60 livres parisis prononcée par arrêt du
Parlement contre Florent Augerart, Gillet
Quentin et la veuve de Guillaume Augerart.
Nogent-sur-Seine, 21 mars 1538.

*Arch. nat., Acquits sur l'épargne, J. 962, pl. 16,
n° 28 anc. J. 961, n° 176. (Mention.)*

10932. Don aux cinq portiers du roi de présent en
exercice de l'office de sergent à verge au
Châtelet de Paris, vacant par la destitution
de Raoulet Bouger, condamné aux galères
par sentence du prévôt de Paris, pour en disposer à leur profit. Nogent-sur-Seine, 21 mars
1538.

*Arch. nat., Acquits sur l'épargne, J. 962, pl. 16,
n° 28, anc. J. 961, n° 176. (Mention.)*

10933. Mandement à Antoine Béchet, payeur des compagnies des s^{rs} de La Fayette et baron de Curton, de payer à Jean de La Grue, naguère capitaine du château de Dunbar en Écosse et homme d'armes de la compagnie du feu duc d'Albany, à Jean de Furnes et à Jean Dode, archers de ladite compagnie, la somme de 270 livres tournois dont le roi leur a fait don, en dédommagement de leur solde des trois derniers quartiers de 1536, pendant lequel temps ils furent au château de Dunbar pour le service du roi. Nogent-sur-Seine, 21 mars 1538.

1539.
21 mars.

> Arch. nat., Acquits sur l'épargne, J. 962, pl. 16, n° 28, anc. J. 961, n° 176. (Mention.)

10934. Don à Pierre Gaulteret, Jean Béraud et Jean Hunault, sommeliers d'échansonnerie, de la somme de 200 livres, montant d'une amende encourue par Jean Thibaudeau, procureur du roi à Saintes. Nogent-sur-Seine, 21 mars 1538.

21 mars.

> Arch. nat., Acquits sur l'épargne, J. 962, pl. 16, n° 28, anc. J. 961, n° 176. (Mention.)

10935. Lettres affranchissant des tailles et fouages les habitants des villages de Bretagne qui suivent: ceux de Saint-Cyr[-en-Retz], pour trois ans; ceux de Fresnay, du bourg des Moustiers et de Princé, pour deux ans; et ceux de Sainte-Croix de Machecoul, pour un an seulement, à partir du 1er janvier dernier, à condition qu'ils seront tenus de réparer et de mettre en état les chaussées des marais et salines qui se trouvent en leurs paroisses. Nogent-sur-Seine, 21 mars 1538.

21 mars.

> Arch. nat., Acquits sur l'épargne, J. 962, pl. 16, n° 28, anc. J. 961, n° 176. (Mention.)

10936. Lettres portant assignation des habitants de Pignerol sur les finances ordinaires et extraordinaires du Piémont, pour une somme de 6,521 livres 12 sous 6 deniers tournois, en payement de 962 sacs de froment, à 3 écus

21 mars.

le sac, qu'ils fournirent pour le service du
roi et la nourriture des troupes pendant le
siège de Pignerol, y compris 12 écus et demi
pour diverses fournitures destinées à la fabrication de « lances à feu », ladite somme
payable en six années par égales portions.
Nogent-sur-Seine, 21 mars 1538.

Arch. nat., Acquits sur l'épargne, J. 962, pl. 16,
n° 28, anc. J. 961, n° 176. (Mention.)

1539.

10937. Provisions et confirmation pour Didier Béguin,
de l'office de lieutenant particulier du maître
des Eaux et forêts de France, Brie et Champagne, au siège de Châtillon-sur-Marne,
qu'il exerçait par commission dudit maître.
Paris, 22 mars 1538.

22 mars.

Enreg. aux Eaux et forêts (siège de la Table de
marbre), le 24 février 1540 n. s. Arch. nat., Z¹ᵉ 326,
fol. 167 v°. 1 page 1/2.

10938. Mandement à Guillaume Prudhomme, trésorier de l'épargne, de donner comptant à Jean
Crosnier, trésorier de la marine du Levant,
la somme de 2,550 livres tournois, qu'Octavien Grimaldi doit faire parvenir à l'ambassadeur du roi à Constantinople, pour le remboursement d'une somme plus grande que le
baron de Saint-Blançart avait empruntée au
nom du roi... [1] 23 mars 1538.

23 mars.

Original. Bibl. nat., ms. fr. 25721, n° 529.

10939. Lettres portant retenue au service du roi du
duc d'Arienne [Albéric Caraffa, duc d'Ariano],
du royaume de Naples, avec don d'une pension annuelle de 1,200 livres tournois à
partir du 1ᵉʳ janvier dernier. Nogent-sur-
Seine, 24 mars 1538.

24 mars.

Arch. nat., Acquits sur l'épargne, J. 962, pl. 16,
n° 29, anc. J. 961, n° 178. (Mention.)

10940. Don à Jacques Escars et Marin Séjourné, archers de la garde sous le commandement du

24 mars.

---

(1) Cette pièce est mutilée; le nom de lieu manque.

sʳ de Chavigny, de l'office de sergent ordi-   1539.
naire au bailliage de Gâtine, sénéchaussée de
Poitou, vacant par le décès de Pierre de
Beauvoir, pour en disposer à leur profit. Nogent-sur-Seine, 24 mars 1538.

> *Arch. nat., Acquits sur l'épargne, J. 962, pl. 16,
> n° 29, anc. J. 961, n° 178. (Mention.)*

10941. Don et remise à Laurent Pigler, pâtissier du roi,   24 mars.
des droits de vente d'une maison par lui ré-
cemment acquise à Amboise, rue de la Porte-
Hurtault. Nogent-sur-Seine, 24 mars 1538.

> *Arch. nat., Acquits sur l'épargne, J. 962, pl. 16,
> n° 29, anc. J. 961, n° 178. (Mention.)*

10942. Don à Claude Yon de la somme de 60 livres   24 mars.
parisis, montant d'une amende contre lui
prononcée par arrêt du Parlement de Paris.
Nogent-sur-Seine, 24 mars 1538.

> *Arch. nat., Acquits sur l'épargne, J. 962, pl. 16,
> n° 29, anc. J. 961, n° 178. (Mention.)*

10943. Lettres portant qu'André Guillart, maître des   24 mars.
requêtes de l'hôtel, frère de feu Jeanne Guil-
lart, femme et légataire de Bonaventure de
Saint-Barthélemy, président du Parlement
de Dauphiné, créancier du roi pour 2,497 livres 2 sous 8 deniers tournois, restant d'une
somme de 3,000 livres dont Sa Majesté avait
fait don audit de Saint-Barthélemy sur les
lods et ventes et autres droits de fiefs dus au
roi en Dauphiné, — tous les deniers provenant de cette source ayant été appliqués aux
fortifications et réparations des villes, châteaux et places fortes de Dauphiné, — sera
payé de ladite somme sur ce que l'évêque de
Bayonne, Nicolas de Poncher, son frère et
autres, leurs frères et sœurs, redoivent au roi
sur les 40,000 livres tournois, montant de
la composition faite entre eux et Sa Majesté
pour liquider les dettes et payer les amendes et
restitutions auxquelles feu Jean de Poncher,
général de Languedoc, avait été condamné

par les juges réformateurs de la Tour carrée.   1539.
Nogent-sur-Seine, 24 mars 1538.

Arch. nat., Acquits sur l'épargne, J. 962, pl. 16, n° 29, *anc.* J. 961, n° 178. (*Mention.*)

10944. Don à Philippe Maudet, maître et conducteur   24 mars.
des chevaux et chariots des toiles de chasse,
de l'office de maître sergent en la forêt de
Sourdun et du buisson de Ferrières, près Provins, vacant par le décès de Martin Duteil,
pour en disposer à son profit. Nogent-sur-
Seine, 24 mars 1538.

Arch. nat., Acquits sur l'épargne, J. 962, pl. 16, n° 30, *anc.* J. 961, n° 177. (*Mention.*)

10945. Don à François de Romare et à Thibaut Du-   24 mars.
bot, archers de la garde, de la somme de
400 livres sur les lods et ventes dus au roi
par le décès de François Toupin, s' de « Car-
menyou », à cause de ses terres des diocèses
de Tréguier et de Cornouaille. Nogent-sur-
Seine, 24 mars 1538.

Arch. nat., Acquits sur l'épargne, J. 962, pl. 16, n° 30, *anc.* J. 961, n° 177. (*Mention.*)

10946. Mandement pour faire payer à Jacques Leroy,   24 mars.
greffier de la Chambre des Comptes de Bour-
gogne, la somme de 97 livres 4 sous 4 deniers, montant de ses gages depuis le 10 mai
jusqu'au 30 septembre 1538. Nogent-sur-
Seine, 24 mars 1538.

Arch. nat., Acquits sur l'épargne, J. 962, pl. 16, n° 30, *anc.* J. 961, n° 177. (*Mention.*)

10947. Lettres d'anoblissement octroyées à Guillaume   24 mars.
Denyot, s' de la Perrière, et à Isabeau d'An-
glies, sa femme, sans payer aucun droit. Nogent-sur-Seine, 24 mars 1538.

Arch. nat., Acquits sur l'épargne, J. 962, pl. 16, n° 30, *anc.* J. 961, n° 177. (*Mention.*)

10948. Don et remise à Pierre de Razines, dit la Salle,   24 mars.
de l'amende de 60 livres parisis prononcée

contre lui par le Parlement de Paris. Nogent-sur-Seine, 24 mars 1538. **1539.**

Arch. nat., Acquits sur l'épargne, J. 962, pl. 16, n° 30, anc. J. 961, n° 177. (*Mention.*)

10949. Don à Jean d'Aventois, archer des toiles de chasse du roi, de l'office de sergent, en la garde de Chaumontois de la forêt d'Orléans, vacant par la mort de Claude Regnart. Nogent-sur-Seine, 24 mars 1538. **24 mars.**

Arch. nat., Acquits sur l'épargne, J. 962, pl. 16, n° 30, anc. J. 961, n° 177. (*Mention.*)

10950. Lettres de légitimation pour Léon d'Incourt, fils bâtard d'Eustache d'Incourt, écuyer, seigneur dudit lieu dans le comté de Saint-Pol, homme d'armes des ordonnances du roi de la compagnie de M. le Connétable. Nogent-sur-Seine, 24 mars 1538. **24 mars.**

Arch. nat., Acquits sur l'épargne, J. 962, pl. 16, n° 30, anc. J. 961, n° 177. (*Mention.*)

10951. Mandement au trésorier de Bresse de payer la somme de 4,000 livres, qui sera employée cette année aux réparations de la ville de Bourg et aux revêtements de ses boulevards. Nogent-sur-Seine, 24 mars 1538. **24 mars.**

Arch. nat., Acquits sur l'épargne, J. 962, pl. 16, n° 30, anc. J. 961, n° 177. (*Mention.*)

10952. Don au s^r de Tavanes, chargé de la garde de Thou, d'une somme de 400 livres tournois pour une année, à dater de l'expiration d'un don précédent que le roi lui en a fait pour trois ans. Nogent-sur-Seine, 24 mars 1538. **24 mars.**

Arch. nat., Acquits sur l'épargne, J. 962, pl. 16, n° 30, anc. J. 961, n° 177. (*Mention.*)

10953. Mandement au trésorier de l'épargne de bailler à André Blondet 9,858 livres 7 sous 2 deniers pour le payement des cent lances de la compagnie de M. le Dauphin, y compris les gages d'un commissaire et d'un contrôleur, pour le troisième quartier de 1538, le tout montant à 10,122 livres 10 sous, sur lesquels ledit **24 mars.**

Blondet a de reste des quartiers précédents   1539.
264 livres 2 sous 10 deniers. Nogent-sur-
Seine, 24 mars 1538.[1]

*Arch. nat., Acquits sur l'épargne, J. 962, pl. 16,
n° 31, anc. J. 961, n° 167. (Mention.)*

10954. Mandement au trésorier de l'épargne de bailler   24 mars.
à Jean Gaultier pour le payement des cin-
quante lances de M. le duc d'Orléans, du
même quartier, la somme de 4,981 livres
5 sous tournois, moins 282 livres 10 sous
qui lui restent. Nogent-sur-Seine, 24 mars
1538.

*Arch. nat., Acquits sur l'épargne, J. 962, pl. 16,
n° 31, anc. J. 961, n° 167. (Mention.)*

10955. Mandement au trésorier de l'épargne de bailler   24 mars.
à Macé Bourget la somme de 6,402 livres
10 sous tournois pour le payement des cinquante lances de la compagnie du duc de
Vendôme pendant le même quartier. Nogent-
sur-Seine, 24 mars 1538.

*Arch. nat., Acquits sur l'épargne, J. 962, pl. 16,
n° 31, anc. J. 961, n° 167. (Mention.)*

10956. Mandement au trésorier de l'épargne de bailler   24 mars.
à Alain Veau, pour le payement des quatre-
vingts lances de M. de La Rochepot pendant
le même quartier, la somme de 8,402 livres
10 sous tournois, moins 61 livres 3 sous
9 deniers qu'il a de reste. Nogent-sur-Seine,
24 mars 1538.

*Arch. nat., Acquits sur l'épargne, J. 962, pl. 16,
n° 31, anc. J. 961, n° 167. (Mention.)*

10957. Mandement au trésorier de l'épargne de bailler   24 mars.
à Jérôme Pajonnet, pour le payement des
cinquante lances de la compagnie du maréchal d'Annebaut, la somme de 5,141 livres
5 sous tournois, moins 39 livres 3 sous 4 de-

[1] Les compagnies portées sur ce rôle (n°˙ 10953 à 10964) étaient en
garnison en Picardie, en Normandie et dans l'Île-de-France, suivant une
notice placée en tête.

niers qu'il a de reste. Nogent-sur-Seine, 1539. 24 mars 1538.

Arch. nat., Acquits sur l'épargne, J. 962, pl. 16, n° 31, anc. J. 961, n° 167. (Mention.)

10958. Mandement au trésorier de l'épargne de bailler — 24 mars. à René Fontenay, pour le payement des quarante lances de la compagnie du duc d'E- tampes pendant le même quartier, la somme de 4,051 livres 5 sous tournois, moins 6 li- vres 1 sou 4 deniers qu'il a de reste. Nogent- sur-Seine, 24 mars 1538.

Arch. nat., Acquits sur l'épargne, J. 962, pl. 16, n° 31, anc. J. 961, n° 167. (Mention.)

10959. Mandement au trésorier de l'épargne de bail- — 24 mars. ler à Raoul Moreau, pour le payement des quarante lances de la compagnie de M. de Brienne pendant le même quartier, la somme de 4,051 livres 5 sous tournois, moins 242 li- vres 5 sous qu'il a de reste. Nogent-sur-Seine, 24 mars 1538.

Arch. nat., Acquits sur l'épargne, J. 962, pl. 16, n° 31, anc. J. 961, n° 167. (Mention.)

10960. Mandement au trésorier de l'épargne de bailler — 24 mars. à Pierre Godefroy, pour le payement des quarante lances de la compagnie de M. du Biez pendant le même quartier, la somme de 4,251 livres tournois, y compris 200 li- vres pour la pension des srs d'Outreleau, de Martigny et de Bourret, lieutenant, enseigne et guidon du feu sr du Fresnoy. Nogent-sur- Seine, 24 mars 1538.

Arch. nat., Acquits sur l'épargne, J. 962, pl. 16, n° 31, anc. J. 961, n° 167. (Mention.)

10961. Mandement au trésorier de l'épargne de bailler — 24 mars. à Jacques Boursault la somme de 4,051 livres 5 sous tournois pour le payement de quarante lances de la compagnie de M. de La Roche- du-Maine pendant le même quartier. Nogent- sur-Seine, 24 mars 1538.

Arch. nat., Acquits sur l'épargne, J. 962, pl. 16, n° 31, anc. J. 961, n° 167. (Mention.)

10962. Mandement au trésorier de l'épargne de bailler
à Raoul Moreau, pour le payement des deux
compagnies de MM. de Torcy et de Piennes,
de chacune quarante lances, pendant le même
quartier, la somme de 8,102 livres 10 sous
tournois, moins 33 livres 18 sous 4 deniers
qu'il a de reste. Nogent-sur-Seine, 24 mars
1538.

1539.
24 mars.

> Arch. nat., Acquits sur l'épargne, J. 962, pl. 16,
> n° 31, anc. J. 961, n° 167. (Mention.)

10963. Mandement au trésorier de l'épargne de bailler
à Pierre François la somme de 4,051 livres
5 sous tournois pour le payement des quarante lances de la compagnie de M. de Créquy pendant le même quartier, Nogent-sur-
Seine, 24 mars 1538.

24 mars.

> Arch. nat., Acquits sur l'épargne, J. 962, pl. 16,
> n° 31, anc. J. 961, n° 167. (Mention.)

10964. Mandement au trésorier de l'épargne de bailler
à Pierre Le Vassor, pour le payement des
deux compagnies de MM. de Villebon et de
La Meilleraye, de chacune quarante lances,
pendant le même quartier, la somme de
8,262 livres 10 sous tournois, moins 338 livres 10 sous qu'il a de reste. Nogent-sur-Seine,
24 mars 1538.

24 mars.

> Arch. nat., Acquits sur l'épargne, J. 962, pl. 16,
> n° 31, anc. J. 961, n° 167. (Mention.)

10965. Commission adressée à Pierre Lizet, premier
président, et à Pierre Mathé, conseiller au
Parlement de Paris, pour procéder à la revision, réforme, rédaction et publication des
coutumes du Berry. Abbaye de Vauluisant,
25 mars 1538.

25 mars.

> Enreg. à la suite du texte original des coutumes
> du Berry. Arch. nat., X¹ᵃ 9284, fol. 122.
> Imp. La Thaumassière, Commentaires sur les
> coutumes du Berry. Bourges, 1701, in-fol.,
> p. 665.
> Bourdot de Richebourg, Nouveau coutumier
> général, etc. Paris, 1724, in-fol., t. III, p. 972.

10982. Lettres relatives aux élections des maires et jurats de Libourne et à l'examen et clôture de leurs comptes. 1ᵉʳ avril 1538.

1539.
1ᵉʳ avril.

> Arch. municip. de Libourne, invent. de 1756, cote 4 T. Livre velu ou des Privilèges. (Mention.)

10983. Déclaration portant que les grosses des enquêtes qui se feront par les juges et officiers royaux du Lyonnais et du Mâconnais appartiendront aux greffiers desdits sièges. Paris (sic), 3 avril 1538.

3 avril.

> Enreg. au Parl. de Paris, le 15 avril 1539. Arch. nat., X¹ᵃ 8613, fol. 145 v°. 2 pages. Arrêt d'enregistrement. Idem, X¹ᵃ 4908. Plaidoiries, fol. 20 v°.

10984. Don au vicomte de Martigues de la somme de 610 écus soleil ou 1,372 livres 10 sous tournois, montant des lods et ventes dus au roi à cause de l'acquisition faite par la feue vicomtesse de Martigues, sa mère, d'Antoine du Châtelet, sʳ de Châteauneuf et de l'Herben en Dauphiné, des étangs et moulins dudit lieu de l'Herben (l'Albenc) et de Polliénas, et de quatorze setiers de froment de rente annuelle. Abbaye de Vauluisant, 4 avril 1538.

4 avril.

> Arch. nat., Acquits sur l'épargne, J. 962, pl. 16, n° 33, anc. J. 961, n° 166. (Mention.)

10985. Permission à M. de Rohan de faire venir des vignobles d'Anjou, Orléans et autres 200 pipes de vin pour l'approvisionnement de ses maisons de Bretagne pendant la présente année, sans payer les droits de traite, trépas de Loire, imposition foraine ni autres droits, ainsi qu'il a fait les années précédentes. Abbaye de Vauluisant, 4 avril 1538.

4 avril.

> Arch. nat., Acquits sur l'épargne, J. 962, pl. 16, n° 33, anc. J. 961, n° 166. (Mention.)

10986. Don fait sur la requête de M. de La Rochepozay, maître d'hôtel ordinaire du roi, à Jean Regnault, maître queux, à Guillaume Maillart, hâteur de cuisine, et à Pierre Boullay, huissier de salle du roi, de la somme de

4 avril.

raine au profit de Louis Rougeon, et octroyant
le droit de quart provenant de ladite résignation à Guillaume Jaillé et à Gatien Bailly,
potagers de la cuisine de M. le Dauphin. Abbaye de Vauluisant, 4 avril 1538.

1539.

Arch. nat., Acquits sur l'épargne, J. 962, pl. 16,
n° 33, anc. J. 961, n° 166. (Mention.)

10991. Permission à Antoine Caron, sommelier d'é-
chansonnerie du roi, de résigner à survivance
son office de valet de chauffecire de la chancellerie au profit de Jean Caron, son fils,
sans payer le droit de tiers. Abbaye de Vauluisant, 4 avril 1538.

4 avril.

Arch. nat., Acquits sur l'épargne, J. 962, pl. 16,
n° 33, anc. J. 961, n° 166. (Mention.)

10992. Assignation faite à la requête de M. le Connétable, sur les deniers des offices et autres
parties casuelles, de la somme de 600 livres
tournois précédemment donnée à Jean Papillon sur les droits provenant de la résignation de l'office de trésorier de Carcassonne,
lequel don n'a sorti son effet. Abbaye de Vauluisant, 4 avril 1538.

4 avril.

Arch. nat., Acquits sur l'épargne, J. 962, pl. 16,
n° 33, anc. J. 961, n° 166. (Mention.)

10993. Continuation en faveur des bourgeois et habitants de Chaumont-en-Bassigny de leurs privilèges, affranchissement et octrois. Vauluis-
sant, 7 avril 1539.

7 avril.

Arch. nat., Acquits sur l'épargne, J. 962, pl. 17,
n° 2, anc. J. 961, n° 174. (Mention.)

10994. Don à Croixmare et à Auger du Faultrey, maréchal des logis du roi, de la somme de 350 écus
d'or soleil sur la vente de l'office de greffier
des élus de Mâcon, vacant par décès. Vaului-
luisant, 7 avril 1539.

7 avril.

Arch. nat., Acquits sur l'épargne, J. 962, pl. 17,
n° 2, anc. J. 961, n° 174. (Mention.)

10995. Don au duc de Guise, au nom et comme tuteur du duc de Longueville, du revenu des

7 avril.

96.

greniers à sel de Châteaudun et de Montbard
en Bourgogne. Vauluisant, 7 avril 1539.

Arch. nat., Acquits sur l'épargne, J. 962, pl. 17,
n° 2, anc. J. 961, n° 174. (*Mention.*)

10996. Don à Pierre Corselet, archer des toiles du
roi, de l'office de sergent des Eaux et forêts
de la Braconne en Angoumois, vacant par
le décès de Jean Redon, dit Maduyen, pour
en disposer à son profit. Vauluisant, 7 avril
1539. 7 avril.

Arch. nat., Acquits sur l'épargne, J. 962, pl. 17,
n° 2, anc. J. 961, n° 174. (*Mention.*)

10997. Don à Thomas Loriot, valet de chiens du roi,
de l'office de sergent du Mesnil en la forêt
d'Eawy, vacant par interdiction à cause des
malversations commises par le dernier titulaire. Vauluisant, 7 avril 1539. 7 avril.

Arch. nat., Acquits sur l'épargne, J. 962, pl. 17,
n° 2, anc. J. 961, n° 174. (*Mention.*)

10998. Don à Nicolas de Barlemon, archer des toiles
de chasse du roi, de l'office de sergent des
Eaux et forêts de Chinon, vacant par la forfaiture de Girasien Charpentier. Vauluisant,
7 avril 1539. 7 avril.

Arch. nat., Acquits sur l'épargne, J. 962, pl. 17,
n° 2, anc. J. 961, n° 174. (*Mention.*)

10999. Don à François Moyeu, huissier de cuisine du
roi, de la somme de 20 écus soleil sur l'office
de maître auneur et courtier général juré des
draps, doublures, etc., et des vins vendus en
gros et en détail en la ville et au bailliage de
Senlis. Vauluisant, 7 avril 1539. 7 avril.

Arch. nat., Acquits sur l'épargne, J. 962, pl. 17,
n° 2, anc. J. 961, n° 174. (*Mention.*)

11000. Don à Edme de Bailly, archer de la garde du
roi, de l'office de sergent royal au bailliage
de Montargis, vacant par suite d'un homicide
commis par le dernier titulaire, Pierre Bu- 7 avril.

zart, sur la personne de Jean Le Lorrain, archer de la garde. Vauluisant, 7 avril 1539.

> Arch. nat., Acquits sur l'épargne, J. 962, pl. 17, n° 2, anc. J. 961, n° 174. (Mention.)

11001. Continuation pour trois ans, en faveur des Cordeliers du Tillet en Bretagne (Teillé), d'une rente annuelle de 45 livres tournois. Vauluisant, 7 avril 1539.

> Arch. nat., Acquits sur l'épargne, J. 962, pl. 17, n° 2, anc. J. 961, n° 174. (Mention.)

11002. Lettres ordonnant que chaque année seront élus deux maîtres du métier de marchand drapier de la ville de Troyes, pour faire avec les maîtres foulons, tanneurs et tisserands la vérification des draps qui se vendent en ladite ville. Paris (sic), 9 avril 1539.

> Enreg. au Parl. de Paris, le 28 avril suivant. Arch. nat., X¹ᵃ 4909, Plaidoiries, fol. 388 v°. (Mention.)

11003. Lettres ratifiant le don fait par le tiers état du comté de la Marche au duc d'Étampes, comme bienvenue en son gouvernement dudit comté, du Bourbonnais, de l'Auvergne, etc., auquel il vient d'être institué, de 3,000 livres tournois payables en deux années, et permettant que les élus dudit pays fassent l'imposition et assiette de cette somme « sur les gens du tiers et commun estat ». Abbaye de Vauluisant, 12 avril 1539.

> Arch. nat., Acquits sur l'épargne, J. 962, pl. 17, n° 1, anc. J. 961, n° 175. (Mention.)

11004. Don à la duchesse d'Étampes des quints, requints et autres droits et devoirs seigneuriaux qu'elle doit au roi à cause de l'acquisition par elle faite récemment de partie de la terre et seigneurie de Brannay et du château des Barres, tenus du roi et mouvants de la tour de Sens. Abbaye de Vauluisant, 12 avril 1539.

> Arch. nat., Acquits sur l'épargne, J. 962, pl. 17, n° 1, anc. J. 961, n° 175. (Mention.)

11005. Lettres données à la requête du s^r de Lasaigne, gentilhomme de la vénerie, autorisant Léonard Massiot à résigner, avec réserve de survivance, son office d'élu du Haut-Limousin et Franc-Alleu au profit de Mathieu Massiot, son fils, sans payer les droits habituels. Abbaye de Vauluisant, 12 avril 1539.

> Arch. nat., Acquits sur l'épargne, J. 962, pl. 17, n° 1, anc. J. 961, n° 175. (Mention.)

1539.
12 avril.

11006. Don à André Marrier et à Claude de Plaisance, fourriers des logis du dauphin et du duc d'Orléans, de la somme de 100 écus d'or soleil à prendre sur les deniers provenant des mainmortes, des protocoles de notaires et des amendes dans les pays de Beaujolais et de Dombes, de la Saint-Jean 1537 à la Saint-Jean 1539. Abbaye de Vauluisant, 12 avril 1539.

> Arch. nat., Acquits sur l'épargne, J. 962, pl. 17, n° 1, anc. J. 961, n° 175. (Mention.)

12 avril.

11007. Don à Guy de Maugiron, s^r d'Ampuis, de la somme de 1,600 livres tournois, montant des lods, quints et requints et autres droits et devoirs seigneuriaux par lui dus au roi à cause des achats et échanges qu'il a faits du château, mandement et juridiction de Montlaur en Dauphiné, tenus et mouvants du roi. Abbaye de Vauluisant, 12 avril 1539.

> Arch. nat., Acquits sur l'épargne, J. 962, pl. 17, n° 1, anc. J. 961, n° 175. (Mention.)

12 avril.

11008. Don à Jeanne de Casault, dame de Champiré, veuve d'Olivier Baraton, maître d'hôtel du roi, de la somme de 3,375 livres tournois à prendre sur les deniers recélés dans le duché de Bretagne et dont les officiers du roi pourront faire poursuite et recouvrement. Aix en Champagne (Aix-en-Othe), 14 avril 1539.

> Arch. nat., Acquits sur l'épargne, J. 962, pl. 17, n° 3, anc. J. 961, n° 19. (Mention.)

14 avril.

11009. Don au s^r de la Rochepozay de la somme de 600 livres parisis, montant d'une amende

14 avril.

prononcée contre un nommé Autier Cour- 1539.
tois par les commissaires ordonnés sur le fait
de la réformation de la gabelle. Aix en Champagne, 14 avril 1539.

> Arch. nat., Acquits sur l'épargne, J. 962, pl. 17,
> n° 3, anc. J. 961, n° 174. (Mention.)

11010. Lettres de relief d'adresse au Parlement de Paris, 18 avril.
et mandement pour l'enregistrement de l'or-
donnance du 9 avril précédent (n° 11002)
touchant les maîtres de métiers chargés de
la vérification des draps vendus en la ville de
Troyes. Paris (sic), 18 avril 1539.

> Enreg. au Parl. de Paris, le 28 avril suivant.
> Arch. nat., X¹ᵃ 4909, Plaidoiries, fol. 388 v°.
> (Mention.)

11011. Édit rendu sur certains articles de doléances 20 avril.
des gens des trois états de Languedoc, por-
tant exemption de décimes prélevées pour
cause d'obits, d'hôpitaux, d'aumônes, etc.,
avec défense aux évêques de faire de semblables cotisations; et interdiction à la Chambre des Comptes de Montpellier de prendre
connaissance des comptes des deniers communs, frais et dépenses des étapes, de la
gendarmerie et équivalent, sous peine de
pourvoir à la suppression de ladite Chambre,
requise par les États. Romilly, 20 avril 1539.

Suivi des lettres de consentement des trésoriers de France, du 12 novembre 1539.

> Enreg. au Parl. de Toulouse. Arch. de la Haute-
> Garonne, Édits, reg. 4, fol. 145. 5 pages 1/2.
> Bibl. nat., ms. fr. 4402, fol. 76, n° 113. (Men-
> tion.)
> Copie authentique. Arch. départ. de l'Hérault,
> C. États de Languedoc, Doléances (1539). 7 pages.
> Autre copie. Idem, C. États de Languedoc, coll.
> dom Pacotte, t. VI.
> Copie. Arch. départ. du Tarn, Lois municipales
> et économiques du Languedoc, t. VI, C. 219.
> Copie. Arch. de la ville de Narbonne, AA. 182,
> pièce.

11012. Mandement au trésorier de l'épargne de payer 20 avril.
à Jean-Joachim de Passano, ambassadeur à

Venise, 1,107 livres pour dépenses extra- 1539.
ordinaires. Romilly, 20 avril 1539.

> *Bibl. nat., ms. Clairambault 1215, fol. 77 v°.*
> *(Mention.)*

11013. Mandement au trésorier de l'épargne de payer 20 avril.
à Jean-Joachim de Passano, ambassadeur à
Venise, 1,350 livres pour sa pension des années 1536, 1537 et 1538, à raison de 200 écus
par an. Romilly, 20 avril 1539.

> *Bibl. nat., ms. Clairambault 1215, fol. 77.*
> *(Mention.)*

11014. Confirmation des privilèges de la ville de Li- 30 avril.
bourne. 30 avril 1539.

> *Arch. municip. de Libourne,* invent. de 1756,
> cote 4 N, *Livre velu ou des Privilèges.* (Mention.)

11015. Lettres de sauvegarde octroyées au chapitre de Avril.
Saint-Mesme de Chinon. Paris, avril 1539.

> *Enreg. à la Chancellerie de France. Arch. nat.,*
> *Trésor des Chartes,* JJ. 253¹, n° 227, fol. 82 v°.
> 1 page 1/2.

11016. Établissement d'un marché, le mercredi de Avril.
chaque semaine, et de trois foires par an, à
Joux au bailliage d'Auxerre. Paris, avril 1539.

> *Enreg. à la Chancellerie de France. Arch. nat.,*
> *Trésor des Chartes,* JJ. 253¹, n° 226, fol. 82.
> 1 page.

11017. Lettres de cession par le roi à Antoine, duc Avril.
de Lorraine et de Bar, de tous les droits de
régale dans la ville et le duché de Bar et
autres terres et seigneuries adjacentes, à
condition que les appellations interjetées du
duc et de ses officiers seront relevées par-
devant les juges royaux, aux sièges et bailliages auxquels elles doivent ressortir. Romilly, avril 1539.

> *Copie collationnée en août 1559. Arch. nat.,*
> *Trésor des Chartes,* J. 681, n° 53.
> *Copie du* XVII° *siècle. Arch. nat.,* KK. 1181,
> fol. 140.
> *Copie du* XVIII° *siècle. Bibl. nat., ms. fr.* 4847,
> fol. 202.

11018. Lettres de naturalité en faveur de Vespasien Carvoisin, écuyer d'écurie du roi, né à Milan. Romilly, avril 1539.

> *Enreg. à la Chancellerie de France. Arch. nat., Trésor des Chartes,* JJ. 254, n° 292, fol. 56 v°.
> 1 page.

1539, Avril.

11019. Lettres de légitimation accordées à Léger, fils naturel de feu François Le Vasseur, écuyer, s^r de la Rue au diocèse de Sens, et de Perrine Hamelin, avec permission de prendre à l'avenir le nom de «Du Bourg-Chemin», au lieu de celui de Le Vasseur. Fleurigny, avril 1539.

> *Enreg. à la Chancellerie de France. Arch. nat., Trésor des Chartes,* JJ. 253¹, n° 233, fol. 84.
> 1 page.

Avril.

III.

IMPRIMERIE NATIONALE.